PHILIPPIKA

Altertumswissenschaftliche Abhandlungen
Contributions to the Study
of Ancient World Cultures

Herausgegeben von / Edited by
Joachim Hengstl, Elizabeth Irwin,
Andrea Jördens, Torsten Mattern,
Robert Rollinger, Kai Ruffing, Orell Witthuhn

126

2020
Harrassowitz Verlag · Wiesbaden

Aus dem Tempel und dem ewigen Genuß des Geistes verstoßen?

Karl Marx und sein Einfluss auf die Altertums- und Geisteswissenschaften

Herausgegeben von
Claudia Deglau und Patrick Reinard

2020
Harrassowitz Verlag · Wiesbaden

Bis Band 60: Philippika. Marburger altertumskundliche Abhandlungen.

Bibliografische Information der Deutschen Nationalbibliothek
Die Deutsche Nationalbibliothek verzeichnet diese Publikation in der Deutschen Nationalbibliografie; detaillierte bibliografische Daten sind im Internet über https://dnb.de/ abrufbar.

Bibliographic information published by the Deutsche Nationalbibliothek
The Deutsche Nationalbibliothek lists this publication in the Deutsche Nationalbibliografie; detailed bibliographic data are available in the internet at https://dnb.de/.

Informationen zum Verlagsprogramm finden Sie unter
https://www.harrassowitz-verlag.de/

Gedruckt auf alterungsbeständigem Papier.
Druck und Verarbeitung: Hubert & Co., Göttingen
Printed in Germany

ISSN 1613-5628
ISBN 978-3-447-11098-3

Inhalt

I. Einführung

Vorwort ... 3

Geleitwort ... 5

Claudia Deglau & Patrick Reinard
Einleitung: ... allen Geschichtsperioden gemein?
Zu diesem Sammelband ... 7

Lena Haase
Für „Preßfreiheit" – gegen die Winzernot. Karl Marx in Trier und
seine ersten politischen Stellungnahmen in der „Rheinischen Zeitung" ... 17

II. Thematische Zugriffe

Helmuth Schneider
Die Antike als vorkapitalistische Gesellschaft. Die ‚Grundrisse der Kritik
der politischen Ökonomie' von Karl Marx (1857/58) ... 33

Armin Eich
Klassenbegriff und Klassentheorie bei Marx und in den
altertumskundlichen Sozialwissenschaften ... 59

Wilfried Nippel
Von Marx zum Marxismus. Das Formationenschema und
die „Asiatische Produktionsweise" ... 87

Patrick Reinard
„Die Griechen werden ewig unsere Lehrer bleiben".
Karl Marx und die griechische Antike: Zwischen prometheischem Ideal
und primitivistischer Ökonomie ... 107

III. Wissenschaftsgeschichtliche Zugriffe auf einzelne Althistoriker

Mario Keßler
Ein vierfacher Außenseiter: Arthur Rosenberg (1889–1943) ... 159

Kai Ruffing
Der Mensch als politisches und ökonomisches Wesen. Robert von Pöhlmann
und die Geschichte der sozialen Frage und des Sozialismus in der Antike ... 199

Claudia Deglau
Marx im Kalten Krieg. Friedrich Vittinghoffs Auseinandersetzung mit den „Klassikern“ des Marxismus und der XI. Internationale Historikerkongress in Stockholm (1960) 225

IV. Rezeptionsgeschichtliche Zugriffe

Eugen Sonnenberg
Das Spartacus-Bild in der marxistisch-leninistischen Geschichtsschreibung der DDR 269

Marian Nebelin
Heuristischer und Messianischer Materialismus als historische Methode(n). Walter Benjamins eigensinnige Marx-Rezeption 297

David Engels
„Marx ist tot“. Karl Marx und der Marxismus in Oswald Spenglers „Der Untergang des Abendlandes“ 367

Sven Günther & Xiaojing Shi
A Chinese Way of Perception? Marx, Marxism, and their Influence on the Study of Western Classics in China 399

Anhang

Marx und Augustus. An principatus Augusti merito inter feliciores reipublicae Romanae aetates numeretur? (Text und Übersetzung)
bearbeitet von Lisa Dünchem & Patrick Reinard 413

Register der in den MEW-Bänden verzeichneten antiken, biblischen und mythischen Persönlichkeiten
bearbeitet von Lisa Dünchem 421

Register 435

I.
Einführung

Abb. 1: (a, oben) 5,5 Meter hohe bronzene Karl-Marx-Statue des Künstlers Wu Weishan auf dem Simeonstiftplatz in Trier; die Statue war ein Geschenk der Volksrepublik China, (b, unten): Inschriftenplakette der Karl-Marx-Statue (Fotos: Daniel Yamanian, Trier).

Vorwort

Das Jubiläum anlässlich des 200. Geburtstages von Karl Marx schlug sich im Jahr 2018 nicht nur in zahlreichen Publikationen nieder, sondern wurde in seiner Geburtsstadt Trier auch in großen Ausstellungen in vier Museen begangen. Diese wurden nicht ohne Kritik aufgenommen, hatten sie doch vornehmlich einen biographischen Zuschnitt und fokussierten weniger auf das folgenreiche und seit Jahrzehnten anhaltende ‚Nachleben' der Marx'schen Ideen, Modelle, Gedanken und Theorie, auf welches Karl Marx – dem Engels die Aussage zuschrieb, kein Marxist zu sein (MEW 37, 450) – freilich keinen direkten eigenen Einfluss hatte. Kritik wurde in Trier auch an der Aufstellung der von der Volksrepublik China gestifteten Karl-Marx-Statue geübt, die auf ein breites mediales Interesse stieß (s. Abb. 1a–b). Insgesamt ist festzustellen, dass Karl Marx und sein Werk in den letzten Jahren – sowohl in fachlichen Kreisen als auch in der breiten Öffentlichkeit – wieder zu einem vielfach diskutierten Thema wurden, gleichwohl selbiges rezent allmählich auch schon wieder aus dem geisteswissenschaftlichen Spotlight zu rücken scheint.

Bei all dem wurde die Tatsache, dass Marx sich sehr häufig über die antike Geschichte und Philosophie geäußert und er seine Theorieideen zahlreich anhand von Beispielen aus dem Altertum exemplifiziert hat, fast gar nicht beachtet. Dies gilt noch mehr für seine Wirkung auf Althistoriker und deren Rezeption Marx'scher Gedanken. Der vorliegende Sammelband möchte an dieser Stelle ansetzen.

Seine inhaltliche Genese verdankt der Band vielfachen Gesprächen mit Volker Losemann und Helmuth Schneider. Für Hinweise und Diskussionen sind wir auch Eugen Sonnenberg, Christian Mileta und Kai Ruffing, der auch die Aufnahme in die Reihe Philippika – Altertumswissenschaftliche Abhandlungen angeregt hat, großen Dank schuldig. Lisa Dünchem gilt unser Dank für zahlreiche praktische Unterstützung in Trier. Selbige haben wir in vielfacher Form auch durch die Mitglieder des althistorischen Seminars der Universität Trier erfahren, wofür wir ebenfalls sehr dankbar sind. Für das Geleitwort danken wir Lutz Raphael herzlich.

Berlin & Trier, April 2020
Claudia Deglau & Patrick Reinard

Geleitwort

Lutz Raphael

„Marx is out – Marx is in. Im längeren Rückblick fällt auf, wie häufig sich theoretische und politische Debatten von Karl Marx entfernt und ihn zum ‚toten Hund' erklärt haben, um dann wieder auf ihn zurückzukommen, mit unerwarteter Intensität und in oft unerwarteten Kontexten."

Die Anmerkung des Schweizer Historikers Jakob Tanner mag auch als Geleitwort zu diesem spannenden Band dienen. In vorbildlicher Weise geht er den Spuren nach, die Karl Marx in der Alten Geschichte und in den Altertumswissenschaften hinterlässt. Dieser Band bestätigt noch einmal sehr deutlich, was auch in anderen Bilanzierungen des Marx-Jahres 2018 sichtbar wird: In den Geschichtswissenschaften wird das Anregungspotential des Trierer Gelehrten nach wie vor geschätzt und gerade die älteren Epochen und die außer-europäische Geschichte sind Orte, an denen Marx' Ideen Anlass zu unerwarteten Wieder- und Neuentdeckungen sind. Die wissenschafts- und rezeptionsgeschichtlichen Schwerpunkte dieses Bandes unterstreichen eindrucksvoll, dass alle Aktualisierungen nur über den Weg kritischer Historisierung und Kontextualisierung zu haben sind. Und dazu leistet dieser Band einen ganz wichtigen Beitrag!

Allerdings dachte Marx nicht daran,
dass auch Kapitalisten lesen können.

Y. N. Harari,
Homo Deus. Eine Geschichte von Morgen, München 2017, 95

Einleitung: … allen Geschichtsperioden gemein?

Zu diesem Sammelband

Claudia Deglau & Patrick Reinard

Im ersten Band seiner „Weltgeschichte. Vorlesungen, gehalten an der Universität Berlin, 1896–1920", der dem Altertum gewidmet war und 1931 in Zweitauflage erschien, polemisiert Hans Delbrück: „Marx war als Demagoge ein Heros, als Denker ein Sophist, als Gelehrter ein Scharlatan".[1] Den „Demagogen" und „Heros" wird dieser Band nicht in den Blick nehmen. Fragen nach der politischen Wirkmächtigkeit der Marx'schen Gedanken und Schriften und inwieweit sie in politischen Folgen zur Anwendung und Rezeption gelangten, sollen nicht Aufgabe einer althistorischen wissenschaftsgeschichtlichen Publikation sein. Sehr wohl sollen aber der „Denker" und „Sophist" und der „Gelehrte" und „Scharlatan" ausführlich behandelt werden. Wobei man Delbrücks Vorwurf der Scharlatanerie, den er aufgrund von Marxens dialektisch-arbiträrer Quellenarbeit erhoben hat, nicht in Abrede stellen kann. Allerdings geht es hier in der Folge keinesfalls darum, den „Scharlatan" anzuklagen und an möglichst vielen Stellen seines Werkes zu überführen, indem man die Quellenarbeit, die bei Marx häufig einem ‚Rosinenpicken' gleichkommt, mit Gegenbeispielen entkräftet. Nein, es geht um den Denker und Gelehrten und seine sophistische Güte und um die Frage, inwieweit sein Oeuvre Einfluss auf die Alte Geschichte genommen hat.

1 Delbrück 1931, 10.

Abb. 2a: Geburtshaus von Karl Marx;
heute Museum und Sitz der Friedrich-Ebert-Stiftung
(Foto: Daniel Yamanian, Trier).

Abb. 2b: Inschriftenplakette
am Geburtshaus
(Foto: Daniel Yamanian, Trier).

Biographische Skizze

Karl Marx wurde am 5. Mai 1818 als Sohn von Henriette und Heinrich Marx in Trier geboren.[2] Sein Geburtshaus in der Brückengasse 10 beheimatet heute ein Museum, das Leben, Wirken und Nachleben des berühmten Mannes thematisiert.[3] Das Geburtshaus wurde 1928 von der SPD gekauft, dann aber 1933 von den Nationalsozialisten enteignet und als Druckerei für die Parteizeitung der NSDAP ‚Trierer Nationalblatt' genutzt. Nach dem Zweiten Weltkrieg wurde das Haus ab 1947 als Museum genutzt und beherbergt seit 1968 den Sitz der Friedrich-Ebert-Stiftung in Trier (s. Abb. 2a–b).[4] Viele Erinnerungen wird der ‚kleine' Marx an dieses Haus nicht gehabt haben. Am 1. Oktober 1819 zog die Familie Marx in die Simeonstraße 9, direkt neben die Porta Nigra, deren Innenseite bei jedem Verlassen des Hauses ein alltäglicher Anblick gewesen sein muss. Hier verbrachte Marx seine Kindheit und Jugendzeit bis zum Abitur, das er 1835 an einem humanistischen Gymnasium ablegte (s. Anhang 1). Heute befindet sich in dem Karl-Marx-Wohnhaus, das bis in die frühen 1850er Jahre im Besitz der Familie blieb, ein „1-Euro-Shop"; eine schlichte Tafel erinnert an den berühmten früheren Bewohner (Abb. 3a–b, s. S. 20).

---

2 Die nachfolgende kurze biographische Skizze stützt sich auf Middell 2006; Kloft 2012; Quante/Schweikard 2016, 1–20 (D. P. Schweikard); Nippel 2018; vgl. auch die Literatur in Anm. 4.

3 Bouvier/Bungert 2005.

4 Friedrich-Ebert-Stiftung 2013.

Marx stammte ursprünglich aus einer jüdischen Familie. Sein Vater Heinrich Marx, der als Jurist im preußischen Staatsdienst stand, konvertierte zum Protestantismus und ließ seinen Sohn 1824 im Alter von sechs Jahren evangelisch taufen. Von 1835 an studierte Marx Jura und Philosophie zunächst in Bonn und setzte sein Studium ab 1836 in Berlin fort. Seine Dissertation reichte er 1841 in Jena ein, wo er *in absentia* promoviert wurde. Seine Arbeit, die auch seine guten philologischen Fähigkeiten dokumentiert, widmete sich Demokrit, Epikur und der antiken materialistischen Naturphilosophie.[5] Hoffnungen auf eine Universitätskarriere gingen nicht in Erfüllung. Marx begann als Journalist und Publizist zu arbeiten und es zeigte sich schnell, dass er nicht nur ein zeitkritischer Denker, sondern auch ein wortgewaltiger Schreiber war; der Aufsatz von L. Haase behandelt diese Frühphase des Marx'schen Schaffens. Im Jahr 1842 übernahm Marx die Redaktionsleitung der linksliberalen Rheinischen Zeitung.[6] Zu einem ersten Treffen mit Friedrich Engels kam es im November 1842 in der Redaktion besagter Zeitung, die 1843 offiziell verboten wurde. Zwischen Marx und Engels entwickelte sich ab 1844 eine enge und lebenslange Freundschaft. Die finanzielle Unterstützung durch den Freund Engels ermöglichte Marx und seiner Familie in den nächsten Jahren ein ökonomisches Überleben.

Das Gemeinschaftswerk „Die heilige Familie", in welchem Marx und Engels die linkshegelianische Vormärz-Opposition kritisierten, entstand 1844.[7] Diese Schrift stellt ebenso wie das Werk „Deutsche Ideologie",[8] die 1845/1846 verfasste Fortsetzung, ein äußeres Zeichen der etablierten engen Verbundenheit beider Autoren dar. Marx, der in den frühen 1840er Jahren vielfach Quellen zur französischen und deutschen Zeitgeschichte studiert hatte und in dieser Phase auch die Schrift „Zur Kritik der Hegelschen Rechtsphilosophie" schrieb,[9] ging nach dem Verbot der Rheinischen Zeitung 1843 gemeinsam mit seiner Frau Jenny, geb. von Westphalen, die er im Juni 1843 geheiratete hatte, nach Paris. Hier kam er mit Arnold Rugge in Kontakt, mit dem er zusammen die Deutsch-Französischen Jahrbücher gründete.[10] Die darin geäußerte radikale Opposition und Kritik führten zum Erlass eines Haftbefehls durch die preußische Regierung wegen Hochverrats und Majestätsbeleidigung. 1845 wurde Marx aus Frankreich ausgewiesen und siedelte nach Belgien über. Anfang 1848 wurde er, der am Vorabend der Revolution gemeinsam mit Engels das „Manifest der Kommunistischen Partei" publiziert hatte,[11] aus Belgien ausgewiesen, konnte aber in der Zeit der Revolutionsphase ab 1848 eine Rückkehr nach Deutschland realisieren. Als Korrespondent der Neuen Rheinischen Zeitung übte er harte Kritik sowohl an den Konservativen als auch an den Linksliberalen. Nachdem die Revolution im Mai 1849 gescheitert war, ging Marx zurück nach Paris und von dort noch im selben Jahr nach London, wo sein Lebensmittelpunkt bis zu seinem Tod am 14. März 1883 sein soll-

5 Zur Promotionsschrift: Quante/Schweikard 2016, 32 f. (A. Vieth).
6 Zu journalistischen Arbeiten in dieser Zeit: Quante/Schweikard 2016, 120–124 (R. Celikates / D. Loick).
7 Quante/Schweikard 2016, 50 f. (A. Vieth).
8 Quante/Schweikard 2016, 51–60 (A. Vieth).
9 Quante/Schweikard 2016, 34 f. u. 38 f. (A. Vieth).
10 Zu Artikeln aus den Jahrbüchern: Quante/Schweikard 2016, 36–39 (A. Vieth).
11 Quante/Schweikard 2016, 124–127 (R. Celikates / D. Loick).

te. Neben der Arbeit an seinem ökonomisch-philosophischem Hauptwerk, welches zwar als dreibändige Publikation „Das Kapital" (1867, 1885 u. 1894) bekannt wurde,[12] aber unvollendet und unvollständig blieb, verfasste Marx zahllose Artikel für diverse Zeitschriften. Er schrieb unter anderem über verschiedenste tagespolitische Entscheidungen, die Revolution 1848/49, den Krim-Krieg 1953–1956, die Revolution in Spanien 1954 und den Aufstand in Polen 1863/64. Außerdem behandelte er die zeitgeschichtlichen Ereignisse in Frankreich in dem Text „Klassenkämpfe in Frankreich 1848 bis 1850"[13] und die Entwicklungen um den Staatsstreich von Louis Napoleon III. im „18. Brumaire des Louis Bonaparte" (1852).[14] Seinem Versuch im Jahr 1859 eine eigene Zeitschrift zu gründen („Das Volk") mangelte es an Fortüne. Ab 1864 war er an der Theoriearbeit für die Internationale Arbeiterassoziation beteiligt. Die politische Ökonomie wurde für Marx das Hauptthemenfeld, dem er sich ab ca. 1857 in der Arbeit „Grundrisse der Kritik der Politischen Ökonomie" widmete.[15] Erstmals wird von ihm darin die kapitalistische Produktionsweise behandelt, die dann in den drei Bänden des „Kapitals" zum Schlüsselthema werden sollte. Dabei stand für Marx das Verhältnis von Geldbesitzer und Besitzer von Arbeitskraft, deren hierarchische Beziehungsebene nicht naturgegeben und unveränderlich war, im Zentrum seiner Abstraktion. Im ersten Band des „Kapitals" liest man:

> „Eins jedoch ist klar. Die Natur produziert nicht auf der einen Seite Geld- oder Warenbesitzer und auf der andren Seite bloße Besitzer der eignen Arbeitskräfte. Das Verhältnis ist kein naturgeschichtliches und ebenso wenig ein gesellschaftliches, das allen Geschichtsperioden gemein wäre. Es ist offenbar selbst das Resultat einer vorhergegangenen historischen Entwicklung, das Produkt vieler ökonomischer Umwälzungen, des Untergangs einer ganzen Reihe älterer Formationen der gesellschaftlichen Produktion" (MEW 23, 183).

Diese Entwicklungsprozesse älterer Formationen, die schließlich untergehen mussten und aus denen neuere Formationslevel entstanden, die jeweils eine anders geartete Form der gesellschaftlichen Produktion besaßen, hat Marx selbst nicht historisch beschrieben. Lediglich punktuell verwendete er geschichtliche Beispiele, um manche seiner Theorieaussagen beispielhaft zu erklären oder zu belegen. Die Tatsache, dass seine Theorie aber letztlich die ganze Menschheitshistorie integrierte, war und ist dafür verantwortlich, dass sein Werk eine sehr breite und umfassende Rezeption, Anwendung und Aneignung, aber auch deutliche Kritik, Ablehnung und Polemik vonseiten der geistes- und wirtschaftswissenschaftlichen Forschung jeder Art – insbesondere von der Geschichte, Soziologie, Politikwissenschaft und Ökonomie – erfahren hat.

---

12 Heinrich 2016, 95–115.

13 Quante/Schweikard 2016, 141 (R. Celikates / D. Loick); zu weiteren journalistischen Arbeiten in dieser Phase: vgl. ebd. 141–143.

14 Quante/Schweikard 2016, 128–131 (R. Celikates / D. Loick).

15 Quante / Schweikard 2016, 64–70 (A. Vieth).

Marx führte ein Leben, in dem er immer wieder beklemmende ökonomische Phasen durchstehen musste. Seine unermüdliche Tätigkeit als Publizist und Autor hätten ihn, seine Ehefrau und die sieben Kinder, von denen vier – auch in Folge der ärmlichen Lebenssituation – früh verstorben sind, ohne die durchgehende Unterstützung durch Engels, der als Sohn eines Fabrikanten aus Manchester vermögend war, nicht ernähren können.

Aus dem Tempel vertrieben?

Die von Karl Marx und seinen Theorien ausgehende direkte und indirekte Wirkung auf die Sozial-, Wirtschafts- und Philosophiegeschichte der Antike ist seit vielen Jahrzehnten ein vernachlässigtes Thema. In den zahlreichen jüngeren Büchern, die zum ‚Jubiläumsjahr' 2018 erschienen sind, wird die Antike nahezu völlig ausgeblendet.[16] Auch in jüngeren wissenschaftsgeschichtlichen Arbeiten im Fach Alte Geschichte wird Marx nur wenig beachtet, während die epochenübergreifende Wissenschaftsgeschichte häufig Marx' Antikenbilder ignoriert.[17] Der Sammelband möchte auf dieses merkliche Desiderat der Forschung hinweisen und reagieren, auch wenn er zweifellos nicht den Anspruch haben kann, diese Forschungslücke zu schließen.

Nach dem Ende der altertumswissenschaftlichen Forschung in der DDR – deren wissenschaftsgeschichtliche Erforschung, dies sei nur en passant angemerkt, bisher abgesehen von wichtigen Pionierstudien, auf die man aufbauen muss, noch nicht umfassend geleistet werden konnte[18] – wurde die kritische Bearbeitung Marx'scher und marxistischer Modell- und Thesenbildungen in der Wissenschafts- und Rezeptionsgeschichte der Alten Geschichte seit Jahrzehnten vernachlässigt. Die Aufsätze dieses Bandes bieten in vielerlei Hinsicht eine intensive Beschäftigung mit Fragen der Marx'schen Klassenwahrnehmungen, der Formationslehre, des Revolutionsbegriffs, des Kapitalbegriffs, des Geldwertbegriffs, des Preisbegriffs, der Unterscheidung von Gebrauchs- und Tauschwert u.a.m. und deren gedanklichen Konstruktionen. Diese Marx'schen Theorievorstellungen wurden in der Alten Geschichte von bis heute anerkannten und viel diskutierten sowie viel zitierten Forschern (Robert v. Pöhlmann, Karl Bücher, Johannes Hasebroek, Friedrich Vittinghoff, Moses I. Finley u.a.) – freilich aus unterschiedlichen Perspektiven und mit verschiedenen Intentionen – in ökonomiegeschichtlichen Zusammenhängen angewandt. Dadurch setzt sich der Band von anderen altertumswissenschaftlich orientierten Marx-Studien ab, die fast immer einen philosophiegeschichtlichen Fokus haben.[19] In dem vorliegenden Sammelband sind der Aufsatz von M. Nebelin sowie Teile der Aufsätze von A. Eich, P. Reinard und H. Schneider philosophiegeschichtlich ausgerichtet; ein geschichtsphilosophisches Thema bietet der Beitrag von D. Engels, der sich jedoch durch die

16 Z.B. Bayertz 2018; Gerber 2018; Morina 2017; Neffe 2017; Stedman Jones 2017; außerdem sei exemplarisch auf den Ausstellungskatalog der Jubiläumsschau hingewiesen: Bouvier/Auts 2018.

17 Z.B. Buller 2002.

18 Vgl. die grundlegende Studie von Willing 1991; od. Stark 2005.

19 Z.B. Sannwald 1957; Kondylis 1987.

‚Brille' Oswald Spenglers dem Marx-Thema widmet. Im Fokus des Sammelbandes steht insbesondere die Frage nach Marx' Einfluss auf die sozial- und wirtschaftsgeschichtliche Erforschung der Antike. Hier versuchen die Beiträge von A. Eich, W. Nippel, P. Reinard, K. Ruffing und H. Schneider neue Felder abzustecken und die intensiv geführten Diskussionen über die Forschungsgeschichte der antiken Wirtschaftsgeschichte um die bisher unberücksichtigt gebliebene Beeinflussung durch Marx'sche Theoriemodelle zu erweitern, die in neueren Forschungsüberblicken gänzlich unerwähnt bleibt.[20]

Zwei Charakteristika des Bandes müssen einführend angesprochen werden: Einerseits stehen in dem Band bewusst Studien von Forschern mit wissenschafts- und zeitgeschichtlicher (C. Deglau, M. Kessler, L. Haase) und solche von Forschern mit althistorischer Perspektivierung (A. Eich, S. Günther, W. Nippel, P. Reinard, K. Ruffing, X. Shi, H. Schneider) nebeneinander.

Andererseits lässt sich auch die Themenwahl der Aufsätze in zwei Gruppen aufteilen. Verschiedene Beiträge thematisieren einzelne Forscher und ihren Umgang mit Marx, sie bieten also – um mit William M. Calder III zu sprechen – in mancher Hinsicht „Wissenschaftlergeschichte" (C. Deglau, D. Engels, M. Kessler, M. Nebelin, K. Ruffing). Dabei geht es um die Wirkung und Wahrnehmung von Marx auf den bzw. von dem jeweiligen Forscher, wobei natürlich nicht nur die Rezeption seiner Aussagen zur Antike, sondern generell die Rezeption seiner Ideen und Theorien behandelt wird. Auch jenseits der Fachthematik und der Erforschung der antiken Geschichte kann man in der „Wissenschaftlergeschichte" Verbindungen und Rezeptionslinien fassen. Die von Marx kritisierten gegenwärtigen Missstände, die der Kapitalismus erzeugt hat, wurden etwa von Ulrich von Wilamowitz-Moellendorff geteilt. Beispielsweise sind Äußerungen in einem Brief an Werner Jaeger vom 9. Oktober 1915 inhaltlich nahe an dem angelegt, was nach Marx und Engels als „feudaler Sozialismus" bezeichnet wurde.[21] Eine Kapitalismuskritik wird von dem Mommsen-Schwiegersohn in dem Brief artikuliert.

Andere Aufsätze konzentrieren sich nicht auf einzelne Forscher, sondern befassen sich mit Problemen der Marx'schen Theoriemodelle oder Antikenbilder (A. Eich, W. Nippel, P. Reinard u. H. Schneider). Hier steht hauptsächlich Marxens Vorstellung von der Antike bzw. die Rolle der Antike in der Entwicklung, Konzeption und Exemplifizierung seiner Theorien im Fokus.

Auch wenn Grenzen und Übergänge natürlich fließend sind, ist diese Aufteilung dennoch bereits in der jeweiligen Grundausrichtung der Aufsätze erkennbar, ja letztlich unvermeidbar. Daraus folgt auch, dass die Quantität der ‚Dosis Marx' in verschiedenen Aufsätzen jeweils variiert. Unter dem Rahmenthema ‚Karl Marx' sind also durchaus verschiedene Beiträge mit unterschiedlichen Zugriffen und Fragestellungen versammelt, die in ihrer Gesamtheit kein geschlossenes Ganzes darstellen sollen oder können. Sie stellen aber, sich aus verschiedenen Richtungen annähernd, jeweils eine Hinwendung zu dem angesprochenen Desiderat dar. Aus verschiedenen Blickwinkeln und auch basierend auf unterschiedlichen Quellengrundlagen möchten die Beiträge in diesem Sammelband die

20 Vgl. Ruffing 2015.
21 Canfora 1995, 78 mit den komparierten Textzitaten.

Relevanz des Themas verdeutlichen und dafür sensibilisieren, dass man über die Beschäftigung mit Marx sowohl neue Erkenntnisse für die althistorische Wissenschafts- und Rezeptionsgeschichte als auch neue Einblicke in die Genese der Sozial- und Wirtschaftsgeschichte des Altertums erreichen kann. Der Band versteht sich folglich in erster Linie als ein Impulsgeber und möchte sich einer Einschätzung, die Hans Kloft formuliert hat, anschließen:

> „Insgesamt haben die marxistischen Analysen von Ökonomie und Gesellschaft mit dem Zusammenbruch des sozialistischen Staatssystems ihre Überzeugungskraft verloren, besitzen aber, jenseits ihrer historischen Relevanz, nach wie vor ein hermeneutisches und auch ein – z.T. verschüttetes – humanes Potential."[22]

In diesem Sinne ist auch der Titel des Bandes „Aus dem Tempel und dem ewigen Genuß des Geistes verstoßen?" zu verstehen. Er ist angelehnt an ein Zitat von Marx aus dem 4. Vorbereitungsheft zur Dissertation (MEW 40, 154).[23] Durch die Beifügung eines Fragezeichens sollen Kritik und eventuelles Potenzial einer wissenschaftsgeschichtlichen Beschäftigung mit Marx aus althistorischer Sicht akzentuiert werden. Wenn der Sammelband dazu beitragen mag, für den Einfluss von Marx auf die Althistorie sensibler zu werden, in der kritischen Auseinandersetzung mit Marx hermeneutischen Gewinn zu erzielen und diesen kritisch zu diskutieren, dann wäre sein Ziel erreicht; eine gelegentliche Rückkehr in den „Tempel" kann durchaus ein fruchtbarer „Genuß des Geistes" sein, meint aber gewiss keine kritiklose Wiederentdeckung.

Die Wissenschaftsgeschichte der Alten Geschichte kann und darf natürlich nie isoliert nur aus althistorischer Perspektive betrieben werden, sondern ist stets in Verbund mit den Forschungen der Neueren und Neuesten Geschichte zu betreiben. Die Aufsätze verdeutlichen durchgehend die Anknüpfbarkeit an ideen- und zeitgeschichtliche Disziplinen, am deutlichsten wird dies in der Außensicht freilich in den Beiträgen zu Arthur Rosenberg, Walter Benjamin und Oswald Spengler (M. Kessler, M. Nebelin, D. Engels).

Die verschiedenen Fragestellungen und Ausgangspunkte führen natürlich zu unterschiedlichen Bewertungen des Marx'schen Einflusses auf altgeschichtliche Forschungen. Jedoch eint sämtliche Beiträge das klare Ergebnis, dass eine wissenschaftsgeschichtliche Beschäftigung mit Karl Marx aus althistorischer Sicht neue wissenschafts-, rezeptions- und forschungsgeschichtliche Erkenntnis bieten kann. Für die Wissenschafts- und Rezeptionsgeschichte der Alten Geschichte bieten verschiedene Beiträge neben dem bereits betonten Mehrgewinn für die Sozial- und Wirtschaftsgeschichte auch neue Erkennt-

22 Kloft 2012, Sp. 791.

23 Hier heißt es in Auseinandersetzung mit Lukrez: „Wenn es nicht mehr Vergnügen macht, aus eigenen Mitteln die ganze Welt zu bauen, Weltschöpfer zu sein, als in seiner eignen Haut sich ewig herumzutreiben, über den hat der Geist sein Anathema ausgesprochen, der ist mit dem Interdikt belegt, aber mit einem umgekehrten, er ist aus dem Tempel und dem ewigen Genuß des Geistes gestoßen und darauf hingewiesen, über seine eigne Privatseligkeit Wiegenlieder zu singen und nachts von sich selber zu träumen"; vgl. zur Stelle: Kondylis 1987, 47 f.

nisse für die Historisierung der altgeschichtlichen Forschung in der DDR (M. Keßler, W. Nippel, E. Sonnenberg, C. Deglau), für die biographische Forschung zu einzelnen Historikern (D. Engels, M. Keßler, M. Nebelin, K. Ruffing, C. Deglau) oder auch für die Sklavereiforschung (E. Sonnenberg), in deren in der Alten Geschichte häufig behandelten Forschungsgeschichte Karl Marx und sein Einfluss zumeist ausgeblendet oder nur mittelbar beachtet werden.[24]

Ferner ist es ein Anliegen des Bandes, Quellenmaterial vorzulegen bzw. für ein althistorisches Publikum leichter zugänglich zu machen. Die Anhänge bieten zum einen eine neue Übersetzung des von Marx für seine gymnasiale Schulabschlussprüfung in Trier verfassten lateinischen Aufsatzes über Augustus (Anhang 1). Der Text ist zwar inhaltlich kaum von Bedeutung, darf aber dennoch als interessanter Einblick in das Rombild des jungen Marx angesehen werden. Unter Althistorikern ist er erstaunlich wenig bekannt. Zum anderen soll die Zusammenstellung der in den MEW-Bänden verzeichneten antiken, biblischen und mythischen Personen ein praktisches Arbeitsinstrument für althistorisch forschende Marx-Leser darstellen (Anhang 2). Die Bedeutung von Marx „für die Altertumswissenschaft hängt weniger an einzelnen Werken als an den vielfältigen verstreuten Bemerkungen zur Antike, die als Folie zur bürgerlichen ‚Kapitalistischen' Gesellschaft der Zeit diente",[25] weshalb der von L. Dünchem erstellte Index als Orientierungshilfe dienen soll.

Die Zitation der MEW- und MEGA-Bände wurde in allen Aufsätzen auf ein Mindestmaß vereinheitlicht.[26] Insgesamt ist zu sagen, dass das weite Forschungsfeld der Marx-Philologie – bekanntlich wurden viele Schriften in späteren Auflagen verändert oder erst posthum als Fragment publiziert – in den Aufsätzen nur bedingt Berücksichtigung finden konnte. Textgeschichtliche Probleme bleiben, sofern sie nicht unmittelbar die interpretative Aussage betreffen, ausgeklammert.

Unmittelbar vor der Drucklegung ist der umfangreiche Sammelband „Karl Marx im 21. Jahrhundert. Bilanz und Perspektiven" (Frankfurt a.M. 2020), herausgegeben von Martin Endreß und Christian Jansen, erschienen. Die Aufsätze behandeln, geordnet in fünf Kapitel (Ideengeschichtliche Kontexte, Marx und die Arbeiterbewegung, Recht und Rechtssystem, Kapitalismusanalyse und Kapitalismuskritik, Nach Marx), wesentliche Themenbereiche aus neuzeitlicher, soziologischer und zeitgeschichtlicher Perspektive. Ein Einarbeiten in den vorliegenden Band war leider nicht mehr möglich.

Literatur

Backhaus 1974 W. Backhaus, Marx, Engels und die Sklaverei. Zur ökonomischen Problematik der Unfreiheit, Düsseldorf 1974.

24 Z.B. Deißler 2010; Heinen 2010. Eine Ausnahme stellt die Monographie von Backhaus 1974 dar, die sich jedoch nicht nur auf die antike Sklaverei konzentriert.

25 Kloft 2012, Sp. 790.

26 Vgl. zur Zitationsweise der Ausgaben: Quante/Schweikard 2016, 435–437.

Bayertz 2018 K. Bayertz, Interpretieren um zu verändern. Karl Marx und seine Philosophie, München 2018.
Bouvier/Auts 2018 B. Bouvier / R. Auts (Hrsg.), Karl Marx 1818–1883: Leben. Werk. Zeit, Darmstadt 2018.
Bouvier/Bungert 2005 B. Bouvier / M. Bungert, Karl Marx (1813–1883). Leben – Werk – Wirkung bis zur Gegenwart. Ausstellung im Geburtshaus in Trier, hrsg. v. der Friedrich-Ebert-Stiftung, Bonn 2005.
Buller 2002 A. Buller, Die Geschichtstheorien des 19. Jahrhunderts. Das Verhältnis zwischen historischer Wirklichkeit und historischer Erkenntnis bei Karl Marx und Johann Gustav Droysen, Berlin 2002.
Deißler 2010 J. Deißler, Cold Case? Die Finley-Vogt-Kontroverse aus deutscher Sicht, in: H. Heinen (Hrsg.), Antike Sklaverei: Rückblick und Ausblick. Neue Beiträge zur Forschungsgeschichte und zur Erschließung der archäologischen Zeugnisse, Stuttgart 2010, 77–93.
Delbrück 1931 H. Delbrück, Weltgeschichte. Vorlesungen, gehalten an der Universität Berlin, 1896–1920, Berlin² 1931.
Friedrich-Ebert-Stiftung 2013 Friedrich-Ebert-Stiftung (Hrsg.), Karl Marx (1918–1883). Leben – Werk – Wirkung bis zur Gegenwart. Ausstellung im Geburtshaus in Trier, Trier³ 2013.
Gerber 2018 J. Gerber, Karl Marx in Paris. Die Entdeckung des Kommunismus, München 2018.
Kloft 2012 H. Kloft, Art. ‚Marx, Karl', in: DNP Suppl. 6, 2012, Sp. 789–791.
Kondylis 1987 P. Kondylis, Marx und die griechische Antike. Zwei Studien, Heidelberg 1987.
Heinen 2010 H. Heinen, Aufstieg und Niedergang der sowjetischen Sklavereiforschung. Eine Studie zur Verbindung von Politik und Wissenschaft, in: H. Heinen (Hrsg.), Antike Sklaverei: Rückblick und Ausblick. Neue Beiträge zur Forschungsgeschichte und zur Erschließung der archäologischen Zeugnisse, Stuttgart 2010, 95–138.
Middell 2006 M. Middell, Karl Marx (1818–1883), in: Lutz Raphael (Hrsg.), Klassiker der Geschichtswissenschaft, Bd 1. Von Edward Gibbon bis Marc Bloch, München 2006, 123–141.
Morina 2017 C. Morina, Die Erfindung des Marxismus. Wie eine Idee die Welt erobert, München 2017.
Neffe 2017 J. Neffe, Marx. Der Unvollendete, München 2017.
Nippel 2018 W. Nippel, Karl Marx, München 2018.
Quante/Schweikard 2016 M. Quante / D. P. Schweikard (Hrsg.), Marx-Handbuch. Leben – Werk – Wirkung, Stuttgart 2016.
Ruffing 2015 K. Ruffing, Von der primitivistischen Orthodoxie zum römischen Basar. Die Wirtschaft des Römischen Reiches in der Forschung des ausgehenden 20. und des beginnenden 21. Jahrhunderts, in: R. Lafer / K. Strobel (Hrsg.), Antike Lebenswelten. Althistorische und papyrologische Studien (2015), 3–27.
Sannwald 1957 R. Sannwald, Marx und die Antike, Zürich 1957.
Stark 2005 I. Stark (Hrsg.), Elisabeth Charlotte Welskopf und die Alte Geschichte in der DDR. Beiträge der Konferenz vom 21. bis 23. November 2002 in Halle/Saale, Stuttgart 2005.
Stedman Jones 2017 G. Stedman Jones, Karl Marx. Die Biographie, Frankfurt a.M. 2017.

Willing 1991 M. Willing, Althistorische Forschung in der DDR. Eine wissenschaftsgeschichtliche Studie zur Entwicklung der Disziplin Alte Geschichte vom Ende des Zweiten Weltkriegs bis zur Gegenwart (1945–1989), Berlin 1991.

Für „Pressfreiheit“ – gegen die Winzernot

Karl Marx in Trier und seine ersten politischen Stellungnahmen in der „Rheinischen Zeitung“

Lena Haase

Anlässlich des „Marx-Jahres“ 2018 entstand, ähnlich wie bereits zu den Geburts- und Sterbejubiläen der vergangenen Jahrzehnte, eine Flut an historischen, philosophischen, soziologischen und politikwissenschaftlichen Abhandlungen. Diese setzen sich sowohl mit der Biographie und dem Werk als auch den Nachwirkungen von Karl Marx auseinander. Man sollte davon ausgehen können, dass alle Facetten seines so wechselvollen und unsteten Lebens mittlerweile eingehend erforscht worden sind – und doch stellt man fest, dass insbesondere über seine Kindheit und Jugend in Trier wenig bekannt ist. Auch wenn die Quellenlage, die die Prägung des jungen Marx in der Moselstadt eingehender beleuchten könnte, mehr als dürftig ausfällt und auch aus seiner eigenen Feder frühestens seine beiden Abituraufsätze (s. Anhang) überliefert sind, so erscheint gerade diese Phase mit Hinblick auf sein späteres Werk und seine gesellschafts- und sozialpolitischen Vorstellungen von großer Bedeutung.[1]

Im Folgenden soll neben einem kurzen Abriss über Leben und Werk von Karl Marx der Fokus in und um seine Heimatstadt Trier verlagert werden. Die dortigen sozialen, gesellschaftlichen und politischen Verhältnisse mussten von dem schon in jungen Jahren wissbegierigen und an Philosophie und Staatstheorien interessierten Marx wahrgenommen werden – sie waren geprägt von Ungleichheit, Armut und Krisen. Unter Berücksichtigung dieser Eindrücke sind im Besonderen seine publizistischen Schriften der frühen 1840er Jahre zu lesen, in denen er nicht nur soziale Ungleichheit anprangerte, sondern ebenso für ein liberales Staatsverständnis eintrat.

1 Dazu auch: Herres 2005.

Biographischer Abriss[2]

Geboren am 5. Mai 1818[3] im preußischen Trier als Sohn einer jüdischen Rabbinerfamilie wurde Karl Marx von seinem Vater Heinrich – wie auch seinen Lehrern am Trierer Gymnasium und seinem späteren Schwiegervater Ludwig von Westphalen – im Sinne von Aufklärung und humanitärer Bildung erzogen. Um seine berufliche Stellung als mittlerweile erfolgreicher Jurist auch unter preußischer Herrschaft nicht zur verlieren, entschloss sich Heinrich Marx (1777–1832) um 1819[4] zur Konversion zum Protestantismus, sodass auch seiner Karriere unter den Hohenzollern nichts mehr im Wege stand. Seine Kinder wurden am 26. August 1824 im Hause der Eltern getauft.[5] Nach seinem Abitur am späteren Friedrich-Wilhelm-Gymnasium ging der junge Karl 1835 nach Bonn, um dort auf Wunsch seines Vaters Rechtswissenschaften zu studieren. Viel mehr widmete sich Marx jedoch den geschichtlichen und philosophischen Vorlesungen und wechselte spätestens mit seinem Wechsel an die Berliner Universität 1836 vollends in die Philosophie, was mit seiner Dissertation „in absentia" in Jena (da er die für Berlin vorgegebene Regelstudienzeit von vier Jahren überschritten hatte) 1841 komplettiert wurde. Seine erste Anstellung nach Studienende erhielt er ab Oktober 1842, als er die Redaktion der neugegründeten Zeitung „Rheinische Zeitung für Politik, Handel und Gewerbe" übernahm. Nachdem diese nach nur wenigen Monaten im Frühjahr 1843 eingestellt wurde, ging der frisch verheiratete Marx mit seiner Ehefrau nach Paris.

Seit dem Zeitpunkt seines erneuten beruflichen Fehlschlags in der französischen Metropole, in der jedoch auch seine lebenslange Freundschaft mit Friedrich Engels entstand, begann Marx' Leben eine Abfolge von Ausweisung und Scheitern zu werden. 1844 aus Frankreich abgeschoben, siedelte der wegen „versuchten Hochverrats und des Majestätsverbrechens"[6] in Preußen unter Verdacht stehende und steckbrieflich Gesuchte[7] nach Brüssel über. Dort widmete er sich seinen ersten Studien zum „Manifest der Kommunistischen Partei", das schließlich im Februar 1848 erschien. Zur gleichen Zeit wurde Marx wegen revolutionärer Aktivitäten aus Belgien und daraufhin wegen seines Mitwirkens an der „Märzrevolution" auch aus seinem Zufluchtsort Paris ausgewiesen, sodass er

2 Auf einzelne bibliographische Hinweise wird verzichtet. Die Darstellung des biographischen Abrisses stützt sich vor allem auf die aktuell erschienen Marx-Biographien: Liedman 2018; Neffe 2017 – bietet als einziger gute Einblicke in die Trierer Zeit –; Nippel 2018 – für einen fundierten, kurzen Überblick sehr lesenswert –; Sperber 2013; Stedman Jones 2017.

3 Eine Transkription des Eintrages im Geburtenregister der Stadt Trier (Nr. 231/1818) in: Schönke 1993, 162.

4 Die Taufe der Mutter Henriette Preßburg erfolgte aus Rücksicht auf ihre zu jener Zeit noch lebenden Eltern am 20. November 1825. Vgl. zur in früherer Forschung kontroversen Ansicht über die Gründe zur Konversion der Familie Heinrich Marx und zur Frage des genauen Zeitpunktes: Stein 1932, 1; Monz 1973, 1, 243–254.

5 Schönke 1993, 833–834.

6 Landeshauptarchiv Koblenz (LHAKo), Best. 403, Nr. 17944, S. 557 (Brief des Ministers des Innern Arnim an den Oberpräsidenten der Rheinprovinz vom 16. April 1844).

7 Ebd., S. 584 (Signalement du Dr. Marx, Charles = Personenbeschreibung / Steckbrief des Dr. Karl Marx).

gezwungen war, nach Preußen zurückzukehren. Hier wagte er mit der „Neuen Rheinischen Zeitung" (NRhZ) einen weiteren Anlauf in der Publizistik, der jedoch zum wiederholten Male nicht gelang: Marx wurde im Mai 1849 für staatenlos erklärt und aus Preußen verbannt.[8] In der letzten erscheinenden Ausgabe der NRhZ vom 19. Mai 1849 ließ er auf der Titelseite ein Schreiben des Kölner Polizeipräsidenten Wilhelm Arnold Geiger vom 16. des Monats an ihn abdrucken, in welchem es hieß, die Zeitung trete „mit der Aufreizung zur Verachtung der bestehenden Regierung, zum gewaltsamen Umsturz und zur Einführung der socialen Republik immer entschiedener hervor[, weshalb] ihrem Redacteur en chef Dr. Karl Marx, das Gastrecht (!), welches er so schmählich verletzt, zu entziehen"[9] sei. Er emigrierte mit Frau und Kindern über Paris nach London, wo er sich weiterhin den bereits in den späten 1840ern begonnenen Studien zur politischen Ökonomie widmete, die 1867 in der Publikation seines Hauptwerkes „Das Kapital" münden sollten. Sein Broterwerb als Privatgelehrter und Journalist warf nur ein geringes Einkommen ab, sodass sein Leben maßgeblich durch kontinuierliche finanzielle Zuwendungen seines Freundes Engels finanziert wurde. Am 14. März 1883 starb Karl Marx, nachdem er bereits jahrelang von Krankheiten geplagt war, in London. Dort liegt er auf dem Highgate-Friedhof begraben.

Trier zur Zeit des jungen Marx – soziale und gesellschaftliche Gegebenheiten

Als Karl Marx in Trier geboren wurde, gehörte die Stadt und mit ihr die spätere Rheinprovinz seit wenigen Jahren zum preußischen Staat. Die Systemumbrüche, die die beschauliche Kleinstadt zunächst 1794 mit der Eroberung durch Napoléon Bonaparte und schließlich 1814/15 mit der Zuteilung zur preußischen Monarchie auf dem Wiener Kongress erlebt hatte, prägten sowohl das gesellschaftliche und wirtschaftliche als auch das politische Leben maßgeblich.

Aufgewachsen in der Simeonstraße 1070 (später Nr. 9, s. Abb. 3a–b) war es dem jungen Marx unmittelbar vor dem eigenen Hause möglich, Armut und Reichtum Tür an Tür wahrzunehmen. In der direkten Verbindung von der Porta Nigra zum Hauptmarkt befand sich einerseits eines der bevorzugten Wohngebiete der Stadt, in dem die städtische Honoratiorenschicht lebte, andererseits offenbarte sich in gleichem Maße Armut. In der unmittelbaren Nachbarschaft der Familie Marx lebten etwa in den Hausnummern 1064, 1066 und 1068 Familien, die in der „Armenliste" von 1832 als „minder arm" beziehungsweise „periodisch arm" eingestuft wurden.[10]

Diese für Trier einzigartige Auflistung aller Armen der Stadt führt 965 Haushaltsvorstände – intra und extra muros – auf, die von der begutachtenden Sanitätskommission als „ganz arm", „minder arm" oder „periodisch arm" eingeschätzt wurden. Ein Viertel der

8 Zur Diskussion der Ausweisung vgl. LHAKo, Best. 403, Nr. 7152, S. 7–29.

9 Neue Rheinische Zeitung Nr. 301 vom 19. Mai 1849, 1 Sp. 2–3.

10 „Liste aller Armen" von 1832 zugänglich im Stadtarchiv Trier (StATr), Tb14/599a und Tb14/604 und seit der Marx-Ausstellung im Stadtmuseum Simeonstift in einer gelungenen Visualisierung („Armenkarte") unter der Leitung von Stephan Laux. Vgl. dazu auch Laux 2018.

Einwohner der Stadt Trier, die sich 1832 auf 14.445 Personen[11] belief, wurde demnach als „arm“ klassifiziert.[12] Etwa doppelt so viele wurden der städtischen Unterschicht zugerechnet und weniger als ein Viertel – darunter auch die Familie Marx – konnten zur Mittel- und Oberschicht gezählt werden.[13] Die allgemeinen sozialen Verhältnisse, die unter anderem zu einer zeitweisen Überbelegung des Trierer Landarmenhauses und insbesondere in den 1840er Jahren zu einer Vielzahl von Neugründungen von Wohltätigkeitsvereinen führten, wurden darüber hinaus durch überregional spürbare Hungerkrisen verstärkt. Die Eifel- und Hunsrückgegenden waren besonders sowohl von der Krise 1817 mit ihren langfristig spürbaren Auswirkungen auf die Landwirtschaft und damit auf die Versorgungslage der Bevölkerung, als auch den krisenhaften Zuständen der frühen 1830er (Choleraepidemie) und 1840er Jahre (Kartoffelfäule) geprägt. Die wenig industrialisierte Stadt Trier, der während ihrer Zugehörigkeit zum französischen Empire ein riesiger Absatzmarkt für ihre Produkte – insbesondere den Moselwein – offen gestanden hatte, sah sich angesichts dieser Grundproblematiken und der preußischen Zoll- und Steuerpolitik im äußersten Westen Preußens sowohl infrastrukturell als auch in ihrer wirtschaftlichen Entwicklung abgehängt. All jene Missstände, die auch von der Lokal- und Regionalpolitik wahrgenommen und etwa auf den Sitzungen des Rheinischen Provinziallandtags zur Diskussion gestellt wurden, prangerte man an und machte nicht selten den preußischen Staat und seine restaurativen Tendenzen für ausbleibende oder gar verhinderte Besserungen verantwortlich.

Abb. 3: (a, oben) Wohnhaus der Familie Marx, in dem Karl Marx von 1819 bis 1835 lebte; (b, unten) Inschriftenplakette am Wohnhaus (Fotos: Daniel Yamanian, Trier).

11 Nach Monz 1973a, 58.

12 Als Grundlage für die Aufschlüsselung der Personen pro Haushalt dient eine Berechnung, die Jürgen Herres angestellt hat. Demnach gehörten damals zu einem Haushalt der Stadt Trier im Durchschnitt vier Personen: Herres 1990, 177.

13 Herres 1990, 188.

Wegbegleiter und Wegbereiter in Trier

Während die allgemeinen Zustände des vormärzlichen Triers nicht spurlos an Marx vorbeigezogen sein können, taten sich im Besonderen drei Männer hervor, die maßgeblichen Einfluss auf die geistige Entwicklung des jungen Mannes ausgeübt haben. Neben seinem Vater Heinrich Marx waren dies sein späterer Schwiegervater Ludwig von Westphalen (1770–1842)[14] und sein Lehrer am Trierer Gymnasium, Johann Hugo Wyttenbach (1767–1848).[15]

Seit der unter Napoléon auch im Rheinland verfügten bürgerlichen Gleichstellung der Juden war es Heinrich Marx möglich, nicht nur als Jurist in den Staatsdienst einzutreten, sondern auch zu einem Mitglied der städtischen Oberschicht aufzusteigen. Mindestens seit 1815 war er als Advokat am Trierer Appellationsgerichtshof tätig,[16] am 3. Juli 1820 folgte schließlich seine Ernennung zum Advokatanwalt.[17] Kurz zuvor, was für einen beruflichen Erfolg und die damit verbundene finanzielle Besserstellung spricht, erwarb er für sich und seine Familie das Haus Nr. 1070 in der Simeonsgasse.[18] Sein beruflicher Erfolg spiegelt sich zudem einerseits in dem eigenen Anwaltsbüro wider, das Marx seit etwa 1827 in Trier unterhielt[19], andererseits in der am 15. Oktober 1831 erfolgten Ernennung des gebürtigen Saarlouiser zum Justizrat.[20] Heinrich Marx war nicht nur durch seine Mitgliedschaften in zahlreichen honorablen Vereinen, wie der 1818 gegründeten Casinogesellschaft, in die städtische Oberschicht eingebunden, sondern außerdem mit weiteren bedeutenden Persönlichkeiten aus Politik, Wirtschaft und Gesellschaft gut bekannt. Seine religiös und politisch liberale Einstellung wird von neuerer wie älterer Forschung stets betont. Sie äußerte sich im Wesentlichen in der von ihm gehaltenen Lobrede auf die Trierer Deputierten des Rheinischen Provinziallandtages 1834[21] und seiner Anwesenheit während des Stiftungsfestes besagter – als preußenfeindlich vermuteter – Casinogesellschaft am 25. Januar 1834, auf dem aus dem weinseligen Anstimmen der Marseillaise der „Casinostreit“[22] entstand. Seine aufgeklärte, meist von französischen Ideen geprägte Bildung, die er auch an seinen Sohn Karl vermittelte, geht nicht zuletzt auch aus der Bestandsliste seiner Privatbibliothek hervor,[23] von der Karl nach dem Tod des Vaters am 10. Mai 1838 einen Teil erbte.

---

14 Monz 2000, 503.

15 Klupsch 2012.

16 Taschenkalender (1816), 18; (1818), 42; (1824), 67; (1825), 66; (1826), 67; (1827), 67; (1833), 54.

17 Schönke 1993, 170; Monz 1973a, 256.

18 Zuvor wohnte Familie Marx in der Nagelgasse 485 (ab 24. April 1816) und der Brückergasse 664 (ab 1. April 1818) – dem Geburtshaus von Karl Marx (s. Abb. 2a–b) – zur Miete. Dazu: Schönke 1993, 149 u. 162.

19 Schönke 1993, 195.

20 Ebd., 215; Trierische Zeitung vom 21.10.1831, 1 Sp. 2.

21 Kölnische Zeitung Nr. 23 vom 23. Januar 1834.

22 Haase 2018b.

23 Schönke 2006.

Mit sozialistischen Ideen kam der junge Karl auch in seiner Heimatstadt Trier in Kontakt. Sein späterer von ihm hoch verehrter Schwiegervater Johann Ludwig von Westphalen machte ihn mit den Werken des Frühsozialisten Henri de Saint-Simon bekannt.[24] Zwar blieb der Vater seiner Frau Zeit seines Lebens Anhänger eines monarchischen Staatssystems, jedoch betrachtete auch er die preußische Herrschaft in der Rheinprovinz – insbesondere während der Julirevolution – als restaurativ und die in französischer Zeit gewonnene Freiheit unterdrückend.[25] Im Allgemeinen sah Westphalen das preußische Steuersystem als verantwortlich für die Notlage der rheinischen Landbevölkerung an und nannte dabei explizit die Klassen-, die Mahl- und Schlacht- sowie die Weinsteuer, die auch auf dem Rheinischen Provinziallandtag diskutiert und in Marx' Artikeln der Jahre 1842/43 wiederholt kritisiert wurden. Wirkliche Opposition gegenüber Preußen sei jedoch – so Westphalen – vor allem in der Oberschicht und dem Bürgertum zu finden, zu dem sowohl die eigene Familie und Familie Marx, als auch deren Bekannte aus den elitären städtischen Clubs und Gesellschaften zu zählen wären.[26] Besonders hervorzuheben ist Westphalens Notiz in einem Brief, dass „auch die Gymnasiasten u. Studenten [...] von dieser Frankomanie angesteckt"[27] seien, denn zu dieser Zeit war auch Karl Marx Gymnasiast in Trier.

Das Trierer Gymnasium und seine Lehrer werden dementsprechend als dritte prägende Einflussnahme neben Vater und späterem Schwiegervater angesehen. Hier, wo Marx seine „humanistische Bildung"[28] erhalten hatte, wurden nicht selten liberale, aufgeklärte, wenn nicht gar antipreußische Einstellungen im Lehrerkollegium vertreten. Wenngleich der Direktor Johann Hugo Wyttenbach, der Marx' Deutschabitur abnahm, sich zwar in preußischer Zeit mit politischen Äußerungen und Positionierungen zurückhielt,[29] so ist seine Sehnsucht nach einer republikanischen Staatsverfassung mit politischer Partizipation der Bevölkerung überliefert. Insbesondere das Nichteinlösen des 1815 gegebenen und 1820 erneuerten Verfassungsversprechens[30] Friedrich Wilhelms III. enttäuschte seine Hoffnungen, die er in den preußischen Staat gesetzt hatte. Seine und die politische Einstellung einiger weiterer Lehrer führten zur Beobachtung des Gymnasiums durch die Polizei und der Vergabe einer Co-Rektorenstelle an Vitus Loers. Besonderes Augenmerk legten die preußischen Behörden zudem auf den Trierer Oberlehrer Gerhard Schneemann, der durch seine Verstrickung in den „Casinostreit" aufgefallen war: „[...] da mehrere Lehrer des hiesigen Gymnasiums in dem Rufe zweideutiger politischer Gesinnung

---

24 Pradel 1967, 15.

25 Diese Haltung geht aus einem Brief Johann Ludwig von Westphalens hervor, den er am 7. April 1831 an seinen Freund und Verwandten Friedrich Perthes schrieb und der in dessen Familiennachlass überliefert ist. Transkription und Druck in: Monz 1973b, 13–19.

26 Monz 1973b, 17. Zu den Gesellschaften und ihren Mitgliedern: Haase (2018a), 147–183, 259–288.

27 Monz 1973b, 17.

28 Quante/Schweikard 2016, 3.

29 Klupsch 2012, 200–206. Die Verfasserin spricht gar von „Politische[r] Resignation".

30 Sammlung 1847, 1–10.

stehen, und gerade in diesem Stande und unter diesen Verhältnissen entschieden vaterländische Gesinnung von der höchsten Wichtigkeit sind."[31]

Die Prägung des jungen Marx in seiner Heimatstadt Trier entsprach folglich keineswegs derjenigen, die man von einem Juristensohn der städtischen Oberschicht hätte annehmen können. Sein Bewusstsein für soziale Probleme und die Diskussion um Partizipation jedes Einzelnen beziehungsweise privilegierter Gruppen an politischen Aushandlungs- und Entscheidungsprozessen lernte er in Trier kennen – sowohl durch Anschauung als auch durch gezielte Unterrichtung.

Marx als Journalist – Eindrücke seiner Heimatstadt in der Rheinischen Zeitung

Während sich Karl Marx in seinen großen Werken, die im Exil in London entstanden, nicht mehr zu Zuständen in Eifel, Hunsrück und an der Mosel äußerte, sind insbesondere seine Zeitungsartikel, die er als „Rheinländer" und „Korrespondent von der Mosel" 1842/43 in der Rheinischen Zeitung veröffentlichte, von direkter Bezugnahme auf soziale und wirtschaftliche Verhältnisse seiner Heimat geprägt. Ob und „[w]ie der Wein Karl Marx zum Kommunisten machte",[32] wird wohl nicht zu beantworten sein – wenn auch sicherlich die Vermutung geäußert werden sollte, dass seine sozial- und gesellschaftspolitischen Vorstellungen mindestens zum Teil unmittelbar aus der Wahrnehmung der Not der Moselwinzer erwachsen sein können. Jedoch, so schreibt Marx selbst einleitend in seiner 1859 erschienenen „Kritik der Politischen Ökonomie", gaben erst „die Verhandlungen des Rheinischen Landtags über Holzdiebstahl und Parzellirung des Grundeigenthums, die amtliche Polemik, die Herr von Schaper, damals Oberpräsident der Rheinprovinz, mit der Rheinischen Zeitung über die Zustände der Moselbauern eröffnete, Debatten endlich über Freihandel und Schutzzoll [...] die ersten Anlässe zu meiner Beschäftigung mit ökonomischen Fragen."[33] Und auch Marx' Freund und Wegbegleiter Friedrich Engels wusste zu versichern, „grade durch seine Beschäftigung mit dem Holzdiebstahlsgesetz und mit der Lage der Moselbauern sei er [Marx, A.d.V.] von der bloßen Politik auf die ökonomischen Verhältnisse verwiesen worden und so zum Sozialismus gekommen."[34] Dass seine Hinwendung zu ökonomischen und politischen Themen zusammenfiel mit der vor allem in der Rheinprovinz erstarkenden liberalen Opposition gegen den preußischen Staat, mag zufällig erscheinen – wird jedoch vor dem Hintergrund der Marxschen Sozialisierung und Prägung in seinen Jugendjahren erklärbar. Mit seiner Tätigkeit als Redakteur der Rheinischen Zeitung verband Marx Philosophie mit Politik, um seiner Überzeugung Rechnung zu tragen, dass „[d]ie wahre Theorie [...] innerhalb konkreter

31 LHAKo, Best. 403, Nr. 2494, S. 10–11.
32 Baumeister 2017.
33 Marx 1859, IV.
34 Deckers 2018, 132.

Zustände und an bestehenden Verhältnissen klar gemacht und entwickelt werden“[35] muss. Dieses Prinzip sollte auch seine weitere Arbeit nachhaltig prägen.

Trotz der scheinbaren Wendung in Marx’ Themenwahl ist seine Tätigkeit für die Rheinische Zeitung keinesfalls als Geburtsstunde des Kommunisten Marx zu verstehen. Wie Herres schon deutlich machte, entwickelte sich Marx’ Staatstheorie erst in Paris, während er als Redakteur erklärte, „daß [er] das Einschmuggeln kommunistischer und sozialistischer Dogmen, also einer neuen Weltanschauung [...], für unpassend, ja für unsittlich halte und eine ganz andere und gründlichere Besprechung des Kommunismus, wenn er einmal besprochen werden solle, verlange.“[36] Seine Redakteurstätigkeit nahm er also dahingehend sehr ernst, nicht auffallend revolutionäre und antipreußische Artikel abdrucken zu lassen, die erstens von der Zensur kassiert worden wären und zweitens das Verbot der Zeitung provoziert hätten. Trotzdem waren seine eigenen Artikel von ernster Kritik am preußischen Staat geprägt.

Anstatt jedoch die Sezierung der Provinziallandtagsverhandlungen – wie man es erwarten könnte – für eine Kritik am noch ständisch organisierten preußischen Staat zu gebrauchen, machte Marx diese erste preußische Volksvertretung, wie sie sein Vater Heinrich 1834 noch anerkennend gewürdigt hatte[37], für die Unbeweglichkeit und restaurative Tendenz des preußischen Staates verantwortlich. Eine wirkliche Volksvertretung, die insbesondere die Interessen der Unter- und Mittelschicht (der Arbeiterklasse) vertrat, blieb bis zu Marx’ Tod dessen Forderung an ein gerechtes Staatswesen. Diese erste Erkenntnis ist aus seiner journalistischen Auseinandersetzung mit den Missständen seiner Heimat erwachsen.

Die hier im Fokus stehenden Artikel sind unter dem Titel „Rechtfertigung des ++-Korrespondenten von der Mosel“ in der Rheinischen Zeitung erschienen. Ihrer Gründung am 1. Januar 1842 stand die preußische Regierung zunächst durchaus positiv gegenüber, denn man erhoffte sich in ihr ein Gegengewicht zur tonangebenden und streng katholisch ausgerichteten Kölnischen Zeitung. Bereits seit dem Frühsommer 1842 veröffentlichte Karl Marx unter dem Pseudonym des „Rheinländers“ Artikel über die Debatten des 6. Rheinischen Provinziallandtags, in denen er sich den „Kölner Wirren“, dem neuverhandelten Holzdiebstahlgesetz und vor allem der Forderung nach „Preßfreiheit“ widmete.[38] Nach eigener Aussage war es dabei sein Anspruch, nicht subjektiv zu kommentieren, sondern „mehr als historischer Zuschauer den Gang der Verhandlungen begleiten und darstellen“[39] zu wollen, was er jedoch weder in seinen Artikeln über die Provinziallandtagsverhandlungen noch in den späteren Artikeln als „Korrespondent von der Mosel“ einzuhalten im Stande war. Nach einigen Richtungswechseln und personellen Veränderungen übernahm der erst 24-jährige Karl Marx die Chefredaktion der Rheinischen Zeitung. Zwar gelang es ihm, die Auflage deutlich zu steigern, was aber gemeinsam

35 MEGA III/I (1970), 31

36 MEGA I/1,2 (1970), 286; Herres 2005, 15.

37 Kölnische Zeitung Nr. 23 vom 23. Januar 1834.

38 MEGA I/1.1 (1970), 179–229 (Debatten über Preßfreiheit und Publikation der Landständischen Verhandlungen), 266–304 (Debatten über das Holzdiebstahlsgesetz).

39 MEGA I/1.1 (1970), 183.

mit dem immer schärferen Ton der Artikel gegenüber der preußischen Regierung und den Kommunalbehörden vor Ort schließlich zum Verbot der Zeitung führte, das am 20. Januar 1843 beschlossen und am 31. März 1843 wirksam wurde.[40]

Erstmals thematisiert wurde die Moselkrise im Artikel „++ Von der Mosel, 12. Nov.“, der am 15. November 1842 erschien und die Weinbaukrise „gut informiert über die Zustände vor Ort“[41] darstellte. Ob dieser Beitrag jedoch aus der Feder von Marx stammt, oder von seinem Mitarbeiter Peter Joseph Coblenz[42] aus Bernkastel verfasst wurde, ist bis heute unklar. Coblenz' Dezember-Artikel „Bernkastel, 10. Dez.“ lieferte schließlich den Anlass für die von Marx verfassten „Rechtfertigungen des ++-Korrespondenten von der Mosel“, die ab dem 15. Januar 1843 erscheinen sollten. Er kündigte fünf Rubriken an, in denen er die Holzverteilung (A), das „Verhältnis der Moselgegend zu der Kabinettsordre vom 24. Dezember 1841 und der durch dieselbe bewirkten freieren Bewegung der Presse“ (B), die „Krebsschäden der Moselgegend“ (C), die „Vampyre der Moselgegend“ (D) und schließlich „Vorschläge zur Abhülfe“ (E) thematisieren wollte. Gedruckt wurden von den angekündigten fünf Artikeln jedoch nur die ersten beiden in den Ausgaben 15 (15. Januar 1843) bis 20 (20. Januar 1843).[43] Den dritten Teil der Artikelserie über die „Krebsschäden der Moselgegend“ will Pelger in der von Karl Heinzen verfassten „Preußische[n] Büreaukratie“ identifiziert haben.[44]

Laut Marx' eigener Einschätzung waren es seine Rechtfertigungsartikel, „worin höchste Staatsmänner sehr blamiert wurden“[45], die zunächst zur „Doppelzensur“[46] der Rheinischen Zeitung bis Ende März 1843 und schließlich zu ihrem Verbot führten. Alleine die Tatsache, dass er die Denunziation der Staatsmänner, die er maßgeblich für die Not an der Mosel verantwortlich machte, eingestand, macht deutlich, wie ernst es Marx selbst mit einer öffentlichen Thematisierung dieses Missstandes war. Noch am Beginn seiner Rechtfertigung hatte Marx angeführt, dass „die Presse nur dann zur Denunziation berechtigt sei, wenn es sich um ein ‚öffentliches Übel‘ handele.“[47] In seinen Augen waren es der preußische Staat und vor allem die auf regionaler Ebene tätigen Verwaltungsbeamten des Regierungspräsidiums wie des Oberpräsidiums der Rheinprovinz, die für die

40 Baumeister 2017, 108–109.

41 Ebd., 109.

42 Geboren 1811 als Sohn eines Winzers in Bernkastel an der Mosel. Nach seinem Jurastudium wurde er aus seiner Stellung am Landgericht Trier entlassen und arbeitete als Rechtsberater in Bernkastel und als freier Journalist. Als Agitator der 1848er-Revolution entfloh er der Verhaftung nach Frankreich. „Wegen Betheiligung an einem Complotte zum Zwecke des Umsturzes des Königl. Regierung, resp. der Bewaffnung der Bürger gegen die Königl. Gewalt oder gegen einander und der Aufreizung zu diesem Verbrechen“ wurde Coblenz gesucht, kehrte 1850 wieder in seine Heimat zurück und wurde zu sechs Jahren Zuchthaus verurteilt. In der Haft verstarb er 1856. Zu seiner Person: Baumeister 2017, 111. Zitat nach: Amtsblatt Düsseldorf (1848), 641.

43 MEGA I/1,1 (1970), 355–383.

44 Heinzen 1845, 220–225.

45 MEGA I,2 (1970), 293: Brief von Marx an Arnold Ruge vom 25. Januar 1843.

46 Ebd.

47 Pelger 1973, 357; MEGA I/1 (1970), 357.

Notlage des Trierer Bezirks im Allgemeinen und die Not der Moselwinzer im Speziellen verantwortlich zu machen waren.[48]

Gesteigert wurde diese bereits in der Besetzung und Führung der Regionalverwaltung angelegte Problematik durch die „Krebsschäden der Korruption"[49] und die „Vampyre" der Moselgegend. Als Profiteure der Not der Moselwinzer verstand man Geldverleiher („Wucherer"[50]), Gerichtsvollzieher und Anwälte beziehungsweise Notare. Ihre Berufszweige waren es scheinbar, die während der wirtschaftlichen Krisensituationen sowohl in Form des Geldverleihs und im Hypothekenwesen als auch bei der Durchführung von Zwangsversteigerungen und in Zeiten der beruflichen Hochkonjunktur im Falle der Richter und Notare von einem erhöhten Zulauf und gesteigerten Umsatz- und Verdienstchancen profitierten. Das Zusammenspiel aus behördlicherseits geduldeter Armut, Korruption innerhalb der Verwaltung und den scheinbar von der Notlage der Bevölkerung in Wirtschaft und Justiz profitierenden Berufen spitzte sich in Marx' Anschauung nicht nur zu einem Versagen der staatlichen Behörden, sondern ebenso zu sozialer Ungleichheit und fehlender politischer Beteiligung und gesellschaftlicher Einflussnahme der unteren Klassen zu. Die Auseinandersetzung mit der sozialen Frage, die spätestens im Manifest der Kommunistischen Partei zu einer „öffentlich artikulierten Kritik des Privateigentums wird",[51] wird in den Moselartikeln erstmals von Marx thematisiert.

Fragt man nach den direkten Konsequenzen der Marxschen Artikelserie über die Not an der Mosel, so muss zwar gesagt werden, dass diese, da sie selbst keine direkt umsetzbaren Lösungsansätze benannte, keine unmittelbar spürbaren Auswirkungen auf die Lebens- und Arbeitsumstände der Moselwinzer hatte. Allerdings brachte Marx die sozialen Missstände in einen öffentlichen Diskurs und artikulierte gezielt seine Unzufriedenheit und die zahlreicher Bewohner der Trierer Umgegend mit der preußischen Regierung, was an der großen Verbreitung der Moselartikel, wie auch an der großen Anteilnahme am Verbot der Rheinischen Zeitung abzulesen ist. Zeitungen als Träger der öffentlichen Meinung, wie sie im 19. Jahrhundert trotz der streng regulierenden Pressezensur entstanden, wusste Marx am Beispiel der Artikelserie in der Rheinischen Zeitung, wie auch in seinem späteren journalistischen und redaktionellen Wirken, zu nutzen.[52] Seine Publizistik, die sich durch „Mut, Kritikfähigkeit und Prägnanz"[53] auszeichnete, bewirkte ganz konkret neben der öffentlichen Ansprache der sozialen Situation an Mosel und Saar zahlreiche Kommissionsgründungen, die zwar ebenfalls keine umsetzbaren Lösungsvorschläge hervorbringen konnten, jedoch zumindest eine Bestandsaufnahme auf behördlicher Ebene leisteten.[54]

---

48 Zur Moselweinkrise allgemein vgl. Winter-Tarvainen 1992.

49 Pelger 1973, 333.

50 Dazu auch: Baumeister 2017, 64.

51 Celikates/Loick 2016, 122.

52 Herres 2005, 14.

53 Ebd., 25.

54 Pelger 1973, 340. Zu nennen sei hier etwa die Trarbacher Konferenz vom 2./3. September 1844, die auf Vorschlag des Rheinischen Provinziallandtags abgehalten worden war und „welche unter Vorsitz des Oberpräsidenten der Rheinprovinz über die Mittel zur Abhülfe oder doch zur Verminde-

Fazit – Marx’ Prägung in Trier

Die Stadt Trier war für Karl Marx mehr als bloß seine Geburtsstadt – hier wuchs er auf, genoss seine erste Bildung und kam im Kontakt mit sozialen und gesellschaftlichen Missständen sowie Versuchen, diese durch republikanische oder sozialistische Staats- und Gesellschaftsentwürfe zu beheben. Erstmals öffentlichen Ausdruck finden diese in Kindheit und Jugend erfahrenen Prägungen in seinen journalistischen beziehungsweise redaktionellen Arbeiten in der Rheinischen Zeitung. Als genau beobachtender „Kritiker seiner Zeit“[55] erlangte er damit bei den jungen Radikalen seiner Zeit Beachtung und Anerkennung und wechselseitig bei der preußischen Regierung Ablehnung.[56] Diese Polarisierung, die sich bereits in seinen jungen Jahren herauskristallisieren und über die Zeit verfestigen sollte, kann als Kontinuum in der Biographie von Karl Marx ausgemacht werden. In einem ersten Lexikonartikel in Meyers Konversations-Lexikon von 1888 über seine Person wird Marx als „sozialistischer Agitator und Schriftsteller“[57] charakterisiert und keinesfalls als Kommunist oder Revolutionär, wie die Nachwelt den viel zu oft nach Osten projizierten Philosophen und Staatstheoretiker wahrnimmt. Karl Marx war ein klassischer westeuropäischer Sozialist seiner Zeit, der in Trier soziale Ungleichheit wahrnahm, im Rheinland erstmals politisch Stellung bezog und sein Lebenswerk in Paris, Brüssel und London internationalisierte.

Quellen (gedruckt und ungedruckt):

- Amtsblatt der Königlichen Regierung zu Düsseldorf (1848), Düsseldorf [1848].
- Kölnische Zeitung Nr. 23 vom 23. Januar 1834.
- Landeshauptarchiv Koblenz (LHAKo), Best. 403 (Oberpräsidium der Rheinprovinz), Nrn. 2494, 7152, 17944.
- Marx, Karl / Engels, Friedrich, Historisch-Kritische Gesamtausgabe. Werke/Schriften/Briefe, Bde. 1 (Karl Marx. Werke und Schriften bis Anfang 1844 nebst Briefen und Dokumenten) u. 3 (Friedrich Engels. Werke, Artikel, Entwürfe bis August 1844), Frankfurt / Berlin 1970.
- Neue Rheinische Zeitung Nr. 301 vom 19. Mai 1849.
- Protokoll der unter dem Vorsitze des Herrn Oberpräsidenten von Schaper am 2. und 3. September 1844 zu Trarbach zur Berathung über die Mittel zur Abhülfe des Nothstandes der Winzer versammelt gewesenen Kommission, Coblenz 1844.

rung des Nothstandes der Winzer berathen und geeignete Vorschläge machen solle.“ Vgl. Protokoll 1844, 1.

55 Herres 2005, 9.

56 Quante/Schweikard 2016, 7.

57 N.N. 1888, 302–303.

- Sammlung der ständischen preußischen Gesetze und zwar: Verordnung [...]. Nebst dem Protest preuß. Landtags-Abgeordneter gegen das Patent vom 3. Februar 1847, Strasburg 1847.
- Stadtarchiv Trier (StATr), Tb14/599a und Tb 14/604.
- Trierischer Taschen-Kalender, Jahrgänge 11 (1816), 13 (1818), 19 (1824), 20 (1825), 21 (1826), 22 (1827), 28 (1833), Trier.

Literatur

Baumeister 2017 J. Baumeister, Wie der Wein Karl Marx zum Kommunisten machte. Ein Philosoph als Streiter für die Moselwinzer, Trier 2017.

Celitakes/Loick 2016 R. Celitakes / D. Loick, Politische Schriften, in: M. Quante / D. P. Schweikard (Hrsg.), Marx-Handbuch. Leben – Werk – Wirkung, Stuttgart 2016, 119–144.

Deckers 2018 D. Deckers, Karl Marx und der Notstand der Moselwinzer (1), in: FINE. Das Weinmagazin 2 (2018) 126–132.

Haase 2018a L. Haase, Der Trierer Oberbürgermeister Wilhelm von Haw (1783–1862). Eine politische Biographie zwischen Liberalismus, Katholizismus und preußischem Staat (Publikationen aus dem Stadtarchiv Trier 5), Trier 2018.

Haase 2018b L. Haase, Die Trierer Casinogesellschaft zwischen Auflösung und Neugründung. Oberbürgermeister Wilhelm von Haw als zentraler Akteur im Casinostreit von 1834, in: Bürgerliche Liberalität und Geselligkeit. 200 Jahre Casino-Gesellschaft Trier (1818–2018), hrsg. im Auftrag der Casino-Gesellschaft Trier durch den Vorsitzenden Michael Witzel, Trier 2018, 267–288.

Heinzen 1845 K. Heinzen, Die Preußische Büreaukratie, Darmstadt 1845.

Herres 1990 J. Herres, Cholera, Armut und eine „Zwangssteuer" 1830/32. Zur Sozialgeschichte Triers im Vormärz, in: Kurtrierisches Jahrbuch 30 (1990) 161–203.

Herres 2005 J. Herres, Karl Marx als politischer Journalist im 19. Jahrhundert, in: Beiträge zur Marx-Engels-Forschung, Neue Folge, Neue Folge (2005) 7–28.

Klupsch 2012 T. Klupsch, Johann Hugo Wyttenbach. Eine historische Biographie (Trierer Historische Forschungen: Kleine Schriften 2), Trier 2012.

Laux 2018 St. Laux, Armut unter den Augen des jungen Marx. Eine Trierer Armenliste aus dem Jahr 1832. Quellen, digitale Aufbereitung, Einblicke, in: Neues Trierisches Jahrbuch 58 (2018) 145–161.

Liedman 2018 S.-E. Liedman, A World to Win. The Life and Works of Karl Marx, London/New York 2018.

Marx 1859 K. Marx, Zur Kritik der Politischen Ökonomie, Berlin 1859.

Monz 1973a H. Monz, Karl Marx. Grundlagen der Entwicklung zu Leben und Werk, Trier 1973.

Monz 1973b H. Monz, Politische Anschauung und gesellschaftliche Stellung von Johann Ludwig von Westphalen, in: Zur Persönlichkeit von Marx' Schwiegervater Johann Ludwig von Westphalen (Schriften aus dem Karl-Marx-Haus Trier 9), Trier 1973, 3–41.

Monz 2000 H. Monz, Westphalen, Johann Ludwig v, in: H. Monz (Hrsg.): Trierer Biographisches Lexikon, Trier 2000, 503.

Neffe 2017 J. Neffe, Marx. Der Unvollendete, München 2017.

Nippel 2018 W. Nippel, Karl Marx, München 2018.

N.N. 1888 N.N., Art. Marx, Karl, in: Meyers Konversations-Lexikon. Eine Encyklopädie des allgemeinen Wissens, Elfter Band, Leipzig 1888, 302–303.

Pelger 1973 H. Pelger, Karl Marx und die rheinpreußische Weinkrise. Ein Beitrag zur Lage der Moselwinzer um 1840 und zu Marx' erster Auseinandersetzung mit sozialökonomischen Fragen, mit sechs unbekannten Marx-Artikeln, in: Archiv für Sozialgeschichte 13 (1973) 309–375.

Pradel 1967 H. Pradel, Wie kam Karl Marx in Trier zum Sozialismus? Ein Beitrag zum Lebensbild des jungen Marx. Boppard am Rhein 1967.

Quante/Schweikard 2016 M. Quante / D. P. Schweikard, Karl Marx – Leben, in: M. Quante / D. P. Schweikard (Hrsg.), Marx-Handbuch. Leben – Werk – Wirkung, Stuttgart 2016, 1–20.

Schönke 1993 M. Schönke, Karl und Heinrich Marx und ihre Geschwister. Lebenszeugnisse – Briefe – Dokumente, Bonn 1993.

Schönke 2006 M. Schönke, Die Bibliothek von Heinrich Marx im Jahre 1838. Ein annotiertes Verzeichnis, in: Marx-Engels-Jahrbuch (2005) 128–173.

Sperber 2013 J. Sperber, Karl Marx. Sein Leben und sein Jahrhundert, München 2013.

Stedman Jones 2017 G. Stedman Jones, Karl Marx. Die Biographie, Frankfurt a.M. 2017.

Stein 1932 H. Stein, Der Uebertritt der Familie Heinrich Marx zum evangelischen Christentum, in: Jahrbuch des Kölnischen Geschichtsvereins 14 (1932) 126–129.

Winter-Tarvainen 1992 A. Winter-Tarvainen, Weinbaukrise und preussischer Staat. Preußische Zoll- und Steuerpolitik in ihren Auswirkungen auf die soziale Situation der Moselwinzer im 19. Jahrhundert (Trierer Historische Forschungen 18), Trier 1992.

II.
Thematische Zugriffe

Die Antike als vorkapitalistische Gesellschaft

Die ‚Grundrisse der Kritik der politischen Ökonomie' von Karl Marx (1857/58)

Helmuth Schneider

I

Karl Marx ist in verschiedenen Texten auf einzelne Aspekte der antiken Wirtschaft eingegangen, ohne diese aber umfassend zu beschreiben oder systematisch zu analysieren; solche Hinweise auf die antike Wirtschaft haben in der Regel die Funktion, die Verhältnisse im Kapitalismus durch Abgrenzung von den Strukturen der vorkapitalistischen Wirtschaft zu beleuchten; die dabei geäußerte Kritik an den zeitgenössischen Urteilen über die Antike ist meist sehr dezidiert. In diesem Zusammenhang kommt den Ausführungen im ‚Kapital' als dem großen Hauptwerk von Marx zunächst eine besondere Bedeutung zu.[1]

Grundlage der Auffassungen von Marx ist die Überzeugung, dass das Kapital eine historische Erscheinung der Neuzeit darstellt und Voraussetzungen hat, die in früheren

1 Die Literatur zu Karl Marx ist kaum mehr zu überblicken; wichtiges Handbuch ist jetzt Quante/Schweikard 2016. Biographie und Analyse des Marxschen Werkes bieten jetzt Sperber 2013 und Jones 2017. Kurze Skizzen zu Leben und Werk: von Oertzen 1991, 139–156; Dahrendorf 2006, 58–73; Lange 1995, 168–186. Vgl. ferner Habermas 1976. Die vorkapitalistischen Produktionsweisen: da Graca/Zingarelli 2015. Marx und die Antike: Vittinghoff 1994, 474–528, hier besonders 478–494. Vittinghoff geht es in dem Aufsatz nicht allein um die Thesen von Marx und Engels, sondern vor allem auch um die Rezeption ihrer Schriften in der althistorischen Forschung der Sowjetunion, was dazu führt, dass er die Aussagen von Marx und Engels zur Antike von den frühen Schriften bis hin zu den späten Arbeiten und Briefen von Engels zusammenfassend referiert und so eine Position konstruiert, die Marx selbst so nie formuliert hat. Zu Recht hat Vittinghoff 1994, 479 manche Fehleinschätzungen von Marx auf den Forschungsstand der Alten Geschichte in der Zeit zwischen 1847 und 1867 zurückgeführt. Es ist ferner zu betonen, dass nicht die Verhältnisse der Antike, sondern das moderne Kapital und die kapitalistische Produktionsweise das zentrale Thema von Marx waren und die oft beiläufigen Äußerungen zur Antike sich in völlig unterschiedlichen sachlichen Kontexten finden und jeweils auf diese Kontexte bezogen sind. Zur antiken Sklaverei bei Marx: Vogt 1965, 97–111, besonders 101–102. Vgl. ferner: Finley 1980, 40–42; de Ste. Croix 1981, besonders 19–30. Herrmann-Otto 2009, 41–43. Vgl. auch den Aufsatz von Claudia Deglau in diesem Band.

Epochen nicht gegeben waren.[2] Für die kapitalistische Produktionsweise ist die Existenz der freien Arbeit unabdingbar.[3] Der freie Arbeiter verkauft seine Arbeitskraft an den Geldbesitzer, und dies ist die entscheidende Bedingung dafür, dass Geld in Kapital verwandelt wird. Die Antike kannte demnach kein Kapital und keine kapitalistische Produktionsweise; die entgegengesetzte Meinung, die der Antike geradezu moderne wirtschaftliche Verhältnisse zuschreibt, wird entschieden abgelehnt:

> „In Realenzyklopädien des klassischen Altertums kann man den Unsinn lesen, dass in der antiken Welt das Kapital völlig entwickelt war, „außer dass der freie Arbeiter und das Kreditwesen fehlten". Auch Herr Mommsen in seiner „Römischen Geschichte" begeht ein Quidproquo über das andre."[4]

Marx nennt als einen weiteren Tatbestand, der für die Differenz zwischen vorkapitalistischer und kapitalistischer Produktionsweise von Relevanz ist, die Warenproduktion, die in der Antike nur unbedeutend war:

> „In den altasiatischen, antiken usw. Produktionsweisen spielt die Verwandlung des Produkts in Ware, und daher das Dasein der Menschen als Warenproduzenten, eine untergeordnete Rolle, die jedoch umso bedeutender wird, je mehr die Gemeinwesen in das Stadium ihres Unterganges treten."[5]

2 K. Marx, Kapital, MEW 23, 183: „Die Natur produziert nicht auf der einen Seite Geld- oder Warenbesitzer und auf der andren bloße Besitzer der eignen Arbeitskräfte. Dies Verhältnis ist kein naturgeschichtliches und ebenso wenig ein gesellschaftliches, das allen Geschichtsperioden gemein wäre. Es ist offenbar selbst das Resultat einer vorhergegangenen historischen Entwicklung, das Produkt vieler ökonomischen Umwälzungen, des Untergangs einer ganzen Reihe älterer Formationen der gesellschaftlichen Produktion." Zum Verständnis des Kapitalismus bei Marx vgl. Marx 2004, 594–630. Hier spricht Marx von der Bourgeoisie und der großen Industrie; vgl. a. a. O. 596–601. Zur Gleichsetzung von Bourgeoisie und Kapital vgl. a. a. O. 601.

3 K. Marx, Kapital, MEW 23, 182: „Unter dieser Voraussetzung kann die Arbeitskraft als Ware nur auf dem Markt erscheinen, sofern und weil sie von ihrem eigenen Besitzer, der Person, deren Arbeitskraft sie ist, als Ware feilgeboten oder verkauft wird. Damit ihr Besitzer sie als Ware verkaufe, muss er über sie verfügen können, also freier Eigentümer seines Arbeitsvermögens, seiner Person sein. Er und der Geldbesitzer begegnen sich auf dem Markt und treten in Verhältnis zueinander als ebenbürtige Warenbesitzer, nur dadurch unterschieden, dass der eine Käufer, der andre Verkäufer, beide also juristisch gleiche Personen sind." Vgl. ferner 184: „Anders mit dem Kapital. [...] Es entsteht nur, wo der Besitzer von Produktions- und Lebensmitteln den freien Arbeiter als Verkäufer seiner Arbeitskraft auf dem Markt vorfindet, und diese eine historische Bedingung umschließt eine Weltgeschichte." Prononciert formuliert Marx im Manifest der Kommunistischen Partei (Marx 2004, 607): „Die Bedingung des Kapitals ist die Lohnarbeit." Zum Begriff Produktionsweise vgl. Habermas 1976, 144–199, hier 152: „Eine *Produktionsweise* ist charakterisiert durch einen bestimmten Entwicklungsstand der Produktivkräfte und durch bestimmte Formen des gesellschaftlichen Verkehrs, also Produktionsverhältnisse."

4 K. Marx, Kapital, MEW 23, 182, Anm. 33.

5 K. Marx, Kapital, MEW 23, 93.

Es ist deutlich, dass auch in den vorkapitalistischen Gesellschaften eine Warenproduktion existiert, nur bleibt sie eine periphere Erscheinung, die nicht die Produktion dominiert und damit kein bestimmendes Element der Produktionsweise darstellt. Marx betont diesen Sachverhalt an anderer Stelle:

> „Warenproduktion und Warenzirkulation können stattfinden, obgleich die weit überwiegende Produktenmasse, unmittelbar auf den Selbstbedarf gerichtet, sich nicht in Ware verwandelt, der gesellschaftliche Produktionsprozess also noch lange nicht in seiner ganzen Breite und Tiefe vom Tauschwert beherrscht ist."[6]

Zwischen freier Lohnarbeit und dem Vorherrschen der Warenproduktion besteht ein enger Zusammenhang:

> „Was also die kapitalistische Epoche charakterisiert, ist, dass die Arbeitskraft für die Arbeiter selbst die Form einer ihm gehörigen Ware, seine Arbeit daher die Form der Lohnarbeit erhält. Andererseits verallgemeinert sich erst von diesem Augenblick die Warenform der Arbeitsprodukte."[7]

Ein Moment der kapitalistischen Produktionsweise ist ferner die ausgeprägte Arbeitsteilung, die nach Marx mit der Manufaktur im 16. Jahrhundert entstanden ist;[8] vorausgegangen war die Kooperation, die sich als Produktivkraft erst im Kapitalismus voll entfalten konnte, auch wenn sie bereits in der Antike und im Mittelalter vereinzelt zur Anwendung gelangte.[9] Für die Arbeitsteilung gilt, dass sie schon in frühen Gesellschaften existierte, etwa in Form einer „naturwüchsige[n] Teilung der Arbeit aus den Geschlechts- und Altersverschiedenheiten, also auf rein physiologischer Grundlage."[10] Die gesellschaftliche Arbeitsteilung ist schon allein durch die

> „Scheidung von Stadt und Land" bedingt.[11] Die Trennung von Stadt und Land ist keine Erscheinung einer bestimmten Epoche seit der Antike, vielmehr konstatiert Marx, „dass die ganze ökonomische Geschichte der Gesellschaft sich in der Bewegung dieses Gegensatzes resümiert."[12]

Die Arbeitsteilung innerhalb der Manufaktur hat nach Marx, der hier die Auffassung der politischen Ökonomie referiert, den Zweck, „mit demselben Quantum Arbeit mehr Ware

---

6 K. Marx, Kapital, MEW 23, 184.
7 K. Marx, Kapital, MEW 23, 184, Anm. 41.
8 K. Marx, Kapital, MEW 23, 356.
9 K. Marx, Kapital, MEW 23, 354: „Die sporadische Anwendung der Kooperation auf großem Maßstab in der antiken Welt, dem Mittelalter und den modernen Kolonien beruht auf unmittelbaren Herrschafts- und Knechtschaftsverhältnissen, zumeist auf der Sklaverei."
10 K. Marx, Kapital, MEW 23, 372.
11 K. Marx, Kapital, MEW 23, 373.
12 K. Marx, Kapital, MEW 23, 373.

zu produzieren, daher die Waren zu verwohlfeilern und die Akkumulation des Kapitals zu beschleunigen."[13] An dieser Stelle hält Marx es für notwendig, zwischen dieser Sicht und bekannten Äußerungen antiker Autoren über die Arbeitsteilung zu differenzieren, weil nur auf diese Weise der Unterschied zwischen der modernen Arbeitsteilung in der Produktion und den antiken Verhältnissen deutlich werden kann. Wie Marx betont, wurde in der Antike die Arbeitsteilung wesentlich unter dem Aspekt der Verbesserung der Erzeugnisse und der verschiedenartigen Talente der Menschen gesehen, die jeweils die ihrer Begabung entsprechenden Berufe wählen: „Also Produkt und Produzent werden verbessert durch die Teilung der Arbeit."[14] Bei der Erwähnung einer durch Arbeitsteilung bewirkten Vermehrung der Erzeugnisse geht es nur um die „größere Fülle des Gebrauchswerts. Es wird mit keiner Silbe des Tauschwerts, der Verwohlfeilerung der Waren gedacht."[15]

Marx bezieht sich hier auf die ‚Politeia' Platons, der in der Darstellung der Entstehung einer Polis von den primären Bedürfnissen der Menschen nach Nahrung, Wohnung und Kleidung ausgeht. Platon stellt dann die Frage, ob etwa ein Landmann Getreide für sich selbst und die anderen Bürger produzieren oder ob jeder Bürger alles das, wessen er bedarf, selbst herstellen soll. Arbeitsteilung bedeutet nach Platon jedenfalls auch, dass es zwischen den Bürgern einen gemeinsamen Austausch gibt. Ein Argument für die Spezialisierung ist die Tatsache, dass die Menschen eine verschiedene Begabung besitzen und damit auch für verschiedenartige Arbeiten geeignet sind, und dass ein Handwerk besser ausgeübt werden kann, wenn der Handwerker sich auf eine bestimmte Tätigkeit beschränkt. Den Nutzen der Arbeitsteilung sieht Platon darin, dass die Dinge in größerer Zahl, schöner und leichter verfertigt werden können.[16]

Von der Möglichkeit, durch Arbeitsteilung und Spezialisierung einen höheren Profit zu erzielen, ist hier jedenfalls nicht die Rede. Neben Platon erwähnt Marx Xenophon, der darauf hinweist, dass in kleineren Städten Handwerker aufgrund der geringen Nachfrage genötigt sind, verschiedenste Arbeiten zu verrichten, etwa ein Bett, eine Tür oder einen Pflug herzustellen; in größeren Städten ist hingegen etwa bei der Verfertigung von Schuhen eine Spezialisierung auf Männer- oder Frauenschuhe oder sogar auf einen einzigen Arbeitsschritt möglich.[17]

Die kapitalistische Produktionsweise entsteht nach Marx, indem das Kapital sich „des Arbeitsprozesses bemächtigt."[18] Allerdings existieren auch in den vorkapitalistischen Gesellschaften Formen des Kapitals, denn neben die „selbständigen Produzenten, die in überlieferter, urväterlicher Betriebsweise handwerkern oder ackerbauern, tritt der Wucherer oder Kaufmann, das Wucherkapital oder Handelskapital, das sie parasitenhaft aussaugt."[19]

13 K. Marx, Kapital, MEW 23, 386.
14 K. Marx, Kapital, MEW 23, 386 f.
15 K. Marx, Kapital, MEW 23, 387. Vgl. auch den Aufsatz von Patrick Reinard in diesem Band.
16 Plat. rep. 369b-370c. Marx zitiert diesen Abschnitt Kapital, MEW 23, 387 Anm. 80.
17 Xen. Kyr. 8,2,5. K. Marx, Kapital, MEW 23, 388, Anm. 81. Dass die Anschauungen Platons und Xenophons noch in römischer Zeit Gültigkeit hatten, zeigen nach Marx die entsprechenden Aussagen Diodors: Marx, Kapital, MEW 23, 389 und 360, Anm. 29. Vgl. Diod. 1,74,6–7.
18 K. Marx, Kapital, MEW 23, 533.
19 K. Marx, Kapital, MEW 23, 533.

Aber mit dieser Form der Ausbeutung ist eben nicht die kapitalistische Produktionsweise verbunden, sie kann aber den Übergang zu dieser bilden, wie Marx dies für das spätere Mittelalter annimmt.[20] Dieser Gedanke wird an anderer Stelle näher ausgeführt:

> „Aber das Mittelalter hatte zwei verschiedene Formen des Kapitals überliefert, die in den verschiedensten ökonomischen Gesellschaftsformationen reifen und, vor der Ära der kapitalistischen Produktionsweise, als Kapital quand même gelten – das Wucherkapital und das Kaufmannskapital. [...] Das durch Wucher und Handel gebildete Geldkapital wurde durch die Feudalverfassung auf dem Land, durch die Zunftverfassung in den Städten an seiner Verwandlung in industrielles Kapital behindert. Diese Schranken fielen mit der Auflösung der feudalen Gefolgschaften, mit der Expropriation und teilweisen Verjagung des Landvolks."[21]

Im Abschnitt über die Verwandlung von Geld in Kapital geht Marx auch auf die Antike ein; er weist auf Aristoteles hin, der in der ‚Politik' mit der Chrematistiké eine Form des Gelderwerbs beschrieben hat, die insofern der Verwertung des Kapitals in seiner modernen Form entspricht, als sie nach einem Reichtum strebt, der unbegrenzt ist so wie die „Bewegung des Kapitals [...] maßlos" ist und der überdies auch aus der Zirkulation hervorgegangen ist.[22] Zustimmend zitiert Marx an anderer Stelle die kritischen Äußerungen des Aristoteles zum Zins;[23] diese Hinweise auf Aristoteles zeigen, dass Marx die griechische Geldwirtschaft sowie das Streben nach Reichtum durch Austausch und Zinsnahme wahrgenommen und in seine Darstellung vorkapitalistischer Gesellschaften integriert hat.[24] Demnach gab es sowohl in der Antike als auch im Mittelalter in Ansätzen eine Warenproduktion wie auch eine Kooperation, in der Antike eine Geldwirtschaft, die den Zins kennt, und im späten Mittelalter das Kaufmanns- und Wucherkapital. Während Marx die Gesellschaft des Mittelalters durch den Hinweis auf die persönlichen Abhängigkeitsverhältnisse, Naturalleistungen, Fronarbeit und Subsistenzproduktion innerhalb der bäuerlichen Familie charakterisiert,[25] nennt er als wesentliches Merkmal der Antike allein die Sklaverei.[26]

---

20 K. Marx, Kapital, MEW 23, 533: „Vorherrschaft dieser Exploitationsform in einer Gesellschaft schließt die kapitalistische Produktionsweise aus, zu der sie andererseits, wie im spätren Mittelalter, den Übergang bilden kann."

21 K. Marx, Kapital, MEW 23, 778. Zum Handels- und Wucherkapital vgl. außerdem 178–180.

22 K. Marx, Kapital, MEW 23, 167; Marx zitiert Aristoteles a. a. O. Anm. 8. Vgl. Aristot. pol. 1256b-1258b.

23 K. Marx, Kapital, MEW 23, 179. Vgl. Aristot. pol. 1258b.

24 Außerdem gibt Marx die Ausführungen des Aristoteles über den in Geld gemessenen Wert der Waren und den durch Geld vermittelten Austausch (Aristot. eth. Nic. 1133a-b) wieder: K. Marx, Kapital, MEW 23, 73–74.

25 K. Marx, Kapital, MEW 23, 91–92

26 K. Marx, Kapital, MEW 23, 74: „Dass aber in der Form der Warenwerte alle Arbeiten als gleiche menschliche Arbeit und daher als gleichgeltend ausgedrückt sind, konnte Aristoteles nicht aus der Wertform selbst herauslesen, weil die griechische Gesellschaft auf Sklavenarbeit beruhte, daher die Ungleichheit der Menschen und ihrer Arbeitskräfte zur Naturbasis hatte."

Aus dem ‚Kapital' geht deutlich hervor, dass für Marx der Kapitalismus mit seiner ungeheuren sozialen und wirtschaftlichen Dynamik der Beginn einer neuen Epoche in der Geschichte war; die früheren Epochen, die vorkapitalistischen Produktionsweisen, werden aber keineswegs als statisch angesehen, sondern sie sind bei Marx durch soziale und wirtschaftliche Entwicklungen gekennzeichnet. In seiner Kritik an Proudhon führt Marx die Entwicklung der Produktivkräfte auf Klassengegensätze zurück, die bedingt sind durch die gesellschaftliche Differenzierung:

> „Mit dem Moment, wo die Zivilisation beginnt, beginnt die Produktion sich aufzubauen auf den Gegensatz der Berufe, der Stände, der Klassen, schließlich auf den Gegensatz zwischen angehäufter und unmittelbarer Arbeit. Ohne Gegensatz kein Fortschritt: das ist das Gesetz, dem die Zivilisation bis heute gefolgt ist. Bis jetzt haben sich die Produktivkräfte auf Grund dieser Herrschaft des Klassengegensatzes entwickelt."[27]

Für das Geschichtsverständnis von Marx ist die Entfaltung der Produktivkräfte deswegen relevant, weil sie den Wandel der gesamten Gesellschaft bewirkt: „Mit der Erwerbung neuer Produktivkräfte verändern die Menschen ihre Produktionsweise und mit der Veränderung der Produktionsweise, der Art, ihren Lebensunterhalt zu gewinnen, verändern sie alle ihre gesellschaftlichen Verhältnisse."[28]

Im ‚Manifest der Kommunistischen Partei', das Marx verfasste, als er eine soziale Revolution in Europa erwartete, wird einerseits die Rolle sozialer Kämpfe in der Geschichte hervorgehoben[29] und andererseits zwischen den gesellschaftlichen Verhältnissen der Antike und des Mittelalters klar unterschieden, wenn es heißt, „Freier und Sklave, Patrizier und Plebejer, Baron und Leibeigner, Zunftbürger und Gesell, kurz Unterdrücker und Unterdrückte" hätten „einen ununterbrochenen, bald versteckten, bald offenen Kampf" geführt, „einen Kampf, der jedesmal mit einer revolutionären Umgestaltung der ganzen Gesellschaft endete oder mit dem gemeinsamen Untergang der kämpfenden Klassen."[30]

Die Schriften von Marx haben das Ziel, die kapitalistische Produktion zu analysieren und zugleich die Theorien der politischen Ökonomie zur kapitalistischen Wirtschaft ei-

---

27 K. Marx, Das Elend der Philosophie (1847), in: Marx 2004, 558. Zum Begriff der Produktivkräfte vgl. Habermas 1976, 152–153: „Die *Produktivkräfte* bestehen a) aus der Arbeitskraft der in der Produktion Tätigen, der Produzenten; b) aus dem technisch verwertbaren Wissen, soweit es in produktivitätssteigernde Arbeitsmittel, in Produktionstechniken umgesetzt wird; c) aus dem Organisationswissen, soweit es eingesetzt wird, um Arbeitskräfte effizient *in Bewegung zu setzen* [...] und um die arbeitsteilige Kooperation der Arbeitenden wirkungsvoll zu *koordinieren*."

28 K. Marx, Das Elend der Philosophie (1847), in: Marx 2004, 566.

29 Vgl. dazu die apodiktische Behauptung zu Beginn des Manifests: „Die Geschichte aller bisherigen Gesellschaft ist die Geschichte von Klassenkämpfen." K. Marx, Manifest der Kommunistischen Partei (1848), in: Marx 2004, 594.

30 Marx 1848/2004, 595. Im folgenden Absatz werden als soziale Gruppen für das alte Rom Patrizier, Ritter, Plebejer sowie Sklaven und für das Mittelalter Feudalherren, Vasallen, Zunftbürger, Gesellen und Leibeigene genannt.

ner Kritik zu unterziehen. In diesem Rahmen sah Marx es naturgemäß nicht als seine Aufgabe an, die vorkapitalistischen Produktionsweisen umfassend zu untersuchen und zu beschreiben. Marx hat diesem Themenbereich gleichwohl in den ‚Grundrissen' von 1857/58 neben kürzeren Abschnitten ein längeres Kapitel gewidmet, das besondere Beachtung verdient und jeder Analyse seiner Vorstellungen über die Geschichte der vorkapitalistischen Gesellschaften zugrundegelegt werden muss.[31]

II

Erst im Jahr 1939 erschienen die ‚Grundrisse der Kritik der politischen Ökonomie' in Moskau;[32] aus diesem Grund hatte der Text vor dem Zweiten Weltkrieg keinen Einfluss auf die Interpretation der Geschichtstheorie von Marx, während er nach 1945 zunehmend Beachtung fand.[33] Es handelt sich bei den ‚Grundrissen' um ein von Marx im Herbst 1857 sowie im Winter 1857/58 unter schwierigen materiellen und familiären Umständen verfasstes Manuskript,[34] in dem er als Vorbereitung für eine Publikation zur Kritik der politischen Ökonomie grundlegende Fragen der Methoden und Theorien dieser Wissenschaft erörtert. Der Text besteht aus längeren Exzerpten älterer Literatur, aus kritischen Abhandlungen zu einzelnen Ökonomen wie David Ricardo[35] und aus Abschnitten, die der Formulierung des eigenen wissenschaftlichen Ansatzes dienen, er besitzt den Charakter eines Arbeitsjournals, ist stilistisch nicht ausgearbeitet und enthält unvermittelt Einschübe und zahlreiche Wiederholungen. In Erwartung einer allgemeinen Wirtschaftskrise arbeitete Marx äußerst intensiv an dem Text, in dem er die Untersuchung des Kapitals mit einer grundsätzlichen Kritik an der politischen Ökonomie als Wissenschaft und mit einer eigenen Konzeption der Ökonomie verband. Es ging Marx wesentlich darum, die Fehler der ökonomischen Literatur seit Adam Smith aufzudecken und eben auch selbst zu vermeiden. Der Text ist entsprechend den Intentionen von Marx systematisch und nicht historisch gegliedert, es ist daher bisweilen schwierig, die Aussagen zu den frühen Gesellschaften klar zu erfassen.[36]

Bereits im August 1857 hatte Marx eine Einleitung für das damals geplante Buch geschrieben, die dann ebenfalls 1939 in der Moskauer Ausgabe der ‚Grundrisse' veröffentlicht wurde;[37] zu Beginn dieser Einleitung formuliert Marx die These, dass anders als in der älteren ökonomischen Literatur dargestellt der Mensch früherer Gesellschaften kein

---

31 Iorio 2016, 208–218.

32 K. Marx, Grundrisse der Kritik der politischen Ökonomie, Frankfurt o. J. (ND der Ausgabe Moskau 1939). Vgl. Finley 1980, 40; Vieth 2016, 64–70; Heinrich 2016a, 77–84.

33 Vgl. de Ste. Croix 1981, 25 mit dem Hinweis auf die Soldzahlung im römischen Militärwesen; K. Marx, Grundrisse der Kritik der politischen Ökonomie, Frankfurt o. J., 428 Anm.

34 Schweikard 2016, 1–20, hier 16–17; Sperber 2013, 267–270, 303–309. Jones 2017, 379–396.

35 Vgl. etwa K. Marx, Grundrisse der Kritik der politischen Ökonomie, Frankfurt o. J., 236–239, 254–259, 449–457.

36 Sperber 2013, 422–424; Jones 2017, 463–469.

37 Marx o. J., 5–31. Vgl. dazu Vieth 2016, 64 und Heinrich 2016a, 75–77.

vereinzeltes Individuum wie Robinson war, sondern einem größeren Ganzen angehörte, einer Familie oder einem Stamm.[38] Die soziale Entwicklung erfährt dann eine deutliche Zäsur:

> „Erst in dem 18. Jahrhundert, in der „bürgerlichen Gesellschaft", treten die verschiednen Formen des gesellschaftlichen Zusammenhangs dem Einzelnen als bloßes Mittel für seine Privatzwecke entgegen, als äußerliche Notwendigkeit. Aber die Epoche, die diesen Standpunkt erzeugt, den des vereinzelten Einzelnen, ist grade die der bisher entwickeltsten gesellschaftlichen (allgemeinen von diesem Standpunkt aus) Verhältnisse."[39]

Eine Analyse der Produktion kann sich immer nur auf die Untersuchung der Wirtschaft einer bestimmten Epoche beziehen. Die Geschichte kann unter dieser theoretischen Prämisse als eine Abfolge von Gesellschaften gesehen werden, die jeweils durch die in ihnen herrschenden Produktionsverhältnisse charakterisiert werden: „Wenn also von Produktion die Rede ist, ist immer die Rede von Produktion auf einer bestimmten gesellschaftlichen Entwicklungsstufe – von der Produktion gesellschaftlicher Individuen."[40]

Dabei gesteht Marx zu, dass es für alle Epochen gemeinsame Merkmale der Produktion gibt, also die *„Produktion im Allgemeinen"*, wobei es sich um eine Abstraktion handelt, die dann eine „verständige Abstraktion" ist, wenn „sie wirklich das Gemeinsame hervorhebt, fixiert und uns daher die Wiederholung erspart."[41] Es wird hier vorausgesetzt, dass die verschiedenen Epochen der Geschichte bestimmten Produktionsweisen entsprechen; in dieser Sicht wird die Ökonomie des Mittelalters als feudal bezeichnet und gleichzeitig von der „feudalen, antiken, orientalen" Ökonomie gesprochen; die späteren Gesellschaf-

38 Marx o. J., 5–6.

39 Marx o. J., 6.

40 Marx o. J., 6.

41 Marx o. J., 7. Vgl. zur Abstraktion in der politischen Ökonomie Haldon 2015, 204–236, hier 207: „I have argued elsewhere that mode of production really has a value only at a relative high degree of abstraction, functioning as a means of differentiating at the level of political economy some very basic differences in the ways in which surplus wealth is generated and appropriated." Vgl. auch 210: „Marx's intentions in elaborating the concept of mode of production and applying it to the development of different types of human societies was, clearly, to employ it as a heuristic, as a means of asking questions about the basic structures which informed the ways in which a given social-economic system worked. Mode of production is an abstraction from known historical examples, representing no specific society, but rather one set of possible social relations of production from a limited number of such sets." Die von Marx beschriebene Forschungsstrategie weist durchaus Ähnlichkeiten mit dem Idealtypus bei Max Weber auf; vgl. Weber, Die „Objektivität" sozialwissenschaftlicher und sozialpolitischer Erkenntnis" (1904), in: M. Weber, Schriften 1894–1922, hg. von D. Kaesler, Stuttgart 2002, 77–149, hier besonders 125–146 und ferner Albert 2014, 63–66. Weber hat diese Kongruenz zwischen dem methodischen Vorgehen von Marx und dem Idealtyp selbst gesehen; vgl. Weber 2014, 140: „Daher sei hier nur konstatiert, dass natürlich *alle* spezifisch-marxistischen „Gesetze" und Entwicklungskonstruktionen – soweit sie *theoretisch* fehlerfrei sind, idealtypischen Charakter haben".

ten gelten dabei jeweils als weiter entwickelt.[42] Es folgt auf diese Epochen die bürgerliche Gesellschaft, die als „die entwickeltste und mannigfaltigste historische Organisation der Produktion“ anzusehen ist.[43]

Diese Sicht der Geschichte ist keineswegs trivial, wie der Vergleich mit Auguste Comte deutlich macht, der drei Stadien der Menschheitsgeschichte konstruiert, die theologische oder fiktive, die metaphysische und die positive Phase, in der die Tatsachen erst als solche erkannt werden, ein Geschichtsbild, das also wesentlich von den Stadien kognitiver Kompetenz ausgeht.[44] Die Auffassung von Marx ist augenscheinlich von den Positionen der älteren politischen Ökonomie beeinflusst, so vor allem von A. Smith. Im ‚Wohlstand der Nationen‘ charakterisiert Smith die frühen Gesellschaften als Stufe der Jäger, der Hirtenvölker und der Ackerbauern.[45] Es ist dabei beachtenswert, dass Marx in der ökonomischen Interpretation des Ablaufs der Menschheitsgeschichte letztlich am traditionellen, auf Christoph Cellarius zurückgehenden Epochenschema von Antike, Mittelalter und Neuzeit festhält.[46]

Nach Marx dominiert in den verschiedenen Gesellschaften jeweils ein Wirtschaftszweig, der einerseits die Rechtsverhältnisse, etwa die Formen des Eigentums, und andererseits die anderen Wirtschaftszweige prägt. So ist „bei den ältern Römern“ das Handwerk ganz vom Ackerbau abhängig, während in der bürgerlichen Gesellschaft die Agrikultur

42 Marx o. J., 26. Habermas 1976, 144–199, insbesondere 152–157 und 152: „Indem die Menschen durch gesellschaftliche Arbeit ihr Leben erhalten, erzeugen sie zugleich ihre materiellen Lebensverhältnisse, produzieren sie ihre Gesellschaft und den geschichtlichen Prozess, in dem sich, zusammen mit ihrer Gesellschaft, auch die Individuen verändern. Den Schlüssel zur Rekonstruktion der Gattungsgeschichte bietet der Begriff *Produktionsweise.* Marx begreift die Geschichte als eine diskrete Folge von Produktionsweisen, die in ihrer entwicklungslogischen Anordnung die Richtung der sozialen Evolution erkennen lässt.“ Vgl. auch Vieth 2016, 68.

43 Marx o. J., 25.

44 Bock 2006, 39–57. Vgl. ferner Demandt 2015, 442.

45 Smith 1978a, 587–589, 601–607. In den ‚Lectures on Jurisprudence‘, die Smith 1762 in Glasgow gehalten hatte, wird von vier „stages of society“ gesprochen: „There are four distinct states which mankind pass thro: - 1st, the Age of Hunters; 2dly, the age of shepherds; 3dly, the Age of Agriculture; and 4thly, the Age of Commerce.“ Vgl. Smith 1978b, 14. Die Vorstellung, die Geschichte sei eine Abfolge von Stadien (*gradus*) wirtschaftlicher Entwicklung, geht auf die Antike zurück: Dikaiarchos bei Varro rust. 1,2,16. 2,1,3–5. Vgl. zur Rezeption der Periodisierung der menschlichen Geschichte bei Smith im 19. Jahrhundert Winkel 1977, 175–180. Die Auffassung, die Menschheit habe in der Geschichte mehrere Stadien wirtschaftlicher Entwicklung durchlaufen, die insgesamt als Fortschritt aufzufassen ist, war zumindest in Deutschland in der zweiten Hälfte des 19. Jahrhunderts außerordentlich populär und stieß dann auf den energischen Widerspruch einzelner Althistoriker. R. von Pöhlmann etwa bezeichnet solche Lehren kritisch als „Dogma der sozialistischen Wissenschaft“ und Ed. Meyer konstruiert eine Antike, die enge Parallelen zu Mittelalter und Moderne aufweist, und richtet sich gegen die These eines allgemeinen Fortschritts in der Geschichte. Vgl. Pöhlmann 1895, 393. Vgl. ferner Meyer 1924, 81–168. Zu Pöhlmann vgl. den Beitrag von Kai Ruffing in diesem Band.

46 Zum traditionellen Epochenschema vgl. Demandt 2015, 441.

ganz vom Kapital beherrscht wird.[47] Zentral für das Verständnis der Marxschen Theorie ist nun die Auffassung, dass die Kategorien der Ökonomie jeweils „Produkt historischer Verhältnisse sind und ihre Vollgültigkeit nur für und innerhalb dieser Verhältnisse besitzen."[48] Mit diesen Thesen ist die theoretische und methodische Grundlage für das Kapitel ‚Formen, die der kapitalistischen Produktion vorhergehn' gegeben.[49]

III

Auch in der Darstellung der vorkapitalistischen Produktionsweisen kommt es Marx primär darauf an, die Entstehung des Kapitals zu analysieren und zu erklären.[50] Wenn eine Grundbedingung des Kapitals die Existenz der freien Lohnarbeit ist,[51] dann muss gefragt werden, welche Voraussetzungen zu deren Herausbildung notwendig waren: In erster Linie handelt es sich um „die Trennung der freien Arbeit von den objektiven Bedingungen ihrer Verwirklichung – von dem Arbeitsmittel und dem Arbeitsmaterial", um die „Loslösung des Arbeiters von der Erde als seinem natürlichen Laboratorium – daher Auflösung des kleinen freien Grundeigentums sowohl wie des gemeinschaftlichen, auf der orientalischen Kommune beruhenden Grundeigentums."[52] Damit ist hier das Thema für einen historischen Exkurs gegeben, in dem dieser Prozess der Auflösung des frühen Grundeigentums von den Anfängen der Geschichte nachgezeichnet wird.[53]

Ursprünglich bestand nach Marx eine „natürliche Einheit der Arbeit mit ihren sachlichen Voraussetzungen. Der Arbeiter hat daher unabhängig von der Arbeit eine gegenständliche Existenz." Voraussetzung der ersten Form des Grundeigentums ist ein „naturwüchsiges Gemeinwesen", das durch „Familie und die im Stamm erweiterte Familie oder „durch intermarriage zwischen Familien, oder Kombination von Stämmen" gebildet wird.[54] Das Merkmal des Hirtenwesens ist die Wanderung, der Boden wird genutzt, in-

---

47 Marx o. J., 27: „In allen Gesellschaftsformen ist es eine bestimmte Produktion, die allen übrigen, und deren Verhältnisse daher auch allen übrigen, Rang und Einfluss anweist."

48 Marx o. J., 25.

49 Marx o. J., 375–413. Die Überschrift stammt aus der von Marx selbst angelegten Inhaltsübersicht, vgl. ders. 958; Heinrich 2016a, 82–83.

50 Zu den vorkapitalistischen Produktionsweisen vgl. da Graca/Zingarelli 2015, besonders Haldon 2015, 204–236, besonders 207–211: Mode of Production: Marx's Concept. Vgl. hier 209: „but it is the specific manner in which direct producers and means of the production are combined which, in Marx's words, distinguishes the different economic epochs of the structure of society from one another." Zum Begriff der Produktionsweise vgl. Habermas 1976, 144–199, besonders 152 (s. o. Anm. 3).

51 Marx o. J., 375: „Die Setzung des Individuums als eines Arbeiters, in dieser Nacktheit, ist selbst historisches Produkt."

52 Marx o. J., 375.

53 Marx o. J., 375. Dieser Abschnitt setzt mit dem Hirtenwesen ein (ders. 375); vgl. ders. 27: „bloße Jäger- und Fischervölker liegen außer dem Punkt, wo die wirkliche Entwicklung beginnt." Eine kurze Skizze der Entwicklung des Grundeigentums findet sich schon in der Einleitung; vgl. ders. 27.

54 Marx o. J., 375.

dem er abgeweidet wird; der Stamm eignet sich den Boden zeitweise gemeinschaftlich an. Der Boden ist dann Eigentum des Gemeinwesens, und der einzelne nur in seiner Eigenschaft als Mitglied des Stammes „Eigentümer oder Besitzer."[55]

Der asiatische Despotismus stellt eine besondere Form dieses frühen Grundeigentums dar; hier ist der Einzelne eigentumslos, der wirkliche Eigentümer ist hingegen der Despot, der als „Vater der vielen Gemeinwesen" auftritt und dem das Surplusprodukt gehört, das als Tribut, aber auch als gemeinsames Arbeiten für das Gemeinwesen, „dieser höchsten Einheit" zukommt. Die kleine Gemeinde ist „meist durch eine Kombination von Manufaktur und Agrikultur self-sustaining; sie enthält so „alle Bedingungen der Reproduktion und Mehrproduktion in sich selbst".[56]

Die zweite Form des Grundeigentums setzt die Existenz des Gemeinwesens voraus: Der Boden ist das Territorium einer Stadt, er wird bebaut von Individuen, die Eigentümer ihrer Ländereien sind. Basis dieser Gesellschaft ist nicht das Land, sondern die Stadt als „Sitz (Zentrum) der Landleute (Grundeigentümer)."[57] Das Gemeinwesen dieser Epoche des Grundeigentums charakterisiert Marx auf folgende Weise:

> „Das Gemeindewesen beruht hier ebenso sehr darauf, dass seine Mitglieder aus arbeitenden Grundeigentümern, Parzellenbauern bestehn, wie die Selbständigkeit der letztren durch ihre Beziehung als Gemeindeglieder aufeinander, Sicherung des ager publicus für die gemeinschaftlichen Bedürfnisse und den gemeinschaftlichen Ruhm etc. besteht. Voraussetzung bleibt hier für die Aneignung des Grund und Bodens Mitglied der Gemeinde zu sein, aber als Gemeindemitglied ist der Einzelne Privateigentümer."[58]

Dieses Gemeinwesen kann aber nur Dauer haben, solange die Gleichheit der für ihre Subsistenz arbeitenden Bauern gewährleistet ist und das Eigentum am Boden auf eigener Arbeit beruht.[59]

55 Marx o. J., 375–376. Vgl. ders. 390: „Bei wandernden Hirtenstämmen – und alle Hirtenvölker sind ursprünglich wandernd – erscheint die Erde gleich den anderen Naturbedingungen in elementarischer Unbegrenztheit, z. B. in den asiatischen Steppen und der asiatischen Hochebene. Sie wird abgeweidet etc., konsumiert durch die Herden, an denen wieder die Herdenvölker existieren. Sie verhalten sich zu ihr als ihrem Eigentum, obgleich sie dies Eigentum nie fixieren."

56 Marx o. J., 376–377. In den „*asiatischen* Grundformen" erscheint nach Marx „die *zusammenfassende* Einheit, die über allen diesen wirklichen Gemeinwesen steht, als der höhere Eigentümer oder als der einzige Eigentümer." Repräsentiert wird diese Einheit durch den Despoten. Vgl. Vittinghoff 1994, 477.

57 Marx o. J., 378.

58 Marx o. J., 379. Vgl. die Bemerkungen zu Rom ders. 380 f.: „Ein Teil [des Boden, H. S.] bleibt der Gemeinde als solcher im Unterschied von den Gemeindemitgliedern, ager publicus in seinen verschiedenen Formen; der andere Teil wird verteilt und jede Parzelle des Bodens ist dadurch römisch, dass sie das Privateigentum, die Domäne eines Römers, sein ihm gehöriger Anteil an dem Laboratorium ist; er ist aber auch nur Römer, insofern er dies souveräne Recht über einen Teil der römischen Erde besitzt."

59 Marx o. J., 379.

Eine Gefährdung der Existenz rührt für dieses Gemeinwesen „nur von anderen Gemeinwesen“ her; Marx folgert aus dieser Feststellung, dass „der Krieg [...] daher die große Gesamtaufgabe, die große gemeinschaftliche Arbeit“ ist, „die erheischt ist, sei es, um die objektiven Bedingungen des lebendigen Dasein zu okkupieren, sei es, um die Okkupation derselben zu beschützen und zu verewigen.“[60] Die Wirtschaft dieser frühen Gemeinde wird mit folgenden Worten beschrieben: „Für den unmittelbaren Konsum arbeitende kleine Landwirtschaft; Manufaktur als häusliches Nebengewerbe der Frauen und Töchter (Spinnen und Weben) oder nur verselbständigt in einzelnen Branchen (fabri etc.).“[61]

Aus diesen Verhältnissen resultiert die Hochschätzung der Landwirtschaft, die als die eigentlich dem freien Mann entsprechende Tätigkeit, als „Schule des Soldaten“ angesehen wird. Die Entwicklung des Gewerbes vollzieht sich in den Städten, in denen fremde Händler und Handwerker sich niederlassen und dort, wo Sklaverei existiert, Freigelassene in Handel und Gewerbe ihren Unterhalt zu verdienen suchen, aber dabei auch reich wurden.[62]

Von der „römischen, griechischen Form“ des Eigentums unterscheidet Marx die germanische Form;[63] die Germanen leben als einzelne Familien weit von anderen Stammesangehörigen entfernt, und die Gemeinde existiert nur in der tatsächlichen Versammlung der „freien Landeigentümer.“ Damit erscheint „die Gemeinde also als Vereinigung, nicht als Verein, als Einigung, deren selbständige Subjekte die Landeigentümer bilden, nicht als Einheit.“[64] Das Eigentum am Boden beruht so nicht auf der Mitgliedschaft in der Gemeinde, sondern die Gemeinde kann als Ensemble selbständiger Eigentümer aufgefasst

60 Marx o. J., 378: Vgl. die Feststellung zur Organisation der frühen Gemeinde: „Die aus Familien bestehende Gemeinde daher zunächst kriegerisch organisiert – als Kriegs- und Heerwesen, und dies eine der Bedingungen ihres Daseins als Eigentümerin.“ Hier bestehen offensichtliche Übereinstimmungen mit Platon, der in der Politeia unter den wirtschaftlichen Bedingungen seiner Zeit Kriege für unvermeidlich hält und für die Polis deswegen ein Stand der Krieger (phylakes) zur Sicherung ihrer Existenzgrundlagen unabdingbar ist. Vgl. 373d: „Also werden wir von den Nachbarn Land abschneiden müssen, wenn wir genug haben wollen zur Viehweise und zum Ackerbau? Und sie auch wieder von unserem, wenn sie sich auch gehen lassen und, die Grenzen des Notwendigen überschreitend, nach unangemessenem Besitz streben.“ Eine ähnliche Auffassung findet sich bei Weber 1922, 595: „Die antike Polis war, können wir resümieren, seit der Schaffung der Hoplitendisziplin eine Kriegerzunft [...] Auch die nicht spartanischen hellenischen Städte hatten den Charakter eines chronischen Kriegslagers in irgendeinem Grade ausgeprägt.“

61 Marx o. J., 379. Vgl. ders. 375: „Der Zweck dieser Arbeit ist nicht *Wertschöpfung* – obgleich sie Surplusarbeit tun mögen, um sich *fremde*, i. e. Surplusprodukte, auszutauschen – ; sondern ihr Zweck ist Erhaltung des einzelnen Eigentümers und seiner Familie, wie des Gesamtgemeindewesens.“

62 Marx o. J., 381. Vgl. auch die Bemerkungen zur Einschätzung des Handwerks: ders. 381: „so waren diese Gewerbe auch im Altertum meistens in ihren [der Freigelassenen, H. S.] Händen , und dadurch für den Bürger nicht geziemend; daher die Meinung, dass Zulassung der Handwerker zum vollen Bürgerrecht bedenklich sei (in der Regel waren sie bei den ältern Griechen ausgeschlossen).“ Zwischen Antike und Mittelalter wird klar differenziert; vgl. ders. 381: „Im Altertum städtisches Gewerbe und Handel gering-, Ackerbau aber hochgeachtet; im Mittelalter entgegengesetzte Beurteilung.“

63 Marx o. J., 380.

64 Marx o. J., 382.

werden;[65] der Stamm bildet keine wirtschaftliche Einheit, vielmehr ist das einzelne Haus „ein selbständiges Zentrum der Produktion" mit der „Manufaktur rein als häusliche Nebenarbeit der Weiber."[66] Hier sieht Marx eine deutliche Differenz zur Antike, in der die Stadt mit ihrem Territorium ein ökonomisch Ganzes darstellt, während in der germanischen Welt der einzelne Wohnsitz nur selbständige Einheit einer Familie darstellt und keine „Konzentration vieler Eigentümer" aufweist.[67]

Für die frühen Gesellschaften, die germanische, die antike und die asiatische ist jeweils ein spezifisches Verhältnis von Stadt und Land charakteristisch: Die germanische Gemeinde kennt nicht die Stadt, während in der Antike die Gemeinde in der Stadt als „Zentrum des Landlebens, dem Wohnsitz der Landarbeiter" eine „äußerliche Existenz besitzt." Marx trifft damit eine klare Aussage über Wirtschaft und Gesellschaft der Antike: „Die klassische alte Geschichte ist Stadtgeschichte, aber von Städten, gegründet auf Grundeigentum und Agrikultur."[68]

Für die asiatische Geschichte erkennt Marx nur eine „Art indifferenter Einheit von Stadt und Land," wobei „die eigentlich großen Städte [...] bloß als fürstliche Lager zu betrachten " sind. Im Mittelalter und in der Neuzeit sind die Beziehungen zwischen Stadt und Land wiederum auf verschiedene Weise ausgeprägt:

> „Das Mittelalter [...] geht vom Land als Sitz der Geschichte aus, deren Fortentwicklung dann im Gegensatz von Stadt und Land vor sich geht; die moderne ist Verstädtischung des Landes, nicht wie bei den Antiken Verländlichung der Stadt."[69]

Marx beschränkt sich nicht darauf, die dem Kapitalismus vorausgehenden Epochen der Geschichte und ihre Produktionsweise zu charakterisieren, sondern er analysiert auch die Ursachen, die zur Auflösung der jeweiligen Produktionsweise und zum Übergang zu höher entwickelten Verhältnissen führen. Allgemein formuliert Marx die Bedingungen für die Reproduktion einer Gesellschaft: „Damit die Gemeinde fortexistiere in der alten Weise, als solche, ist die Reproduktion ihrer Glieder unter den vorausgesetzten objektiven Bedingungen nötig."[70]

65 Marx o. J., 383: „Das Eigentum des Einzelnen erscheint nicht vermittelt durch die Gemeinde, sondern das Dasein der Gemeinde [...] als vermittelt, d. h. als Beziehung der selbständigen Subjekte aufeinander."

66 Marx o. J., 383.

67 Marx o. J., 383; vgl. ders. 384: „In der germanischen Form der Landmann nicht Staatsbürger, d. h. nicht Städtebewohner, sondern Grundlage die isolierte, selbständige Familienwohnung, garantiert durch den Verband mit anderen solchen Familienwohnungen vom selben Stamm."

68 Marx o. J., 382.

69 Marx o. J., 382.

70 Marx o. J., 386. Vgl. ders. 393: „Der Zweck aller dieser Gemeinwesen ist Erhaltung; d. h. Reproduktion der Individuen, die es bilden, als Eigentümer, d. h. in derselben objektiven Existenzweise, die zugleich das Verhalten der Glieder zueinander und daher die Gemeinde selbst bildet."

Die historische Entwicklung führt aber nahezu zwangsläufig zu Veränderungen:

> „Die Produktion selbst, Fortschritt der Bevölkerung, (auch dieser gehört zur Produktion) hebt notwendig nach und nach diese Bedingungen auf; zerstört sie statt sie zu reproduzieren etc., und damit geht das Gemeinwesen unter mit den Eigentumsverhältnissen, auf denen es gegründet war.“[71]

Für Rom führt Marx dies näher aus, indem er auf die „Entwicklung der Sklaverei, die Konzentration des Grundbesitzes, Austausch, Geldwesen, Eroberung“ verweist; diese Faktoren schienen zunächst mit den Grundlagen des Gemeinwesens vereinbar zu sein oder wurden auch als bloße Fehlentwicklungen gesehen, aber ein derartiger Wandel stand „mit dem ursprünglichen Verhältnis im Widerspruch.“[72] Als grundlegende historische Entwicklung sieht Marx die Trennung des Menschen von den „natürlichen, anorganischen Bedingungen ihres Stoffwechsels mit der Natur,“[73] also die Trennung des Bauern von dem Boden, den er bearbeitet. Die Loslösung des Menschen von den Bedingungen der Produktion vollendet sich „im Verhältnis von Lohnarbeit und Kapital.“[74]

Für Antike und Mittelalter ist nach Auffassung von Marx nun entscheidend, dass eine solche Trennung mit der Sklaverei und der Leibeigenschaft keineswegs gegeben ist, vielmehr wird „ein Teil der Gesellschaft [...] von dem anderen selbst als bloß *unorganische und natürliche* Bedingung seiner eignen Reproduktion behandelt.“ Die Arbeit des Sklaven wird so als „*Bedingung* der Produktion in die Reihe der andren Naturwesen gestellt, neben das Vieh oder als Anhängsel der Erde.“[75] Der Grundeigentümer bearbeitet nicht mehr den Boden; zu seinem Eigentum gehören „unter den Produktionsbedingungen die Arbeiter selbst.“ Damit entsteht „als wesentliches Verhältnis der Aneignung“ das Herrschaftsverhältnis, dessen essentielles Merkmal „die Aneignung fremden Willens“ darstellt.[76] Die zentralen Merkmale einer auf Sklavenarbeit basierenden Ökonomie werden klar erfasst:

> „Die Antike konnte unmittelbar Arbeit kaufen, einen Sklaven; aber der Sklave konnte mit seiner Arbeit nicht Geld kaufen. Die Vermehrung des Geldes konnte die Sklaven teurer, aber nicht ihre Arbeit produktiver machen.“[77]

71 Marx o. J., 386. Vgl. ders. 393: „jede „*Reproduktion ist aber zugleich notwendig Neuproduktion und Destruktion der alten Form*.“

72 Marx o. J., 386–387.

73 Marx o. J., 389.

74 Marx o. J., 389.

75 Marx o. J., 389. Vgl. ders. 395: „Sklaverei, Leibeigenschaft etc., wo der Arbeiter selbst unter den Naturbedingungen der Produktion für ein drittes Individuum erscheint.“ Vgl. ders. 399; hier spricht Marx davon, dass die „Arbeit selbst unter die objektiven Produktionsbedingungen (Leibeigenschaft und Sklaverei)“ versetzt wird.

76 Marx o. J., 400.

77 Marx o. J., 136.

Die Art und Weise, in der die Veränderungen der wirtschaftlichen Verhältnisse und des Eigentums sich vollziehen, wird von Marx präzise beschrieben, wobei nicht allein die materiellen Verhältnisse, sondern auch die Fähigkeiten und Vorstellungen der Menschen in den Blick kommen:

> „In dem Akt der Reproduktion selbst ändern sich nicht nur die objektiven Bedingungen, z. B. aus dem Dorf wird Stadt, aus der Wildnis gelichteter Acker etc., sondern die Produzenten ändern sich, indem sie neue Qualitäten aus sich heraus setzen, sich selbst durch die Produktion entwickeln, umgestalten, neue Kräfte und Vorstellungen bilden, neue Verkehrsweisen, neue Bedürfnisse und neue Sprache."[78]

In der Antike gingen die Veränderungen entscheidend von der Entwicklung des Handwerks aus,[79] das von Freigelassenen, Klienten und Fremden betrieben schon „als Verderb" erscheint und losgelöst ist von der „Unterordnung unter die Agrikultur"; das Handwerk entwickelt sich notwendig durch den „Verkehr mit Fremden", die Sklaverei und den Austausch des Surplusproduktes. Außerdem erwähnt Marx hier unter den Faktoren, die zur Auflösung der alten Produktionsweise führen, die Verschuldung.[80] An anderer Stelle erscheint in diesem Zusammenhang der Handel.[81] Die jeweiligen Produktionsverhältnisse werden durch die „Entwicklung der Produktivkräfte" aufgelöst und „ihre Auflösung selbst ist eine Entwicklung der menschlichen Produktivkräfte."[82] Mit der Trennung des Menschen, der das Land bearbeitet, vom Boden ist gleichzeitig das Ende der ländlichen Subsistenzproduktion verbunden; an die Stelle der Produktion für den unmittelbaren Gebrauch tritt die Produktion des Tauschwertes, die Warenproduktion;[83] mit dieser Ent-

78 Marx o. J., 394.

79 Marx o. J., 394. Dabei ist zu beachten, dass das Handwerk ursprünglich in eine wesentlich auf Subsistenz ausgerichtete Wirtschaft eingebettet ist; vgl. ders. 411: „Bei dem städtischen Handwerk, obgleich es wesentlich auf Austausch beruht und Schöpfung von Tauschwerten, ist der unmittelbare, der Hauptzweck dieser Produktion *Subsistenz als Handwerker, als Handwerksmeister*, also Gebrauchswert."

80 Marx o. J., 394.

81 Marx o. J., 741: „Der Handel wird natürlich mehr oder minder zurückwirken auf die Gemeinwesen, zwischen denen er getrieben wird. Er wird die Produktion mehr und mehr dem Tauschwert unterwerfen; den unmittelbaren Gebrauchswert mehr und mehr in den Hintergrund drängen; indem er die Subsistenz mehr abhängig macht vom Verkauf, als vom unmittelbaren Gebrauch des Produkts. Löst die alten Verhältnisse auf. Vermehrt damit die Geldzirkulation."

82 Marx o. J., 396.

83 Marx o. J., 402: „In allen diesen Auflösungsprozessen wird sich bei genauerer Prüfung zeigen, dass Verhältnisse der Produktion aufgelöst werden, worin vorherrscht: Gebrauchswert, Produktion für den unmittelbaren Gebrauch; der Tauschwert und die Produktion desselben das Vorherrschen der andren Form zur Voraussetzung hat." Vgl. auch die Ausführungen im ‚Kapitel vom Geld': ders.: „Der Prozess ist also einfach der: Das Produkt wird Ware, d. h. *bloßes Moment des Austauschs*. Die Ware wird in Tauschwert verwandelt."

wicklung endet zugleich auch ein Austausch, in dem die „Naturallieferungen und Naturaldienste über Geldzahlung und Geldleistung“ vorherrschen.[84]

Die Trennung von Mensch und Boden hat zwei Seiten: Einerseits wird der Mensch vom Boden losgelöst, er hat auf diese Weise kein Eigentum mehr und hat sich in einen freien Arbeiter verwandelt, andererseits ist der Boden nun ebenfalls freigeworden; Resultat dieses Prozesses sind der freie Arbeiter und das Kapital.[85] Damit der freie Arbeiter aber leben kann, muss das Kapital über Rohstoffe, Arbeitsinstrumente und Lebensmittel verfügen; notwendig hierfür ist aber eine vorangegangene Akkumulation, die es möglich macht, „den Arbeiter ans Werk zu setzen und wirksam zu erhalten, als lebendiges Arbeitsvermögen zu erhalten.“[86] Ferner ist der „in der Form von Geld vorhandne Reichtum“ ebenfalls eine Bedingung für die Entstehung des Kapitals, das „vom Geld ausgeht und daher vom Vermögen, das in der Form des Geldes existiert.“[87] Dabei entspringt dieser Reichtum nicht der Arbeit, sondern geht aus Wucher und Kaufmannsgewinnen hervor.[88] Wie später im ‚Kapital‘ insistiert Marx aber schon in den ‚Grundrissen‘ darauf, dass es in der Antike kein Kapital gegeben habe, und kritisiert jene Altertumswissenschaften, die unkritisch die Existenz von Kapital und Kapitalisten in der Antike angenommen haben.[89]

Mit dieser Darstellung der Entwicklung der Eigentumsverhältnisse hat Marx die historischen Voraussetzungen der Entstehung des Kapitals sowie der Lohnarbeit erklärt.[90] Was in diesem Abschnitt der ‚Grundrisse‘ offen bleibt, ist die Entstehung des Geldes und seine Funktion in den frühen Gesellschaften.[91] Zu diesem Problem hat Marx sich in der Einleitung und im ersten Kapitel der ‚Grundrisse‘ ausführlich geäußert. Grundsätzlich sind für Marx Geld und Kapital nicht identisch: „Geld kann existieren und hat historisch existiert, ehe Kapital existierte, ehe Banken existierten, ehe Lohnarbeit existierte etc.“[92] Im

---

84 Marx o. J., 402.

85 Marx o. J., 402–403: „Der historische Prozess war die Scheidung bisher verbundner Elemente – sein Resultat ist daher nicht, dass eines der Elemente verschwindet, sondern dass jedes derselben in negativer Beziehung auf das andere erscheint – der freie Arbeiter (der Möglichkeit nach) auf der einen Seite, das Kapital (der Möglichkeit nach), auf der andren.“

86 Marx o. J., 403.

87 Marx o. J., 404.

88 Marx o. J., 404: „Dass zum Teil Geld aufgehäuft werden kann auf dem reinen Weg des Austauschs von Äquivalenten, haben wir gesehen; indes dies bildet eine so unbedeutende Quelle, dass es historisch nicht erwähnenswert – wenn vorausgesetzt wird, dass das Geld durch Austausch eigner Arbeit gewonnen.“

89 Marx o. J., 412: „... der Gedanke von einigen Sozialisten, wir brauchten das Kapital, aber nicht die Kapitalisten, ist durchaus falsch. [...] Indes ist dieser Irrtum keineswegs größer als der z. B. aller Philologen, die von Kapital im Altertum sprechen, römischen, griechischen Kapitalisten. Es ist dies nur ein andrer Ausdruck dafür, dass die Arbeit in Rom und Griechenland frei war, was die Herrn schwerlich behaupten möchten.“ Vgl. K. Marx, Kapital, MEW 23, 182 Anm. 33 (s. oben Anm. 4).

90 Marx o. J., 406: Die Herausbildung des Kapitals „geschieht einfach dadurch, dass der als *Geldvermögen* existierende Wert durch den historischen Prozess der Auflösung der alten Produktionsweise befähigt wird einerseits zu *kaufen* die objektiven Bedingungen der Arbeit, anderseits die *lebendige* Arbeit selbst gegen Geld von den freigewordnen Arbeitern einzutauschen.“

91 Zum Geld bei Marx vgl. Heinrich 2016b, 173–174.

92 Marx o. J., 23.

‚Kapitel vom Geld' analysiert Marx nach einer längeren Kritik an dem Buch von A. Darimon über die Reform der Banken[93] das Geld sowie Wert und Preis.[94] Nach Marx hat das Geld allgemein die Eigenschaft, „Maß des Warenaustausches", „Austauschmittel" und „Repräsentant der Waren" zu sein, es ist ferner „allgemeine Ware neben den besondren Waren."[95] Die Funktion des Geldes resultiert wesentlich aus der Trennung von Kauf und Verkauf „in zwei voneinander unabhängige Akte".[96] Es sind nicht mehr die Produzenten, die am Austausch beteiligt sind, sondern ein „Kaufmannsstand tritt zwischen die Produzenten, ein Stand, der bloß kauft, um zu verkaufen und bloß verkauft, um wieder zu kaufen"; oft sind es auch einzelne Handelsvölker, die einen Zwischenhandel betreiben."[97]

Die Austauschbarkeit der Waren erfordert wiederum eine besondere Ware, das Geld, das „zählbar, quantitativ teilbar" sein muss, wenn es den „Tauschwert in allen seinen Unterschieden" darstellen soll.[98] Der Ursprung des Geldes liegt nicht in einer Konvention, sondern im Austausch. Zunächst können Waren, die „Gegenstand der allgemeinsten Nachfrage" sind und so „gegen andre besondre Waren ausgetauscht werden" können, Geldfunktion annehmen; Marx nennt hier „Salz, Häute, Vieh, Sklaven."[99] Sie werden schließlich als Geld abgelöst von den Edelmetallen:

> „Im Fortgang der Entwicklung wird gerade das umgekehrte eintreten, d. h. die Ware, die am wenigsten unmittelbar Gegenstand der Konsumtion oder Werkzeug der Produktion, wird am besten grade die Seite repräsentieren, dass sie dem Bedürfnis *des Austauschs als solchen* dient. Im ersten Fall wird die Ware Geld, wegen ihres besondren Gebrauchswerts; im zweiten Fall erhält sie davon ihren besondren Gebrauchswert, dass sie als Geld dient. Dauerhaftigkeit, Unveränderlichkeit, Teilbarkeit und Wiederzusammensetzbarkeit, relativ leichte Transportierbarkeit, weil

---

93 Marx o. J., 35–46; Darimon 1856.

94 Marx o. J., 55: „Der Wert (der reale Tauschwert) aller Waren (die Arbeit eingeschlossen) ist durch ihre Produktionskosten bestimmt. In anderen Worten, durch die Arbeitszeit, die zu ihrer Hervorbringung erheischt wird. Der *Preis* ist dieser ihr Tauschwert in Geld ausgedrückt." Vgl. ferner ders. 59: „Jede Ware (Produkt oder Produktionsinstrument) ist = der Vergegenständlichung einer bestimmten Arbeitszeit."

95 Marx o. J., 64. Vgl. ders. 103: „Die doppelte Bestimmung des Geldes als 1) Maß oder Element, worin die Ware als Tauschwert realisiert wird, und seine Bestimmung als 2) Tauschmittel, Zirkulationsinstrument, wirken in ganz verschiedner Richtung."

96 Marx o. J., 66.

97 Marx o. J., 67. Vgl. ders. 28: In der Antike gab es bedingt „durch das Vorherrschen der Agrikulturvölker" einzelne Handelsvölker, so die Phönizier und Karthager. Vgl dazu ders. 741: „Die Handelsvölker der Alten, wie die Götter des Epikur in den Intermundien der Welt oder rather wie die Juden in den Poren der polnischen Gesellschaft. Die meisten selbständig und großartig entwickelten Handelsvölker oder Städte *carrying trade*, der beruhte auf der Barbarei der produzierenden Völker, zwischen denen sie die Rolle des Geldes spielten (die Vermittler)."

98 Marx o. J., 82.

99 Marx o. J., 83.

> sie großen Tauschwert in kleinem Raum einschließen, alles das macht die edlen Metalle besonders geeignet auf der letzten Stufe."[100]

Ein Beleg für die Existenz eines Austauschs ohne geprägtes Edelmetallgeld ist für Marx die Bemerkung Strabons über die Albanoi, die am Kaspischen Meer siedelten; sie betrieben keine Handelsgeschäfte, gebrauchten kein Münzgeld, sondern kannten nur einen Tauschhandel.[101]

Es folgen bei Marx längere Abschnitte über die Metalle, die für die Münzprägung verwendet wurden, und über die Relationen im Wert der Metalle zueinander.[102] Ein Tatbestand, auf den Marx im Folgenden hinweist, ist für das Verständnis der frühen Gesellschaften von Bedeutung: Geld kann gehortet werden und dient damit in seiner dritten Funktion der Schatzbildung, es ist nicht nur Maß und Tauschmittel. Als Beispiel führt Marx die „*Aufhäufung des Kupfergeldes* in den älteren Zeiten der römischen Republik" an.[103] Geld, das gehortet wird, ist der Zirkulation entzogen worden.[104] Zunächst war nach Auffassung von Marx „das Aufhäufen von Gold und Silber [...] priesterliches und königliches Privilegium, da der Gott und König der Waren nur den Göttern und Königen zukommt." In der Antike wird die Thesaurierung von Edelmetallen dann eine finanzpolitische Strategie, der Staatsschatz ein Reservefond für Notlagen.[105] Geld aus Gold oder Silber eignet sich deswegen besonders zur Akkumulation, weil die Edelmetalle dauerhaft und weniger vergänglich sind als andere Waren und andere Metalle: „Es erhält sich als Reichtum in allen Zeiten. Spezifische Dauer desselben. Es ist der Schatz, den weder die Motten noch der Rost fressen. Alle Waren sind nur vergängliches Geld; das Geld ist die unvergängliche Ware."[106]

Die Möglichkeit, Geld zu horten, hat zur Folge, dass Geld zum hauptsächlichen Gegenstand der „Bereicherungssucht" wird.[107] Die Bereicherungssucht unterscheidet sich demnach grundsätzlich „von der Sucht nach besondrem Reichtum, also z. B. Sucht für Kleider, Waffen, Schmuck, Weiber, Wein etc.," und ist nur möglich auf Grund der Tatsache, dass „der allgemeine Reichtum, der Reichtum als solcher, in einem besonderen Ding

---

100 Marx o. J., 83.

101 Marx o. J., 90. Marx zitiert Strab. 11,4,4. Vgl. den Hinweis auf Homer ders. 107: „Schafe und Ochsen, nicht Gold und Silber, Geld bei Homer und Hesiod, als Maß des Werts. Im Feld von Troja Tauschhandel."

102 Marx o. J., 91–101.

103 Marx o. J., 130.

104 Marx o. J., 141: „Diese Akkumulation des Goldes und des Silbers, die sich als wiederholtes Entziehen desselben aus der Zirkulation darstellt, ist zugleich das In-Sicherheit-Bringen des allgemeinen Reichtums gegen die Zirkulation."

105 Marx o. J., 141.

106 Marx o. J., 142.

107 Marx o. J., 133.

individualisiert ist“, nämlich im Geld;[108] Genusssucht und Geiz werden als besondere Formen der Geldgier genannt.[109]

Die Akkumulation von Geld war für frühe Gesellschaften nicht unproblematisch: Marx meint, das Geld sei in der Antike demzufolge als „die Quelle alles Bösen“ angesehen worden und die Geldgier sei „notwendig der Untergang der alten Gemeinwesen gewesen.“[110] Das Horten von Geld bedeutet aber gleichzeitig auch den Verzicht darauf, das Geld für die augenblickliche Befriedigung der eigenen Bedürfnisse, für den eigenen Genuss, zu verwenden: „Der Geldcultus hat seinen Ascetismus, seine Entsagung, seine Selbstaufopferung – die Sparsamkeit und Fruglität, das Verachten der weltlichen, zeitlichen und vergänglichen Genüsse; das Nachjagen nach dem ewigen Schatz.“[111]

Mit dem auf diese Weise entstandenen Geldvermögen ist aber neben der Lohnarbeit eine zweite notwendige Voraussetzung für das Kapital geschaffen:

> „Die Akkumulation von Gold und Silber, von Geld, ist die erste historische Erscheinung des Ansammelns von Kapital und das erste große Mittel desselben; aber als solches ist sie noch nicht Akkumulation von Kapital. Dazu müsste das Wiedereingehn des Akkumulierten in die Zirkulation selbst als Moment und Mittel des Aufhäufens gesetzt sein.“[112]

Im Kapitel ‚Formen, die der kapitalistischen Produktion vorhergehn‘, wird die Unterscheidung von Geldvermögen und Kapital ebenfalls hervorgehoben:

> „Aber das *bloße Dasein des Geldvermögens* und selbst Gewinnung einer Art supremacy seinerseits reicht keineswegs dazu hin, das jene *Auflösung in Kapital* geschehe. Sonst hätte das alte Rom, Byzanz etc. mit freier Arbeit und Kapital seine Geschichte geendet oder vielmehr eine neue Geschichte begonnen. Auch dort war die Auflösung der alten Eigentumsverhältnisse verknüpft mit der Entwicklung des Geldvermögens – des Handels etc. Aber statt zur Industrie, führte diese Auflösung in fact zur Herrschaft des Landes über die Stadt.“[113]

108 Marx o. J., 133.
109 Marx o. J., 134.
110 Marx o. J., 134. Vgl. ferner ders. 438: „Alle bisherigen Gesellschaftsformen gingen unter an der Entwicklung des Reichtums – oder, was dasselbe ist, der gesellschaftlichen Produktivkräfte. Bei den Alten, die das Bewusstsein hatten, wird der Reichtum daher direkt als Auflösung des Gemeinwesens denunziert.“
111 Marx o. J., 143. Es ist beachtenswert, dass Marx an dieser Stelle eine Beziehung zwischen dem Streben nach Reichtum und dem englischen Puritanismus herstellt: „Daher der Zusammenhang des englischen Puritanismus oder auch des holländischen Protestantismus mit dem Geldmachen.“
112 Marx o. J., 144. Vgl. auch ders. 162: „Jedenfalls ist *Geld als Kapital* von *Geld als Geld* unterschieden.“
113 Marx o. J., 405.

Resümierend stellt Marx die Geschichte des Geldes in der Antike sehr knapp, aber prägnant dar:

> „Bei den Römern, Griechen etc. erscheint das Geld erst unbefangen in seinen beiden ersten Bestimmungen als Maß und Zirkulationsmittel, in beiden nicht sehr entwickelt. Sobald sich aber entweder ihr Handel etc. entwickelt, oder, wie bei den Römern, die Eroberung ihnen Geld massenhaft zuführt – kurz plötzlich auf einer gewissen Stufe ihrer ökonomischen Entwicklung erscheint das Geld notwendig in seiner dritten Bestimmung [Geld als Mittel der Schatzbildung, H. S.], und je mehr es sich in derselben ausbildet, als Untergang ihres Gemeinwesens.“[114]

Es ist auffallend, dass der Klassenkampf, der im ‚Manifest der Kommunistischen Partei‘ für den historischen Fortschritt eine so überragende Rolle spielt, in der Argumentation der ‚Grundrisse‘ kaum erscheint. Nicht der Klassenkampf, sondern die Entwicklung der Produktivkräfte bewirkt die Auflösung der alten Produktions- und Eigentumsverhältnisse, wobei dem Geld und dem Geldvermögen eine größere Bedeutung zukommt. M. Iorio erklärt diesen Tatbestand damit, dass bei Marx zwei unterschiedliche, weitgehend unverbundene Theorien historischer Entwicklung vorliegen, einerseits die materialistische Geschichtsauffassung, die den sozialen und wirtschaftlichen Wandel durch Annahme eines Widerspruchs zwischen den fortgeschrittenen Produktivkräften und den Produktionsverhältnissen erklärt, und andererseits die Klassenkampftheorie, die in der Ausbeutung, in dem schärfer werdenden Klassengegensatz und in den Klassenkämpfen die wichtigste Ursache für den Umsturz der Herrschaftsverhältnisse und damit für gesellschaftlichen Fortschritt sieht.[115]

IV

In den ‚Grundrissen‘ liegt im Ansatz ein in sich schlüssiges Modell der antiken Wirtschaft vor, das im Kern als eine funktionalistische Theorie eines komplexen sozioökonomischen Systems aufgefasst werden kann.[116] Die wesentlichen Elemente dieses Modells können auf

---

114 Marx o. J., 134. Vgl. ferner die kurzen Bemerkungen 24 f., wo ebenfalls darauf hingewiesen wird, dass das Geld in der Antike nicht alle „ökonomischen Verhältnisse“ geprägt hat. Als Beleg hierfür werden „Naturalsteuer und Naturallieferung“ angeführt.

115 Marx o. J., 134, 386, 438. Vgl. Iorio 2016, 208–218. Zu diesem Problem vgl. auch die Bemerkungen von Jones 2017, 563–566. Vgl. besonders 564: „Wesentlich und charakteristisch für Karls Begriff der Revolution in den 1860er Jahren war, dass im Mittelpunkt kein Ereignis, sondern ein Prozess stand.“ Bei diesem Prozess handelte es sich um wirtschaftliche und technische Veränderungen, die zur Auflösung der älteren Produktionsweise und zur Herausbildung der neuen Gesellschaft führten.

116 So Iorio 2016, 215. Dieses Modell der antiken Gesellschaft entspricht in vieler Hinsicht der idealtypischen Methode Max Webers und hat viele Übereinstimmungen mit dem Kapitel ‚Die Stadt‘ in Wirtschaft und Gesellschaft; vgl. Weber 1922, 513–600, insbesondere 513–527, 552–559, 565–569,

folgende Weise zusammengefasst werden: Unter den vorkapitalistischen Produktionsweisen steht die Antike neben der gleichzeitigen asiatischen oder orientalischen sowie der germanischen Produktionsweise und zeitlich vor dem Feudalismus des Mittelalters. In der antiken Gesellschaft bestand zu Beginn eine Einheit des Menschen mit dem Boden, den er bebaute; als Bürger eines Gemeinwesens hatte der Mensch Eigentum an diesem Boden, der ihm die Existenz sicherte. Vorherrschender Wirtschaftszweig in der Antike wie auch im Feudalismus war die Landwirtschaft, sie war Basis der Gesellschaft und der Produktion, die wesentlich auf den Eigenbedarf ausgerichtet war; es handelte sich also vornehmlich um eine Subsistenzproduktion. Daneben fand ein Austausch von Gebrauchswerten statt, der aber nur einen geringen Umfang hatte. Eine zunehmende Differenzierung der Gesellschaft und wirtschaftliche Veränderungen, etwa die Herausbildung des Handwerks, führten zu einem wachsenden Austausch, wobei Geld als Mittel dieses Austausches erscheint. Auf diese Weise entsteht eine Warenproduktion, die in der Antike aber gesamtwirtschaftlich gesehen eher unbedeutend bleibt; die Schatzbildung, das Aufhäufen von Geld, führt zur Entstehung von Geldvermögen und Reichtum. Diese Entwicklungen lösten die ursprünglichen Produktions- und Eigentumsverhältnisse auf. Der Mensch, der den Boden bebaut hatte, verlor sein Land, während der Grundeigentümer, der an seine Stelle trat, den Boden nicht mehr selbst bearbeitete, sondern ihn durch Sklaven bearbeiten ließ. Es ist ein zentrales Merkmal der antiken Gesellschaft, dass Arbeit gekauft wurde, indem der Sklave gekauft wurde. Geldvermögen und Reichtum, die Konzentration des Grundbesitzes sowie die Sklaverei zerstörten die Grundlagen der antiken Gesellschaft.

Kritiker sind der Meinung, dass Marxens Sicht der Antike eminente Schwächen aufweist; so hat Friedrich Vittinghoff mit Nachdruck auf einzelne, nur zum Teil aus der

583–600. Vgl. etwa Marxens Feststellung, dass in der Antike das „Gemeindewesen" [...] darauf beruht, „dass seine Mitglieder aus arbeitenden Grundeigentümern, Parzellenbauern bestehn" (o.J., 379), mit folgender Position Webers: „Wir werden sehen, dass der antike Stadt*bürger* vollen Rechts, im Gegensatz zum mittelalterlichen, ursprünglich geradezu dadurch charakterisiert war: dass er einen Kleros, fundus (in Israel: chelek), ein volles Ackerlos, welches ihn ernährte, seine eigen nannte: der antike Vollbürger ist ‚Ackerbürger'" (o. J., 517). Vgl. ferner Marx o.J., 378: „Die aus Familien bestehende Gemeinde daher zunächst kriegerisch organisiert – als Kriegs- und Heerwesen, und dies eine der Bedingungen ihres Daseins als Eigentümerin." Vgl. dazu Weber 1922, 557: [...] „dass die antike Stadt primär eine Siedlungsgemeinschaft von Kriegern ist." Vgl. ders. 595 und Anm. 59. Auch der Hinweis auf die Verschuldung findet sich bei Marx und Weber; vgl. Marx o. J., 394, wo Marx neben dem Austausch auch die Verschuldung als Faktor der Auflösung der antiken Produktionsweise nennt (vgl. K. Marx, Kapital, MEW 23, 149–150: „Der Klassenkampf der antiken Welt z. B. bewegt sich hauptsächlich in der Form eines Kampfes zwischen Gläubiger und Schuldner und endet in Rom mit dem Untergang des plebejischen Schuldners, der durch den Sklaven ersetzt wird.") und Weber 1922, 583: „Denn in der Antike spielten sich in der Frühzeit die Klassenkämpfe zwischen den stadtsässigen Geschlechtern als *Gläubigern* und den Bauern als *Schuldnern* und depossedierten Schuldknechten ab." Für die Bedeutung der Sklaverei als einem grundlegenden Merkmal der antiken Gesellschaft gibt es bei Weber ebenfalls Belege: Weber 1896/2002, 47–68, hier 51: „Die antike Kultur ist *Sklavenkultur*. – Von Anfang an steht neben der freien Arbeit der Stadt die unfreie Arbeit des platten Landes, neben der freien Arbeitsteilung durch Tauschverkehr auf dem städtischen Markt die unfreie Arbeitsteilung durch Organisation der eigenwirtschaftlichen Gütererzeugung im ländlichen Gutshof."

Forschungslage gegen Mitte des 19. Jahrhunderts resultierende Irrtümer und Widersprüche hingewiesen.[117] Aber demgegenüber muss auch erwähnt werden, dass Mommsen und später noch Max Weber ganz ähnliche Ansichten zur frühen römischen Gesellschaft wie Marx vertreten haben.[118] Vittinghoff selbst verkennt nicht, dass Marx mit seinen Thesen der internationalen Althistorie wichtige Impulse gegeben hat.[119] Die im späten 19. und frühen 20. Jahrhundert einsetzende Rezeption der Marxschen Position und die nach 1945 geführten Diskussionen über die antike Wirtschaft haben ohne Zweifel wesentlich zur Modernisierung des Fachs beigetragen.[120]

Zentrale Thesen in Marxens Modell der antiken Wirtschaft haben bis heute Bestand. Zu Recht hat Marx die Bedeutung der Subsistenzproduktion in der griechischen und römischen Landwirtschaft hervorgehoben,[121] und unstrittig ist auch, dass es sich bei dem antiken Griechenland und dem römischen Italien um Agrargesellschaften handelte.[122] Wenn auch Handel und Warenproduktion in ihrer Bedeutung für die antike Wirtschaft bei Marx eher unterschätzt werden,[123] so bleibt doch die Feststellung richtig, dass die antike Warenproduktion nicht wie in der Moderne auf industrieller Fertigung, sondern auf der Arbeit von Handwerkern beruhte.[124] Die Vorstellung, dass die Sklavenarbeit für die

117 Vittinghoff 1994, 479 (Forschungslage); 480–482 (Sklaverei); 484–485 (Klassenkampf); 485–486 (urwüchsige kommunistische Gesellschaft); 487–491 (die römische Gesellschaft und der Klassenkampf in Rom, Sklavenaufstände); 491–494 (Spätantike und Germanen).

118 Zur Darstellung der frührömischen Gesellschaft bei Marx vgl. Vittinghoff 1994, 485–486 und ferner Mommsens Römische Geschichte (1. Band, 9. Aufl. S. 182 = 1976, 197): „Dass in ältester Zeit das Ackerland gemeinschaftlich, wahrscheinlich nach den einzelnen Geschlechtsgenossenschaften, bestellt und erst der Ertrag unter die einzelnen, dem Geschlecht angehörigen Häuser verteilt ward, ist bereits angedeutet worden [...]; wie denn Feldgemeinschaft und Geschlechtergemeinschaft innerlich zusammenhängen und auch späterhin in Rom noch das Zusammenwohnen und Wirtschaften der Mitbesitzer sehr häufig vorkam. Selbst die römische Rechtsüberlieferung weiß noch zu berichten, dass das Vermögen anfänglich in Vieh und Bodenbenutzung bestand und erst später das Land unter die Bürger zu Sondereigentum aufgeteilt ward." Weber 1891, hier Weber 1986, 141: „Der italischen Besiedelung ist, soviel wir schließen können, mit derjenigen der Germanen, im Unterschiede zur keltischen, das wichtige Moment gemeinsam, dass sie genossenschaftlich und nicht clanwirtschaftlich erfolgte." Vgl. zusammenfassend Capogrossi Colognesi 2004, 41–44.

119 Vittinghoff 1994, 479: „Es ist das unbestreitbare Verdienst von Marx und Engels, das man schlechterdings nicht hoch genug bewerten kann, der (Alten) Geschichte provozierend schöpferische Anstöße gegeben, neben Fragen nach der materiellen Grundlage der Antike, der Gesellschaftsordnung, Fragen nach den Klassen und den auf materiellen Interessen beruhenden Klassenkämpfen u. a. gestellt und zu ihrer Lösung beigetragen zu haben. Beide haben hierdurch entscheidend zur Überwindung der idealistischen Hellenenvorstellungen des Neuhumanismus und Hegels verholfen und endlich stärker die staatlich-politische und insbesondere ökonomische Wirklichkeit des Griechentums und der Antike in das wissenschaftliche Gespräch gerückt und damit für den geschichtlichen Blick eine neue Dimension erobert."

120 Scholz 2016, 383–388. Wichtige Hinweise zur Rezeption der Schriften von Karl Marx in der modernen Erforschung der Sklaverei gibt Finley 1980, 11–66.

121 Marx o. J., 379.

122 Marx o. J., 27, 379, 382.

123 Vgl. etwa Marx o. J., 402.

124 Marx o. J., 398.

antike Wirtschaft und Gesellschaft eine eminente Bedeutung besaß, hat trotz einer Reihe von Einschränkungen und Modifizierungen ihre Berechtigung.[125] Gerade die intensive Erforschung der antiken Sklaverei in der internationalen Althistorie ist ein Beleg dafür, dass Marx mit seiner Sicht der Sklaverei die moderne Forschung – bisweilen auf indirekte Weise – stark beeinflusst hat. Daneben wird die Einsicht, dass die Kategorien der Ökonomie nur Gültigkeit für die Epochen besitzen, deren Produkt sie sind, heute von Althistorikern wie Moses I. Finley geteilt.[126]

Die ‚Grundrisse' sind als ein theoretischer, weniger als ein politischer Text zu lesen; ihre wissenschaftliche Bedeutung ist wesentlich darin zu sehen, dass Marx in dieser Schrift die Epochen der Geschichte – in Anlehnung an Adam Smith – als Stadien ökonomischer Entwicklung interpretiert und auf diese Weise die Vorstellung der Geschichte als einer Abfolge von sozialen Systemen begründet hat. Grundlegend ist dabei die Einsicht, dass mit der Entstehung des Kapitalismus eine tiefgreifende historische Zäsur gegeben ist und die vorangegangenen Epochen insgesamt als vorkapitalistische Agrargesellschaften aufgefasst werden können. Die Antike, in der bereits Handwerk, Handel und Geldwirtschaft eine wichtige Rolle für die wirtschaftliche und soziale Entwicklung spielten, wird dabei durch den Hinweis auf die Sklaverei deutlich von dem Feudalismus mit der verbreiteten Leibeigenschaft im Agrarbereich abgegrenzt.

Die Theorie der vorkapitalistischen Gesellschaften ist heute, wie John Haldon betont hat,[127] vor allem als ein Modell zu sehen, das heuristischen Zwecken dienen soll und das

125 Finley 1959, 145–164, besonders 161: „It seems to me that, seeing all this, if we could emancipate ourselves from the despotism of extraneous moral, intellectual, and political pressures, we would conclude, without hesitation, that slavery was a basic element in Greek civilization." Finley folgt Marx insoweit, als er die antiken Gesellschaften in bestimmten Regionen und bestimmten Epochen als ‚slave societies' bezeichnet. Vgl. Finley 1973, 79: „slaves were fundamental to the ancient economy in what I have been calling, for the lack of a more precise label, the „classical period", Greek and Roman. They were fundamental both in their employment (where they worked) and in the social structure (the reliance placed on them and their labour by the highest strata, the ruling classes). In short, classical Greece and Italy were slave societies in the same broad sense as was the American South." Vgl. Finley 1980, 82: „They were the slave societies of Graeco-Roman antiquity, and they were that precicesly because of the location of slavery within them." Finley 1980 differenziert 79 zwischen antiken ‚slave societies' und solchen Gesellschaften, „in which there were slaves". Eine andere Auffassung vertritt Vittinghoff 1994, 474–528, besonders 480–482. Vgl. die Feststellung ders. 482: „Aber es ist ein jederzeit widerlegbarer Grundirrtum von Marx und Engels, dass die Bürger einer Polis nur Rentner gewesen, dass außer der politischer Tätigkeit alle körperlichen Arbeiten als sklavisch und eines Freien unwürdig verachtet worden seien." Zuletzt wurde die Position von Marx und Finley entschieden abgelehnt von García Mac Gaw 2015, 77–111.

126 Marx o. J., 25; Finley 1973, 26: „More recently the inapplicability to the ancient world of a market-centered analysis was powerfully argued by Max Weber and by his most important disciple among ancient historians, Johannes Hasebroek; in our own day by Karl Polanyi."

127 Haldon 2015, 204–236, hier 210: „If a mode of production – a model of a set of socio-economic relations – has been adequately theorised [...], it should serve as a heuristic device intended to suggest what questions should be asked of the evidence about a particular set of social and economic relationships, and how one can set about understanding the disparate and disjointed historical data as representative of a dynamic social totality."

für die Untersuchung früher Gesellschaften ein Ensemble grundlegender Thesen zur Interdependenz wirtschaftlicher, sozialer und auch politischer Entwicklung bereitstellt und auf diese Weise hilft, bei der Interpretation der Quellen die richtigen Fragen zu stellen. Ein solcher Blick auf die ‚Grundrisse' vermag noch heute der Erforschung der Antike und insbesondere der antiken Wirtschaft substantielle Anregungen zu vermitteln.

Literatur

Albert 2014 G. Albert, Idealtyp, in: H.-P. Müller / S. Sigmund (Hrsg.), Max Weber Handbuch. Leben – Werk – Wirkung, Stuttgart 2014, 63–66.

Block 2006 M. Bock, Auguste Comte (1798–1857), in: D. Kaesler (Hrsg.), Klassiker der Soziologie, Bd. 1: Von Auguste Comte bis Alfred Schütz, München[5] 2006, 39–57.

Capogrossi Colognesi 2004 L. Capogrossi Colognesi, Max Weber und die Wirtschaft der Antike, Göttingen 2004.

da Graca/Zingarelli 2015 L. da Graca / A. Zingarelli (Hrsg.), Studies on the Pre-Capitalist Modes of Production, Leiden 2015.

Dahrendorf 2006 R. Dahrendorf, Karl Marx (1818–1883), in: D. Kaesler (Hrsg.), Klassiker der Soziologie, Bd. 1: Von Auguste Comet bis Alferd Schütz, München[5] 2006, 58–73.

Darimon 1856 A. Darimon, De la Rèforme des Banques, Paris 1856.

Demandt 2015 A. Demandt, Zeit. Eine Kulturgeschichte, Berlin 2015.

de Ste. Croix 1981 G. E. M. de Ste. Croix, The Class Struggle in the Ancient Greek World, London 1981.

Finely 1959 M. I. Finley, Was Greek Civilization Based on Slave Labour?, Historia 8 (1959) 145–164.

Finley 1973 M. I. Finley, The Ancient Economy, Berkeley/Los Angeles 1973.

Finley 1980 M. I. Finley, Ancient Slavery and modern Ideology, London 1980.

García Mac Gaw 2015 C. García Mac Gaw, The Slave Roman Economy and the Plantation System, in: L. da Graca / A. Zingarelli (Hrsg.), Studies on the Pre-Capitalist Modes of Production, Leiden 2015, 77–111.

Habermas 1976 J. Habermas, Zur Rekonstruktion des Historischen Materials, Frankfurt a. M. 1976.

Haldon 2015 J. Haldon, Mode of Production. Social Action and Historical Change: Some Questions and Issues, in: L. da Graca / A. Zingeralli (Hrsg.), Studies on the Pre-Capitalist Modes of Production, Leiden 2015, 204–236.

Heinrich 2016a M. Heinrich, Grundrisse der Kritik der Politischen Ökonomie (1857/58), in: M. Quante / D. P. Schweikard (Hrsg.), Marx-Handbuch, Stuttgart 2016, 77–94.

Heinrich 2016b M. Heinrich, Grundbegriffe der Kritik der politischen Ökonomie 1. Ware, Wert und Geld, in: M. Quante / D. P. Schweikard (Hrsg.), Marx-Handbuch, Stuttgart 2016, 173–174.

Hermann-Otto 2009 E. Hermann-Otto, Sklaverei und Freilassung in der griechisch-römischen Welt, Hildesheim 2009.

Iorio 2016 M. Iorio, Geschichtsphilosophie, in: M. Quante / D. P. Schweikard (Hrsg.), Marx-Handbuch, Stuttgart 2016, 208–218.

Jones 2017 G. S. Jones, Karl Marx. Die Biographie, Frankfurt a.M. 2017.

Lange 1995 E. M. Lange, Karl Marx (1818–1883), in: O. Höffe (Hrsg.), Klassiker der Philosophie, Bd. 2: Von Immanuel Kant bis Jean-Paul Satre, München[3] 1995, 168–186.

Marx o. J. K. Marx, Grundrisse der Kritik der politischen Ökonomie, Frankfurt o. J. (ND der Ausgabe Moskau 1939).

Marx 2004 K. Marx, Die Frühschriften, 7. Aufl. Stuttgart 2004.

Meyer 1924 E. Meyer, Die wirtschaftliche Entwicklung des Altertums, in: E. Meyer (Hrsg.), Kleine Schriften I, Halle[2] 1924, 81–168.

Mommsen 1976 Th. Mommsen, Römische Geschichte, 1. Band, München[9] 1976.

Pöhlmann 1895 R. Pöhlmann, Extreme bürgerlicher und sozialistischer Geschichtsschreibung, in: R. Pöhlmann (Hrsg.), Aus Altertum und Gegenwart, München 1895.

Quante/Schweikard 2016 M. Quante / D. P. Schweikard (Hrsg.), Marx-Handbuch, Stuttgart 2018.

Scholz 2016 O. R. Scholz, IV Rezeption. C Ausstrahlung in andere Disziplinen. 1 Geschichtswissenschaft, in: M. Quante/D. P. Schweikard (Hrsg.), Marx-Handbuch, Stuttgart 2016, 383–388.

Schweikard 2016 D. P. Schweikard, Karl Marx – Leben, in: M. Quante/D. P. Schweikard (Hrsg.), Marx-Handbuch, Stuttgart 2016, 1–20.

Smith 1978a A. Smith, Der Wohlstand der Nationen. Eine Untersuchung seiner Natur und seiner Ursachen, München 1978.

Smith 1978b A. Smith, Lectures on Jurisprudence, Oxford 1978.

Sperber 2013 J. Sperber, Karl Marx. Sein Leben und sein Jahrhundert, München 2013.

Vieth 2016 A. Vieth, Grundrisse der Kritik der Politischen Ökonomie, in: M. Quante/D. P. Schweikard (Hrsg.), Marx-Handbuch, Stuttgart 2016, 64–70.

Vittinghoff 1994 F. Vittinghoff, Die Theorie des historischen Materialismus über den antiken „Sklavenhalterstaat". Probleme der Alten Geschichte bei den „Klassikern" des Marxismus und in der modernen sowjetischen Forschung, in: F. Vittinghoff (Hrsg.), Civitas Romana. Stadt und politisch-soziale Integration im Imperium Romanum der Kaiserzeit, Stuttgart 1994, 477–528.

Vogt 1965 J. Vogt, Die antike Sklaverei als Forschungsproblem – von Humboldt bis heute, in: J. Vogt (Hrsg.), Sklaverei und Humanität. Studien zur antiken Sklaverei und ihrer Erforschung, Wiesbaden 1965, 97–111.

von Oertzen 1991 P. von Oertzen, Karl Marx (1818–1883), in: W. Euchner (Hrsg.), Klassiker des Sozialismus, Bd. 2, München 1991, 139–156.

Weber 1922 M. Weber, Wirtschaft und Gesellschaft, Tübingen 1992.

Weber 1986 M. Weber, Die römische Agrargeschichte in ihrer Bedeutung für das Staats- und Privatrecht, Stuttgart 1891 (Max Weber Gesamtausgabe, Abteilung I, Band 2, Tübingen 1986).

Weber 2002 M. Weber, Die sozialen Gründe des Untergangs der antiken Kultur (1896), in: D. Kaesler (Hrsg.), M. Weber, Schriften 1894–1922, Stuttgart 2002, 47–68.
Winkel 1977 H. Winkel, Die deutsche Nationalökonomie im 19. Jahrhundert, Darmstadt 1977.

Klassenbegriff und Klassentheorie bei Marx und in den altertumskundlichen Sozialwissenschaften

Armin Eich

Klassenbegriff und Klassentheorie bei Marx

Wie die Autoren der klassischen Nationalökonomie ging Marx davon aus, dass die Existenz von sozialen Klassen ein Resultat der gesellschaftlichen Arbeitsteilung war. Ein Schlüsseltext findet sich in der 1859 publizierten Studie *Zur Kritik der politischen Ökonomie* (= MEW 13, 3–160):

> „In der gesellschaftlichen Produktion ihres Lebens gehen die Menschen bestimmte, notwendige, von ihrem Willen unabhängige Verhältnisse ein, Produktionsverhältnisse, die einer bestimmten Entwicklungsstufe ihrer materiellen Produktivkräfte entsprechen. Die Gesamtheit dieser Produktionsverhältnisse bildet die ökonomische Struktur der Gesellschaft, die reale Basis, worauf sich ein juristischer und politischer Überbau erhebt und welcher bestimmte gesellschaftliche Bewußtseinsformen entsprechen.“[1]

Diejenigen Menschen, die in einer bestimmten Gesellschaftsformation typologisch gleichartige Produktionsverhältnisse mit Dritten eingegangen sind oder besser: eingehen mussten, bilden terminologisch eine Klasse. Dieser Begriffsgebrauch ist keine Neuschöpfung von Marx, sondern war in der ökonomischen Literatur fest eingeführt, z.B. von François Quesnay[2] oder David Ricardo.[3] Die Kategorienbildung findet sich ähnlich auch bei Adam Smith, auch wenn Smith lieber von *orders* als von *classes* sprach.[4] Bemerkens-

---

1 MEW 13, 8.

2 Tableau économique, Versailles[3] 1759, 2 (in der Edition von M. Kuczynski, Berlin 1965, 8).

3 D. Ricardo, Principles of Political Economy and Taxation, London[3] 1821, z.B. I 3 (66 in der Edition von R. M. Hartwell, Harmondsworth 1971): „All the implements necessary to kill the beaver and deer might belong to one class of men, and the labour employed in their destruction might be furnished by another class; (...).“

4 A. Smith, Wealth of Nations I 11, Part III (Conclusion of the Chapter): „The whole annual produce of the land and labour of every country, or what comes to the same thing, the whole price of that annual produce, naturally divides itself, it has already been observed, into three parts; the rent of land,

werterweise entwickelt Smith im Zusammenhang mit den Ausführungen über die gesellschaftliche Arbeitsteilung bereits eine Theorie von den besonderen *interests of orders* (dem Sinn nach: „Klasseninteressen"), die Konflikte in sich bergen und bspw. zur Unterdrückung von klassenspezifischen Meinungen oder Anschauungen führen konnten.[5] Daher erklärt sich die bekannte Aussage von Marx in einem Brief an Joseph Weydemeyer:[6]

> „Was mich nun betrifft, so gebührt mir nicht das Verdienst, (...) die Existenz der Klassen in der modernen Gesellschaft und ihren Kampf unter sich entdeckt zu haben. Bürgerliche Geschichtsschreiber hatten längst vor mir die historische Entwicklung dieses Kampfes der Klassen, und bürgerliche Ökonomen die ökonomische Anatomie derselben dargestellt."

Der bloße Umstand, dass Menschen aufgrund ihrer identischen Position im ökonomischen Prozess eine Klasse bilden, bedeutet keinesfalls, dass den Betroffenen dieser Sachverhalt als solcher klar ist. Die identische Klassenlage prägt zunächst die jeweiligen Individuen in einer spezifischen Weise.[7] Der *locus classicus* zu diesem Dogma findet sich am Ende der 1847 erschienenen antiproudhonistischen Schrift *Die Philosophie des Elends* (II 5):

> „Die ökonomischen Verhältnisse haben zuerst die Masse der Bevölkerung in Arbeiter verwandelt. Die Herrschaft des Kapitals hat für diese Masse eine gemeinsame Situation, gemeinsame Interessen geschaffen. So ist diese Masse bereits eine Klasse gegenüber dem Kapital, aber noch nicht für sich selbst. In dem Kampf, den wir nur in einigen Phasen gekennzeichnet haben, findet sich diese Masse zusammen,

---

the wages of labour, and the profits of stock; and constitutes a revenue to three different orders of people; to those who live by rent, to those who live by wages, and to those who live by profit. These are the three great, original and constituent orders of every civilized society, from whose revenue that of every other order is ultimately derived." Auch Marx und Engels sprechen manchmal von „Ständen", wo man eigentlich „Klassen" erwarten würde, so zu Beginn des Kommunistischen Manifests: „In den früheren Epochen der Geschichte finden wir fast überall eine vollständige Gliederung der Gesellschaft in verschiedene Stände, eine mannigfaltige Abstufung der gesellschaftlichen Stellungen. Im alten Rom haben wir Patrizier, Ritter, Plebejer, Sklaven; im Mittelalter Feudalherren, Vasallen, Zunftbürger, Gesellen, Leibeigene, und noch dazu in fast jeder dieser Klassen wieder besondere Abstufungen"; MEW 4, 462 f.

5 Ebd.: „In the publick deliberations, therefore, his (sc. the worker's) voice is little heard and less regarded... ."

6 Brief an Joseph Weydemeyer vom 5.3.1852; MEW 28, 507 f.

7 Die deutsche Ideologie I A 2 (MEW 3, 9–530; Die Ideologie überhaupt, namentlich die deutsche): „Die Weise, in der die Menschen ihre Lebensmittel produzieren, hängt zunächst von der Beschaffenheit der vorgefundenen und zu reproduzierenden Lebensmittel selbst ab. Diese Weise der Produktion ist nicht bloß nach der Seite hin zu betrachten, daß sie die Reproduktion der physischen Existenz der Individuen ist. Sie ist vielmehr schon eine bestimmte Art der Tätigkeit dieser Individuen, eine bestimmte Art, ihr Leben zu äußern, eine bestimmte Lebensweise derselben. Wie die Individuen ihr Leben äußern, so sind sie. Was sie sind, fällt also zusammen mit ihrer Produktion, sowohl damit, was sie produzieren, als auch damit, wie sie produzieren. Was die Individuen also sind, das hängt ab von den materiellen Bedingungen ihrer Produktion", MEW 3, 21.

konstituiert sie sich als Klasse für sich selbst. Die Interessen, welche sie verteidigt, werden Klasseninteressen. Aber der Kampf von Klasse gegen Klasse ist ein politischer Kampf."[8]

Die gleichartige ökonomische Situation zahlreicher Individuen (z.B. als Kaufleute, Lohnarbeiter, Sklaven etc.) führt demnach keineswegs notwendig oder auch nur wahrscheinlich zu einem akkuraten, geteilten Bewusstsein von den Charakteristika dieser Situation. Dabei ist zudem zu veranschlagen, dass auch trennende Kräfte auf die Angehörigen einer Klasse einwirken können und das nach Marx wohl auch in der Regel tun, wie etwa bei Arbeitern die individuelle Konkurrenz um Anstellungen und Löhne sowie der Verdrängungswettbewerb der Betriebe untereinander.[9] Wenn die Umstände entsprechend sind – wie etwa bei den französischen „Parzellenbauern" des 19. Jahrhunderts (oder zumindest der ersten Jahrhunderthälfte) –, kann die Vereinzelung auch dominieren und die Entstehung eines subjektiven Klassenbewusstseins blockieren.[10]

Dennoch steht durchaus zu erwarten, dass identische Klassenlagen gleiche oder ähnliche Bewusstseinsphänomene induzieren (z.B. religiöse oder mythologische Vorstellungen), die allenfalls analoge Projektionen der Betroffenen darstellen, nicht aber ein objektives Abbild der gemeinsamen Lage. Erst im Verlauf längerer „Kämpfe" gegen einen gemeinsamen Gegner, der im Wirtschaftsprozess entgegengesetzte Interessen verfolgt, werden die Voraussetzungen dafür geschaffen, dass sich die betreffenden Individuen ihrer gemeinsamen Klassenlage bewusst werden: die lediglich objektiv bestimmbare Klasse („Klasse an sich"[11]) wird zu einem sich selbst erkennenden Subjekt („Klasse für sich"). Betont sei bereits an dieser Stelle, dass unter den „Kämpfen" nicht vordringlich bewaffnete Konflikte zu verstehen sind – obschon diese natürlich in Krisen- oder Eskalationsphasen auftreten – sondern im Normalfall unblutige Auseinandersetzungen wie Streiks, Aussperrungen, Sabotage, illegale Koalitionen, Demonstrationen, kontroverses Wahl- oder Abstimmungsverhalten.

Solche Kämpfe, in denen eine objektiv geformte Klasse ein subjektives Bewusstsein von ihrer eigenen Substanz gewinnt, können sich über viele Jahrhunderte hinziehen, bis die politische Kräfteverteilung – in bestimmten historischen Konstellationen – sich

8 Zuerst französisch: La misère de la philosophie (deutsch in MEW 4, 63–182, Zitat: 180 f.).

9 Vgl. Vester 2008, 742.

10 Der achtzehnte Brumaire des Louis Bonaparte, MEW 8, 111–207: „Insofern Millionen von Familien unter ökonomischen Existenzbedingungen leben, die ihre Lebensweise, ihre Interessen und ihre Bildung von denen der andern Klassen trennen und ihnen feindlich gegenüberstellen, bilden sie eine Klasse. Insofern ein nur lokaler Zusammenhang unter den Parzellenbauern besteht, die Dieselbigkeit ihrer Interessen keine Gemeinsamkeit, keine nationale Verbindung und keine politische Organisation unter ihnen erzeugt, bilden sie keine Klasse. Sie sind daher unfähig, ihr Klasseninteresse im eigenen Namen, sei es durch ein Parlament, sei es durch einen Konvent geltend zu machen. Sie können sich nicht vertreten, sie müssen vertreten werden" (Zitat 198).

11 Marxens Terminologie käme es näher, von einer „Klasse gegenüber einer anderen oder mehreren anderen Klasse(n)" zu sprechen, aber die oben verwendete Terminologie hat sich eingebürgert und ist weniger schwerfällig.

nachhaltig verändert hat, wie Marx namentlich an dem historischen Paradefall, dem Aufstieg des westeuropäischen Bürgertums, erläutert:

> „Mit Bezug auf die Bourgeoisie haben wir zwei Phasen zu unterscheiden: die, während derer sie sich unter der Herrschaft des Feudalismus und der absoluten Monarchie als Klasse konstituierte, und die, wo sie, bereits als Klasse konstituiert, die Feudalherrschaft und die Monarchie umstürzte, um die Gesellschaft zu einer Bourgeoisgesellschaft zu gestalten. Die erste dieser Phasen war die längere und erforderte die größeren Anstrengungen. Auch das Bürgertum hatte mit partiellen Koalitionen gegen die Feudalherrn begonnen."[12]

Von den ersten *coniurationes pro libertate* bis zur Entmachtung des feudalen Königtums sind etwa acht Jahrhunderte anzusetzen; das gibt eine Vorstellung, mit welchen Zeiträumen Marx bei der Klassengenese und historischen Entfaltung von Klassenmacht rechnete.[13]

Eine adäquate Selbstwahrnehmung der Mitglieder einer Klasse sieht Marx als eine historische Ausnahme. Für gewöhnlich setzt sich das Bewusstsein der Angehörigen einer Klasse aus geteilten, klassenspezifischen Illusionen zusammen, doch „[a]uch die Nebelbildungen im Gehirn der Menschen sind notwendige Sublimate ihres materiellen, empirisch konstatierbaren und an materielle Voraussetzungen geknüpften Lebensprozesses."[14] Die ideellen „Sublimate" sind Ableitungen aus der in der Praxis erfahrenen materiellen Wirklichkeit, aber sie bilden diese nicht akkurat ab. Es ist daher eine Aufgabe des kritischen Historikers, die Wirklichkeit hinter den „Nebelbildungen" aufzudecken:

> „Und wie man im Privatleben unterscheidet zwischen dem, was ein Mensch von sich meint und sagt, und dem, was er wirklich ist und tut, so muß man noch mehr in geschichtlichen Kämpfen die Phrasen und Einbildungen der Parteien von ihrem wirklichen Organismus und ihren wirklichen Interessen, ihre Vorstellungen von ihrer Realität unterscheiden. (...) So haben die Tories in England sich lange eingebildet, daß sie für das Königtum, die Kirche und die Schönheiten der altenglischen Verfassung schwärmten, bis der Tag der Gefahr ihnen das Geständnis entriß, daß sie nur für die *Grundrente* schwärmen."[15]

Es ist wichtig darauf zu achten, dass die Tories – nach Marx – sich selber „einbildeten", ihr gemeinsames Anliegen sei ästhetischer Art. Es handelt sich bei den Ideologien der Klassen nicht um maßgeschneiderte Fabrikationen, die zur Manipulation anderer Klassen entworfen werden, sondern im Wesentlichen um unbewusste Schöpfungen der Angehöri-

12 Das Elend der Philosophie, MEW 4, 63–182, Zitat: 181.
13 Vgl. Vester 2008, 742 f.
14 Karl Marx, Friedrich Engels, Die deutsche Ideologie (1845/6), MEW 3, 7–530, Zitat: 26.
15 Der 18. Brumaire des Louis Bonaparte, MEW 8, 111–207, Zitat: 139.

gen einer Klasse, deren Homogenität sich aus der Interessenkoinzidenz ihrer Mitglieder erklärt.[16]

Die gesellschaftliche Teilung der Arbeit, die zur Herausbildung von Klassen führt, ist von Beginn an[17] keine friedliche und gerechte, sondern führt regelmäßig zur Mehrarbeit der einen und zur Aneignung des Mehrarbeitsprodukts durch andere Klassen. Eine entsprechende produktive Anordnung der Klassen in einer Formation kann über Jahrtausende stabil sein, ist aber dennoch nie von absoluter Dauer:

> „Auf einer gewissen Stufe ihrer Entwicklung geraten die materiellen Produktivkräfte der Gesellschaft in Widerspruch mit den vorhandenen Produktionsverhältnissen oder, was nur ein juristischer Ausdruck dafür ist, mit den Eigentumsverhältnissen, innerhalb deren sie sich bisher bewegt hatten. Aus Entwicklungsformen der Produktivkräfte schlagen diese Verhältnisse in Fesseln derselben um."[18]

Die Instabilität von gesellschaftlichen Formationen ist also durch einen ökonomischen Mechanismus bedingt, nicht durch den Grad der Ausbeutung oder den von den Profiteuren der sozialökonomischen Ordnung ausgeübten Leidensdruck. In ihren Frühwerken stellen Marx und Engels die im Zitat skizzierten Prozesse mitunter (idealtypisch zuspitzend) als linear verlaufend dar, während namentlich Friedrich Engels in seinen späten Schriften (etwa im Vorwort zur zweiten deutschen Ausgabe der Lage der arbeitenden Klassen in England) verstärkt zirkuläre Verläufe, antizipatorische Phänomene und Regressionen in den historischen Prozessen postulierte.[19]

Die Lehre von den einander ablösenden Klassenformationen ist vor allem mit Blick auf die dramatischen Umwälzungen in Marxens Gegenwart und jüngerer Vergangenheit formuliert worden. Sie ist allerdings konzipiert als eine Theorie, die für die gesamte Geschichte seit den ersten Anfängen der (innerfamiliären) Arbeitsteilung gilt. So trägt jede konstituierte Gesellschaft als Geheimnis ihrer spezifischen Lebensweise einen konkreten Mechanismus in sich, der es ihr erlaubt, sich in ihrer besonderen Eigenart[20] zu reproduzieren (so wie der individuelle Organismus um seiner Fortexistenz willen sich im Stoffwech-

---

16 Die deutsche Ideologie, MEW 3, 7–530, hier 37–50.

17 Die deutsche Ideologie, MEW 3, 32: „Mit der Teilung der Arbeit, in welcher alle diese Widersprüche gegeben sind und welche ihrerseits wieder auf der naturwüchsigen Teilung der Arbeit in der Familie und der Trennung der Gesellschaft in einzelne, einander entgegengesetzte Familien beruht, ist zu gleicher Zeit auch die Verteilung, und zwar die ungleiche, sowohl quantitative wie qualitative Verteilung der Arbeit und ihrer Produkte gegeben, also das Eigentum, das in der Familie, wo die Frau und die Kinder die Sklaven des Mannes sind, schon seinen Keim, seine erste Form hat."

18 Zur Kritik der politischen Ökonomie, MEW 13, 3–160, Zitat: 9.

19 MEW 22, 316–330; vgl. zu diesem Aspekt der marxischen Theorie Kuczynski 1992.

20 Vgl. speziell zu den antiken Stadtstaaten: Grundrisse, MEW 42, 401: „Der Zweck aller dieser Gemeinwesen ist Erhaltung; d. h. Reproduktion der Individuen, die es bilden, als Eigentümer, d. h. in derselben objektiven Existenzweise, die zugleich das Verhalten der Glieder zueinander und daher die Gemeinde selbst bildet"; ebd. 403: „Die Produktion selbst bezweckt die Reproduktion des Produzenten in und mit diesen seinen objektiven Daseinsbedingungen."

sel mit der Natur regelmäßig materiell erneuert). In diesem gedanklichen Zusammenhang kommt Marx auch zuweilen auf die Verhältnisse des klassischen Altertums zu sprechen, ohne dass er Gelegenheit gefunden hätte, eine systematisch durchgestaltete Theorie für die Antike zu entwerfen. In den publizierten Schriften handelt es sich bei den Äußerungen zur Antike meist um Nebenbemerkungen, zusätzliche historische Illustrationen oder politisch motivierte Vereinfachungen. Ansätzen zu einer systematischen Darstellung antiker Klassenstrukturen am nächsten kommen einige Passagen in dem Kapitel *Formen, die der kapitalistischen Produktion vorhergehen*[21] im vierten Heft der sog. *Grundrisse*, eine der persönlichen Gedankenbildung des Autors dienenden Vorarbeit zum *Kapital* (1857/8).

Am Beginn steht eine negative Feststellung: In der Antike, wie überhaupt unter vorkapitalistischen Bedingungen, gab es keine Lohnarbeiterklasse im Sinne einer die gesellschaftliche Geschichte wesentlich bestimmenden und vorwärts treibenden Kraft. Damit eine solche Klasse entstehen konnte, war, neben anderen, eine historische Voraussetzung unerlässlich: „die Loslösung des Arbeiters von der Erde als seinem natürlichen Laboratorium."[22] Das heißt, es musste erst ein signifikantes Reservoir ‚freier Arbeitskräfte' geschaffen werden, die aufgrund ihrer Besitzverhältnisse keine Chance hatten, sich und ihren Familien die Subsistenz aus eigener Kraft und mit eigenen Mitteln zu sichern. Konkret ist in erster Linie daran gedacht, dass der mittel- und landlose Proletarier keine Möglichkeit hat, ‚aufs Land zurückzukehren' und die notwendigsten Lebensmittel unter wie harten Bedingungen auch immer für sich und seine Angehörigen zu produzieren. Unter den Lebensbedingungen der Stadt ist diese Strategie, im Notfall für den eigenen Überlebenskonsum zu produzieren, nicht umsetzbar. Am eindrücklichsten legt Marx diesen Zusammenhang im ersten Band des *Kapital* dar, wo er sich polemisch mit den Reformforderungen des (zeitweiligen) britischen Diplomaten Edward Gibbon Wakefield auseinandersetzt. Dieser hatte als schwere Fehlentwicklung angeprangert,[23] dass die Grunderwerbspreise in den Vereinigten Staaten so niedrig seien, dass Lohnarbeiter auf Lohnsenkungen oder Arbeitszeitverlängerungen mit einer Flucht in die kleinbäuerliche Lebensform reagieren konnten. Wakefield forderte daher eine administrativ oktroyierte Erhöhung der Bodenpreise, um den Arbeitern diese Fluchtmöglichkeit aus ihrer Situation zu verbauen, und die geregelte verstärkte Zufuhr ‚freier Arbeitskräfte' aus dem Mutterland, um den Konkurrenzkampf unter den Lohnarbeitern zu verschärfen.[24]

Während also die moderne Lohnarbeiterklasse unter anderem dadurch bestimmt ist, dass die ihr Zugehörigen nicht über die Mittel verfügen, um ihre eigene Existenz zu erhalten, so dass sie gezwungen sind, ihre Arbeitskraft an die Besitzer von Produktionsmitteln zu verkaufen, ist eine solche strukturelle Trennung der Produzenten von den für ihr Überleben notwendigen Arbeitsmitteln in vorindustriellen Gesellschaften eine Anomalie. Die Eigenart der jeweiligen historischen Gesellschaftsformationen ergibt sich daher

21 MEW 42, 383–421. Die Kapitelüberschrift stammt von den Editoren der MEGA; vgl. hierzu auch den Aufsatz von Helmuth Schneider in diesem Band.

22 Grundrisse, MEW 42, 383.

23 Edward Gibbon Wakefield, England and America, 2 Bde, London 1833, 1, 209–244.

24 Kapital I, MEW 23, 792–802.

wesentlich aus den jeweils spezifischen Eigentumsformen an essentiellen Produktionsmitteln oder jedenfalls effektiven Zugriffsmöglichkeiten auf diese. Charakteristisch für die griechisch-römische Antike war in dieser Hinsicht eine eigenartige Doppelnatur des Eigentums an dem mit Abstand wichtigsten Produktionsmittel, Ackerland. Zum einen bestand eine Art politisches Obereigentum der Staatsbürger an dem Territorium ihres Stadtstaates, zum anderen befanden sich die einzelnen Bodenstücke im Privateigentum von Bürgern, deren exklusives Eigentumsrecht (Nicht-Bürger durften kein Land auf dem Territorium der Gastpolis als Eigentum besitzen) sich eben aus dem Obereigentum der Staatsbürger als Kollektiv ableitet[25]: das Bürgerkollektiv garantiert und schützt die Eigentumsrechte an den einzelnen Grundstücken juristisch, militärisch verteidigt und erweitert es seinen Territorialbestand.

Es bestand hier nach Marx eine „natürliche Einheit der Arbeit mit ihren sachlichen Voraussetzungen“,[26] die arbeitenden *Bürger* verfügten frei über die zu ihrem Lebenserhalt notwendigen Arbeitsmittel und -geräte. Allerdings war auch Marx bekannt, dass der Besitz eines für die Ernährung einer Familie ausreichend großen Bodenstücks weder in der griechischen noch in der römischen Geschichte jemals staatlich garantiert war.[27] Auch Bürger mussten ökonomisch in der Lage sein, Land zu erwerben und es zu erhalten, andernfalls fielen sie aus der Gemeinschaft der sich mittels der Verwendung eigener Produktionsmittel erhaltenden Bürger heraus und konnten zum „freien Taglöhner“ werden. Diese Tagelöhner, die „wir sporadisch finden überall“,[28] behandelt Marx nicht wie eine vollwertige Klasse, was in erster Linie ökonomische Gründe hat: Während nämlich die moderne Lohnarbeiterklasse einen unverzichtbaren Anteil an der gesamtgesellschaftlichen Wertschöpfung hat, indem ihre Arbeitskraft in den Prozess eingeht, der aus (durch

25 Grundrisse, MEW 42, 387: „Die Gemeinde – als Staat – ist einerseits die Beziehung dieser freien und gleichen Privateigentümer aufeinander, ihre Verbindung gegen außen, und ist zugleich ihre Garantie. Das Gemeindewesen beruht hier ebensosehr darauf, daß seine Mitglieder aus arbeitenden Grundeigentümern, Parzellenbauern bestehn, wie die Selbständigkeit der letztren durch ihre Beziehung als Gemeindeglieder aufeinander, Sicherung des ager publicus für die gemeinschaftlichen Bedürfnisse und den gemeinschaftlichen Ruhm etc. besteht. Voraussetzung bleibt hier für die Aneignung des Grund und Bodens Mitglied der Gemeinde zu sein, aber als Gemeindemitglied ist der Einzelne Privateigentümer. Er bezieht sich zu seinem Privateigentum als Grund und Boden aber zugleich als seinem Sein als Gemeindemitglied, und die Erhaltung seiner als solchen ist ebenso die Erhaltung der Gemeinde, wie umgekehrt etc. Da die Gemeinde, obgleich hier schon historisches Produkt, nicht nur dem fact nach, sondern als solches gewußt, daher entstanden, hier Voraussetzung des Eigentums am Grund und Boden – d.h. der Beziehung des arbeitenden Subjekts zu den natürlichen Voraussetzungen der Arbeit als ihm gehörigen –, diese Gehörigkeit aber vermittelt durch sein Sein als Staatsmitglied, durch das Sein des Staats – daher durch eine Voraussetzung, die als göttlich etc. betrachtet wird.“

26 Grundrisse, MEW 42, 383.

27 Vgl. bspw. Grundrisse, MEW 42, 402: „Wo Trennung schon der Gemeindeglieder als Privateigentümer von sich als Stadtgemeinde und Stadtterritoriumeignern, da treten auch schon Bedingungen ein, wodurch der einzelne verlieren kann sein Eigentum, d. h. das doppelte Verhältnis, das ihn zum ebenbürtigen Bürger, Mitglied des Gemeinwesens, und das ihn zum Eigentümer macht“; vgl. dazu Padgug 1975, 101.

28 Grundrisse, MEW 42, 377.

Zusetzung menschlicher Arbeitskraft geschaffenen) Werten über die zyklische Vermittlung des Marktes neue, größere Werte schafft, hätten nach der Vorstellung von Marx vorindustrielle Lohnarbeiter im allgemeinen und antike im besonderen regelmäßig nur Gebrauchswerte für den einfachen Tausch und für den Konsum geschaffen, die in keinen Wertschöpfungszyklus eingingen. Die Lohnarbeit hätte demnach keinen produktiven Charakter gehabt und nichts oder wenig zur nachhaltigen Ausweitung des Surplusprodukts (des Reichtums, der über elementaren Konsum hinausgeht) beigetragen.[29]

Das verhält sich anders mit der Sklaverei, die nach Marx eine in der Eigenart der alten Stadtstaaten angelegte Genese hatte: besonders in Zeiten demographischen Drucks waren die Staaten aufgrund der verhältnismäßigen Inflexibilität der agrarischen Produktion nicht in der Lage, die in ihrer sozialökonomischen Grundstruktur gewissermaßen angelegte Hoffnung zu erfüllen, dass jeder Bürgerhaushalt eine ausreichende Grundlage für seine Selbsterhaltung erwerben könne, da die Zahl der zur Verfügung stehenden Parzellen in Relation zum Bedarf zu klein wurde. Antike Bürgergemeinden reagierten auf solche Situationen mit dem Versuch, Kolonien zu gründen oder das fruchtbare Territorium durch militärischen Erwerb zu erweitern. Dies ist die Grundvoraussetzung für die Entstehung der antiken Sklaverei:

> „Wird der Mensch selbst als organisches Zubehör des Grund und Bodens mit ihm erobert, so wird er miterobert als eine der Produktionsbedingungen, und so entsteht Sklaverei und Leibeigenschaft, die die ursprünglichen Formen aller Gemeinwesen bald verfälscht und modifiziert und selbst zu ihrer Basis wird. Die einfache Konstruktion wird dadurch negativ bestimmt."[30]

Auch hier wird der arbeitende Mensch nicht (physisch) von seinen Reproduktionsmitteln getrennt, auch wenn das bei der Versklavung zur Folge hat, dass er nur als Zubehör des eroberten Landes, so wie Pflüge, Wagen oder anderes Arbeitsgerät, erscheint.[31] Marx nennt den Versklavten an anderen Stellen auch die „Arbeitsmaschine" seines Eigentümers, die rechnungstechnisch prinzipiell[32] so behandelt wurde wie in späteren Formationen fixes Kapital (während die Arbeitskraft freier Lohnarbeiter in der kapitalistischen Produktionsweise „variables Kapital" ist).[33] Anders als die Lohnarbeit der ‚Herausgefallenen' modifi-

29 Grundrisse, MEW 42, 377–380.

30 Grundrisse, MEW 42, 399; vgl. 386.

31 Insofern stehen die Sklaven nicht in einer Beziehung zu den Produktionsmitteln, sondern sind Produktionsmittel. Grundrisse, MEW 42, 397: „Der Sklave steht in gar keinem Verhältnis zu den objektiven Bedingungen seiner Arbeit; sondern die Arbeit selbst sowohl in der Form des Sklaven wie der des Leibeigenen wird als unorganische Bedingung der Produktion in die Reihe der anderen Naturwesen gestellt, neben das Vieh oder als Anhängsel der Erde."

32 Natürlich nicht abschreibungstechnisch etc.

33 Grundrisse, MEW 42, 377; vgl. Kapital II, MEW 24, 474 f. „Im Sklavensystem spielt das Geldkapital, das im Ankauf der Arbeitskraft ausgelegt wird, die Rolle von Geldform des fixen Kapitals, das nur allmählich ersetzt wird, nach Ablauf der aktiven Lebensperiode des Sklaven. Bei den Athenern wird daher der Gewinn, den ein Sklavenbesitzer direkt durch industrielle Verwendung seines

ziert die Sklaverei die Wirtschaftsformen grundlegend und stellt sie auf eine neue „Basis". Dem marxischen Gedanken, die „ursprünglichen Formen aller Gemeinwesen" würden durch Sklavenarbeit „verfälscht", liegt die Annahme zugrunde, dass der ubiquitäre Produktionsmodus vor der Durchsetzung der Sklaverei die selbstgenügsame Hauswirtschaft war. Insofern die Sklaven eine Intensivierung der Produktion[34] bzw. eine Freistellung[35] der Sklavenbesitzer für andere, u.a. ökonomische Tätigkeiten als die Produktion der Subsistenzmittel ermöglichten, stellten sie den ökonomischen Reproduktionsprozess auf eine neue Grundlage: Sie bilden daher nach Marx (wie ja auch schon für Aristoteles) eine für die Herausbildung einer saturierten Klasse, die sich kulturschöpferisch oder -genießend betätigte, fundamentale Klasse, die man sich wohl, einer allgemeinen Bemerkung Marxens zufolge, im Normalfall als personell zahlreichste Klasse denken soll.[36] Ihr Arbeitseinsatz kann – bei Produktion auf „höherer Stufenleiter" – bereits in kombinierter Form stattfinden, etwa im Manufakturbetrieb oder als Minensklaven.[37] Sklaven, die nicht Lebensmittel im weitesten Sinn oder tauschbare Überschüsse produzierten, sondern etwa der „Luxusparade" dienten, versteht Marx als eine eigene, „dienende" Klasse.[38]

Die auf Sklavenarbeit beruhende sozialökonomische Formation zeigt insofern die von Marx als typisch erachtete Beharrungskraft, als auch bei größerem Wachstum individueller Vermögen kein Umschlag in eine andere Wirtschaftsweise erfolgt, sondern lediglich *mehr* Sklavenarbeit eingesetzt wird (wie z.B. bei erfolgreicher Ausbeutung der Laureionminen), oder allenfalls – in den älteren Stufen der Entwicklung – die auf Subsistenz zielende Eigenversorgung (partiell, d.h. in den reicheren Segmenten der Gesellschaft) auf

Sklaven oder indirekt durch Vermietung desselben an andere industrielle Verwender (z.B. für Bergwerksarbeit) zieht, auch nur betrachtet als Zins (nebst Amortisation) des vorgeschoßnen Geldkapitals, ganz wie in der kapitalistischen Produktion der industrielle Kapitalist ein Stück des Mehrwerts plus dem Verschleiß des fixen Kapitals als Zins und Ersatz seines fixen Kapitals in Rechnung setzt; wie dies auch Regel ist bei den fixes Kapital (Häuser, Maschinen etc.) vermietenden Kapitalisten."

34 „In dem Sklaven wird das Produktionsinstrument direkt geraubt. Dann aber muss die Produktion des Landes, für das er geraubt wird, so gegliedert sein, um Sklavenarbeit zuzulassen, oder (wie in Südamerika etc.) es muss eine dem Sklaven entsprechende Produktionsweise geschaffen werden"; Grundrisse, MEW 42, 33.

35 „Braucht der Arbeiter alle seine Zeit, um die zur Erhaltung seiner selbst und seiner Race nötigen Lebensmittel zu produzieren, so bleibt ihm keine Zeit, um unentgeltlich für dritte Personen zu arbeiten. Ohne einen gewissen Produktivitätsgrad der Arbeit keine solche disponible Zeit für den Arbeiter, ohne solche überschüssige Zeit keine Mehrarbeit und daher keine Kapitalisten, aber auch keine Sklavenhalter, keine Feudalbarone, in einem Wort keine Großbesitzerklasse"; Kapital I, MEW 23, 534.

36 „Alle früheren Eigentumsformen verdammen den größren Teil der Menschheit, die Sklaven, reine Arbeitsinstrumente zu sein. Die geschichtliche Entwicklung, politische Entwicklung, Kunst, Wissenschaft etc. spielen in den höheren Kreisen über ihnen"; Grundrisse, MEW 42, 491.

37 „Gewisse Industriezweige, z. B. Minenarbeit, setzt (sic) von vorneherein Kooperation voraus. Solange das Kapital daher nicht existiert, findet sie als Zwangsarbeit (Fron- oder Sklavenarbeit) unter einem Aufseher statt. Ebenso Wegebau etc."; Grundrisse, MEW 42, 488.

38 „Bloße Haussklaven, sei es daß sie zur Leistung notwendiger Dienste oder bloß zur Luxusparade dienen, kommen hier nicht in Betracht, sie entsprechen unserer dienenden Klasse"; Kapital II, MEW 24, 475.

profitorientierte Produktion umschaltet, die jedoch stets auf Sklavenarbeit basiert.[39] Diese erscheint allerdings als nahezu beliebig ausdehnbar, wenn genügend Lebensmittel für die biologische Erhaltung der Sklaven vorhanden sind:

> „Für den Sklaven in Athen war keine Schranke da seiner Vermehrung außer den produzierbaren necessaries. Und wir hören nie, dass im Altertum Surplussklaven existiert hätten. Vielmehr steigt das Bedürfnis nach ihnen. Wohl aber Surpluspopulation von Nichtarbeitern (im unmittelbaren Sinn), die nicht zu viele waren in bezug auf vorhandne Lebensmittel, sondern die der Bedingung verlustig gegangen waren, unter denen sie sich aneignen konnten."[40]

Die Vermehrung der Arbeitskräfte erfolgt zu einem guten Teil außerökonomisch, durch Gewalt.[41] Der Impuls zur Vermehrung der Arbeit und Vergrößerung des gesamten Arbeitsprodukts ist allerdings nach Marx nicht systemisch in der antiken Gesellschaftsformation angelegt, sondern findet dort – im Gegensatz zur kapitalistischen Produktionsweise – seine inhärente Grenze in der Nachfrage nach Gebrauchswerten (und nicht in der Produktion von Tauschwerten als Selbstzweck), die allerdings in besonderen Konstellationen zu extrem brutalen Formen der Ausbeutung führen konnte.[42]

39 „In der antiken Welt resultiert die Wirkung des Handels und die Entwicklung des Kaufmannskapitals stets in Sklavenwirtschaft; je nach dem Ausgangspunkt auch nur in Verwandlung eines patriarchalischen, auf Produktion unmittelbarer Subsistenzmittel gerichteten Sklavensystems in ein auf Produktion von Mehrwert gerichtetes"; Kapital III, MEW 25, 344. Eine solche, auf Produktion von Mehrwert abzielende Sklavenwirtschaft sah Marx in der Antike „in den späteren griechischen und römischen Zeiten" verwirklicht: „In allen Formen, worin die Sklavenwirtschaft (nicht patriarchalisch, sondern wie in den späteren griechischen und römischen Zeiten) als Mittel der Bereicherung besteht, wo Geld also Mittel ist, durch Ankauf von Sklaven, Land etc. fremde Arbeit anzueignen, wird das Geld, eben weil es so angelegt wird, als Kapital verwertbar, zinstragend"; Kapital III, MEW 25, 608.

40 Grundrisse, MEW 42, 508.

41 „Menschenraub, Sklaverei, Handel mit Sklaven und Zwangsarbeit derselben, Vermehrung dieser arbeitenden Maschinen, Surplusproduce produzierenden Maschinen ist hier direkt durch Gewalt gesetzt, beim Kapital durch den Austausch vermittelt"; Grundrisse, MEW 42, 660. „Aber auch das Sklavensystem – sofern es in Agrikultur, Manufaktur, Schiffsbetrieb etc. die herrschende Form der produktiven Arbeit ist, wie in den entwickelten Staaten Griechenlands und in Rom – behält ein Element der Naturalwirtschaft bei. Der Sklavenmarkt selbst erhält beständig Zufuhr seiner Arbeitskraft-Ware durch Krieg, Seeraub etc., und dieser Raub ist seinerseits nicht durch einen Zirkulationsprozeß vermittelt, sondern Naturalaneignung fremder Arbeitskraft durch direkten physischen Zwang"; Kapital II, MEW 24, 475.

42 „Indes ist klar, daß, wenn in einer ökonomischen Gesellschaftsformation nicht der Tauschwert, sondern der Gebrauchswert des Produkts vorwiegt, die Mehrarbeit durch einen engern oder weitern Kreis von Bedürfnissen beschränkt ist, aber kein schrankenloses Bedürfnis nach Mehrarbeit aus dem Charakter der Produktion selbst entspringt. Entsetzlich zeigt sich daher im Altertum die Überarbeit, wo es gilt, den Tauschwert in seiner selbständigen Geldgestalt zu gewinnen, in der Produktion von Gold und Silber. Gewaltsames zu Tod arbeiten ist hier die offizielle Form der Überarbeit. Man lese nur den Diodorus Siculus. Doch sind dies Ausnahmen in der alten Welt. Sobald aber Völker, deren Produktion sich noch in den niedrigren Formen der Sklavenarbeit, Fronarbeit usw.

Die Sklavenarbeit beruhte stets auf Zwang und wurde von den Versklavten widerwillig geleistet, was eine permanente Aufsicht notwendig machte, die viel produktive Energie band.[43] Schon aus diesem Grund betrachtet Marx die kapitalistische Lohnarbeit als produktiver als die Sklavenarbeit.[44] Die These von der relativ geringen Produktivität der Sklavenarbeit hat Marx unter Verwendung von Analogieschlüssen aus Verhaltensweisen zeitgenössischer Sklaven in den Südstaaten der USA auch damit begründet, dass Sklaven dazu neigen würden, sich für die Demütigung der Nichtanerkennung ihrer vollen Menschlichkeit durch destruktive Behandlung der ihnen anvertrauten Arbeitsgeräte und Arbeitstiere gleichsam zu rächen.[45] Friedrich Engels hat die von Marx nur *en passant* mitgeteilten Thesen später ausgebaut und in den historischen Kontext der frühmittelalterlichen Überwindung der antiken Produktionsweise gestellt.[46] Die ‚Entlohnung' eines Sklaven ist im Übrigen, wenn sie vorliegt, kein Kaufpreis der Arbeitskraft, sondern eine andere Form, ihm die Mittel zukommen zu lassen, die er für seine Fortexistenz als Arbeitszubehör braucht.[47] Die antiken Sklaven waren nach der Terminologie der *Philosophie des Elends* keine ‚Klasse für sich', d.h. sie entwickelten kein handlungsorientiertes Wissen von ihrer gemeinsamen Interessenlage. Allenfalls die Auftaktsätze des *Manifests der Kommunistischen Partei* könnten in diesem Sinn gedeutet werden:

> „Die Geschichte aller bisherigen Gesellschaft ist die Geschichte von Klassenkämpfen. Freier und Sklave, Patrizier und Plebejer, Baron und Leibeigener, Zunftbürger und Gesell, kurz, Unterdrücker und Unterdrückte standen in stetem Gegensatz zueinander, führten einen ununterbrochenen, bald versteckten, bald offenen Kampf, einen Kampf, der jedesmal mit einer revolutionären Umgestaltung der ganzen Gesellschaft endete oder mit dem gemeinsamen Untergang der kämpfenden Klassen."[48]

---

bewegt, hineingezogen werden in einen durch die kapitalistische Produktionsweise beherrschten Weltmarkt, der den Verkauf ihrer Produkte ins Ausland zum vorwiegenden Interesse entwickelt, wird den barbarischen Greueln der Sklaverei, Leibeigenschaft usw. der zivilisierte Greuel der Überarbeit aufgepfropft"; Kapital I, MEW 23, 250.

43 Die „Arbeit der Oberaufsicht entspringt notwendig in allen Produktionsweisen, die auf dem Gegensatz zwischen dem Arbeiter als dem unmittelbaren Produzenten und dem Eigentümer der Produktionsmittel beruhen. Je größer dieser Gegensatz, desto größer ist die Rolle, die diese Arbeit der Oberaufsicht spielt. Sie erreicht daher ihr Maximum im Sklavensystem"; Kapital III, MEW 25, 397.

44 Vgl. Grundrisse, MEW 42, 734, wo Marx zunächst den älteren Populationstheoretiker J. Townsend zitiert, demzufolge Hunger anders als Zwang „als natürlicher Beweggrund für Fleiß und Anstrengung die wirksamsten Anstrengungen" herausfordert. Marx: „Dies die Antwort darauf, in fact, welche labour more productive, die des Sklaven oder die des freien Arbeiters."

45 Kapital I, MEW 23, 210, Anm. 17.

46 Der Ursprung der Familie, des Privateigentums und des Staates, MEW 21, 25–173 u. 141–151.

47 „Bei der Sklaverei etc., wo nicht der falsche Schein durch die vorherige Verwandlung des Produkts – soweit es in wages ausgelegt wird – in Geld bewirkt wird, ist es auch handgreiflich, daß das, was der Sklave als Lohn erhält, in der Tat nichts ist, was der slave owner ihm ‚advances', sondern nur der Teil der realisierten Arbeit des slave, der ihm in der Form von Lebensmitteln wieder zuströmt"; Theorien über den Mehrwert III, MEW 26,3, 88.

48 MEW 4, 462.

Da jedoch in den im engeren Sinn wissenschaftlichen Schriften und Manuskripten ausdrücklich nicht angenommen wird, dass die antiken Sklaven jemals für ihre gemeinsame Befreiung gestritten haben, wird man Marx und Engels hier wohl so verstehen können, dass zwischen „Freiem" und „Sklaven" ein latenter Antagonismus oder „versteckter Kampf" herrschte, der nicht zur Ausbildung eines historisch wirksamen Klassenbewusstseins bei den Sklaven führte. Was die „revolutionäre Umgestaltung der ganzen Gesellschaft" angeht, in der die Antagonismen angeblich „jedesmal" münden, so liegt es zumindest nicht auf der Hand, wie man sich die Revolution denken sollte, die die spezifisch antike, auf Sklaverei basierende Gesellschaftsformation in eine Feudalgesellschaft „umgestaltete." Friedrich Engels hat (wohl im Rückgriff auf die Aufzeichnungen von Karl Marx) den im *Manifest* angedeuteten Prozess später so verstanden, dass der Anstoß zur „revolutionären Umwälzung" von außen kam, d.h. im Zuge der germanischen Landnahme, gegen die sich das Imperium aufgrund seiner inneren Klassengegensätze nicht mehr wirksam wehren konnte.[49] Wir hätten es dann mit einem Fall des „gemeinsamen Untergang(s) der kämpfenden Klassen" zu tun, an deren Stelle eine neue Ordnung trat.

Über die spezifische Natur der antiken Klassenkämpfe und ihre historischen Verlaufsformen hat sich Marx nur *en passant* geäußert,[50] ohne auf eine Systematisierung hinzuarbeiten. 1857/58 hatte Marx aus Niebuhrs *Römischer Geschichte* (2. Auflage 1827, I 620) einen Satz exzerpiert, mit dem Niebuhr unter anderem behauptet, die „augustäische Zeit" habe zu einer Epoche gehört, „wo Reiche und Arme die einzig wahren Klassen der Bürger waren",[51] d.h. dass alte Standesdistinktionen oder Verdienste keine bedeutende Rolle mehr spielten und stattdessen das geldwerte Vermögen über den gesellschaftlichen Rang entschied. Den zitierten Satz hat Marx im Exzerpt unterstrichen. Im ersten Band des *Kapital* (1867) wird die römisch-republikanische Geschichte durch einen Kampf zwischen Schuldnern und Gläubigern charakterisiert, der mit der Ersetzung der kleinbäuerlichen Schuldner durch Sklaven seinen Abschluss findet.[52] Oft zitiert worden sind schließlich die Sätze aus dem Vorwort zur zweiten Auflage des *18. Brumaire* (1869), in denen Marx die Auffassung formuliert, dass im alten Rom die Möglichkeit, einen Klassenkampf auszutragen, das Privileg einer Minderheit (freier Reicher und freier Armer) gewesen sei, während die Sklaven, die Masse der Arbeitenden, den Mehrwert produzierten, die den politisch Streitenden den nötigen Freiraum für ihre Kämpfe geschaffen habe.[53] Die Aus-

49 Ausführlich beschrieben in dem Kapitel VIII: „Die Staatsbildung der Deutschen." Engels nennt die betreffenden Vorgänge eine „Revolution": „Die Sklaverei war ökonomisch unmöglich, die Arbeit der Freien war moralisch geächtet. Die eine konnte nicht mehr, die andre noch nicht Grundform der gesellschaftlichen Produktion sein. Was hier allein helfen konnte, war nur eine vollständige Revolution" (Die Ursprünge der Familie, des Privateigentums und des Staates, MEW 21, 25–173, Zitat 145).

50 Die Hauptstellen bei Vittinghoff 1960, 101; zu Friedrich Vittinghoff vgl. den Aufsatz von Claudia Deglau in diesem Band.

51 Grundrisse, MEW 42, 409.

52 Kapital I, MEW 23, 149 f.; s. bereits die Deutsche Ideologie, MEW 3, 22 f.

53 Zweites Vorwort, MEW 16, 358–60: „Schließlich hoffe ich, daß meine Schrift zur Beseitigung der jetzt namentlich in Deutschland landläufigen Schulphrase vom sogenannten Cäsarismus beitragen wird. Bei dieser oberflächlichen geschichtlichen Analogie vergißt man die Hauptsache, daß näm-

führungen haben an der gegebenen Stelle die Funktion, die Typologisierung der Herrschaft Napoleons III. als „Caesarismus" zu diskreditieren, indem auf die gänzlich andere Konfliktstruktur verwiesen wird, die der antiken Caesarenherrschaft im Vergleich mit der napoleonischen Präsidialdiktatur zugrunde lag. Während in der Antike die „produktive Masse der Bevölkerung" in den Klassenkampf, aus dem die Imperatorenherrschaft hervorging, nicht eingriff noch eingreifen konnte,[54] seien die Produzenten des gesellschaftlichen Mehrprodukts in dem Konflikt, der zur Aufrichtung der Herrschaft Napoleons III. führte, als eine wichtige, wenn auch unterlegene Partei beteiligt gewesen. Der Hinweis auf die römische Sklaverei erfüllt hier demnach vor allem den Zweck, eine spezielle Argumentation *ad hoc* zu unterstützen. Demnach hat Marx den Grundgedanken Niebuhrs von den zwei „einzig wahren Klassen" akzeptiert. Doch ist natürlich klar, dass bei einer solchen Redeweise Klasse im Sinne von ‚Klasse für sich' (s.o.) gebraucht ist, also von einer in langen Kämpfen geschulten und ihrer selbst bewusst gewordenen Klasse. Die Sklaven bildeten selbstverständlich auch eine Klasse (oder besser: mehrere Klassen), aber eben nur ‚an sich', sich selbst nicht bewusst. Abgesehen davon galt das Konstrukt von den zwei auf dem Piedestal kämpfenden Klassen nur für eine bestimmte Epoche (zwischen später Republik und hoher Kaiserzeit), deren erster Abschnitt Marx vor allem aus den von ihm hochgeschätzten *Bürgerkriegen* des Appian von Alexandrien bekannt war.[55] Unter anderen Bedingungen ergaben sich veränderte Konfliktkonstellationen. Besonders explizit ist Engels, der sich in seinem *Ursprung der Familie* auf Marx berief und dessen nachgelassene Notizen er für das ursprünglich von Marx geplante Buchprojekt ausführlich heranzog:

> „Wie sehr der jetzt in seinen Hauptzügen fertige Staat der neuen gesellschaftlichen Lage der Athener angemessen war, zeigt sich in dem raschen Aufblühn des Reichtums, des Handels und der Industrie. Der Klassengegensatz, auf dem die gesellschaftlichen und politischen Einrichtungen beruhten, war nicht mehr der von Adel und gemeinem Volk, sondern der von Sklaven und Freien, Schutzverwandten und Bürgern."[56]

---

lich im alten Rom der Klassenkampf nur innerhalb einer privilegierten Minorität spielte, zwischen den freien Reichen und den freien Armen, während die große produktive Masse der Bevölkerung, die Sklaven, das bloß passive Piedestal für jene Kämpfer bildete. Man vergißt Sismondis bedeutenden Ausspruch: Das römische Proletariat lebte auf Kosten der Gesellschaft, während die moderne Gesellschaft auf Kosten des Proletariats lebt" (Zitat 359).

54 Die gelegentliche Bezeichnung von Spartacus als *„real representative des antiken Proletariats"* (in einem Brief an Engels nach Lektüre Appians) ändert nichts daran (27.2.1861, MEW 30, Erster Teil, Briefwechsel zwischen Marx und Engels, Januar 1860-September 1864, Nr. 98, 159 f.). Die zuweilen auftretenden Sklavenrebellionen brachten zu keinem Zeitpunkt das Sklavereisystem als solches in Gefahr, schon weil die Intention der Aufständischen gar nicht in diese Richtung ging; vgl. Vernant 1965, 14.

55 Zu Analogien im Geschichtsbild von Marx und Appian: Cuff 1983; zurückhaltender jetzt Bonnell 2015.

56 Der Ursprung der Familie, des Privateigentums und des Staates, MEW 21, 25–173, Zitat: 114; Verwendung von Marxens Aufzeichnungen: Vorwort zur ersten Auflage 1884, ibid. 27.

Die marxische Klassentheorie in der altertumskundlichen Sozialgeschichte

Wie bereits bemerkt, hat Marx seine Ansicht darüber, wie die Klassentheorie auf die Antike zu beziehen sei, nicht systematisch ausgearbeitet. Diese Aufgabe war der Rezeptionsgeschichte vorbehalten, die sich jedoch bekanntlich in schweren welthistorischen Turbulenzen vollzog und dadurch massiv erschwert wurde. Im sowjetischen Machtbereich bürdete Stalin neben anderem[57] der Forschung die These von den „fünf Grundtypen der Produktion" auf, von denen der erste, die „Urgemeinschaft", noch keine Ausbeutung und daher keine Klassen gekannt habe, während der letzte, der Sozialismus, im Aufbau befindlich gewesen sei.[58] Blieben drei historische Klassengesellschaften, unter denen das griechisch-römische Altertum erwartungsgemäß „der Sklaverei" zugeschlagen wurde. Das Schema war dem Bedürfnis geschuldet, aus Marxens Texten leicht repetierbaren Schulstoff zu gewinnen, der jedoch der Komplexität und dem Interpretationsbedarf der Originaltexte nicht gerecht wurde.[59] Gleiches gilt für die Vorgabe, die Weltgeschichte vorantreibende Revolutionen mechanisch als das Werk ausgebeuteter Klassen zu deuten, die zu gegebener Zeit die „Fesseln der Produktion" sprengten. Das führte etwa zum Postulat eines durch Aufstände herbeigeführten Übergangs von der antiken zur feudalen Produktionsweise, das sich nur unter gewagten Interpretationskunststücken durchfechten lässt.[60] Zu Lebzeiten des Diktators wurde es jedoch lebensgefährlich, gegen die oktroyierten Sprachregelungen zu verstoßen, so dass die Forschung bestenfalls austesten

57 So wurden am 16.5.1934 in einem Dekret des Rats der Volkskommissare und des Zentralkomitees der KPdSU verbindliche Vorgaben für das historische Arbeiten festgelegt (in französischer Übersetzung bei Raskolnikov 1975, 107). Die Prä- und Althistoriker wurden großenteils in der *Nationalen Akademie der Geschichte materieller Kulturen* (GAIMK) zusammengefasst, in der (seit der Reorganisation der 1919 gegründeten Akademie im Jahr 1932) „Brigaden" gebildet wurden, die präzise Forschungsaufträge erhielten. Soweit diese der Erforschung materieller Realitäten (z. B. der „Konstruktion von Häusern in Olbia" oder der „Extraktion von Mineralien und Bergbauarbeiten im antiken Griechenland") dienten, waren diese Forschungsprojekte durchaus sinnvoll und haben ertragreiche Publikationen hervorgebracht Vgl. den von Raskolnikoff mitgeteilten Forschungsplan für 1932 und 1933 (117 f.). Theoretisch waren die Brigaden durch die unsinnigen Vorgaben Stalins, die etwa dazu zwangen, „Sklavenrevolutionen" zu entdecken, wo sie nicht waren, schwer behindert. Trotz aller Gefügigkeit wurde das GAIMK 1937 der zentralen „Akademie der Wissenschaften" unterstellt, mehrere Mitglieder wurden des „Trotzkismus" für schuldig befunden und in Lagerhaft geschickt (Raskolnikoff 1975, 197).

58 Stalin, Geschichte der Kommunistischen Partei der Sowjetunion (Bolschewiki), Kurzer Lehrgang, Berlin 1946, 150: „Die Geschichte kennt fünf Grundtypen von Produktionsverhältnissen: die Produktionsverhältnisse der Urgemeinschaft, der Sklaverei, des Feudalismus, des Kapitalismus, des Sozialismus."

59 1859 hatte Marx in dem Heft Zur Kritik der politischen Ökonomie eine (erste) Übersicht in folgender Form gegeben: „In großen Umrissen können asiatische, antike, feudale und modern bürgerliche Produktionsweisen als progressive Epochen der ökonomischen Gesellschaftsformation bezeichnet werden " (MEW 13, 7–160, Zitat: 9). In der Folgezeit ist das Schema jedoch von Marx differenziert und modifiziert worden; vgl. etwa Nippel 2005, 329 f.

60 Vgl. etwa die zeitweise kanonische Römische Geschichte von Maschkin 1953, 630–635.

konnte,[61] welche leichten Variierungen sie den Vorgaben des *Kurzen Lehrgangs* zu Teil werden lassen konnte. Eine kreative Weiterentwicklung oder auch nur interpretatorische Durchdringung der marxischen Klassentheorie war unter diesen Umständen kaum möglich. Erst nach dem Tauwetter setzte eine vorsichtige[62] weiterführende Interpretation der marxischen Klassentheorie im sowjetischen Machtbereich ein.

In den marktwirtschaftlichen Staaten des Westens stand die Altertumskunde der marxischen Klassentheorie naturgemäß ablehnend gegenüber, ignorierte sie anfangs nahezu vollständig[63] und grenzte sich später in kritischer Distanz von ihr ab. Auch wenn ihr Anerkennung gezollt wurde, blieb die marxistische Klassentheorie in der Regel das ‚fremde Gegenüber'[64] (in der Bundesrepublik stellte gar das Bundesverfassungsgericht 1956 die Verfassungswidrigkeit der Theorie vom Klassenkampf – in ihrer parteiamtlichen Form – fest).[65] Speziell die Erforschung der inneren Konflikte antiker Gesellschaften, aber auch die Sozial- und Wirtschaftsgeschichte kommen in der zeitgenössischen Forschung ganz überwiegend ohne Rückgriff auf die marxische Klassentheorie aus.[66] Seit den 60er und verstärkt seit den 70er Jahren des 20. Jahrhunderts setzte allerdings (auf beiden Seiten des Eisernen Vorhangs) gewissermaßen in einer heute versiegten Unterströmung der Forschung eine offenere, produktive Diskussion ein. Diese kann hier nur anhand einiger, im besonderen Maße die Forschung weiterführenden Arbeiten dokumentiert werden. Die ausgewählten Beiträge sind nicht chronologisch, sondern nach inhaltlichen Schwerpunkten geordnet.

---

61 Ein weiteres Beispiel (vgl. Anm. 57): Die anspruchsvollen editorischen Grundsätze von David Rjazanov, der als Leiter des Moskauer Marx-Engels-Instituts die Herausgabe der Marx-Engels-Gesamtausgabe betreute, passten nicht in das stalinsche Konzept „volksnaher" Leseausgaben. Der Dissens wurde nach Stalins Art mit der Verhaftung Rjazanovs unter dem Vorwurf der Konspiration (1931), anschließender fünfjähriger Verbannung, erneuter Verhaftung und Erschießung des Philologen (1938) gelöst. 1936 wurde die Arbeit an der Gesamtausgabe eingestellt (die Wiederaufnahme der Arbeit – „zweite MEGA" – begann in den späten 60er Jahren in Berlin und Moskau). Zum Schicksal Rjazanovs vgl. Werner Röhr (ed.) im Vorwort zu Schmückle 2014, XV-XXII, XXXVII, XLV. Überblick über die Situation der sowjetischen Altertumswissenschaft unter Stalin: Mario Mazza, in der Prefazione zu Štaerman/Trofimova 1975, VII-XLIV.

62 Zur Übergangsphase der langsamen Ablösung von den stalinschen Dogmen: Prachner 1973, 733 ff.; Raskolnikoff 1975, 209–279.

63 Das fällt naturgemäß am meisten dort auf, wo eine Erwähnung (und sei sie rein polemischer Natur) nahelag, wie z. B. bei Robert v. Pöhlmann, Geschichte des antiken Kommunismus und Sozialismus, 2 Bde 1893 oder Eduard Meyer, Die wirtschaftliche Entwicklung des Altertums, in: Kleine Schriften zur Geschichtstheorie und zur wirtschaftlichen und politischen Geschichte des Altertums, Halle 1910, 79–168 (ursprünglicher Vortragstext: 1895).

64 Ein Musterbeispiel an Materialkenntnis und gezielter Kritik empirischer Defizite bei den „Klassikern" und in der sowjetischen Forschung ist Vittinghoff 1960. Der Kritik an der sowjetischen Forschung gewidmet war das 1950 von Joseph Vogt begründete Mainzer Forschungsprojekt zur antiken Sklaverei. Dazu und zu weiteren Forschungsverbünden (einschließlich sowjetischer), die eine für einen Einzelnen kaum mehr überschaubare Literatur hervorgebracht haben: Herrmann-Otto 2017, 51–61.

65 In der Urteilsbegründung zum KPD-Verbot 1956: Entscheidungen des Bundesverfassungsgerichts, Bd. 5, Tübingen 1956, Nr. 14, 85–408, 201 f. (mit dem Kontext).

66 Vgl. z.B. Börm 2015; Gray 2015; Cecchet 2015.

In ihrer Studie über *soziale Gruppen und Typenbegriffe* hat Charlotte Welskopf den von Marx vorausgesetzten Gedanken, dass Klassen eine differenzierte Binnengliederung und sozioökonomische Schichtung aufweisen können, am Beispiel der griechischen Sklaverei und des athenischen Demos systematisch durchgeführt.[67] Je nach Einsatzfeld (z.B. als Minenarbeiter, Arzt, „Managersklave" [*epitropos*], Küchensklave oder Bauarbeiter) hatten Sklaven eine spezifische Interessenlage und unterlagen damit als Klasse einer Schichtung, die die analoge Schichtung der Freien nach deren Interessenlagen widerspiegelt (2156). Ein Sklave konnte Kommandogewalt innerhalb des „Antreibersystems" erhalten (2157). Es gilt jedoch: „Die Delegierung von Befugnissen an Sklaven schichtet diese Gruppe, hebt jedoch die objektive Klassenzugehörigkeit nicht auf" (2157). Diese ist, wie von Marx definiert (Anm. 1) durch die Produktionsverhältnisse, in denen Individuen zu anderen stehen, begründet. Bei der griechisch-römischen Sklaverei war dies in erster Linie ein „Privateigentumsverhältnis. Sklaverei in diesem Sinn bedeutete unmittelbares privates Eigentum eines anderen an der persönlichen, mit dem Körper verbundenen Arbeitskraft, daher zwangsläufig auch Eigentum am Körper und Verfügungsgewalt über alle Lebensäußerungen des Versklavten" (2155). Diese basale Tatsache wird durch die Schichtung und Binnendifferenzierung der Sklaven nicht aufgehoben. Eine komplexe Binnendifferenzierung sieht Welskopf auch beim athenischen Demos (negativ verstanden als „Nicht-Aristokratie") als gegeben (2146–2154), wobei allerdings offenbleibt, nach welchen Kriterien der Demos als Klasse verstanden werden kann. Abgesehen von dieser Lücke eröffnet die Beobachtung Welskopfs die Möglichkeit, die marxische Theorie anhand empirischer Quellenstudien detailliert zu differenzieren. Die bei Welskopf implizierte Abkopplung vom Schematismus stalinscher Provenienz öffnete auch den Blick dafür, dass historische Gesellschaftsformationen durchweg nicht in reiner Form vorliegen, sondern durch Atavismen oder auch Antizipationen älterer bzw. späterer Klassenformen mitgeprägt sein können, wie bereits Marx und Engels postuliert hatten (vgl. Anm. 73–76). In Bezug auf das Altertum war die Frage nach solchen ‚Kontaminierungen' von Klassenformationen vor allem mit Blick auf das Phänomen der ‚Hörigkeit' oder ‚Leibeigenschaft' diskutiert worden.[68] Detlef Lotzes vielbeachtete Studie Μεταξὺ ἐλευθέρων καὶ δούλων[69] gehört in die Traditionslinie dieser Diskussion, die Jan Pečirka 1988 nachgezeichnet und später ausführlich dokumentiert hat.[70] Eine Pointe der Debatte lag darin, dass mit der Entdeckung von immer weiteren „Hörigen" in der Antike, wie sie in der westlichen Literatur zeitweise Mode war,[71] der Charakter der griechischen Gesellschaft als ‚Sklavensystem' verloren zu gehen schien und diese stattdessen tendenziell eine Art Vorwegnahme der mittelalterlichen Gesellschaft wurde. Empirisch ist das Problem nicht *en passant* zu lö-

67 Welskopf 1974, 2141–2176, bes. 2156 ff.
68 Zusammenfassend dazu Pečirka 1964, 147–169.
69 Lotze 1959.
70 Zunächst in einem Vortrag, später ausgearbeitet publiziert unter dem Titel: Die Hörigen in der altgriechischen Sklavereigesellschaft, Graecolatina Pragensia 14 (1993) 107–123 (= Pečirka 1993).
71 Pečirka 1993, 108 f.; vgl. die etwas gereizte Bemerkung zu Rostovtzew: „Bei ihm wimmelt es wortwörtlich von Hörigen und Leibeigenen, und zwar sowohl im antiken Griechenland und in dessen Kolonialgebiet als auch im hellenistischen Vorderen Orient" (108).

sen, obwohl es als ziemlich sicher gelten kann, dass die älteren Formen der Kollektivsklaverei (wie etwa die spartanische Helotie), die bei entsprechend großzügiger Definition auch als eine Form von ‚Hörigkeit' verstanden werden kann, im Laufe der Jahrhunderte durch modernere Formen der von Welskopf so genannten Individual- und Privatsklaverei verdrängt wurden, die durchaus nicht mehr als Hörigkeit bezeichnet werden können.[72] Der bloße Hinweis auf das Vorliegen von atavistischen Produktionsverhältnissen, wie sie etwa in der Kollektivsklaverei hellenischer Prägung gegeben ist, hätte Marx und Engels ohnehin kaum dekonzertiert. Man vergleiche etwa die gelegentliche Bemerkung Engels' in einem Brief an Marx vom 22.12.1882:[73] „Sicher ist die Leibeigenschaft und Hörigkeit keine spezifisch mittelalterlich-feudale Form, wir haben sie überall oder fast überall, wo Eroberer das Land durch die alten Einwohner für sich bebauen lassen – in Thessalien z. B. sehr früh."[74] Auch Marx stellte sich die von ihm angenommenen historischen Gesellschaftsformationen zunehmend dynamischer und inhomogener vor, besonders in seinen kommentierenden Exzerpten aus dem Buch des russischen Anthropologen Maxim Kovaleskij *Der Gemeindelandbesitz* (aus den Jahren 1879 und 1880),[75] wobei seine Konzeptionen ohnehin niemals den starren Charakter der stalinschen Repetierformeln hatten. Im Übrigen richtet sich eine These, die besagt, dass eine historische Gesellschaft in ihrer Klassengliederung anders zusammengesetzt war, als Marx ursprünglich annahm, nicht gegen die Klassentheorie als solche, sondern postuliert prinzipiell nur einen veränderten empirischen Befund im Geltungsrahmen der Theorie.[76]

Grundsätzlicher fällt die Kritik jedoch aus, wenn postuliert wird, die antiken Gesellschaften hätten gar keine Klassen gekannt und die von der marxistischen Forschung so genannten Gruppierungen seien vielmehr rechtlich definierte Statusgruppen gewesen. Exemplarisch für diese Perspektive kann das viel rezipierte „Stände-Schichten-Modell"[77] Geza Alföldys stehen, das ganz explizit die als verfehlt angesehene „marxistische"[78] Klassentheorie ersetzen soll. Alföldy hält dieser Theorie entgegen, dass der – fraglos gegebene

72 Ausführlich Eich 2006, 257–352, bes. 260 ff. u. 274 ff.

73 MEW 35, Erster Teil, Briefwechsel zwischen Marx und Engels, Januar 1881-März 1883, Nr. 71, 137.

74 Pečirka 1993, 110.

75 Harstick 1977; vgl. dazu Anderson 2016, 48 ff.

76 Vgl. Schmidt 1978, 120: „Im ganzen erscheint die antike Geschichte also nicht mehr ausschließlich bestimmt durch die Sklaverei, wohl aber als die Geschichte vom Aufstieg und Niedergang der Sklaverei."

77 In mehreren Publikationen erläutert, zuletzt in Alföldy 2011, 196–217. Dort findet sich auch eine ausführliche Verteidigung des Modells gegen dessen Kritiker, die allerdings die grundsätzliche Festlegung auf den Statusgedanken prinzipiell teilen. Lediglich die An- und Zuordnung der Statusgruppen wird diskutiert. Deswegen kann Alföldys Modell hier emblematisch für die entsprechende Perspektivierung stehen. Für den griechischen Kulturkreis bietet Moses I. Finley die bekannteste Auflösung des Klassen- zu einem Statusbegriff (Finley 1985, 35–61); vgl. auch Harris 1988.

78 „Marxistisch" bezieht sich auf die Gesamtheit der sich auf Marx berufenden Doktrinen („marxisch" bezeichnet die originär von Marx formulierten Positionen). Indem Alföldy bspw. regelmäßig von „Sklaverhaltergesellschaft" spricht (ein Terminus, den Marx nicht gebraucht, wohl aber Stalin), macht er deutlich, dass er sich auf die staatsoffizielle Doktrin des sowjetischen Machtbereichs bezieht, nicht auf Marx unmittelbar.

– empirische Befund die römische Gesellschaft als strukturiert in Schichten und Stände erweise, wobei die Zuschreibung von Individuen zu einer „Schicht“ aufgrund der „wirtschaftlichen Tätigkeit“ (199) erfolgt, während die Standeszugehörigkeit juristisch definiert war. Die Zuordnung der meisten Individuen war demnach doppelt determiniert, indem die Individuen ökonomisch einer Schicht angehörten und statusrechtlich einem Stand zugeordnet waren. Beispielsweise konnten nach Alföldy Sklaven, die statusrechtlich der Kategorie *servi* subsumiert waren, aufgrund ihrer jeweiligen wirtschaftlichen Tätigkeiten verschiedenen Schichten zugerechnet sein, als bettelarme Minensklaven der untersten Unterschicht oder als erfolgreicher Investor den Hochvermögenden. Überdies konnte sich ihr Status in Einzelfällen aufgrund einer Verwendung in der imperatorischen Administration demjenigen der höchsten *ordines* annähern.[79]

Nun ist oben bereits darauf hingewiesen worden, dass die Möglichkeit einer komplexen Differenzierung von Klassen nach Statushierarchien oder Tätigkeitstypen auch in der Forschung des sowjetischen Machtbereichs gesehen wurde (Anm. 67). Doch sind darüber fundamentale Differenzen nicht zu übersehen: Für die marxische Klassentheorie ist zunächst die ökonomische Problematik grundlegend, also die Frage, wer das Mehrprodukt erarbeitet, das eine Statusdifferenzierung mit ostentativer Freizeit und repräsentativem Reichtum für die Oberschicht und darauf aufruhend juristischen Statusdefinitionen überhaupt erst möglich macht.[80] Marxens Antwort auf diese Frage war bekanntlich, dass ohne Sklavenarbeit die spezifische materielle Kultur der griechisch-römischen Antike nicht hätte existieren können. Hingegen wird das Problem der materiellen Basis, auf der die Statusdifferenzen ausgebildet werden konnten, in den verschiedenen Spielarten des Stände- / Schichtenmodells nicht *anders* gelöst als in der marxistischen Tradition, sondern vielmehr wie nicht existent behandelt. Im Übrigen hat Marx, wie oben bereits erwähnt (Anm. 38), durchaus gesehen, dass nicht alle Sklaven wirtschaftlich arbeiteten und manche etwa zur „Luxusparade“ verwendet wurden. Ihm kam es jedoch darauf an, dass der von den antiken Ökonomien benötigte Bestand an Gebrauchswerten, das Metall, die Lebensmittel oder das Baumaterial, ohne Sklavenarbeit nicht in einer zur Reproduktion der bestehenden Gesellschaftsformation notwendigen Größenordnung zur Verfügung gestanden hätte. Insofern ruhte der antike Wohlstand auf der Klasse der arbeitenden Sklaven, woran der Umstand nichts ändert, dass einige wenige Sklaven in der kaiserlichen Administration oder anderen prestigeträchtigen Verwendungen eingesetzt wurden.

Moses I. Finley hatte als weiteren Einwand in diesem inhaltlichen Zusammenhang vorgebracht, dass antike Sklaven und Lohnarbeiter regelmäßig in gemeinsamer Arbeit (z.B. auf Großbaustellen) belegt seien, so dass angesichts ihres identischen Verhältnisses zu den Produktionsmitteln (Werkzeuge, Baustoffe, Transportmittel) Sklaven und Freie

79 Vgl. das häufig abgedruckte Schema Alföldy 2011, 196.

80 Wichtig ist auch, dass die juristische Definition des Sklaven dessen ökonomische Funktion voraussetzt und nicht umgekehrt; vgl. Schmidt 1978, 121: „Zum einen ist Sklave nicht einfach ein juristischer Begriff, sondern als solcher ein Eigentumsbegriff, der sich auf ein bestimmtes ökonomisches Eigentum bezieht, nämlich das Eigentum an einem Menschen als Produktionsmittel. Die juristische Kategorie setzt also allemal ein ökonomisches Verhältnis voraus und nicht umgekehrt.“

auch derselben Klasse zugerechnet werden müssten, woraus sich die Untauglichkeit des Konzepts ergebe.[81] Manfred Schmidt hat demgegenüber in seinem grundlegenden Beitrag über die *Klassenverhältnisse in* der Antike zu Recht daran erinnert, dass nach Marx die Klassenzugehörigkeit eines Menschen nicht durch seine Beziehung zu den Produktionsmitteln, sondern durch das Verhältnis zu anderen Menschen bestimmt ist[82] (vgl. den in Anm. 1 zitierten Text: „In der gesellschaftlichen Produktion ihres Lebens gehen die Menschen bestimmte, notwendige, von ihrem Willen unabhängige Verhältnisse ein, Produktionsverhältnisse…"). Die Klassendifferenz zwischen Sklave und freiem Arbeiter ist also dadurch bestimmt, dass jener sich nicht selbst gehört und einem anderen als „Arbeitsmaschine" dient (und demnach vielmehr ein Produktionsmittel ist, anstatt sich zu diesem zu verhalten), während der Lohnarbeiter *sui iuris* ist und seinen Vertrag auch kündigen kann, wenn er dies will.

Komplizierter liegen die Dinge, wenn von dem „Kampf" der Klassen gegeneinander die Rede ist, jedenfalls wenn dieser Kampf als eine Konstante gesetzt wird, die die inhärente Dynamik des historischen Prozesses vorantreibt. Da diese Funktion des Klassenkampfes den Beteiligten Marx zufolge gewöhnlich nicht bewusst ist und die jeweils profitierenden Klassen alles Interesse haben, eine über die Grenzen der Klassen hinweggehende, allgemeine Interessenidentität anzunehmen, sind explizite Aussagen über Klassenkämpfe als gesellschaftliche Grundkonflikte in den Quellen im allgemeinen eher rar. Das griechisch-römische Altertum stellt für diese Regel allerdings eine gewisse Ausnahme dar, doch soll auf dieses Phänomen erst weiter unten eingegangen werden. Zunächst ist zu konstatieren, dass für die Antike nicht anders als für die meisten anderen Epochen die Basiskonflikte aus den angenommenen grundsätzlichen Interessengegensätzen erschlossen sind, also etwa aus dem Umstand, dass die Versklavung, die Herabdrückung auf den Zustand eines belebten Werkzeugs, gegen den Willen und die Interessen der Betroffenen geschah, dass somit ein Gegensatz zwischen Sklavenhalter und Sklave bestand, auch wenn dies nicht explizit gesagt wurde.[83] Analoges gilt etwa für die allgemeine Sicherung dieses Zustandes durch Gesetze und sonstige Maßnahmen.

Ausgehend von diesen Voraussetzungen haben an Marx orientierte Forscher den Versuch unternommen, genauer zu bestimmen, wie man sich „Klassenkampf" als kontinuierliches Moment der antiken Geschichte konkret vorzustellen habe. Als eine wichtige Orientierungshilfe in der komplizierten Diskussionsgeschichte wurde auf marxistischer Seite für einige Jahrzehnte[84] der Aufsatz Charles Parains *Les charactères spécifiques de la*

81 Finley 1985, 49, bringt das marxische Klassenverständnis auf die Formel: „Men are classed according to their relation to the means of production (…)".

82 Schmidt 1978, 121 f.

83 In den von Herrmann-Otto zusammengestellten Quellen über „(d)ie Sklaverei in der antiken Theorie" (Herrmann-Otto 2017, 20–42) finden sich tatsächlich nur Stellungnahmen, die entweder davon ausgehen, dass es im Interesse der Versklavten sei, Sklave zu sein, oder die das Thema nicht direkt ansprechen.

84 Zur forschungsgeschichtlichen Bedeutung Trabulsi 2005, 63–88, 65 („une borne fondamentale du marxisme en histoire ancienne").

lutte de classes dans l'antiquité classique[85] angeführt. Parain postulierte die Existenz zweier kontinuierlich wirksamer Klassenkonflikte in den Gesellschaften des klassischen Altertums, den ersten zwischen Freien und Sklaven sowie den zweiten zwischen freien Armen und Reichen.[86] Der Begriff des „Kampfes" ist hier so weit gefasst wie schon bei Marx und Engels. So nimmt Parain etwa an, dass der Kampf der Sklaven sich gewöhnlich auf einen passiven oder halb-passiven Widerstand, Sabotage,[87] Selbstmord, Selbstverstümmelung sowie individuelle oder, unter besonderen Umständen, gruppenweise Flucht beschränkte (gedacht ist dabei etwa an die 20.000 Sklaven, die nach der thukydideischen Schätzung Attica während des Dekeleischen Krieges verlassen haben sollen).[88] Als Beleg für den kontinuierlichen Antagonismus *„riches-pauvres"* weist er auf strukturell feindselige Äußerungen von Aristokraten oder aristokratisch gesinnten Autoren hin, die in der antiken Literatur dokumentiert sind (wie etwa der von Aristoteles mitgeteilte Eid mancher oligarchischer Hetairien, dem Demos immer Feind zu sein und ihm zu schaden, wo es gehe).[89]

Der „Klassenkampf" zwischen Sklaven und ihren Haltern habe sich demnach im Regelfall nicht als innerer Krieg abgespielt (wie bei den wenigen großen Sklavenaufständen), sondern sei vielmehr als permanenter[90] und latenter Gegensatz zwischen Sklavenbesitzern und Sklaven zu verstehen, der in einem, wie es im Manifest der Kommunistischen Partei heißt, „ununterbrochenen, (...) versteckten (...) Kampf" ausgetragen wurde (vgl. Anm. 48), der sich seitens der Sklaven unter anderem in Sabotage und Fluchtaktionen, auf Seiten der Sklavenbesitzer etwa in Demütigungen, Prügeln, Verletzungen der Sklaven äußern konnte. Obwohl diese – lange Zeit in der sowjetisch dominierten Forschung vertretene[91] – These heute überwiegend als obsolet gilt, lassen sich durchaus noch Stimmen finden, die sie als plausibel erachten. Die Berufung auf Columellas Klagen über die Arbeitsunwilligkeit der Sklaven (die sich bei Parain findet, allerdings ohne Belege) kann mit

85 La Pensée 108 (1963) 3–25 (= Parain 1963).

86 Die regelmäßig (so auch Trabulsi 2005, 65) Parain zugeschriebene terminologische Scheidung dieser Konflikte in einen „fundamentalen" (zwischen Freien und Sklaven) und einen „prinzipiellen" (arm gegen reich) lässt sich aus dem Text von Parain nicht herauslesen. Er gebraucht die beiden Attribute als Synonyme (vgl. Parain 1963, 11 u. 16), die ausdrücken sollen, dass die beiden genannten Konflikte essentiell in den antiken Gesellschaftsordnungen angelegt waren, während andere Antagonismen eher akzidentellen Charakter hatten.

87 Die in der sowjetisch dominierten Forschung (in der stalinistischen Ära) entwickelte Theorie zu diesem Aspekt ist unter der Bezeichnung „Sabotagetheorie" bekannt. Die Sabotagethese sollte unter anderem die im Vergleich zu protofeudalistischen und feudalistischen Wirtschaftsweise geringere Produktivität von Sklavenarbeit erklären, die schließlich zur Ablösung der spätantiken Gesellschaftsformation wesentlich mit beitrug; vgl. zur forschungsgeschichtlichen Einordnung: Hassel 1990, 84. Die Sabotagetheorie gilt in der *communis opinio* heute als obsolet: Herrmann-Otto 2017, 51.

88 Parain 1963, 14: „Ordinairement la lutte se bornait à une resistance passive ou demi-passive, avec sabotage, au sein de la servitude et à la fuite soit individuelle, soit par groupes."

89 Pol. V 9 1310a; weitere Stellen Parain 1963, 17–20.

90 Das soll nicht heißen, dass jeder Sklave täglich die Werkzeuge etc. seines Besitzers beschädigte. Das hinderte schon die einschüchternde Strafgewalt des Herrn, die als solche (d.h. als Waffe) Teil des Kampfes war.

91 Vgl. Štaerman/Trofimova, La schiavitú (Anm. 61), 252–273.

einer reichen Stellenausbeute unterfüttert werden,[92] doch auch abgesehen von Columella klagen viele antike Autoren über die Widersetzlichkeit von Sklaven[93] und qualifizieren sie nicht selten pauschal als „Feinde" der Freien ab.[94] Keith Bradley zieht aus seiner Anthologie einschlägiger Quellenpassagen folgendes Resümee:

> „The relationship between master and slave was one therefore that on both sides involved constant adjustment, refinement and negotiation. It was a contest of wills, a psychological struggle for power in which the energies of both sides were constantly implicated."[95]

Die Formulierung kommt der Konzeption des „versteckten Kampfes" zwischen „Freien und Sklaven", wie sie bei Marx und Engels angedeutet ist, recht nahe. Sie lässt sich noch um einen Aspekt erweitern, den Geoffrey de Ste. Croix ins Spiel gebracht hat.[96] Der britische Forscher weist daraufhin, dass, selbst wenn sonst keine Überlieferung über Klassenantagonismen existierte, die bloße Tatsachen der Versklavung und der Ausbeutung als solche gewalttätige und kämpferische Verhaltensweisen implizieren:

> „I suggest (...) that what we must concentrate on is the exploitation by the propertied class of the non-propertied, whether they were slaves, serfs, rack-rented leaseholders, share-croppers, peasant freeholders with debt and (especially in the later Roman Empire) with very heavy taxation, or even hired labourers (θῆτες, μισθωτοί, mercennarii)."[97]

Es ist für das Funktionieren dieser Konzeption nicht notwendig anzunehmen, dass die Individuen ein adäquates Bewusstsein ihrer Klassenzugehörigkeit hatten, obschon die zitierten Autoren (Parain, Bradley, de Ste. Croix) davon ausgehen, dass die profitierenden Klassen durchaus wussten, was sie (als Kollektiv) taten. Die Sklaven, Hörigen, schulden-

92 Zusammengestellt bei Štaerman/Trofimova 1975, 39–41; vgl. Joshel 2011, 220: „Servile (...) dishonesty and neglect (fraus, neglegentia) are a particular preoccupation (1.7.5–6, 1.8.18, 1.9.5; 11.1.15–17, 26, 28). Slaves cheat and steal (or allow other slaves to do so) (1.7.7). Given the opportunity, they are lazy, loitering, time-wasting and they sleep away the day (11.1.14–16). City slaves are the worst: 'this sluggish and lethargic class of slaves, used to leisure, the campus, circus, theatres, to gambling, bars, brothels, never does not daydream about these silly things' (1.8.2). Uncontrolled, the slave manager will drink too much, oversleep, indulge his sexuality and greed (11.1.13–14, 1.8.17)."

93 Belege z. B. bei Bradley 2011; die Paralleluntersuchung zur griechischen Geschichte im selben Band: McKeown 2011.

94 Bradley 2011, 367: „The anecdote (sc. Sen., ben. I 24,1) hints at the permanent state of hostility that some thought existed between slave-owner and slave (cf. Sen. Moral Epistles 4.8.), at the equation that was often made between slaves and enemies (cf. Dionysius of Halicarnassus 10.59.6; Sen. 18.14, 47.5; August. Conf. 9.8.), and at a constant awareness of the potential in slaves for violent resistance to slavery."

95 Bradley 2011, 363.

96 de Ste. Croix 1975; de Ste. Croix 1981, 31–111.

97 de Ste. Croix 1975, 26.

und steuerngeplagten Bauern etc. blieben nach den angeführten Darstellungen weitgehend vereinzelt oder handelten in kleinen Gruppen (von der relativ kurzen Periode der großen Sklavenrebellionen abgesehen), ohne nennenswertes Klassenbewusstsein, so dass die Ausgebeuteten ‚Klassen an sich', aber nicht ‚für sich' bildeten.

Die Angriffsflächen, die diese Argumentation bietet, sind natürlich gesehen und benannt worden:[98] So könnten die Jeremiaden über Sklavenfaulheit und Arbeitsverschleppung, wie sie sich etwa bei Columella finden, nur eine gängige Vorurteilsstruktur spiegeln; manches, was über sabotageähnliches Verhalten antiker Sklaven von Marx und Engels angeführt wird, ist (im Übrigen ganz explizit, siehe oben zu Anm. 45 f.) von neuzeitlichen Quellen inspiriert, die Sklavenverhalten in Nord- und Südamerika thematisieren[99] (darunter Selbstaussagen von Sklaven, die für die Antike fehlen), und die Überlieferung ist bei weitem nicht dicht genug, um einen permanenten Gegensatz zwischen Ausbeutern und Ausgebeuteten zu dokumentieren.

Wie sich die Forschung zwischen den Interpretationsangeboten entscheiden wird, bleibt abzuwarten. Nur so viel sei zu den einzelnen Kritikpunkten angemerkt, dass zum einen die Vorurteilsstruktur bei Columella und in verwandten Äußerungen ja auch so verstanden werden kann, dass hier als Faulheit und Starrköpfigkeit gedeutet wird, was tatsächlich als Geste des Aufbegehrens und des Schutzes der eigenen Würde gemeint war. Dass zweitens Marx, Engels und die von ihnen inspirierten Autoren Analogieschlüsse aus der seinerzeit zeitgenössischen Sklaverei zogen, sagt nicht notwendigerweise, dass ihre Annahmen falsch sind: Keith Bradley etwa verteidigt die Methode, aus analogen Lebensverhältnissen auf die Ausbildung ähnlicher Verhaltensweisen zu schließen, als vollkommen legitim, was nicht heißen muss, dass sie absolut gesicherte Ergebnisse hervorbringt.[100] Zu beachten ist dabei auch, dass es sich nicht um einen reinen Analogieschluss handelt, sondern dass die Analogie einen durchaus vorhandenen, wenn auch nicht statistisch verwertbaren Quellenbefund *erklären* und nicht etwa für einen nicht vorhandenen als Surrogat dienen soll.

Dieser Befund ist im Übrigen noch ausgeprägter, wenn der Blick auf den Gegensatz zwischen freien Armen und Reichen gelenkt wird, denn einen gesellschaftlichen Grundkonflikt dieser Art nehmen viele antike Autoren als selbstverständlich gegeben an. Das gilt etwa für Platon, Aristoteles, Thukydides, Lukrez, Plutarch, Appian und viele andere.[101]

---

98 Eine dichte Auseinandersetzung mit Keith Bradley gibt McKeown 2011, s. auch McKeown 2007, 77–96. Die Hauptstoßrichtung von McKeowns Argumentation ist, dass fast jede der von Bradley angeführten Stellen auch in einem anderen Sinn als dem von Bradley unterlegten verstanden werden kann. Die Argumentation ist überzeugend, gilt allerdings für McKeown genauso.

99 Vgl. Backhaus 1974, 75 und öfter; s. auch Nippel 2005, 331–333. Wie der in Anm. 45 genannte Text zeigt, arbeitete Marx ganz offen mit der Analogiekonstruktion. Insofern ist der Eindruck, diese Arbeitsweise hätte erst kritisch aufgedeckt werden müssen, den der Leser aus der Lektüre von Backhaus mitnimmt, nicht ganz akkurat.

100 Bradley 2011, 367 f.

101 Plat., leg. I 2 626 mit res publ. II 13, 373 d; Arist., Pol. V 3 1302b 33f-1303 a3; Lucr. V 925–1348; Plut., Agis 5, Appian I 1 ff. Die angeführten Autoren zeigen bereits ein Verständnis dafür, dass die Existenz von gesellschaftlichen Klassen aus dem Phänomen der Arbeitsteiligkeit hergeleitet

Die ‚westliche' Forschung hat sich, soweit sie die marxische Theorie ablehnte, also in ihrer großen Mehrheit, mit dieser Quellenlage sehr schwer getan. Im allgemeinen wird auf die Problematik gar nicht eingegangen oder die Äußerungen der antiken Autoren werden als für die historische Realität irrelevant abgetan,[102] ohne dass bisher eine bündige Erklärung für diese verbreitete Täuschung in der sozialen Wahrnehmung gegeben worden ist.

Aber auch aus marxischer Perspektive ergeben sich aus dem Befund Probleme. So liegt nicht unmittelbar auf der Hand, in welchem „Produktionsverhältnis" die reichen und armen Bürger einer Polis oder *civitas* zueinander standen. Das Bestehen eines asymmetrischen Verhältnisses wäre schließlich eine Voraussetzung, um zwei Klassen als im Kampf miteinander zu verstehen. Bei den antiken „Armen und Reichen" handelte es sich auf beiden Seiten überwiegend um formal selbständige Produzenten von landwirtschaftlichen Produkten.[103] Inwiefern profitierte die eine Klasse von der Arbeit der anderen? Aus marxischer Perspektive ist hier wohl zu antworten, dass „Produktionsverhältnisse" terminologisch nicht nur unmittelbare Verhältnisse zwischen Individuen (etwa durch Arbeitsverträge) einschließen, sondern auch politisch und ökonomisch vermittelte zwischen Klassen waren. So ist die Art der Landverteilung in der Chora einer Polis politisch vermittelt (etwa über die Gestaltung des Erb-, Ehe- und Hypothekenrechts). Die in periphere Produktionslagen Abgedrängten konnten schon aufgrund der Transportkosten auf dem städtischen Markt nicht zu den Preisen anbieten, zu denen der Eigentümer eines stadtnahen Latifundiums zu verkaufen vermochte. In diesem Fall wird das Verhältnis der Akteure abstrakt durch Geld hergestellt: „das Geldverhältnis selbst [ist] ein Produktionsverhältnis"[104]. Schon indem der Kleinparzellenbesitzer in die Preiskonkurrenz mit dem Latifundisten eintritt, leistet er nach Marx unbezahlte Mehrarbeit. Mit Händen zu greifen ist das Phänomen jedoch, sobald er eine Hypothek aufnehmen und für die Rückzahlung des Kredits arbeiten muss. Die Mehrarbeit liegt hier versteckt vor, aber sie ist dennoch eine Realität. Umgekehrt kann ein Demos bspw. durch extensives Heranziehen der Reichen zu Liturgien eine gewisse Umverteilung von Reichtümern erzwingen. Auch in diesem Fall stehen die beiden „Klassen" in einem politisch vermittelten Verhältnis zueinander.[105]

Bezüglich der Ideologien, die aus den angedeuteten Konstellationen hervorgingen, haben vor allem die Arbeiten von Peter Rose eine produktive Rückbesinnung auf die authentischen marxischen Intentionen gebracht. Die wichtigsten programmatischen

werden kann; vgl. zu diesen Stellen und für weitere Beispiele Eich 2017, 120 ff. und Eich 2006, 508–603.

102 Eich 2017, 131–137.

103 Konstan 1975, 159, zieht die (scheinbar) naheliegende Konsequenz: „Both (sc. rich and poor) stood in the same relation to the means of production, that is, they owned them, (…)." Zu dem Irrtum, Marx definiere „Klasse" über das Verhältnis des Menschen zu den Produktionsmitteln, vgl. Anm. 81 f. Konstan interpretiert die quantitative Zunahme an Sklaven in Italien als *Folge* der militärischen Expansion Roms, also als Funktion einer politischen, nicht ökonomischen Entwicklung.

104 Grundrisse, MEW 42, 144; vgl. dazu Eich 2006, 89.

105 Vgl. die Bemerkungen zu den Interessenkonflikten zwischen den „Produzenten geringfügiger Überschüsse" und „Produzenten hoher Überschüsse" bei Eich 2006, 197 ff.

Aussagen Marxens zu diesem Feld finden sich in dem Feuerbachkapitel der *Deutschen Ideologie* (s. Anm. 7). Marx hatte dort unter anderem konstatiert:

> „Wenn in der ganzen Ideologie die Menschen und ihre Verhältnisse wie in einer Camera obscura auf den Kopf gestellt erscheinen, so geht dies Phänomen ebensosehr aus ihrem historischen Lebensprozeß hervor, wie die Umdrehung der Gegenstände auf der Netzhaut aus ihrem unmittelbar physischen."[106]

Die verkehrte Spiegelung der Welt im Bewusstsein ist eine Pathologie, der alle Menschen unterliegen, unabhängig von ihrer Klassenzugehörigkeit und ihrer Bildung. Wenn es weiter unten heißt: „Die Gedanken der herrschenden Klasse sind in jeder Epoche die herrschenden Gedanken, d.h. die Klasse, welche die herrschende materielle Macht der Gesellschaft ist, ist zugleich ihre herrschende geistige Macht. Die Klasse, die die Mittel zur materiellen Produktion zu ihrer Verfügung hat, disponiert damit zugleich über die Mittel zur geistigen Produktion, so daß ihr damit zugleich im Durchschnitt die Gedanken derer, denen die Mittel zur geistigen Produktion abgehen, unterworfen sind", dann ist damit nicht impliziert, dass die herrschende Klasse diese Vorgänge bewusst steuert.[107] Peter Rose macht (in der Traditionslinie Antonio Gramscis) zudem darauf aufmerksam, dass die marxische Konzeption der Ideologieproduktion ihre Realitätsrelevanz dann wirklich entfaltet, wenn in das Gesamtbild miteinbezogen wird, dass dominierende Ideologien (a) die zusätzliche[108] Funktion haben, das Selbstbewusstsein und den Zusammenhalt der profitierenden Klasse zu kräftigen („...ideology's goal is not only the subjugation of an underclass but the fostering of the self-esteem of a dominate group"[109]), und dass sie (b), um ihre Zwecke zu erfüllen, nicht einfach ihr entgegenstehende Wertesysteme und Weltanschauungen ignorieren, sondern Teile der antagonistischen Ideologien übernehmen, umdefinieren und mystifizieren.[110] Und schließlich (c): Die Wirkmächtigkeit der Ideologie vollzieht sich in der Praxis, etwa in den Poliskulten (Opfern, Prozessionen, Wettspielen), die die ideelle Einheit der Polisbürger symbolisch vor Augen führten und Interessengegensätze überspielten.[111] Eventuellen Gedankenspielen, die auf gleichmäßigere

106 MEW 3, 26.

107 Vgl. Rose 2006, 103. Rose verteidigt diese Marxinterpretation gegen ein mechanisches Propagandamodell, wie er es bei Geoffrey de Ste. Croix oder Ellen Meiksins Wood erkennt.

108 D.h. neben der Legitimierung ihrer Herrschaft.

109 Rose 2006, 13.

110 Ebd. und Rose 2009, 469: „Indeed one obvious function of ruling class ideology is precisely to act as 'glue' holding together the potential antagonistic elements in a society (...). Shared symbols, religious practices and beliefs, kinship, nationality, or a shared external threat may loom larger in any given historical moment than the relationship to production." Ein anderes Feld „praktizierter Ideologie", auf das Rose hinweist, ist dasjenige der Erziehung und Bildung, die in jeder Hinsicht dazu bestimmt waren, einen Heranwachsenden zu einem einsatzfreudigen *polites* zu machen (und ihn davor zurückschrecken lassen sollten, Ungleichgewichte in der innergesellschaftlichen Machtverteilung ernsthaft zu thematisieren); vgl. Rose 1999, 19–39 u. 33 f.

111 Ausführlich zu diesem Gedanken: Rose 1992.

Verteilung von Land, Arbeitsleistung und Überschüssen abzielen würden (wie sie etwa im *Plutos* und in den *Ecclesiazusen* des Aristophanes erscheinen), wurde im gemeinsamen Vollzug heiliger Handlungen, die eine sinnstiftende Einheit auf ideeller Ebene erleben ließen, ideologisch entgegengewirkt.

In den vorausgegangenen Bemerkungen sollte nicht für die Richtigkeit bestimmter Thesen oder deren Widerlegung eingetreten werden. Es handelte sich lediglich darum, einige Themen, die im Zusammenhang mit der marxischen Klassentheorie noch aktuell sind oder das Potential für eine fruchtbare Diskussion in sich tragen, zu benennen. Bei nahezu jedem einzelnen Thema können mit guten Gründen verschiedene Standpunkte eingenommen und verteidigt werden. Dabei liefern die marxischen Positionen häufig nur den Anstoß für Kontroversen, die empirische Ausgestaltung und methodische Durchdringung seiner Thesen hat er weitgehend, soweit vorindustrielle Gesellschaften betroffen sind, der Nachwelt überlassen. Im einzelnen haben sich die empirischen Befunde, auf die Marx sich explizit oder implizit berief, häufig als (noch) nicht tragfähig genug erwiesen, um seine Thesen abzustützen. Dennoch sind seine Auffassungen schon zu häufig als endgültig widerlegt abgetan worden (und später wiederbelebt worden), als dass diese an Beschwörungen erinnernde Methode der Distanzierung noch viel Erfolg versprechen würde. Das liegt zweifellos auch daran, dass sich bestimmte Momente von Marxens Theorien, hier speziell der Klassentheorie, nur schwer abtun lassen, ohne einen Konflikt mit der Realität zu provozieren. Dazu gehören die Erkenntnis, dass die materielle Basis jeglicher kulturellen, politischen oder gesellschaftlichen Erscheinung erst erarbeitet werden muss, bevor diese sich historisch materialisieren kann; dass weiterhin die Lasten dieses Arbeitsprozesses ungleich verteilt zu sein und dass die unterschiedlich belasteten Gruppen gewöhnlich typische Klassenmerkmale auszuprägen pfleg(t)en; sodann dass die ungleiche Verteilung der Arbeitsbelastung nicht durch gütliche Übereinkunft, sondern durch Zwang erfolgt(e). Die Fragen, wie sich die Klassen von der Antike bis zur Gegenwart genau zusammensetzten und veränderten, in welchen Formen die Spannungen zwischen ihnen ausgetragen oder auch wirksam unterdrückt wurden, welche Faktoren die historische Ablösung der einzelnen Formationen antrieben oder behinderten, stehen allerdings zur ergebnisoffenen Diskussion.

Literatur

Alföldy 2011 G. Alföldy, Römische Sozialgeschichte, Stuttgart[4] 2011.

Anderson 2016 K. B. Anderson, Marx an den Rändern. Vom Eurozentrismus zur globalen Revolution, in: F. Wernheuer (Hrsg.), Marx und der globale Süden, Köln 2016, 32–55.

Backhaus 1974 W. Backhaus, Marx, Engels und die Sklaverei: zur ökonomischen Problematik der Unfreiheit, überarbeitete Fassung, Düsseldorf 1974.

Bonnell 2015 A. Bonnell, A ‚very valuable book.' Karl Marx and Appian, in: K. Welch (ed.), Appian's Roman History, Empire and Civil War, Swansea 2015, 15–21.

Börm 2015 H. Börm u.a. (Hrsg.), Civil War in Ancient Greece and Rome, Stuttgart 2015.

Bradley 2011 K. Bradley, Resisting Slavery at Rome, in: K. Bradley / P. Cartledge (Hrsgg.), The Cambridge World History of Slavery, vol. 1: The Ancient Mediterranean World, Cambridge 2011, 362–384.

Cecchet 2015 L. Cecchet, Poverty in Athenian Public Discourse. From the Eve of the Peloponnesian War to Rise of Macedonia, Stuttgart 2015.

Cuff 1983 P. J. Cuff, Appian's Romaica: A Note, in: Athenaeum 61 (1983) 148–164.

de Ste. Croix 1975 G. de Ste. Croix, Karl Marx and the History of Classical Antiquity, in: Arethusa 8 (1975) 7–41.

de Ste. Croix 1981 G. de Ste. Croix, The Class Struggle in the Ancient Greek World, London 1981.

Eich 2006 A. Eich, Die politische Ökonomie des antiken Griechenland (6.–3. Jahrhundert v. Chr.), Köln u.a. 2006.

Eich 2017 A. Eich, Klassen und Klassenkonflikte in antiken Gesellschaften: zur paradoxen Wahrnehmung eines umstrittenen Phänomens, in: L. Gilhaus u.a. (Hrsgg.), Gewalt und Wirtschaft in antiken Gesellschaften, Hamburg 2017, 111–139.

Finley 1985 M. I. Finley, The Ancient Economy, London[2] 1985.

Gray 2015 B. Gray, Stasis and Stability: Exile, the Polis, and Political Thought, ca. 404–146 BC, Oxford 2015.

Harris 1988 W. V. Harris, On the Applicability of the Concept of Class in Roman History, in: T. Yuge / M. Doi (eds.), Forms of Control and Subordination in Antiquity, Leiden u.a. 1988, 598–610.

Harstick 1977 H.-P. Harstick, Karl Marx über Formen vorkapitalistischer Produktion. Vergleichende Studien zur Geschichte des Grundeigentums 1879–80, Frankfurt a.M. u.a. 1977.

Hassel 1990 P. Hassel, Marxistische Formationstheorie und der Untergang Westroms, in: A. Fischer / G. Heydemann (Hrsg.), Geschichtswissenschaft in der DDR, Bd. 2: Vor- und Frühgeschichte bis Neueste Geschichte, Berlin 1990, 81–97.

Herrmann-Otto 2017 E. Herrmann-Otto, Sklaverei und Freilassung in der griechisch-römischen Welt, Hildesheim u.a.[2] 2017.

Joshel 2011 S. R. Joshel, Slavery and Roman Literary Culture, in: K. Bradley / P. Cartledge (eds.), The Cambridge World History of Slavery, vol. 1: The Ancient Mediterranean World, Cambridge 2011, 214–240.

Konstan 1975 D. Konstan, Marxism and Roman Slavery, in: Arethusa 8 (1975) 145–169.

Kuczynski 1992 J. Kuczynski, Asche für Phönix. Aufstieg, Untergang und Wiederkehr neuer Gesellschaftsordnungen, Köln 1992.

Lotze 1959 D. Lotze, *Μεταξὺ ἐλευθέρων καὶ δούλων*. Studien zur Rechtstellung unfreier Landbevölkerungen in Griechenland bis zum 4. Jahrhundert v. Chr., Berlin 1959.

Maschkin 1953 N. Maschkin, Römische Geschichte, Berlin 1953.

McKeown 2007 N. McKeown, The Invention of Ancient Slavery, London 2007.

McKeown 2011 N. McKeown, Resistance among Chattel Slaves in the Classical Greek World, in: K. Bradley / P. Cartledge (Hrsgg.), The Cambridge World History of Slavery, vol. 1: The Ancient Mediterranean World, Cambridge 2011, 153–175.

Nippel 2005 W. Nippel, Marx, Weber und die Sklaverei, in: E. Herrmann-Otto (Hrsg.), Unfreie Arbeits- und Lebensweise von der Antike bis zur Gegenwart. Eine Einführung, Hildesheim u.a. 2005, 317–356.

Padgug 1975 R. Padgug, Classes and Society in Classical Greece, in: Arethusa 8 (1975) 85–117.

Parain 1963 Chr. Parain, Les charactères spécifiques de la lutte de classes dans l'antiquité classique, in: La Pensée 108 (1963) 3–25.

Pečirka 1964 J. Pečirka, Die sowjetischen Diskussionen über die asiatische Produktionsweise und über die Sklavenhalterformation, Eirene 3 (1964) 147–169.

Pečirka 1993 J. Pečirka, Die Hörigen in der altgriechischen Sklavereigesellschaft, Graecolatina Pragensia 14 (1993) 107–123.

Prachner 1973 G. Prachner, Zur Bedeutung der antiken Sklaven- und Kolonenwirtschaft für den Niedergang des römischen Reiches (Bemerkungen zur marxistischen Forschung), Historia 22 (1973), 732–756.

Raskolnikov 1975 M. Raskolnikov, La recherche en Union Soviétique et l'histoire économique et sociale du monde hellénistique et romain, Strasbourg 1975.

Rose 1992 P. W. Rose, Sons of the Gods, Children of Earth: Ideology and Literary Form in Ancient Greece, Ithaca, New York et al. 1992.

Rose 1999 P. Rose, Theorizing Athenian Imperialism and the Athenian State, in: Th. Falkner u.a. (eds.), Contextualizing Classics. Ideology, Performance, Dialogue. Essays in Honor of John Peradotto, Lanham et al. 1999, 19–39.

Rose 2006 P. Rose; Divorcing Ideology from Marxism and Marxism from Ideology: Some Problems, in: Arethusa 39 (2006) 101–136.

Rose 2009 P. Rose, Class, in: K. Raaflaub / H. von Wees (eds.), A Companion to Archaic Greece, Chichester 2009, 468–482.

Schmidt 1978 M. Schmidt, Zur Diskussion über die Klassenverhältnisse in der Antike, in: Gesellschaftsformationen in der Geschichte (Das Argument, Sonderband 32), Berlin 1978, 116–126.

Schmückle 2014 K. Schmückle, Begegnungen mit Don Quijote. Ausgewählte Schriften, hrsg. v. W. Röhr, Berlin 2014.

Štaerman/Trofimova 1975 E. Štaerman / M. Trofimova, La schiavitú nell›Italia imperiale, Roma 1975 (russ. Original 1971).

Trabulsi 2005 J. Trabulsi, Marxisme et histoire grecque ancienne en France: flirts, engagements, influences, in: Quaderni di Storia 31 (2005) 63–88.

Vernant 1965 J.-P. Vernant, La lutte des classes, in: Eirene 4 (1965) 5–19 (= Mythe et société en Grèce ancienne, Paris 1974, 11–29).

Vester 2008 M. Vester, Klasse an sich / für sich, in: Historisch-Kritisches Wörterbuch des Marxismus, hrsg. v. W. J. Haug / F. Haug / P. Jehle, Bd. 7.1, Hamburg 2008, 736–775.

Vittinghoff 1960 F. Vittinghoff, Die Theorie des historischen Materialismus über den antiken ‚Sklavenhalterstaat'. Probleme der Alten Geschichte bei den ‚Klassikern' des Marxismus und in der modernen sowjetischen Forschung, in: Saeculum 11 (1960) 89–122.

Welskopf 1974 E. Ch. Welskopf, Soziale Gruppen- und Typenbegriffe. Klasse, Stand, Schicht, Privatmann, Individualität – Hellenen und Barbaren, Polis und Territorialstaat, in: E. Welskopf (Hrsg.), Hellenische Poleis. Krise – Wandlung – Wirkung, Bd. 4, Berlin (Ost) 1974, 2141–2176.

Von Marx zum Marxismus

Das Formationenschema und die „Asiatische Produktionsweise“

Wilfried Nippel

Ein Ergebnis des Epochenumbruches von 1990 ist, dass Aussagen zum Werk von Karl Marx[1] nicht mehr unter den Vorzeichen einer großen weltanschaulichen Auseinandersetzung stehen, in der die einen die Überlegenheit (wenn nicht Unfehlbarkeit) seiner Welterklärung behaupteten, die anderen diesen Anspruch bestritten. Man kann Marx nun konsequent historisieren, ihn als einen der ganz großen Denker des 19. Jahrhunderts diskutieren, der sich mit einer Vielzahl wissenschaftlicher Disziplinen befasst hat.

Dies ist beim Thema „Antike“ allerdings nur in begrenzter Weise der Fall, weil es für das wissenschaftliche Werk von Marx, obwohl er mit einer Arbeit zur antiken Naturphilosophie promoviert worden ist,[2] von eher marginaler Bedeutung war. Marx' großes Thema war die Analyse des modernen Kapitalismus; auf vormoderne Verhältnisse ging er im Regelfall nur punktuell zu Vergleichszwecken ein; so stehen z. B. seine Äußerungen zur antiken Sklaverei meistens im Zusammenhang mit den Debatten über die Sklavenwirtschaft in den Südstaaten der USA.[3]

---

1 Abkürzungen: MEW = Karl Marx / Friedrich Engels, Werke, Berlin 1956 ff.; MEGA^2 = Karl Marx / Friedrich Engels, Gesamtausgabe, Berlin 1975 ff.

2 Marx hat im April 1841 mit *Differenz der demokritischen und epikureischen Naturphilosophie* promoviert. Er hatte die Arbeit an der als „Doktorfabrik“ bekannten Universität Jena eingereicht, an der Promotionen *in absentia* möglich waren und seriöse Begutachtungen der eingereichten Arbeiten kaum stattfanden. Marx hat seine Urkunde innerhalb einer Woche erhalten. Marx hat sich wie viele andere den Doktortitel in Jena (legal) gekauft. Aber die vom ihm vorbereitete, dann doch nicht publizierte Druckfassung von ca. 80 Seiten, die teilweise 1902, vollständig 1927 zugänglich wurde, zeigt, dass es sich um eine höchst anspruchsvolle, philologisch akribische Arbeit gehandelt hat. (Später sind auch noch seine Arbeitsmaterialien zugänglich geworden; MEW-Ergänzungsband. Schriften, Manuskripte, Briefe bis 1844. Erster Teil, 1974 [Dissertation und Exzerpthefte]; MEGA^2 I/1, 1975 [Text der Dissertation]; MEGA^2 IV/1 [Exzerpthefte, erweitert um weitere im Kontext der Dissertation angelegte Hefte]). Seine ursprünglichen Pläne, weiter zur Geschichte der nacharistotelischen Philosophie und zum antiken Atheismus zu arbeiten, hat Marx wegen des Scheiterns seiner akademischen Ambitionen (als Kollateralschaden der Entlassung seines Mentors Bruno Bauer in Bonn) aufgegeben. Siehe Nippel 2013a (mit Belegen); ders., 2018a, 11–13 (kurze Zusammenfassung).

3 Siehe Nippel 2013b, 291–302.

Erst im späteren Marxismus hat man aus Textpassagen von ganz unterschiedlichem Status (und unter Einbeziehung von Texten von Engels) eine, auch die Antike umfassende „materialistische Geschichtsauffassung“ konzipiert. Das soll hier an einem Fallbeispiel dargelegt werden.

Ein vollmundiges Vorwort

Zu einem Schlüsseltext ist das Vorwort avanciert, das Marx seinem Buch *Zur Kritik der politischen Ökonomie. Heft 1* (1859) vorangestellt hat.[4] Innerhalb dieses Textes von viereinhalb Seiten findet sich eine Passage im Umfang von etwas mehr als einer Seite,[5] die eine Fülle berühmter Aussagen enthält – über das Sein, das das Bewusstsein bestimme, das Verhältnis von „Produktivkräften“ und „Produktionsverhältnissen“ beziehungsweise „realer Basis“ und „juristischen und politischen Überbau“. Schließlich folgt, worauf es in unserem Kontext ankommt, eine Erklärung über den Gang der Menschheitsgeschichte bis zur bürgerlichen Gesellschaft, genauer „der Vorgeschichte der menschlichen Gesellschaft“, weil die mit ihr einhergehende Entfaltung der materiellen Produktivkräfte die dauerhafte Überwindung der bisherigen Konfliktlagen bewirken werde. Für diese „Vorgeschichte“ gelte:

> „Auf einer gewissen Stufe ihrer Entwicklung geraten die materiellen Produktivkräfte der Gesellschaft in Widerspruch mit den vorhandenen Produktionsverhältnissen [...]. Aus Entwicklungsformen der Produktivkräfte schlagen diese Verhältnisse in Fesseln derselben um. Es tritt dann eine Epoche sozialer Revolution ein. [...] Eine Gesellschaftsformation geht nie unter, bevor alle Produktivkräfte entwickelt sind, für die sie weit genug ist, und neue höhere Produktionsverhältnisse treten nie an die Stelle, bevor die materiellen Existenzbedingungen derselben im Schoß der alten Gesellschaft selbst ausgebrütet worden sind. Daher stellt sich die Menschheit immer nur Aufgaben, die sie lösen kann [...]. In großen Umrissen können asiatische, antike, feudale und modern bürgerliche Produktionsweisen als progressive Epochen der ökonomischen Gesellschaftsformation bezeichnet werden. Die bürgerlichen Produktionsverhältnisse sind die letzte antagonistische Form des gesellschaftlichen Produktionsprozesses [...], aber die im Schoß der bürgerlichen Gesellschaft sich entwickelnden Produktivkräfte schaffen zugleich die materiellen Bedingungen zur Lösung dieses Antagonismus. Mit dieser Gesellschaftsformation schließt die Vorgeschichte der menschlichen Gesellschaft ab.“

Lässt man die definitorischen Probleme bezüglich Produktivkräfte/ Produktionsverhältnisse/ Produktionsweise oder Gesellschaft / (ökonomische) Gesellschaftsformation und des Verhältnisses von Basis und Überbau ebenso beiseite wie die geschichtsphilosophi-

4 MEGA^2, Bd. II/2, 99–103 = MEW, Bd. 13, 7–11.

5 MEGA^2, Bd. II/2, 100 f. = MEW, Bd. 13, 8 f.

sche Frage, warum sich die Menschheit immer nur lösbare Aussagen stellt, dann bleiben noch genug offene Fragen hinsichtlich der Anwendung auf den Gang der Geschichte und speziell auf die Alte Geschichte.

Was hat man unter einer ‚Epoche der sozialen Revolution' zu verstehen? Was ist eine ‚progressive Epoche'? Gibt es auch nicht-progressive Epochen der ökonomischen Gesellschaftsformationen? Was sind die auszeichnenden Merkmale der genannten Produktionsweisen? Was bedeutet die Reihung ‚asiatisch, antik, feudal, modern bürgerlich'? Ist das eine universal geltende, zwingende Abfolge? Ist asiatisch auf einen geographischen Raum beschränkt oder Metapher für global vorkommende Strukturen? Wie abschließend ist eine Aufzählung zu verstehen, die mit der tentativen Formulierung eingeführt wird: „in großen Umrissen können [...] bezeichnet werden"?[6]

Für alle diese Fragen findet man im anschließenden Text von *Zur Kritik der politischen Ökonomie*, welcher der Definition von Ware und Geld als erstem Schritt zur Definition von ‚Kapital' dient, keine Antworten, was angesichts des Themas auch gar nicht zu erwarten ist.

Die geschichtstheoretische Aussage steht eingezwängt zwischen autobiographischen Passagen, in denen Marx vor allem darlegte, welche Umstände ihn an der Fertigstellung seiner seit ca. 15 Jahren angekündigten Theorie der politischen Ökonomie gehindert hatten und warum er auch jetzt nur einen kleinen Abschnitt vorlegen konnte. Während Marx für den nachfolgenden Text reklamierte, das Ergebnis „gewissenhafter und langjähriger Forschung" zu sein, stellt er den hier interessierenden theoretischen Abriss in einen konkreten autobiographischen Zusammenhang: Er sei in Paris 1844 zu der Erkenntnis gekommen, dass

> „die Anatomie der bürgerlichen Gesellschaft in der politischen Ökonomie zu suchen sei. Die Erforschung der letztern, die ich in Paris begann, setzte ich fort zu

6 Marx hat später den Geltungsbereich seiner Theorie auf Westeuropa beschränkt. Er habe im *Kapital* nur schildern wollen, wie „im westlichen Europa die kapitalistische Wirtschaftsordnung aus dem Schoß der feudalen Wirtschaftsordnung hervorgegangen ist". Es seien seine Kritiker gewesen, welche die „historische Skizze von der Entstehung des Kapitalismus in Westeuropa" in eine „geschichtsphilosophische Theorie des allgemeinen Entwicklungsganges [...], der allen Völkern schicksalhaft vorgeschrieben ist", umgedeutet hätten; er gebe aber keinen „Universalschlüssel einer allgemeinen geschichtsphilosophischen Theorie, deren größter Vorzug darin besteht, übergeschichtlich zu sein"; MEW, Bd. 19, 108, 111, 112. Die Zitate stammen aus einem Text, den Marx im November 1877 für eine russische Zeitschrift als Antwort auf einen ihn betreffenden Artikel konzipiert hatte (französisches Original: MEGA², Bd. I/25, 112–117). Er erörtert die (unter russischen „Volkstümlern" und Sozialisten kontrovers diskutierte) Möglichkeit eines russischen Sonderweges in dem Sinne, dass man nicht die Dorfgemeinde zerstören müsse, um zum Sozialismus überzugehen, d.h. sich den Durchgang durch den Kapitalismus ersparen könne. Der Text ist nicht abgeschickt worden, da sich Marx hinsichtlich der russischen Entwicklung unschlüssig war, wie auch seine verschiedenen Briefentwürfe an Vera Sassulitsch [Zasulič] vom März 1881 zeigen. Nach Marx' Tod hat Engels den Text von 1877 Sassulitsch zur Verfügung gestellt. Er ist schließlich in russischer beziehungsweise deutscher Fassung veröffentlicht worden. Engels selbst hat ihn 1894 kommentiert (MEGA², Bd. I/32, 256–258 = MEW, Bd. 18, 669–671).

> Brüssel, wohin ich infolge eines Ausweisungsbefehls des Herrn Guizot übergewandert war [Ende Januar 1845]. Das allgemeine Resultat, das sich mir ergab, und einmal gewonnen, meinen Studien zum Leitfaden diente, kann kurz so formuliert werden [...]."

Es folgt dann die berühmte Passage.

Das heißt, Marx rekapituliert die leitenden Ideen, unter denen er seine ökonomischen Studien einst begonnen hatte. Diese Annahmen standen bereits damals fest und waren völlig unabhängig davon, welche Berge von nationalökonomischer Literatur und empirischem zeitgenössischem Material Marx danach durchgearbeitet hatte.

Das vorliegende Heft, gut 150 Seiten, war noch nicht das lange versprochene Werk, das aus der Analyse der bürgerlichen Ökonomie zugleich deren zukünftige Überwindung herleitete. Wenn Marx seine Leser und Parteigänger nicht allzu enttäuschen wollte, musste er ihnen neben Erklärungen und Entschuldigungen auch etwas ‚Knackiges' bieten.[7]

Eduard Bernstein schrieb 1899, Marx habe hier „die allgemeinen Grundzüge seiner Geschichts- und Gesellschaftsphilosophie in so knappen, bestimmten, von allen Beziehungen auf Spezialerscheinungen und Spezialformen getrennten Sätzen dar[gelegt], wie es in gleicher Reinheit nirgends anders geschehen ist".[8] Anders gesagt: Marx hat eine konzise Zusammenfassung einer Theorie geboten, die er nirgendwo zusammenhängend entwickelt hat.

Friedrich Engels und die Anfänge des Formationenschemas

Zu Lebzeiten von Marx hat das – später so genannte – „Formationenschema" kaum eine Rolle gespielt. Als Engels *Zur Kritik der politischen Ökonomie* 1859 in einem kurzlebigen Londoner Emigrantenblatt vorstellte,[9] zeigte er sich stolz darauf, dass die Deutschen, die seit langem schon andere Nationen wissenschaftlich überflügelt hätten, dies nun auf dem letzten verbliebenen Gebiet, der politischen Ökonomie, nachgeholt hätten. Das sei der „deutschen proletarischen Partei" zu verdanken, welche die „wissenschaftliche, selbständige deutsche Ökonomie" begründet habe, die wesentlich beruhe auf der „materialistischen Auffassung der Geschichte, deren Grundzüge in der Vorrede [von Marx]" kurz dargelegt worden seien.[10]

7 Siehe die ausführliche Erörterung bei Nippel 2018b.

8 Bernstein 1991, 16.

9 MEGA², Bd. II/2, 246–255 = MEW, Bd. 13, 468–477. Erschienen ist die Rezension (anonym) in zwei Ausgaben der Zeitschrift des deutschen Arbeitervereins in London, „Das Volk", im August 1859. Eine angekündigte Fortsetzung ist nicht mehr zustande gekommen, da das Blatt dessen Herausgabe und Redaktion Marx kurz zuvor übernommen hatte, eingestellt werden musste. Engels' Rezension ist bald in Vergessenheit geraten, erst nach vierzig Jahren wiederentdeckt worden; Friedrich Engels über Karl Marx. Zwei Aufsätze aus dem Jahre 1859, mitgeteilt von Max Nettlau, Sozialistische Monatshefte 4 (1900) 38–46.

10 MEGA², Bd. II/2, 247 = MEW, Bd. 13, 469.

Die Passage aus dem Vorwort über das Spannungsverhältnis zwischen Produktivkräften und Produktionsverhältnissen, das in eine Epoche sozialer Revolutionen münde, zitiert Engels nur gekürzt. Die Abfolge der „progressiven Epochen der ökonomischen Gesellschaftsformationen" entfällt. Engels interessiert hier nur, was aus der Entwicklung der Produktivkräfte in der bürgerlichen Gesellschaft für die Zukunft folgt: „Die Perspektive auf eine gewaltige, auf die gewaltigste Revolution aller Zeiten eröffnet sich uns also sofort bei weiterem Verfolgen unserer materialistischen These und bei ihrer Anwendung auf die Gegenwart".[11]

Anders als Marx ist Engels in verschiedenen Kontexten (auf die hier nicht im Einzelnen eingegangen werden kann) ausführlicher auf antike Gesellschaftsverhältnisse zu sprechen gekommen.

Laut Engels ist die Sklaverei entstanden, als die ökonomische Entwicklung einen Arbeitskräftebedarf geschaffen hatte, der nicht mehr durch die Mitglieder des eigenen Gemeinwesens, wohl aber durch Kriege zu decken gewesen ist. Kriegsgefangene, die zuvor getötet, wenn nicht sogar „verspeist" wurden, wurden dann zu Sklaven gemacht, wenn der Nutzen ihrer Arbeitskraft die Kosten ihrer Existenzerhaltung übersteigt.[12] Das war aber erst auf einer durch die Herausbildung von Privateigentum ermöglichten Entwicklungsstufe der Fall:

> „Ehe also Sklaverei möglich wird, muß schon eine gewisse Stufe in der Produktion erreicht und ein gewisser Grad von Ungleichheit in der Vertheilung eingetreten sein. Und damit die Sklavenarbeit die herrschende Produktionsweise einer ganzen Gesellschaft werde, braucht es eine noch weit höhere Steigerung der Produktion, des Handels und der Reichtumsansammlung. In den alten naturwüchsigen Gemeinwesen mit Gesammteigenthum am Boden kommt entweder Sklaverei gar nicht vor oder spielt nur eine sehr untergeordnete Rolle".[13]

Die Sklaverei war eine historische Notwendigkeit für eine Entfaltung der Produktivkräfte, welche über die Stufen von Feudalismus und Kapitalismus zur ausbeutungsfreien Gesellschaft der Zukunft führen werde. „In diesem Sinne sind wir berechtigt zu sagen: Ohne antike Sklaverei kein moderner Sozialismus".[14]

---

11 MEGA^2, Bd. II/2, 248 = MEW, Bd. 13, 470.

12 MEGA^2, Bd. I/27, 370 f. = MEW, Bd. 20, 167–169. Dieses und die folgenden Zitate stammen aus Engels, *Herrn Eugen Dührings Umwälzung der Wissenschaft*, 1877/78. Der Berliner Philosoph und Ökonom Dühring hatte sich mit diversen Publikationen und einer ausgedehnten Vortragstätigkeit als sozialistischer Theoretiker präsentiert. Da Dühring so auch in der Sozialdemokratie wahrgenommen wurde, unternahm Engels einen polemischen Durchgang durch dessen Schriften. Wegen Dührings breiten Themenspektrums bezog Engels auch zu Fragen Stellung, die weder Marx noch er zuvor in Publikationen behandelt hatten. „Anti-Dühring" wurde so zum „Lehrbuch des wissenschaftlichen Sozialismus"; Bernstein 1894/95, 143.

13 MEGA^2, Bd. I/27, 352 f. = MEW, Bd. 20, 149.

14 MEGA^2, Bd. I/27, 370 = MEW, Bd. 20, 168.

Aber später erwies sich laut Engels die Sklaverei als unproduktiv. In Rom hat der massenhafte Einsatz von Sklaven den freien Bauernstand zerstört, womit nicht nur dem „Kaiserthum die Thür [geöffnet wurde], sondern auch seinen Nachfolgern, den deutschen Barbaren".[15] In der Kaiserzeit ist es zu einem langsamen „Aussterben der antiken Sklaverei" gekommen. Ausbeutung der Provinzen, steigende Steuerbelastungen, Bevölkerungsrückgang, Verfall der Städte etc. haben eine auf Sklaverei basierende Latifundienwirtschaft unrentabel gemacht; stattdessen ist es zur Parzellierung von Ackerland gekommen, das effektiver durch an die Scholle gebundene Pächter, Kolonen, zu bewirtschaften gewesen sei. Diese

> „waren die Vorläufer der mittelalterlichen Leibeignen. [...] Die Sklaverei bezahlte sich nicht mehr, darum starb sie aus. [...] Hier war die ausweglose Sackgasse, in der die römische Welt stak: die Sklaverei war ökonomisch unmöglich, die Arbeit der Freien war moralisch geächtet. [...] Was hier allein helfen konnte, war nur eine vollständige Revolution".[16]

Träger dieser Revolution konnten aber nur die einfallenden Germanen sein. Die Sklaven selbst waren dazu nicht fähig, wie schon die Niederlage des Spartacus bewiesen habe, wie Engels 1882 en passant festgestellt hatte.[17]

Ob sich Engels' Erklärung mit dem Marxschen Postulat verträgt, eine neue Gesellschaftsformation könne erst entstehen, wenn die Voraussetzungen dafür „im Schoß der alten Gesellschaft ausgebrütet" worden seien, wird man angesichts der Rede von der „ausweglosen Sackgasse" in Zweifel ziehen müssen.

Insgesamt hat Engels „drei große Formen der Knechtschaft" unterschieden: „Die Sklaverei ist die erste, der antiken Welt eigentümliche Form der Ausbeutung; ihr folgt die Leibeigenschaft im Mittelalter, die Lohnarbeit in der neueren Zeit".[18]

Georgij Plechanov, seit den 1880er Jahren von seinem Genfer Exil aus wichtigster Vermittler marxistischer Ideen in Russland, hat 1895 die Entstehung der Sklaverei in der Antike mit Engels aus dem ökonomisch sinnvollen Verzicht auf das Töten von Kriegsgefangenen erklärt, und ihr Ende mit Engels aus der zunehmenden Unproduktivität, die

---

15 MEGA², Bd. I/29, 78 = MEW, Bd. 21, 126. Dieses und die folgenden Zitate stammen (wenn nicht anders vermerkt) aus Engels, *Der Ursprung der Familie, des Privateigentums und des Staats. Im Anschluß an Lewis H. Morgans Forschungen*, 1884, erweitert 1892. Engels verwendete Exzerpte von Marx (ca. 1880/81) aus Morgan, *Ancient Society; or, Researches in the Lines of Human Progress from Savagery through Barbarism to Civilization* (1877). (K. Marx, Die ethnologischen Exzerpthefte, hrsg. v. L. Krader, Frankfurt a. M. 1976, 124–360). Primär ging es Engels darum, den Geltungsbereich der materialistischen Geschichtsauffassung auf die (von Morgan durch seine Beobachtungen der zeitgenössischen Irokesen vermeintlich erschlossene) Vorgeschichte auszudehnen, er machte aber auch weitergehende Aussagen zur Entwicklung der „klassischen Antike".

16 MEGA², Bd. I/29, 90 f.= MEW, Bd. 21, 144 f.

17 MEGA², Bd. I/25, 303 = MEW, Bd. 19, 302 (Nachruf auf Bruno Bauer).

18 MEGA², Bd. I/29, 111 f. = MEW, Bd. 21, 170.

dann ihr „Aussterben“ herbeiführte. In der Sache war das also nichts Neues, was auch für seinen Satz gilt:

> „Die griechische und die römische Gesellschaft waren bekanntlich Gesellschaften von Sklavenhaltern. In diesen Gesellschaften fällt die ganze körperliche Arbeit, die ganze Produktion den Sklaven zu. Der freie Mann schämt sich einer solchen Arbeit [...]“.[19]

Aber damit war der Begriff der Sklavenhaltergesellschaft für die griechisch-römische Antike geprägt worden.

Die Wiederentdeckung der „asiatischen Produktionsweise“

Die Debatte über die Gesellschaftsformationen kam erst in den späteren 1920er Jahren auf, als eine offizielle marxistische Geschichts- und Altertumswissenschaft etabliert werden sollte. Probleme der Marxphilologie, wissenschaftliche Begriffsbildungen, politische Nutzanwendungen verschlangen sich schnell. Marxens „asiatische Produktionsweise“ war lange ein Rätsel gewesen, da der Begriff in dieser Form sonst in Veröffentlichungen bei Marx nicht vorkommt[20] und weil man auch keine weiteren Texte von ihm kannte, die man inhaltlich darauf hätte beziehen können. Das änderte sich erst, als der große russische Marx-Forscher David Rjazanov[21] dazu Artikel von Marx heranzog, die dieser 1853 in der New York Tribune (NYT) veröffentlicht hatte. Für diese auflagenstärkste Zeitung der USA (und schließlich der Welt) schrieb Marx seit 1852 regelmäßig, zeitweise zweimal wöchentlich, über eine Vielzahl von Themen. Manche erschienen anonym als Leitartikel, manche als namentlich gezeichnete Korrespondentenberichte aus London; aber auch letztere wurden seit Frühjahr 1855 nicht mehr unter Namensnennung veröffentlicht. Zu Lebzeiten von Marx und Engels waren diese annähernd 500 Artikel (von denen etwa ein Viertel Engels als Ghostwriter verfasst hat) in Europa weitgehend unbekannt.[22] Daran

19 Plechanow 1956, 152.

20 Im *Kapital*, Bd. 1, heißt es einmal: „In den altasiatischen, antiken usw. Produktionsweisen spielt die Verwandlung des Produkts in Ware [...] eine untergeordnete Rolle [...]“. Es geht hier nicht um die Unterschiede zwischen asiatischer und antiker Produktionsweise, sondern um die gemeinsamen Merkmale „jene[r] alten gesellschaftlichen Produktionsorganismen“, die auf einer im Vergleich zur bürgerlichen Gesellschaft „niedrige[n] Entwicklungsstufe der Produktivkräfte der Arbeit“ stehen; MEGA², Bd. II/10, 78 = MEW, Bd. 23, 93.

21 Der Name begegnet in diversen Transkriptionen. Seine Publikationen in deutschsprachigen Organen sind meistens mit „Rjasanoff“ gezeichnet worden.

22 Für eine kurze Skizze von Marx' Mitarbeit an der NYT siehe Nippel 2018a, 78–81. Ausführliche Informationen bieten die Einleitungen und Kommentare in MEGA², Bd. I/12, I/13, I/14 und I/16. Die Bände für die Jahre 1856/57, 1859 und 1861 sind noch nicht erschienen. Es ist damit zu rechnen, dass wie in den schon publizierten Bänden Texte erstmals Marx und Engels zugeschrieben werden, zugleich aber andere Artikel, die in frühere Ausgaben aufgenommen worden sind, wieder ausgeschieden oder auf den Status von Dubiosa reduziert werden.

hatte auch nichts geändert, dass Marx in seinem Vorwort von 1859 auf seine langjährige Mitarbeit an dieser Zeitung hingewiesen hatte, als Erklärung für das Ausbleiben seines großen nationalökonomischen Werkes. Seine Artikel wurden erst nach und nach im Zuge der Nachlasserschließung wiederentdeckt bzw. identifiziert.

David Rjazanov war seit seiner (zweiten) Exilzeit 1907–1917 ein unermüdlicher Sammler von Marxiana.[23] Er publizierte seine Funde zunächst in Zeitschriften. Dann plante er eine Ausgabe der von Marx und Engels geschriebenen Artikel für die NYT und andere Zeitungen aus den Jahren 1852 bis 1862, von der 1917 aber nur zwei der geplanten vier Bände (für die Zeit bis 1855) erscheinen konnten.[24] Die Artikel zu Indien gehörten nicht dazu; er hatte sie damals noch nicht entdeckt.

Ende 1920 wurde Rjazanov Leiter des Marx-Engels-Instituts in Moskau und bereitete seit 1924 in Kooperation mit dem Frankfurter Institut für Sozialforschung die Marx-Engels-Gesamtausgabe (MEGA) vor, die seit 1927 erschien, dann aber nach der Absetzung und Verhaftung von Rjazanov 1931 bald eingestellt wurde.[25]

Die für unseren Kontext einschlägigen Artikel zu Indien hat Rjazanov 1925/26 in der (in einer deutschen und einer russischen Ausgabe erscheinenden) Theorie-Zeitschrift *Unter dem Banner des Marxismus* veröffentlicht.[26] Es geht um vier im Juni und Juli 1853 geschriebene Texte, einer zu China, drei zu Indien.[27] In seiner Einleitung zitierte Rjazanov aus dem auf diese Texte bezogenen Briefwechsel zwischen Marx und Engels, damit Selbstzeugnisse, die erst aufgrund der Edition des Briefwechsels durch Eduard Bernstein 1913 bekannt geworden waren.

Anlass für die Artikel von Marx über Indien waren die britischen Parlamentsdebatten über die anstehende Verlängerung der Privilegien für die *East India Company*. Marx wollte die historische Dimension der aktuellen Agenda offenlegen.

Er legte dar, dass die britische Herrschaft in Indien eine historische Notwendigkeit sei: „England hat in Indien eine doppelte Mission zu erfüllen: eine zerstörende und eine erneuernde – die Zerstörung der alten asiatischen Gesellschaftsordnung und die Schaffung der materiellen Grundlagen einer westlichen Gesellschaftsordnung in Asien“ (MEW, Bd.

---

23 Siehe Hecker 2009.

24 Gesammelte Schriften von Karl Marx und Friedrich Engels 1852 bis 1862, hrsg. von N. Rjasanoff [Rjazanov], 2 Bde., Stuttgart 1917.

25 Siehe die Beiträge in: Erfolgreiche Kooperation: Das Frankfurter Institut für Sozialforschung und das Moskauer Marx-Engels-Institut (1924–1928), Hamburg 2000 (Beiträge zur Marx-Engels-Forschung N. F. Sonderband 2), und in: Stalinismus und das Ende der ersten Marx-Engels-Gesamtausgabe (1931–1941), Hamburg 2001 (Beiträge zur Marx-Engels-Forschung N. F. Sonderband 3) (= Hecker u.a. 2000 und Vollgraf u.a. 2001).

26 K. Marx, Über China und Indien. [Mit Einleitung von D. Rjasanoff], Unter dem Banner des Marxismus 1, 1925/1926, 370–402.

27 1. „Revolution in China und Europa“, 14. 6. 1853 [Leitartikel; anonym]; MEW, Bd. 9, 95–102 [englische Originalfassung in: MEGA^2, Bd. I/12, 147–153]. 2. „Die Britische Herrschaft in Indien“; 25. 6; MEW, Bd. 9, 127–133 [MEGA^2, Bd. I/12, 166–173]; 3. „Die Ostindische Kompagnie, ihre Geschichte und die Resultate ihres Wirkens“; 11. 7.; MEW, Bd. 9, 148–156 [MEGA^2, Bd. I/12, 186–193]; 4. „Die künftigen Ergebnisse der britischen Herrschaft in Indien“; 8. 8.; MEW, Bd. 9, 220–226 [MEGA^2, Bd. I/12, 248–253].

9, 221). Die Stagnation in seit unvordenklichen Zeiten bestehenden Strukturen könne nur durch Zerstörung der indischen Dorfgemeinde und Einführung des Privateigentums an Grund und Boden überwunden werden. Das Fehlen privaten Grundbesitzes (im gesamten Orient) sei historisch mit den Notwendigkeiten staatlich administrierter Bewässerungssysteme zu erklären.[28]

Rjazanov sprach in seinem Kommentar wiederholt von der „asiatischen Produktionsweise", benutzte damit die Kategorie aus dem Marxschen Vorwort von 1859, obwohl diese in wörtlicher Form in den NYT-Artikeln nicht vorkam.

Damit waren, ohne dass dies thematisiert worden wäre, verschiedene Festlegungen getroffen worden. Erstens stellte Rjazanov die Zeitungsartikel auf eine Stufe mit einem Text mit Wissenschaftsanspruch. Gewiss hat Marx hier ungewöhnlichen Aufwand betrieben, um seinen Aussagen Substanz zu geben. Aber es blieben doch für eine Zeitung geschriebene Artikel, die Woche für Woche fertiggestellt werden mussten. Die vier hier relevanten Artikel sind zwar in Abständen von vierzehn Tagen geschrieben, bilden insofern so etwas wie eine Serie, nur wurde diese unterbrochen durch andere Artikel, in denen sämtliche Fragen der britischen Innen- und Außenpolitik, die in den Parlamentsdebatten und in den Zeitungen diskutiert wurden, behandelt wurden: vom Verhältnis zu Russland und der Türkei (im Vorfeld des Krimkriegs), über den Krieg in Burma, Probleme in Irland bis zu Streiks und den Auseinandersetzungen um einen zehnstündigen Arbeitstag.

Wenn Marx selbst seine einschlägigen Artikel zu einer Schrift über Indien oder die asiatische Produktionsweise hätte zusammenstellen oder ausbauen wollen, hätte er sie aufbewahren müssen. Aber er besaß weder Abschriften seiner Texte noch eine Sammlung der gedruckten Artikel.[29]

So oft sich Zeitungsartikel, Arbeitsmaterialien, unfertig hinterlassene Studien und veröffentliche Texte mit Wissenschaftscharakter in der Sache überschneiden, Marx hat öffentlich wie privat die Zeitungsartikel als Brotschreiberei immer von seinen wissenschaftlichen Arbeiten unterschieden.[30] Das wird man hinsichtlich seines Selbstverständnisses

28 Für eine ausführlichere Darstellung der Thesen von Marx und Engels und ihre Einordnung in eine lange Geschichte des Konzepts der „orientalischen Despotie" siehe Nippel 2013c.

29 Marx hat sich 1877 eine Sammlung von Artikeln aus der NYT zukommen lassen, die aus dem Nachlass seines in die USA emigrierten Freundes Joseph Weydemeyer stammte. Siehe Marx an F. A. Sorge, 4. 4. 1876; MEW, Bd. 34, 179; ferner Sorge an Engels, 29. 10. 1889; MEGA², Bd. III/30; Br. 21, 39, und Engels' Antwort, 7. 12., ebd., Br. 48, 91. Aus dieser Sammlung hat dann Eleanor Marx 1897 unter dem Titel „The Eastern Question" eine Anthologie mit Texten zum Krimkrieg veröffentlicht; dabei entging ihr aber, dass Weydemeyer nicht nur Artikel von Marx (bzw. faktisch oft Engels), sondern auch andere ihn interessierende gesammelt (oder Artikel irrtümlich Marx zugeschrieben) hatte, so dass diverse Texte fälschlich als Marxsche Artikel präsentiert wurden; außerdem war diese Sammlung nicht vollständig; MEGA², Bd. III/30, Erläuterungen, 768 f.; Rjazanov, in: Gesammelte Schriften von Karl Marx und Friedrich Engels, Bd. 1, 443 f.

30 So im Vorwort von 1859: die Korrespondententätigkeit für die NYT wegen der „gebieterischen Notwendigkeit einer Erwerbsarbeit" sei zu Lasten seiner wissenschaftlichen Arbeit gegangen; oder in einem Brief an Adolf Cluß, 15. 9. 1853; MEW 28, 592 = MEGA² III/7, 12: „Das beständige Zeitungsschmieren ennuyiert mich. Es nimmt mir viel Zeit weg, zersplittert und ist schließlich doch nichts. [...] Rein wissenschaftliche Arbeiten sind etwas total andres [...]".

ernst nehmen müssen, selbst wenn diese Aussagen als Entschuldigung dafür dienen, dass sich die Fertigstellung des großen ökonomischen Werkes immer wieder verzögerte.

Die zweite Implikation von Rjazanovs Zusammenstellung war, dass China und Indien gleichermaßen für asiatische Produktionsweise stehen. Auch wenn beide Länder bei Marx in verschiedenen Kontexten im gleichen Atemzug genannt werden, so hatte er doch seine Vorstellungen über den Zusammenhang von Herrschaftssystem, Bodenrecht und Bewässerung am Beispiel Indiens entwickelt, dies auch für andere Länder festgestellt, aber China eben nicht unter seinen Beispielen gehabt.

Der von Rjazanov abgedruckte Artikel über die „Revolution in China und Europa" zeigte auch einen ganz anderen Charakter als die drei über Indien, nicht nur weil er als Leitartikel wahrscheinlich von der Redaktion stark bearbeitet worden war. Hier ging es um die Serie von Bauernaufständen in China in Reaktion auf den Opiumkrieg und die Frage, welche Folgen dies langfristig für (Revolutionen in) Europa haben könnte gemäß der (anachronistisch so wiederzugebenden) Prämisse, dass die Globalisierung ganz neue Wechselbeziehungen hervorgebracht habe, aber eben nicht um die Prägung einer Gesellschaft durch seit Jahrtausenden oder Jahrhunderten bestehende Strukturen.

Drittens macht Rjazanov explizit am Beispiel Chinas die asiatische Produktionsweise zu einem aktuellen Problem. Sie sei im 19. Jahrhundert in Indien überwunden worden, habe aber in China noch länger bestanden, bis in der jüngsten Vergangenheit die europäischen und japanischen Kapitalisten die Industrialisierung Chinas vorangetrieben hätten. In der Folge sei ein Industrieproletariat entstanden, das sich so gut organisiere, dass bald mit einer Revolution nach dem Vorbild der Oktoberrevolution zu rechnen sei.

Rjazanovs Anstoß ist noch verstärkt worden durch Publikationen von Karl August Wittfogel, assoziiertes Mitglied des Frankfurter Instituts für Sozialforschung und Mitglied der Kommunistischen Partei Deutschlands. Wittfogel griff Anregungen von Max Weber auf, um China als Modell-Fall einer Gesellschaft darzustellen, in der das Bewässerungssystem die Herrschaft eines bürokratischen Apparats bedinge. Diese Konzeption sah er dann durch die von Rjazanov publizierten Marx-Artikel bestätigt. Nunmehr erkannte er in der „asiatischen Produktionsweise" die zentrale analytische Kategorie. Angewendet wurde sie in diversen Arbeiten, die in dem umfangreichen Werk *Wirtschaft und Gesellschaft Chinas* (1931) gipfelten.

Wittfogel, der als großer China-Experte galt, war auch in einen Teil der heftigen Debatten über China involviert, die 1929–1931 in der Sowjetunion von Funktionären, Ökonomen, Gesellschaftswissenschaftlern in Foren der Kommunistischen Internationale (Komintern) wie in neugegründeten akademischen Institutionen und Vereinigungen geführt wurden, die erstmals dezidiert marxistische Wissenschaft betrieben.[31]

31 Die folgenden Ausführungen sind ein Versuch, ein knappes Resümee einer hochkomplexen Debatte auf der Basis einer Auswahl aus einer umfangreichen Sekundärliteratur zu treffen. Dazu zählen u.a. Wittfogel 1962, 498–510 (Wittfogels Darstellung ist im Lichte seiner Rechtfertigung zu lesen, dass er seinen – und Marxens – Ideen immer treu geblieben, die anderen, die ihn als Renegaten denunzierten, die eigentlichen Verräter gewesen seien); Pečirka 1964; Sofri 1972 (ital. 1967); Geiss

Indien spielte hier keine Rolle. Es ging um die Frage, ob China unter asiatische Produktionsweise zu subsumieren sei. Die einen hielten diese Kategorie für Vergangenheit wie Gegenwart Chinas anwendbar, andere nur für die altchinesische Gesellschaft, wieder andere lehnten sie gänzlich ab und beharrten auf dem feudalen Charakter Chinas, und alle beriefen sich auf Zitate von Marx bzw. ihren eigenen Auslegungen dazu, was bei einer Reihe von Teilnehmern auch fehlende China-Expertise kompensieren musste.

Das Thema hatte Brisanz gewonnen, als die Verhältnisse in China nach den ersten schweren Kämpfen zwischen Nationalisten (Kuomintang unter Chiang Kai-Chek) und Kommunisten eine Debatte über die zukünftige Strategie der Komintern auslöste. Kann es einen eigenen chinesischen Weg zum Sozialismus (unter Überspringung des Kapitalismus) geben – was der Linie des 1927 entmachteten Trotzki entsprach – oder muss China die Abfolge Feudalismus-Kapitalismus-Sozialismus durchlaufen, was dann wiederum zur Durchsetzung des Kapitalismus ein temporäres Bündnis mit den bürgerlichen Kräften erforderte, wie dies Stalin für notwendig hielt?

Eine Debatte im Orientinstitut in Leningrad Anfang 1931 (der Konferenzen an anderen Orten mit anderen Teilnehmerkreisen vorausgegangen waren) lief darauf hinaus, dass die Anwendung auf das gegenwärtige China unterbleiben solle, während dies für das alte China weiterhin offenblieb. Diese Leningrader Konferenz ist später oft als Abbruch der Debatte als Folge einer Entscheidung von höchster politischer Stelle gedeutet worden. Das ist so wohl nicht zutreffend. ‚Säuberungen' im Wissenschaftsbereich, denen auch Rjazanov 1931 zum Opfer fiel,[32] wirkten sich lähmend aus, standen aber nicht zwingend im Zusammenhang mit der Diskussion über die asiatische Produktionsweise. Die Diskussion über diese Theorie ging in manchen Bereichen weiter, wenn auch ‚auf Sparflamme'.

Für die neue „marxistische" Altertums- und Geschichtswissenschaft war das Schema der Gesellschaftsformationen von besonderer Bedeutung, zum einen, weil mit der Postulierung einer gesetzmäßigen Abfolge die Überlegenheit gegenüber der bürgerlichen Wissenschaft behauptet werden sollte, zum anderen, weil damit die Vertreter älterer Epochen der Vermutung der Irrelevanz entgegentreten konnten, weil sie sich ja mit Etappen befassten, welche die Weltgeschichte auf dem Weg zum Endziel des Kommunismus notwendig hatte durchlaufen müssen. Man denke nur an Engels' prägnante Formel: „Ohne antike Sklaverei kein moderner Sozialismus".

Im Bereich der russischen Altertumswissenschaft spielte der Ägyptologe und Altorientalist Wasilij Struwe (1889–1965) eine führende Rolle, die er bis in die 1960er Jahre behielt. Er profilierte sich mit klaren Stellungnahmen in der Formationenfrage – nur mit zahlreichen Volten. Struwe, der Ende der 1920er Jahre vom Feudalismus in Ägypten gesprochen hatte, entdeckte 1931 dort die asiatische Produktionsweise und kam 1933 zu der keinen Zweifel duldenden Aussage, dass der gesamte Alte Orient, nicht nur der mittelmeerisch-vorderorientalische Raum von Ägypten bis Mesopotamien, sondern auch

1974; Sawer 1977; Maimann 1980; Kößler 1982; Dunn 1982; Krader 1994; Fogel 1988, 56–79; Florath 2005.

32 Rjazanov ist 1931 verbannt und schließlich 1938 – nach einem Prozess von 15 Minuten Dauer – hingerichtet worden; Rokitjanskij 1993.

Indien und China unter Sklavenhaltergesellschaft einzuordnen sei, wobei ihm nach eigenem Bekunden das Formationenschema aus einem posthum 1929 veröffentlichten Lenin-Vortrag wesentliche Erkenntnisse eröffnet hatte.[33]

Parteiamtliche Fixierungen der Gesellschaftsformationen

Lenin hatte im Juli 1919 in der „Swerdlow-Universität" (tatsächlich eine Parteischule) eine Rede „Über den Staat" gehalten.[34] Vermutlich ist sie frei gehalten worden, da der nach einer stenographischen Aufzeichnung gedruckte Text extrem redundant ist. Außerdem ist er penetrant pädagogisch, erkennbar an ein Publikum ohne höhere formale Bildung adressiert. Lenin erläutert seinen Hörern, dass er ein schwieriges Thema behandle, zu dessen Verständnis sie noch viel lesen müssten, besonders Marx und Engels: deren wichtigsten Werke gebe es doch sicher in der Bibliothek; und was man nicht auf Anhieb verstehe, müssen man sich eben in einem zweiten, dritten, vierten Anlauf erarbeiten…

Verbunden mit einem Lobpreis auf Engels' *Ursprung der Familie*, als einem grundlegenden Werk des Sozialismus, in dem jeder Satz stimme, skizzierte Lenin eine Abfolge von einem vorstaatlichen Zustand (Urkommunismus) über einen Staat der Sklavenhalter, dann der Gutsbesitzer, die über Leibeigene herrschen, bis zu dem der Kapitalisten. Das war eine Kurzfassung der Thesen von Engels. Wie Engels sah auch Lenin in den Sklavenaufständen heroische, aber vergebliche Anstrengungen. Den antiken Sklaven attestierte Lenin: Sie „erhoben sich, meuterten, begannen Bürgerkriege, aber niemals konnten sie eine zielbewußte Mehrheit, den Kampf leitende Parteien schaffen, niemals vermochten sie klar zu erkennen, welchem Ziel sie zustreben, und selbst in den revolutionärsten Augenblicken der Geschichte blieben sie stets Schachfiguren in den Händen der herrschenden Klasse".[35]

Das war eben der Unterschied zur Gegenwart, in der das Proletariat von einer disziplinierten, schlagfertigen Partei zum Sieg geführt worden war. Warum Lenins Text gerade 1929, also fünf Jahre nach seinem Tod, publiziert wurde, und ob damit auch eine Stellungnahme zum Formationenschema intendiert war, ist (mir) nicht bekannt.

Entschieden war die Sache noch nicht, da die Subsumierung sowohl des Alten Orients als auch Griechenlands und Rom unter Sklavenhaltergesellschaft auf erhebliche Probleme stoßen musste. Es wurde erörtert, wie sich unter diesem Dach doch wieder Differenzierungen einführen ließen, sei es in dem Sinne, dass zwischen Altem Orient und ‚klassischer' Antike räumlich differenziert wurde, sei es, dass die altorientalischen Verhältnisse auch für die frühe Gesellschaftsentwicklung in Griechenland und Italien anzunehmen seien, bevor dann die auf Kaufsklaverei basierende Entwicklung einsetzte.

33 Siehe Pečirka 1964, 158 ff.; Heinen 2010, 103 ff.

34 W. I. Lenin, Werke 29: März-August 1919, deutsche Ausgabe besorgt v. Institut für Marxismus-Leninismus beim Zentralkomitee der SED, Berlin 1971, 460–479: Über den Staat, Vorlesung an der Swerdlow-Universität, 11. Juli 1919.

35 Ebd. 477.

Äußerungen von Stalin sorgten für Klarheit. Schon im Februar 1933 hatte er die Sklavenrevolution erfunden, die den Übergang von der Sklavenhaltergesellschaft zum Feudalismus bewerkstelligt habe.

> „Die Revolution der Sklaven beseitigte die Sklavenhalter und hob die Sklaverei als Form der Ausbeutung der Werktätigen auf. An die Stelle der Sklavenhalter setzte sie aber Feudalherren und die Leibeigenschaft als Form der Ausbeutung der Werktätigen. Die einen Ausbeuter wurden durch andere Ausbeuter abgelöst".

Stalin sprach auf dem ‚Ersten Unionskongress der Stoßarbeiter der Kollektivwirtschaft', und dies nach eigenem Bekunden auch nur, weil ihn die anwesenden Genossen gedrängt hatten, das Wort zu ergreifen, was er in seiner natürlichen Bescheidenheit gar nicht geplant hatte. Da er sich diesem Wunsch nicht widersetzen konnte, wollte er jetzt darlegen, wie man auch die letzten Zweifler überzeugen könne, dass es zur Kollektivierung der (Land-)Wirtschaft keine Alternative gebe. Der Weg dorthin habe mit der Oktoberrevolution begonnen, wenn die wichtigsten Schritte auch erst in den vergangenen drei Jahren [also unter seiner Ägide] erfolgt seien. So etwas wie die Oktoberrevolution habe es in der Weltgeschichte noch nie gegeben:

> „Die Geschichte der Völker kennt nicht wenig Revolutionen. Sie unterscheiden sich von der Oktoberrevolution dadurch, daß sie alle einseitige Revolutionen waren. Eine Form der Ausbeutung der Werktätigen wurde durch eine andere Form der Ausbeutung abgelöst, aber die Ausbeutung selbst blieb [...]. Erst die Oktoberrevolution hat es sich zum Ziel gesetzt, *jegliche* Ausbeutung abzuschaffen und *alle* und *jede* Ausbeuter und Unterdrücker zu beseitigen".[36]

Der Hinweis auf die „Revolution der Sklaven", die doch nur eine neue Form der Ausbeutung hervorgebracht habe, sollte die welthistorische Einzigartigkeit der Oktoberrevolution betonen. Das war schwerlich eine Vorgabe für die althistorische Forschung, zu der sie später gemacht wurde.

Fünf Jahre später, im September 1938, kam Stalin in *Über Dialektischen und historischen Materialismus* (als Beitrag zum „Kurzen Lehrgang" der Parteigeschichte) auf das Verhältnis von Produktivkräften und Produktionsverhältnissen zu sprechen. Er gab ein „schematisches Bild der Entwicklung der Produktivkräfte von den ältesten Zeiten bis auf unsere Tage": „Die Geschichte kennt fünf *Grund*typen von Produktionsverhältnissen: die Produktionsverhältnisse der Urgemeinschaft, der Sklaverei, des Feudalismus, des Kapitalismus, des Sozialismus".[37]

Stalin gibt eine abschließende Aufzählung; ein ‚asiatischer' Typ kommt nicht vor. Am Ende verweist Stalin auf die „geniale Formulierung des Wesens des historischen Materialismus, die Marx im Jahre 1859 in dem historischen ‚Vorwort' zu seinem berühmten Buch

36 Stalin 1947, 498.
37 Stalin 1947, 670.

‚Zur Kritik der Politischen Ökonomie‘ gegeben hat“.[38] Er zitiert getreulich die gesamte Passage, aber bricht das Zitat exakt ab vor dem Satz: „In großen Umrissen können asiatische, antike, feudale und modern bürgerliche Produktionsweisen [...]“.

Ob Stalin in seiner Eigenschaft als genialer Theoretiker damit die asiatische Produktionsweise aus eigener Erkenntnis gestrichen hat oder ob eine Fraktion aus dem wissenschaftlichen Lager den Streit auf dem Umweg über Stalin entscheiden konnte, ist ungeklärt.

Mit dieser parteiamtlichen Feststellung, zugleich eine verbindliche Vorgabe für Ober- und Hochschulen, war 1938 entschieden, dass alle Gesellschaften zwischen Urgesellschaft und Feudalismus als ‚Sklavenhalterordnung‘ zu klassifizieren waren.

Folglich haben sich dann sowjetische Altertumswissenschaftler bzw. später solche im sowjetischen Machtbereich darum bemüht, überall auf der Welt diese Sklavenhaltergesellschaft zu identifizieren. Der Stalinsche Übergang zum Feudalismus durch eine Sklavenrevolution machte Probleme. Aber zum Glück hatte Marx 1859 von einer ‚Epoche sozialer Revolution‘ gesprochen. Für die griechisch-römische Antike ließ sich darunter alles zusammenbringen, von den Sklavenaufständen in Sizilien im späten 2. Jh. v. Chr. über Spartacus bis zu den Bauernaufständen der Spätantike. Russische und seit Mitte der 1950er Jahre auch Althistoriker in der DDR und anderen Ländern des sowjetischen Machbereichs haben sich unter Ausschöpfung der flexiblen Datierungsmöglichkeiten mehr als drei Jahrzehnte lang an dieser Lösung versucht.[39]

Marx' *Grundrisse* und die neue Debatte über die asiatische Produktionsweise

Die Ubiquität der Sklavenhaltergesellschaft wurde aber seit den späten 1950er Jahren bezweifelt. Es war eine glückliche Koinzidenz, dass Stalins Tod 1953 mit der Publikation von Marx, *Grundrisse der politischen Ökonomie*, zusammengefallen war. Es handelt sich um Skizzen, die Marx 1857/1858 angefertigt, dann aber nicht fertiggestellt hatte. Sie waren bereits (in deutscher Fassung) in zwei Teilen 1939 und 1941 in Moskau publiziert worden; der Titel *Grundrisse der politischen Ökonomie* ist erst am Ende des Editionsarbeiten festgelegt worden. Dass es überhaupt zu dieser Ausgabe kam, gibt einige Rätsel auf.[40] Die Kriegsumstände verhinderten, dass dieser Text wahrgenommen wurde. Es heißt, die Ausgabe sei im Krieg als Propaganda- und anschließend in Kriegsgefangenenlagern als Schulungsmaterial gegen beziehungsweise für deutsche Soldaten zum Einsatz gekommen.[41]

Deshalb war der Ostberliner Nachdruck im „Karl-Marx-Jahr 1953“ (125. Geburtstag und 70. Todestag) de facto eine Erstausgabe. Ein weiterer Schub erfolgte durch italienische (1956), englische und französische (Teil-)Übersetzungen Mitte der 1960er Jahre,

38 Stalin 1947, 678.

39 Siehe u.a. Vittinghoff 1960; Raskolnikoff 1975; Heinen 1980; Hassel 1981; Rubinsohn 1993, 84 ff.

40 Rjazanov war vorgeworfen worden, seine Gesamtausgabe sei zu wenig propagandatauglich; die MEGA war deshalb 1935 eingestellt worden; dennoch sind die *Grundrisse* nach den Editionsprinzipien der MEGA veröffentlicht worden.

41 Siehe Vasina 2013. Wie es zu dieser Absurdität gekommen ist, scheint nicht bekannt zu sein.

denen zahllose andere folgten. Das Ergebnis war, dass ein von Marx als nicht publikationsreif angesehenes Manuskriptbündel zu einem ‚klassischen' Werk mit ‚knackigem' Titel veredelt wurde.

In einigen Fällen wurde auch nur der letzte Abschnitt, „Formen, die der kapitalistischen Produktion vorhergehen" übersetzt, wobei diese Überschrift wiederum von den Editoren stammt. Marx hat sich in diesem Abschnitt mit diversen Varianten ursprünglicher Besitzverhältnisse in der Wechselbeziehung mit staatlichen bzw. städtischen Strukturen beschäftigt. Er spricht vom asiatischen, antiken, germanischen und slawischen Typus, ohne ein Entwicklungsschema herzustellen. Beim asiatischen Typus fällt auch auf, dass zwar das Fehlen von Privateigentum am Boden und die fehlende Differenzierung zwischen Stadt und Land genannt wird, nicht aber das Element der Bewässerungssysteme, das man zuvor im Anschluss an die Zeitungsartikel von 1853 zum Kernelement der asiatischen Produktionsweise erklärt hatte.

In Frankreich ist das Interesse an den *Grundrissen* aus einer neuen Beschäftigung mit der ‚asiatischen Produktionsweise' hervorgegangen. 1962 debattierte eine Gruppe des *Centre d'études et de recherches marxistes*, einer kurz zuvor von der Kommunistischen Partei Frankreichs gegründeten Institution, dieses Konzept.[42] Zu ihr gehörten u.a. der Gräzist und Religionswissenschaftler Jean-Pierre Vernant, der Anthropologe Maurice Godelier und der Sinologe Jean Chesneaux. Angeregt wurde die Debatte von dem ungarischen Sinologen Ferenc Tökei, der Probleme hatte, im alten China eine Sklavenhaltergesellschaft zu identifizieren und deshalb für die Wiederbelebung der tabuisierten Kategorie der asiatischen Produktionsweise eintrat.[43]

Es wirkt wie eine ‚konzertierte Aktion', dass 1964 der tschechische Althistoriker Jan Pečirka an die russischen Debatten um 1930 erinnerte und für eine neue Nutzung des Konzepts asiatische Produktionsweise in der Altertumswissenschaft plädierte.[44] Man spielte sich die Bälle wechselseitig zu, indem etwa Aufsätze von Chesneaux[45] und Vernant[46] in der Prager Zeitschrift *Eirene* veröffentlicht wurden, und Pečirka ebendort in seinem zweiten Artikel zum Thema auf die neuen französischen Debatten verwies.[47] Danach begann die große Debatte unter sowjetischen Wissenschaftlern.

Das alles muss auch vor dem Hintergrund gesehen werden, dass der im amerikanischen Exil zum ‚Kalten Krieger' mutierte Wittfogel mit seinem Buch *Oriental Despotism* 1957 unter beharrlicher Berufung auf Marx seine alten Theorien neuformuliert und das Konzept einer (auf Bewässerungsadministration basierenden) „hydraulischen Gesell-

42 Siehe Ulmen 1978, 389 ff.

43 Die Diskussionsbeiträge sind in der Zeitschrift *La Pensée* 1964 veröffentlicht worden. Tökei hat seine Studien in einem Buch zusammengestellt, das einige Jahre später auch auf Deutsch vorgelegt wurde; Tökei 1969.

44 Pečirka 1964.

45 Chesneaux 1964a.

46 Vernant 1965.

47 Pečirka 1967.

schaft“, in der – was jedoch Marx ignoriert habe[48] – eine Klasse von Funktionären die Produktionsmittel kontrollierte, auch auf das zeitgenössische China und Russland[49] angewendet hatte, verbunden mit der klaren politischen Aussage, dass man deren Expansionsbestrebungen bekämpfen müsse. Die asiatische Produktionsweise durfte nun nicht dem ‚Missbrauch‘ durch den ‚Renegaten‘ Wittfogel überlassen bleiben.[50]

In der DDR hatte Elisabeth Charlotte Welskopf bereits 1957 geschrieben, dass man für den Alten Orient, Indien, China und Altamerika sinnvollerweise nicht von Sklavenhaltergesellschaft sprechen könne und dabei, wenn auch verhalten, an Marx’ Begriff der asiatischen Produktionsweise erinnert.[51] In Schwung kam die Debatte darüber aber anscheinend erst, als das Tabu anderswo gebrochen worden war. In einem (von Welskopf eingeleiteten) Heft des *Jahrbuchs für Wirtschaftsgeschichte* 1967 (Teil 4) wurde das Konzept erstmals diskutiert.[52] Im Folgenden war es v.a. der Welskopf-Protégé Kreißig, der das Konzept auch innerhalb der griechisch römischen Antike, nämlich auf die hellenistischen Reiche und den Osten des Imperium Romanum anwandte, allerdings meinte, man solle besser von „altorientalischer Klassengesellschaft“ sprechen.[53] Rigobert Günther, der Leipziger Antipode von Welskopf und Kreißig, hat dagegen noch lange die Sklavenhaltergesellschaft für die gesamte griechisch-römische Antike mittels der Epoche der Sklavenrevolution zu retten versucht.[54]

Im Zuge der Entstalinisierung trug der Rückgriff auf Marx’ Begriff von 1859 und auf die *Grundrisse* wesentlich dazu bei, das Fünf-Formationenschema à la Stalin zu erschüttern, wobei man zugleich die Treue zur Lehre von Marx beteuern konnte. Im Ostblock und unter marxistischen Wissenschaftlern im Westen folgten nun in zahlreichen Disziplinen – klassische Altertumswissenschaft, Mediävistik, Orientalistik, Sinologie, Afrikanistik, Altamerikanistik, Ethnologie usw. – ausgiebige Debatten zwischen hartnäckigen Verteidigern der weltweiten Verbreitung der Sklavenhalterordnung und denjenigen, die dagegen „asiatische Produktionsweise“ als Kategorie für Gesellschaften ins Spiel brachten, in denen der Arbeitskräftebedarf durch kollektive Abhängigkeitsverhältnisse auf

48 Wittfogel 1953 spekulierte über die Gründe für diesen ‚blinden Fleck‘ bei Marx, musste ihm dafür aber eine kohärente Theorie der asiatischen Gesellschaft unterstellen.

49 Die Übertragung auf eine Gesellschaft ohne zentrale Bewässerungsdespotie wollte Wittfogel als Ergebnis der mongolischen Invasionen verstehen – eine kühne These. Wittfogel hat sich später auch hierfür auf Marx berufen, nämlich auf dessen Artikelserie in englischen Zeitungen 1856/57 über die russische Außenpolitik des 18. Jahrhunderts, in der er sich auch zum „asiatischen“ Charakter Russlands, aus dem die Verbindung von Expansion nach außen und innerer Stagnation folge, geäußert hatte. Die Texte sind in russischen Ausgaben und in der MEW weggelassen worden; Wittfogel hat sie neu ediert: K. Marx, Enthüllungen zur Geschichte der Diplomatie im 18. Jahrhundert, hrsg. und eingeleitet von K. A. Wittfogel, Frankfurt a. M. 1981.

50 Chesneaux 1964b und Godelier 1965 haben dieses Motiv für die Zusammenarbeit der französischen Kommunisten mit Tökei klar benannt.

51 Welskopf 1957. Welskopf verwies auf Publikationen des Leipziger Sinologen Eduard Erkes, der im alten China keine Sklavenhaltergesellschaft feststellen konnte.

52 Eine wüste Polemik gegen Wittfogel durfte aber nicht fehlen: Lewin 1967.

53 Kreißig 1969; ders., 1978, und diverse weitere Artikel.

54 Günther 1978.

Land im Besitz von Monarchen, Städten und Tempeln gedeckt worden sei. Für praktisch alle vormodernen Gesellschaften, ob in der Mittelmeerwelt, Asien, Afrika oder Amerika, wurde die asiatische Produktionsweise, zumindest für bestimmte Entwicklungsphasen, in Anspruch genommen. Da damit die Frage des Übergangs zum Feudalismus nicht mehr zu lösen war, lief es am Ende auf den Sammelbegriff der „vorkapitalistischen" Gesellschaftsformationen hinaus, innerhalb deren man unterschiedliche Formen nebeneinander, aber eben nicht eine zwingenden Stufenfolge anzunehmen habe.[55] Irgendwann, etwa Ende der 1970er Jahre, also lange vor dem Zusammenbruch eines parteiamtlichen Marxismus-Leninismus, zeigten sich angesichts der unverkennbaren Sterilität der Debatte allgemeine Erschöpfungszustände. Eine „an Pathologie grenzende innermarxistische Diskussion [...], die nach normalen analytischen Standards nicht mehr zu begreifen" war,[56] und „das gebannte Starren auf wenige verstreute Marx-Zitate, als ob die wachsende Intensität dieses Starrens am Ende ein großes Geheimnis enthüllen würde",[57] gingen zu Ende.

Literatur

Bernstein 1894/95 E. Bernstein, Zur dritten Auflage von Fr. Engels' „Herrn Eugen Dühring's Umwälzung der Wissenschaft", in: Die Neue Zeit Jg. 13, 1894/95, Bd. 1, 101–111; 142–147; 172–176.

Bernstein 1991 E. Bernstein, Die Voraussetzungen des Sozialismus und die Sozialdemokratie (1899), ND, hrsg. v. M. Tetzel, Berlin 1991.

Chesneaux 1964a J. Chesneaux, Le monde de production asiatique: Une nouvelle étape de la discussion, Eirene 3 (1964) 131–146.

Chesneaux 1964b J. Chesneaux, Le mode de production asiatique: Quelques perspectives de recherche, La Pensée 114 (1964) 33–54.

Dunn 1982 S. P. Dunn, The Fall and Rise of the Asiatic Mode of Production, London 1982.

Florath 2005 B. Florath, Zur Diskussion um die asiatische Produktionsweise, in: I. Stark (Hrsg.), Elisabeth Charlotte Welskopf und die Alte Geschichte in der DDR, Stuttgart 2005, 184–200.

Fogel 1988 J. Fogel, The Debate over the Asiatic Mode of Production in Soviet Russia, China, and Japan, American Historical Review 93 (1988) 56–79.

Geiss 1974 I. Geiss, Zwischen Marx und Stalin. Kritische Anmerkungen zur marxistischen Periodisierung der Weltgeschichte, Aus Politik und Zeitgeschichte. Beilage zur Wochenzeitung Das Parlament 41 (1974) 3–22.

55 Siehe Rückblicke von Protagonisten der Debatte in der DDR: Töpfer 1999; Herrmann 1999; Küttler 1999.

56 Senghaas 1980, 139.

57 Radkau 1983, 75.

Godelier 1965 M. Godelier, La notion de mode de production asiatique, Les Temps Modernes 228 (1965) 2002–2027.

Günther 1978 R. Günther, Die Epoche der sozialen und politischen Revolution beim Übergang von der antiken Sklavereigesellschaft zum Feudalismus, Klio 60 (1978) 235–246.

Hassel 1981 P. Hassel, Marxistische Formationstheorie und der Untergang Westroms, Geschichte in Wissenschaft und Unterricht 32 (1981) 713–725.

Hecker u.a. 2000 R. Hecker u.a. (Hrsg.), Erfolgreiche Kooperation: Das Frankfurter Institut für Sozialforschung und das Moskauer Marx-Engels-Institut (1924–1928), Hamburg 2000 (Beiträge zur Marx-Engels-Forschung N. F. Sonderband 2).

Hecker 2009 R. Hecker, Dawid Borisowitsch Rjasanow (1870–1938), in: G. Benser/ M. Schneider (Hrsg.), Bewahren – Verbreiten – Aufklären. Archivare, Bibliothekare und Sammler der Quellen der deutschsprachigen Arbeiterbewegung, Bonn 2009, 258–267.

Heinen 1980 H. Heinen, Das Ende der Alten Welt im Rahmen der Gesamtentwicklung der sowjetischen Althistorie, in: H. Heinen (Hrsg.), Die Geschichte des Altertums im Spiegel der sowjetischen Forschung, Darmstadt 1980, 256–340.

Heinen 2010 H. Heinen, Aufstieg und Niedergang der sowjetischen Sklavereiforschung. Eine Studie zur Verbindung von Politik und Wissenschaft, in: H. Heinen/A. Binsfeld (Hrsg.), Antike Sklaverei. Rückblick und Ausblick, Stuttgart 2010, 95–138.

Herrmann 1999 J. Herrmann, „Formationenfolge, vorkapitalistische Gesellschaftsformationen“, in: Historisch-Kritisches Wörterbuch des Marxismus, Bd. 4, 1999, Sp. 655–668.

Kößler 1982 R. Kößler, Dritte Internationale und Bauernrevolution. Die Herausbildung des sowjetischen Marxismus in der Debatte um die „asiatische“ Produktionsweise, Frankfurt a. M. 1982.

Krader 1994 L. Krader, „Asiatische Produktionsweise“, in: Historisch-Kritisches Wörterbuch des Marxismus, Bd. 1, 1994, Sp. 628–638.

Kreißig 1969 H. Kreißig, Zwei Produktionsweisen, „die der kapitalistischen vorhergehen“ (Thesen), Ethnologisch-Archäologische Zeitschrift 10 (1969) 361–368.

Kreißig 1978 H. Kreißig, Zur antiken und altorientalischen Komponente im sog. Hellenismus, Klio 60 (1978) 217–219.

Küttler 1999 W. Küttler, „Formationstheorie“, in: Historisch-Kritisches Wörterbuch des Marxismus, Bd. 4, 1999, Sp. 669–680.

Lewin 1967 G. Lewin, Von der ‚asiatischen Produktionsweise‘ zur ‚hydraulic society‘. Der Werdegang eines Renegaten, Jahrbuch für Wirtschaftsgeschichte 1967, Teil IV, 205–258.

Maimann 1980 H. Maimann, „Asiatische Produktionsweise“ – Zur Geschichte einer Kontroverse, in: G. Klingenstein u.a. (Hrsg.), Europäisierung der Erde? Studien zur Einwirkung Europas auf die außereuropäische Welt, München 1980, 272–292.

Nippel 2013a W. Nippel, Marx und die Antike. Eine unveröffentlichte Dissertation und Randbemerkungen in einem monumentalen Torso, in: P. Mauritsch / Chr. Ulf (Hrsg.), Kultur(en). Formen des Alltäglichen in der Antike. Festschrift für Ingomar Weiler zum 75. Geburtstag, Teil 2, Graz 2013, 1011–1024.

Nippel 2013b W. Nippel, Klio dichtet nicht. Studien zur Wissenschaftsgeschichte der Althistorie, Frankfurt a. M. 2013.

Nippel 2013c W. Nippel, Der Diskurs über die orientalische Despotie im 18. und 19. Jahrhundert. Von Montesquieu bis Marx, in: N. Zenzen u.a. (Hrsg.), Aneignung und Abgrenzung. Wechselnde Perspektiven auf die Antithese von „Ost" und „West" in der griechischen Antike, Heidelberg 2013, 465–481.

Nippel 2018a W. Nippel, Karl Marx, München 2018.

Nippel 2018b W. Nippel, Marx 1859: Ein Vorwort macht Geschichte, in: G. Straßenberger/F. Wassermann (Hrsg.), Staatserzählungen. Die Deutschen und ihre politische Ordnung, Berlin 2018, 52–71, 261–272.

Pečirka 1964 J. Pečirka, Die sowjetischen Diskussionen über die asiatische Produktionsweise und über die Sklavenhalterformation, Eirene 3 (1964) 147–169.

Pečirka 1967 J. Pečirka, Von der asiatischen Produktionsweise zu einer marxistischen Analyse der frühen Klassengesellschaften. Randbemerkungen zur gegenwärtigen Diskussion in der UdSSR, Eirene 6 (1967) 141–174.

Plechanow 1956 G. W. Plechanow, Zur Frage der Entwicklung der monistischen Geschichtsauffassung, Berlin 1956.

Radkau 1983 J. Radkau, Der Emigrant als Warner und Renegat. Karl August Wittfogels Dämonisierung der „asiatischen Produktionsweise", Exilforschung. Ein internationales Jahrbuch 1 (1983) 73–94.

Raskolnikoff 1975 M. Raskolnikoff, La recherche en Union soviétique et l'histoire économique et sociale du monde hellénistique et romain, Straßburg 1975.

Rokitjanskij 1993 J. Rokitjanskij, Das tragische Schicksal von David Borisovic Rjazanov, in: Marx-Engels-Forschung im historischen Spannungsfeld (Beiträge zur Marx-Engels-Forschung N. F. 1993), Hamburg 1993, 3–16.

Rubinsohn 1993 W. Z. Rubinsohn, Die großen Sklavenaufstände der Antike. 500 Jahre Forschung, Darmstadt 1993.

Sawer 1977 M. Sawer, Marxism and the Question of the Asiatic Mode of Production, Den Haag 1977.

Senghaas 1980 D. Senghaas, Wittfogel redivivus, Leviathan 8 (1980) 133–142.

Sofri 1972 G. Sofri, Über asiatische Produktionsweise. Zur Geschichte einer strittigen Kategorie der Kritik der politischen Ökonomie, Frankfurt a. M. 1972.

Stalin 1947 J. Stalin, Fragen des Leninismus, Moskau 1947.

Tökei 1969 F. Tökei, Zur Frage der asiatischen Produktionsweise, Neuwied 1969.

Töpfer 1999 B. Töpfer, „Feudalismus-Debatte", in: Historisch-Kritisches Wörterbuch des Marxismus, Bd. 4, 1999, Sp. 378–390.

Ulmen 1978 G. L. Ulmen, The Science of Society. Toward an Understanding of the Life and Work of Karl August Wittfogel, The Hague 1978.

Vasina 2013 L. L. Vasina, Pavel Veller und die Edition der Grundrisse der Kritik der politischen Ökonomie (1939–1941), in: Zum Wirken von Marx und Engels und zur Editionsgeschichte ihrer Werke (Beiträge zur Marx-Engels-Forschung N. F. 2011), Hamburg 2013, 35–42.

Vernant 1965 J.-P. Vernant, Remarques sur la lutte de classe dans la Grèce ancienne, Eirene 4 (1965) 5–19.

Vittinghoff 1960 F. Vittinghoff, Die Theorie des historischen Materialismus über den antiken „Sklavenhalterstaat", Saeculum 11 (1960) 89–131.

Vollgraf u.a. 2001 C.-E. Vollgraf u.a. (Hrsg.), Stalinismus und das Ende der ersten Marx-Engels-Gesamtausgabe (1931–1941), Hamburg 2001 (Beiträge zur Marx-Engels-Forschung N. F. Sonderband 3).

Welskopf 1957 E. C. Welskopf, Probleme der Periodisierung der Alten Geschichte: Die Einordnung des Alten Orients und Altamerikas in die weltgeschichtliche Entwicklung, Zeitschrift für Geschichtswissenschaft 5 (1957) 296–313.

Wittfogel 1931 K. A. Wittfogel, Wirtschaft und Gesellschaft Chinas. Versuch der wissenschaftlichen Analyse einer großen asiatischen Agrargesellschaft, Leipzig 1931.

Wittfogel 1953 K. A. Wittfogel, The Ruling Bureaucracy of Oriental Despotism. A phenomenon that paralyzed Marx, Review of Politics 15 (1953) 350–359.

Wittfogel 1962 K. A. Wittfogel, Die orientalische Despotie, Köln 1962 [Oriental Despotism, New Haven 1957].

„Die Griechen werden ewig unsere Lehrer bleiben"

Karl Marx und die griechische Antike: Zwischen prometheischem Ideal und primitivistischer Ökonomie*

Patrick Reinard

Es steht außer Frage, dass Karl Marx die Geschichte und Kultur des Altertums sehr gut kannte und sich seit seiner Jugend dauerhaft mit der Antike beschäftigt hat. Im Trierer Gymnasium erhielt Marx eine klassisch-humanistische Bildung.[1] Seine Abschlussarbeit mit dem Titel *An principatus Augusti merito inter feliciores reipublicae Romanae aetates numeretur?*[2] verfasste er 1835 über Augustus, den ersten römischen Kaiser und „Quasi-Stadtgründer" Triers (s. Anhang). Im Sommersemester 1837 hat Marx – wie er seinem Vater brieflich am 10. November meldete[3] – neben den Verpflichtungen des Studiums die Zeit, Texte von Ovid, Tacitus und Aristoteles zu übersetzen.[4] In dem gleichen Brief erwähnt er auch seine Beschäftigung mit Johann Joachim Winckelmann, auch die klassische Kunst wurde von Marx rezipiert.

Marxens klassische neuhumanistische Bildung und die stete Antikenbegeisterung können als Folge der Schul- und Bildungsreform von Wilhelm von Humboldt angesehen werden. Dieser kam in seiner „Geschichte des Verfalls und Untergangs der griechischen Freistaaten" (1807) zu dem Schluss, dass es gerade den Deutschen gelungen sei, die griechische Bildung und Kultur „weit über den Kreis der Gelehrten hinaus auf einen beträchtlichen Theil der Nation verbreiten zu können" (87).[5] Ebendies war ein Ziel der humboldtschen Bildungsinitiative, welches auch erreicht wurde.[6]

---

* Für Hinweise und Anregungen bin ich Frank Daubner, Claudia Deglau und Christian Rollinger zu Dank verpflichtet.

1 Sannward 1957, 32 ff.

2 MEGA I,1, 465 ff.; MEW 40, 595 ff.; s. Anhang.

3 MEW, Ergänzungsband, 1. Teil, 8.

4 Kondylis 1987, 43.

5 Zitiert nach dem zweiten Band seiner „Werke in fünf Bänden" (1961, hrsg. v. A. Flinter / K. Giel); vgl. Christ 1991, 37.

6 Karl Christ hält die Bildungsinitiative und die Auswirkung des sog. Neuhumanismus bilanzierend fest: „Durch ihn [sc. Humboldt] erhielten die Philologen ihr spezifisches Sozialprestige, fanden Mommsen und Curtius die Zehntausende von Lesern im gebildeten Bürgertum. Die klassische

Von den Griechen könne man, wie das als Aufsatztitel gewählte Marx-Zitat ausdrückt, ewig lernen.[7] In der Tat lässt sich zeigen, dass Marx selbst in komplizierten Lebensphasen in der Lektüre antiker Klassiker eine Zuflucht fand:[8] Im Februar 1861 musste er seine Stelle als Korrespondent der New York Daily Tribune aufgeben, was eine finanzielle Zäsur bedeutete. Außerdem haderte er in dieser Zeit mit der politischen Entscheidung, ob er nach Deutschland zurückkehren oder doch im Londoner Exil verharren sollte. Schließlich hatte seine Ehefrau damals eine Pockenerkrankung nur knapp überlebt. In dieser schweren Phase entspannte sich Marx durch die Lektüre von Appians Darstellung der römischen Bürgerkriege. Die Klassiker des Altertums, insbesondere die griechische Literatur, haben Marx sein Leben lang begleitet.[9]

Mit sehr großer Wahrscheinlichkeit nahm er auch Notiz von den Ergebnissen der damals noch in ihren Kinderschuhen steckenden altertumswissenschaftlichen Erforschung der antiken Vergangenheit seiner Heimatstadt, die u.a. von der 1801 gegründeten „Gesellschaft für nützliche Forschungen" ermöglicht wurde;[10] exemplarisch darf auf den Rückbau der Porta Nigra oder die ersten archäologischen Untersuchungen im Areal der Kaiserthermen sowie auf Aktivitäten von Forschern wie Gerhard Schneemann, Peter Christoph Sternberg, Eugen von Boch, Christian Wilhelm Schmidt, Carl Friedrich

Bildung streifte in Preußen selbst den militärischen Bereich, führte dazu, daß Moltke Gibbon übersetzte und daß sich später Schlieffen mit Cannae befaßte"; Christ 1991, 37.

7 MEGA I,1, 140; Demandt 1988, 123. Die Aussage entspricht ganz dem Geiste Humboldts, der etwa in einem Brief 1792 festhielt: „Es gibt außer allen einzelnen Studien und Ausbildungen des Menschen noch eine ganz eigene, welche gleichsam den ganzen Menschen zusammenknüpft, ihn nicht nur fähiger, stärker, besser an dieser und jener Seite, sondern überhaupt zum größeren und edleren Menschen macht, wozu zugleich Stärke der intellektuellen, Güte der moralischen und Reizbarkeit und Empfänglichkeit der ästhetischen Fähigkeiten gehört. Diese Ausbildung nimmt nach und nach mehr ab und war in sehr hohem Grade unter den Griechen. Sie nun kann, dünkt mich, nicht besser befördert werden als durch das Studium grosser und gerade in dieser Rücksicht bewundernswürdiger Menschen oder, um es mit einem Worte zu sagen, durch das Studium der Griechen"; zitiert nach Christ 1999, 9, der weitere Literatur bietet. Humboldts Interesse an der griechisch-römischen Antike dokumentieren umfassend die Studien, die im zweiten Band seiner „Werke in fünf Bänden" zusammengestellt sind; vgl. auch die entsprechende Kommentierung von A. Flinter u. R. Unterberger im fünften Band (368 ff.); allgemein zu Humboldt und der Antike auch Demandt 2011, 180 ff.; Nippel 1993, 33 f.

8 Zu der Situation im Febr. 1861: Sperber 2013, 38.

9 Ein eindrückliches Beispiel stellt auch ein Liebesbrief (Hecker/Limmroth 2014, 205 ff., Nr. 114 = MEGA III,8, 30 ff.) dar, den Karl im Juni 1856 an Jenny Marx schrieb. Er nutzte antike Exempla als Vergleichsfolien um seiner großen Sehnsucht nach Jenny Ausdruck zu verleihen. Die Trennung von seiner Frau setzt er mit der Verbannung des Ovid durch Augustus gleich, allerdings sei die Trennung von Jenny, die er lieben würde, viel schlimmer als die Trennung des Dichters vom Kaiser: „Er war bloß vom Kaiser verbannt. Ich bin aber von Dir verbannt, und das begriff Ovid nicht". Weiter schreibt er, dass er für die Möglichkeit, bei Jenny sein zu können, „den Brahmanen und dem Pythagoras ihre Lehre von der Wiedergeburt und dem Christentum seine Lehre von der Auferstehung" schenken würde.

10 Schwinden 2000; Cüppers 2000. Erwähnen darf man auch, dass 1853 ein „Christlich archäologisch-historischer Verein" in Trier gegründet wurde, was auf das allgemeine Interesse an der langen Geschichte der Stadt verweist; vgl. Weber 2000.

Quednow, Johann Nikolaus von Wilmowsky, Philipp Schmitt u.a. verwiesen werden.[11] Für einiges Aufsehen dürften in Trier die Besichtigungen Friedrich Wilhelms IV. von Preußen gesorgt haben, der z.B. 1833 die römische Hinterlassenschaft in Jünkerath und Bitburg – wo der Monarch angesichts der Mosaiken festhielt: „Ich war außer mir vor Wonne!“ – auf- und bis 1856 mehrmals auch Trier besuchte.[12] Vielleicht waren Marx die malerischen und lithografischen Werke von Johann Anton Ramboux bekannt, der in der ersten Hälfte des 19. Jahrhunderts die antiquarische Sammlung der „Gesellschaft für nützliche Forschungen“ sowie römische Kunst- und Bauwerke aus Trier und seinem Umland verewigte.[13] Ferner verdeutlichen verschiedene Kunstwerke, so etwa die Lithografie „Ancient Roman Gateway, Treves on the Moselle“[14] von Clarkson Frederick Stanfield aus dem Jahr 1838 oder die Darstellung der Igeler Säule auf Porzellankannen[15] aus einer Trierer Manufaktur aus dem Jahr 1807 die Prominenz der antiken Monumente im Alltagsleben der Stadt, welche auch den Schüler Marx nicht unberührt gelassen haben wird.[16]

Nach der einem Thema der griechischen Philosophiegeschichte gewidmeten Dissertation hat Marx keine Arbeit mehr verfasst, die durchgehend nur einer antiken Thematik gewidmet war.[17] Allerdings verwendete er an zahlreichen Stellen seines Werkes antike Beispiele, die zumeist dialektisch als Kontrastfolie oder als zeitlose Beweisquellen für seine auf die kapitalistische Gegenwart bezogenen Äußerungen dienen.[18] Als Beispiel sei einleitend etwa auf ein langes Zitat des bereits erwähnten Appian (bell. civ. 1,7) im ersten Band von „Das Kapital“ verwiesen, mittels welchem er in Ausführungen zur Expropriation des Landvolks die Situation von reichen Landbesitzern und Besitzlosen im England des 17. Jahrhunderts exemplifiziert.[19]

Eine Untersuchung der Darstellung und Bedeutung der antiken griechischen Geschichte und Kultur im marxschen Werk kann im Rahmen eines Aufsatzes keine systematische Aufarbeitung der weit verstreuten Belege leisten. Vielmehr soll lediglich exemplarisch eine Betrachtung repräsentativer Äußerungen erfolgen. Drei Themenbereiche stehen dabei im Fokus, die in der – insbesondere althistorischen – Forschung wenig beachtet werden: Zunächst soll Marxens Dissertation analysiert und das anhand der epikureischen

---

11 Merten 1989; Merten 1990; Merten 1997; Merten 1998; Faust 2000, 361 ff.; zur anfangs als ‚elitär‘ geltenden Gesellschaft für nützliche Forschungen vgl. auch Haase 2018, 159, 168 f., 274 ff.

12 Merten 1999; Merten 2010; Seifert 2010.

13 Zahn 1980; Ahrens 1991.

14 Bouvier/Auts 2018, 54.

15 Clemens/Clemens 2007, 129.

16 Fotographische Quellen sowie weitere Kunstwerke bieten einen plastischen Eindruck von der Präsenz der römischen Monumentalbauten im Stadtbild des damaligen Triers: vgl. Seewaldt 2011, Nr. 13 (um 1870), Nr. 14 f. (beide um 1814) u. Nr. 19 (um 1850); ferner auch Merten 2017, 110 f. u. 114 mit weiteren Kunst- und Fotobeispielen zur Porta Nigra von 1814, 1819 u. 1860. Marx und seine Familie wohnten in der Simeonstraße 9 (früher 1070), in mittelbarer Nähe zu dem berühmten Stadttor (s. Abb. 3a–b).

17 Vgl. Nippel 2013b, 1011.

18 Kloft 2012, Sp. 790.

19 MEW 23, 754 f., Anm. 211 (Das Kapital I, Abschn. 17, Kap. 24); zu Marxens Appian-Lektüre vgl. Cuff 1983; Bonnell 2015; Nippel 2013a, 290 f.

Philosophie entwickelte Menschenbild herausgearbeitet werden. In einem zweiten Schritt soll die marxsche Interpretation der griechischen Wirtschaft betrachtet und gefragt werden, inwieweit das in der Dissertation entworfene Menschenbild mit der Interpretation der hellenischen Ökonomie korreliert. Die Themenbereiche „Sklavenhaltergesellschaft" und „Klassenkampf" sollen dabei nur sehr knapp behandelt werden, da die bisherige Forschung sich im wesentlichsten auf diese – zugegeben sehr wichtigen und stark rezipierten – Aspekte des marxschen Antikenbildes konzentriert hat.[20] Dabei wurden aber andere von Marx vorgebrachte Bewertungen der griechischen Ökonomie wie die Autarkie oder die Beschränktheit des Handels weniger beachtet, obwohl diese Einschätzungen in der althistorischen Wirtschaftsgeschichte durchaus verbreitet waren und sind. Der dritte und letzte Untersuchungsschritt widmet sich deshalb den in der Forschung meiner Meinung nach viel zu wenig beachteten Kontinuitätslinien, in die sich Marxens Interpretationen der antiken griechischen Wirtschaft im 19. und frühen 20. Jahrhundert eingliedern lassen.

Einleitend soll noch angemerkt werden, dass es im Folgenden nicht darum geht, belastbare historische Aussagen über die griechische Geschichte und Wirtschaft zu formulieren. Karl Marx soll hier nicht als „Widerlegungspartner" (Armin Eich)[21] dienen, dessen Äußerungen mittels Quellen und Forschungsliteratur bewertet, revidiert oder negiert werden sollen. Ziel ist es, ausschließlich wissenschaftsgeschichtlich das aus Karl Marx' Schriften ersichtliche „Griechenbild" zu erarbeiten und es in den Kontext der althistorischen Forschung einzuordnen.

Das prometheische Ideal

Am 15. April 1841 wurde Karl Marx mit der Arbeit „Differenz der demokritischen und epikureischen Naturphilosophie", die er in Jena eingereicht hatte, promoviert. Teilweise wurde diese Arbeit 1902 und dann in größerer Fassung 1927 veröffentlicht;[22] in den

20 Zur Sklaverei vgl. Backhaus 1974 sowie die entsprechenden Artikel im HAS. Den Klassenkampf nach Marx mit einem Schwerpunkt auf der griechischen Antike hat jüngst Nikos Foufas in seiner ausführlichen Studie „Marx et la Grèce antique. La lutte des classes dans l'Antiquité" behandelt. Zum „Klassenbegriff" darf zudem auf den Aufsatz von Armin Eich in diesem Band sowie auf die von Michel Austin und Pierre Vidal-Naquet vorgebrachte althistorische Einschätzung verwiesen werden: „Insbesondere wird man den Platz verschiedener sozialer Gruppen innerhalb des Produktionsprozesses als Kriterium für den Klassenkampf in der Antike vergeblich suchen. Natürlich gab es nichts, was im entferntesten dem ähnelte, was wir ‚Arbeiterklasse' nennen, aber darüber hinaus war es eben keineswegs der Platz innerhalb des Produktionsprozesses, der die sozialen Klassen voneinander trennte. Ein athenischer Bürger, der auf derselben Baustelle oder in derselben Werkstatt handwerkliche Arbeit leistete, wo auch ein Metoike oder Sklave (sei es ein eigener oder der eines anderen) arbeitete, war in sozialer Hinsicht von seinen Arbeitskollegen durch Abgründe getrennt. Kein gemeinsamer Kampfeswille einte sie (und ebensowenig brachte sie Konkurrenz um Lohn oder Arbeit gegeneinander auf)"; vgl. Austin/Vidal-Naquet 1984, 21; vgl. zu den Termini „Klassen" und „Klassenkampf" auch Iorio 2003, 206–230.

21 Eich 2006, 63.

22 Nippel 2013b, 1011 f.

1960er Jahren erfolgte in der Reihe „Jenaer Reden und Schriften“ der Friedrich-Schiller-Universität eine von Georg Mende unter Mitwirkung von Ernst Günther Schmidt eingeleitete und bearbeitete Ausgabe, nach welcher hier zitiert wird.[23] Für die philologisch sehr überzeugende Arbeit musste Marx die bei verschiedenen griechischen und lateinischen Autoren (z.B. Aristoteles, Lukrez, Cicero, Seneca, Plutarch, Clemens v. Alexandrien, Sextus Empiricus, Diogenes Laertius u.a.) mittelbar überlieferten Aussagen Demokrits und Epikurs sammeln, um so eine Materialbasis für seine komparative philosophische Analyse zu haben.[24] Damit hat Marx mit seiner Studie auch einen durchaus sehr wichtigen Beitrag zur philologischen Grundlagenforschung geleistet.[25]

Panajotis Kondylis[26] hat hinsichtlich der Frage, warum Marx sich in seiner Dissertation den späteren griechischen Materialisten – namentlich besonders Demokrit (gest. 380/370 v. Chr.) und Epikur (341–270 v. Chr.) –, nicht aber den großen wirkmächtigen und deshalb auch quantitativ besser überlieferten Philosophen zugewendet hat, auf das epigonale Bewusstsein der Junghegelianer hingewiesen.[27] Dieses auch in Marxens Doktorarbeit ersichtliche Bewusstsein[28] machte eine Identifizierung mit den sog. späten griechischen

23 Nippel 2018, 12; Horsfeld 2011, 27. Die Schrift wird im Folgenden als Marx, Diss. zitiert; vgl. auch MEW 40, 261 ff. Es sei an dieser Stelle angemerkt, dass auf Probleme und Fragen der Marx-Philologie in diesem Aufsatz nur an wenigen Stellen, an denen unterschiedliche Textfassungen im Rahmen der Quellenkritik zu beachten sind, hingewiesen werden kann. Wissenschaftsgeschichtlich grundlegend zur Dissertation: Nippel 2013b.

24 Nippel 2018, 13.

25 Die quellen- und textkritische Aufarbeitung der verstreuten Fragmente zeigt sich bspw. bei der Kritik an den von Sextus Empiricus als Quellen für Epikur angeführten Homer- und Epicharmus-Stellen; vgl. Marx, Diss. 30 f. Man muss Nippel 2013b, 1015 zustimmen, dass Marx mit seiner Dissertation „eine beachtliche philologische Leistung“ vorgelegt und es sich keineswegs – worauf die Einreichung an der ‚Promotionsfabrik‘ Jena auf den ersten Blick hindeuten könnte – um „eine >billige< Dissertation“ gehandelt hat.

26 Neben Kondylis’ wesentlicher Studie zu Marxens Dissertation kann auch exemplarisch auf die Miszelle von Bailey 1928 sowie die Aufsätze von Schmidt 1969, Teeple 1990, Salem 1995 u. besonders Nippel 2013b verwiesen werden.

27 Kondylis 1987, 9; Sperber 2013, 80; spätestens ab dem zweiten Semester in Berlin hat sich Marx intensiv mit Hegel beschäftigt: Horsfeld 2011, 19 ff.; zu Marx und Hegel vgl. auch Müller 1932, der u.a. die normative Geltung antiker Kultur im marxschen Werk beleuchtet.

28 MEW Ergänzungsband, 1. Teil, 214 ff. (6. Heft der Vorbereitung zur Dissertation); Kondylis 1987, 77; vgl. Marx, Diss. 27 f.: „Entstehen, Blühen und Vergehen sind der eherne Kreis, in den jedes Menschliche gebannt ist, den es durchlaufen muß. So hätte es nichts Auffallendes, wenn die griechische Philosophie, nachdem sie in Aristoteles die höchste Blüte erreicht, dann verwelkt wäre“; „Ist es ferner nicht ein merkwürdiges Phänomen, daß nach den platonischen und aristotelischen, zur Totalität sich ausdehnenden Philosophien neue Systeme auftreten, die nicht an diese reichen Geistesgestalten sich anlehnen, sondern, weiter rückblickend, zu den einfachsten Schulen ... sich hinwenden?“ Die epigonale Stellung der späten griechischen Materialisten wird deutlich, zugleich aber auch das Bestreben, die verkannte Bedeutung der „Nachfolgenden“ aufzuzeigen. Bedeutsam sind die Epikureer ebenso wie die Stoiker und Skeptiker nach Marx auch aus einem historischen Grund: „Sind sie nicht die Urtypen des römischen Geistes? Die Gestalt, in der Griechenland nach Rom wandert? Sind sie nicht so charaktervollen, intensiven Wesens, daß die moderne Welt selbst ihnen volles geistiges Bürgerrecht einräumen mußte“; Marx, Diss. 28.

Philosophen naheliegend. Das als Selbsterfahrung reflexiv wahrgenommene Epigonentum beeinflusste so die Wahl des historisch-philologischen Themas. Es bewirkte, „dass die Junghegelianer ihre Wahlverwandtschaft mit den Vertretern der späteren griechischen Philosophie" entdeckten, „die gleichermaßen vor der schwierigen Aufgabe gestanden hatten, nach großen systematischen Denkern wie Platon und Aristoteles eigene Philosophien zu entwickeln".[29] Ferner ist zu bemerken, dass die nach Aristoteles wirkenden griechischen Philosophen in Hegels Philosophiegeschichte nur in geringem Maße gewürdigt wurden.[30]

Ein zweiter wichtiger Grund besteht in dem Drang nach einem Aufbegehren gegen religiöse und theologische Fremdbestimmung, wozu gerade die epikureische Philosophie den Junghegelianern einen guten theoretischen und geistigen Ausgangspunkt bot.[31] Dabei ist zu betonen, dass Epikur keineswegs die Existenz der Götter negiert und einem Atheismus das Wort geredet hat,[32] sondern vielmehr den Götterglauben als letztlich von den Menschen selbst erzeugte Furcht erkannt hat:

> „Denn Götter gibt es, die Erkenntnis ihrer ist evident. Wie sie sich aber die breite Masse vorstellt, sind sie nicht, … . Gottlos ist nicht der, der die Götter der Masse abschafft, sondern der, der den Göttern die Vorstellungen der Masse anhängt, denn die Aussagen der Masse über die Götter sind keine wahren Begriffe, sondern Mutmaßungen. Daher werden die größten Schädigungen und Förderungen von den Göttern hergeleitet, …" (Epik., Men. 123 f.).[33]

Die Angst vor den Göttern ist nach Epikur folglich unbegründet, da die Vorstellung von ihnen lediglich menschengemacht ist;[34] die Götter sind bei Epikur ewige selige Wesen, die letztlich keine wirkliche Verbindung zu Leben und Welt der Menschen haben. Um im epikureischen Sinne Ataraxie, ein Leben ohne Unruhe, Verwirrung und Schmerz zu erreichen, muss die Götterfurcht abgelegt werden. Der Mensch hat nicht die Götter erschaffen, aber die Vorstellung selbiger und damit auch die Furcht vor ihnen. Diesen Gedanken Epikurs rezipierte Marx, das philosophische Befreien von der Geißel der Göttervorstellung führte bei ihm zu einer klaren Ablehnung von Religion und Theologie. Während er später (ab 1844) eine Trennung zwischen Philosophie und Religion aufhob,[35] betrachtete der Dissertant „>>die<< Philosophie als den diametralen Gegensatz zur Religion, als deren größten und echten Feind".[36] Der junge Marx war in dieser Hinsicht

29 Kondylis 1987, 9.

30 Nippel 2018, 13.

31 Kondylis 1987, 10; Sannward 1957, 67 ff.

32 Geyer 2000, 67.

33 Geyer 2000, 69 f.; Hossenfelder 2006, 79 f.

34 Besonders Naturphänomene wie Erdbeben oder Himmelserscheinungen, die Epikur in seiner Naturlehre als natürliche Prozesse dekonstruiert, dienten als „Belege" für eine nicht notwendige Furcht vor den Göttern; Marx, Diss. 60 ff.; Hossenfelder 2006, 79 f. u. 138.

35 Ökonomisch-philosophische Manuskripte, MEW Ergänzungsband, 1. Teil, 569; Kondylis 1987, 59 u. 80.

36 Kondylis 1987, 23.

konsequent und strikt, geistige Nähe zwischen Christentum und Platonismus negierte er.[37] Für Marx lehrte Platon seine Philosophie mit religionsgleichem Eifer, habe aber – im Gegensatz zu Religion und Theologie – niemals die philosophische *ratio*, die dem Menschen die Selbstbestimmung ermöglicht, verleugnet;[38] Vernunft wird nach Epikur durch die Furcht vor den Göttern aufgehoben. Marx deutete Epikur – mit den Worten von Wilfried Nippel – als „Quasi-Atheisten“, „der die Autonomie des Menschen in Absetzung vom Götterglauben beschwor“.[39]

Dieser Intention entsprechend ziert das von Aischylos formulierte „Glaubensbekenntnis“ des gegen die Götter aufbegehrenden Prometheus (ἁπλῷ λόγῳ τούς πάντας ἐχθαίρω θεοὺς; „Mit einem Wort – die Götter hass ich allesamt“; Aischyl., Prom. 975)[40] das Ende des Vorworts der Dissertation;[41] weiter zitiert Marx dann die an Hermes gerichtete Aussage des Prometheus in Aischyl., Prom. 966–969. Ein Dienst für den Göttervater ist Aischylos' entfesseltem Prometheus zuwider und wird als fremdbestimmter Zwang und Geißlung gesehen.[42] Marx schließt sein Vorwort – bewusst anti-christlich polemisie-

37 Kondylis 1987, 23, 49 u. 80 mit dem Verweis auf MEW Ergänzungsband, 1. Teil, 220 ff. (6. Heft der Vorbereitung zur Dissertation); ferner auch Sannward 1957, 159 ff. Es sei angemerkt, dass die Grundannahmen des historischen Materialismus und die von Marx und Engels entwickelte Vorstellung der Abfolge von Gesellschaftsformationen in vielerlei Hinsicht Parallelen zum Christentum aufweisen; vgl. Demandt 2011, 239 ff.

38 MEW, Ergänzungsband, 1. Teil, 219.

39 Nippel 2018, 13.

40 Prometheus' direkte Begründung im Folgevers („…, die mir für Wohltat Böses tun, widerrechtlich“) setzt Marx wohl als bekannt voraus.

41 MEW, Ergänzungsband, 1. Teil, 263; Kondylis 1987, 47; vgl. auch Stedman Jones 2017, 106; Neffe 2017, 80.

42 Marxens „Prometheus-Bild“, das im Vorwort der Dissertation lediglich durch die Angabe zweier markanter Stellen verdeutlicht wird, spiegelt sich in zahlreichen weiteren Versen im *Prometheus Desmotes* („Der gefesselte Prometheus“) des Aischylos wider, den Marx zu seinen Lieblingsautoren zählte und jährlich gelesen haben will (Kondylis 1987, 48): z.B. „Der neue Herrscher der Seligen hat gegen mich erfunden solche Fessel voll Schmach“ (96 f.); „Seht mich in Fesseln, den unseligen Gott, den Feind des Zeus, der mit allen Göttern in Feindschaft geriet“ (119 ff.); „Und dem trat niemand außer mir entgegen; ich aber, der Mutige, erlöste die Sterblichen, dass sie nicht vernichtet in den Hades gingen“ (234 ff.); „Die Leiden bei den Menschen hört euch an, wie ich sie, die zuvor unmündig waren, zum Denken und zur Herrschaft über ihre Sinne brachte“ (442 ff.); „Denn ich bin voller Zuversicht, dass du aus diesen Fesseln gelöst und nicht weniger stark sein wirst als Zeus“ (508 ff.); „Aber merkt euch nun, was ich vorhersage! Wenn ihr vom Verhängnis gefangen seid, klagt nicht das Geschick an, niemals sagt, dass Zeus in unvorhersehbares Leid euch gestürzt hat! Gewiss nicht, sondern ihr selbst euch selbst“ (1071 ff.); zu den Aischylos-Stellen vgl. die grundlegende Studie von Bees 2009, 260 ff.; allgemein auch Föllinger 2009, 48 ff. u. 170 ff., die dafür sensibilisiert, dass eine rein theologische Auslegung des Aischylos zweifellos zu kurz greift. Da hier allerdings Marxens Rezeption des aischyleischen Prometheus im Fokus steht, kann dieses Problem ausgeklammert werden. Sicherlich kannte Marx auch das Prometheus-Gedicht von Goethe, den er ebenfalls als Lieblingsautor bezeichnet haben soll (Kondylis 1987, 48; Sperber 2013, 44 u. 304; Briefe dokumentieren die Begeisterung für Goethe in der Marx-Familie: vgl. Hecker/Limmroth 2014, Nr. 61). Vielleicht darf man hier auch eine Beeinflussung annehmen, zumindest passen manche Verse Goethes sehr gut in das marxsche Prometheus-Bild: z.B. „Ich kenne nichts ärmers / Unter der Sonn' als euch, Götter! /

rend – mit: „Prometheus ist der vornehmste Heilige und Märtyrer im philosophischen Kalender".[43]

Die scharfe, durch Prometheus sinnbildlich idealisierte Trennung zwischen Philosophie und Religion wird in der frühen Phase des marxschen Schaffens auch in der als Anhang der Dissertation nachgestellten Behandlung von Plutarch deutlich.[44] Die Polemik kann hier dahingehend zusammengefasst werden, dass Plutarch und die Stoiker, die von Marx ebenfalls separat bearbeitet worden sind,[45] Philosophie und Religion verbunden hätten, was für die Geistesentwicklung fatal gewesen sei. Für Marx war Epikur „der größte griechische Aufklärer", jedoch attestierte er der Philosophie des Selbstbewusstseins auch Schwächen.[46] So wäre nach Epikur stets die Ataraxie eines Individuums dessen höchstes Ziel, wobei dies eine rein subjektive Vorstellung und abstrahierte Allgemeinheit sei; der epikureischen Philosophie mangele es an einer Möglichkeit über eine subjektive Wahrheitsvorstellung hinaus zu gelangen, was zu einer Negation von objektiver Wissenschaft führe. Hierin sah Marx eine Gefahr, denn:

> „So ist der abergläubischen und unfreien Mystik Tür und Tor geöffnet. Der historische Beweis davon findet sich in der stoischen Philosophie. Das abstrakt-allgemeine Selbstbewußtsein hat nämlich den Trieb in sich, in den Dingen selbst zu affirmieren, in denen es nur affirmiert wird, indem es sie negiert."[47]

Eine dritte konkrete Motivation, sich ausführlich mit Epikur zu beschäftigen, ist auch von Karl Köpper ausgegangen, der ein guter Freund von Marx in den Berliner Jahren gewesen ist und in den gleichen junghegelianischen Kreisen verkehrte. Köpper veröffentlichte eine Schrift mit dem Titel „Friedrich der Große und seine Widersacher", die anlässlich des 100. Jahrestages der Thronbesteigung im Jahr 1840 entstanden war. Darin heißt es, dass Epikur der Lieblingsphilosoph Friedrichs gewesen sei und generell die Aufklärer große Gemeinsamkeiten mit den Epikureern besitzen würden.[48] Das Werk war Karl Marx gewidmet, der seinerseits Köpper im Vorwort seiner ein Jahr später eingereichten Dissertation als Freund und Epikur-Kenner rühmt und explizit auf dessen Arbeit „Friedrich der Große und seine Widersacher" hinweist. Die Wahrnehmung der Beschäftigung mit Epikur im Sinne einer aufklärerischen Tätigkeit entspricht ganz der marxschen Intention.

Ihr nähret kümmerlich / Von Opfersteuern / Und Gebetshauch / Eure Majestät, / Und darbet, wären / Nicht Kinder und Bettler / Hoffungsvolle Toren"; „Ein Herz wie mein's / Sich des Bedrängten zu erbarmen"; „Ich dich ehren? Wofür? / Hast du die Schmerzen gelindert / Je des Beladenen?"; ‚Prometheus' ist zitiert nach folgender Ausgabe: Goethe, Werke, 1. Bd.: Gedichte – West-östlicher Divan, hrsg. v. H. Birus u. K. Eibl, Frankfurt a.M. / Leipzig 2007, 60 ff.

43 MEW 40, 262 f.; Iliopoulos 2001, Sp. 978.

44 Marx, Diss. 69 ff.; MEW, Ergänzungsband, 1. Teil, 306 ff.; Kondylis 1987, 86.

45 Er kündigt dies in der Dissertation bereits an; Marx, Diss. 29; MEW 3, 130 f.

46 Stedman Jones 2017, 106 f.

47 Marx, Diss. 68.

48 Stedman Jones 2017, 102.

In weiter Hinsicht ist Marxens Dissertation nicht durch die unvoreingenommene Analyse der antiken Texte, sondern – wie dies Kondylis betont hat – durch die allgemeinen philosophischen Grundannahmen und Diskurse des 19. Jahrhunderts determiniert. Epikur und Demokrit bzw. die Auslegung ihrer philosophischen Annahmen werden von Marx in Auseinandersetzung mit Hegel, Eduard Gans, Ludwig Feuerbach oder Bruno Bauer und anderen bewusst geformt.[49] Dabei sind neben der antireligiösen Intention, welche stark von Bauer beeinflusst war, als zweiter wesentlicher Aspekt die Autonomie und die Selbstbestimmtheit des Menschen, welche sich aus dem Erkennen des Selbstbewusstseins ergeben, zu nennen.[50] Auch die epikureische Befreiung von der Furcht, die durch die von Menschen erschaffene Göttervorstellung entstand, ist ein Akt von Selbstbestimmung und Autonomie. Für Marxens Vorstellung von der Bedeutung der Philosophie ist die Erkenntnis des menschlichen Selbstbewusstseins, welche der Epigone in Auseinandersetzung mit Hegel entwickelt hat, von zentraler Bedeutung, da sie für Marx die Grundlage und der Ausgangspunkt für eine Verwirklichung von Philosophie ist. Besonders in der Auseinandersetzung mit Epikur wird der Vorrang des Selbstbewusstseins erarbeitet. Kondylis hält zutreffend fest: „Die Philosophie muss verwirklicht werden, und der erste Schritt zu ihrer Verwirklichung ist kein anderer als ihr Konflikt mit der sozialpolitischen Umwelt“.[51] Für diesen Konflikt ist das reflexive Bewusstsein für die eigene Existenz vorauszusetzen. Zwingend ist dabei die Opposition zu Religion und Theologie, die eine selbstbestimmte Existenz des Menschen geißeln. In dem für die Deutsch-Französischen Jahrbücher im Jahr 1843 verfassten Text „Zur Kritik der Hegelschen Rechtsphilosophie. Einleitung“ formuliert Marx schließlich – wohl beeinflusst durch Bruno Bauer („opiumartiger Einfluss“)[52] – das berühmte Wort von der Religion als „Opium des Volkes“ und fordert: „Die Aufhebung der Religion als des illusorischen Glücks des Volkes ist die Forderung seines wirklichen Glücks. Die Forderung, die Illusionen über seinen Zustand aufzugeben, ist die Forderung, einen Zustand aufzugeben, der der Illusion bedarf.“[53] Religion und Glaube bedürften letztlich einer von Menschen ersonnenen Illusion, womit Marx sehr nahe an Epikurs Vorstellung von menschengemachter Götterfurcht ist. Die Genitiv-Formulierung „Opium des Volkes“ zeigt, „dass es nicht um eine verabreichte, sondern aufgrund der Leiden verlangte Betäubung geht“.[54] Der Mensch kann sich durch seine Selbstbestimmtheit von dieser Illusion befreien, kann in einen Zustand gelangen, der keiner Betäubung mehr bedarf. Marx formuliert: „Es ist ein Unglück in der Notwendigkeit zu leben, aber in der Notwendigkeit zu leben, ist keine Notwendigkeit“ und zitiert dann die Worte, die Cicero

49 Zum Einfluss von Gans und Bauer auf Marx sowie allgemein zur Auseinandersetzung mit Hegel und der Bedeutung der Junghegelianer vgl. Buller 2002, 63 ff.; Demandt 2009, 320; Demandt 2011, 227; Horsfeld 2011, 22 ff.; Sperber 2013, 77 ff.; Stedman Jones 2017, 82 ff. u. 115 ff.; Neffe 2017, 67 ff.; Bayertz 2018, 47 ff.; Gerber 2018, 24 f.; Raphael 2018, 130 ff.

50 Kondylis 1987, 35 f.

51 Kondylis 1987, 17.

52 Neffe 2017, 163.

53 MEGA I,2, 171; Hardeck 2018, 137 f.

54 Nippel 2018, 25.

den Epikureer Velleius in de nat. deor. 1,20 sagen lässt: „von Epikur sind wir erlöst, in Freiheit gesetzt worden" (*ab Epicuro soluti et in libertatem vindicati*).[55]

Die beiden Elemente – Selbstbestimmtheit / Autonomie und Befreiung von religiöser Geißelung – sind wesentlich für die in der Dissertation ersichtliche Darstellung der epikureischen Philosophie bzw. Epikurs, der – um mit Kondylis zu sprechen – von Marx zu einem Verfechter von Selbstbewusstsein und Autonomie oder – um mit Stedman Jones zu sprechen – zu einem Vorläufer der Philosophie des Selbstbewusstseins stilisiert wird.[56] Epikur wird dabei in der Dissertation gegenüber Demokrit deutlich positiver bewertet. Marx erkannte nicht nur eine deutliche Weiterentwicklung Epikurs, sondern sah in einer moralphilosophischen Perspektive in der epikureischen Atomistik das Potenzial zu einer sicheren Erkenntnis sowie zu einer Veränderung der Natur und damit zu einer Ontologie der Freiheit des sich selbst bewussten Menschen.[57] Epikurs Philosophie eröffnet die Möglichkeit einer ἔκκλισις, d.h. im Sinne der epikureischen Atomistik zu einer Abweichung der Atome von einer vorbestimmten mechanischen Bewegung, also einer Befreiung von der nach Demokrit determinierten Bestimmtheit.[58]

Die Bedeutung der Opposition zu Religion und Theologie einerseits und die Hervorhebung des Selbstbewusstseins und der Autonomie andererseits sind Grundkonstanten des Denkens bei Marx. Beide Ebenen bedingen sich gegenseitig und werden in dem prometheischen Ideal metaphorisch verknüpft: Prometheus wendet sich vom Glauben ab und kann dank seiner erlangten Autonomie die Welt verändern. Für Marx wird der sich seiner selbst bewusste Mensch aufgrund seiner gestalterischen Fähigkeit zu Gott und der Philosoph zum Weltschöpfer, zu einem δημιουργός, einem Quasi-Prometheus.[59]

Es ist verlockend, aber aufgrund der retrospektiven Sicht auch problematisch, in der Dissertation bereits spätere Tendenzen der philosophisch-soziologischen Entwicklung von Marx erkennen zu wollen. Allerdings ist das menschliche Selbstbewusstsein ein zentrales Thema seiner philosophiegeschichtlichen Dissertation, das nicht nur in tiefer Auseinandersetzung mit den epikureischen Texten, sondern – wie angedeutet – auch im junghegelianischen Diskurs entstanden ist; das Selbstbewusstsein sowie die daraus erwachsene Autonomie sind zweifellos wichtige Grundelemente seiner späteren Arbeiten. Hieraus entsteht das Potenzial des Menschen, der sich seiner Existenz und der Möglichkeit der Veränderung seiner Situation bewusst ist, und die Fähigkeit hat, in die sozialpolitischen Bedingungen gestaltend einzugreifen. So wie bei Epikur der Mensch die von ihm selbst etablierte Furcht vor den Göttern ablegen kann, kann nach Marx der autonome Mensch seine Umwelt zum Besseren verändern, er kann wie Prometheus zum Schöpfer werden und auch die Natur verändern.[60] Der Aspekt der Praxis, also der Durch-

55 Marx, Diss. 36.
56 Kondylis 1987, 35; Stedman Jones 2017, 103.
57 MEW, Ergänzungsband, 1. Teil, 283 ff.; Kondylis 1987, 50 f.
58 Iliopoulos 2001, Sp. 978.
59 MEW, Ergänzungsband, 1. Teil, 78 (Vorbereitungshefte zur Dissertation); Kondylis 1987, 48 u. 85.
60 Buller 2002, 54.

führbarkeit philosophischer Theorie in einer gesellschaftlichen Wirklichkeit,[61] kann an dieser Stelle mit Marxens Menschenbild verbunden werden. Die „Praxis" ist für Marx, aber auch für den historischen Materialismus, zentral. 1845 hält Marx in seiner elften These zu Feuerbach fest: „Die Philosophen haben die Welt nur verschieden interpretiert, es kommt darauf an, sie zu verändern".[62] Das zwei Jahre später entstandene programmatische „Kommunistische Manifest"[63] kann als schlüssige Konsequenz der Feuerbach-These gesehen werden.[64] Es ist der Anfang eines prometheisch-demiurgischen Ideals, das für Marx durch die Beschäftigung mit Epikur entstanden ist.

Das von Marx in Auseinandersetzung mit Epikur artikulierte Götterverständnis lässt sich auch in einer in der Dissertation verwendeten Formulierung von den plastischen Göttern der griechischen Kunst erkennen.[65] Wie Kondylis annimmt, dürfte die Äußerung auf das Studium der hellenischen Skulpturen in Berlin zurückgehen.[66] Dabei ist das Attribut „plastisch" auch vor dem Hintergrund der Negierung von Religion und Theologie sowie der Etablierung des menschlichen Selbstbewusstseins und der Autonomie zu verstehen: Der bildlichen Darstellung ging eine künstlich vom Menschen ersonnene Vorstellung der Götter voraus, von der man sich – im Sinne von Marxens Epikur-Deutung – lösen musste. Die plastisch-künstliche Religionsvorstellung „verwandelt sich in militanten paganistischen Diesseitskult, in vorbehaltlose Bejahung menschlicher Existenz in ihrer ganzen sinnlichen Dimension".[67]

Die Wertung von Philosophie und ihrer oppositionellen Stellung gegen Religion und Theologie hat sich bei Marx – wie bereits gesagt – in späteren Jahren relativiert. Er trennte die Philosophie nun nicht mehr von der imperfekten existierenden Wirklichkeit, die es als quasi-prometheischer Schöpfer zu verändern galt, sondern erkannte auch die Philosophie als imperfekt an, da sie das Resultat eines gesellschaftlichen Bewusstseins sei; da Gesellschaft und Menschen nicht perfekt waren, konnte auch die Philosophie dies nicht sein. Die Summe verschiedener individueller Zugänge zu philosophischen Annahmen führte, was auch in der elften Feuerbach-These expliziert wird, zu einer Vielzahl unterschiedlicher Ansichten, die alle – je nach Standpunkt des vermeintlichen δημιουργός – ideologisch vorgeprägt und beeinflusst waren. So wie Religion und Theologie war auch die Philosophie letztlich Ausdruck einer ideologischen Beeinflussung, ja musste zwangsläufig selbst eine Ideologie sein. Während in der Dissertation der Vorrang der Philosophie gegenüber der Religion noch klar vergegenwärtigt wurde, hob Marx, wie dies Kondylis betont hat, diese Opposition ab 1844 in seinen Werken auf.[68] Philosophie erfasst er nun in zweifacher Hin-

61 Zum Theorie-Praxis-Problem bei Marx ausführlich Bayertz 2018, 53 ff.

62 Wehler 2008, 439; Kunzmann/Burkard/Wiedmann 2005, 169. Die Thesen zu Feuerbach wurden von Marx in ein Notizbuch eingetragen und mit dem Datum „Frühjahr 1845" versehen. Engels hat sie 1888 aus dem Nachlass veröffentlicht; vgl. Nippel 2018, 25.

63 MEW 4, 459 ff.

64 Demandt 2009, 320.

65 Marx, Diss. 45.

66 Kondylis 1987, 46.

67 Kondylis 1987, 47.

68 MEW, Ergänzungsband, 1. Teil, 569 (Ökonomisch-philosophische Manuskripte); Kondylis 1987, 53.

sicht: Zum einen als diachronen Ausdruck einer Gesellschaft, wodurch philosophische Äußerungen immer im jeweiligen zeitgenössischen Kontext zu verstehen sind. Zum anderen als Bestandteil eines größeren synchronen Geschichtsablaufs und einer Geschichtsentwicklung, innerhalb welcher philosophische Äußerungen eingegliedert sind.

Primitivistische Ökonomie

Alle Gesellschaften vor der industriellen Revolution, die zur kapitalistischen Gesellschaft geführt hat, wurden von Marx als weitestgehend wesensgleich charakterisiert aufgefasst. Es gab im historischen Materialismus die bekannte Abfolge verschiedener Gesellschaftsformationen, die auf Marx und Engels bzw. auf das berühmte Vorwort zur „Kritik der politischen Ökonomie" zurückgeführt, maßgeblich später aber auch von Lenins Vorlesung „Über den Staat" (1919; publiziert 1929) sowie von Stalin (1938) vorgegeben wurden – chronologisch: die klassenlose Urgesellschaft (Vorgeschichte), die asiatische Produktionsweise (Alter Orient), die antike Produktionsweise / Sklavenhaltergesellschaft (griechisch-römische Antike), die feudale Produktionsweise (Mittelalter) und die bürgerliche Produktionsweise (Neuzeit).[69] Wesentlich ist dabei, dass die griechisch-römische Antike als Sklavenhaltergesellschaft bewertet wurde.

Wichtig ist ferner, dass für Marx die Freiheit gewährende Philosophie Epikurs auch Raum für Zufälle eröffnet. Da wo der demokritische Determinismus „Notwendigkeiten" festlegt, ergeben sich im Rahmen der epikureischen Autonomie zufällige Entwicklungsmöglichkeiten: „Die abstrakte Möglichkeit aber ist gerade der Antipode der realen. Die letztere ist beschränkt in scharfen Grenzen, wie der Verstand; die erste schrankenlos, wie die Phantasie ... Was abstrakt möglich ist, was gedacht werden kann, das steht dem denkenden Subjekt nicht im Wege, ist ihm keine Grenze, kein Stein des Anstoßes."[70] Auch der Geschichtsablauf kann durch Zufälle gelenkt werden, allerdings nur in einem beschränkten Maße. In einem Brief aus dem Jahr 1871 schreibt Marx zu diesem Thema: „Diese Zufälligkeiten fallen natürlich selbst in den allgemeinen Gang der Entwicklung und werden durch andre Zufälligkeiten wieder kompensiert. Aber Beschleunigung und Verzögerung sind sehr von solchen ‚Zufälligkeiten' abhängig."[71] Marx erkennt hier zwar die Kontingenz-Problematik geschichtlicher Entwicklungen, also die epikureischen Zufälle, sieht aber auch – im Sinne der später normativ verstetigten Formationenlehre des historischen Materialismus und gegen eine absolut gedachte epikureische Autonomie – einen vorgeprägten Geschichtslauf, der durch Zufälle lediglich beschleunigt oder verzö-

69 Demandt 2011, 235; Wehler 2008, 598; Bichler 1983, 190; Frolov 1980, 72; Heinen 2010, 100 ff.; Heinen 1980, 270 ff., der besonders den Einfluss von Lenin auf die Vorstellung einer Abfolge sozioökonomischer Gesellschaftsformationen erörtert; vgl. auch Koch 1970, 427 ff.

70 MEW 40, 276; vgl. Neffe 2017, 82, der pointiert kommentiert: „Postmodern ausgedrückt: *anything goes*."

71 MEW 33, 209; Gudopp-von Behm 2009, 89.

gert werden kann. Der sich selbst bewusste Mensch ist nur in den äußeren Grenzen des durch den Formationsprozess gegliederten Geschichtsablauf handlungsfähig.

Hinsichtlich der marxistischen Gesellschaftsformationen muss mit Reinhold Bichler und Heinz Heinen betont werden, dass – wie bereits gesagt – die strikte Abfolge der sozio-ökonomischen Gesellschaftsformationslehre bei Marx und Engels noch keinesfalls gänzlich normativ-alternativlos erscheint und sich auch anderweitig etablierte Epocheneinteilungen in der auf Marx zurückgehenden Tradition integriert finden. Überzeugend zeigt Bichler etwa auf, dass der Epochenbegriff des Hellenismus in der marxistischen Geschichtsschreibung als üblich betrachtet wurde, wobei – am berühmtesten ist dies an dem in der DDR sehr einflussreichen, aber auch kritisierten Werk „Der Hellenismus und seine geschichtliche Rolle“ von Abram B. Ranowitsch (1958, russ. 1950) zu sehen – eine klare Abgrenzung zu der sog. „bürgerlichen Geschichtsschreibung“ erfolgte. Diese offenbare eine „Unfähigkeit“, „das Wesen der sozialökonomischen Formationen zu verstehen“; und, so Ranowitsch weiter: „Den Hellenismus kann man weder als historische Epoche erforschen noch in seiner ganzen Eigenart begreifen, wenn man nicht die grundlegende Tatsache in Rechnung stellt, daß er eine Stufe in der Entwicklung der antiken Sklavenhaltergesellschaft ist“.[72] Übliche und allgemein etablierte Epochenbegriffe wurden von Marx und der späteren marxistischen Geschichtsschreibung verwendet, aber inhaltlich dogmatisch – für die klassische Antike besonders unter dem Aspekt der Sklavenhaltergesellschaft – und chronologisch schematisch in die geschichtliche Gesellschaftsformationslehre des historischen Materialismus eingegliedert.[73]

Allerdings würde man Marx ganz zweifellos Unrecht tun, wenn man seine Vorstellungen von der griechischen Geschichte vereinfachend in das bekannte Schema eingliedern würde. Für sein Geschichtsbild war die maßgebliche Zäsur und Bezugsgröße vielmehr die industrielle Revolution, d.h. eine in jeder Hinsicht grundlegende ökonomische Veränderung. Durch sie wurde erstmals das Verhältnis des Menschen zur Natur fundamental und dauerhaft verändert.[74] Dabei hatte der Mensch – wie der δημιουργός im Sinne

72 Ranowitsch 1958, 5 u. 7; zu Ranowitsch vgl. Bichler 1983, 191 ff.; Willing 1991, 100 u. 155; Christ 2006, 116. Es kann nur kurz erwähnt werden, dass Ranowitschs Hellenismus-Buch in der DDR-Althistorie nicht unwidersprochen blieb; z.B. kritisiert Elisabeth Charlotte Welskopf die Bedeutung der hellenistischen Epoche als Entwicklungsschritt der Sklavenhaltergesellschaft, da sie keine herausragende Rolle der Sklaverei erkennen konnte; Welskopf 1957, 451 ff.; Dementieva 2005, 159; Kritik an Ranowitschs Klassenbegriff übte der auf antike Wirtschaftsgeschichte spezialisierte Heinz Kreißig; vgl. Willing 1991, 215; zu Kreißig und Welskopf vgl. Christ 1999, 367 u. 372 f.; Christ 2006, 117 ff.

73 Für den Hellenismus-Begriff vgl. exemplarisch auch Christ 1999, 366.

74 Buller 2002, 54. Diese Reflektion seiner eigenen Gegenwart, die zu der Einschätzung der industriellen Revolution als nie dagewesener Epochenzäsur geführt hat, ist zweifellos richtig und in der Geschichtswissenschaft unwidersprochen; vgl. z.B. Rödder 2017, 42: „Zwischen 1750 und 1850 begann in Europa eine Entwicklung, in der Kapitalismus und Industrialisierung sich gegenseitig in einem langfristig stabilen Wachstumstrend verstärkten. Diese Verbindung bewirkte den historisch einmaligen Übergang von den hoch regulierten, agrarisch geprägten, vormodernen Subsistenzwirtschaften zum marktwirtschaftlichen Industriekapitalismus.“ Problematisch ist jedoch die retrospektive Vereinheitlichung der vorindustriellen Zeit, die Marx mit der Intention vornimmt, seine eigene Gegenwart zu erklären und die zukünftige Entwicklung vorherzusagen. Diese methodische Proble-

Epikurs – mittels seines Selbstbewusstseins die Möglichkeit, auf die Natur einzuwirken. Die gesellschaftlichen Formationen steuerten zwar auf einen Zielzustand zu, der Weg zu diesem war aber prinzipiell durch den Menschen veränderbar:

> „Die Natur produziert nicht auf der einen Seite Geld- oder Warenbesitzer und auf der anderen Seite bloße Besitzer der eignen Arbeitskräfte. Das Verhältnis ist kein naturgeschichtliches und ebenso wenig ein gesellschaftliches, das allen Geschichtsperioden gemein wäre."[75]

Auch wenn verschiedene innere und äußere Faktoren deutliche Unterschiede ausmachten, waren die vorindustriellen Gesellschaften hinsichtlich des Entwicklungsstandes ihrer Produktionskräfte, der an dem Industriezeitalter kontrastiert wurde, gleich. Die geschichtliche Entwicklung wurde durch einen Antagonismus / Klassenkampf, den der δημιουργός auslösen und dann beeinflussen konnte, forciert. Die sich steigernden Produktivkräfte[76] mussten durch Revolutionen befreit werden, was letztlich durch eine finale Weltrevolution nach Marx und Engels zu einer Übergangsphase der Diktatur des Proletariats, welche die die Revolution tragende Klasse war, und dann zu einer klassenlosen Gesellschaft führen würde;[77] dieser Zustand sei in der Vorgeschichte bereits einmal

---

matik wurde in der Erforschung der antiken Wirtschaftsgeschichte mit Recht häufig angesprochen. Z.B. war für Fritz M. Heichelheim in seiner 1938 veröffentlichten „Wirtschaftsgeschichte des Altertums" die Industrialisierung – er bezeichnete sie als „spätkapitalistisches Maschinenzeitalter" – „eine ökonomische und welthistorische Revolution". Deshalb – so Heichelheim – sei eine Gleichsetzung von antiker und moderner Wirtschaft nicht möglich; vgl. Heichelheim 1969, 2; Schneider 2009, 381. Die von Marx erkannte Zäsur in der Industrierevolution ist zweifellos verständlich. Seine Rezeption ausgewählter antiker Quellenpassagen, die er dialektisch als Kontrast oder Beleg für seine auf die Gegenwart bezogenen Erläuterungen heranzieht, ist aber als methodisch haltlos anzusehen.

75 MEW 23, 183 (Das Kapital I, Abschn. 2, Kap. 4); Middell 2006, 127.

76 Zum Terminus „Produktivkraft": Bayertz 2018, 187 ff.; Wehler 2008, 598 f.; Iorio 2003, 25 ff.

77 Demandt 2011, 233 ff.; zum Revolutionsbegriff vgl. auch allgemein Iorio 2003, 233 ff. Marx selbst erwartete und erkannte in seiner Lebenszeit verschiedentlich eine weltrevolutionäre Umwälzung: 1848 Märzrevolution, 1852 Staatsstreich Napoleons III., 1871 Tage der sog. Commune; zudem schrieb er 1856, es gäbe gegenwärtig Schreckenszustände, die diejenigen der spätrömischen Zeit überragen würden; MEW 12, 3 f.; Demandt 2011, 236; zu Marx und seiner Interpretation des Untergangs des römischen Reiches vgl. Demandt 2014, 277 ff.; allgemein auch Koch 1970. Wie zuletzt Gerber 2018, 86 ff. betont hat, war für Marx die Französische Revolution von 1789 stets das wesentliche Vorbild für seine Vorstellungen von Revolutionen und Umstürzen. Ferner erkannten Marx und Engels, dass eine wirtschaftliche Rezession ein Vorbote revolutionärer Aktionen sein konnte, was dazu führte, dass entsprechende ökonomische Entwicklungen, z.B. der Bankencrash von 1857, sie in eine positive Hochstimmung versetzten; vgl. Gerber 2018, 171. Dabei wurden kurzzeitige Ereignisse, z.B. der schlesische Weberaufstand im Jahr 1844, auch missverstanden und eine „proletarische Reaktion" in Erwartung der Erfüllung der eigenen Theorie gänzlich überinterpretiert; vgl. Wehler 2008, 655 f. Disparat ist auch Marxens Bewertung der Commune-Tage von 1871. Im Deutsch-Französischen Krieg (1870–1871) positioniert er sich anfangs pro-preußisch („Die Franzosen brauchen Prügel"; MEW 33, 5) und interpretierte den Krieg am 23. Juli 1870 in der „Ersten Adresse des Generalrats (der Internationalen Arbeiter-Assoziation)" als deutsche Verteidigung. Im September desselben Jahres, nach dem Ende Napoleons III. und dem Ausruf der Pariser Republik,

erreicht gewesen.[78] Der demiurgische Mensch konnte also gestalten, aber nur innerhalb eines bestimmten Rahmens, welcher dafür sorgte, dass – früher oder später – ein idyllisch-klassenloser Stand erreicht würde.

Neben der Formationslehre ist ein zweiter Aspekt für das marxsche Geschichtsverständnis wichtig: In seiner Vorstellung des Geschichtsablaufes, den er beeinflusst durch Hegel als naturwüchsig-natürlichen und damit grundsätzlich nicht arbiträren Prozess auffasst (dem entsprechen die Gesellschaftsformationen),[79] sind die antiken Gesellschaften Griechenlands und Roms, aber auch die germanischen und altorientalisch-asiatischen Gesellschaften des Altertums in mancher Hinsicht gleichzusetzen.[80] Da es sich jeweils hauptsächlich um Agrarwirtschaften handelte, konstatierte Marx den gleichen „Abstand" zum Industriezeitalter. Diese grundsätzlich schematisch-bipolare Vorstellung des Geschichtsbildes zwischen neolithischer und industrieller Revolution, die man neben der Formationslehre deutlich erkennen kann, resultiert auch aus Marxens genereller Herangehensweise. Statt einer positivistisch-empirischen Aufarbeitung, die zur Grundlage historischer Aussagen wird, geht er entschieden von der zunächst zu leistenden gesamtgesellschaftlichen theoretischen Modellbildung aus, von welcher abstrahierend dann die Beschreibung geschichtlicher Entwicklung erfolgt.[81] Hans-Ulrich Wehler hat treffend zusammengefasst, dass es sich um eine Geschichtstheorie handle, „deren tragende Konstruktion schon fertig konzipiert vorlag, ehe die empirischen Beweisstücke später hinzugefügt wurden".[82]

Aus althistorischer Perspektive sind Marxens Verallgemeinerung und Angleichung der vorindustriellen Entwicklungsstufen zweifellos ebenso unhaltbar wie die grundsätzliche dogmatisch-schematische Annahme der Formationslehre. Ein detaillierter Blick zeigt innerhalb der synchronen geschichtlichen Entwicklung der römischen oder griechischen Wirtschaftsgeschichte klarste Zäsuren, in denen ökonomische und politische Veränderungen zusammenfallen und qualitative Entwicklungen zu erkennen sind. Man denke etwa an die Etablierung des Attischen Imperiums, die Ausweitung griechischer Kultur im Hellenismus oder die Ausbildung des Römischen Reiches, welche im geographischen Sinn einen nach rechtlichen Standards und monetärem System vereinheitlichten Wirtschaftsraum geschaffen hat.[83] Es ist wichtig zu sagen, dass Marx zwar insgesamt

---

sah er den Krieg in der „Zweiten Adresse des Generalrats" nicht mehr als legitime Verteidigung und kritisierte eine Annexion von Elsaß und Lothringen; vgl. Winkler 2015, 810 f. Zwar äußerte Marx auch positivere Einschätzungen, insgesamt war seine Bewertung der Pariser Ereignisse von 1871 aber verhalten bis negativ; vgl. Gerber 2018, 173 f.; Canfora 2013, 150 ff.

78 MEW 21, 173; MEGA III,4, 33; Demandt 2011, 238.

79 Demandt 2011, 230 mit den MEW-Stellen.

80 Grundrisse 375 ff.

81 Demandt 2009, 330.

82 Wehler 2008, 439. Es sei darauf hingewiesen, dass im berühmten Positivismusstreit des 20. Jahrhunderts je nach Standpunkt der Erörterung Marx auf die Seite empirischer oder theoretischer Forschung positioniert wurde; vgl. Dahms 2016, 45 ff. Aus althistorischer Sicht muss man dem marxschen Werk klar einen Primat der Theorie vor der Empirie attestieren.

83 Vgl. allgemein Ruffing 2009.

pauschalisierend allgemeine Äußerungen über das „Wesen" der antiken Gesellschaft und Ökonomie tätigt, dies aber nicht bedeutet, dass seine Vorstellung des Geschichtsablaufes nicht auch Raum für Besonderheiten und Ausnahmen bieten würde. So räumt er z.B. auch ein, dass die antiken Griechen trotz ihres relativ niedrigen Standes der Produktivkräfte zeitlose musische und kulturelle Werke geschaffen hätten.[84] Man darf an den Zufall erinnern, der beschleunigt oder verzögert.

Marx sind weitere Differenzierungen seiner Vorstellung eines Geschichtsablaufes durchaus bewusst, denn er geht auf einen wesentlichen strukturgeschichtlichen Unterschied ein: In der griechisch-römischen Gesellschaft hatte die Stadt als Ort der Konsumtion sowie der Produktion und ganz besonders als politische Organisationsform eine enorme Bedeutung. Marxens Indikatoren „Agrarwirtschaft" und „Grundeigentum" als Charakteristika der vor-industriellen Gesellschaft sowie ihrer Wirtschaft scheinen sich, so hat man den Eindruck, in der antiken Stadtkultur nicht unmittelbar widerzuspiegeln. Marx wählt das Beispiel Athen zur Zeit des bzw. kurz nach dem (zweiten) Peloponnesischen Krieg (431–404 v. Chr.), um dieses Problem aufzuheben. Er führt aus: „Man muß dabei erwägen, daß es noch zur Zeit des Sturzes der 30 Tyrannen keine 5000 Athener ohne Grundeigentum gab".[85] Der ganz überwiegende Teil der athenischen Bürger hätte folglich über Grundbesitz verfügt, welchen er agrarisch genutzt habe. Marxens Ansicht von der völligen Dominanz von Agrarwirtschaft und Grundeigentum könnte man in verschiedener Hinsicht problematisieren, so etwa hinsichtlich der Gesellschaftsstruktur – wie ist die Situation der Metöken, sind sie kein Bestandteil der Wirtschaft Athens? – oder hinsichtlich der Produktionszweige und des Handels – sind die auf dem Kerameikos betriebene Herstellung von Vasen und Vasenmalerei sowie der Exporthandel nicht auch von wirtschaftlicher Bedeutung?[86] Allerdings greift diese Form des Widerlegens in Auseinandersetzung mit Marx als Analyse zu kurz. Um die Ansicht von Marx, dessen Intention es ist, die klare Unterschiedlichkeit der antiken Wirtschaft im Vergleich mit der Wirtschaft seiner eigenen Gegenwart zu beschreiben, erfassen zu können, ist es notwendig, den größeren Kontext der zitierten Stelle aus „Das Kapital" zu betrachten. Marx geht es hier um das Thema der Arbeitsteilung und der Manufaktur, wobei besonders seine Auseinandersetzung mit Platons Staatsentwurf bemerkenswert ist:

> „Die politische Ökonomie, die als eigene Wissenschaft erst in der Manufakturperiode aufkommt, betrachtet die gesellschaftliche Teilung der Arbeit überhaupt

84 MEW 13, 640 f.; Demandt 2011, 233.

85 MEW 23, 387, Anm. 79 (Das Kapital I, Kap. 12). Marx gibt keine konkrete Quellenstelle an und nennt auch keinen Autor. Es ist sehr wahrscheinlich, dass er sich auf das von Dionysios von Halikarnassos verfasste Vorwort zur 34. Rede des Lysias bezieht; vgl. Hasebroek 1928, 101; zur Situation in der Zeit der 30 Tyrannen: Németh 2006; Buck 1998, 71 ff. Hinsichtlich der Einschätzung der zentralen Bedeutung des Grundeigentums für die Polisökonomie darf man auch annehmen, dass Marx durch Platon, dessen Werk er gut kannte, beeinflusst gewesen sein dürfte; zu Grundeigentum bei Platon vgl. Föllinger 2016, 132 ff. mit den Belegstellen.

86 Exemplarisch und plakativ sei verwiesen auf Boardman 1981 sowie zur Rolle der Metöken auf Hasebroek 1928, 21.

> nur vom Standpunkt der manufakturmäßigen Teilung der Arbeit, als Mittel, mit demselben Quantum Arbeit mehr Ware zu produzieren, daher die Waren zu verwohlfeilern und die Akkumulation des Kapitals zu beschleunigen. Im strengsten Gegensatz zu dieser Akzentuierung der Quantität und des Tauschwertes halten sich die Schriftsteller des klassischen Altertums ausschließlich an Qualität und Gebrauchswert. Infolge der Scheidung der gesellschaftlichen Produktionszweige werden die Waren besser gemacht, die verschiedenen Triebe und Talente der Menschen wählen sich entsprechende Wirkungssphären, und ohne Beschränkung ist nirgendwo Bedeutendes zu leisten. Also Produkt und Produzent werden verbessert durch die Teilung der Arbeit."[87]

Dank der Arbeitsteilung kann durch die gleiche Arbeitsleistung eine schnellere und bessere Produktion von Waren erreicht werden, die wiederum zu einer schnelleren Vermehrung von Kapital eingesetzt werden kann. Die antiken Autoren, die – wie Platon und Xenophon verdeutlichen (s.u.) – die Arbeitsteilung durchaus kannten, hätten jedoch nicht die Steigerung der Quantität sowie die durch Verbesserung erreichte Erhöhung des Tauschwertes einer Ware – aus dieser Kombination resultiert die Möglichkeit der Kapitalvermehrung – erkannt. Vielmehr stand bei ihnen die Qualität der Ware und der Gebrauchswert im Fokus: „Es wird mit keiner Silbe des Tauschwertes, der Verwohlfeilerung der Waren gedacht".[88] Der Gebrauchswert einer Ware sei – so Marx, der in der Unterscheidung von Gebrauchs- und Tauschwert auch Aristoteles folgt (Pol. 1257a 1 ff.)[89] – in griechischer Zeit dominant gewesen:

> „Dieser Standpunkt des Gebrauchswertes herrscht sowohl bei Plato, der die Teilung der Arbeit als Grundlage der gesellschaftlichen Scheidung der Stände behandelt, als bei Xenophon, der mit seinem charakteristisch bürgerlichen Instinkt schon der Teilung der Arbeit innerhalb einer Werkstatt näher rückt. Platos Republik, soweit in ihr die Teilung der Arbeit als das gestaltende Prinzip des Staates entwickelt wird, ist nur atheniensische Idealisierung des ägyptischen Kastenwesens."[90]

Die Arbeitsteilung, deren Vorläufer die Griechen in Ägypten verorteten – neben Platon verweist Marx in diesem Zusammenhang auch noch auf Isokrates und Diodor –, war also bekannt. Was fehlte, war jedoch die Erkenntnis des ökonomischen Nutzens aufgegliederter Arbeitsprozesse. Die Qualität eines Erzeugnisses sowie der, durch verbesserte Güte auch gemehrte, Gebrauchswert waren für die antiken Griechen erstrebenswert, angeblich mangelte es jedoch an der Erkenntnis des Tauschwertes, d.h. der Handel war bedeutungslos. Man stellte also Güter her, die man innerhalb des Oikos und der Polisgemeinschaft nur selbst ge- bzw. verbrauchte. Um die Qualität dieser Güter zu verbessern, entwickelte

87 MEW 23, 386 f. (Das Kapital I, Abschn. 4, Kap. 12).
88 Ebd.
89 Vgl. Kondylis 1987, 60; Kloft 2012, Sp. 791; Iliopoulos 2001, Sp. 979; Neffe 2017, 402.
90 MEW 23, 386 f. (Das Kapital I, Abschn. 4, Kap. 12).

man Prozesse der Arbeitsteilung. Warum die Arbeitsteilung die Qualität verbesserte, erläutert Marx in einer langen Fußnote, in welcher er explizit auf ein Platon-Zitat rekurriert:

> „Plato entwickelt die Teilung der Arbeit innerhalb des Gemeinwesens aus der Vielfältigkeit der Bedürfnisse und der Einseitigkeit der Anlagen der Individuen. Hauptgesichtspunkt bei ihm [ist], daß der Arbeiter sich nach dem Werk richten müsse, nicht das Werk nach dem Arbeiter, was unvermeidlich [ist], wenn er verschiedene Künste zugleich, also eine oder die andere als Nebenwerk treibe."[91]

Ein Grund für eine Arbeitsteilung war die „Vielfältigkeit der Bedürfnisse" einer Gemeinschaft, die es notwendig machte, dass verschiedene Individuen verschiedene Güter oder Teilgüter herstellen. Marx verweist dann weiter auf Platon, der schreibt:

> „Daraus folgt also, dass man mehr von allem verfertigt und sowohl schöner als auch leichter, wenn einer nur eine Sache macht, seiner natürlichen Begabung gemäß und zur richtigen Zeit, frei von anderen Geschäften" (rep. 370).[92]

Den verschiedenen „Trieben und Talenten" bei Marx (s.o.; MEW 23, 386 f.) entspricht bei Platon die „natürliche Begabung"; Marx weist in diesem Kontext auch auf Sextus Empiricus sowie auf Homer (Od. 14, 228) hin, der ebenfalls verschiedene Interessen hinsichtlich bestimmter Handwerktätigkeiten anführt.[93] Man erkennt, dass der platonische Text die Formulierungen in „Das Kapital" beeinflusst hat.[94] Allerdings kann man Marxens Ansicht, dass alleine Qualität und Gebrauchswert für die Antike vorherrschend gewesen seien, anhand des Platon-Textes durchaus kritisieren. Dass Arbeitsteilung zu einer Steigerung der Quantität der Waren führt, legt auch Platon nahe („mehr von allem verfertigt"). Für Marx ist aber insbesondere die Wahrnehmung des „Gebrauchswertes" wichtiger. Man produzierte für den eigenen Bedarf, stellte keine Tauschwerte her, d.h. die Produktion von Waren war nur sehr bedingt an einem Absatzmarkt orientiert; oder sollte man hinter Marxens Formulierung „Vielfältigkeit der Bedürfnisse" nicht auch einen Markt vermuten? Der Terminus wäre hier allerdings lediglich in restriktiv lokaler Semantik zu gebrauchen, da mit einer Vielfältigkeit von Bedürfnissen lediglich eine vergrößerte Ein-

91 MEW 23, 387, Anm. 80 (Das Kapital I, Abschn. 4, Kap. 12).

92 Zur Arbeitsteilung bei Platon vgl. Föllinger 2016, 34 f., 128 u. 148 f.

93 Als Vergleichsstelle sei noch auf rep. 369 f. verwiesen. Platon lässt Sokrates sagen: „Bei deinen Worten fällt mir nämlich ein, dass erstens keiner von uns von Natur aus ganz gleich ist wie der andere, sondern dass jeder verschiedene Anlagen hat, der eine zu dieser, der andere zu jener Betätigung"; vgl. Föllinger 2016, 33.

94 Sehr wahrscheinlich wurde Marx in diesem Punkt inhaltlich auch durch Charles Fourier beeinflusst, der in seiner 1808 erschienenen und 1966 von Theodor W. Adorno erneut herausgegebenen Schrift von der „Théorie des quatre mouvements" eine Aufgliederung der Gesellschaft in Tätigkeitsbereiche gefordert hatte, in denen jeder gemäß seiner Fähig- und Fertigkeiten eingesetzt werden sollte. Zwar lernte Marx Fourier, der 1837 verstorben ist, nicht persönlich kennen, wurde aber in seiner Pariser Zeit (Okt. 1843-Febr. 1845) mit seinem Werk vertraut; vgl. Gerber 2018, 62; Iorio 2003, 245.

wohnerzahl der Stadt gemeint ist. In dieser Hinsicht ist auch Platons „mehr von allem verfertigt" im Sinne von Marx interpretierbar; wesentlich für Marxens Verständnis der Platon-Stelle ist dann auch die Aussage, dass die Waren „schöner" und die Herstellung „leichter" ist. Im Fokus steht die Qualität, nicht der Tausch. Nach Marx wurden Gebrauchswerte im eigentlichen Sinne nicht verhandelt, es erfolgt somit auch keine Wertbemessung anhand möglicher Tauschoptionen. Eine Steigerung der Quantität mit dem Ziel, den Tauschwert zu erhöhen, um durch Handel ein Mehr an Kapital zu gewinnen, wird in der platonischen Quelle nicht ersichtlich.

Deutlich wird dies auch bei Xenophon, auf den Marx in einer Fußnote ebenfalls ausführlich eingeht. Er zitiert folgende Passage aus der *Cyropaedia*:[95]

> „Denn in den kleinen Städten macht derselbe Bettgestelle, Türen, Pflüge, Tische; oft baut er obendrein noch Häuser und ist zufrieden, wenn er selbst so eine für seinen Unterhalt ausreichende Kundschaft findet. Es ist rein unmöglich, dass ein Mensch, der so vielerlei treibt, alles gut machen kann. In den großen Städten aber wo jeder einzelne viele Käufer findet, genügt auch ein Handwerk, um seinen Mann zu nähren. Ja oft gehört dazu nicht einmal ein ganzes Handwerk, sondern der eine macht Schuhe für Männer, der andere Schuhe für Frauen. Hier und da lebt einer bloß vom Nähen, der andere vom Zuschneiden der Schuhe; der eine schneidet bloß Kleider zu, der andere setzt Stücke nur zusammen. Notwendig ist es nun, dass der Verrichter der einfachsten Arbeit sie unbedingt am besten macht" (Kyr. 8,2).

Marx schlussfolgert zu der Quellen-Stelle: „Die zu erzielende Güte des Gebrauchswertes wird hier ausschließlich fixiert, obgleich Xenophon die Stufenleiter der Arbeitsteilung vom Umfang des Marktes abhängig weiß".[96] Die Größe eines Marktes kann also Einfluss auf den Arbeitsprozess haben. Je stärker die Nachfrage ist, umso leichter können Prozesse der Arbeitsteilung eingeführt werden, was dann zu dem von Platon geschilderten Sachverhalt führt: Man kann die Güter leichter herstellen, d.h. auch größere Bedürfnisse decken, und zugleich die Beschaffenheit steigern. Auch bei Xenophon liegt der Fokus schließlich auf der Qualität. Denn die Spezialisierung ist nur dann für einen Handwerker haltbar, wenn er Produkte von hervorragender Güte herstellt.

Hinsichtlich Marxens Bewertung des Themas der Arbeitsteilung innerhalb einer Gesellschaft ist auch auf einen zwischen 1845 und 1846 von Marx und Engels erarbeiteten Text einzugehen, der mit der Überschrift „Feuerbach" tituliert und in dem unvollendeten Werk „Deutsche Ideologie" überliefert ist.[97] Dieser Text wird häufig als wichtiges Zeugnis für das Verständnis der materialistischen Geschichtsauffassung angesehen. Die Zusammenhänge von Arbeitsteilung, Eigentums- und Rechtsverhältnissen sowie der

95 MEW 23, 387, Anm. 81 (Das Kapital I, Abschn. 4, Kap. 12); zu der Stelle auch Hasebroek 1928, 80.

96 MEW 23, 387, Anm. 81 (Das Kapital I, Abschn. 4, Kap. 12).

97 Das Gemeinschaftswerk wurde ursprünglich mit „Kritik der nachhegelschen Philosophie" oder „Werk über neuste deutsche Philosophie und Socialismus" benannt und erst ab den 1920er Jahren veröffentlicht; vgl. Nippel 2018, 29.

Entwicklung und Bedeutung von Produktivkräften werden theoretisch behandelt.[98] Eine autarke Gesellschaft ohne Arbeitsteilung wird bildhaft beschrieben mit: „Morgens jagen, nachmittags fischen, abends Viehzucht treiben, nach dem Essen kritisieren".[99] Der Bezug zu Marxens Bild der griechischen Autarkie ist offensichtlich, wobei man hinter dem Verweis auf das abendliche „kritisieren" (= „philosophieren") Marxens Interpretation der epikureischen Autonomie des selbstbewussten Menschen vermuten darf. Das selbstbewusste menschliche Handeln kann aber – wie gesagt – den auf die klassenlose Gesellschaft zulaufenden Geschichtsablauf nur bedingt beeinflussen, es kann ihn nicht in eine gänzlich andere Richtung lenken.

Marx dienen die zitierten Platon- und Xenophon-Stellen als Beleg für die These vom Vorrang des Gebrauchswertes gegenüber dem Tauschwert in der griechischen Antike. Arbeitsteilung war vereinzelt – nach Xenophon nur in größeren Städten – etabliert, wurde aber nicht für die Generierung einer quantitativen Steigerung von Warenproduktionen eingesetzt, die mittels Handels zu einer Kapitalsteigerung führen konnten. Nach Marx herrschte somit ein vom Markt weitestgehend losgelöstes Produzieren für den eigenen Bedarf innerhalb von Oikos und Polisgemeinschaft vor; man könnte auch – die Xenophon-Passage sowie Marxens Formulierung von der „Vielfältigkeit der Bedürfnisse" zeigen dies an – von einem Produzieren für einen restriktiv geschlossenen Lokalmarkt innerhalb einer Autarkie anstrebenden Gemeinschaft, der Polis, sprechen. Dies ist mit Marxens Ansicht der dominierenden Bedeutung von Agrarwirtschaft und Grundeigentum in vorindustriellen Gesellschaften zu verknüpfen. Warum prägte sich kein Bewusstsein für einen Tauschwert von Waren und eine quantitative Steigerung zwecks eines größeren Markthandels aus? Marx zitiert die berühmte thukydideische Rede des Perikles am Vorabend des Peloponnesischen Krieges. Die Spartaner charakterisiert der athenische Staatsmann

98 Nippel 2018, 29.

99 Nippel 2018, 29; vgl. auch Demandt 2011, 238, der mit Verweis auf MEW 19, 21 u. 28 sowie Marx, FS 361 zitiert: „Heute dies, morgen jenes zu tun, morgens zu jagen, nachmittags zu fischen, abends Viehzucht zu treiben, auch das Essen zu kritisieren, ohne je Jäger, Fischer oder Hirt oder Kritiker zu werden, wie ich gerade Lust habe." Ein leicht abweichendes Zitat bietet auch Gerber 2018, 64. Marx rekurriert hier wahrscheinlich direkt auf ein von Adam Smith in seinem Klassiker „Der Wohlstand der Nationen" (1776) konzipiertes Modell ökonomischer Entwicklungsstufen: Es gäbe eine Abfolge von Gesellschaften von Jägern, Hirten, Ackerbauern und Gewerbetreibenden. In Marxens von Autarkie geprägtem Antikenbild gab es diese „Stufen" gleichzeitig. Jagen, Landwirtschaft und pastorale Arbeiten bestanden nebeneinander, nur Handel/Gewerbe war lediglich rudimentär ausgeprägt. Dass Marx bei der Formulierung an Smith gedacht haben könnte, wird dadurch nahegelegt, dass er diesen sehr häufig zitiert bzw. sich mit dessem Werk auseinandersetzt. Smith gehörte neben David Ricardo und John Stuart Mill zu – wie Gerber 2018, 137 formuliert – „Marx' heimlichen Dialogpartnern"; zu diesen sollte man unbedingt auch Aristoteles zählen, der ebenfalls zu den sehr häufig zitierten Autoren im marxschen Werk gehört. Es sei noch angemerkt, dass das vierstufige Entwicklungsmodell von Smith in der sich mit antiker Wirtschaft beschäftigenden deutschen Altertumswissenschaft des 19. Jahrhunderts durchaus rezipiert worden ist (so etwa von Arnold H. L. Heeren; vgl. Becker-Schaum 1993, 156), was eine Beeinflussung des marxschen Gedankens durch Smith ebenfalls wahrscheinlich machen könnte. Zudem bietet bereits die römische Agrarschriftsteller-Literatur vergleichbare Stufenmodelle: Wagner-Hasel 2011, 67, Anm. 111.

wie folgt: „Mit ihren Körpern Krieg zu führen sind die für den eigenen Gebrauch Produzierenden eher bereit als mit Geld" (Thuk. 1,141). Athen fühlt sich, wie Marx in Anlehnung an Thukydides ausführt, „als Warenproduzent dem Spartaner überlegen, weil dieser im Krieg wohl über Menschen, nicht aber Geld verfügen könne".[100] Marx erkennt in dieser Äußerung des Perikles-Thukydides nun eine Spitze gegen die athenischen Bürger. Diese seien, wie die bereits zitierte Angabe zu den weniger als 5000 Athenern ohne Landbesitz aufzeigen würde, eigentlich auch keine Produzenten von Tauschwerten, sondern lediglich von Gebrauchswerten, da auch bei ihnen der Vorrang von Grundeigentum und Agrarwirtschaft vorherrsche; eigentlich hätten sie – führt man die marxsche Interpretation fort – gar keine Waren produziert. Die perikleisch-thukydideische Ansprache „die für den eigenen Gebrauch Produzierenden" treffe somit eigentlich auch für die Athener zu; und – so Marx weiter – für diese „blieb ihr Ideal, auch in der materiellen Produktion, die Autarkie, die der Teilung der Arbeit gegenübersteht".[101] Das Grundeigentum und die daraus resultierende dominante agrarische Wirtschaftsform galten auch für die Stadtbewohner als grundlegende gesellschaftsgliedernde Konstanten. Deshalb habe eine quantitative Steigerung der Produktion nicht im Fokus der Griechen gestanden. Ferner sei Handel nur – wie auch die Bemerkungen zu der Xenophon-Stelle zeigen – kaum ausgeprägt gewesen.

Ein weiteres Zitat aus den „Grundrissen" verdeutlicht das bisher Gesagte und führt zudem eine zusätzliche scharfsinnige Unterscheidung von Marx vor Augen:

> „Bei den Antiken (lag eine) gegensätzliche Form von Staatsgrundeigentum und Privateigentum (vor), so daß das letztre durch das erstre oder das erstre selbst in dieser doppelten Form existiert. Der Privatgrundeigentümer (war) daher zugleich städtischer Bürger. Ökonomisch löst sich das Staatsbürgertum in die einfache Form auf, daß der Landmann Bewohner einer Stadt (ist)."[102]

Die Differenzierung von Staats- und Privateigentum ist an dieser Stelle bemerkenswert. Armin Eich hat ausgeführt, dass Marx hier eine „Dualität der Sicherungsfunktion des Staates (also der Sicherung desselben Landes als Gemeinbesitz und als parzelliertes, exklusiv den Polisbürgern vorbehaltenes Privateigentum)" erkannt hat.[103] Eine Bipolarität von Land- und Stadtbewohner gab es nach Marx nur in sehr begrenztem Maße.[104] Da

100 MEW 23, 387, Anm. 79 (Das Kapital I, Abschn. 4, Kap. 12).

101 Ebd.

102 MEW 42, 392.

103 Eich 2006, 75 f.

104 Moses I. Finley hat zu Recht auf MEW 3, 22 hingewiesen. Marx führt hier aus: „Die Grundlage aller entwickelten und durch Warenaustausch vermittelten Teilung der Arbeit ist die Scheidung von Stadt und Land. Man kann sagen, daß die ganze ökonomische Geschichte der Gesellschaft sich in der Bewegung dieses Gegensatzes resümiert"; vgl. Finley 1977, 230. Da hier der Fokus eindeutig auf Tauschwerte gelegt wird, sollte die Stelle für Marxens Vorstellung der griechischen Ökonomie nicht überbewertet werden. Wie die bisher zitierten Passagen gezeigt haben, sah Marx selbst für das attische Imperium am Vorabend des (zweiten) Peloponnesischen Krieges eine klare Dominanz der

auch die Einwohner eines Stadtareals im Umland Land besessen haben, war für Marx die These des Vorrangs der Agrarwirtschaft sowie der Möglichkeit einer Autarkie gegeben. An anderer Stelle führt er in „Das Kapital" die Dependenz von Grundeigentum und Autarkie im antiken Griechenland nochmals explizit aus:

> „Diese Form des freien Parzelleneigentums selbstwirtschaftender Bauern als herrschende, normale Form bildet ... die ökonomische Grundlage der Gesellschaft in den besten Zeiten des klassischen Altertums."[105]

Hierauf bezieht sich auch:

> „Das freie Eigentum des selbstwirtschaftenden Bauern ist offenbar die normalste Form des Grundeigentums, worin der Besitz des Bodens eine Bedingung für das Eigentum des Arbeiters an dem Produkt seiner eigenen Arbeit ist, und worin, ..., der Ackerbauer stets seine Subsistenzmittel sich selbst, unabhängig, als vereinzelter Arbeiter mit seiner Familie zu produzieren hat."[106]

Grundeigentum und die eigenständige agrarische Bewirtschaftung, die einer Familie das unabhängige Generieren von Subsistenzmitteln ermöglicht, sind die wichtigsten Charakteristika der griechischen Wirtschaft. „Häusliche Handwerks- und Manufakturarbeit, als Nebenbetrieb des Ackerbaus, der die Basis bildet",[107] sind ebenfalls Bestandteil des Autarkiebestrebens, wobei – wie bereits gesehen – lediglich Gebrauchswerte hergestellt werden. Aus diesen Charakteristika ergeben sich aber auch eine Restriktion sowie ein Entwicklungshemmnis:

Gebrauchs- vor den Tauschwerten gegeben. Auf Finley und seine Marx-Rezeption kann hier nur knapp eingegangen werden. Mehrfach setzt er sich in seinem bis heute ausgesprochen einflussreichen und anregenden Klassiker „The Ancient Economy" mit Marx auseinander, dessen Schriften er sehr gut kannte. „Und wir studierten Marx und die Marxisten ..." schreibt Finley über seine Studienzeit (The Listener 78 (1967) 201). Karl Christ hält fest, der Marxismus habe für Finleys „geistige Prägung eine wichtige Rolle" gespielt, wobei „es der undogmatische Marxismus des Instituts für Sozialforschung war, der ihn faszinierte"; Christ 1990, 296; ferner auch Christ 1996, 154 u. Christ 1999, 374 sowie Tompkins 2013, 23 u. Jones 2013, 127. Rebenich 2013, 630 bescheinigt Finley ebenfalls ein „undogmatisches Verhältnis zum Marxismus". Insgesamt darf man sagen, dass Marx neben Max Weber, Karl Polanyi und anderen für Finley lediglich ein Impulsgeber unter vielen war. Darüber sollten Finleys berühmte „Attacke" gegen das Sklaverei-Projekt der Mainzer Akademie sowie seine Bewertung von Wilhelm Backhaus' Buch „Marx, Engels und die Sklaverei" – jeweils erkannte er mit berechtigten Argumenten anti-marxistische Motivationen – nicht hinwegtäuschen; vgl. Deissler 2010 u. Nippel 2016, 282 f. Insgesamt tendierte Finley stärker zu den Ansätzen Max Webers als zu Marx; exemplarisch auch Finley 1987, 107 ff.; zu Finleys Auseinandersetzung mit dem marxschen Klassenbegriff sei auf die kurzen Ausführungen von Lazarus, Marx's Concept 29 ff. (online) verwiesen.

105 MEW 25, 815 (Das Kapital III, Abschn. 6, Kap. 47); vgl. zu dieser Stelle auch Eich 2006, 76.

106 MEW 25, 815; Das Kapital III, Abschn. 6, Kap. 47).

107 MEW 25, 794 f. (Das Kapital III, Abschn. 6, Kap. 47).

> „Das Parzelleneigentum schließt seiner Natur nach aus: Entwicklung der gesellschaftlichen Produktivkräfte der Arbeit, gesellschaftliche Formen der Arbeit, gesellschaftliche Konzentration der Kapitale, Viehzucht auf großem Maßstab, progressive Anwendung der Wissenschaft."[108]

Die Autarkie hemmt eine Entwicklung von Produktivkräften, ein Erwirtschaften von Kapitalsteigerungen war ebenso wie eine wissenschaftliche Weiterentwicklung ökonomischen Wissens nicht möglich, da die Polisbewohner durch die selbstständige Agrarwirtschaft gebunden waren. Auch die ansatzweise ersichtliche Arbeitsteilung, die allerdings nur zum Zweck der Herstellung von Gebrauchswerten erfolgte, änderte an dieser Situation nichts. Die auf Grundeigentum und Agrarwirtschaft gründende Autarkie war nach Marx der signifikante Unterschied zur Ökonomie des kapitalistischen Industriezeitalters. Neben der Bedeutung der Sklaverei waren diese skizzierten Grundkonstellationen der griechischen Wirtschaft der Grund, weshalb die Produktivkräfte gegeißelt waren.

Trotz dieses klaren Unterschieds zwischen Antike und Moderne sieht Marx aber doch, dass die autarken Menschen – was auch bei den Ausführungen zur Arbeitsteilung bereits anklingt – natürlich nicht gänzlich von einem Markt abgekoppelt sind:

> „Der Natur der Sache nach muß hier ein überwiegender Teil des ländlichen Produkts als unmittelbares Subsistenzmittel von seinen Produzenten, den Bauern selbst verzehrt werden, und nur der Überschuß darüber als Ware in den Handel mit den Städten eingehn. Wie immer der durchschnittliche Marktpreis des Bodenprodukts hier geregelt sei, die Differentialrente, ..., muß hier offenbar ebenso existieren wie bei kapitalistischer Produktionsweise."[109]

Es gibt also durchaus in geringfügigem Maße Gemeinsamkeiten zwischen der autarkischen Wirtschaftsform der Antike und der kapitalistischen des Industriezeitalters. Allerdings sind die Existenz des Handels sowie das Produzieren von Waren für den Handel nur sehr rudimentär ausgeprägt. Die Autarkie, welche durch den eigenen Landbesitz gewährleistet war, ermöglichte und benötigte nur die Herstellung von Gebrauchswerten. Das Generieren von Kapitalzuwachs mittels einer quantitativen Steigerung von produzierten Tauschwerten für einen Absatzmarkt sah Marx in der griechischen Antike nicht verwirklicht, sondern erst im Zuge der industriellen Revolution erreicht. Hinsichtlich dieser Interpretation der griechischen Wirtschaft war auch seine Einschätzung der Bedeutung des Handels in klassischer Zeit folgerichtig. Diesem attestierter er eine geringe Bedeutung und setzte ihn bildlich mit Epikurs Göttern gleich: So wie diese „seligen Wesen" keinen

108 MEW 25, 815 (Das Kapital III, Abschn. 6, Kap. 47); vgl. Eich 2006, 76.
109 MEW 25, 813 (Das Kapital III, Abschn. 6, Kap. 47).

Einfluss auf das Weltgeschehen genommen hätten, wäre auch der Handel für die Lebenswelt der alten Griechen marginal gewesen:[110]

> „In den altasiatischen, antiken usw. Produktionsweisen spielte die Verwandlung des Produkts in Ware, und daher das Dasein des Menschen als Warenproduzenten, eine untergeordnete Rolle, die jedoch um so bedeutender wird, je mehr die Gemeinwesen in das Stadium ihres Untergangs treten. Eigentliche Handelsvölker existieren nur in den Intermundien der alten Welt, wie Epikurs Götter … ."[111]

Es wurden nur Gebrauchsgüter produziert, die nach Marx nicht als „Ware" zu betrachten sind, da sie nicht verhandelt und für keinen Markt hergestellt wurden. Eine Steigerung der Produktivkräfte kann zu einem größeren Aufkommen von Handel führen, was dann aber zur Befreiung der die Produktion leistenden Menschen (Klassenkampf / Revolution) führt. Doch ist dies in griechischer Zeit nicht eingetreten. Marxens Bild des griechischen Handels ist dependent zu seiner Autarkie-These sowie seiner Einschätzung der Bedeutung der Produktivkräfte. Bemerkenswert ist, dass er diesen Zustand mit den religiösen Vorstellungen der Menschen verbindet:

> „Sie (sc. Herrschafts- und Knechtschaftsverhältnisse) sind bedingt durch eine niedrige Entwicklungsstufe der Produktivkräfte der Arbeit und entsprechend befangene Verhältnisse der Menschen innerhalb ihres materiellen Lebenserzeugungsprozesses, daher zueinander und zur Natur. Diese wirkliche Befangenheit spiegelt sich ideell wider in den alten Natur- und Volksreligionen. Der religiöse Widerschein der wirklichen Welt kann überhaupt nur verschwinden, sobald die Verhältnisse des praktischen Werkeltagslebens den Menschen tagtäglich durchsichtig vernünftige Beziehungen zueinander und zur Natur darstellen. Die Gestalt des gesellschaftlichen Lebensprozesses, d.h. des materiellen Produktionsprozesses, streift nur ihren mystischen Nebelschleier ab, sobald sie als Produkt frei vergesellschafteter Menschen unter deren bewußter planmäßiger Kontrolle steht."[112]

Aufklärung von religiösem Aberglauben oder – im Sinne von Marxens Epikur-Interpretation – eine Entwicklung des Menschen hin zu Autonomie und Selbstbestimmtheit geht einher mit der bewussten ökonomischen Weiterentwicklung. Der niedrige Stand der Produktionsmittel sowie die Göttervorstellung in der griechischen Antike negieren jedoch das Aufkommen von Handel und Kapitalismus.

110 Vgl. MEW 23, 93 (Das Kapital I, Abschn. 1, Kap. 1); Grundrisse 741; MEW 25, 342 u. 612 (mit einem Fokus auf das republikanische Rom) (Das Kapital III, Abschn. 4 u. 5, Kap. 20 u. 36); Kondylis 1987, 56.

111 MEW 23, 93 (Das Kapital I, Abschn. 1, Kap. 1); vgl. MEW 25, 43 (Das Kapital III, Abschn. 4, Kap. 20).

112 MEW 23, 94 (Das Kapital I, Abschn. 1, Kap. 1).

Mit der Bewertung des Handels korreliert Marxens Einschätzung der Geldwirtschaft in griechischer Zeit:

> „Ich habe früher darauf hingewiesen, wie das Geldwesen überhaupt sich ursprünglich entwickelt im Produktenaustausch zwischen verschiedenen Gemeinwesen. Es entwickelt sich der Geldhandel, der Handel mit der Geldware, daher zunächst aus dem internationalen Verkehr.“[113]

Da es in dem auf Autarkie fokussierten antiken Griechenland aber kaum Handel gegeben hat, war auch die Wahrnehmung der Münzen als Geldware anfangs rudimentär. Marx ist hier klar von Aristoteles beeinflusst:[114]

> „Natürlich war in der ursprünglichen Gemeinschaft eines Familienverbandes ein Tauschhandel nicht nötig. Dieser wurde erst dann zur Notwendigkeit, als die Gemeinschaften größer wurden. In der ursprünglichen Gemeinschaft hatten alle Anteil am gemeinschaftlichen Besitz, in der vergrößerten Gemeinschaft hatten die einen Überfluss an dem, die anderen an jenem. Dies musste also nach den jeweiligen Bedürfnissen direkt ausgetauscht werden, so wie es auch jetzt noch viele von den unzivilisierten Völkern tun. Sie tauschen gegenseitig nur diese Gebrauchsgüter, also Wein gegen Korn, ... Durch die Einfuhr dessen, was man entbehrte, und die Ausfuhr des eigenen Überschusses dehnte sich diese Hilfeleistung über die Landesgrenzen hinaus, und so ergab sich mit Notwendigkeit die Verwendung von Geld. Denn nicht alle normalerweise notwendigen Güter sind leicht zu transportieren. Also kam man überein, beim Tausch gegenseitig eine Sache zu nehmen und zu geben, die selbst nützlich und im täglichen Verkehr handlich war, wie Eisen, Silber usw. Zuerst bestimmte man sie einfach nach Größe und Gewicht, schließlich drückte man ihr ein Zeichen auf, um sich das Abmessen zu ersparen. Denn die Prägung wurde als Zeichen der Quantität gesetzt.“ (Aristot., Pol. 1257a)

Aristoteles kennt ebenfalls die Unterscheidung zwischen Gebrauchs- und Tauschwert sowie die ursprüngliche Autarkie, die er lobt.[115] Ebenso wie Marx sieht er den Anfang der Geldwirtschaft durch Handel und Austausch von Tauschwerten motiviert. Ausführlich rezipiert Marx auch Aristoteles und dessen Exempel von „5 Polster = 1 Haus“ hinsichtlich der Frage, wie der Wert einer Sache zu bemessen sei. Er erkennt bei Aristoteles, den er ansonsten für den größten Denker des Altertums hält,[116] aber einen „Mangel des Wert-

113 MEW 25, 329 (Das Kapital III, Abschn. 4, Kap. 19).

114 Buchenberg 2008, 148 f.; vgl. auch Neffe 2017, 371.

115 Pol. 1257b 13 ff.

116 MEGA II,10, 367; Kloft 2012, Sp. 791. In der Einleitung seiner Dissertation spricht Marx von „Aristoteles, dem mazedonischen Alexander der griechischen Philosophie“, dem selbige „die höchste Blüte“ zu verdanken habe; vgl. Marx, Diss. 27. Zu Marxens Aristoteles-Rezeption sei auch auf den anregenden Aufsatz von Katz 1994 verwiesen, der sich insbesondere auf die marxsche Bewertung der attischen Demokratie konzentriert. Für den Schüler Marx war „der größte Weise des

begriffs", der darin bestand, dass Austausch von Gegenständen nicht ohne die Gleichheit von Kommensurabilität sein könnte: „Es ist aber in Wahrheit", so Aristoteles über die Wertgleichsetzung von 5 Polster = 1 Haus, „unmöglich, dass so verschiedene Dinge kommensurabel" seien (Eth. Nic. 5,1133b).[117] Marx – hier deutlich durch Adam Smith beeinflusst[118] – verändert die Perspektive, indem er die menschliche Arbeit als Bemessung des Wertes einer Sache ansieht und entschuldigt Aristoteles' mangelhaften Wertbegriff:

> „Daß aber in der Form der Warenwerte alle Arbeiten als gleiche menschliche Arbeit und daher als gleichgeltend ausgedrückt sind, konnte Aristoteles nicht aus der Wertform selbst herauslesen, weil die griechische Gesellschaft auf der Sklavenarbeit beruhte, daher die Ungleichheit der Menschen und ihrer Arbeitskräfte zur Naturbasis hatte."[119]

Für die Wertbemessung eines Gutes ist nach Marx die Bedeutung der menschlichen Arbeitsleistung, nicht die physische Form oder Funktionalität des Gutes oder gar dessen Bedeutung auf dem Markt ausschlaggebend. In einer auf Sklaverei basierenden Gesellschaft sei jedoch für Aristoteles dieses Wertkriterium nicht erkennbar gewesen.[120]

Während Marx Aristoteles kritisiert, da er von der Arbeitsleistung nicht auf den Wert eines Gutes abstrahiert, folgt er dem „größten Denker des Altertums" gänzlich hinsichtlich seiner negativen Einschätzung der Chrematistik.[121] Aristoteles analysierend schreibt Marx:

> „Mit der Erfindung des Geldes mußte sich der Tauschhandel notwendig zur καπηλική, zum Warenhandel entwickeln, und dieser, im Widerspruch zu seiner ursprünglichen Tendenz, bildet sich zur Chrematistik aus, zur Kunst, Geld zu machen."[122]

Alterthums, der göttliche Plato"; MEGA I,1, 449 ff.; vgl. Sperber 2013, 42. Auf das Platon-Bild bei Marx sowie in der marxistischen Geschichtsschreibung kann hier nicht ausführlich eingegangen werden. Verwiesen sei auf die kurze Studie von Tschudow 1994.

117 Marx gibt keine exakte Textstelle an, nennt auch den Werktitel nicht, zitierte aber einzelne Passagen im griechischen Original, wodurch die Identifizierung der Stelle in der Nikomachische Ethik sicher ist; MEW 23, 74 (Das Kapital I, Abschn. 1, Kap. 1).

118 Neffe 2017, 372. Smith hielt fest: „... der letzte und wirkliche Maßstab, nach dem der Wert aller Waren zu allen Zeiten und an allen Orten gemessen und verglichen werden kann ... Die Arbeit ist ihr wirklicher oder realer Preis, Geld lediglich ihr nominaler" (zitiert nach der Ausgabe: A. Smith, Wohlstand der Nationen. Nach der Übers. v. M. Stirner, hrsg. v. H. Schmidt, Köln 2000, 38); vgl. Streminger 2017, 154.

119 MEW 23, 74 (Das Kapital I, Abschn. 1, Kap. 1); Kondylis 1987, 61.

120 Iliopoulos 2001, Sp. 980.

121 Kondylis 1987, 59 f.

122 MEW 23, 167, Anm. 6 (Das Kapital I, Abschn. 2, Kap. 4). Aristoteles charakterisiert die Chrematistik als widernatürlich, da hier der Erwerb nicht der zwecks Autarkisierung betriebenen Bedarfswirtschaft dient; vgl. Flashar 2014, 115 f.

Mit Aristoteles unterscheidet Marx zwischen Ökonomik und Chrematistik, welche letztlich endlosen Geldbesitz anstreben würde, somit immer Geld einsetzen würde, um mehr Geld zu generieren: „Die Bewegung des Kapitals ist daher maßlos. Als bewußter Träger dieser Bewegung wird der Geldbesitzer Kapitalist. Seine Person, oder vielmehr seine Tasche, ist der Ausgangspunkt und der Rückkehrpunkt des Geldes".[123] Anders als die Chrematistik ist die aristotelische Ökonomik nach Marx hingegen nicht auf die Vermehrung von Geld, sondern auf die Beschaffung der notwendigen Gebrauchsgüter orientiert.[124] Aristoteles und Marx sehen hier, dass es in der griechischen Antike durchaus bereits Ansätze eines kapitalistischen Handels mit Tauschwaren gegeben hat, jedoch nur in geringem Umfang. Beide bewerten ein chrematistisches Wirtschaftshandeln als negativ, die autarke Oikosökonomie ist die erstrebenswerte und überwiegende Wirtschaftsform. Hinsichtlich der negativen Bewertung der aristotelischen Chrematistik und der positiven der Hauswirtschaft kommt die aktuelle Forschung zu sehr ähnlichen Ergebnissen wie Marx. Christian Dirninger hält zu Aristoteles etwa fest:[125]

> „Eine naturgemäße Erwerbskunst ist auch Teil der Haushaltungskunst: nämlich jene, die die Beschaffung von Gütern zum Ziel hat, die zur Bedürfnisbefriedigung der Mitglieder des Hauses sowie zur Führung des ‚guten Lebens' des freien griechischen Bürgers gehören, auch wenn sie innerhalb des Hauses nicht hergestellt werden können. Der Erwerb solcher Güter durch Tauschhandel dient gleichsam der Erfüllung der ‚naturgemäßen Autonomie' des Hauses."

Kohärent zu der Bewertung von Gebrauchs- und Tauschwert sowie von geschlossener ökonomischer Oikoswirtschaft und offenem chrematistischem Markthandel betont Marx auch, dass die antiken Hellenen das Münzgeld generell negativ gesehen hätten. Hierzu wird u.a. eine Stelle aus dem Antigone-Drama des Sophokles zitiert (296 ff.):[126]

> „Denn nichts von allem, welches Geltung bei der Welt / gewann, ist wie das Gold so schlimm, das Staaten stürzt / und wüste macht und Menschen treibt von Haus und Hof, / und tugendhafte Herzen oft verwandelt und / bekehrt zur Übung lasterhafter Handlungen: / Es lehrt die Menschen schelmenschlaue Dreistigkeit, / und jeder Untat freche Gottvergessenheit."

Die Geldwirtschaft wird hier auf einer moralisierenden Ebene negativ gezeichnet, was der marxschen sowie aristotelischen Intention entspricht. Positiv ist letztlich nur die auf Grundeigentum und Agrarwirtschaft basierende autarke Oikos- und Poliswirtschaft.

Die Verbindung zwischen der auf Autarkie orientierten Produktion von Gebrauchswerten und dem Markt, d.h. der Institution, über welche nicht zum Zwecke der Selbst-

---

123 MEW 23, 167 (Das Kapital I, Abschn. 2, Kap. 4).
124 Zur aristotelischen Ökonomie vgl. allgemein Flashar 2014, 113 ff.
125 Dirninger 2013, 37; zu Aristoteles auch Schefold 1989 u. Schefold 2004, 21 ff.
126 MEW 23, 146, Anm. 92 (Das Kapital I, Abschn. 1, Kap. 3).

versorgung benötigte Gebrauchswerte verhandelt und wo dann Chrematistik betrieben werden konnte, hat Marx – wie mehrfach bereits angesprochen – ebenfalls analysiert. Gemäß seiner Einschätzung des völligen Primats der Gebrauchswerte war der „Überschuss" für ihn nur von geringer Quantität. Nur wenige Güter wurden letztlich unbewusst zu Tauschwerten; „... wobei der eigentliche Austausch (von Tauschgütern) nur nebenläuft oder im großen weniger das Leben ganzer Gemeinwesen ergreift, als vielmehr zwischen verschiedenen Gemeinwesen eintritt, überhaupt keineswegs alle Produktions- und Gemeinwesen unterwirft".[127]

Armin Eich betont, dass Marx stets von einem „nicht-äquivalenten Tausch" in der griechischen Antike ausging, d.h. im Prinzip liegt ein rudimentäres Arbitrage-Verhalten vor, das aber nicht zu einem steten dauerhaften Anwachsen von Mehrwerten, also zu einer Kapitalbildung im Sinne von Marx verwendet wurde, wohl aber chrematistisches Verhalten im aristotelischen Sinne erlaubte. Marx erkennt nur ein Handels- oder Wucherkapital, das durch ständiges Kaufen und teureres Verkaufen charakterisiert ist.[128] Dabei schließt sich der Kreis zu dem bereits behandelten aristotelischen Mangel in der Differenzierung des Wertbegriffs. Gewinn und Profit wurden nach Marx dabei in der Regel nicht in das Generieren kapitaler Mehrwerte verwandelt, sondern für direkte Konsumtion – was einen Handelsprofit eigentlich zu einer Art mittelbarem Gebrauchswert macht[129] – oder in ökonomisch ineffiziente Hortung, d.h. Entzug der eigenen Werte aus der ökonomischen Zirkulation, eingesetzt, was einer Abkopplung des Kapitals vom Markt sowie der aristotelischen Chrematistik gleichkommt. Oder anders formuliert: Aus Käufern und Verkäufern wurden keine Produzenten. Es fehlt folglich auch eine vertikale oder hierarchische Integration ökonomischer Prozesse, da der Handeltreibende, der den Überschuss autarker Hersteller von Gebrauchswerten übernahm, auf die Produktion von Tauschwerten keinen Einfluss nehmen konnte; interpretativ schließt dies an die Negation von Arbeitsteilung in der griechischen Antike an. Marx sieht folglich keine Verbindung von dem „gewonnenen" Handelsprofit, dem monetären Handels- oder Wucherkapital, und einer Möglichkeit der Investition in Produktionsprozesse.[130] Die chrematistische Generierung von „Geldwaren" führt nicht dazu, dass man mittels des gewonnenen Geldes die Produktion von Tauschwaren steigert oder sich diese überhaupt aneignet. Bei-

127 MEW 42, 92; vgl. Eich 2006, 80 f.

128 MEGA II,8,1, 163 ff. u. 180; Eich 2006, 81.

129 Dies klingt bei Marx, unter Verweis auf Aristoteles, an. Über eine „Ware" und deren Wahrnehmung durch den Warenbesitzer führt er aus: „Seine Ware hat für ihn keinen unmittelbaren Gebrauchswert. Sonst führte er sie nicht zum Markt. Sie hat Gebrauchswert für andere. Für ihn hat sie unmittelbar nur den Gebrauchswert, Träger von Tauschwert und so Tauschmittel zu sein" (MEW 23, 100; Das Kapital I, Abschn. 1, Kap. 2). Als Beleg für seine Aussage führt er ein Aristoteles-Zitat an: „Denn zweifach ist der Gebrauch jedes Gutes. – Der eine ist dem Ding als solchem eigen, der andere nicht, wie einer Sandale, zur Beschuhung zu dienen und austauschbar zu sein. Beides sind Gebrauchswerte der Sandale, denn auch wer die Sandale mit dem ihm Mangelnden, z.B. der Nahrung austauscht, benutzt die Sandale als Sandale. Aber nicht in ihrer natürlichen Gebrauchsweise. Denn sie ist nicht da des Austausches wegen" (Pol. 1257a).

130 MEW 42, 92 f.; vgl. Eich 2006, 81.

de ökonomischen Bereiche bleiben desintegriert. Diese ersichtliche Trennung zwischen Herstellung und Marktvertrieb, die durch die Dominanz der Autarkie determiniert wird, ist – um mit Eich zu sprechen – bei Marx „das wichtigste *substantielle* Merkmal der antiken Gesellschaftsformation“.[131] Ferner ist zu sagen, dass wenn in griechischer Zeit „kooperative Produktionsprozesse“ (Eich), d.h. letztlich integrierte arbeitsteilige Herstellung mit dem Ziel der Generierung von Überschuss, ersichtlich werden, dann handelt es sich nach Marx durchgehend um Sklavenarbeit. Arbeitsteilung, wie oben schon ausgeführt, gab es ansonsten kaum, die griechische Wirtschaft war durch Autarkie und Subsistenz charakterisiert und die Entwicklung der menschlichen Produktivkräfte stagnierte somit insgesamt auf einem niedrigen Niveau. Gewinn aus den ohnehin wenigen Tauschwaren, die nicht bewusst produziert, sondern als zufälliger Überschuss anfielen, wurde nicht in eine Steigerung reinvestiert, um dauerhaft Kapital zu generieren oder – modern gesagt – Wachstum zu erzeugen.

Das Thema der Sklaverei – bekanntermaßen galt im Sinne des historischen Materialismus die griechisch-römische Antike als Sklavenhaltergesellschaft[132] – wird in diesem Aufsatz nur an wenigen Punkten berührt. Es geht hier eher darum, die wesentlichen Charakterzüge der griechischen Wirtschaft, wie sie Marx gesehen hat, exemplarisch herauszuarbeiten: Autarkie, Dominanz von Grundeigentum und Agrarwirtschaft, Dominanz von Gebrauchs- vor Tauschwaren, Nicht-Existenz von Arbeitsteilung, Ablehnung von Geldwirtschaft und Chrematistik, Negation der Bedeutung des Handels etc. Kontrastiert man diese Befunde mit den marxschen Ausführungen zur Sklaverei wird ersichtlich, dass der Einsatz von Sklaven einerseits auch zum Zwecke der Autarkie betrieben wird; etwa die in der Landwirtschaft eingesetzten Unfreien, die Gebrauchsgüter herstellen. Aber die Sklaverei ist anderseits auch von Relevanz, wenn man von der autarken Wirtschaftsform abweicht, wenn man die Produktion von Tauschwerten und deren Handel forcieren und durch Arbeitsteilung die Herstellung optimieren möchte. Die Institution der Sklaverei

---

131 Eich 2006, 82.

132 Dass die Sklaverei eine solch große und grundlegende Bedeutung in der marxistischen Tradition hatte, geht u.a. auf die Rezeption einer Angabe des Athenaios (272c) zurück; vgl. zum Nachfolgenden die umsichtige Analyse von Nippel 2013a, 286 f. u. 294 ff. Athenaios referiert die Ergebnisse einer von Demetrios von Phaleron durchgeführten Zählung, welche die Anzahl von 21.000 Bürgern, 10.000 Metöken und 400.000 Sklaven in Athen erbracht habe. Seit David Hume („Of the Populousness of Ancient Nations“; 1752) wurde die Angabe 400.000 als Verschreibung kritisiert und auf 40.000 reduziert. August Boeckh übte in seinem Standardwerk „Die Staatshaushaltung der Athener“ (1817) ebenfalls Quellenkritik. Aufgrund der runden Zahl ging er von einer Aufrundung aus und reduzierte die Angabe auf 365.000. Später korrigierte Karl Julius Beloch die Zahl wieder auf 40.000 („Die Bevölkerung der griechisch-römischen Welt“; 1886). Zuvor war die Zahl 365.000 aber bereits von Engels und Marx rezipiert worden. Marx hat zwar keine Zahlenangabe zur antiken Sklavenbevölkerung gegeben, nachweislich aber den ersten Band von Georg Friedrich Schoemanns „Griechische Altertümer“ (1855; 3. Aufl. 1871) gekannt. Schoemann übernahm Boeckhs 365.000. Außerdem hat Marx die Monographie von Johann Friedrich Reitemeiers (s.u.) gelesen, der Athenaios’ 400.000 übernommen hatte. Die Überinterpretation der Sklaverei in der marxschen Antikenvorstellung dürfte folglich auch auf die unkritische mittelbare Rezeption dieser mehr als zweifelhaften Zahlenangabe zurückzuführen sein.

ermöglicht damit auch einen Vorgriff auf spätere „modernere" Wirtschaftsformen; als einen solchen Vorgriff kann man sehr bedingt auch die Chrematistik sehen, doch fehlt die Verbindung von Handelskapital und Produktion. Dass dabei – wie Marx an Aristoteles kritisiert – der eigentliche Wert eines Gutes, der in der zu seiner Herstellung zu erbringende Arbeitsleistung liegt, in griechischer Zeit nicht erkannt werden konnte, führt, ebenso wie die Institution der Sklaverei an sich, zu einer Stagnation der menschlichen Produktivkräfte und schließlich zu den Spannungen, welche mittels einer Revolution zu einer Weiterentwicklung der Gesellschaft führen. Marx denkt sich die griechische Ökonomie von seiner industriezeitalterlichen Gegenwart her.

Bemerkenswert ist, dass Marx Johann Friedrich Reitemeiers „Geschichte und Zustand der Sklaverey und Leibeigenschaft in Griechenland" aus dem Jahr 1789 gekannt hat.[133] Dieses Werk, das teilweise die für die Sklaverei-Diskussion so wesentlichen Beiträge der Schottischen Aufklärung[134] rezipiert hat, hatte in der althistorischen Forschung kaum Wirkung. Erst Moses I. Finley hat es – wie Wilfried Nippel trefflich formuliert – „sozusagen wiederentdeckt".[135] Marx hat verschiedene Werke Reitemeiers nachweislich gelesen. Johannes Deißler, dem die wissenschaftsgeschichtliche Aufarbeitung von Reitemeier sowie die sehr gründliche Analyse von Marxens Reitemeier-Rezeption zu verdanken ist, betont, dass „sich Marx bei der Formulierung von ökonomischen Gesetzmäßigkeiten für die auf Sklaverei basierenden Wirtschaftsordnungen weniger von antiken Vorbildern als von den Verhältnissen der modernen Negersklaverei bzw. den Berichten darüber leiten ließ", und bilanziert den Einfluss von „Geschichte und Zustand der Sklaverey" auf Marx wie folgt: „Trotzdem kann man in den Ideen von Marx und Engels Thesen entdecken, die eng mit Reitemeiers Ansichten zur griechischen Antike korrespondieren: So die Meinung, dass die Bürger der griechischen Poleis überwiegend von den durch Sklavenarbeit erwirtschafteten Renten gelebt und körperliche Arbeit als ihrer unwürdig erachtet hätten; oder die so genannte Krisen- und Verelendungstheorie, also das Ergebnis des Konzentrationsprozesses in Handel und Industrie, der der Masse der freien Griechen die Existenzgrundlage entzogen habe".[136] Sklaverei sicherte also auch die Autarkie, führte aber zugleich zu Konzentrationsprozessen. Als solche können das Resultat der von Aristoteles und Marx ausführlich kritisierten Chrematistik, aber auch Verschiebungen in den Eigentumsverhältnissen der agrarisch nutzbaren Areale angesehen werden, die schließlich zu der Entfesselung der Produktivkräfte führen. Wenn die wirtschaftlichen Konstanten – Grundeigentum und Agrarwirtschaft – für die Autarkie anstrebenden Griechen nicht mehr mehrheitlich zugänglich waren, wozu der Einsatz der Sklavenwirtschaft nach Marx führen konnte, dann kommt es zu Konzentrationsprozessen, welche weite Teile der Gesellschaft ins Elend stürzen. Dieser Zustand führt dann dazu, dass es zu einer gewaltsamen Entfesselung der Produktivkräfte kommt.

133 Deißler 2000, 357 ff.

134 Zur Schottischen Aufklärung: Schneider 1988; Grieshaber 2012, 54 ff.; Nippel 2013a, 282 ff.

135 Nippel 2013a, 287, Anm. 40.

136 Deißler 2000, 362 mit den Verweisen auf die entsprechenden MEGA-Stellen.

Da Marx vorrangig den Zustand seiner Gegenwart ökonomisch erklären wollte, war es naheliegend, dass er auch die technologische Entwicklung der Antike thematisierte. Dabei dient ihm dieses Thema als klarer Marker der Andersartigkeit der Antike im Abgleich mit der Moderne sowie als Beleg für das nicht Vorhandensein einer politischen Ökonomie. Er führt bzgl. des Prozesses der Industrialisierung aus:

> „Daher das merkwürdige Phänomen in der Geschichte der modernen Industrie, daß die Maschine alle sittlichen und natürlichen Schranken des Arbeitstages über den Haufen wirft. Daher das ökonomische Paradoxon, daß das gewaltigste Mittel zur Verkürzung der Arbeitszeit in das unfehlbarste Mittel umschlägt, alle Lebenszeit des Arbeiters und seiner Familie in disponible Arbeitszeit für die Verwertung des Kapitals zu verwandeln.“[137]

Er verweist dann auf Aristoteles, der erkannte, dass Technologie wie die Kunstwerke eines Dädalus oder die Dreifüße eines Hephaistos die Arbeitskraft obsolet mache, man bedürfe dann nicht mehr der Arbeiter bzw. der Sklaven (Pol. 1253b 33 ff.). Ferner verweist Marx auf Antipatros von Sidon, der die Erfindung der Wassermühle in einem Gedicht als Arbeitserleichterung begrüßt und gefeiert habe (Anth. Gr. 9,418).[138] Marx kritisiert die antiken Menschen jedoch, da sie die Tragweite technologischer Entwicklungen für die Arbeits- und Produktionssituation nicht hinreichend erkannt hätten. Die Dimension einer Verkürzung des Arbeitstages durch maschinelle Fertigung, die zu einer Entgrenzung von Arbeitsprozessen führte, sowie zugleich die Entwicklung hin zu einer obsoleten Arbeiterschicht, die gänzlich durch eine Auslieferung ihrer Arbeitskraft gegenüber dem bestimmenden Kapital gegeißelt würden, sei nicht erkannt worden. Die marxschen Ausführungen zur Sklavenhaltergesellschaft, aber auch zur Form des geschlossenen hauswirtschaftlichen Kreises und der geringen Bedeutung der Arbeitsteilung sowie die Kritik an dem aristotelischen Wertbegriff korrelieren mit den Bemerkungen zum technologischen Fortschritt in der griechischen Antike. Die sozialen Folgen technologischer Entwicklungen waren nicht ersichtlich, da aufgrund der Sklavenarbeit ein anderer Wertbegriff vorherrschte, die Arbeitsleistung war nicht bestimmend für den Wert einer Sache. Außerdem würde technologische Entwicklung eine etablierte Arbeitsteilung voraussetzen, die aber nicht gegeben war, da die Qualität eines Gebrauchs-, nicht aber die Quantität eines Tauschgutes im Fokus stand.

Kontinuitätslinien

Marx charakterisiert die griechische Ökonomie, wie herausgearbeitet wurde, als auf Grundeigentum und Agrarwirtschaft basierende Autarkie. Wesentlich ist eine geschlos-

137 MEW 23, 430 (Das Kapital I, Abschn. 4, Kap. 13).

138 Zur Aristoteles-Stelle Schneider 1989, 190 u. Schneider 1992, 201 sowie zu dem Gedicht des Antipatros Schneider 1992, 46.

sene Oikos- und Poliswirtschaft, in welcher die Herstellung von Gebrauchsgütern dominant ist. Die Bedeutung von Tauschgütern und einer Arbeitsteilung mit dem Fokus auf der Steigerung der Quantität ist marginal. Eigentlich sind im marxschen Sinne die produzierten Güter keine „Waren", ein Handel war im Binnenbereich kaum ausgebildet, sondern nur im Fernhandel von Bedeutung. Im geldwirtschaftlichen Sinne war die Generierung von Kapital, mittels welchem ein Händler auch Einfluss auf die Produktion nehmen konnte, für Marx in der Antike kaum gegeben. Die Sklavenwirtschaft verstärkte diese Grundelemente der griechischen Wirtschaft, führte aber auf lange Sicht auch hin zu einem Umsturz der Verhältnisse durch die entfesselten Produktivkräfte.

Man kann Marx nicht vorwerfen, dass er seine Thesen nicht anhand antiker Quellen belegt habe. Für die Dominanz der Gebrauchs- vor den Tauschgütern dienen ihm als Quellen z.B. Xenophon, Platon und Aristoteles, für die grundlegende Bedeutung von Grundeigentum und Agrarwirtschaft z.B. Thukydides und Lysias / Dionysios v. Halikarnassos, für die Geringschätzung des Geldes z.B. Sophokles, für die Inexistenz von (im marxschen Sinne) Kapital z.B. Aristoteles, für die Verkürzung von Arbeitszeit durch technologische Entwicklung z.B. Aristoteles und Antipatros von Sidon, für die Dominanz des Oikos ebenfalls „der größte Denker des Altertums" oder für die kaum vorhandene Arbeitsteilung wiederum Platon und Xenophon, aber auch Homer und Sextus Empiricus. Die Bestimmung des Wertes eines Gutes entwickelt Marx zudem in enger und kritischer Auseinandersetzung mit Aristoteles. Marx führte also durchaus Quellenbelege an, wobei er sich auf ausgewählte literarische Überlieferungen und dabei auf bestimmte Textpassagen beschränkte, die im Sinne seiner auf die eigene Gegenwart fokussierten Erklärungen passend schienen.

Fehlende Belege kann man ihm also nicht vorwerfen, allerdings eine sehr problematische dialektische Methodik. Es ging Marx nicht darum, ein detailliertes Bild der altgriechischen Wirtschaft zu zeichnen, sondern die antiken Beispiele dienten als historische Zeugnisse, die Entwicklungen und Zustände seiner eigenen Zeit veranschaulichten, kontrastierten oder belegten und letztlich in das vorgefertigte Theoriemodell passten. Es wurde dialektisch das aus der antiken Literatur selektiert, was für die Darstellung der Moderne passend schien.

Blendet man diese methodischen Mängel aus und betrachtet die angeführten marxschen Grundeinschätzungen der griechischen Wirtschaft losgelöst von den dogmatischen Zwängen der Gesellschaftsformationenlehre, mit welchen auch die Überinterpretation der Sklaverei einhergeht, wird deutlich, dass Marx „Ergebnisse" vorgelegt hat, die in weiten Teilen mit Grundannahmen der sog. primitivistischen Forschungstradition übereinstimmen. Abschließend soll deshalb in groben Zügen auf ersichtliche Kontinuitätslinien hingewiesen werden. Der Blick soll dabei schlaglichtartig auf die Althistorie des 19. Jahrhunderts sowie des frühen 20. Jahrhunderts, also auf eine der Lebenszeit Marxens nahe Zeitspanne, beschränkt bleiben. Eine ausführliche Auseinandersetzung mit den nachfolgend exemplarisch angeführten Historikern kann hier nicht geleistet werden. Lediglich Überschneidungen bzw. Ähnlichkeiten mit Marxens Vorstellung der antiken Wirtschaft sollen aufgezeigt werden, um darzulegen, dass dessen Aussagen (wenn man sie aus seinem sonstigen Theoriekonstrukt löst) durchaus Parallelen mit der damaligen Fachforschung haben.[139]

Die Bedeutung der Oikoswirtschaft, die durch landwirtschaftliche Produktion autark ist und ihre produzierten Güter selbst konsumiert, wurde von dem Ökonom Johann K. Rodbertus (1805–1875) in seiner mehrteiligen Studie „Untersuchungen auf dem Gebiete der Nationalökonomie des klassischen Altertums" aus dem Jahr 1865 betont, wobei er – ebenso wie Marx – als Quellengrundlage besonders Aristoteles heranzog.[140] Rodbertus betrachtete die antike Wirtschaft aus dem Blickwinkel der Besteuerungstypologie und erkannte eine geringe Anzahl von Transaktionen, insbesondere während der Herstellung von Gütern würden diese nicht den Besitzer wechseln, sondern blieben innerhalb des hauswirtschaftlichen Systems. Erkennbar sei dies an der Besteuerungspraxis, die sich in der Regel auf die Taxierung von Grundeigentum und Personen, nicht auf Produktionsgüter beschränkt. Das Altertum war nach Rodbertus somit durch eine geschlossene Hauswirtschaft charakterisiert, in der auch Arbeitsteilung geringfügig ausgebildet war.[141]

Ähnliche Aussagen, die in der Wissenschafts- und Forschungsgeschichte im Vergleich zu Rodbertus stärker rezipiert wurden und werden, tätigte Karl Bücher (1847–1930) in seinem Buch „Die Entstehung der Volkswirtschaft" aus dem Jahr 1893.[142] Bücher ging von einem Stufenmodell aus:[143] Der Volkswirtschaft seiner industriellen Gegenwart gingen die mittelalterliche Stadt- und die geschlossene antike Hauswirtschaft voraus, die durch agrarwirtschaftliche Arbeit ein autarkes Leben ermöglichte.[144] Beate Wagner-Hasel hat betont, dass Bücher die sog. adelige Hausväterliteratur des 18. Jahrhunderts für sein Antiken-Modell rezipiert hat und dieses an seiner Gegenwart kontrastierte, „insofern es den grundlegenden strukturellen Wandel reflektiert, dem der Haushalt im Zuge der Industrialisierung unterworfen war".[145] Damit korreliert bei Bücher auch eine sehr geringe Bedeutung des antiken Handels. Neben diesen beiden inhaltlichen Übereinstimmungen mit Marx besteht auch eine Parallele in der generellen methodischen Herangehensweise: Ebenso wie Marx ging Bücher von einer zunächst vollentwickelten Theorie aus, die zum Ziel hatte, seine Gegenwart zu beschreiben. Ein über mehrere Ebenen bzw. Stufen vollzogener Entwicklungsprozess sollte in den gegenwartsbezogenen Zustand münden, den

139 Man darf noch anmerken, dass die Beschäftigung mit der antiken Wirtschaft im 19. Jahrhundert kein zentrales Thema der Altertumswissenschaft gewesen ist; eine Suche nach entsprechenden Dissertationen führt bspw. zu einem ernüchternden Ergebnis: Drexhage 1980, Nr. 322a, 519, 1489, 1951a. Erst die Tatsache, dass sich „fachfremde" Ökonomen wie Johann K. Rodbertus, Karl Bücher, Otto Neurath, Max Weber oder eben Karl Marx mit der antiken Wirtschaftsgeschichte beschäftigt und einschlägige Arbeiten vorgelegt haben, führte zu einem Aufschwung althistorisch-altertumswissenschaftlicher Untersuchungen.

140 Eich 2006, 11 ff.; Schneider 2009, 347 f.; vgl. auch die kurzen Bemerkungen bei Christ 1999, 223.

141 Marx hat die Arbeiten von Rodbertus gekannt und dieser behauptete sogar, Marx habe ihn plagiiert; vgl. Nippel 2014, 48 f. Wobei sich dieser Vorwurf nicht auf die Äußerungen zur Antike bezog.

142 Albert Schäffle (1831–1903), Mentor und Lehrer Büchers, aber auch dieser selbst, haben sich mit Marxens Schriften nachweislich auseinandergesetzt; Wagner-Hasel 2011, 47 ff.

143 Wagner-Hasel 2011, 67 ff.

144 Schneider 2009, 348.

145 Wagner-Hasel 2011, 76 ff. (Zitat 78).

Bücher erklären wollte. Bücher hat Marxens Thesen gekannt, lehnte aber den Sozialismus als ökonomisch-gesellschaftliches Modell ab; in die „Entstehung der Volkswirtschaft" attestiert er Marx aber, die große historische Bedeutung der ökonomischen Entwicklung seiner Zeit erkannt zu haben.[146]

Die geringschätzige Bewertung des Handels in griechischer Zeit ist auch Teil der Interpretation von Albert B. Büchsenschütz (1828–1922), die er in seinem Werk „Besitz und Erwerb im griechischen Altertum" aus dem Jahr 1869 vorbrachte.[147] Besonders die Kosten sowie die Zollabgaben hätten einen Handel ineffizient gemacht, da die Masse der zur verhandelnden Erzeugnisse nur von geringem Sachwert gewesen sei. Mögliche Gewinnspannen waren aufgrund des Missverhältnisses von Kosten und Warenwert kaum zu erreichen und der Handel war somit von geringer Bedeutung. Büchsenschütz hat sich in weiteren Arbeiten auch ausführlich mit Aristoteles beschäftigt, dessen Quellenwert für die Entwicklung der Autarkie-These in der Bewertung der griechischen Wirtschaft kaum zu überschätzen ist. Allerdings erkennt Büchsenschütz, wie er in der kleinen Monographie „Die Hauptstätten des Gewerbefleisses im klassischen Alterthume" (1869; ND 1967) ausführt, lediglich für die homerische Zeit eine autarke Hauswirtschaft. Die Existenz von Handwerksunternehmen erkennt er an, schätzt ihren Umfang aber aus den genannten Gründen, die den Handel bedeutungslos machen würden, als sehr gering ein. Griechen und Römer seien keineswegs „jemals gewerbetreibende Völker im eigentlichen Sinne des Wortes gewesen" (Hauptstätten 1). Den Markt für handwerkliche Produkte beschreibt er als ausgesprochen klein und durch die Unterentwicklung des Handels beschränkt:

> „Kleine Handwerker können in grösserer Anzahl nur dann an einem Orte dasselbe Gewerbe betreiben, wenn der Absatz ihrer Erzeugnisse nach aussen hin auf die Dauer gesichert ist, da zu einer besonderen Blüthe eines Handwerkes der Absatz am Orte selbst nur bei sehr wenigen Produkten und dann in der Regel nur in grösseren Städten führen kann" (Hauptstätten 4).

Die Interpretation erinnert an Marxens Ausführungen über die rudimentäre Entwicklung von Arbeitsteilung. Die grundsätzliche primitivistische Einschätzung der griechischen Ökonomie ist übereinstimmend.

Die antike Verachtung für Gewerbe, Handwerk und Handel wurde dabei auch schon früher, in dem in seiner Zeit einflussreichen Monumentalwerk von Arnold H. L. Heeren (1760–1842) „Ideen über die Politik, den Verkehr und den Handel der vornehmsten Völker der alten Welt" betont;[148] das mehrbändige Opus erschien zwischen 1793–1796, blieb aber – wie die vierte Auflage von 1824–1826 nahelegt – im Laufe des 19. Jahrhunderts ein

146 Vgl. Wagner-Hasel 2011, 69.

147 Schneider 2009, 344 f.

148 Schneider 2009, 340 ff. Zu Heeren, dem zu Beginn des 19. Jahrhunderts „wohl bekanntesten deutschsprachigen Historiker" (Christ), allgemein auch Christ 1999, 9 ff.; Nippel 1993, 57 f. Eine grundlegende Analyse bietet die in der althistorischen Wissenschaftsgeschichte zu Unrecht nur wenig beachtete Arbeit von Becker-Schaum 1993.

vielgelesenes Werk. In dreierlei Hinsicht zeigen sich Gemeinsamkeiten mit den späteren Äußerungen von Marx. Heerens Verdienst ist es ganz zweifellos, als einer der Ersten auf die Bedeutung der Wirtschaftsgeschichte aufmerksam gemacht zu haben. Explizit kritisiert er, dass man sich in der Altertumsforschung vielfach nur auf Kriege und Politik beschränken würde: „Der innere Zustand der Staaten der alten Welt, und die Hilfsquellen, die jedem eigen waren und zu Gebote standen, sind noch keineswegs erforscht, und selbst noch nicht mal oberflächlich bestimmt; und doch ist dadurch erst eine richtige Schätzung ihrer öffentlichen Unternehmungen möglich" (Ideen 3).[149] In seiner Analyse betont Heeren dann jedoch nur den zwischenstaatlichen Handel, eigentlich – wie Christoph Becker-Schaum bemerkt – untersucht er nur den Fernhandel zwischen Völkern und Staaten. Auf Binnenstrukturen, lokale Märkte oder Berufsfelder geht er kaum ein. Eine Makroperspektive ist charakteristisch für sein dennoch beeindruckendes Werk. Auch Marx attestiert dem antiken Handel lediglich als zwischenstaatliches Phänomen eine Wichtigkeit. Heerens Geringschätzung bzw. sein geringes Interesse an Binnenhandel und -wirtschaft drückt sich vielleicht sinnbildlich auch in einer Textveränderung in der zweiten Auflage der „Ideen über die Politik, den Verkehr und den Handel der vornehmsten Völker der alten Welt" aus. Zunächst hieß es 1793 hinsichtlich des inneren Zustands der Staaten:[150]

> „Forschungen über den Handel und den friedlichen Verkehr der Völker der Vorwelt, müssen uns nothwendig über die Gegenstände die grösten und wichtigsten Aufschlüsse geben. Mehrere mächtige Staaten des Altertums hatten ihre Grösse auf Handel gegründet" (Ideen 4).

In der zweiten Auflage von 1805 relativierte Heeren diesen Passus und schwächt seine Einschätzung deutlich ab:

> „Die Untersuchungen über den Verkehr der Völker scheinen zwar mit denen über die Staatseinrichtungen in der alten Welt, wo der Handel noch nicht in einem solchen Grade die Aufmerksamkeit der Regierungen erregte, wie jetzt, weniger genau verbunden zu seyn. Allein auch bereits damals gab es Staaten, die mehr oder weniger auf den Handel gegründet waren, ..." (Ideen 3).

Auch wenn eine ökonomische Mikroperspektive von Heeren nicht eingenommen wurde, so äußert er 1826 im 15. Band seiner „Historischen Werke" dennoch: „Griechenland war nicht nur Ackerland, nicht bloß Weideland, nicht bloß Handelsland, – es war Alles zugleich" (Historische Werke 15, 49).[151] Ferner betont er, dass die Agrarwirtschaft im Altertum klar den Vorrang vor dem Handel gehabt hätte (Historische Werke 15, 113).[152] Die

149 Becker-Schaum 1993, 151.
150 Becker-Schaum 1993, 152.
151 Becker-Schaum 1993, 131.
152 Becker-Schaum 1993, 163.

Aussagen deuten an, wie er sich die innere wirtschaftliche Beschaffenheit des antiken Griechenland – von Autarkie geprägt – vorstellte. In die gleiche Richtung verweist auch eine Einschätzung, die Heeren im Zuge einer Differenzierung antiker und moderner Zustände tätigt: „Auch die Griechen fühlten es, dass man produciren müsse um zu leben, aber dass man leben solle um zu produciren, ist ihnen freylich nicht eingefallen“ (Ideen 197).[153] Heeren, der sich auf das bereits oben genannte Werk von Reitemeyer stützte, sah ebenso wie später Marx in der Sklaverei die Grundlage griechischer Wirtschaft und Kultur und zog sie als Erklärung für die allgemeine Geringschätzung von Handwerk und Handel heran; denn diese seien Sklaventätigkeiten gewesen (Ideen 197 ff.).

Auf die Wirtschaftsgeschichte Spartas ging auch Karl Otfried Müller (1797–1840) in seinem monumentalen Werk „Die Dorier“ von 1824 ein.[154] In Band III attestierte er ein geschlossenes inner-lakedaimonisches Wirtschaftssystem, dessen restriktiver Verbund etwa durch den beschränkten Gebrauch des Eisengeldes markiert wird, und betont die Bedeutung der einzelnen Hauswirtschaftsgemeinschaften (184 ff.); auch für Kreta hebt er die Bedeutung der Hauswirtschaft hervor. Weiterführend erkennt Müller aber die wirtschaftliche Bedeutung der lakedaimonischen Periöken, die zwecks Handelsgeschäften auch mit Geld aus Edelmetall umgingen und in einer offeneren Wirtschaftsform agierten.

Guiseppe Salvioli (1857–1928) kam in seinem Buch „Le capitalisme dans le monde antique. Etudes sur l'histoire de l'économie romaine“ (1906) ebenso wie Marx zu der Erkenntnis, dass es in der Antike einen Kapitalismus nach moderner Theorie nicht gegeben habe. Lediglich Handels- bzw. Wucherkapital, das nach Marx durch ständiges Kaufen und teureres Verkaufen, aber keineswegs durch eine Verbindung von Kapitalbildung und Produktionsinvestition charakterisiert gewesen wäre, sei in der Antike erkennbar. Salviolis Studie, die die Interpretationen von Marx, aber etwa auch von Bücher und anderen „Primitivisten“ teils bestätigte und teils weiterführte, erreichte internationalen Einfluss.[155] Das Werk wurde 1912 von dem berühmten Sozialphilosophen und SPD-Politiker Karl Kautsky[156] ins Deutsche übersetzt; 1922 erfolgte eine zweite Auflage der deutschen Fassung und im Jahr 1979 eine neue französische. Erst 1929 erschien das Buch posthum auf Italienisch, wurde aber 1985 in einer neuerlichen von Andrea Giardina besorgten Ausgabe aufgelegt.

Von großem und dauerhaftem Einfluss für die Bewertung der vorhellenistischen Wirtschaft waren in der deutschen Forschung die Arbeiten von Johannes Hasebroek (1893–1957),[157] der auch von Moses I. Finley rezipiert wurde und bis heute als Autorität in der vorhellenistischen Wirtschaftsgeschichte anzusehen ist. Hasebroek hat eine pri-

---

153 Schneider 2009, 340.

154 Zu Müller vgl. Christ 1999, 18 f.; Christ 2006, 22 f.; Losemann 2017, 107 ff. jeweils mit weiterer Literatur.

155 Wagner-Hasel 2011, 281.

156 Zu Kautsky, einem der wichtigsten „Marx-Jünger“, vgl. Morina 2017, 199 ff.; Kloft 2018, 588 f. mit weiterer Literatur. Kautsky hat sich auch in eigenen Schriften mit der Sozial- und Wirtschaftsgeschichte der Antike beschäftigt. Besonders hinsichtlich der Sklaverei ist er marxschen Interpretationen gefolgt; zu seinen der Antike gewidmeten Arbeiten: Kloft 1989.

157 Zu Hasebroek vgl. Christ 1999, 230 ff.; Wagner-Hasel 2011, 281 ff., die Hasebroeks Einschätzung des griechischen Handels meiner Meinung nach zu positiv bilanziert.

mitivistische Sichtweise der griechischen Wirtschaft vorgebracht, die insgesamt theoriefrei, aber auf einer gründlichen Analyse der literarischen Quellen aufgebaut ist. In zwei Monographien – „Staat und Handel im Alten Griechenland" (1928) und „Griechische Wirtschafts- und Gesellschaftsgeschichte" (1931; Nachdruck 1966) – betont er ähnlich wie Rodbertus und Bücher, mit deren Thesen er ansonsten nicht deckungsgleich ist, die grundlegende Bedeutung der Hauswirtschaft. Eine Staatswirtschaft und staatliche Wirtschaftspolitik habe es nicht gegeben: „Niemals ist eine nationale Produktion oder ein nationaler Produzentenstand mit seinen materiellen Interessen für die Staatspolitik der autonomen Polis bestimmend gewesen" (Staat VII). Die Relevanz von Händlern stellt er in Abrede. Handeltreibend sei man nicht zwecks Erwerbes gewesen, sondern nur, um den eigenen Unterhalt zu befriedigen, also Gebrauchsgüter zu beschaffen (Staat 9 u. 14): „Man kennt keine Kapitalanhäufung zu dem Zwecke, mit diesem Kapital einen berufsmäßigen Handel zu treiben" (Staat 9). Ähnlich wie Marx erkennt Hasebroek nur die Existenz von Handelskapital, sieht aber keine Verbindung von durch Handel generiertem Kapital mittels welchem dauerhaft Einfluss auf die Produktion von für den Tausch bestimmten Gütern ermöglicht wird. Daraus folgt seine Einschätzung: „Aller berufsmäßiger Handel ist in dieser Wirtschaftsepoche durchweg kapitallos, der Träger dieses Handels proletarisch" (Staat 21). Nach Hasebroek war der Beruf des Händlers oder Kaufmanns keine dauerhafte professionelle Tätigkeit im eigentlichen Sinn, eher eine Gelegenheitstätigkeit, die negativ eingeschätzt wird (Staat 14 u. 17). Der autarke Oikos, in dem Produktion und Konsumtion stattfinden, ist die überwiegende Wirtschaftsform: „Wie das Handwerk, so spielt auch der Handel bei Homer entsprechend der geschlossenen Hauswirtschaft nur eine geringe Rolle" (Wirtschaft- u. Gesellschaftsgeschichte 29). Wobei sich an dieser Grundordnung bis in die klassische Zeit nichts ändern sollte; zur wirtschaftlichen Situation in Böotien urteilt Hasebroek unter Bezugnahme auf Hesiod und besonders Aristoteles: „... auch in der boiotischen Hauswirtschaft die gewerbliche Arbeit für den Eigenbedarf: die Frauen beim Weben, der Bauer, der seinen Pflug, sein Schiff, seine Schuhe, auch sein Haus selbst herstellt" (Wirtschafts- u. Gesellschaftsgeschichte 38; vgl. auch 46); der Bezug zur Arbeitsteilung, wie sie Marx anhand von Platon und Xenophon betont hat, ist offensichtlich.

Dominant war die Selbstversorgung des Oikos. Der „Eigenhandel" macht nur in sehr beschränktem Maße eine Partizipation am Markt möglich und nötig:

> „Neben dem Händler dieser Art steht als Träger des interlokalen Güteraustauschs der griechische Eigenproduzent, der die Überproduktion landwirtschaftlicher Erzeugnisse auf den fremden Markt bringt" (Staat 70).

Ähnlich wie Marx erkennt Hasebroek, so etwa auch mit Verweis auf Hesiod (Wirtschafts- u. Gesellschaftsgeschichte 38 f.), die Existenz eines abstrakten Marktes an, geht aber auch davon aus, dass dieser keinen wesentlichen Einfluss auf das ökonomische Verhalten der Menschen ausgeübt habe:

> „Er [sc. Landmann] sucht durch solchen Handel somit lediglich seinen Nahrungsbedarf zu decken, falls diesen die Landwirtschaft allein ihm nicht gibt. Schon das ergibt, daß für den Reichen ein solcher Handel auch in der hesiodeischen Welt nicht in Frage kommen konnte“ (Wirtschafts- u. Gesellschaftsgeschichte 39).

Nur gelegentlich agierte man auf dem „Markt“ und dann häufig nur zwecks Beschaffung von zur Selbstversorgung notwendigen Gütern; in homerischer Zeit habe der Adel so wenig ökonomisches Interesse besessen, „daß er nicht einmal den Überschuß seiner landwirtschaftlichen Produktion auf den Markt bringt“ (Wirtschafts- u. Gesellschaftsgeschichte 31). Der Fernhandel sei lediglich mit wenigen Luxusgütern erfolgt, in der Regel von phönizischen Händlern durchgeführt (Wirtschafts- u. Gesellschaftsgeschichte 51 u. 280).

Der Handel ist aber immerhin so bedeutend, dass griechische Stadtstaaten durch Zollabgaben Gewinne generieren können (Staat 99), doch bleibt seine Bedeutung für die griechische Wirtschaft marginal:

> „Trotz allem: dieser Handel – der noch ein kapitalloser und in starken Ausmaßen nichtseßhafter ist, der noch bloßer Eigenhandel und durch das ständige Schwanken seiner inneren und äußeren Grundlage denkbar gebunden ist, der zum nicht geringen Teil bloßer Gelegenheitshandel, nicht berufsmäßig ausgeübter Handel ist, ... – dieser Handel konnte nicht zum Träger einer ausgesprochen interlokalen und internationalen Produktionsteilung werden“ (Staat 100).

Für Hasebroek steht die relativ geschlossene, auf agrarische Versorgung angelegte Wirtschaftsform im Vordergrund: „Diese Welt ist eine ackerbauende, keine handeltreibende“ (Staat 73). Folgerichtig sieht er auch neben der Hauswirtschaft und ihren kleineren Handwerksbetrieben keine Großbetriebe mit Massenfertigung (Staat 49).

Die Übereinstimmungen und Ähnlichkeiten mit dem Bild der griechischen Ökonomie bei Marx sind deutlich. Man muss aber auch zwei wesentliche Unterschiede benennen: Im Gegensatz zu Marx, der an das Formationsschema angepasst und die industrielle Revolution als Scheidezäsur ansehend pauschalisierend mittels dialektisch ausgewählter Quellen über die Antike spricht, beurteilt Hasebroek – was er auch in seiner Auswahl und Auswertung der Quellen berücksichtigt – nur das archaische und klassische Griechenland. Außerdem tritt Hasebroek ausdrücklich für eine Negierung der Übertragung moderner Vorstellungen und Termini auf die Antike ein. Obwohl er selbst Begriffe wie „Kapital“ oder „Proletariat“ verwendet, täuscht dies nicht darüber hinweg, dass er das grundlegende methodische Problem des Vergleichs zwischen Antike und Moderne erkennt und in seinen Interpretationen die Komparation auch weitestgehend ausklammert:

> „Die Frage, was von unserem Standpunkt aus gesehen nicht war, ist hier von gleicher Bedeutung und meist schwerer zu stellen als die, was war. Es scheint doch, als ob hier die Generation der ersten Hälfte des vorigen Jahrhunderts, trotz aller Befangenheit in ihrer Idealisierungstendenz, manches richtiger sah, als die spätere

Zeit, weil sie den antiken Menschen noch in seiner Totalität leichter zu erfassen imstande war“ (Wirtschafts- u. Gesellschaftsgeschichte X).

Hasebroek wendet sich in dem 1931 verfassten Vorwort von „Griechische Wirtschafts- und Gesellschaftsgeschichte“ gegen jüngere Forschungsrichtungen, die – namentlich darf man an Eduard Meyer, Karl Julius Beloch, Michael I. Rostovtzeff oder Lujo Brentano denken – eine modernistische Sichtweise der antiken Wirtschaft vertreten haben. Dass Hasebroek lobend auf die Historiker des 19. Jahrhunderts verweist, verwundert nicht. Die eher primitivistische Einschätzung der griechischen Ökonomie war bis zum Ende des besagten Jahrhunderts die verbreitete Sichtweise. Bei der Formulierung „Generation der ersten Hälfte des vorigen Jahrhunderts“ hatte Hasebroek sicherlich nicht Karl Marx im Sinn. Die bisherigen Ausführungen zeigen aber auf, dass wichtige Bestandteile von Marxens Bild der griechischen Wirtschaft im 19. Jahrhundert in der Fachwelt – bei aller Differenz hinsichtlich Quantität und Qualität der Quellenarbeit, die die hier exemplarisch zitierten Arbeiten von Marx unterscheiden – durchaus ähnlich gesehen wurden. Mit anderen Worten: Marxens Vorstellung der griechischen Ökonomie entsprach – wenn man sie losgelöst von seinem Theoriekonstrukt betrachtet – in ihren Grundannahmen weitgehend der damals vorherrschenden Fachmeinung.

Auch die modernistische Reaktion, die im Wesentlichen auf Karl Büchers Entwurf der beschränkten griechischen Oikosökonomie erfolgte, zeigt dies an: Eduard Meyer (1855–1930), der u.a. durch seinen Vortrag „Die wirtschaftliche Entwicklung des Altertums“ auf dem Historikertag 1895 vehement gegen Bücher,[158] aber auch aufgrund bildungspolitischer Entwicklungen[159] eine modernistische Sichtweise vertreten hat, verwendet in seinen Studien vielfach den Begriff „Kapital“. Dies tat er – wie Luciano Canfora festhielt – „in gewollter, scharfer Auseinandersetzung mit Karl Marx“[160] und – wie Meyer 1901 im vierten Band der „Geschichte des Altertums“ selbst explizierte – in Auseinandersetzung mit „den vielen, die bewußt und unbewußt von ihm abhängig sind“ (516). Wen Meyer konkret mit den vielen, die bewusst oder unbewusst den Thesen Marxens nachgehen, meint, soll nicht en detail eruiert werden. Deutlich dürfte aber geworden sein, dass

158 Christ 1992, 308. Neben Meyer müsste eigentlich auch unbedingt auf Karl Julius Beloch eingegangen werden, der in seiner mehrbändigen „Griechischen Geschichte“ (1. Aufl. ab 1893 ff.; 2. Aufl. ab 1912 ff.) entschieden gegen Bücher argumentierte und – so das Urteil von Christ 1992, 266 – im Vergleich zu Meyer ein noch konkreteres und differenzierteres Bild der griechischen Wirtschaft zeichnete. Da hier aber die Einordnung der marxschen Aussage im Kontext der althistorischen Forschungsmeinungen nur exemplarisch verfolgt werden kann, muss das Werk von Beloch – ebenso wie das von Max Weber – übergangen werden.

159 Auf Initiative von Wilhelm II. sollten u.a. die alten Sprachen im Gymnasium reduziert werden, denn der Kaiser wollte – so ein vielfach bemühtes Zitat – „nationale junge Deutsche erziehen und nicht junge Griechen und Römer“. Die von Humboldt eingeführte Bedeutung der klassisch-humanistischen Bildung drohte verloren zu gehen, weshalb Meyer historische Themen suchte, die die Aktualität der Antike und einen gewissen praktischen Lernnutzen für die Gegenwart besaßen; vgl. Schneider 2009, 349 f.; zur Bildungsreform Wilhelms II. auch Clark 2009, 89 ff. (mit dem Zitat); vgl. ferner auch den Aufsatz von Kai Ruffing in diesem Band.

160 Canfora 1995, 53.

einzelne Grundpositionen von Marxens Vorstellung der griechischen Wirtschaft allgemein konventionell in der Forschung verbreitet waren.[161]

Der als Bücher-Meyer-Kontroverse berühmt gewordene Streit zwischen Primitivisten und Modernisten, der später besonders durch die sehr wichtigen Arbeiten von Moses I. Finley eine neue, die Forschung bis heute unmittelbar und stärker mittelbar beeinflussende Dimension – sowohl inhaltlich als auch methodisch – erhalten hat, soll und muss hier nicht behandelt werden.[162] Es darf aber auf einen vergessenen[163] „Modernisten" hingewiesen werden, der als sehr polemischer Marx-Kritiker bekannt geworden ist: Der Ökonom und Wirtschaftshistoriker Lujo Brentano legte 1929 seine Studie „Das Wirtschaftsleben der antiken Welt" vor (ND 1970). Beruhend auf einer soliden Analyse der literarischen Überlieferung, aber auch in Auseinandersetzung mit wesentlichen Forschungsarbeiten wie etwa den Werken von Büchsenschütz oder Rodbertus betont Brentano die enorme Bedeutung des Handels in griechischer Zeit:

> „Angesichts dieser das griechische Wirtschaftsleben beherrschenden Stellung des Handels ist es verwunderlich, wie man daran hat denken können, die schon erwähnte Rodbertussche Lehre von einer wirtschaftlichen Autarkie des einzelnen Haushalts auch auf die nachhomerische Zeit auszudehnen" (38).

161 Es sei darauf hingewiesen, dass es natürlich auch bedeutsame Arbeiten gab, in welchen die marxschen Interpretationen sowie die Theorie des historischen Materialismus mit modernistischen Arbeiten kombiniert wurden. Ein Beispiel für diese Art innovativer Studie stellt Ettore Ciccottis (1863–1939) Buch „Il tramonto della schiavitù nel mondo antico" (1899) dar, das später in weiteren Auflagen (1940 u. 1977) sowie in einer deutschen Übersetzung (1910) erschien. Die wesentliche wissenschaftsgeschichtliche Aufarbeitung von Ciccottis „Il tramonto" wurde durch Silvia Riccardi geleistet, auf die sich die weiteren Ausführungen stützen. Unter Bezugnahme auf Marx erkannte Ciccotti z.B. die Ausprägung verschiedener Arbeits- und Abhängigkeitsverhältnisse im archaischen Griechenland. Die Bipolarität zwischen Adel und Landbevölkerung, aus welcher die Tyrannis des Peisistratos entstand, exemplifizierte er anhand der marxschen Darstellung des napoleonischen Reiches (Riccardi 1997, 232 f. (jeweils mit den Verweisen)). Zugleich weist Ciccotti – wie dies Riccardi sehr überzeugend betont hat – auch viele Übereinstimmungen mit bzw. Beeinflussungen durch Eduard Meyer auf; z.B. der Zusammenhang von Handel und Sklaverei, die Interpretation der Sklavenwirtschaft auf Chios oder die Entstehung des Kolonats (Riccardi 1997, 232 ff.). Ciccotti rezipierte darüber hinaus auch Studien liberaler englischer Forscher. So übernahm er z.B. aus der vierbändigen Geschichte Siziliens (1891–1894) von Edward A. Freeman die These, dass die griechischen Tyrannen als Wegbereiter der Demokratie zu interpretieren seien (Riccardi 1997, 255). Auf Ciccottis bemerkenswertes Gesamtwerk kann hier nicht weiter eingegangen werden; z.B. wäre unter dem Blickwinkel der in diesem Aufsatz verfolgten Fragestellung auch seine 1920 und 1922 in deutscher Übersetzung aufgelegte „Griechische Geschichte" zu beachten, was jedoch den hier vorhandenen Rahmen sprengen würde.

162 Schneider 1990; Schneider 1999; Bresson 2007, 8 ff.; Wagner-Hasel 2011, 280 ff.; Ruffing 2015, 3 ff. jeweils mit weiterer Literatur. Die wesentlichen Texte der Kontroverse bietet Finley 1979.

163 Christ 1999, 230 widmet Brentano einen Halbsatz und auch in den zahlreichen neueren Publikationen zum Primitivismus-Modernismus-Streit spielt er keine Rolle.

Bezüglich der agrarischen Situation in Attika und der Notwendigkeit der Getreideimporte, wobei ihm Herodot, Lysias, Demosthenes und Plutarch als Quellen dienen, hält er auf der Folgeseite fest: „Wenn aber ein Land nicht ohne Zufuhr fremden Getreides leben kann und so rigorose Maßnahmen zur Versorgung der Bürger mit fremdem Getreide getroffen werden mußten, wie kann man da von einem Sich-Selbst-Genügen der einzelnen Haushaltungen sprechen!“ Ausdrücklich wendet sich Brentano auch gegen das dreigliedrige Stufenmodell von Karl Bücher (41), bescheinigt dem griechischen Seehandel die Ausprägung kapitalistischer Geschäftsformen (43), hebt – unter Bezugnahme auf Eduard Meyer – den hellenischen Fernhandel hervor (49), betont die Entwicklung von Geld- und Bankgeschäften (44 ff.) und erkennt die Existenz von Manufakturen, die nur aufgrund des fehlenden naturwissenschaftlichen Fortschritts (nicht aufgrund des Einsatzes von Sklaven) noch nicht als moderne Fabriken zu betrachten seien (47 f.). Diesen exemplarischen Stellen könnten zahlreiche weitere zur Seite gestellt werden, die Brentano als Vertreter der modernistischen Sichtweise charakterisieren.

Brentano kritisiert in „Das Wirtschaftsleben der antiken Welt“ auch mehrmals Einschätzungen, die auf Marx zurückgehen, was kaum verwundert, bedenkt man die langanhaltenden polemischen Auseinandersetzungen, die zwischen ihm und Marx sowie später zwischen ihm und Marxens „geistigen Erben“ (Nippel), u.a. Engels, Karl Kautsky und Eleanor Marx, in mehreren Publikationen erbittert ausgetragen wurden.[164] Der Streit entbrannte aufgrund eines Zitats einer Äußerung des britischen Politikers William Gladstone, die dieser 1863 in einer Haushaltsrede getätigt hat bzw. getätigt haben soll. Marx griff die Aussage mehrmals in verschiedenen Arbeiten (1864 und dann auch 1871 im ersten Band von „Das Kapital“) auf, woraufhin er ab 1872 von Brentano angegriffen wurde, da dieser behauptete, die zitierte Aussage sei von Gladstone nie getätigt worden.

Vor dem Hintergrund dieses langanhaltenden Streites, der inhaltlich – wie Nippel betont hat – ein Konflikt hinsichtlich quellenkritischer Methodik war,[165] verwundert es nicht, dass Brentano auch in „Das Wirtschaftsleben der alten Welt“ direkte Kritik an Marx vorbringt. Über den Einsatz von freien Lohnarbeitern in griechischen Manufakturen korrigiert Brentano unter Verweis auf Büchsenschütz die Ansicht, dass hier vorrangig nur Sklaven gearbeitet hätten:

> „Es gab auch ärmere Freie, welche im freien Arbeitsvertrage die Nutzung ihrer Arbeitskraft an andere verkauften. Also auch den Anforderungen derjenigen wurde genügt, die mit Karl Marx als kapitalistischen Betrieb nur den gelten lassen wollen, in dem freie Arbeiter im sogenannten freien Arbeitsvertrage gedungen werden“ (36).

Die gleiche Aussage wiederholt er später nochmals (51) im Zusammenhang mit seiner Feststellung, dass – entgegen Marx und seinen Nachfolgern – eigentlich auch der Einsatz der Sklaverei zu wirtschaftlichen Zwecken in griechischer Zeit als kapitalistische Unternehmung aufzufassen sei.

164 Nippel 2014, 44 ff. hat den „bizarren Streit“ ausführlich behandelt.

165 Nippel 2014, 47.

Auch die von Marx angeführte Xenophon-Stelle in der Kyropädie (8,2; s.o.), die Marx als Beleg für die geringe Bedeutung der Arbeitsteilung heranzog, bewertet Brentano anders. Die Arbeitsteilung sieht er als Ausdruck eines ausgeprägten Manufakturbetriebs und bringt – hier allerdings nicht mit Bezug auf Marx, sondern in Auseinandersetzung mit dem belgischen Althistoriker Henri Francotte, der in seiner zweibändigen Studie „L'industrie de la Grèce ancienne“ 1900/1901 die Positionen von Bücher bestätigt hatte[166] – ein archäologisches Quellenargument zur Geltung. Denn man könne, so Brentano, wohl nicht glauben, „die berühmten ornamentierten Töpferwaren der griechischen Tonwarenindustrie seien, von Formen der Vasen angefangen, bis zu dem Zeichnen der Figuren und Ornamente, der Bemalung der Vasen und dem schließlichen Brennen ohne Arbeitsteilung innerhalb des Betriebes alle von einer und derselben Personen hergestellt worden“ (48).

Es verwundert nicht, dass Forscher wie Meyer oder Brentano, die in ihren Arbeiten explizit Kritik an Marx üben, modernistische Interpretationen der antiken Wirtschaft vertreten. Die Marx-Kritik fügt sich nahtlos in die Argumentation gegen die primitivistische Sichtweise ein.

Schluss

Die Analyse des marxschen Griechenbildes zeigt, dass der gedankliche Vater des Kommunismus ein Bild der griechischen Ökonomie entwickelt hat, das viele Elemente der primitivistischen Forschungstradition beinhaltete: Autarkie und Hauswirtschaft, Gebrauchs- statt Tauschwerte, Dominanz von Grundeigentum und Agrarwirtschaft, Mangel an technologischem Fortschritt, keine Bildung von Kapital im modernen Sinne, keine Arbeitsteilung, geringe Bedeutung des Handels usw. Übereinstimmungen mit Forschern wie Heeren, Rodbertus, Bücher im 19. Jahrhundert oder später mit den Ergebnissen von Hasebroek sind ersichtlich. Direkten Einfluss hatte Marx auf die Arbeit von Salvioli, aber auch auf Ciccotti. Marxens Werk sowie sein Einfluss haben am Übergang vom 19. zum 20. Jahrhundert bereits Meyer herausgefordert und auch einer seiner ärgsten Kritiker, Brentano, hat in seiner Studie zur antiken Wirtschaft auf ihn reagiert. Würde man den Blick weiter in das 20. Jahrhundert schweifen lassen, würden die Wirkungslinien der marxschen Interpretationen natürlich in der DDR-Althistorie sowie in den sowjetischen Forschungsarbeiten sehr deutlich sichtbar.[167] Doch war dies hier nicht das Thema, es ging

166 Wagner-Hasel 2011, 281. Francotte teilt – soweit ich sehe – mit Brentano das Schicksal, dass sein Werk in der, insbesondere in der antiken Wirtschaftsgeschichte so umfänglich betriebenen, Wissenschaftsgeschichte wenig Beachtung gefunden hat. Dafür könnte vielleicht das Urteil Max Webers verantwortlich sein, der – wie Wagner-Hasel 2011, 181 Anm. 165 zitiert – Francottes Arbeit lediglich als neuerliche Ausführung der bereits von Bücher u.a. erbrachten Ergebnisse ansah.

167 Die Lektüre von Willing 1991 sowie die Aufsätze in Stark 2005 verdeutlichen dies; ferner sei auf den Aufsatz von Eugen Sonnenberg in diesem Band verwiesen.

darum, die Ähnlichkeiten und Übereinstimmungen in der zu Marxens Lebenszeit zeitnahen Wirtschaftsgeschichte aufzuzeigen.

Sehr deutlich wird das methodische Problem, dass Marx von seiner Gegenwart ausgeht. Er sammelt dialektisch Belege aus der Antike, die in sein theoretisches Konstrukt und in seine von Klassenkampf und Formationsabfolge geprägte Vorstellung des Geschichtsablaufs passen. Dabei geht er von einer fertigen Theorie aus, nicht von einer grundlegenden und umfassenden Quellenarbeit. Ihm kann – wie gesehen – nicht vorgeworfen werden, dass er für seine Thesen keine antiken Quellenbelege vorweisen konnte. Allerdings handelt es sich um das gezielte Einbinden positiver, d.h. seine Sichtweise unterstützender Belege. Ein Falsifizieren anhand einer breiteren Quellenbasis findet – aufgrund der besagten Methodik sowie der verfolgten Intention – nicht statt.

Marxens grundsätzliche Herangehensweise an die Antike ausgehend von der Wahrnehmung der eigenen zu erklärenden Gegenwart zeigt sich ansatzweise auch bereits in seiner Dissertation, gleichwohl seine Untersuchungen zu Demokrit und Epikur auf der breitestmöglichen Quellenbasis stehen. Seine innovative Interpretation der epikureischen Philosophie war durch die hegelianischen Diskurse geprägt, auch hier beeinflusste seine Lebenswelt sein Antikenbild. Die in Epikurs Philosophie erkannte Autonomie des Menschen und das damit einhergehende menschliche Selbstbewusstsein spielen in der späteren Darstellung der griechischen Ökonomie keine bemerkenswerte Rolle mehr, fügen sich aber durchaus in das theoretische Gesamtmodell der Formationslehre, in welchem auch eine primitivistische Wirtschaft Platz gefunden hat, ein. Das prometheische Ideal, also menschliche Selbstbestimmung und die Fähigkeit, seine Umwelt zu verändern, dürfen als Grundkonstanten der marxschen Philosophie angesehen werden, sofern nicht sozial-wirtschaftliche Zwänge sie blockieren. Eben diese sind es aber, die letztlich nur einen bestimmten Handlungsspielraum, aber doch keine absolute Autonomie der in Formationen ablaufenden Geschichte erlauben.

„Die Griechen werden ewig unsere Lehrer bleiben“, schrieb Marx, und hat damit ohne jeden Zweifel Recht. Er selbst bleibt nach dem Ende des historischen Materialismus und dem Rückgang marxistisch orientierter Studien nach dem Zerfall der Sowjetunion für Althistoriker vielleicht ein ewiger Diskutant, der aufgrund seiner dialektischen Methodik und seiner Theorie herausfordert – ein ewiger Lehrer bleibt er aber gewiss nicht. Auch der Bedeutungsverlust des Primitivismus-Modernismus-Streites, der durch neuere Forschungsansätze wie der NIÖ[168] sowie aufgrund einer inzwischen durch Archäologie, Epigraphik und Papyrologie vergrößerten Quellenbasis zu beobachten ist, dürfte dazu führen, dass marxsche Äußerungen zur griechischen Wirtschaft kaum noch inhaltlich rezeptionswürdig sind.

---

168 Ruffing 2016, 11 ff.

Literatur

Ahrens 1991 D. Ahrens (Hrsg.), Johann Anton Ramboux. Ansichten von Trier. Katalog des Städtischen Museums Simeonstift Trier, Trier 1991.

Antiquitates Trevirenses 2000 Antiquitates Trevirenses. Beiträge zur Geschichte der Trierer Altertumskunde und der Gesellschaft für nützliche Forschungen. Festschrift zur 200-Jahr-Feier der Gesellschaft für nützliche Forschungen zu Trier, Trier 2000.

Austin/Vidal-Naquet 1984 M. Austin / P. Vidal-Naquet, Gesellschaft und Wirtschaft im alten Griechenland, München 1984.

Backhaus 1974 W. Backhaus, Marx, Engels und die Sklaverei. Zur ökonomischen Problematik der Unfreiheit, Düsseldorf 1974.

Bailey 1928 C. Bailey, Karl Marx on Greek Atomism, in: The Classical Quarterly 22 (1928) 205–206.

Bayertz 2018 K. Bayertz, Interpretieren um zu verändern. Karl Marx und seine Philosophie, München 2018.

Becker-Schaum 1993 C. Becker-Schaum, Arnold Herrmann Ludwig Heeren. Ein Beitrag zur Geschichtswissenschaft zwischen Aufklärung und Historismus, Frankfurt a.M. 1993.

Bees 2009 R. Bees, Aischylos. Interpretationen zum Verständnis seiner Theologie, München 2009.

Bichler 1983 R. Bichler, ‚Hellenismus'. Geschichte und Problematik eines Epochenbegriffs, Darmstadt 1983.

Bresson 2007 A. Bresson, L'économie de la Grèce des cités (fin IVème-Ier siècle a.C.), I. Les structures et la production, Paris 2007.

Buller 2002 A. Buller, Die Geschichtstheorien des 19. Jahrhunderts. Das Verhältnis zwischen historischer Wirklichkeit und historischer Erkenntnis bei Karl Marx und Johann Gustav Droysen, Berlin 2002.

Boardman 1981 J. Boardman, Kolonien und Handel der Griechen. Vom späten 9. bis zum 6. Jahrhundert v. Chr., München 1981.

Bonnell 2015 A. G. Bonnell, A 'very valuable book': Karl Marx and Appian, in: K. Welch (ed.), Appian's Roman history. Empire and Civil War, Swansea 2015, 12–22.

Bouvier/Auts 2018 B. Bouvier / R. Auts (Hrsg.), Karl Marx 1818–1883: Leben. Werk. Zeit, Darmstadt 2018.

Buchenberg 2008 W. Buchenberg, Wirtschaft und Gesellschaft der frühen Griechen, Baden-Baden 2008.

Buck 1998 R. J. Buck, Thrasybulus and the Athenian Democracy. The Life of an Athenian Statesman, Stuttgart 1998.

Canfora 1995 L. Canfora, Politische Philologie. Altertumswissenschaften und moderne Staatsideologien, Stuttgart 1995.

Canfora 2013 L. Canfora, Eine kurze Geschichte der Demokratie. Von Athen bis zur Europäischen Union, Köln 2013.

Christ 1972 K. Christ, Von Gibbon bis Rostovtzeff. Leben und Werk führender Althistoriker der Neuzeit, Darmstadt 1972.

Christ 1990 K. Christ, Neue Profile der Alten Geschichte, Darmstadt 1990.

Christ 1991 K. Christ, Geschichte und Existenz, Berlin 1991.

Christ 1996 K. Christ, Griechische Geschichte und Wissenschaftsgeschichte, Stuttgart 1996.

Christ 1999 K. Christ, Hellas. Griechische Geschichte und deutsche Geschichtswissenschaft, München 1999.

Christ 2006 K. Christ, Klios Wandlungen. Die deutsche Althistorie vom Neuhumanismus bis zur Gegenwart, München 2006.

Clark 2009 C. Clark, Wilhelm II. Die Herrschaft des letzten deutschen Kaisers, München[5] 2009.

Clemens/Clemens 2007 G. Clemens / L. Clemens, Geschichte der Stadt Trier, München 2007.

Cuff 1983 P. J. Cuff, Appian's Romaica: A Note, in: Athenaeum 61 (1983) 148–164.

Cüppers 2000 H. Cüppers, Beiträge zur archäologischen Landesaufnahme des Trierer Raumes durch die Gesellschaft für nützliche Forschungen, in: Antiquitates Trevirenses 2000, 131–155.

Dahms 2016 H.-J. Dahms, Positivismusstreit. Die Auseinandersetzung der Frankfurter Schule mit dem logischen Positivismus, dem amerikanischen Pragmatismus und dem kritischen Rationalismus, Frankfurt a.M.[4] 2016.

Deißler 2000 J. Deißler, Antike Sklaverei und deutsche Aufklärung im Spiegel von Johann Friedrich Reitemeiers „Geschichte und Zustand der Sklaverey und Leibeigenschaft in Griechenland“ (1789), Stuttgart 2000.

Deißler 2010 J. Deißler, Cold Case? Die Finley-Vogt-Kontroverse aus deutscher Sicht, in: H. Heinen (Hrsg.), Antike Sklaverei: Rückblick und Ausblick. Neue Beiträge zur Forschungsgeschichte und zur Erschließung der archäologischen Zeugnisse, Stuttgart 2010, 77–93.

Demandt 1988 A. Demandt, Was wäre Europa ohne die Antike?, in: P. Kneissl / V. Losemann (Hrsg.), Alte Geschichte und Wissenschaftsgeschichte, FS für Karl Christ, Darmstadt 1988, 113–129.

Demandt 2009 A. Demandt, Über die Deutschen. Eine kleine Kulturgeschichte, Berlin[3] 2009.

Demandt 2011 A. Demandt, Philosophie der Geschichte. Von der Antike zur Gegenwart, Köln / Weimar / Wien 2011.

Demandt 2014 A. Demandt, Der Fall Roms. Die Auflösung des römischen Reiches im Urteil der Nachwelt, München[2] 2014.

Dementieva 2005 V. V. Dementieva, Welskopfs „Produktionsverhältnisse im Alten Orient und in der griechisch-römischen Antike“ als Gegenstand der Historiographie: Der Einfluss ihrer Vorgänger, in: Stark 2005, 157–169.

Dirninger 2013 Chr. Dirninger, Die Wirtschaftstheorie der Antike im Lichte der neuzeitlichen Marktwirtschaftslehre, in: M. Frass (Hrsg.), Kauf, Konsum und Märkte. Wirtschaftswelten im Fokus – Von der römischen Antike bis zur Gegenwart, Wiesbaden 2013, 25–41.

Drexhage 1980 H.-J. Drexhage, Deutschsprachige Dissertationen zur Alten Geschichte 1844–1978, Wiesbaden 1980.

Eich 2006 A. Eich, Die politische Ökonomie des antiken Griechenlands (6.–3. Jh. v. Chr.), Köln / Weimar / Wien 2006.

Faust 2000 S. Faust, Die archäologische Sammlung der Königlich-Preußischen Regierung in Trier, in: Antiquitates Trevirenses 2000, 361–376.

Finley 1977 M. I. Finley, Die antike Wirtschaft, München 1977.

Finley 1979 M. I. Finley, The Bücher-Meyer-Controversy, New York 1979.

Finley 1987 M. I. Finley, Quellen und Modelle in der Alten Geschichte, Frankfurt a.M. 1987.

Flashar 2014 H. Flashar, Aristoteles. Lehrer des Abendlandes, München[3] 2014.

Foufas 2016 N. Foufas, Marx et la Grèce antique. La lutte des classes dans l'Antiquité, Paris 2016.

Föllinger 2009 S. Föllinger, Aischylos. Meister der Tragödie, München 2009.

Föllinger 2016 S. Föllinger, Ökonomie bei Platon, Berlin / Boston 2016.

Frolov 1980 E. D. Frolov, Griechische Geschichte bis zum Zeitalter des Hellenismus, in: H. Heinen (Hrsg.), Die Geschichte des Altertums im Spiegel der sowjetischen Forschung, Darmstadt 1980, 69–123.

Gerber 2018 J. Gerber, Karl Marx in Paris. Die Entdeckung des Kommunismus, München 2018.

Geyer 2000 C.-F. Geyer, Epikur zur Einführung, Hamburg 2000.

Grieshaber 2012 Chr. Grieshaber, Frühe Abolitionisten. Die Rezeption der antiken Sklaverei zur Zeit der schottischen Aufklärung und deren Einfluss auf die britische Abolitionsbewegung (1750–1833), Hildesheim u.a. 2012.

Gudopp-von Behm 2009 W.-D. Gudopp-von Behm, Solon von Athen und die Entdeckung des Rechts, Würzburg 2009.

Hardeck 2018 J. Hardeck, Karl Marx und Ludwig Feuerbach, in: Bouvier/Auts 2018, 137–139.

Hasebroek 1928 J. Hasebroek, Staat und Handel im Alten Griechenland, Tübingen 1928.

Haase 2018 L. Haase, Der Trierer Oberbürgermeister Wilhelm von Haw (1783–1862). Eine politische Biographie zwischen Liberalismus, Katholizismus und preußischem Staat, Trier 2018.

Hecker/Limmroth 2014 R. Hecker / A. Limmroth (Hrsg.), Jenny Marx, Die Briefe, Berlin 2014.

Heichelheim 1969 F. M. Heichelheim, Wirtschaftsgeschichte des Altertums. Vom Paläolithikum bis zur Völkerwanderung der Germanen, Slaven und Araber, Leiden 1938, ND 1969.

Heinen 1980 H. Heinen, Das Ende der Alten Welt im Rahmen der Gesamtentwicklung der sowjetischen Althistorie, in: H. Heinen (Hrsg.), Die Geschichte des Altertums im Spiegel der sowjetischen Forschung, Darmstadt 1980, 256–340.

Heinen 2010 H. Heinen, Aufstieg und Niedergang der sowjetischen Sklavereiforschung. Eine Studie zur Verbindung von Politik und Wissenschaft, in: H. Heinen (Hrsg.), Antike Sklaverei: Rückblick und Ausblick. Neue Beiträge zur Forschungsgeschichte und zur Erschließung der archäologischen Zeugnisse, Stuttgart 2010, 95–138.

Horsfeld 2011 R. Horsfeld, Karl Marx, Reinbek 2011.

Hossenfelder 2006 M. Hossenfelder, Epikur, München[3] 2006.

Iliopoulos 2001 G. Iliopoulos, Art. ‚griechische Antike', in: W. F. Haug (Hrsg.), Historisch-kritisches Wörterbuch des Marxismus, Hamburg 2001, Sp. 977–984.

Iorio 2003 M. Iorio, Karl Marx – Geschichte, Gesellschaft, Politik. Eine Ein- und Weiterführung, Berlin / New York 2003.

Jones 2013 T. Jones, Un-Athenian Affairs: I. F. Stone, M. I. Finley, and the Trial of Socrates, in: W. V. Harris (ed.), Moses Finley and Politics, Boston 2013, 123–141.

Katz 1994 C. Katz, The Socialist Polis: Antiquity and Socialism in Marx's Thought, in; Review of Politics 56,2 (1994) 237–260.

Kloft 1989 H. Kloft, Das Elend der Alten Welt. Antike Wirtschaft und Gesellschaft im Werk Karl Kautskys, in: H.-J. Drexhage / J. Sünskes (Hrsg.), Migratio und Commutatio. Studien zur Alten Geschichte und deren Nachleben, St. Katharinen 1989, 175–197.

Kloft 2012 H. Kloft, Art. ‚Marx, Karl', in: DNP Suppl. 6, 2012, Sp. 789–791.

Kloft 2018 H. Kloft, Sozialismus in der Antike? Nicht nur eine wissenschaftsgeschichtliche Frage, in: K. Ruffing / K. Droß-Krüpe (Hrsg.), Emas non quod opus est, sed quod necesse est. Beiträge zur Wirtschafts-, Sozial-, Rezeptions- und Wissenschaftsgeschichte. FS für Hans-Joachim Drexhage, Wiesbaden 2018, 587–598.

Koch 1970 H. Koch, Die Deutung des Untergangs des Römischen Reiches im historischen Materialismus, in: K. Christ (Hrsg.), Der Untergang des Römischen Reiches, Darmstadt 1970, 425–455.

Kondylis 1987 P. Kondylis, Marx und die griechische Antike. Zwei Studien, Heidelberg 1987.

Kunzmann/Burkard/Wiedmann 2005 P. Kunzmann / F.-P. Burkard / F. Wiedmann, dtv-Atlas Philosophie, München[12] 2005.

Lazarus, Marx's Concept M. Lazarus, Marx's Concept of Class and the Athenian Polis, in: Eras Journal 18,1 [http://artsonline.monash.edu.au/eras/] (9. Aug. 2018).

Losemann 2017 V. Losemann, Klio und die Nationalsozialisten. Gesammelte Schriften zur Wissenschafts- und Rezeptionsgeschichte, hrsg. v. C. Deglau / P. Reinard / K. Ruffing, Wiesbaden 2017.

Merten 1984 J. Merten, Eugen v. Boch (1809–1898) als Altertumsforscher, in: Funde und Ausgrabungen im Bezirk Trier 16 (1984) 61–71.

Merten 1989 J. Merten, Das Provinzialmuseum zu Trier bis zum Neubau von 1889, in: Funde und Ausgrabungen im Bezirk Trier 21 (1989) 53–61.

Merten 1990 J. Merten, Der antiquarische Nachlaß von Peter Christoph Sternberg (1823–1864), in: Funde und Ausgrabungen im Bezirk Trier 22 (1990) 58–67.

Merten 1997 J. Merten, Vis unita fortior: Gerhard Schneemann (1796–1864) und die Trierer Altertumsforschung, in: Funde und Ausgrabungen im Bezirk Trier 29 (1997) 76–88.

Merten 1998 J. Merten, *„Die Geschlechter verschwinden mit ihrem Thun ...“* Zu den archäologischen Forschungen des Pfarrers Philipp Schmitt (1805–1856), in: Funde und Ausgrabungen im Bezirk Trier 30 (1998) 113–126.

Merten 1999 J. Merten, „Ich war außer mir vor Wonne!“ Die Aufdeckung der römischen Mosaiken bei Fliessem in der ersten Hälfte des 19. Jahrhunderts, in: Funde und Ausgrabungen im Bezirk Trier 31 (1999) 123–136.

Merten 2010 J. Merten, Friedrich Wilhelm IV. und das römische Mosaik von Nennig an der Obermosel, in: Funde und Ausgrabungen im Bezirk Trier 42 (2010) 98–112.

Merten 2017 J. Merten, Die Forschungsgeschichte der Porta Nigra in Trier, in: Funde und Ausgrabungen im Bezirk Trier 49 (2017) 104–123.

Middell 2006 M. Middell, Karl Marx (1818–1883), in: Lutz Raphael (Hrsg.), Klassiker der Geschichtswissenschaft, Bd 1. Von Edward Gibbon bis Marc Bloch, München 2006, 123–141.

Morina 2017 C. Morina, Die Erfindung des Marxismus. Wie eine Idee die Welt erobert, München 2017.

Müller 1932 R. Müller, Hegel und Marx über die antike Kultur, in: Philologus 116 (1932) 1–31.

Neffe 2017 J. Neffe, Marx. Der Unvollendete, München 2017.

Németh 2006 G. Németh, Kritias und die Dreißig Tyrannen. Untersuchungen zur Politik und Prosopographie der Führungselite in Athen 404/403 v. Chr., Stuttgart 2006.

Nippel 1993 W. Nippel (Hrsg.), Über das Studium der Alten Geschichte, München 1993.

Nippel 2013a W. Nippel, Klio dichtet nicht. Studien zur Wissenschaftsgeschichte der Althistorie, Frankfurt a.M. 2013.

Nippel 2013b W. Nippel, Marx und die Antike. Eine unveröffentlichte Dissertation und Randbemerkungen in einem monumentalen Torso, in: P. Mauritsch / Chr. Ulf (Hrsg.), Kultur(en) – Formen des Alltäglichen in der Antike. FS für Ingomar Weiler zum 75. Geburtstag, Graz 2013, Bd. 2, 1011–1024.

Nippel 2014 W. Nippel, Fußnoten, Zitate, Plagiate. Wissenschaftsgeschichtliche Streifzüge, Heidelberg 2014.

Nippel 2016 W. Nippel, Finley’s Impact on the Continent, in: D. Jew / R. Osborne / M. Scott (eds.), M. I. Finley. An Ancient Historian and his Impact, Cambridge 2016, 270–287.

Nippel 2018 W. Nippel, Karl Marx, München 2018.

Ranowitsch 1958 A. B. Ranowitsch, Der Hellenismus und seine geschichtliche Rolle, Berlin 1958.

Raphael 2018 L. Raphael, Karl Marx und die Wissenschaften seiner Zeit, in: Bouvier/ Auts 2018, 127–135.

Rebenich 2013 St. Rebenich, C.H. Beck 1763–2013. Der kulturwissenschaftliche Verlag und seine Geschichte, München 2013.

Riccardi 1997 S. Riccardi, Die Erforschung der antiken Sklaverei in Italien vom Risorgimento bis Ettore Ciccotti, Stuttgart 1997.

Rödder 2017 A. Rödder, 21.0. Eine kurze Geschichte der Gegenwart, München 2017.

Ruffing 2009 K. Ruffing, Das Imperium Romanum als Wirtschaftsraum, in: MBAH 27 (2009) 63–94.

Ruffing 2015 K. Ruffing, Von der primitivistischen Orthodoxie zum römischen Basar. Die Wirtschaft des Römischen Reiches in der Forschung des ausgehenden 20. und des beginnenden 21. Jahrhunderts, in: R. Lafer / K. Strobel (Hrsg.), Antike Lebenswelten. Althistorische und papyrologische Studien, Boston / Berlin 2015, 3–27.

Ruffing 2016 K. Ruffing, Neue Institutionenökonomik (NIÖ) und Antike Wirtschaft, in: K. Droß-Krüpe / S. Föllinger / K. Ruffing (Hrsg.), Antike Wirtschaft und ihre kulturelle Prägung / The cultural shaping of the ancient economy, Wiesbaden 2016, 11–22.

Salem 1995 J. Salem, Marx et l'atomisme ancien. La dissertation de 1841, in: Annali della Scuola Normale Superiore di Pisa. Classe di Lettere e Filosofia, Serie III, 25, 2 (1995) 1579–1604.

Sannwald 1957 R. Sannwald, Marx und die Antike, Zürich 1957.

Schefold 1989 B. Schefold, Platon und Aristoteles, in: J. Starbatty (Hrsg.), Klassiker des ökonomischen Denkens, Bd. 1, München 1989, 134–155.

Schefold 2004 B. Schefold, Beiträge zur ökonomischen Dogmengeschichte, ausgewählt u. hrsg. v. V. Caspari, Düsseldorf 2004.

Schmidt 1969 E. G. Schmidt, Zu Karl Marx' Epikurstudien (Dissertation und Vorarbeiten), in: Philologus 113 (1969) 129–149.

Schneider 1988 H. Schneider, Schottische Aufklärung und antike Gesellschaft, in: P. Kneissl / V. Losemann (Hrsg.), Alte Geschichte und Wissenschaftsgeschichte, FS für Karl Christ, Darmstadt 1988, 431–464.

Schneider 1989 H. Schneider, Das griechische Technikverständnis. Von den Epen Homers bis zu den Anfängen der technologischen Fachliteratur, Darmstadt 1989.

Schneider 1990 H. Schneider, Die Bücher-Meyer-Kontroverse, in: W. M. Calder III / A. Demandt (Hrsg.), Eduard Meyer. Leben und Leistung eines Universalhistorikers, Köln 1990, 417–455.

Schneider 1992 H. Schneider, Einführung in die antike Technikgeschichte, Darmstadt 1992.

Schneider 1999 H. Schneider, Art. ‚Bücher-Meyer-Kontroverse', in: DNP 5, 1999, Sp. 834–836.

Schneider 2009 H. Schneider, Die Erforschung der antiken Wirtschaft vom Ende des 18. Jahrhunderts bis zum Zweiten Weltkrieg: Von A. H. L. Heeren zu M. I. Rostovtzeff, in: V. Losemann (Hrsg.), Alte Geschichte zwischen Wissenschaft und Politik. Gedenkschrift für Karl Christ, Wiesbaden 2009, 335–385.

Schwinden 2000 L. Schwinden, Ausgrabungen und archäologische Untersuchungen der Gesellschaft für nützliche Forschungen, in: Antiquitates Trevirenses 2000, 101–129.

Seewaldt 2011 P. Seewaldt, Trier im Bild 1800–2000, Trier 2011.

Seifert 2010 H.-U. Seifert, Der Besuch Friedrich Wilhelms IV. in Trier 1855 in den Augen einer englischen Touristin, in: Landeskundliche Vierteljahrsblätter 56 (2010) 131–148.

Sperber 2013 J. Sperber, Karl Marx. Sein Leben und sein Jahrhundert, München 2013.

Stark 2005 I. Stark (Hrsg.), Elisabeth Charlotte Welskopf und die Alte Geschichte in der DDR, Stuttgart 2005.

Stedman Jones 2017 G. Stedman Jones, Karl Marx. Die Biographie, Frankfurt a.M. 2017.

Streminger 2017 G. Streminger, Adam Smith. Wohlstand und Moral. Eine Biographie, München 2017.

Teeple 1990 G. Teeple, The Doctoral Dissertation of Karl Marx, in: History of Political Thought 11 (1990) 81–118.

Tompkins 2013 D. A. Tompkins, Moses Finkelstein and the American Scene: The political Formation of Moses Finley, 1932–1955, in: W. V. Harris (ed.), Moses Finley and Politics, Boston 2013, 5–30.

Tschudow 1994 R. Tschudow, Das marxistisch-leninistische Platon-Bild, in: Gymnasium 101 (1994) 457–460.

Wagner-Hasel 2011 B. Wagner-Hasel, Die Arbeit des Gelehrten. Der Nationalökonom Karl Bücher (1847–1930), Frankfurt a.M. 2011.

Weber 2000 W. Weber, Die Gesellschaft für nützliche Forschungen und der Christlich archäologisch-historische Verein für die Diözese Trier, in: Antiquitates Trevirenses 2000, 377–389.

Wehler 2008 H.-U. Wehler, Deutsche Gesellschaftsgeschichte. Zweiter Band: Von der Reformära bis zur industriellen und politischen „Deutschen Doppelrevolution“, 1815–1845/49, München 2008.

Welskopf 1957 E. C. Welskopf, Die Produktionsverhältnisse im Alten Orient und in der griechisch-römischen Antike. Ein Diskussionsbeitrag, Berlin 1957.

Willing 1991 M. Willing, Althistorische Forschung in der DDR. Eine wissenschaftsgeschichtliche Studie zur Entwicklung der Disziplin Alte Geschichte vom Ende des Zweiten Weltkriegs bis zur Gegenwart (1945–1989), Berlin 1991.

Winkler 2015 H. A. Winkler, Geschichte des Westens, Bd. 1: Von den Anfängen in der Antike bis zum 20. Jahrhundert, München[4] 2015.

Zahn 1980 E. Zahn, Johann Anton Ramboux in Trier, Trier 1980.

III.

Wissenschaftsgeschichtliche Zugriffe auf einzelne Althistoriker

Ein vierfacher Aussenseiter: Arthur Rosenberg (1889–1943)

Mario Keßler

Über wenige Historiker hat sich das allgemeine Urteil nach ihrem Tod so sehr gewandelt wie über Arthur Rosenberg. Zu Lebzeiten war er ein Außenseiter des Fachbetriebs wie – nach einer kurzen und spektakulären Karriere – auch auf seiten der politischen Linken. Alsbald nach seinem Tod setzte jedoch eine intensive Rezeption des Historikers Rosenberg ein, und in den 1960er Jahren wurden seine Bücher zur Neueren Geschichte geradezu „Klassiker" unter den Studenten und Akademikern, die damals politisch nach neuen Ufern suchten. Heute gilt Rosenberg als einer der wichtigsten deutschen Historiker des 20. Jahrhunderts – ein Urteil, das zu seinen Lebzeiten undenkbar schien.

Arthur Rosenberg ist der Nachwelt vor allem als Verfasser wichtiger Bücher zur *Entstehung und Geschichte der Weimarer Republik* (1928 und 1935, einbändige Ausgabe 1955), von *Demokratie und Sozialismus* (1938), aber auch der *Geschichte des Bolschewismus* (1932) in Erinnerung geblieben. Der Althistoriker ist hingegen nur noch Spezialisten des Fachs bekannt.[1]

In seinem kurzen Leben behauptete sich Rosenberg auf sehr unterschiedlichen Gebieten. Geboren und aufgewachsen im kaiserlichen Berlin, erlangte er früh einen guten Ruf als Althistoriker, der schon mit 24 Jahren eine Habilitationsschrift über den *Staat der alten Italiker* vorlegte. Ursprünglich Monarchist, brach er nach dem Ersten Weltkrieg mit seinem Herkunftsmilieu, dem assimilierten jüdischen Bürgertum und der deutschnationalen Gelehrtenwelt. Im November 1918 trat er der USPD bei und gelangte knapp zwei Jahre später mit ihrem linken Flügel in die KPD. Nach 1923 wurde er ein bekannter kommunistischer Politiker. Er gehörte ab 1924 dem Reichstag und der Führungsspitze der KPD sowie dem Exekutivkomitee der Komintern an. Bekannt wurde er auch als Vertreter der KPD im Ausschuss des Reichstages über die Ursachen des deutschen Zusammenbruchs im Ersten Weltkrieg.

Mitte der zwanziger Jahre nahm Rosenberg besorgt die allmähliche Unterordnung der KPD unter das Regime Stalins wahr, und im April 1927 verließ er aus Protest gegen die später so bezeichnete Stalinisierung die Partei. In den folgenden Jahren profilierte er

1 Von den Arbeiten über Arthur Rosenberg seien genannt: Schachenmeyer 1964; Berdin 1971; Wehler 1974; Müller/Schäfer 1986; Müller/Schäfer 1986; Schäfer 2000; Riberi 2001; Keßler 2003. Das Folgende stützt sich in großen Teilen auf das letztgenannte Buch.

sich als Zeithistoriker und unabhängiger Marxist, dem das reaktionäre Establishment die Berufung auf einen Lehrstuhl verweigerte. Immerhin konnte Rosenberg bis zu seiner Flucht Anfang 1933 als außerplanmäßiger Professor in Berlin unterrichten. In Zürich, Liverpool und zuletzt in New York versuchte er, sich und seiner Familie eine neue Existenz aufzubauen. Von 1938 bis zu seinem Tode lehrte er am Brooklyn College.

Arthur Rosenberg war ein vierfacher Außenseiter: Er war es als Jude in einem zunehmend antisemitischen Deutschland. Er war es als Althistoriker, der sich dann der Neueren Geschichte zuwandte. Er war es später als Marxist in der weitgehend von konservativem Gedankengut geprägten deutschen Gelehrtenwelt. Er war es schließlich als zunehmend undogmatischer Kommunist in und dann außerhalb einer Partei, die immer dogmatischer und verhärteter wurde. Das besondere Augenmerk gilt im Folgenden dem Althistoriker, der am Beginn seiner wissenschaftlichen Laufbahn noch keineswegs Marxist war. In einem Band, der den Beziehungen zwischen der Alten Geschichte und Karl Marx gewidmet ist, lohnt es sich gleichwohl zu fragen, ob nicht auch in den ersten Jahren von Rosenbergs wissenschaftlicher Tätigkeit bereits Spuren sichtbar wurden, die auf den späteren Marxisten verweisen. Dies ist zumal deshalb von Interesse, da Rosenberg 1921 in einer seiner letzten althistorischen Arbeiten, der Broschüre *Demokratie und Klassenkampf im Altertum*, seine noch nicht lange zurück liegende Entscheidung für die radikale Linke populärwissenschaftlich zu unterfüttern suchte. Für die Kenntnis von Rosenbergs Marxismus-Verständnis ist allerdings auch eine kurze Revue entsprechender Äußerungen in seinen neuhistorischen Schriften unerlässlich.

Auf sicherer Bahn? Der junge Althistoriker Arthur Rosenberg

Arthur Rosenberg wurde am 19. Dezember 1889 in Berlin in einer Familie des jüdischen unteren Mittelstandes geboren.[2] Sein Vater Georg Henry, ein Geschäftsmann, und seine Mutter Helene stammten beide aus dem Gebiet Rosenberg/Rózsahegy (heute *Ružomberok*), das damals zur österreichisch-ungarischen Monarchie gehörte und jetzt ein Teil der Slowakei ist. Beide Eltern waren assimilierte Juden. Arthur und seine Schwester Jenny wurden nach ihrer Geburt protestantisch getauft.

Georg Henry Rosenberg starb in recht jungen Jahren, und so hatte die Familie Mühe, den Unterhalt zu sichern. Ein Stipendium der Gustav-Levinstein-Stiftung ermöglichte Arthur Rosenberg den Besuch der höheren Schule. 1907 bestand er sein Abitur mit sehr gutem Ergebnis am Askanischen Gymnasium in Berlin. Bereits als Gymnasiast scheint Arthur Rosenberg, einer Erinnerung seiner Schwester zufolge, die liberal-emanzipatorische Rolle der Arbeiterbewegung des Kaiserreichs positiv gesehen zu haben, wenngleich

2 Durch einen Formfehler erhielt er bei seiner Geburt weder die deutsche, noch die österreichische Staatsbürgerschaft, was erst beim Einzug zur Armee auffiel. Von 1917 bis zur Ausbürgerung durch das Nazi-Regime 1936 war er deutscher Staatsbürger.

ihn dies noch nicht zum Sozialisten machte.[3] Von 1907 bis 1911 studierte er Alte Geschichte, Philologie und Archäologie an der Berliner Friedrich-Wilhelms-Universität. Schon früh erwuchs in dem durch glänzende Leistungen auffallenden Studenten der Wunsch nach einer wissenschaftlichen Laufbahn.

Rosenberg war „assimilierter" Jude, der als Protestant die größtmögliche Angleichung an die ungeschriebenen Normen der deutschen Wissenschaftswelt vollzogen hatte. Professoren jüdischer Herkunft waren in der Alten Geschichte vor dem Ersten Weltkrieg keine absolute Ausnahme mehr. Hier schien es, wie bereits vor 1900 die Beispiele Joseph Rubino, Karl Lehrs, Otto Hirschfeld zeigten, am ehesten möglich, den Außenseiter-Status, der die jüdische Herkunft mit sich brachte, zu überwinden.[4] Voraussetzung war freilich die Taufe. Wer als getaufter Jude, wie Otto Hirschfeld in Berlin, bis zur Professur gelangt war, schien „völlig in die deutschsprachige Geschichts- und Altertumswissenschaft integriert."[5]

Neben Hirschfeld waren die Altertumswissenschaften in Berlin damals durch zwei weitere Kapazitäten vertreten: den Philologen Ulrich von Wilamowitz-Moellendorff, Theodor Mommsens Schwiegersohn, und Eduard Meyer.

Als Student schloss sich Rosenberg besonders eng Eduard Meyer an. Dieser und Otto Hirschfeld begutachteten 1911 seine Dissertation über *Untersuchungen zur römischen Zenturienverfassung*. In einer knappen Arbeit von 42 Seiten beschäftigte sich Rosenberg mit dem Problem der „servianischen Ordnung". Servius Tullius, dem römischen König, schreibt die antike Tradition die Einrichtung der nach Vermögensklassen und Hundertschaften (Zenturien) gegliederten Heeresversammlung zu. Mit dieser Verfassungsreform verlor die Kurienversammlung an Bedeutung und wurde später auf die Bestätigung der gewählten Beamten begrenzt. Servius schuf nach der Überlieferung eine Verfassung, die den wehrfähigen Plebejern neben den Patriziern gewisse politische Rechte einräumte, wenn auch gerade auf diese Weise den Vermögenden die Stimmenmehrheit gesichert war. Man teilte die Bürgerschaft entsprechend ihrem Vermögen in fünf Klassen und 193 Zenturien ein, wobei die „Ritter" und die erste Klasse die absolute Stimmenmehrheit gegenüber allen anderen Klassen besaßen.

In Auseinandersetzung mit Theodor Mommsen und Hans Delbrück betonte Rosenberg, dass die Verfassung nicht mit der Heeresordnung zusammenfiel, wenngleich sie auf ihr beruhte, und schrieb:

> „Die servianische *Militär*ordnung (der natürlich equites und Fußvolk, die Scheidung in assidui und proletarii, in iuniores und seniores, die Abteilungen der fab-

3 In einem Brief an den Historiker Hermann Weber schrieb Jenny Rosenberg am 17. März 1961 über ihren Bruder als Schüler: „Er war begeistert von Singer u[nd] Bebel", den beiden damaligen SPD-Vorsitzenden. Kopie des Briefes im Besitz des Verfassers.

4 Zu nennen sind für spätere Jahre auch Jacob Bernays in Bonn, Ludwig Traube in München, Friedrich Münzer in Münster, Eugen Täubler in Heidelberg, Richard Laqueur in Gießen, Tübingen und Halle. Der Altphilologe Eduard Norden wurde 1927 Rektor in Berlin; vgl. Chantraine 1986, 121 f.

5 Christ 1982, 164.

> ri und Musikanten, die Versammlung auf dem Marsfeld u. a. angehören) ist *nicht* identisch mit der servianischen *Stimm*ordnung. Sondern die Heeresordnung wurde, als man sie als Volksversammlung verwenden wollte, zu diesem Zweck aus politischen Motiven geändert, nämlich durch die Einrichtung der 5 Klassen und der 193 Zenturien."[6]

Rosenberg zog Analogien aus der Neuzeit und die bevölkerungsstatistischen Forschungen von Karl Julius Beloch heran, um ein „Verständnis des (römischen) Klassensystems [...] vom Standpunkt der Politik aus zu gewinnen."[7] Er suchte die „Beschränkung der Demokratie" im republikanischen Rom darzulegen:

> „‚Divide et impera' war überall der Grundsatz des altrömischen Adels. Nach ihm regierte man Italien, wo der Latiner der Masse der socii gegenüberstand, und letztere wieder in die verschiedensten Gruppen nach Rechten und Verpflichtungen zerfielen. Und nach ihm sucht man die einheitliche Masse der Bauernschaft zu Hause, die geschlossen, unüberwindlich war, zu sprengen. So schuf man aus wohlhabenden Großbauern die erste Klasse, gab ihr 80 Stimmen, d.h. mit der Nobilität *einig*, die Majorität; und suchte auf alle Weise in ihr ein gesondertes, den Kleinbauern und Arbeitern entgegen gesetztes Standesgefühl zu erwecken. Dass der Versuch gelungen ist, zeigt noch heute unsere deutsche Sprache, wenn wir von ‚Klassen', ‚Klassenbewusstsein' und dergl. reden."[8]

Rosenberg sah die Zenturienversammlungen als „Kontrollversammlungen"[9] und suchte den Nachweis zu führen, dass die „servianische Verfassung" nicht vor dem 4. Jahrhundert v. u. Z. entstanden war.[10]

Der Autor bemühte sich um die Ermittlung von Zahl und Stärke der einzelnen Klassen der servianischen Ordnung. Um das Zahlenverhältnis zwischen Voll- und Kleinbauern, „Bauerngütern und Parzellenbetrieben", in Rom feststellen zu können, versuchte er Methoden der modernen Agrarstatistik anzuwenden und bemerkte:

> „Überall das gleiche Ergebnis. Die Zahl der Betriebe nimmt nach oben mit reißender Schnelligkeit ab; nur eine kleine Minorität besitzt mehr als eine mäßige Grenze angibt, und auf der anderen Seite sind die ganz kleinen Wirtschaften, die in Rom in die fünfte Klasse gehörten, etwa die Hälfte von allen."[11]

6 Rosenberg 1911, 2. Für die Interpretation stütze ich mich auf Christ 1982, 177 ff.
7 Rosenberg 1911, 14.
8 Rosenberg 1911, 16 f.
9 Rosenberg 1911, 20.
10 Rosenberg 1911, 21.
11 Rosenberg 1911, 26.

Rosenberg glaubte die Stärke der Zenturien für die Zeit um 225 v. u. Z. berechnen zu können. Diesen Überlegungen widersprach zwar ein Rezensent,[12] doch erfuhr die Buchfassung der Dissertationsschrift, die um diese Berechnungen erweitert wurde, eine intensive Rezeption in der Fachwelt,[13] die Dissertation selbst eine sehr positive Beurteilung durch die beiden Referenten Hirschfeld und Meyer. Am 29. Juli 1911 bestand Rosenberg das Doktorexamen *Magna cum laude*, einem damals selten vergebenen Prädikat.[14] Er untermauerte seine Ergebnisse mit einer Reihe von Spezialuntersuchungen, die er an die Dissertation anschloss. In ihnen bemühte er sich, wiederum meist in Auseinandersetzung mit Mommsen, Einzelheiten der Zenturienverfassung zu klären, wobei er auch einen Vergleich der servianischen mit der solonischen Verfassung in Athen zog.

Helmut Schachenmeyer, der die erste gründliche Studie über Rosenberg verfasste, wollte bei der Verwendung von Termini wie „Klasse" und „Klassenkampf" den Doktoranden bereits auf dem Wege zum Marxismus sehen.[15] Luciano Canfora und Lorenzo Riberi weisen jedoch mit Recht darauf hin, dass sogar der ausgesprochene Antimarxist Eduard Meyer solche Kategorien in seinen Schriften und Lehrveranstaltungen verwendete und damit zu einem Anreger für die moderne deutsche Sozialgeschichte wurde.[16] Im vierten Band seiner *Geschichte des Altertums* hatte Meyer 1901 betont:

> „Die Kapitalisten wollen die Massen und den Staat ebenso gut beherrschen wie die Agrarier, aber sie treten für die Forderungen der Menge ein, weil die demokratische Gestaltung des Staats ihnen am meisten zugute kommt."[17]

In der Zeit nach Perikles, also nach 429 v. u. Z., wären laut Meyer nicht nur die demokratischen Parteiführer, sondern auch ihre politischen Gegner Kaufleute und Kapitalisten gewesen:

> „Für diese ganze Generation von Staatsmännern ist charakteristisch, dass sie zu dem Stande der Gewerbetreibenden, der Kaufleute und vor allem der Industriellen gehören. [...] Auch bei den Konservativen sah es nicht viel anders aus: Nikias, ihr Führer, entstammte keinem alten Adelsgeschlecht, sondern war ein Kapitalist, der seinen Reichtum dem Bergwerksbetrieb verdankte."[18]

Meyer suchte die Kategorien einer entstehenden Sozialgeschichtsschreibung in expliziter Auseinandersetzung mit Marx „und den vielen, die bewusst und unbewusst von ihm

12 W. Soltau in: Berliner Philologische Wochenschrift, 33 (1913), Sp. 891–895.

13 Übersichten der Rezensionen finden sich bei Schachenmeyer 1964, S. 173, und bei Keßler 2003, 291.

14 Humboldt-Universität zu Berlin, Universitätsarchiv (HUB, UA, Phil. Fak.) 1234: Habilitationen. Rosenbergs Habilitationsakte war die Promotionsurkunde beigefügt (Bl. 126R).

15 Schachenmeyer 1964, 15.

16 Vgl. Canfora 1995, 52; Riberi 2001, 28 f.

17 Meyer 1912.

18 Meyer 1912, 51.

abhängig sind", auf die Alte Welt zu übertragen: „Wer die Anwendbarkeit des Kapitalbegriffs auf das antike Leben leugnet", betonte er, „vermag, geblendet durch die abweichenden rechtlichen Formen, die wahre Gestalt des wirtschaftlichen Lebens der Zeit nicht zu erkennen."[19] In Anlehnung an Hegel und mit scharfer Kritik am Marxismus wie am Liberalismus schrieb Meyer, dass der „Staat in seiner Urgestalt älter als der Mensch ist und die Voraussetzung aller menschlichen Entwicklung bildet."[20]

Lorenzo Riberi sieht mit Recht in Meyer den idealtypischen Vertreter einer deutschen „Gelehrtenpolitik", der den „Dienst am Staat" mit einer scharfen Ablehnung der Idee vom Staat als Gemeinwesen politisch selbständig handelnder Bürger verband.[21] Doch bleibt zu ergänzen, dass Meyer mit der Verwendung von Kategorien wie „Kapital" und „Klasse" schon über das Gros seiner Fachkollegen hinausging, waren doch diese Termini in der akademischen Welt damals noch höchst unpopulär. Ihre führenden Repräsentanten wandten sich gegen eine Analyse der Gesellschaft nach ökonomischen Kriterien, fürchteten sie doch, dass darin der Keim einer radikalen Gesellschaftskritik liegen könnte. Sie misstrauten dem Klassenbegriff sogar dort, wo er rein deskriptiv gebraucht wurde. Als historisches Phänomen, keineswegs jedoch als politisch legitimes Mittel der Gesellschaftsveränderung, hatte seit Mommsen der Revolutionsbegriff Einzug in die althistorische Literatur gehalten und – neben einem unorthodoxen Gelehrten wie Robert von Pöhlmann[22] – natürlich auch Meyer beeinflusst.[23] Rosenberg nahm dessen begriffliche Anregungen auf und suchte sie in seinen späteren althistorischen Forschungen anzuwenden. Rosenbergs Dissertation erschien in erweiterter Form im Buchhandel und wurde mit dem Preis der Johann-Gustav-Droysen-Stiftung ausgezeichnet. Dies ermöglichte ihm schließlich, die gewünschte wissenschaftliche Laufbahn einzuschlagen.

In seinen späteren Studienjahren und als Doktorand kam Rosenberg neben der – sozusagen – „negativen" Beeinflussung durch Eduard Meyer durch die Lektüre der Werke Franz Mehrings erstmals näher mit dem Marxismus in Berührung. Rosenbergs Kommilitone Kurt Kersten gab hierzu zwei wichtige Hinweise: Rosenberg habe, schrieb er in einem Privatbrief, schon als Student ein „starkes Interesse für militärpolitische Fragen als Schüler der militärischen Schriften von Friedrich Engels" gehabt.[24] In einer Einleitung zur Neuausgabe der *Entstehung der deutschen Republik* betonte Kersten, Rosenberg sei „durch die Schule Franz Mehrings, des überzeugten Vertreters des historischen Materialismus, gegangen."[25] Inwieweit Rosenbergs späteres Urteil über Franz Mehring auf seine

19 Meyer 1912, 516, Anm. 2.

20 Meyer 1907, 34.

21 Riberi 2001, 31.

22 Zur kritischen Rezeption von Pöhlmanns zweibändiger *Geschichte des antiken Kommunismus und Sozialismus*, die 1893 und 1901 erschien, vgl. u.a. Christ 1972, 201–247; zu von Pöhlmann vgl. auch den Aufsatz von Kai Ruffing in diesem Band.

23 Zum Revolutionsbegriff bei Mommsen, der hier nicht *in extenso* referiert werden kann, vgl. Tornow 1978, 9 ff.

24 Brief Kurt Kerstens an Helmut Schachenmeyer, 12. Dezember 1959. Die hier zitierten Briefe an Dr. Helmut Schachenmeyer überließ mir dieser freundlicherweise in Kopie.

25 Kurt Kersten, Einleitung zu: Rosenberg 1991, 7.

Studienjahre zurückgeht, muss indes offenbleiben. In den dreißiger Jahren rühmte er Mehrings „Reichweite seiner Interessen, sein Wissen und die Sicherheit seiner Methode", die ihm „eine bis heute unerreichte Stellung unter allen Vertretern des historischen Materialismus" verleihen würde.[26]

Nach der Promotion arbeitete Rosenberg zunächst als Volontär für die *Frankfurter Zeitung*, einem der führenden Blätter Deutschlands, und war an der Redaktion von *Ullsteins Weltgeschichte* beteiligt. Zeitweilig hielt er sich in Italien auf, um das Material für seine Habilitationsschrift zusammenzutragen. Im Jahre 1914, im Alter von knapp 25 Jahren, habilitierte er sich mit der (bereits gedruckt vorliegenden) Arbeit *Der Staat der alten Italiker. Verfassung der Latiner, Osker und Etrusker*,[27] worin er die verschiedenen Regierungsformen in den Stadtgemeinden des vorrömischen Italiens untersuchte.

In seiner Habilitationsschrift erschloss Rosenberg Neuland. Im Unterschied zur bisherigen, ganz auf Rom konzentrierten Forschung behandelte er ausführlich die Magistraturen, die obrigkeitlichen Verwaltungssysteme, im latinischen, oskischen und etruskischen Bereich. Die vergleichende Perspektive bewog ihn zur Ausgangsthese: „Das alte Rom war eine einfache italische Stadt, und fast alle seine Institutionen kehren auch in anderen Gemeinden wieder."[28] Er untersuchte das bisher kaum behandelte Problem der „Romanisierung der italischen Magistratur", wobei er intensiv die in Italien gesichteten etruskischen Inschriften verwertete. Der Autor behandelte die Ädilität von Tusculum im Latium ebenso wie die Magistrate der Etrusker, die Ursprünge der Liktoren oder jene des *magister equitum*, des „Gehilfen" des Diktators.

Als „Kernstück" des Buches bezeichnet Karl Christ mit Recht die Auswertung der italischen Resultate für das Verständnis der römischen Verfassungsentwicklung.[29] Über die verschiedenen Stufen der römischen Ämterlaufbahn[30] schrieb Rosenberg resümierend:

> „Betrachten wir nun noch einmal die Genesis der berühmten römischen Ämter, so haben wir gesehen, dass nur die Quästur bodenständig in Rom gewachsen ist. Alle anderen, Konsulat und Prätur, Zensur und Diktatur, schließlich die Ädilität haben ihre Wurzeln in dem staatsbildenden Denken der italischen Völker [...] Von den großen Prinzipien des römischen Staates, von der Kollegialität und Annuität, sowie von dem Gedanken des Imperiums ist nichts am Tiber ursprünglich. Der Jahresbeamte findet sich in allen antiken Republiken. Kollegialverfassungen gab es in ganz Süditalien, und das starre Imperium ist die Schöpfung der Etrusker."[31]

26 A. Rosenberg, Mehring, Franz, in: Encyclopaedia of the Social Sciences, 10 (1933), Sp. 301 f.

27 Rosenberg 1913.

28 Rosenberg 1913, VI.

29 Christ 1982, 181.

30 Die Stufen der Ämterlaufbahn waren in aufsteigender Reihenfolge: *Quaestor* (Senator), *Aedilis* oder *Tribunus* (Volkstribun), *Praetor*, *Consul*. Außerdem wurden zwei *Censores* gewählt, die Konsuln gewesen sein mussten.

31 Rosenberg 1913, 83 f.

Die Größe Roms liege nicht darin, dass es das Imperium übernommen habe,

> „sondern darin, dass es diese gefährliche absolute Beamtengewalt überwunden hat, sie mit Hilfe der Kollegialität [...] zähmte. Roms älteste Verfassung ist kein Produkt der sogenannten Entwicklung, sondern die Schöpfung der Not. Die römische Republik schützte sich mit dem Panzer des Beamtenimperiums, um ihre Existenz nach innen und außen zu behaupten. Später machte man die Rüstung stark und bequem zugleich. Roms Verfassungsformen kannten auch die anderen Italiker; aber der civis Romanus, der ganz freie Mann im festgegründeten Staat, ist sein geistiges Eigentum. Diesen Begriff hatten die Etrusker so wenig wie die Osker oder Latiner."[32]

Canfora sieht, hier Arnaldo Momigliano folgend,[33] in Rosenbergs Habilitationsarbeit die „Grundsteinlegung einer radikal neuen, jetzt allgemein akzeptierten Wertschätzung der römischen Frühgeschichte und der römisch-italischen Beziehungen".[34]

Rosenberg schloss die Schrift im Mai 1913 ab.[35] Am 9. Juni reichte er die Arbeit mit den beizufügenden Unterlagen ein. Aus ihnen geht sein damaliger Wohnsitz hervor: Berlin-Wilmersdorf, Ludwigkirchplatz 9. Am 6. Dezember erfuhr er vom Dekan, seinem Lehrer Michael Tangl, dass die Probevorlesung und das Kolloquium nach den Weihnachtsferien stattfinden könnten. Am 13. Dezember beschloss die Fakultät, Rosenberg zur Habilitation zuzulassen und bestimmte als Thema der Probevorlesung: Die Entstehung des Patriziats und der Plebs im alten Rom.[36]

Der junge Privatdozent Rosenberg meldete sich mit Beginn des Ersten Weltkriegs als Freiwilliger, wurde aber zunächst zurückgestellt. Mit seiner Kriegsbegeisterung stand Rosenberg unter deutschen Hochschullehrern keineswegs allein – im Gegenteil: Eine unübersehbare Phalanx von Schriftstellern, Publizisten und Wissenschaftlern erklärte den *Deutschen Krieg* als den Moment des Aufstiegs Deutschlands von der Großmacht zu einer Weltmacht, die eine *weltgeschichtliche Sendung* zu erfüllen habe.

Die Berliner Universität nahm in der Kriegspropaganda den Spitzenplatz unter den deutschen Hochschulen ein. Am 27. August 1914 forderte, um nur eines von vielen Beispielen zu nennen, Wilamowitz dort in einer Rede: „Wir müssen in uns ein Feuer erzeugen, das nicht bloß einmal auflodert, wenn es gilt, Hurra zu rufen über einen Sieg, sondern das eine stille stetige Glut wird, die uns wärmt, auch wenn böse Kunde kommt und schwere Leiden an uns herantreten."[37] Der Krieg sei „etwas Großes", er habe „unsere Herzen höher gehoben", so Wilamowitz weiter, denn er habe gezeigt: „Eintracht, alle für einen, kein Unterschied zwischen dem König und dem letzten jeder Partei. Jeder

32 Rosenberg 1913, 84.

33 Vgl. die Zusammenfassung der Debatte bei Latte 1968, 355–358.

34 Canfora 1995, 180. Zur späteren Rezeption des Werkes vgl. Rudolph 1935 (kritisch), sowie Galsterer 1976 (positiv).

35 So die Datierung im Vorwort, vgl. Rosenberg 1913, VI.

36 HUB, UA, Phil. Fak. 1234: Habilitationen, Bl. 122–126R.

37 Deutsche Reden in schwerer Zeit. Herausgegeben von der Zentralstelle für Volkswohlfahrt und dem Verein für volkstümliche Kurse von Berliner Hochschullehrern, Berlin 1914, 3.

hat die Hand gehoben zu dem Gelöbnis, für's Vaterland, für Deutschland einzustehen. [...] Und sehen Sie, was der Krieg enthüllt hat bei den anderen! Was ist herausgekommen aus der belgischen Seele? Wie hat sie sich offenbart als eine Seele der Feigheit und des Meuchelmordes!"[38]

Manche dieser Positionen finden sich bereits im Aufruf „An die Kulturwelt" vom 4. Oktober 1914 und in der „Erklärung der Hochschullehrer des Deutschen Reiches" vom 16. Oktober. Beide Manifeste wollten die Forschung ganz in den Dienst des Krieges stellen. Die von Wilamowitz verfasste Erklärung der Hochschullehrer schloss mit dem Bekenntnis: „Unser Glaube ist, dass für die ganze Kultur Europas das Heil an dem Siege hängt, den der deutsche ‚Militarismus' erkämpfen wird, die Manneszucht, die Treue, der Opfermut des einträchtigen deutschen Volkes."[39] Die offensive Werbekampagne des Historikers Dietrich Schäfer bewirkte, dass die Zahl der Unterschriften rasch auf über viertausend anwuchs. Auch Arthur Rosenberg unterschrieb. Damit befand er sich im Einklang mit der weit überwiegenden Mehrzahl seiner Kollegen des akademischen Establishments, in dem ihm ein dauerhafter Platz winkte.

Das Weltkriegsende als Wegscheide

Rosenberg wurde mit Kriegsbeginn noch nicht zur Armee eingezogen. Er setzte seine Publikationstätigkeit fort, wobei eine längere Abhandlung über „Perikles und die Parteien in Athen" durchaus aktuelle Bezüge sichtbar werden ließ: „Perikles erkannte", schrieb er,

> „dass die Majorität der Athener von den Terroristen im Geiste des Ephialtes ebensowenig wissen wollte, wie von den Reaktionären im Geiste Kimons. Gleich entfernt von beiden Extremen proklamierte er das neue Programm des Friedens, der Versöhnung und der materiellen Interessen, und hat auf dieser Grundlage triumphiert."[40]

Noch stärker als bei Meyer fungierte Perikles als die große überparteiliche Gestalt.[41] Der Gedanke an ein Kaisertum, das nur Deutsche, aber keine Parteien mehr kenne, liegt nahe.

Im Oktober 1915 wurde er dann zum Deutschen Kriegspresseamt dienstverpflichtet.[42] An der Spitze dieser 1870 geschaffenen Einrichtung, die für die militärische Pressepolitik verantwortlich war, stand Major (später Oberstleutnant) Walter Nicolai, der Chef der Nachrichtenabteilung III B beim Chef des Generalstabs des Feldheeres. Im Ersten

38 Ebd., 6.
39 Beide Aufrufe sind im Faksimile abgedruckt bei vom Brocke 1985, 716 f.
40 Rosenberg 1918a, 209.
41 Vgl. insbesondere Meyer 1915, *passim*.
42 HUB, UA, R 208: Personalnachrichten über den Privatdozenten Dr. A. Rosenberg, Bl. 1–2.

Weltkrieg umfasste das Kriegspresseamt schließlich neben dem Zentralbüro und der Verwaltung eine Auskunftsstelle, eine Oberzensurstelle sowie eine Auslandsstelle.[43]

Der vom Kriegspresseamt veröffentlichte Heeresbericht wurde zur Grundlage der amtlichen Berichterstattung. Er wurde vom Generalquartiermeister Erich Ludendorff, dann zeitweilig von der Abteilung III B, schließlich von der Operationsabteilung verfasst.[44] Da sich der Hauptsitz des Kriegspresseamtes in Berlin NW6, Luisenstraße 31a, befand, konnte Rosenberg auch seinen wissenschaftlichen Interessen weiter nachgehen. So schrieb er während eines Weltkrieges, doch weit entfernt vom Leiden an der Front, eine Besprechung über die Darstellung eines kriegsgeprüften Volkes des Altertums, Ulrich Kahrstedts *Geschichte der Karthager von 218 bis 146*.[45] Seine Forschungsinteressen reichten nunmehr von der Frühgeschichte Makedoniens[46] über die Geschichte Latiums vor dem Aufstieg Roms[47] bis zum Untergang des Weströmischen Reiches.[48] Eine Rezension eines Buches über Ammianus Marcellinus, der sich im 4. Jahrhundert als Nachfolger des Tacitus sah,[49] nahm Rosenberg als Ausgangspunkt für ein neues Arbeitsgebiet: die Geschichte der römischen Historiographie. Zunächst bearbeitete er einen Kommentar zur *Römischen Geschichte* des Titus Livius, eines Zeitgenossen von Augustus und Chronisten der frühen römischen Stadtgeschichte. Dabei befasste er sich ausführlich mit Organisationsplänen des Heeres und mit der Frage, ob Hannibal über den Montgenèvre oder den Kleinen St. Bernhard gekommen sei.[50] Während diese Broschüre und weitere Arbeiten Rosenbergs erst ab 1918 erschienen, konnte er einige Berichte und Rezensionen noch während des Krieges publizieren.[51]

Seine nach den akademischen Graduierungsschriften zunächst wichtigste Veröffentlichung war die Neuherausgabe von Johann Gustav Droysens *Geschichte Alexanders des Großen*, die erstmals 1833 erschienen war. Der Nachdruck der 5. Auflage von 1898 war mit dem der dritten Auflage von 1880 identisch, die Droysen noch selbst besorgt hatte.[52] Die früheren Ausgaben, die (außer der Erstausgabe) bei Perthes in Gotha erschienen waren, weisen kein Vorwort auf. Nunmehr hatte der Verlag Decker, der die Neuausgabe besorg-

43 Bundesarchiv, Berlin, R/1501/112326: Reichsministerium des Innern, Akten betr.: Das Kriegspresseamt, Bl. 9.

44 Vgl. Nicolai 1920, 55.

45 A. Rosenberg, Rez. zu: Ulrich Kahrstedt, Geschichte der Karthager von 218 bis 146, in: Deutsche Literaturzeitung 36 (1915) Sp. 1034–1039.

46 Rosenberg 1916a.

47 Rosenberg 1915a; Rosenberg 1916b.

48 Rosenberg 1915b.

49 A. Rosenberg, Rez. zu: Walter Klein, Studien zu Ammianus Marcellinus, in: Deutsche Literaturzeizung 37 (1916) Sp. 250–252.

50 Hilfsheft zu Titus Livius, Römische Geschichte, 3. Aufl., Leipzig 1918 (Teubners Schülerausgaben griechischer und lateinischer Schriftsteller), Bearbeiter der Abschnitte III, 2 (S. 10–13) und X–XIII (S. 82–136).

51 A. Rosenberg, Rez. zu Tenney Frank, Roman Imperialism, in: Berliner Philologische Wochenschrift 36 (1916) Sp. 1099–1109; Rosenberg 1916/1918.

52 Vgl. hierzu und zum folgenden Canfora 1995, 158 f. u. 176 ff.

te, einen prominenten Autor für das fällige Vorwort verpflichten können: den schwedischen Forschungsreisenden Sven Hedin.

Ob Rosenberg selbst Hedin zur Mitarbeit an der Ausgabe gewann, lässt sich nicht mehr feststellen.[53] Da die allermeisten Aktenbestände des Kriegspresseamtes in den letzten Tagen des Zweiten Weltkrieges in Potsdam durch Bombeneinwirkung vernichtet wurden, muss dies offenbleiben. Hedin war jedoch für die deutsche Propaganda von erheblicher Bedeutung, weil international berühmt und als Bürger eines neutralen Landes prononciert deutschfreundlich eingestellt. Am Vorabend des Weltkrieges hatte er die Schrift *Deutschland und die nordischen Staaten* veröffentlicht, deren Untertitel den Erscheinungszweck wiedergibt: *Die Vernichtung der englischen Weltmacht und des russischen Zarismus durch den Dreibund und den Islam*. Hedins Buch *Kriget mot Ryssland* war noch im Erscheinungsjahr 1915 unter dem schlagkräftigen Titel *Nach Osten!* bei Brockhaus in Leipzig erschienen. Im gleichen Jahr besuchte Hedin die deutsche Westfront. Resultat dieser Erfahrung war eine auch in Englisch, Französisch und Spanisch erschienene Schrift: *Ein Volk in Waffen*. In den Schlusszeilen seines Vorwortes zu Rosenbergs Droysen-Ausgabe nahm Hedin wie erhofft Stellung:

> „In Hindenburgs Vaterland, in diesem Deutschland, das mit unsterblichem Ruhm seinen Kampf fast gegen die ganze übrige Welt auskämpft, wird Makedoniens König, Asiens Eroberer, zahlreichere Freunde und Bewunderer finden als jemals zuvor."[54]

Auch Rosenbergs Einleitung ist politisch geprägt. Droysens *Alexander* sei historiographisch überholt. Das Hauptinteresse des Lesers von 1917 an diesem Buch sei auf einen „unmittelbaren Reiz" an der Militärgeschichte im gegenwärtigen Krieg zurück zu führen. „Man kann wohl sagen, dass wir bei der Eroberung des Perserreiches durch Alexander zum erstenmal in der Weltgeschichte die systematische Arbeit eines denkenden Generalstabes verfolgen können", schrieb er und erinnerte auch an Droysens preußenfreundliche Haltung während und nach der Revolution von 1848/49.[55] Schließlich scheute er nicht vor einem Vergleich Wilhelms I. mit Alexander zurück; „die Jahrzehnte, in denen das deutsche Volk seine Einigung und Weltstellung gewann, stehen unter dem Zeichen Wilhelms I., und die Epoche, in der das hellenische Volk, frisch geeinigt, die Weltherrschaft eroberte, ist das Zeitalter Alexanders."[56]

---

53 Hedin war offenbar über Droysen nicht gut informiert, denn in seinen Erinnerungen an Deutschland schrieb er 1938, er habe 1892 seine Doktorprüfung in Halle in Droysens Anwesenheit abgelegt. Dieser war jedoch schon 1884 verstorben, wohl aber war sein Sohn Gustav damals Dekan in Halle; vgl. Canfora 1995, 179. Rosenberg könnte Hedin die Fakten über Droysen und die Entstehungsgeschichte seines Alexander-Buches geliefert haben.

54 Sven Hedin, Vorwort zu: Johann Gustav Droysen, Geschichte Alexanders des Großen, Berlin 1917, XII.

55 Arthur Rosenberg, Einleitung, in: Ebd., XVIIf.

56 Ebd., XVI.

Im Herbst 1917 wurde Rosenberg dann zur Armee eingezogen. Aufgrund seiner fachlichen und sprachlichen Kenntnisse, aber auch krankheitsbedingt, kam er nicht in den Schützengraben, sondern zu den rückwärtigen Diensten. Am 2. Oktober 1917 schrieb er seinem Lehrer Meyer aus Frankreich: „Ich wurde ganz plötzlich zum Arbeitsdienst eingezogen, kam erst nach Frankfurt a.O. und wurde dann nach Frankreich geschickt. Ich befinde mich jetzt auf dem Sägewerk La Besace bei Sedan. Da ich durch mein Leiden[57] an schwerer Arbeit gehindert bin, werde ich bei der Feldpost beschäftigt. [...] Was ich hier in Frankreich bisher gesehen habe, stimmt mich durchaus optimistisch. Die selbstverständliche Ruhe, mit der hinter der Front die Herstellung des Kriegsmaterials und die Ausbildung des Ersatzes weitergeht – ganz gleich, was bei Verdun usw. geschehen mag – macht uns niemand nach. Guter Mannschaftsersatz ist, nachdem, was ich in der Garnison und hier beobachtet habe, in Fülle vorhanden, und für das Übrige wird Hindenburg sorgen." Dabei verschloss Rosenberg nicht die Augen vor den Leiden des Krieges: „Furchtbar ist der Eindruck, den die Entvölkerung Nordfrankreichs hervorruft. In dem Städtchen Brieulles z.B. gibt es nur noch ein paar Dutzend Franzosen; in der hiesigen Gegend habe ich noch gar keinen gesehen!" Rosenberg hoffte, alsbald seine Arbeit im Kriegspresseamt (und seine historischen Forschungen) fortsetzen zu können. „Eine Reklamation des Kriegspresseamtes zu meinen Gunsten ist bereits im Gang. Ich hoffe daher, zu Semesterbeginn in Berlin zu sein. Ich habe deshalb auch meine Vorlesungen nicht abgesagt."[58]

Ein anderes briefliches Zeugnis stammt aus dem folgenden Jahr. Im Februar 1918 hatte Rosenberg seine Arbeit für das Kriegspresseamt in Berlin wieder aufgenommen und wohnte in der Ziegelstraße 3, in unmittelbarer Nähe des Bahnhofs Friedrichstraße. Er teilte seinem Lehrer mit, dass „aus den englischen Zeitungen der letzten 4 Wochen eine ganz außerordentliche Verschlechterung der Wirtschaftslage zu entnehmen ist; es herrscht [in England] eine Fleisch- und Fettnot schlimmster Art und die Polonaisen vor den Läden sind viel schlimmer als bei uns. Die Stimmung der breiten Masse ist dem entsprechend."[59]

Ein Dreivierteljahr später schickte Meyer seinem Schüler sein Buch *Caesars Monarchie und das Principat des Pompeius* zu. Rosenberg bedankte sich überschwänglich:

> „Das Buch hat mir eine doppelte, große Freude gemacht, erstens als Geschenk selbst, und zweitens hatte ich gar nicht erhofft, dass wir in diesen Zeiten von Ihnen ein so großes und tiefgehendes Werk bekommen würden. Für alle Leute, die wirklich Sinn für geschichtliche Wahrheit haben, muss Ihr Caesarbild das Mommsens verdrängen. Ich erinnere mich, wie ich als Primaner den III. Band von Mommsens Römischer Geschichte verschlungen habe. Damals wurde Caesar mein Ideal. Inzwischen lernte ich nüchterner urteilen. Seltsamerweise bekam ich nun aus Ihrer Darstellung wieder denselben überwältigenden Eindruck von Caesars Persönlich-

57 Rosenberg teilte die Art des Leidens nicht mit.

58 Rosenberg an Meyer, 2. Oktober 1917, in: Archiv der Berlin-Brandenburgischen Akademie der Wissenschaften, Nachlass Eduard Meyer, Nr. 1130.

59 Rosenberg an Meyer, in: Ebd., Nr. 15. Rosenberg waren durch seine Arbeit im Kriegspresseamt, ungleich Meyer, die Zeitungen der alliierten Staaten zugänglich.

keit wie damals, obwohl doch die einzelnen Elemente des Bildes bei Ihnen ganz anders sind als bei Mommsen."

Dann kam er auf die aktuelle Kriegslage zu sprechen, die sich dramatisch zu Deutschlands Ungunsten entwickelt hatte, und zog einen aufschlussreichen Vergleich:

> „Manchmal fiel mir beim Lesen auch der modern gefallene Caesar, Ludendorff, ein. Aber Caesar hätte niemals nach Gergovia die Gallier um Frieden gebeten und damit auch die Spanier und Numidier zum Abfall von Rom veranlasst!!"[60]

Dies bezog sich auf Ludendorffs Friedensangebot an die Alliierten, in dessen Konsequenz Deutschlands faktischer Diktator, wie Rosenberg zehn Jahre später schrieb, die Parlamentarisierung Deutschlands anordnete.[61]

Francis L. Carsten vermutete, Rosenberg sei 1917 der Deutschen Vaterlandspartei beigetreten, die ein hochgradig annexionistisches Kriegszielprogramm vertrat. Er stützte sich auf mündliche Äußerungen von Arthur Rosenbergs Namensvetter Hans Rosenberg, der mit ihm im amerikanischen Exil Freundschaft schloss.[62] Die Vaterlandspartei, eine, in Hans-Ulrich Wehlers Worten, „imperialistische Massenbewegung mit frühfaschistischen Zügen",[63] war als Reaktion auf die Friedensresolution der Reichstagsmehrheit vom 19. Juli 1917 gebildet worden. Rosenberg selbst schrieb jedoch elf Jahre später: „Ich habe in der Zeit bis zum 10. November 1918 keiner politischen Partei oder Organisation angehört."[64] Aber 1917 bemühte er sich noch, seinem Lehrer und dessen Ansichten zu folgen. Meyer, Mitglied der Vaterlandspartei, hatte mit Georg von Below und Dietrich Schäfer zu den maßgeblichen Kräften gehört, die 1915 in der sogenannten Intellektuellen-Eingabe immer weitergehende Annexionspläne verkündet, und ein „deutsches Europa" propagiert hatten.[65] Die unter anderem von Hans Delbrück und Friedrich Meinecke initiierte Gegeneingabe, die zur Mäßigung, keineswegs zur Absage an Annexion und Gewaltpolitik, riet, hatte hingegen ein nur geringes Echo gefunden.[66] Die Friedensresolution der Reichstagsmehrheit führte im Juli 1917 auch zur Spaltung der Professorenschaft.

60 Rosenberg an Meyer, 4. November (1918), in: Ebd., Nr. 1130. Gergovia, der Hauptsitz der Gallier, wurde von ihnen im Gallischen Krieg 52 v. u. Z. mit Erfolg gegen Cäsar verteidigt, was zum Abfall einiger (nicht aller) Verbündeter vom römischen Lager führte.

61 Rosenberg 1928, 212 (Neuausgabe: „Entstehung der Weimarer Republik").

62 Vgl. Carsten 1974, 268. Im November 1983 schrieb Hans Rosenberg an Luciano Canfora, Arthur Rosenberg habe „immer vermieden, über seine Tätigkeit während des Ersten Weltkrieges zu sprechen. [...] Es war ihm offensichtlich unangenehm, da er sich Ende 1918 radikalisierte und der kommunistischen Partei zuwandte"; vgl. Canfora 1984, 16 f.

63 Wehler 1975, 215.

64 Rosenberg 1991, 7. Hagenlücke 1997, nennt Rosenberg nicht.

65 Diese Eingabe wurde mit 1347 Unterschriften im Juli 1915 Reichskanzler Bethmann Hollweg übergeben. Der Text ist abgedruckt bei Grumbach 1917, 132–140.

66 Vgl. Schwabe 1969, 59 f.

Über seine Arbeit im Kriegspresseamt, der zentralen Zensur-, Propaganda- und Spionagebehörde des deutschen Militärapparates, schwieg Rosenberg auch in späteren Jahren. Luciano Canfora ging dem 1984 nach und vermutete, auch gestützt auf Textvergleiche, Rosenberg könnte dort eine prominente Rolle gespielt haben.[67] So findet sich die Charakteristik Bismarcks als Verkörperung der großen politischen Gedanken des Volkes in einem Einzelnen, wie in der Einleitung des Droysen-Buches, in ähnlicher Weise in einem anonymen Artikel der *Deutschen Kriegsnachrichten*, dem seit November 1916 dreimal wöchentlich erscheinenden Organ des Presseamtes.[68] Möglicherweise schrieb Rosenberg einen Teil der außenpolitischen Wochenübersichten des Blattes.

Am 9. September 1918 erschien in den *Kriegsnachrichten* ein Bericht über die ausländische Einmischung in den Bürgerkrieg in Sowjetrussland:

> „Durch zahllose Morde an Anhängern der Räteregierung ist das britische Vorgehen im Norden Russlands gekennzeichnet. [...] Der Mordanschlag gegen Lenin und die Ermordung Uritzkijs, die zu den Hauptführern der Bolschewisten gehören, ließen die Zünder aufblitzen, die England gelegt hatte, um den von ihm unterirdisch angehäuften Sprengstoff zur Entladung zu bringen. In den Händen der bei der Räteregierung beglaubigten Vertreter Großbritanniens, an ihrer Spitze der Generalkonsul Lockhart in Moskau, war die Leitung der aufgedeckten weitverzweigten Verschwörung, die mit allen Mitteln der Bestechung und des Meuchelmordes die gesamte Führerschaft der unliebsamen Räterepublik aus dem Weg räumen sollte."[69]

Stammt diese Passage etwa aus Rosenbergs Feder?

Sein wissenschaftliches Ansehen brachte ihn Anfang 1918 zum ersten Mal für eine Professur ins Gespräch. Die Deutsche Universität in Prag suchte einen Nachfolger für den nach Marburg berufenen Anton Ritter von Premerstein als Professor für römische Altertumskunde und Epigraphik und schlug Rosenberg am 18. Januar 1918 *primo et aequo loco* mit Arthur Stein vor. Rosenberg sei „ein ungemein begabter, sowohl durch Scharfsinn [wie] gründliche und umfassende Kenntnisse und Schulung ausgezeichneter junger Forscher", hieß es im Gutachten der Berufungskommission. Stein, seit 1915 in Prag Privatdozent für römische und griechische Geschichte und Altertumskunde, wurde schließlich im September 1918 zum außerordentlichen Professor und 1922 zum Ordinarius berufen. Als Vorzug gegenüber Rosenberg führte die Kommission an, dass Stein sowohl Historiker wie Epigraphiker war und neben den griechischen und römischen auch die ägypti-

67 Canfora 1984, 25 f.
68 Vgl. Bismarck, in: Deutsche Kriegsnachrichten, 22. Juli 1918.
69 Ebd., 9. September 1918.

schen Quellen für seine Forschungen heranzog.[70] Obwohl Rosenberg knapp scheiterte, war er jetzt bei fälligen Vakanzen ein aussichtsreicher Kandidat.

Im Jahre 1918 erschien sein Aufsatz über „Die Parteistellung des Themistokles". Darin erörterte er, dass die verschiedenen politischen Kräfte in der Antike wie in der Moderne den Begriff der Demokratie mit ganz unterschiedlichen Inhalten füllen. „Zu der großen Veränderung des Begriffs", schrieb er, um den Unterschied zwischen Themistokles und Perikles zu illustrieren, „bietet das heutige Russland einen hübschen Vergleich. Dort annektieren die Sozialisten die Bezeichnung ‚Demokraten' für sich und sprechen von einer ‚demokratischen' Conferenz, wenn die Vertreter der sozialistischen Parteien, mit Ausschluss des Bürgertums, zusammentreten. Auf der anderen Seite nehmen aber auch die Bürgerlichen, die ‚Kadetten', den Demokraten-Namen für sich in Anspruch."[71]

Rosenberg unterschied zwischen der als „bürgerlich" bezeichneten Demokratie von Kleisthenes und Themistokles und der „fortschrittlichen" Demokratie oder „Demokratie der Besitzlosen" von Perikles und Ephialtes.[72] Der Verweis auf das russische Parteienspektrum zeigt, dass der Aufsatz zwischen März und November 1917 entstanden war. Dass die Begriffe „bürgerlich" und „fortschrittlich" als Gegensatz begriffen werden konnten, deutete, in Canforas Worten, „auf eine sich anbahnende, wenn auch noch nicht vollzogene politische Wandlung hin."[73]

Diese Wandlung in Rosenbergs politischer Haltung mag sich angesichts der immer weiter auseinander klaffenden Unterschiede zwischen Arm und Reich, zwischen den Profiteuren und den Leidtragenden des Krieges, vorbereitet haben. Zwar bekam Rosenberg durch seine Arbeit für das Kriegspresseamt höhere Zuteilungen von Lebensmitteln und Heizmaterial als das Gros der Berliner Bevölkerung. Im letzten Kriegsjahr jedoch konnte niemand in den Städten von den offiziellen Rationen leben. Auch ein Arthur Rosenberg, der so lange vom Sieg der deutschen Armee überzeugt war, konnte nicht mehr die Antikriegskämpfe der radikalen Linken übersehen – und schon gar nicht die russische Revolution.

Doch erst die Kriegsniederlage führte zu einem politischen Stellungswechsel, der alle, die Rosenberg kannten, vollkommen überraschen musste. Denn sofort nach Bekanntgabe des Waffenstillstandes schloss sich der bis dahin politisch nicht hervorgetretene Althistoriker am 10. November 1918 der Unabhängigen Sozialdemokratischen Partei Deutschlands, der USPD, an, der damals am weitesten links stehenden politischen Kraft im Land.

Dieser Schritt bedeutete den Bruch mit dem nationalistischen Akademikermilieu, zu dem der junge Privatdozent bis dahin gehört hatte. Es klingt wie eine nachträgliche Abschwächung seines Schrittes, wenn der einstige Gefolgsmann Hindenburgs und in-

70 Státni ústřední Archiv, Prag, MKV/R (Fond Kultusministerium), Deutsche Universität Prag, Karton 119: Personalakte Arthur Stein. Zu ihm vgl. Christ 1982, 165 ff. Den Hinweis auf den Vorgang verdanke ich Prof. Dr. Pavel Kolář, Potsdam, jetzt Konstanz.

71 Rosenberg 1918b, 310.

72 Rosenberg 1918b, 312 u. 316.

73 Canfora 1995, 182.

zwischen parteilose Wissenschaftler 1928 schrieb: „Auf der anderen Seite hatte sich die Oberste Heeresleitung Hindenburg-Groener sofort für die neue Ordnung erklärt.“[74]

Demokratie und Klassenkampf: Eine marxistische Interpretation der Antike?

Die sozialistische Linke, zu der Arthur Rosenberg nun gehörte, bestand, wie er später schrieb, aus „revolutionären Sozialisten, aus Arbeitern und Arbeitersöhnen, denen die demokratische Republik nicht genügte und die sofort zur konsequenten Abschaffung des kapitalistischen Privateigentums weitergehen wollten.“[75] Mit dem am weitesten links stehenden Teil der USPD schloss sich Rosenberg Ende 1920 der Kommunistischen Partei Deutschlands, der KPD, an. Seine Rede auf dem Vereinigungsparteitag von USPD-Linker und KPD bezeugte seinen revolutionären Enthusiasmus. „Genossen!“, rief er aus. „Die weltrevolutionäre Lage liegt zur Zeit so, dass die Welle nach Mitteleuropa geht. Italien und Deutschland werden reif für den Entscheidungskampf, und diesen Entscheidungskampf werden wir in diesen beiden Ländern mit ziemlich ähnlicher Taktik führen müssen.“[76] Er konstatierte, die italienische Regierung habe nicht gewagt, die von den Arbeitern besetzten Fabriken anzugreifen, da die Arbeiter gut bewaffnet seien. Entsprechende Kampfmethoden seien für Deutschland nötig.

Rosenberg unterrichtete nun auch an der Berliner Volkshochschule. Diese Arbeit dürfte Rosenberg finanziell nur wenig eingebracht haben, aber er brauchte jede Summe, denn in seinem Privatleben war im Jahre 1919 eine wichtige Veränderung eingetreten: Er heiratete Ella Wöhlmann. Wie fast alle Frauen ihrer Generation erlernte sie keinen Beruf. Ihr oblag die Erziehung der Kinder, während ihr Mann den Lebensunterhalt verdiente. 1921 wurde die Tochter Liselott geboren, 1922 der Sohn Wolfgang.[77] Noch lebte die Familie in der Ziegelstraße, bis sie 1926 in Berlin-Steglitz, Körnerstraße 24, eine größere Wohnung bezog.[78]

Anfang 1921 wurde Rosenberg zum kommunistischen Stadtverordneten für Groß-Berlin gewählt.[79] Er wurde durch seine Auftritte auf KPD-Parteitagen bekannt. Im August 1922 erklärte er: „Wir gehen großen Perioden heftiger Kämpfe entgegen“; dies werde

---

74 Rosenberg 1991, 242.

75 Rosenberg 1935, 7 (hier und im Folgenden zit. nach der Neuausgabe: Geschichte der Weimarer Republik, Hamburg 1991 (= Rosenberg 1991).

76 Bericht über die Verhandlungen des Vereinigungsparteitages der USPD (Linke) und der KPD (Spartakusbund), abgehalten in Berlin vom 4. bis 7. Dezember 1920, Leipzig/Berlin 1921, 143 f.

77 Die Geburtsdaten von Rosenbergs Familienmitgliedern befinden sich in den nationalsozialistischen Ausbürgerungsakten. Am 29. September 1936 wurde Peter Michael Rosenberg als jüngstes Kind der Familie in Liverpool geboren; vgl. Hepp 1985, 11 (Liste 8).

78 Die Angaben sind den laufenden Editionen von *Kürschners deutschem Gelehrten-Kalender* entnommen.

79 Für diese Seite seiner Tätigkeit vgl. seinen Aufsatz: Die Reform des Geschichtsunterrichts, in: Die neue Erziehung, 2 (1920), Nr. 17, S. 405–410.

„zu großen Zusammenstößen mit der Staatsgewalt führen; das ist vollkommen klar".[80] Er ignorierte die Tatsache, dass diese Politik der unrühmlichen Märzaktion von 1921 zugrunde gelegen und zu einer Katastrophe für die deutschen Kommunisten geführt hatte, da diese von der Mehrheit der deutschen Arbeiter vollkommen isoliert geblieben waren. Sogar die neuerliche Niederlage im Herbst 1923 konnte seine Haltung, dass Deutschland für eine kommunistische Revolution reif sei, nicht erschüttern. Folglich gehörte er zur Linksopposition um Ruth Fischer und Arkadij Maslow, die sich gegen die realistischere Politik von Heinrich Brandler, des Parteivorsitzenden, und des Parteitheoretikers August Thalheimer wandten.

Nachdem die bisherige Linksopposition ab Ende 1923 die Parteiführung übernahm, rückte Rosenberg innerhalb der KPD in Schlüsselpositionen auf. 1924 wurde er in die Leitung des Parteibezirks Berlin-Brandenburg gewählt und stieg im gleichen Jahr auf dem Frankfurter Parteitag in die Parteizentrale auf. Im Mai 1924 wurde er Reichstagsabgeordneter und übte sein Mandat bis zu den Wahlen von 1928 aus. Auf dem 5. Kongress der Kommunistischen Internationale (Komintern) wurde er im Juli 1924 zum Präsidiumskandidaten des Exekutivkomitees (EKKI) gewählt. Er schrieb zahlreiche Artikel für die Komintern-Presse zu Fragen der internationalen Beziehungen.[81]

Innerhalb der Partei gehörte Rosenberg mit Ruth Fischer und Werner Scholem zunächst zur ultralinken Fraktion. In Geheimsitzungen in Rosenbergs Wohnung in Berlin-Zehlendorf besprachen die Ultralinken die Lage in Russland. Sie forderten die Berliner Parteiorganisation zum entschiedenen Kampf gegen den Totalitätsanspruch des Staates, die Staatspartei und die Entartung des Kommunismus auf und erklärten sich für die möglichst rasche Bildung einer unabhängigen Organisation. „Über diese Verbindung zwischen den russischen und den deutschen Linken hatte der N[achrichten]-Apparat dem russischen Politbüro sicherlich ausführliche Berichte geliefert", vermutete Ruth Fischer viele Jahre später.[82]

Für Rosenbergs Ultraradikalismus mag ein Zitat von vielen stehen: In einer Rede vor der Chemnitzer Parteiorganisation erklärte er, „dass es nicht von Bedeutung sei, ob die Partei ein oder zwei Millionen Stimmen bei dem ‚parlamentarischen Affentheater' verliere. Die einzige Aufgabe sei die Bewahrung des Geistes der Revolution und der proletarischen Organisation."[83] Im Mai 1925 kritisierten Rosenberg, Iwan Katz und Werner Scholem sogar Fischer und Maslow, die in Übereinstimmung mit der Komintern-Führung eine „relative Stabilisierung" der kapitalistischen Weltordnung konstatiert hatten.[84]

80 Bericht über die Verhandlungen des 2. Parteitages der Kommunistischen Partei Deutschlands, 22.–26. August 1921, Berlin 1921, 346.

81 Vgl. aus der Vielzahl seiner Arbeiten: Der Schacher um den Orient, in: Internationale Pressekorrespondenz (Inprekorr), 1922, Nr. 34, 272 f.; Die neuen weltpolitischen Konflikte in Ostasien, in: Ebd., Nr. 80, 606; Der Sinn der Haager Konferenz, in: Ebd., Nr. 145, 927 f.

82 Fischer 1950, 221.

83 Meyer-Leviné 1979, 122.

84 Die Kritik von Rosenberg, Katz und Scholem befindet sich im Historischen Archiv der KPD in der Stiftung Archiv der Parteien und Massenorganisationen der DDR im Bundesarchiv, Berlin (SAP-

Dies alles hatte gravierende Auswirkungen sowohl auf seine Arbeit als Historiker wie auf seine Stellung in der Academia. Für eine Professur kam er, was ihm klar sein musste, nun nicht mehr in Frage. Doch stand für ihn, wie für die KPD insgesamt, ohnehin fest, dass dem kapitalistischen System nur noch eine sehr kurze Lebensdauer beschieden war, und auch ein kommunistisches Deutschland würde Althistoriker brauchen.

Rosenberg setzte deshalb zunächst, parallel zu seiner politischen Arbeit, seine Publikations- und Lehrtätigkeit als Privatdozent zur Alten Geschichte fort. Allein im Jahre 1921 erschienen drei Monographien höchst unterschiedlicher Natur aus seiner Feder: Die *Einleitung und Quellenkunde zur römischen Geschichte*, die *Geschichte der römischen Republik* sowie *Demokratie und Klassenkampf im Altertum*. Die beiden erstgenannten Werke hatte Rosenberg zumindest in Teilen offenkundig noch vor seiner politischen Radikalisierung verfasst, das letztgenannte war hingegen ein Produkt dieser Radikalisierung.

Die *Einleitung und Quellenkunde zur römischen Geschichte* wurde Rosenbergs umfangreichstes Werk zur Geschichte der Antike. Er beschränkte sich bewusst „erstens auf die eigentlich historische Literatur, und zweitens auf die historischen Primärquellen. Unter den letzteren sind die zeitgenössischen Urkunden, Reden, Briefe, Memoiren und Flugschriften zu verstehen."[85] „Das Manuskript dieses Buches war im Wesentlichen schon 1917 fertig", schrieb er, obwohl er einige Passagen später hinzugefügt haben dürfte.[86] Rosenberg ging systematisch-analogisch vor, unterschied konsequent Gattungen und Stilarten und suchte die Bedeutung der Primärquellen vor Augen zu führen. Dabei verstand er es, die manchmal recht trockene Materie den Lesern in lebendiger Weise nahezubringen. Es komme schließlich „gar nicht darauf an, irgendwelche Massen von Wissenskram aufzuspeichern, sondern nur darauf, sich eine geistige Anschauung von der Vergangenheit zu erobern."[87]

Mit den Autoritäten der Antike ging Rosenberg recht kritisch um, so mit Plutarch. Dieser hatte, so Rosenberg, „aus seiner umfangreichen Lektüre eine Fülle von Anekdoten und interessanten kleinen Geschichten notiert, und die Schätze dieser seiner ‚Zettelkästen' hat er freigiebig über die Biographien verstreut." Es lasse „sich keineswegs mit Bestimmtheit entscheiden, ob Plutarch das betreffende Buch selbst gelesen hat oder nicht."[88]

Ein Jahrhundert vor Plutarch hatte Livius, dem Rosenbergs besondere Vorliebe galt, neue Standards für die antike Geschichtsschreibung gesetzt:

> „Bald nach der Schlacht bei Actium fasste er den Plan, die Chroniken der Annalisten durch ein modernes Werk im ciceronischen Stil zu ersetzen. In seiner politischen Richtung war Livius ursprünglich, wie die große Mehrzahl der gebildeten Römer, konservativer Republikaner gewesen, d.h. sein Ideal war das Zusammenwirken von Magistratur, Senat und Volk, wie es die Väter geschaffen hatten. Die

MO-BArch), RY 1/I 2/3/65, Bl. 5–8; vgl. zum Kontext jetzt Bois 2014; zu Ruth Fischer vgl. Keßler 2013; zu Scholem vgl. Hoffrogge 2014 und Zadoff 2014.

85 Rosenberg 1921a, V.

86 Rosenberg 1921a, VII.

87 Rosenberg 1921a, 290.

88 Rosenberg 1921a, 215.

> caesarische Monarchie lehnte er naturgemäß ab. Nun hatte aber Augustus im J. 27 feierlich seinen Frieden mit den Republikanern geschlossen und den Beistand aller guten Römer zu dem Werke der politischen und sittlichen Erneuerung des Volkes angerufen. In diesem Sinne konnte auch Livius sich auf den Boden der neuen Ordnung stellen und sich frei über die Erscheinungen der Vergangenheit äußern, ohne bei der Regierung Anstoß zu erregen.“[89]

Rosenbergs Diktion war hier natürlich von den Debatten um die Haltung zur Weimarer Republik geprägt; diskutierte doch eine Minderheit der Professoren leidenschaftlich die Frage, ob man sich „auf den Boden der Tatsachen“, also der parlamentarischen Republik stellen könne. Rosenbergs „Standpunkt, sich stets mit Entschiedenheit zu äußern“, und der „sichere, muntere Ton“ des Werkes fanden die Anerkennung des Rezensenten Matthias Gelzer.[90]

Die *Geschichte der römischen Republik* erschien als Band 838 der überaus populären Serie „Aus Natur und Geisteswelt“ 1921 bei Teubner in Leipzig. Das kleine Buch, das somit in zahlreichen Bildungsstätten aller Ebenen benutzt wurde, lag im Manuskript ebenfalls bereits 1918 vor.[91] Es zeigt nicht nur in rhetorisch zugespitzter Weise Rosenbergs Bild der römischen Politik und Gesellschaft. Ungleich der *Einleitung und Quellenkunde zur römischen Geschichte* suchte Rosenberg hier erstmals durchgängig die antike Gesellschaft mit Kategorien der modernen Klassenanalyse zu interpretieren.

In der „Verschmelzung der vielen kleinen Völker in die eine große lateinische Nation“ sah Rosenberg wie Mommsen „eine Tat der römischen Republik.“[92] Die Schlacht an der Allia, in der das römische Heer von den Kelten 386/87 v. u. Z. besiegt wurde, war für ihn „das Jena des römischen Adelsstaats“; eine Analogie, die der historischen Wirklichkeit vielleicht etwas Gewalt antat.[93] Die *Lex Hortensia*, durch die die Plebs 287 v. u. Z. an der Verteilung neuen Gemeindelandes beteiligt wurde, bezeichnete Rosenberg als eine „Revolution“, nach der jedoch „eine völlige Massenherrschaft [...] keineswegs“ bestand.[94] Falls er wesentliche Textpassagen nicht erst unmittelbar vor der Drucklegung 1921 eingefügt hat, deuten die folgenden Zeilen auf eine erhebliche Sensibilität für soziale Fragen im Jahre 1918 hin:

> „Man sieht, die Verfassung der römischen Republik in ihrer Blütezeit war ein komplizierter Mechanismus: die eigentliche Regierung, die Erledigung der laufenden Geschäfte, war im wesentlichen in der Hand der Reichen und Gebildeten. Aber da-

89 Rosenberg 1921a, 145. Dass Livius breit behandelt, aber beispielsweise die Lyrik des Horaz als kulturgeschichtliche Quelle vernachlässigt wurde, war ein Kritikpunkt der sehr positiven Rezension von Ella Bourne in: Classical Philology, 19 (1924) 292 f.

90 Gelzers Rezension ist abgedruckt in: Deutsche Literaturzeitung, 42 (1921) Sp. 682–683, Zitate Sp. 683.

91 Rosenberg 1921, 3 (Vorwort).

92 Rosenberg 1921b, 5.

93 Rosenberg 1921b, 13.

94 Rosenberg 1921b, 27 f.

> hinter stand die furchtbare Kontrollgewalt der breiten Masse, und deshalb konnte keiner der reichen und vornehmen Herren es wagen, gegen die Interessen der armen Bevölkerung zu regieren. In der Praxis mussten die verschiedenen Klassen, Stände und Behörden sehen, dass sie miteinander auskamen. Die Tatsache, dass die Gewalt des Tribunen sie jeden Augenblick treffen konnte, nötigte die Konsuln schon von selbst, volkstümlich zu regieren. Auf der anderen Seite hatte ein Tribun aber nur dann die nötige Autorität, wenn er die Öffentlichkeit hinter sich fühlte. Beging er übereilte Schritte, so setzte er seine politische Zukunft aufs Spiel. Die Klasse, von der die römische Demokratie getragen wurde, war das Kleinbauerntum, und die Unterschiede zwischen den Republiken Athen und Rom erklären sich daraus, dass in dem einen Staat die arme städtische Bevölkerung vorherrscht, und in dem anderen das ländliche Element.“[95]

Die Auseinandersetzung zwischen P. Scipio („Africanus“) und M. Porcius Cato stellte Rom, laut Rosenberg, vor die Alternative „Militärdiktatur oder Demokratie.“[96] Auch hier scheute er pointierte Wertungen nicht: Cato war für ihn „alles andere als ein Vorbild für artige Kinder, aber zugleich der größte Staatsmann der römischen Demokratie.“[97] Ähnlich scharfe Urteile bekamen die Leser in den folgenden Kapiteln geboten, die aber manchmal unter forciert aktuellem Bezug litten: Catilina habe die verschiedenen Richtungen des „antiken Sozialismus“ im „Feldzug gegen das verhasste Großkapital“ zusammengeführt.

> „Aber wenn einmal die Revolution gesiegt hatte, musste alsbald auch der Bruch zwischen beiden Parteien eintreten, wenn die Proletarier anfangen wollten, das Land aufzuteilen, während die Grundbesitzer sich nun erst recht ihrer entschuldeten Güter zu erfreuen gedachten.“[98]

Dabei übte Rosenberg durchaus Kritik an den Reformpolitikern des antiken Rom: Gaius Gracchus „war einer der bedeutendsten Redner, die Rom je gehabt hat, und übertraf durch die Klarheit seines Urteils und die Sicherheit seines Wollens den Bruder bei weitem. Aber der idealistische Zug, der das Bild des Ti. Gracchus trotz aller Schatten sympathisch macht, fehlt bei Cajus vollkommen. Er arbeitete systematisch auf ein Ziel los: der ungekrönte König von Rom zu werden, und um dahin zu gelangen, war ihm jedes Mittel recht.“[99] Das Buch endet mit einer überraschenden Feststellung: Nicht Cäsar, sondern Augustus war für Rosenberg „die gewaltigste Erscheinung, die das Altertum überhaupt hervorgebracht hat.“[100]

---

95 Rosenberg 1921b, 32.
96 Rosenberg 1921b, 48.
97 Rosenberg 1921b, 49.
98 Rosenberg 1921b, 59.
99 Rosenberg 1921b, 63.
100 Rosenberg 1921b, 117.

Demokratie und Klassenkampf im Altertum erschien als Band XIV der *Bücherei der Volkshochschule*, als Produkt von Rosenbergs Lehrtätigkeit an der Berliner Lessing-Volkshochschule. Das pädagogische Ziel der Schrift bestand darin, allgemein verwendete Begriffe wie „Demokratie", „Diktatur" und „Klassenkampf" in ihrer historischen Entwicklung zu beleuchten. Zum ersten Mal rückte er systematisch diese Schlüsselkategorien seines späteren Werkes in eine historische Perspektive.[101]

> „Die Lehre, dass das Wesen aller Geschichte in Klassenkämpfen besteht, bestätigt sich gerade bei der Betrachtung des Altertums vollkommen", hob Rosenberg zu Beginn des Büchleins hervor. „Aber es ist nicht gerade der Klassenkampf des Freien und des Sklaven, der das Wichtigste in der alten Geschichte darstellt, sondern andere Klassengegensätze hatten noch größere Bedeutung."[102]

Bei der Schilderung der griechischen Geschichte, die den Hauptteil der Schrift bildet, ging Rosenberg von einer Art Demokratie als Stammesverfassung aus.

> „Jeder Stamm umfasste ein paar Tausend freie Bauern, die alle untereinander gleich an Rechten waren. [...] Die oberste Gewalt im Stamme hatte die Versammlung aller freien erwachsenen Männer; daneben gab es einen Rat der Ältesten und einen Häuptling oder Fürsten, der aber keine unumschränkte Gewalt hatte, sondern sich den Vorschlägen der Stammesversammlung und des Rats der Ältesten fügen musste. Diese einfachen und gemütlichen Verhältnisse der Urzeit änderten sich aber mit der fortschreitenden wirtschaftlichen Entwicklung. Es kam allmählich dahin, dass einzelne Landwirte mehr Grund und Boden hatten als die übrigen, und der entscheidende Moment trat dann ein, als der größere Landwirt es nicht mehr nötig hatte, sein Feld selbst zu bestellen, sondern sich dazu Knechte oder Pächter halten konnte."[103]

Dadurch vergrößerte sich rasch die Ungleichheit und es bildeten sich, zumal die Reichen das Waffenhandwerk ausüben konnten, zwei große Stände heraus: der Bauernstand und der Militäradel. Die Volksversammlung blieb zwar bestehen, aber die Adligen besetzten alle wichtigen Ämter und kontrollierten, gestützt auf ihre militärische Macht, auch das innere Leben im Gemeinwesen.

Aber: „Wie die wirtschaftliche Entwicklung den Adelsstand bei den Griechen zur Macht gebracht hatte, so sorgte sie auch dafür, dass der Adel zu gegebener Zeit wieder gestürzt wurde."[104] Etwa seit 700 v. u. Z. begann sich ein Bürgertum herauszubilden, der

101 Rosenberg 1921c. Die folgenden Seitenzahlen beziehen sich auf die, zusammen mit dem Abriss von Fritz Erik Hoevels, Roter Leitfaden durch die römische Geschichte, 1997 in Freiburg (Breisgau) besorgte Neuausgabe, von der 2007 ein Nachdruck erschien.

102 Rosenberg 1921c, 8.

103 Rosenberg 1921c, 17.

104 Rosenberg 1921c, 19.

aber politisch rechtlos blieb. Schließlich verbündeten sich Bürger und Bauern, um die Macht des Adels zu brechen. Dies gelang ihnen in Athen im Jahre 545 v. u. Z. Sie wurden von Adligen unterstützt, die von ihrer Klasse abgefallen waren. Diese nutzten jedoch die politische Unerfahrenheit der Bürger, um sich zu Tyrannen aufzuschwingen. Es dauerte bis zum Jahre 510, bis es den Bürgern unter Kleisthenes gelang, die Tyrannis zu beseitigen. Der nunmehrige „Ausbau der bürgerlichen Demokratie“ wurde mit der Einführung eines Rätesystems verbunden.[105]

Allerdings gab es nur wenige Nutznießer des wirtschaftlichen Aufstiegs Athens nach dem Sieg über die Perser 490. Deshalb schloss sich in den sechziger Jahren das athenische Proletariat unter Ephialtes zu einer Partei zusammen, um die politische Macht zu erobern. Im Jahre 461 musste das Bürgertum nachgeben und die armen Volksschichten an der Regierung beteiligen. Diese „Selbstregierung des Volkes“[106] zog allerdings keine Sozialisierung der gesellschaftlich wichtigsten Produktionsmittel nach sich. Diese Forderung „kann erst erwachsen, wenn der industrielle Großbetrieb da ist, und der fehlte in Athen durchaus. Und die vielen Hunderte von kleinen Betrieben konnte man gar nicht in den Besitz der Allgemeinheit überführen, weil sich kein Apparat hätte schaffen lassen, um diese Kleinbetriebe nach ihrer Übernahme durch den Staat weiter zu leiten. [...] Die Eroberung der politischen Macht konnte also nicht direkt durch die Sozialisierung, sondern nur indirekt die wirtschaftliche Lage der Arbeiter verbessern.“[107] Dies geschah durch die Hebung des sozialen und kulturellen Niveaus, was zur Steigerung des Selbstbewusstseins eines jeden Einzelnen – „das menschlich schönste Ergebnis, das die Durchführung der proletarischen Demokratie in Athen hatte“ – beitrug.[108]

Von der bürgerlichen Republik übernahm die proletarische Regierung aber nicht nur das Rätesystem, sondern auch den Imperialismus. Weil die soziale Entwicklungsstufe eine Ausschaltung des Privatkapitalismus unmöglich machte, musste sich das Proletariat auf dessen Existenz einrichten. Dies wurde schließlich zur Hauptursache für den Untergang der proletarischen Demokratie in Athen, nachdem sie 140 Jahre (von 460 bis 320) bestanden hatte. Als die Bevölkerungszahl in Griechenland anwuchs, eine Expansion nach Osten und damit eine Auseinandersetzung mit dem Perserreich unvermeidlich wurde, stand Athen den griechischen Einigungsbestrebungen entgegen. Nur ein vereintes Griechenland konnte indes den Kampf mit den Persern wagen, und es war Makedonien, jene militärisch-agrarische Monarchie, die die proletarische Demokratie in Athen beseitigte und sich ganz Griechenland unterwarf, bevor sie das Perserreich in die Knie zwingen konnte.

Rosenberg suchte auch die Geschichte Roms in das Klassenkampf-Schema zu pressen. Im 6. und 5. Jahrhundert v. u. Z. herrschte der ritterliche Erbadel, dann die besitzende Klasse als Ganzes; mit der *Lex Hortensia* „eroberte dann durch eine große Revolution die Klasse der kleinen Bauern die politische Macht und schuf so die römische Demokratie.

105 Rosenberg 1921c, 26 f.
106 Rosenberg 1921c, 42.
107 Rosenberg 1921c, 40.
108 Rosenberg 1921c, 47.

Aber in Rom hat die arme Bevölkerung lange nicht so durchgegriffen wie in Athen."[109] Hier liegt eine auffällige Überschätzung der Landreform vor, die Rosenberg doch in der *Geschichte der römischen Republik* in den richtigen Proportionen gesehen hatte.

Die außenpolitischen und militärischen Erfolge der nächsten Jahrzehnte hätten die Herrschaft der „Großbanken" zur Folge gehabt: „Erst nach einem blutigen Bürgerkrieg gelang es den verfassungstreuen Bürgern und Bauern, unter Führung des L. Sulla, die Macht der Kapitalistenpartei zu brechen (im Jahre 80)."[110] Wirkliche Volkserhebungen waren chancenlos: Sie gingen, wie die des Catilina, gegen eine Übermacht „der vereinten kapitalistischen und konservativen Interessen" an, oder stützten sich, wie der Sklavenaufstand des Spartacus, vor allem auf Sklaven, die der römischen Bevölkerung fremd blieben.[111] Die Armee stellte jedoch auch weiterhin eine Gefahr für die republikanische Ordnung dar. Cäsar errichtete schließlich die Militärdiktatur. Er bemühte sich allerdings, „den Interessen der ärmeren Bevölkerung gerecht zu werden", konnte sich aber nicht behaupten."[112] Seit Augustus war das römische Reich, laut Rosenberg, „ein kapitalistischer Klassenstaat krassester Form."[113]

In der Spätantike fehlte den Massen „jeder Zusammenhalt, jeder einheitliche Gedanke des Klassenkampfes. So waren sie nicht imstande, in offenem Kampf sich zu befreien. Aber der passive Widerstand der breiten Masse und die unbedingt staatsfeindliche Gesinnung, die sie erfüllte, hat am Ende doch das römische Riesenreich untergraben."[114]

Rosenberg hat diese Reduzierung politischer Interessen und Aktivitäten auf die lokale und persönliche Ebene und das daran geknüpfte passive Verhalten der Massen wohl richtig gesehen, wie Karl Christ anmerkte.[115] Aber die Schwächen des Buches stachen ins Auge. Zur gleichen Zeit schrieb Edgar Salin: „Der Gedanke an die Wirklichkeit der Klasse und des Klassenkampfes hat – ohne ihre notwendige Folge zu sein – doch die christliche Idee der menschlichen Gleichheit zur Voraussetzung, das Altertum kennt beides nicht."[116] Ob Begriffe wie „Klassenbewusstsein" und „bürgerliche Demokratie" in der antiken Gesellschaft Anwendung finden können, müsse genauer geprüft werden, hielt ein anonymer Rezensent Rosenberg entgegen.[117]

Dabei lag eine sozialgeschichtliche und gesellschaftskritische Interpretation auch der Alten Welt gewissermaßen in der Luft. Sie wurde jedoch in anderer, und wie sich zeigte, fruchtbringender Weise vorangetrieben. So entstanden an den Universitäten Bonn und Köln mit den Berufungen von Friedrich Oertel und Johannes Hasebroek noch in den zwanziger Jahren Schwerpunkte zur Wirtschafts- und Sozialgeschichte der Antike. Der

109 Rosenberg 1921c, 89.
110 Rosenberg 1921c, 92.
111 Vgl. Rosenberg 1921c, 94.
112 Rosenberg 1921c, 93.
113 Rosenberg 1921c, 97.
114 Rosenberg 1921c, 101.
115 So Christ 1982, 185.
116 Salin 1921, 17.
117 Vierteljahresschrift für Sozial- und Wirtschaftsgeschichte, 16 (1922) 196 f.; vgl. zum Klassenbegriff auch den Aufsatz von Armin Eich in diesem Band.

Sozialismus der Antike, der sich vor allem in der Forderung nach einer Bodenreform ausdrückte, hob Oertel 1926 hervor, sei ein „Sozialismus auf Teilung", nicht ein „Sozialismus auf Vergesellschaftung" gewesen. Die Idee, das Privateigentum aufzuheben, habe nur als Phantasie, in der fiktiven Literatur oder als utopische Theorie existiert, nicht jedoch als politische Massenforderung.[118]

Auch Fritz Heichelheim griff 1930 in seiner Habilitationsschrift über *Wirtschaftliche Schwankungen der Zeit von Alexander bis Augustus* ganz bewusst Fragestellungen der modernen Nationalökonomie auf, wies aber auf die vollkommen anderen Problemlagen der antiken Welt hin.[119] An diesen neuen Entwicklungen nahm Rosenberg jedoch keinen publizistischen Anteil mehr. Abgesehen von einer 1933 erschienenen Arbeit, war *Demokratie und Klassenkampf im Altertum* bis zum Exil sein Abschied von der Forschung als Althistoriker.[120]

Dieses kleine Buch zeigt Rosenberg ganz offenkundig im Banne des Marxismus – nicht der dialektisch-materialistischen Methode oder der subtilen Geschichtsauffassung von Marx und Engels, sondern eines, man muss es sagen, recht groben Marxismus-Verständnisses. Der Eifer des Neubekehrten schlägt sich auf beinahe jeder Seite der Darstellung nieder. Die Beschäftigung mit der Alten Geschichte diente Rosenberg als Ersatz für die erhoffte, doch schließlich ausbleibende sozialistische Revolution.

Ein Paria an der Universität, ein Lehrmeister der Linken

Arthur Rosenbergs Stellung im Lehrkörper der Berliner Universität hatte sich mit seinem Eintritt in die USPD grundlegend geändert. Sein bisheriger Gönner Eduard Meyer hatte sich schlagartig in einen Feind verwandelt. Ein Streitpunkt war zunächst die von vielen Linken, darunter Rosenberg geforderte Reform des Universitätswesens, insbesondere die Forderung nach permanenten Stellen für die Privatdozenten, was Meyer ablehnte. „Eine wirkliche *Hochschulreform* müsste", schrieb Rosenberg in einer USPD-Zeitung,

> „zunächst die völlige *Unentgeltlichkeit* des Hochschulbesuchs festlegen. Bedürftigen Studenten müsste der Unterhalt aus öffentlichen Mitteln gewährt werden.

118 So Friedrich Oertel in einem Vortrag über „Die soziale Frage im Altertum", hier zit. nach Stahlmann 1995, 316.

119 Heichelheim, der nach Kanada emigrieren musste, und Hasebroek, der seine Universitätsstellung, angeblich „krankheitshalber", und alle Publikationsmöglichkeiten verlor, gehörten nach 1933 zu den Opfern des Nationalsozialismus; vgl. zu beiden Losemann 1977, 37 ff.

120 Rosenberg 1933, 339–361 (Wiederabdruck in: Rosenberg 1921c, 103–125). Darin hob Rosenberg hervor, Aristoteles habe in der *Nikomachischen Ethik* zwischen der angeborenen Klugheit und der praktischen Qualität, „wie sie sich in der Politik und im Gelderwerb zeigt", unterschieden. Ebenso habe Aristoteles zwischen der angeborenen Ehrenhaftigkeit des „Gentleman" und dem vollendeten großen Charakter unterschieden, zu dem die „praktische Genialität" in der Politik gehöre. Praktische Politik erwachse (wie bei Perikles) nicht aus moralischen Erwägungen, sondern aus dem Sinn für historische Notwendigkeiten; ebd., 111.

> Ferner wäre mit den Vorrechten kleiner *Professorencliquen* in den sogenannten Fakultäten aufzuräumen, die bisher den Haupteinfluss auf die Ernennung neuer Hochschullehrer ausübten. Sodann müsste die klägliche Notlage beseitigt werden, in der sich die jungen *Privatdozenten*, die unterste Klasse der Hochschullehrer, befinden. Mit Recht nimmt die Öffentlichkeit warmen Anteil an der Bedrängnis der Junglehrer an den Volksschulen. Aber gemessen an Einkommen und Rechtsstellung der jungen Privatdozenten ist die Lage der Junglehrer noch geradezu fürstlich, und das will doch viel sagen!"[121]

Für Eduard Meyer waren Inhalt und Duktus von Rosenbergs Äußerungen Grund genug, alle Beziehungen zu seinem Schüler abzubrechen.[122]

Hinzu trat ein folgenschwerer Wandel in Meyers Haltung zu den Juden nach dem politischen Umsturz 1918. Bis dahin war Meyer in keiner Weise durch irgendwelche antisemitischen Äußerungen aufgefallen. Dies änderte sich abrupt. So erwiderte Meyer 1920, um eine „unparteiische" Beurteilung des Antisemitismus gebeten, „die ganze unverantwortliche Überschwemmung Deutschlands mit galizischen und russischen Juden [...] reißt ja auch den Widerwilligsten in den Antisemitismus hinein."[123] Anders als in seinen Vorkriegsarbeiten, schrieb er jetzt von einer tiefen Kluft, die zwischen deutschem und jüdischem Wesen liege,[124] und sprach generalisierend von jüdischem „Profitmachen" und „Opportunismus."[125] „Das ‚Judentum'", so Hoffmann, „wird bei ihm geradezu zum zentralen Feindbild, weil dessen ‚Geist' bis in die Gegenwart wirkt und sich über den Calvinismus besonders in England und Nordamerika ausgewirkt hat."[126]

Mit der deutschen Kriegsniederlage und der Novemberrevolution veränderte sich auch Meyers Tonart im öffentlichen Vortrag. Der Historiker Gerhard Masur, der Meyers Vorlesungen damals als Student hörte, berichtete, dass Meyer „oft antisemitische Bemerkungen in seinen Vorlesungen [machte], was die Studenten zu teils feindlichen, teils begeisterten Kundgebungen veranlasste."[127]

An eine diesbezügliche Bemerkung erinnerte sich der spätere Präsident der Zionistischen Weltorganisation und des Jüdischen Weltkongresses Nahum Goldmann: „Es war während einer Vorlesung des großen Historikers der Antike, Eduard Meyer, die nicht frei von Antisemitismus war. Er las über die biblische Urzeit und [...] schloss mit folgenden, in großem Pathos vorgetragenen Worten: Die alten Israeliten sprachen den Namen Jaa-

121 Arthur Rosenberg, Wie Konrad Haenisch die Hochschulen „reformiert", in: Freiheit, 13. September 1919.

122 Meyers Kollege Ulrich Wilcken erwähnte 1927 „jene Aufsätze", die „seinerzeit zum Bruch mit ihm (Rosenberg) geführt haben", womit zweifellos mehrere Beiträge in der *Freiheit* gemeint waren, da Rosenberg 1919 nur dort und nur zu diesen Fragen politisch Stellung nahm. Wilcken an Meyer, 23. Oktober 1927, in: Wilcken 1994, 91.

123 Antwort Meyers auf eine Umfrage des Volkskraft-Bundes, zit. in: Ebd., 185.

124 Meyer 1923, 314.

125 Ebd., Bd. II, 32 u. 129; Bd. III, 315.

126 Hoffmann 1988, 184.

127 Masur 1978, 65 f.

kob aus, bei den heutigen Juden ist er zu Jankel geworden. Der Unterschied zwischen Jaakob und Jankel erläutert die ganze Dekadenz dieser Rasse."[128] Wie viele andere Hochschullehrer glaubte Meyer, kommunistische „Hetzer", oftmals Juden, hätten die kämpfende Truppe im November 1918 zum Aufruhr angestiftet und mit diesem *Dolchstoß in den Rücken des Heeres* den deutschen Zusammenbruch verursacht. Er blieb uneinsichtig und lehnte jede öffentliche Selbstkritik gegenüber früheren Auffassungen ab.[129] Obwohl Rosenberg nicht als marxistischer Agitator an der Front gewirkt hatte, musste gerade er Meyer als Sinnbild des radikalisierten jüdischen Linken erscheinen, von dem nichts Gutes zu erwarten sei.[130]

Der Konflikt verschärfte sich, als Rosenberg 1920 einen linken Jurastudenten verteidigte, der die Brüder Silvio und Leonardo Conti als Lockspitzel bezeichnet hatte, die im Auftrag des Militärs Stundeten zu politischen Provokationen anstiften würden. Die Spionage konnten beide nicht ableugnen, doch im Vorwurf der Lockspitzelei sahen sie eine schwere Beleidigung.[131] Der Student, der die Brüder Conti belastet hatte, wurde „einer überaus schweren, an Verleumdung streifenden Beleidigung gegen die Kommilitonen" für schuldig befunden und erhielt „wegen Vergehens gegen die akademische Sitte und Ordnung" einen Verweis unter Androhung der Exmatrikulation.[132] Rosenberg wurde am 3. Februar 1921, unter anderem durch Betreiben Eduard Meyers, durch die Fakultät ein Verweis erteilt.[133] Er konnte jedoch seine Lehrtätigkeit an der Universität fortsetzen. Doch erst 1930 gelang es dem preußischen Kultusminister Carl Heinrich Becker, Rosenberg zum außerplanmäßigen (nichtbeamteten außerordentlichen) Professor zu ernennen – und auch dies erst, nachdem der hinhaltende Widerstand von Eduard Meyer mit dessen Tod hinfällig geworden war.[134]

Unterdessen hatte sich politisch einiges im Leben Rosenbergs getan. Bis zum Herbst 1925 vertrat er in der KPD eine ultralinke Politik, die von illusionären Revolutionsgedanken gekennzeichnet war. Seit dieser Zeit rückte er jedoch immer weiter davon ab. In der Atmosphäre der Stabilisierung in der Mitte der zwanziger Jahre begriff er allmählich, dass für revolutionäre Abenteuer kein Raum mehr war. Einige Jahre später konstatierte er für jene Zeit eine „eigenartige Mischung von Friedfertigkeit und Sowjetbegeisterung", aber keinen Wunsch nach der bolschewistischen Revolution in Deutschland.[135]

Im November 1925 veröffentliche Rosenberg einen Artikel, in dem er klar feststellte, dass die KPD nur bei einer Minderheit der Arbeiter über Einfluss verfüge; die Mehr-

128 Goldmann 1980, 122. Goldmann stellte Meyer nach der Vorlesung zur Rede, worauf dieser zugab, über seine Äußerung nachzudenken.

129 Im Rahmen einer Umfrage zum Aufruf „An die Kulturwelt!" lehnte er jedes Abrücken davon entschieden ab; vgl. Wehberg 1920, 10 f. Meyer trat der DNVP bei, spielte aber dort keine Rolle.

130 Andererseits hatte Meyer gegenüber politisch „neutralen" Gelehrten jüdischer Herkunft auch nach 1918 keine Berührungsängste: So holte er 1929 Ernst Stein als Privatdozenten nach Berlin.

131 Vgl. Wirsching 1999, 567 ff. Leonardo Conti wurde im NS-Staat „Reichsgesundheitsführer".

132 HUB, UA, Universitäts-Rechtsrat, Nr. 2743: Bericht des Akademischen Senats, 5. Januar 1921.

133 Ebd., Phil. Fak., Nr. 106, Bl. 224: Schreiben der Fakultät an Arthur Rosenberg, 12. Februar 1921.

134 Der Vorgang befindet sich in: Ebd., Phil. Fak., Nr. 1440, 1475.

135 Rosenberg 1991, 181.

heit folge weiterhin den Sozialdemokraten, der katholischen Zentrumspartei und sogar nationalistischen Kräften. In einer nichtrevolutionären Situation vertrete die SPD die Interessen der Arbeiter besser und effektiver als die KPD. Für eine solche Lage, schrieb Rosenberg, habe die KPD eine ernsthafte, sachliche Strategie nicht gefunden. Die Mehrheit der arbeitenden Menschen würde die Partei „für einen konfusen Haufen von Thesenfabrikanten, Radaumachern und Putschisten halten."[136]

Diese Art der Kritik und Selbstkritik brachte Rosenberg, bisher ein Parteigänger der de-facto Parteiführerin Ruth Fischer, in Kontakt mit der von Ernst Thälmann geführten Fraktion. Thälmann, der früher den Ultralinken verbunden gewesen war, schien jetzt für die Strömung in der KPD zu stehen, die sich mehr an der Realität orientierte. Rosenberg, der hinsichtlich der inneren Entwicklung der Sowjetunion eine immer kritischere Haltung bezog, hoffte auch, dass eine KPD-Führung mit Thälmann gegenüber der sowjetischen Parteiführung, die auf die Komintern in immer negativerer Weise einwirke, eine unabhängigere Position beziehen werde.

Unterdessen entwickelte Rosenberg im Reichstag eine Reihe von Aktivitäten. Er nahm dabei zu vielen Fragen Stellung. Bei verschiedenen Gelegenheiten konnte er seine historischen Kenntnisse nutzen. In einem Angriff auf die deutsche Umsatzsteuer verteidigte er das römische Steuersystem, das keine Lohnsteuer gekannt und der armen Bevölkerung Brot umsonst habe zukommen lassen. Er bot seinen Opponenten eine Vorlesung über alte Geschichte, als einer von ihnen behauptete, Kaiser Augustus habe die Umsatzsteuer erfunden.[137]

Rosenbergs wichtigste parlamentarische Aktivität war seine Mitarbeit im Reichstagsausschuss zur Untersuchung der Ursachen des deutschen Zusammenbruchs im Weltkrieg. Durch die Mitgliedschaft im vierten Untersuchungsausschuss erhielt Rosenberg Zugang zu einer Vielzahl von Primärquellen und Dokumenten, die sein Interesse für Zeitgeschichte verstärkten.

Als Berichterstatter des Komitees sprach Rosenberg am 2. Dezember 1925 über die Ursachen des Zusammenbruchs der deutschen Armee. Er wies die von Marineoffizieren aufgestellte Behauptung zurück, wonach die Unabhängigen Sozialdemokraten die Marine durch ihre Antikriegsagitation unterminiert, den Aufstand der Hochseeflotte herbeigeführt und dadurch den Zusammenbruch der deutschen Front verursacht hätten. Rosenberg führte aus, die USPD sei keineswegs die revolutionäre Partei gewesen, als die sie von der konservativen Presse dargestellt worden wäre, sondern eine Mischung aus radikalen und reformerischen Kräften. Die Spartakusgruppe, der radikale Flügel, habe keinerlei Einfluss auf den Ausbruch der Revolution gehabt und sei selbst den aufständischen Matrosen unbekannt gewesen. 95 Prozent der Soldatenräte hätten die SPD unterstützt. In scharfem Kontrast zur Dolchstoßlegende der politischen Rechten sei ein gesamtnationaler Widerstand im November 1918 nicht mehr möglich gewesen, da das Volk erschöpft

136 A. Rosenberg, Einige Bemerkungen zur Parteidiskussion, in: Die Internationale, 8 (1925), Nr. 11, 693 f. Siehe auch sein Rundschreiben an das Politbüro vom 29. Dezember 1925, in: SAPMO-BArch, RY 1/I 2/3/170, Bl. 181–186.

137 Vgl. Verhandlungen des Reichstags. Stenographische Berichte, Bd. 387, 3. August 1925, 3906.

gewesen sei und die Front über keinerlei Reserven mehr verfügt habe. Keine Regierung habe an diesen Zuständen etwas ändern können.[138] Rosenberg unterstrich, dass nicht die revolutionäre Erhebung Deutschlands Zusammenbruch herbeigeführt habe, da der Krieg zu diesem Zeitpunkt ohnehin verloren gewesen sei.[139]

Politisch wurde schließlich das Jahr 1927 zu einer erneuten Wegscheide im Leben Arthur Rosenbergs. Am 26. April dieses Jahres trat er aus der KPD aus. In einem offiziellen Brief an die Parteiführung, den die SPD-Presse am folgenden Tag veröffentlichte, nannte er die kommunistische Niederlage in China und die Unterordnung der verschiedenen kommunistischen Parteien unter die Moskauer Politik als Gründe für seinen Schritt.[140] Er blieb fraktionsloser Abgeordneter des Reichstages. Nunmehr kritisierte Rosenberg die KPD und ihre „romantische Phraseologie, die nicht im entferntesten eine reale Bedrohung der bestehenden Staatsordnung darstellt. [...] Durch diese Romantik werden Millionen Arbeiter davon abgelenkt, in realer sachlicher Weise ihre Tagesinteressen zu vertreten. Der Kampf gegen die Romantik bringt eine außerordentliche Energieverschwendung für die übrigen Tendenzen und Richtungen der Arbeiterbewegung mit sich. [...]“[141] Bis zur Reichstagswahl im Mai 1928 behielt Rosenberg als nun fraktionsloser Abgeordneter sein Mandat im Parlament.

Beruflich fand er nach dem Erlöschen seines Reichstagsmandats ein „Standbein“ durch die Anstellung als Studienassessor am Koellnischen Gymnasium, einer progressiven Aufbauschule.[142] Zudem war er weiterhin in der politischen Bildungsarbeit, so bei der Sozialistischen Arbeiterjugend, einem der SPD nahestehenden Jugendverband, aktiv.[143] Der SPD oder einer der kleinen Linksgruppierungen trat er jedoch nicht bei.

Wissenschaftlich wechselte Rosenberg das Terrain: Er trat nun mit Publikationen zur Neueren Geschichte hervor, so den beiden Büchern über die *Entstehung der deutschen Republik* (1928) und die *Geschichte des Bolschewismus* (1932).

In der *Entstehung der deutschen Republik* entwickelte er die Theorie von „zwei Revolutionen“ während des Krieges. Die erste, so schrieb er, sei 1916 die Errichtung der de facto Militärdiktatur Hindenburgs und Ludendorffs gewesen. Sie habe den Kaiser wie den Reichstag auf eine bloß symbolische Rolle reduziert. Doch habe Ludendorff nicht begreifen können, „dass der Arbeiter auch politisch einen selbständigen Willen haben sollte.“ Gegen Streiks habe er „rücksichtslose Gewaltanwendung“ empfohlen.[144]

138 Vgl. Die Ursachen des deutschen Zusammenbruchs im Jahre 1918. Zweite Abteilung, Bd. IV, Berlin 1928, 91 ff.

139 Vgl. ebd., Bd. V, 215 ff.

140 Vgl. Rosenbergs „Austrittserklärung“ in: Vorwärts, 27. April 1927, sowie die Notiz „Rosenbergs Abgang“ in: Die Rote Fahne, 28. April 1927, und den Kommentar „Der ‚parteilose Sozialist‘ Rosenberg“, in: Ebd., 29. April 1927.

141 Verhandlungen des Reichstags. Stenographische Berichte, 2. Juli 1927, Bd. 393, 11181.

142 Vgl. HUB, UA, R 208: Personalakte Arthur Rosenberg, Bl. 8, 15, 24; vgl. auch die Erinnerungen seines Schülers am Koellnischen Gymnasium, dem später bekannten Agrar-Ökonomen Theodor Bergmann; vgl. Bergmann 2001, 12.

143 Vgl. hierzu die Erinnerungen von Schmid 1988, 93.

144 Rosenberg 1991, 114.

Die zweite Revolution sei konsequenterweise das Ergebnis des Zerfalls der Obersten Heeresleitung im Oktober 1918 gewesen, wodurch die Macht auf die nichtrevolutionäre deutsche Mittelklasse übergegangen sei, die die Monarchie abschaffen wollte. Doch erst die Aktionen der Arbeiter- und Soldatenräte schufen die Voraussetzungen für die Entstehung der deutschen Republik. Eine Mehrheit in diesen Räten wollte zwar die parlamentarische Demokratie mit dem Sozialismus verbinden. Doch der überwiegende Teil der Mittelklassen, dessen Interessen schließlich die SPD-Führer um Ebert und Noske vertraten, war „weder proletarisch noch sozialistisch", so Rosenberg[145]

In seiner *Geschichte des Bolschewismus* sah Rosenberg den Sozialismus von Marx und Engels geradezu als Bemühen, die Werte des Liberalismus – garantierte Freiheit für jedes einzelne Mitglied der Gesellschaft – durch politisches Handeln der Massen zur Geltung zu bringen.[146] Die Masse wollte die Früchte der Freiheit und Gleichheit genießen, die ihr von den Liberalen versprochen wurden. „Sie wollte die Demokratie, die Selbstregierung [...] unter Wegfall aller Privilegien der alten feudalen Herren so gut wie des neuen Großbürgertums."[147] Demokratische Ideen waren zuerst politische Ideen, aber der Sozialismus fügte ihnen den Willen zur Wirtschaftsreform hinzu, schuf eine Theorie und stand bei der Herausbildung von Massenparteien Pate.

Unter den gesellschaftlichen Bedingungen Russlands[148] seien aber die Massen ohne eine Partei von Berufsrevolutionären zu revolutionärem Handeln unfähig. Rosenberg bezeichnete Doktrin und Handeln der Bolschewiki als fortschrittlich für das Russland der Zaren. So fortschrittlich dies für Russland war, so reaktionär war es für den Westen, wo die bürgerliche Revolution bereits durchgeführt worden war und ein gut ausgebildetes Industrieproletariat sowie eine gebildete Mittelklasse die Mehrheit der Bevölkerung stellten.

> „Die heroischen Taten der russischen Arbeiter von 1917 bis 1920 haben vorübergehend die bolschewistische Rückständigkeit verschleiert und den Eindruck erweckt, als sei der Bolschewismus die gegebene Form der allgemein-proletarischen Revolution. Entscheidende Teile des europäischen Proletariats wollten damals im Bunde mit den Bolschewiki die Macht erobern. Aber im Laufe der Zeit hat sich immer mehr die Unmöglichkeit gezeigt, die Führung des Weltproletariats der Regierung des russischen Agrarstaats zu übertragen. So trennten sich der russische Staat und die internationale Arbeiterschaft wieder, und die Stalinsche Theorie vom ‚Sozialismus in einem Lande' ist nur der Ausdruck für diese Tatsache."[149]

Damals wie später hielt Rosenberg sich mit einem endgültigen Urteil über die soziale Natur der UdSSR jedoch zurück: Es bleibe „sich sachlich gleich", notierte er 1935, ob man

145 Ebd., 242.
146 Vgl. hierzu auch seinen Artikel: Marx und Engels, in: Leipziger Volkszeitung, 24. September und 13. Oktober 1930.
147 Rosenberg 1932; Neuausgabe, 55.
148 Hier wie an anderen Stellen schrieb Rosenberg durchgängig „Russland" statt „Sowjetunion".
149 Rosenberg, 1932, 260.

„die russische staatssozialistische oder staatskapitalistische Regierung“ sage. In jedem Fall stelle die Bürokratie „im heutigen Russland den Bourgeois-Ersatz“ dar. Damit kam er der Theorie einer „neuen Klasse“ recht nahe.[150]

Aufgrund seiner politischen Tätigkeit und später der beruflichen Beanspruchung am Gymnasium las Rosenberg an der Universität meist nur einstündig, wobei sich seine politische Neuorientierung in den Themen widerspiegelte. So las er im Sommersemester 1922 über „Sozialismus und Kommunismus im Altertum“, im folgenden Jahr trug er dann „Griechische Geistesgeschichte vom materialistischen Standpunkt“ vor. „Die sozialen Kämpfe im alten Rom“, sein Thema im Sommersemester 1924, dürften auch *Demokratie und Klassenkampf im Altertum* als Lektüre erfordert haben. „Gelegentlich trug Rosenbergs Lehrangebot auch Züge einer ironischen Distanz“, schreibt Andreas Wirsching, so etwa, wenn er im Wintersemester 1923/24 Übungen über ‚Die Geschichtsauffassung der alten Kirche im Anschluss an die Lektüre von Augustinus‘ *De Civitate Dei*‘ sonntags von 11 bis 13 Uhr anbot, was den Kirchgängern eine schwere Entscheidung abverlangte.[151] Unter seinen Hörern waren zu Beginn und Mitte der zwanziger Jahre Arkadij Gurland, künftiger Mitarbeiter am Frankfurter Institut für Sozialforschung und Professor für Politologie in Berlin und Darmstadt, sowie der spätere Bakunin-Biograph Arthur Lehning.[152]

Bis zuletzt konnte Rosenberg an der Universität einen kleinen Kreis von Studenten um sich scharen, die sich mit der materialistischen Geschichtsauffassung vertraut machen wollten. Dabei blieb seine Lehrbefugnis jedoch auf die Alte Geschichte begrenzt. Alle Anträge um Erweiterung der *Venia legendi* lehnte die Fakultät ab. So las er im Sommersemester 1931 über „Die materialistische Geschichtsauffassung erläutert am Beispiel der griechisch-römischen Geschichte“ und im Wintersemester 1931/32 über „Materialistische Geschichtsauffassung, spezieller Teil (Wirtschaft, Staat, Wissenschaft, Kunst, Religion)“. Das Publikum setzte sich aus Linken verschiedener Schattierungen zusammen.[153]

Der Student und aktive Sozialdemokrat Georg Eckert, künftiger Wegbereiter der internationalen Schulbuchforschung, lernte Arthur Rosenberg Ende 1931 kennen. Von der Gruppe sozialdemokratischer Studenten an der Universität (SSt) wurde Rosenberg, wie sich Eckert erinnerte, „menschlich und fachlich außerordentlich geschätzt. Er hat z. B. noch im Sommersemester 1932 auf meine Bitte in einer öffentlichen Versammlung der Philosophischen Fachschaft der SSt gesprochen.“

„Rosenberg hat nie verleugnet, dass er von Marx kam“, schrieb Eckert. „Er war aber eine so originale und schöpferische Persönlichkeit, dass seine marxistische Axiomatik zum mindesten mir nicht allzu deutlich geworden ist.“ Die Marxsche Geschichtsauffassung war „für ihn niemals Dogma, sondern nur ein wertvolles methodisches Hilfsmittel.“ Er „war seinen eigenen Thesen gegenüber ohne Frage kritisch (eingestellt) und

150 Arthur Rosenberg, Wandlungen der sowjetrussischen Außenpolitik, in: Zeitschrift für Sozialismus, 3 (1935), Nr. 20/21, 647 u. 649.

151 Wirsching 1999, 576.

152 Vgl. Zimmermann 1997, 300; Keßler 2010, 77–96; Altena 2000.

153 Unter ihnen war der spätere Schriftsteller Stefan Heym, der Rosenberg kurz hörte; vgl. Heym 1990, 62.

war jederzeit bereit, sie zur Diskussion zu stellen. Ich persönlich wurde durch Rosenberg fasziniert, weil er als einer der ganz wenigen Professoren der damaligen Berliner Universität jede Vorlesungsstunde mit einer freimütigen Diskussion beendete. Er ist in diesen Diskussionen gerade von Seiten der Parteikommunisten immer wieder attackiert worden. Ich hatte immer den Eindruck, dass Rosenberg bereit war, sich von guten und besseren Argumenten überzeugen zu lassen, dass er andererseits sich seiner geistigen Bedeutung wohl bewusst war."[154]

Eckert nahm an, dass Rosenberg „Marx tief verehrt hat, ohne die Zeitbedingtheit seiner Theorien zu übersehen." Die kommunistischen Hörer hätten ihn, abgesehen von den wenigen Anhängern der Kommunistischen Partei-Opposition Brandlers und Thalheimers, „heftig befehdet". Doch habe Rosenberg auf fast alle Studenten „einen menschlich faszinierenden Einfluss ausgeübt"; es habe sogar „Ansätze einer ‚Rosenberg-Sekte' an der Universität gegeben [...] Rosenberg hat diese Entwicklung jedoch nicht gefördert, sondern ganz im Gegenteil immer wieder zur Selbstkritik aufgefordert", so Eckert. Er betonte, dass ihn unter allen wissenschaftlich bedeutenden Gelehrten, die er kennenlernen durfte, „wenige menschlich so berührt und entscheidend beeinflusst haben wie Rosenberg."[155]

Auf Walter Markov, den künftigen Historiker der Französischen Revolution, machte Rosenberg gleichfalls „einen starken Eindruck." Durch ihn kam Markov 1932 „zum ersten Mal mit dem theoretischen Spiegelbild der äußersten Linken in direkte Berührung." Einmal besuchte er Rosenberg in dessen neuer Wohnung in Berlin-Zehlendorf, „die nach Junggesellenwirtschaft aussah", wobei dieser den jugoslawischen Staatsbürger „mit der herzerfrischenden Frage begrüßte: ‚Na, wann hängt ihr [König] Alexander?' Sodann wollte er wissen: ‚Sind Sie Parteikommunist?'" Nein, organisiert sei er, so Markov, in keiner Partei. Rosenbergs Fazit: „Ist auch besser so."

> „Ein sehr witziger und geistreicher Kopf, hat Rosenberg mir als erster einen Schlüssel zur Marxschen Methode in die Hand gedrückt, wobei seine Taktik darin bestand, den Studenten möglichst viel selbst sagen zu lassen und dann als ‚Jupiter' nur seine Hand darüber zu halten. Mit den aufgeregten und nicht immer höflichen jungen Leutchen im Hörsaal wurde er so am besten fertig."[156]

Heinz Pächter, später als Henry Pachter ein namhafter Historiker in den USA, schloss sich ebenfalls Rosenberg an. Er erlebte einen politisch interessierten Gelehrten,

> „ausgestoßen vom akademischen Establishment wie von der kommunistischen Orthodoxie. Als Dozent für griechische und römische Geschichte war er auf die Kolleggelder angewiesen, die er von seinen Hörern bekam. Von keiner Seite erging ein Ruf auf einen Lehrstuhl an ihn, und da er kein Recht hatte, Prüfungen abzunehmen, waren die Studenten nicht verpflichtet, seine Lehrveranstaltungen zu be-

154 Brief Georg Eckerts an Helmut Schachenmeyer, 24. August 1960.
155 Ebd.
156 Markov 1989, 34–36.

suchen. Doch seine Vorlesungen gehörten zu den interessantesten, die ich je erlebte; seine Bücher zur Entstehung der Weimarer Republik, über den Bolschewismus sowie über Demokratie und Sozialismus wurden zu Klassikern. Lange bevor andere dies taten, wies er auf den Klassencharakter der antiken Gesellschaft hin. [...] Die Freundschaft, die er mir zuteil werden ließ, bedeutet mir noch heute viel, wie ich ihm auch stets für seinen fachlichen Rat dankbar sein werde."[157]

Die Jahre des Exils

Wie viele seiner Studenten, geriet Arthur Rosenberg nach dem 30. Januar 1933 sofort in das Fadenkreuz der neuen Machthaber. Bereits im März verließ er mit seiner Familie Berlin. Über Konstanz, wo Verwandte seiner Frau lebten, ging er nach Zürich. 1934 gelang ihm die Übersiedlung nach England. Nach einem Aufenthalt in London fand er schließlich in Liverpool eine Anstellung an der dortigen Universität, die jedoch nur befristet war. Als ihm 1937 klar wurde, dass er weder dort noch sonst wo in England oder selbst im Empire eine weitere Anstellung bekommen würde, wandte er sich in die USA. Nach wiederum teilweiser dramatischer Stellensuche erhielt er eine Anstellung am Brooklyn College, einer Institution der City University of New York, die indes erst 1941 in eine unbefristete Stelle verwandelt wurde – bei gleichbleibend schlechter Bezahlung. Die kräftezehrende Suche nach Geldmitteln überschattete die gesamte Zeit seines Exils und mag mit zu Rosenbergs körperlichen Verfall und dem frühen Krebstod am 7. Februar 1943 beigetragen haben.

In Liverpool und am Brooklyn College gab Rosenberg Überblickskurse zur Alten Geschichte und blieb dem Fach soweit verbunden, dass er plante, eine Sozialgeschichte der Alten Welt zu schreiben. Samuel Hurwitz, sein Kollege am Brooklyn College, der von dieser Absicht wusste, erinnerte sich noch Jahrzehnte später, dass „Rosenberg intensiv babylonische und assyrische Geschichte studierte. Er hatte eine hervorragende Kenntnis von Fremdsprachen und war imstande, Hieroglyphen zu entziffern."[158] Dazu kam es nicht mehr.

Im Exil blieb Rosenberg unermüdlich publizistisch tätig. Während seines kurzen Züricher Aufenthaltes schrieb er die Broschüre *Der Faschismus als Massenbewegung*, die 1934 in Karlsbad erschien.

Rosenberg sah darin drei Varianten deutscher Faschisten: die Nazis, die traditionellen deutschen Nationalisten und, überraschenderweise, die um den früheren Reichskanzler Brüning gescharten *Volkskonservativen*. Er bezeichnete sogar die Regierung Cuno aus dem Jahre 1923 als den „Sieg des legalen Faschismus". Für Rosenberg war der Faschist „der gegenrevolutionäre Kapitalist, der geborene Feind der klassenbewussten Arbeiterschaft. Der Faschismus ist weiter nichts als eine moderne, volkstümlich maskierte Form der bürgerlich-kapitalistischen Gegenrevolution."[159]

157 Pachter 1982, 54.
158 Hurwitz 1965, XIV.
159 Rosenberg 1934, 7. Wiederabdruck in: Rosenberg 1974, 224.

Ein Jahr später korrigierte Rosenberg sein Urteil. In seiner *Geschichte der deutschen Republik* benannte er das Kabinett Cuno als „eine Regierung des Großkapitals. [...] Man konnte von Cuno billigerweise nicht erwarten, dass er eine Arbeiterpolitik machen würde."[160]

In der *Geschichte der deutschen Republik*, seinem vielleicht besten Buch, arbeitete Rosenberg 1935 den Mangel an demokratischen Traditionen als Hauptursache der Niederlage der deutschen Revolution von 1918 heraus. Doch die Arbeiter- und Soldatenräte, die sich im November 1918 spontan in ganz Deutschland bildeten, hofften auf die Verankerung einer wirklichen Massendemokratie und entscheidende Wirtschaftsreformen. Rosenberg schrieb, „dass der Ruf nach dem Sozialismus nicht eine Ursache, sondern eine Folge der Novemberrevolution gewesen ist. [...] Was man im einzelnen unter Sozialisierung verstehen wollte, darüber bestanden freilich die größten Meinungsverschiedenheiten. Aber darüber war man sich klar, dass jede Form einer Plan- oder Gemeinwirtschaft nur dann Erfolge erzielen konnte, wenn sie die produzierenden Massen zur lebendigen Mitwirkung mobilisierte. Die gegebenen Organe, um im Betrieb den plan- und gemeinwirtschaftlichen Gedanken zu vertreten, waren aber die Räte."[161]

Rosenberg benannte die Fehler der einander bekämpfenden Arbeiterparteien: die Verachtung der parlamentarischen Demokratie durch die KPD, aber auch die Illusionen der SPD, die 1932 Hindenburg als letzten Schutzwall der Demokratie gegen Hitler ansah. Rosenberg wollte eine sozialistische Wirtschaftsordnung mit der parlamentarischen Demokratie und rätedemokratischen Elementen kombinieren; dies war der Grundgedanke seines letzten Buches, *Demokratie und Sozialismus*, das 1938 in Amsterdam erschien. Obwohl er den Stalinismus publizistisch attackierte, trat er für eine enge Zusammenarbeit von Kommunisten, Sozialdemokraten und bürgerlichen Antifaschisten im Exil ein. Anders als vor 1933 bezeichnete er nun die Juden als ein Volk, dessen Zufluchtsstätte angesichts der völlig neuartigen Gefahr, die von Deutschland drohte, nur Palästina sein könne. Ein Ausgleich mit den arabischen Nachbarn sei allerdings dringend notwendig, jeder jüdische Chauvinismus sei zu bekämpfen. Zuletzt verstand sich Rosenberg als sozialistischer Zionist.

Spätestens seit dem Austritt aus der KPD trat Rosenberg Marx nicht mehr als Glaubender, sondern als denkender Anhänger gegenüber und suchte dessen kritische Methode auf die Interpretation der Zeitgeschichte anzuwenden. Der andauernde Erfolg seiner zudem eminent gut geschriebenen Bücher über die Weimarer Republik, den Bolschewismus und über Demokratie und Sozialismus zeigt, dass ihm dies gelungen war.

Doch sah auch Rosenberg das Problem, mit dem jeder marxistisch orientierte selbständige Denker konfrontiert wird: dem Grundwiderspruch des Marxismus, zugleich wissenschaftliche Erkenntnis wie Wegweiser im Klassenkampf sein zu wollen. Es wurde Rosenberg zunehmend bewusst, dass der Anspruch des historischen Materialismus, seine rationale Erkenntnismethode den Naturwissenschaften an die Seite zu stellen, mit seiner gesellschaftskritischen Perspektive in Konflikt gerät, da diese, philosophisch gesprochen, den Drang zur Objektivität als eine Form des Positivismus ablehnt. Rosenberg

160 Rosenberg 1935, zit. nach der Neuausgabe: Geschichte der Weimarer Republik (= Rosenberg 1991), 125.
161 Ebd., 19.

würdigte Marx' Bereicherung der historischen Forschung durch seine interdisziplinäre, auf die Totalität der gesellschaftlichen Verhältnisse gerichteten Problemsicht. Kurz vor seiner Flucht aus Deutschland bezeichnete er das „System von Marx" als „eine ungeheuere Kritik der ganzen Gedankenwelt der bürgerlichen Gesellschaft, aber eine Kritik, die nicht durch Bücherschreiben, sondern nur durch die Arbeiterrevolution sich durchsetzen kann. Die bürgerliche Idee des Eigentums z.B. ist nach Marx kein Hirngespinst, sondern eine mächtige Realität, die nur durch eine noch stärkere Realität, nämlich den Arbeiteraufstand, zu widerlegen ist."[162]

Die Marxsche Gesellschaftsperspektive, die revolutionäre Aufhebung der Ausbeuterordnung, schränkt jedoch die Möglichkeiten historischer Forschung insofern ein, als deren Ergebnisse prinzipiell nach ihrem Nutzen für den revolutionären Kampf beurteilt werden. So dieser Kampf in Westeuropa mit dem Sieg der sozialistischen Revolution und damit der Ausweitung der politischen Demokratie auf die Wirtschaft endet, besteht darin kein Problem. Doch setzte sich eine dem Anspruch nach marxistische Revolution nur in Sowjetrussland siegreich durch, und damit wurde ein Marxismus eigener Prägung dort zur herrschenden Staatstheorie. Lenin habe „mit einer großartigen Einseitigkeit" das Studium der Wissenschaften dem Sieg der russischen Revolution untergeordnet. Nationalrussisches Denken sei jedoch seinem Geschichtsverständnis immer fremd geblieben.[163] Nicht nur Lenin, sondern auch Bucharin habe die Überlegenheit der marxistischen über die bürgerliche Wissenschaft vorausgesetzt, da sie die Erscheinungen des öffentlichen Lebens tiefer und breiter erforsche als jene. Da sich jedoch die bolschewistische Partei als Vorhut der Arbeiterklasse wie als Hüterin der marxistischen Lehre begreife, sei sogar ein so differenzierter Denker wie Bucharin genötigt gewesen, seine Theorie der herrschenden Lehre anzupassen.

Die große Wendung von 1921, als sich Sowjetrussland auf die Verteidigung der eigenen Interessen zurückzog und die Praxis, wenn auch nicht die Propaganda der Weltrevolution beerdigte, habe auch zum Rückzug der bolschewistischen Geschichtswissenschaft auf nationalrussische Positionen geführt. Wie Stalin in der Politik würden die gegenwärtigen russischen Historiker als Wissenschafter eine nationalrussische Ideologie in marxistischen Termini rechtfertigen. Peter der Große und Alexander Newski würden in der Forschung, der Propaganda und besonders im Film rehabilitiert. Einst habe Sinowjew mit Billigung Lenins von den „reißenden Tieren aus dem Hause Romanow" geschrieben. Heute verstünden sich die Bolschewiki eher als Erben Peters denn von Karl Marx.

> „Es ist kein Zufall, dass Sinowjew erst aus dem Leben gehen musste, ehe Stalins neues nationalrussisches Geschichtsbild innerhalb des Bolschewismus den Sieg errang."[164]

162 Arthur Rosenberg, Karl Marx, in: P. R. Rohden / G. Ostrogorski (Hrsg.), Menschen, die Geschichte machten, Bd. 2, Wien 1933, zit. nach dem Wiederabdruck in: Rosenberg 1974, 128.

163 A. Rosenberg, Das Geschichtsbild des Bolschewismus, in: Scandia. Tidskrift för Historisk Forskning, 12 (1939), Nr. 256–283. Wiederabdruck in: Rosenberg 1974, 156–185, Zitat 158.

164 Ebd., 185.

Eingangs dieses Aufsatzes wurde gefragt, was das Spezifische an Rosenbergs Marxismus-Verständnis war und warum seine Art der Marxismus-Rezeption heute noch von Interesse sein könne. Arthur Rosenberg, und das haben diese Zeilen hoffentlich deutlich gemacht, erarbeitete sich nach manchem Irrweg ein offenes Marxismus-Verständnis. Dieses ging über das die Arbeiterbewegung lähmende Lagerdenken weit hinaus. Er lehnte schon vor dem Scheitern der Weimarer Republik jede Geringschätzung der Demokratie als bloß „bürgerlich", wie es die meisten Kommunisten taten, strikt ab. Rosenberg sah vielmehr im Ziel einer kämpferischen Demokratie das beste Erbteil der alten Sozialdemokratie, und er suchte diese Demokratie mit dem revolutionären Enthusiasmus Rosa Luxemburgs zu erfüllen. Ihre hellsichtige Kritik an den Gefahren der Alleinherrschaft einer, und sei es auch der revolutionärsten Gruppe findet in Rosenbergs Büchern ihre Fortsetzung. Konsequenter Weise benannte Rosenberg es als die praktische Aufgabe des marxistischen Historikers, die Frontstellung Sozialdemokratie versus Kommunismus auf radikaldemokratischer Grundlage durch eigene Arbeiten überwinden zu helfen und somit Brücken zum bürgerlichen Humanismus zu schlagen. Die Aufgabe des deutschen Historikers in der Emigration bestehe folglich darin, „die gegenseitige Isolierung der sogenannten bürgerlichen und der sozialistischen Schule der Historiker zu durchbrechen." Dies bedeutet:

> „Sozialisten und Kommunisten, bürgerliche Demokraten und sozial-fortschrittliche Katholiken sind alle gleichmäßig genötigt, seit 1933 ihre überlieferten Anschauungen und Kampfformeln zu überprüfen. In undogmatischer und kritischer Arbeit werden die Historiker der Emigration sich gemeinsam bemühen müssen, aus der Negation des Dritten Reiches heraus das positive neue Prinzip deutscher Zukunft für die Geschichtswissenschaft zu entwickeln."[165]

Das Dilemma, dass der Marxismus zum Stalinismus herabgewürdigt und als Magd einer repressiven Politik diene, müssten auch die westeuropäischen Sozialisten lösen helfen. 1933 nahm Rosenberg im Zürcher Exil an, eine erneuerte sozialistische Internationale unter englischer oder französischer Führung werde sich „voraussichtlich immer mehr von den stereotypen marxistischen Dogmen abwenden, die in England nie Fuß gefasst haben und in Frankreich einen sehr geringen Einfluss ausübten." Gerade damit würden sie einem „wahren Marxismus, der durchaus undogmatisch und realistisch ist", Rechnung tragen.[166] Wie jedoch die in sich gespaltenen, tief verunsicherten Sozialdemokraten oder gar Kommunisten zusammengeführt würden, konnte Rosenberg so wenig wie jeder andere seiner Zeitgenossen sagen.

> „Der politische Bankrott der Parteien der Zweiten und Dritten Internationale wird gewöhnlich als Beweis für die Wertlosigkeit des Marxismus hingestellt", schrieb

165 Arthur Rosenberg, Die Aufgabe des Historikers in der Emigration, in: Emil Julius Gumbel (Hrsg.), Freie Wissenschaft. Ein Sammelbuch aus der deutschen Emigration, Strasbourg 1938, zit. nach dem Wiederabdruck in: Keßler 2005, 27.

166 Rosenberg, Sozialistische Parteien, in: Rosenberg 1974, 155.

> Rosenberg eindringlich. „Aber die Voraussetzung dieser Kritik ist falsch. [...] Wenn Parteien, die mit dem Marxismus nichts mehr gemein hatten als ein paar Äußerlichkeiten, besiegt werden, so kann eine objektive Kritik darin wahrlich kein Versagen des Marxismus erblicken."[167]

Auch und gerade in der zeitweiligen Defensive müsse eine erneuerte sozialistische Bewegung nach einer neuen Strategie suchen, die revolutionäre wie Reformpolitik als je gegebene Mittel nutzen solle. Dabei helfe ein kritisches Studium Marxscher Gedanken, die nicht schematisch auf die Gegenwart zu übertragen seien. „Marx war niemals ein 'radikaler' Prinzipienreiter", schrieb Rosenberg 1940 angesichts eines bisher beispiellosen Tiefpunktes in der Geschichte der Arbeiterbewegung.

> „In großen revolutionären Krisen forderte er ein rücksichtslos entschlossenes Auftreten des Proletariats, aber in andern Perioden war Marx auch mit friedlichen Reformen innerhalb des Kapitalismus einverstanden, wenn sie die Lage der Arbeiterschaft real verbesserten. [...] Bei aller Anerkennung für die historische Aufgabe des Proletariats im Zeitalter der Großindustrie, hat Marx doch nie aus der Industriearbeiterschaft einen Fetisch gemacht. Marx hat einen großen Teil seines Lebenswerkes dem Studium der Agrarfrage und der Bewegungen der Bauernschaft gewidmet."

In knappster Form fasste Rosenberg sein Verständnis des Marxismus zusammen:

> „Die heutige Generation kann aus den Schriften von Marx keine Wunderrezepte und wunderbaren Prophezeiungen entnehmen, sondern nur das Vorbild, wie man die stets sich wandelnden Tatsachen kritisch erfassen und daraus die notwendigen Schlüsse zu ziehen hat."[168]

Literatur

Altena 2000 Bert Altena, Nachruf: Arthur Lehning (1899–2000), in: 1999. Zeitschrift für Sozialgeschichte des 20. und 21. Jahrhunderts, 16 (2000), 221.

Berding 1971 H. Berding, Arthur Rosenberg, in: H.-U. Wehler (Hrsg.), Deutsche Historiker, Bd. IV, Göttingen 1971, 81–96.

Bergmann 2001 Th. Bergmann, Im Jahrhundert der Katastrophen. Erinnerungen eines kritischen Kommunisten, Hamburg 2001.

Bois 2014 M. Bois, Kommunisten gegen Hitler und Stalin. Die linke Opposition der KPD in der Weimarer Republik, Essen 2014.

167 Rosenberg, Was bleibt von Karl Marx?, in: Maß und Wert, 3 (1940), Nr. 3, 384–390. Wiederabdruck in: Rosenberg 1974, 136 f.

168 Ebd., 137.

Canfora 1984 L. Canfora, Il comunista senzo partito. Seguito da „Democrazia e lotta di classe nell'antichità“ di Arthur Rosenberg, Palermo 1984.

Canfora 1995 L. Canfora, Politische Philologie. Altertumswissenschaften und moderne Staatsideologien, Stuttgart 1995.

Carsten 1974 F. L. Carsten, Arthur Rosenberg als Politiker, in: G. Botz u. a. (Hrsg.), Geschichte und Gesellschaft. Festschrift für Karl R. Stadler zum 60. Geburtstag, Wien 1974, 267–280.

Chantraine 1986 H. Chantraine, Die Leistung der Juden für die Alte Geschichte im deutschen Sprachraum, in: W. Grab (Hrsg.), Juden in der deutschen Wissenschaft, Tel Aviv 1986, 113–143.

Christ 1972 K. Christ, Von Gibbon zu Rostovtzeff. Leben und Werk führender Althistoriker der Neuzeit, Darmstadt 1972.

Christ 1982 K. Christ, Römische Geschichte und deutsche Geschichtswissenschaft, München 1982.

Fischer 1950 R. Fischer, Stalin und der deutsche Kommunismus. Der Übergang zur Konterrevolution. Übersetzt von Heinz Langerhans, Frankfurt a. M. [1950].

Galsterer 1976 H. Galsterer, Herrschaft und Verwaltung im römischen Italien, München 1976.

Goldmann 1980 N. Goldmann, Mein Weg als Deutscher und Jude, München 1980.

Grumbach 1917 S. Grumbach, Das annexionistische Deutschland, Lausanne 1917.

Hagenlücke 1997 H. Hagenlücke, Deutsche Vaterlandspartei. Die deutsche Rechte am Ende des Kaiserreichs, Düsseldorf 1997.

Hepp 1985 M. Hepp (Hrsg.), Die Ausbürgerung deutscher Staatsangehöriger 1933–45 nach den im Reichsanzeiger veröffentlichten Listen, Bd. 1, München u.a. 1985.

Heym 1990 Stefan Heym, Nachruf, Berlin 1990.

Hoffmann 1988 C. Hoffmann, Juden und Judentum im Werk deutscher Althistoriker des 19. und 20. Jahrhunderts, Leiden 1988.

Hoffrogge 2014 Ralf Hoffrogge, Werner Scholem. Eine politische Biographie (1895–1940), Konstanz 2014.

Hurwitz 1965 S. J. Hurwitz, Introduction, in: A. Rosenberg, A History of Bolshevism. From Marx to the First Five-Years' Plan, New York 1965, XI–XXXVI.

Keßler 2003 M. Keßler, Arthur Rosenberg. Ein Historiker im Zeitalter der Katastrophen (1889–1943), Köln/Weimar/Wien 2003.

Keßler 2005 M. Keßler (Hrsg.), Deutsche Historiker im Exil (1933–1945). Ausgewählte Studien, Berlin 2005.

Keßler 2010 M. Keßler, Arkadij Gurland – Sozialdemokrat und Politologe zwischen Weimarer Republik, Exil und westlichem Nachkriegsdeutschland (1904–1979), in: Klaus Kinner (Hrsg.), Die Linke. Erbe und Tradition, Teil 2, Berlin 2010, 77–96.

Keßler 2013 M. Keßler, Ruth Fischer. Ein Leben mit und gegen Kommunisten (1895–1961), Köln / Weimar / Wien 2013.

Latte 1968 K. Latte, Kleine Schriften zu Religion, Recht, Literatur und Sprache der Griechen und Römer, hrsg. v. Olof Gigon, München 1968.

Losemann 1977 V. Losemann, Nationalsozialismus und Antike. Studien zur Entwicklung des Faches Alte Geschichte 1933–1945, Hamburg 1977.

Markov 1989 W. Markov, Zwiesprache mit dem Jahrhundert. Dokumentiert von Thomas Grimm, Berlin / Weimar 1989.

Masur 1978 G. Masur, Das ungewisse Herz, Holyoake, Mass. 1978.

Meyer 1907 E. Meyer, Geschichte des Altertums, Bd. I, Stuttgart / Berlin^2 1907.

Meyer 1912 E. Meyer, Geschichte des Altertums, Bd. IV/1, Stuttgart / Berlin^2 1912.

Meyer 1915 E. Meyer, Geschichte des Altertums, Bd. IV/5, Stuttgart^2 1915.

Meyer 1923 E. Meyer, Ursprünge und Anfänge des Christentums, 3 Bde., Stuttgart / Berlin 1923.

Müller/Schäfer 1986 R. W. Müller / G. Schäfer (Hrsg.), Arthur Rosenberg zwischen alter Geschichte und Zeitgeschichte, Politik und politischer Bildung, Göttingen 1986.

Meyer-Leviné 1979 R. Meyer-Leviné, Im inneren Kreis. Erinnerungen einer Kommunistin in Deutschland 1920–1933, hrsg. und eingeleitet v. H. Weber, Köln 1979.

Nicolai 1920 W. Nicolai, Nachrichtendienst, Presse und Volksstimmung im Weltkrieg, Berlin 1920.

Pachter 1982 H. Pachter, Weimar Etudes, hrsg. v. Stephen E. Bronner, New York 1982.

Riberi 2001 L. Riberi, Arthur Rosenberg. Democrazia e socialismo tra storia e politica, Milano 2001.

Rosenberg 1911 A. Rosenberg, Untersuchungen zur römischen Zenturienverfassung, Berlin 1911 (Reprint New York 1975).

Rosenberg 1913 A. Rosenberg, Der Staat der alten Italiker. Untersuchungen über die ursprüngliche Verfassung der Latiner, Osker und Etrusker, Berlin 1913.

Rosenberg 1915a Arthur Rosenberg, Zu den altlateinischen Priestertümern, in: Hermes 50 (1915) 416–426.

Rosenberg 1915b A Rosenberg, Der Untergang des weströmischen Reiches, in: Deutsche Literaturzeitung 36 (1915) Sp. 2221–2225.

Rosenberg 1916a A. Rosenberg, Amyntas, der Vater Philipps II., in: Hermes 51 (1916) 499–509.

Rosenberg 1916b A. Rosenberg, Neue Censorinschrift aus Praeneste, in: Rheinisches Museum für Philologie, Neue Serie, 74 (1916), S. 117–127.

Rosenberg 1916/1918 A. Rosenberg, Bericht über römische Staatsaltertümer (1902–1916), in: Jahresbericht über die Fortschritte der klassischen Altertumswissenschaft 44 (1916/18), Bd. 176, 201–226.

Rosenberg 1918a A. Rosenberg, Perikles und die Parteien in Athen, in: Neue Jahrbücher für das klassische Altertum, 18 (1918) 205–223.

Rosenberg 1918b A. Rosenberg, Die Parteistellung des Themistokles, in: Hermes 53 (1918) 308–316.

Rosenberg 1921a A. Rosenberg, Einleitung und Quellenkunde zur römischen Geschichte, Berlin 1921.

Rosenberg 1921b A. Rosenberg, Geschichte der römischen Republik, Leipzig 1921.

Rosenberg 1921c A. Rosenberg, Demokratie und Klassenkampf im Altertum, Bielefeld / Leipzig 1921 (ND 2007 der Aufl. von 1997).

Rosenberg 1928 A. Rosenberg, Die Entstehung der Deutschen Republik, Berlin 1928.
Rosenberg 1932 A. Rosenberg, Geschichte des Bolschewismus, Berlin 1932, Neuausgabe: Frankfurt a. M. 1975.
Rosenberg 1933 A. Rosenberg, Aristoteles über Diktatur und Demokratie, in: RhM, Neue Folge 82 (1933) 339–361.
Rosenberg 1934 A. Rosenberg, Der Faschismus als Massenbewegung. Sein Aufstieg und seine Zersetzung, Karlsbad 1934.
Rosenberg 1935 A. Rosenberg, Geschichte der deutschen Republik, Karlsbad 1935.
Rosenberg 1974 A. Rosenberg, Demokratie und Klassenkampf. Ausgewählte Studien, hrsg. v. H.-U. Wehler, Frankfurt a. M. 1974.
Rosenberg 1991 A. Rosenberg, Entstehung der Weimarer Republik, Hamburg 1991 (Neuausgabe).
Rudolph 1935 H. Rudolph, Stadt und Staat im römischen Italien, Leipzig 1935.
Salin 1921 E. Salin, Platon und die griechische Utopie, München 1921.
Schachenmeyer 1964 H. Schachenmeyer, Arthur Rosenberg als Vertreter des Historischen Materialismus, Wiesbaden 1964.
Schmidt 1988 E. Schmidt, Meine Jugend in Groß-Berlin. Triumph und Elend der Arbeiterbewegung 1918–1933. Mit einem Vorwort von Willy Brandt, Bremen 1988.
Schwabe 1969 K. Schwabe, Wissenschaft und Kriegsmoral. Die deutschen Hochschullehrer und die politischen Grundfragen des Ersten Weltkrieges, Göttingen 1969.
Schäfer 2000 G. Schäfer, Arthur Rosenberg: Verfechter revolutionärer Realpolitik., in: Th. Bergmann / M. Keßler (Hrsg.), Ketzer im Kommunismus. 23 biographische Essays, Hamburg 2000, 101–122.
Stahlmann 1995 I. Stahlmann, „Nebelschwaden eines geschichtswidrigen Mystizismus"? Deutungen der römischen Geschichte in den zwanziger Jahren, in: H. Flashar (Hrsg.), Altertumswissenschaft in den zwanziger Jahren. Neue Fragen und Impulse, Stuttgart 1995, 303–328.
Tornow 1978 E. Tornow, Der Revolutionsbegriff und die späte römische Republik. Eine Studie zur deutschen Geschichtsschreibung im 19. und 20. Jahrhundert, Frankfurt a. M. 1978.
vom Brocke 1985 B. vom Brocke, „Wissenschaft und Militarismus". Der Aufruf der 93 „An die Kulturwelt" und der Zusammenbruch der internationalen Gelehrtenpolitik im Ersten Weltkrieg, in: W. M. Calder III (Hrsg.), Wilamowitz nach 50 Jahren, Darmstadt 1985, 649–719.
Wehberg 1920 H. Wehberg, Wider den Aufruf der 93! Das Ergebnis einer Umfrage an die 93 Intellektuellen über die Kriegsschuld, Charlottenburg 1920.
Wehler 1974 H.-U. Wehler, Einleitung, in: Arthur Rosenberg, Demokratie und Klassenkampf. Ausgewählte Studien, hrsg. v. H.-U. Wehler, Frankfurt a. M. 1974, 5–16
Wehler 1975 H.-U. Wehler, Das deutsche Kaiserreich 1871–1918, Göttingen[2] 1975.
Wilcken 1994 U. Wilcken, Briefe an Eduard Meyer 1889–1930, hrsg. v. G. Audring, Konstanz 1994.
Wirsching 1999 A. Wirsching, Politik und Zeitgeschichte. Arthur Rosenberg und die Berliner Philosophische Fakultät 1914–1933, in: HZ 269 (1999) 561–602.

Zadoff 2014 M. Zadoff, Der rote Hiob. Das Leben des Werner Scholem, München 2014.
Zimmermann 1997 R. Zimmermann, Arkadij Gurland (1904–1979). Marxistischer Theoretiker und Publizist, in: Jürgen Schlimper (Hrsg.), „Natürlich – die Tauchaer Straße!“ Beiträge zur Geschichte der „Leipziger Volkszeitung“, Leipzig 1997, 299–322.

Der Mensch als politisches und ökonomisches Wesen

Robert von Pöhlmann und die Geschichte der sozialen Frage und des Sozialismus in der Antike

Kai Ruffing

„*Als Querdenker wurde P. bald nach seinem Tod nur mehr wenig beachtet.*“[1] Mit diesen Worten beschloß H. Wolff seinen Eintrag über Robert von Pöhlmann in der *Neuen Deutschen Biographie*. In der Tat sucht man in den in der letzten Zeit veröffentlichten Überblicken zu Forschungen auf dem Gebiet der antiken Wirtschaftsgeschichte ebenso vergebens nach dem Namen Pöhlmanns wie in solchen zur Sozialgeschichte.[2] Ein Grund hierfür ist nicht zuletzt seine sehr eigenwillige, aber ebenso originelle und innovative Monographie,[3] die zunächst in den Jahren 1893 und 1901 unter dem Titel „Geschichte des antiken Kommunismus und Sozialismus“ veröffentlicht wurde[4] und dann unter dem Titel „Geschichte des Sozialismus und der sozialen Frage in der antiken Welt“ im Jahr 1912 eine zweite Auflage erfuhr.[5] Eine dritte Auflage besorgte im Jahr 1925 Friedrich Oertel, der die Monographie v. Pöhlmanns nicht nur mit einem überaus nützlichen Register versah, sondern das Werk in einem ausführlichen Anhang auch kommentierte und zum Forschungsstand der 20er Jahre in Beziehung setzte.[6] Bei v. Pöhlmann (wie auch bei Oertel)[7] spielten die eigenen Zeitläufte eine wesentliche Rolle für die Auseinandersetzung mit den Themen soziale Frage, Kommunismus und Sozialismus.

Bevor aber v. Pöhlmanns Hauptwerk näher vor dem Hintergrund seiner Entstehungszeit(en) zu skizzieren ist, gilt es kurz auf Leben und Werk von Robert von Pöhlmann einzugehen.[8] Pöhlmann wurde am 27.09.1852 in Nürnberg geboren. Nach dem Besuch des dortigen Alten Gymnasiums studierte er Geschichte, Klassische Philologie und Na-

1 Wolff 2001, 559.
2 Eine Ausnahme bildet Eich 2006, 510–512. S.a. Bichler 1995, 96.
3 Vgl. Christ 1972, 201; Christ 1999, 125.
4 Pöhlmann 1893 und 1901.
5 Pöhlmann 1912.
6 Pöhlmann 1925 II, 511–585 = Oertel 1975a.
7 Oertel 1975b bildet eine Auseinandersetzung mit dem Thema Klassenkampf und Sozialismus versus ‘organischem Staat’ aus dem Jahr 1944.
8 Die folgenden Ausführungen zu Leben und Werk beruhen auf Berve 1959, 186–190; Christ 1972, 200–212; Christ 1999, 125–129; Urban 2000, 46–55; Krause 2002; Schneider 2012.

tionalökonomie in München, Göttingen und Leipzig, wo er 1875 mit einer Arbeit zur Mittelalterlichen Geschichte – „Der Römerzug Kaiser Heinrichs VII. und die Politik der Curie, des Hauses Anjou und der Welfenliga" – promovierte. Demonstrierte schon seine Dissertation die Breite seiner historischen Interessen, so manifestierte sich seine Neigung zur Wirtschaftsgeschichte, die in Leipzig durch den auf v. Pöhlmann einen nachhaltigen Einfluß ausübenden Wilhelm Roscher, den Begründer der historischen Schule der deutschen Nationalökonomie,[9] befeuert wurde, in der Abfassung einer Preisschrift, die den Titel „Die Wirtschaftspolitik der Florentiner Renaissance und das Prinzip der Verkehrsfreiheit" trug. Bereits in dieser Arbeit legte Pöhlmann die für ihn charakteristische Verbindung von intensivem Quellenstudium und modernen Fragestellungen an den Tag. Freilich wandte er sich dann 1879 mit seiner Habilitationsschrift „Hellenische Anschauungen über den Zusammenhang zwischen Natur und Geschichte" der Alten Geschichte zu. Nur zwei Jahre später legte er eine Studie über die Anfänge Roms vor, die Fragen der Wirtschaftsgeschichte sowie der geographischen Voraussetzungen und Implikationen derselben für Wirtschaft und Politik thematisierte.[10] Darüber hinaus war es eines seiner dezidierten Ziele, die Erkenntnisse der historischen Nationalökonomie in die Diskussion der Alten Geschichte miteinzubringen, die letztere bis dato unberücksichtigt gelassen hatte.[11] Wiederum zeigten sich seine Neigungen zur Wirtschafts- und Sozialgeschichte in einer bemerkenswerten Studie zur Überbevölkerung in antiken Städten, die ein weiteres Mal als Preisschrift der Fürstlich Jablonowski'schen Gesellschaft zu Leipzig nur drei Jahre später, im Jahr 1884, veröffentlicht wurde. Bereits in dieser Schrift demonstrierte Pöhlmann seine Aufmerksamkeit für die politische Relevanz der sozialen Frage, die er sowohl für die Antike als auch für seine eigene Gegenwart konstatierte.[12] Im selben Jahr wurde Pöhlmann zunächst zum außerplanmäßigen Professor, dann 1886 zum ordentlichen Professor für Alte Geschichte an der Universität Erlangen ernannt; diese Professur hatte er bis 1901 inne.[13] In dieser Zeit entstand abgesehen von seinem Hauptwerk[14] auch sein Grundriß der griechischen Geschichte für das Handbuch des klassischen Altertums, der 1889 erschien und im Jahr 1914 als „Griechische Geschichte und Quellenkunde" immerhin die fünfte Auflage erfuhr.[15]

Seine Leistungen auf dem Gebiet der Alten Geschichte, deren Loslösung von der Klassischen Philologie er entschieden vertrat,[16] brachte ihm vielfache Anerkennung ein. Im Jahr 1887 wurde er zum korrespondierenden Mitglied der Bayerischen Akademie der Wissenschaften, um dann 1900 zum außerordentlichen und 1901 zum ordentlichen Mitglied derselben zu werden.[17] In demselben Jahr wurde er nach München berufen, wo er bis zu

9 Zu Roscher und der historischen Schule vgl. Gottschalk/Broyer/Schefold 2004, 21–31, bes. 21.
10 Pöhlmann 1881.
11 Vgl. Pöhlmann 1881, IV.
12 Pöhlmann 1884, 20–21 mit Christ 1972, 207–208.
13 Vgl. Urban 2000, 46–47.
14 Als solches hat Christ 1972, 212 die Geschichte der sozialen Frage charakterisiert.
15 Pöhlmann 1889; Pöhlmann 1914.
16 Vgl. Krause 2002, 43.
17 Vgl. Krause 2002, 43.

seinem Tod im Jahr 1914 lehrte.[18] Im Jahr 1907 wurde er zum Sekretär der philosophisch-historischen Klasse der Bayerischen Akademie der Wissenschaften gewählt, ein Amt, das er bis zu seinem Dahinscheiden ausübte. Seine Verdienste fanden auch die Anerkennung der bayerischen Staatsregierung, wurde er doch im Jahr 1909 in den persönlichen Adelsstand erhoben, obwohl seine Ansichten zu Kirche und Staat offenkundig alles andere als bequem waren.[19]

Aus dem bislang zu Lebensweg und Werk v. Pöhlmanns Gesagten wird schon ein wesentliches Charakteristikum seines Schaffens deutlich, nämlich seine ausgesprochene Nähe zur Nationalökonomie, deren Erträge er auf die Alte Geschichte anwendete. In gewisser Weise wurde Pöhlmann damit zum Begründer einer sozialgeschichtlichen Tradition in Deutschland allgemein und in München im speziellen.[20] Freilich gingen in den Arbeiten Pöhlmanns und insbesondere in der „Geschichte des Sozialismus und der sozialen Frage in der antiken Welt" Fragen der Sozialgeschichte Hand in Hand mit ökonomischen Fragen, so daß sich in seinem Fall beide nicht voneinander trennen lassen, wie eine solche Trennung ja überhaupt unmöglich ist. Darüber hinaus war er zutiefst vom erzieherischen Wert der Altertumswissenschaften für die Gegenwart überzeugt, und dies zu einer Zeit, in der gerade dies von allerhöchster Stelle in Frage gestellt wurde. Im Jahr 1890 hatte Wilhelm II. eine Schulreform initiiert, die die beherrschende Stellung des humanistischen Gymnasiums, aber auch in der *longue durée* diejenige der universitären Altertumswissenschaften in Bedrängnis brachten. Wilhelm II. hatte auf einer 1890 in Berlin stattfindenden Schulkonferenz gefordert, die Schulbildung nationaler zu gestalten und der griechisch-römischen Welt weniger Beachtung zu schenken, schließlich wolle man keine jungen Griechen und Römer erziehen, sondern junge Deutsche. Ein Resultat der Konferenz war denn auch die Kürzung der Stunden für den altsprachlichen Unterricht und eine zumindest beabsichtigte Politisierung des Geschichtsunterrichts, gegen die die deutschen Historiker, darunter auch die Althistoriker, Widerstand leisteten, was nicht zuletzt auch in den Jahren 1893–1895 zu Versammlungen der deutschen Historiker führte,[21] deren letztgenannte im Jahr 1895 auch den Anlaß zu Eduard Meyers scharfer Replik auf Karl Büchers Stufentheorie der wirtschaftlichen Entwicklung gab,[22] die wiederum zur sogenannten Jahrhundertdebatte um den Charakter der antiken Wirtschaft führte.[23] Gleichzeitig sahen sich die altertumswissenschaftlichen Fächer im allgemeinen und die sich immer weiter als eigenes Fach etablierende Alte Geschichte im besonderen an den Universitäten unter Druck, wo neue Fächer der Altertumskunde ihre einst führende Stellung streitig machten. Dazu zählten die Naturwissenschaften ebenso wie die Ökonomie und die neuen Philologien.[24]

---

18 Vgl. Schneider 2012, 997.
19 Vgl. Berve 1959, 190.
20 Vgl. Christ 1999, 128; Krause 2002, 43.
21 Vgl. Schneider 2016, 275–278.
22 Vgl. Bücher 1922; Meyer 1895.
23 Vgl. zu dieser Schneider 1999; Schneider 2009, 347–381; Wagner-Hasel 2011, 67–80 sowie 198–214; Schneider 2016.
24 Vgl. Wagner-Hasel 2011, 210–213.

Pöhlmann selbst hatte sich in einem 1891 erschienenen Artikel überaus deutlich in Sachen Rolle des Klassischen Altertums für die gegenwärtige Schulbildung zu Wort gemeldet. Pöhlmann referiert in diesem Beitrag zunächst kurz die Positionen des Kaisers:

> „Wenn die Schule [...] das gethan hätte, was von ihr zu verlangen ist, so hätte sie die heranwachsende Jugend so belehren müssen, daß die dem Kaiser gleichalterige Generation von selbst bereits das Material bilden würde, mit dem er im Staate arbeiten, insbesondere den Kampf mit der sozialistischen Bewegung erfolgreich durchführen könnte.“[25]

Freilich hielt Pöhlmann die in Preußen eingeleiteten Schulreformen für fatal,[26] indes verschloß er sich nicht dem Anspruch an die Schule, handlungsorientierend für die eigene Gegenwart zu sein:

> „Das Ziel, welches hier der Schule mit erneuter Energie vor Augen gestellt ward, daß alle Bildung, welche sie zu ermitteln hat, nicht bloß Erkenntnis schaffen, sondern auch durch die Erkenntnis bestimmend auf das Handeln einwirken soll, daß insbesondere das geschichtliche Wissen zugleich dem volleren Verständnis des Lebens und der Gegenwart dienen soll, dieses Ziel wird keine Schule außer acht lassen, die sich bewußt ist, Bürger des modernen Staates zu erziehen.“[27]

Genau diese Ziele sieht Pöhlmann durch die Beschäftigung mit der klassischen Antike als zu erreichen an, ja er sieht in der humanistischen Erziehung „...ein kräftiges Korrektiv [...] gegen jene einseitige Befangenheit der Geister in naturwissenschaftlichen Denkformen, die man mit Recht als den Zopf des neunzehnten Jahrhunderts bezeichnet hat.“[28] Wenig später führt er seine Vorbehalte noch weiter aus: „...ganz wird sich der einseitig naturwissenschaftlich Gebildete schwerlich von der Neigung emanzipieren können, die menschlich sozialen Phänomene durch die Kategorien einer mechanischen Weltansicht begreifen zu wollen“,[29] um dem den humanistisch Gebildeten gegenüberzustellen:

> „Wie anders der an der Antike politisch Geschulte! Er hat an der Beobachtung dieser unendlich feiner und tiefer verzweigten moralischen und gesellschaftlichen Erscheinungen jene Zurückhaltung in der Aufstellung von Werturteilen gelernt, welche eben den Mann von politischer Bildung charakterisiert. Dadurch ist er auch von vornherein bewahrt vor jener blinden Überschätzung der Gegenwart und Unterschätzung der Vergangenheit, welche recht eigentlich das Kennzeichen der einseitig naturwissenschaftlichen Gedankenrichtung und der politischen Unbil-

25 Pöhlmann 1895, 1.
26 Pöhlmann 1895, 1–2.
27 Pöhlmann 1895, 1–2.
28 Pöhlmann 1895, 27.
29 Pöhlmann 1895, 28.

dung unseres Jahrhunderts ist. Für jene Beschränktheit, welche den Maßstab der Kulturhöhe allein in dem Umfang menschlicher Herrschaft über die Naturkräfte erblickt [...], hat er nur ein mitleidiges Lächeln. Denn er hat an den Thatsachen und Zusammenhängen der politischen und moralischen Welt gelernt, er hat es erlebt und innerlich empfunden, daß der Inhalt unseres Lebens noch durch ganz andere Dinge bestimmt ist, als durch die Herrschaft über die Natur. Er hat ferner durch die Erkenntnis dieser Zusammenhänge gelernt, nicht bloß der Vergangenheit, sondern auch der Gegenwart und der Zukunft gerecht zu werden. Er hat die Grundlagen gewonnen für die Erhebung zu jener höheren Stufe politischer Einsicht, welche mit sicherem Takte zu erkennen weiß, was politisch notwendig, was möglich und unmöglich ist, welche das, was „gemacht" werden kann, zu scheiden weiß von dem, was aus dem Leben des Volkes selbst erwächst und erwachsen muß."[30]

Damit liefert also in den Augen Pöhlmanns die antike Geschichte, die sich seiner Ansicht nach in einer Menge von Punkten mit der Gegenwart berührt,[31] Grundlagen für das politische Handeln in der eigenen Gegenwart. Nun ist ein bedeutendes Feld politischen Handelns in der eigenen Gegenwart für Pöhlmann ganz wesentlich die soziale Frage und ihre Auswirkungen auf die politische Verfaßtheit der eigenen Gegenwart. Für ihn ist dieselbe nichts weniger als das weltbewegende Problem der Gegenwart, das am Beispiel der Antike studiert werden kann und für das aus dem Studium der antiken Geschichte Handlungsoptionen für Gegenwart und Zukunft abgeleitet werden können:[32]

„Wem einmal an solchen gerade einem jugendlichen Gemüt aufs tiefste sich einprägenden Beispielen der furchtbare Ernst der sozialen Probleme zum Bewußtsein gekommen ist, der wird auch dereinst im Leben für die soziale Not der Zeit, für die fehlerhaften und gefährlichen Konsequenzen der heutigen Volkswirtschaft ein offenes Auge haben, und allen auf die Ausgleichung und Versöhnung der widerstreitenden Interessen, auf Schutz und Hebung der leidenden Klassen gerichtete Bestrebungen volle Sympathie und volles Verständnis entgegenbringen. Wer an der Geschichte von Hellas und Rom die Entstehungsgeschichte und das Wesen sozialer Revolutionen erkannt hat, der ist sich für immer klar darüber, daß der Indifferentismus auf diesem Gebiete, das Prinzip des Gehenlassens, das schon von Aristoteles bekämpfte *πάντα ἐατέον* ins Verderben führt, daß die höheren Klassen ihre Pflicht gegen die Armen erfüllen müssen, wenn sie nicht Gefahr laufen wollen, daß „aufsteht mit des Verbrechens Wut und des Elends die Menschheit". Wie bewahrheitet sich doch hier in aller und jeder Beziehung das Wort Dahlmanns von jenen bevorzugten Epochen der Geschichte, welche für alle künftigen Geschlechter eine Fülle

30 Pöhlmann 1895, 28–29.
31 Vgl. Pöhlmann 1895, 6.
32 Pöhlmann 1895, 19–20.

von Warnung, Mahnung und Lehre enthalten! Selbst noch in ihrem Untergang ist die Antike wahrhaft typisch und vorbildlich für alle Zukunft."[33]

Mit diesen Ausführungen ist aber der Hintergrund, vor dem Pöhlmann sein Hauptwerk verfaßt hat, durch ihn selbst auf das Trefflichste beschrieben: Die griechische und die römische Geschichte weisen deutliche Parallelen mit der eigenen Gegenwart auf, in der nach Pöhlmanns Überzeugung die soziale Frage das drängendste aller Probleme ist. Durch die Analyse der Geschichte der klassischen Welt können Grundlagen für das politische Handeln in der Gegenwart abgeleitet werden, die gleichsam eine Lösung des Problems nahelegen. Gleichzeitig kann auf diese Weise die Wichtigkeit des eigenen Faches in Schule und Universität, insbesondere auch gegenüber den Naturwissenschaften, demonstriert werden, wodurch die kaiserliche Kritik an den Fächern gegenstandslos geworden wäre. Wie auch in Falle von Eduard Meyer ist also die Antwort auf die Bedrängnisse, denen das Fach ausgesetzt war, eine Aktualisierung im Sinne eines starken Gegenwartsbezugs der Alten Geschichte,[34] die im Falle Pöhlmanns aber noch viel weiter geht, da seiner Überzeugung nach das Fach das leistet, was man heute Politikberatung nennen würde.

Angesichts des Gesagten erscheint es nur folgerichtig, daß Pöhlmann sich in der „Geschichte des Sozialismus und der sozialen Frage in der antiken Welt" einer Terminologie bediente, die bruchlos von seiner eigenen Gegenwart übernommen wurde. Dabei zeigt er eine starke Vorliebe für Nomina mit dem Suffix *-ismus*, wie Aristokratismus, Caesarismus, Demokratismus, Doktrinarismus, Kommunismus, Pauperismus, Plutokratismus, Radikalismus, Sozialismus und Utopismus. Seine akademische Sozialisierung in der historischen Schule der deutschen Nationalökonomie mag es dabei mit sich gebracht haben, daß er sich auch mit den Schriften von Karl Marx ebenso auseinandersetzte wie mit denen von Ferdinand Lasalle sowie denen von anderen Sozialisten und Marxisten, ohne dabei freilich, wie Karl Christ zurecht unterstreicht, selbst zum Sozialisten oder Kommunisten zu werden.[35] Im Gegenteil, die „Geschichte des Sozialismus und der sozialen Frage in der antiken Welt" ist, um es vorwegzunehmen, nichts anderes als ein gewaltiges Werk zur Demonstration der Unmöglichkeit der Verwirklichung sozialistischer oder auch kommunistischer Utopien, da solcherlei Versuche schon in der Antike fehlgeschlagen waren. Gleichzeitig bildet das Werk aber auch eine eindrucksvolle Mahnung an die Mächtigen, die soziale Frage zu lösen, da ansonsten der Umsturz der bestehenden Ordnung und die Etablierung einer Herrschaft des Pöbels zu befürchten seien.

Bemerkenswerterweise definiert Pöhlmann nur in einer Fußnote der Vorrede zur ersten Auflage der *Sozialen Frage*, was er eigentlich unter dem Begriff Sozialismus versteht, nämlich den Inbegriff „...der auf möglichste Vergesellschaftung und wirtschaftliche Ausgleichung gerichteten Bestrebungen."[36] Das Werk ist in zwei große Teile gegliedert, von denen der eine den Verhältnissen in Hellas gewidmet ist und den ersten Band so-

33 Pöhlmann 1895, 20–21.
34 Vgl. Schneider 2016, 277.
35 Vgl. Christ 1999, 128.
36 Pöhlmann 1925 I, V.

wie einen Teil des zweiten Bandes umfaßt, und der andere im Vergleich eher summarisch Rom abhandelt.[37] Ohne jeden Zweifel bildet also die griechische Welt den Schwerpunkt der Darstellung. Dieselbe ist wiederum in einen realgeschichtlichen Teil und einen solchen aufgegliedert, der die Staatsutopien der griechischen Literatur thematisiert. Dieselbe Gliederung wiederholt sich im römischen Teil seiner Darstellung, wobei der Platz der Utopie freilich insbesondere vom Christentum eingenommen wird.

Der realgeschichtliche Teil verrät freilich schon die Vertrautheit mit den Konzeptionen der Abfolge von Stufen der historischen Entwicklung in den Werken von Karl Marx und Friedrich Engels, wendet sich Pöhlmann doch in seinem ersten Kapitel gegen eine wie auch immer geartete Existenz eines Kommunismus in älteren Gesellschaftsstufen der griechischen Geschichte.[38] Dabei widerspricht er ebenso dezidiert der Meinung Mommsens, die griechischen und italischen Dörfer der Frühzeit hätten die Felder zum Gemeinbesitz gehabt,[39] wie er auch jede Form der Existenz eines wie auch immer gearteten „Urkommunismus" in den homerischen Epen zurückweist, die ohne jeden Zweifel das Privateigentum bezeugten, um dann die Schlußfolgerung zu ziehen:

> „Denn wenn die Wirtschafts- und Gesellschaftsordnung weithin in der hellenischen Welt schon in sehr alter Zeit auf dem Prinzip des Privateigentums am Grund und Boden aufgebaut war, so müssen sich die Folgen, die günstigen wie die ungünstigen, schon frühzeitig fühlbar gemacht haben. Eine Tatsache, aus der es sich ja auch wesentlich mit erklärt, warum die Auflehnung gegen die Auswüchse dieser Wirtschaftsordnung, die Entstehung einer sozialen Frage schon um die Wende des 7. und 6. Jahrhunderts in überaus bedeutsamen Erscheinungen zutage tritt!"[40]

In diesem Kapitel diskutiert von Pöhlmann auch das, was er als die Legende vom sozialistischen Naturrecht bezeichnet. Im Zuge der Erörterung des Naturzustands bei Plato und seiner Konstruktion einer idealen Vergangenheit wird dann dieselbe gleichsam als ein Eskapismus aus der eigenen, als verkehrt betrachtete Gegenwart interpretiert:

> „Die Zustände der Vergangenheit werden zum Gegenstande sozialphilosophischer Konstruktion, romantischer Verklärung und Vergeistigung. Man sucht das ersehnte Neue in dem Alten und trägt so die Ideale des eigenen Herzens in die Vergangenheit hinein, um gegen die verdorbene und verkehrte Gegenwart die ganze Autorität der Tradition heraufbeschwören zu können. So wird in den Gesetzen Platos jene

37 Eine ausführlichere Würdigung der beiden Bände findet sich bei Christ 1972, 213–226; Christ 1999, 129–141.
38 Pöhlmann 1925 I, 3–114. – Zur marxistischen Konzeption der Urgesellschaft vgl. Kuttler 2001, 588–589.
39 Pöhlmann 1925 I, 8–9.
40 Pöhlmann 1925 I, 35.

> selige Urzeit geschildert, in welcher die gefährlichen Konsequenzen des Privateigentums noch nicht hervorgetreten waren…“[41]

Den spartanischen Altstaat, in dem der soziale Charakter des Privateigentums gewahrt und der den Naturzuständen nahe erscheine, betrachtet von Pöhlmann gleichfalls als eine ahistorische Idealisierung:

> „Wenn man sich eine Epoche vorstellte, wo die geschilderten, im zeitgenössischen Sparta allerdings stark abgeschwächten oder in ihr Gegenteil verkehrten Tendenzen einer zentralistischen oder staatssozialistischen Politik in ursprünglicher Kraft und Reinheit wirksam waren, und wenn man sich bei der Ausgestaltung dieser Vorstellungen im einzelnen nur einigermaßen von den Ideen beeinflussen ließ, die man sich vom sozialen Musterstaat gebildet hatte, so war es für ein Zeitalter sozialer Utopien [sc. das klassische Griechenland] ein leichtes, Altsparta als Träger einer Eigentums- und Gesellschaftsordnung zu denken, welche selbst hinter platonischen und cynisch-stoischen Idealen nicht allzuweit zurückblieb und das Prinzip wirtschaftlicher Gleichheit und Gerechtigkeit in radikaler Weise verwirklichte.“[42]

Interessanterweise dekonstruiert – *avant la lettre* – der Verfasser am Ende des ersten Kapitels sowohl die in seiner Diktion sozialromantischen Einlassungen der Quellen als auch die der Zeitgenossen, die die sozialen Utopien einer Frühzeit für historische Tatsachen halten:

> „In allen bewegten Zeiten, in denen die bestehenden sozialen und politischen Ordnungen tiefempfundenen Bedürfnissen und Wünschen nicht mehr entsprechen und zu zerbröckeln beginnen, begegnet uns auch dieses Hinausstreben aus dem Zersetzungsprozeß des gegenwärtigen Lebens in die Welt der Ideale. In solchen Übergangszeiten ist es selbst für die strenge Forschung überaus schwierig, sich durch persönliche Wünsche und Hoffnungen nicht den Blick für jene schmale Linie trüben zu lassen, welche die wirkliche Welt von der begehrten scheidet, sich das reale Bild des wirtschaftlichen Lebens und seiner Kausalzusammenhänge nicht durch Idealbilder durchkreuzen zu lassen. Darum ist – vom antiken Rom ganz zu schweigen –[43] auch die historische Spekulation des 19. Jahrhunderts aus ähnlichen Motiven zu völlig analogen Anschauungen gelangt, wie die des 4. v. Chr. Wir begegnen in unserem von sozialreformatorischem Geist durchdrungenen Zeitalter auf sozialpolitischem Gebiete geschichtlichen Konstruktionen, deren quellenmä-

41 Pöhlmann 1925 I, 86.
42 Pöhlmann 1925 I, 96–97.
43 Von Pöhlmann sieht in der römischen Historiographie zum 4.Jh. a.u.c. – in seiner Diktion die Bastardhistorie – mit Mommsen einen quasihistorischen Abklatsch der gracchisch-sullanischen Zeit: Pöhlmann 1925 I, 112 Anm. 2.

ßige Grundlage kaum weniger problematisch ist, als die Ansicht der Alten über prinzipielle Gütergleichheit Spartas."[44]

Während er also sowohl die antiken Texte als auch einen Teil der zeitgenössischen Forschung dekonstruiert, konstruiert er gleichzeitig eine ausgeprägte Parallelität zwischen der Antike und der eigenen Zeit.

Im nächsten Kapitel seiner Schrift thematisiert Pöhlmann im ersten Abschnitt den Stadtstaat, also die hellenische Polis, die ihm die notwendige Voraussetzung der sozialen Demokratie bzw. des Sozialismus ist.[45] Bemerkenswerterweise kann man ihn in Hinsicht auf seine wirtschaftsgeschichtlichen Positionen nicht als einen Modernisten im Stile Meyers bezeichnen, so sieht er doch das Streben nach Autarkie als ein wesentliches Charakteristikum der Polis, auch wenn er dann einräumt, dasselbe sei angesichts des Handels und einer „...interlokalen Produktionseinteilung..." vielfach durchbrochen worden.[46] Die Eingriffe des Staates in die – auch ökonomische Freiheit des Einzelnen auch und gerade in der demokratischen Ordnung der Polis – hatten für von Pöhlmann die Konsequenz der Entstehung sozialistischer Gedanken, da man hier zur „...Erkenntnis der gesellschaftlichen Bedingtheit der individuellen Wirtschaft, insbesondere der Bedingtheit durch die bestehende Rechtsordnung" gelangte.[47] Hinzu kam das von Pöhlmann konstatierte Problem des „...Menschenüberflusses im engen Raum...", woraus dann insgesamt die Entwicklung resultierte, „...aus der sich der Widerstand gegen eine ungünstige oder ‚unbillige' Raumverteilung, die Entstehung bodenreformerischer, agrarsozialistischer Tendenzen mit psychologischer Notwendigkeit ergab."[48] Der in Pöhlmannscher Diktion Demokratismus erzeuge notwendigerweise den Sozialismus.[49] Hierauf folgt eine Behandlung der Frage nach der Entstehung des Kapitalismus, den er schon in den Homerischen Epen als gegeben ansieht.[50] Generell macht er hier in einer frühen Zeit plutokratische Tendenzen auf der Seite des Adels aus. Wie schon Karl Christ beobachtete, macht Pöhlmann hier wie auch allgemein die soziale Frage an einem Antagonismus zwischen einem aristokratischen, die gesellschaftlichen Unterschiede zementierenden, und einem demokratischen, diese Unterschiede nivellierenden Prinzip fest.[51] Bezeichnend ist etwa die Feststellung, schon früh wäre die agrarische Gesellschaft in zwei Klassen gespalten worden, von denen die eine die Produktionsmittel, die andere nahezu nichts anderes als ihre Arbeit besaß.[52] In diesem Kapitel kommt dann noch ein weiteres Grundprinzip ins Spiel, nämlich das „Erwachen der Masse", das er schon in der Dichtung Hesiods verortet.[53] Erstaunlicher-

44 Pöhlmann 1925 I, 112.
45 Pöhlmann 1925 I, 114–128.
46 Pöhlmann 1925 I, 115.
47 Pöhlmann 1925 I, 118–119.
48 Pöhlmann 1925 I, 119.
49 Pöhlmann 1925 I, 126.
50 Pöhlmann 1925 I, 129.
51 Vgl. Christ 1972, 216.
52 Pöhlmann 1925 I, 137–138.
53 Pöhlmann 1925 I, 143.

weise bringt er dasselbe mit einer Art geographischem determiniertem Nationalcharakter in Verbindung:

> „Es hätte nicht das heiße Blut des Südens in den Adern dieses Volkes rollen müssen, wenn sich der Gemüter der Gedrückten und Ausgebeuteten eine tiefe Verbitterung bemächtigt hätte, mit der sich bei einem geistig so regsamen Volke naturgemäß sehr bald die Reflexion verband, ob denn eine Rechtsordnung, die für so viele das Versinken in hoffnungsloses Elend bedeutete, eine innere Daseinsberechtigung habe. Aus dem Gefühl Opfer eines sozialen Unrechts zu sein, erwächst die Kritik und aus der Kritik die Negation des Bestehenden.“[54]

Nur wenig später unterstreicht von Pöhlmann die in seinen Augen überaus verderbliche Rolle der Masse bzw. des Pöbels, die für ihn schon im sechsten vorchristlichen Jahrhundert bei Solon und Theognis dokumentiert ist, in dem

> „...alles Bestehende in seinen Grundfesten erschüttert war, wie sich inmitten dieses gewaltsamen Zusammenbruchs des Alten in den leidenschaftlichen, rücksichtslos die letzten Konsequenzen ziehenden Köpfen ein wilder Radikalismus, die ausschweifendsten Hoffnungen nicht bloß politischer, sondern auch sozialer Neugestaltung erzeugen konnten. Welche Erschütterung und Verwirrung muß in dieser raschen Aufeinanderfolge von Revolutionen und Gegenrevolutionen das öffentliche Rechtsbewußtsein erlitten haben, zumal bei der rohen Masse, die sich immer mehr bewußt wurde, daß ihre Fäuste bei den meisten Umwälzungen den Ausschlag gaben! Wenn die bürgerlichen Parteien selbst um die Gunst des Pöbels buhlten, dessen Mitwirkung sie nicht entbehren konnten, wenn sie seinen Instinkten oft genug die Zügel schießen ließen, so mußten dadurch Ansprüche erweckt werden, die weit über die gemäßigt-bürgerlichen Reformideen hinausgingen. Auch ist es ja eine bekannte psychologische Tatsache, daß in Zeiten starker Erregung gerade die extremsten Richtungen eine Bedeutung zu gewinnen pflegen, die weit über ihre numerische Stärke hinausgeht.“[55]

Und wenig später:

> „Hier tritt zum ersten Male (sc. in Megara 640 v. Chr.) jenes Element sozialer Zersetzung entgegen, das wir als Pöbel bezeichnen, dessen charakteristische Eigenart in einer instinktiven Feindschaft gegen das Gebäude der Zivilisation besteht. Es ist die Masse, die dem ausgearteten, durch Zufall gesetz- und zügellos gewordenen Tierstaat, dem Bienen- und Hornissenschwarme gleicht, wenn er ohne Königin

54 Pöhlmann 1925 I, 142.
55 Pöhlmann 1925 I, 149.

mörderisch und selbstmörderisch über den nächsten schuldigen oder unschuldigen Gegenstand herfällt: die ewig blinde, in ihrer Aufregung blind wütende Masse."[56]

Abgesehen von seiner Bewertung der Masse wird an dieser Stelle wie auch anderswo in seinem Werk deutlich, welche bedeutende Rolle für Pöhlmann die Psychologie einnimmt.[57] Gewissermaßen damit verbunden ist dann auch eine Beobachtung, die er wenig später trifft, nämlich die Bedeutung der Zeitatmosphäre, wobei er die Antike wiederum streng mit der eigenen Zeit parallelisiert, indem er Werner Sombart zitierend ausführt, wie sehr durch die revolutionären Zustände weitere soziale Utopien aufkamen, die wiederum eine in seiner Diktion zersetzende Wirkung in der Gesellschaft entfalteten.[58] So auch in der Diskussion der Dichtung Hesiods, deren Aussagen ihn an die „... radikalsten Gedanken der Bauernkriege oder vielmehr der modernen agrarsozialistischen Bewegungen erinnern."[59]

Freilich sah er am Ende einer Revolutionszeit im sechsten vorchristlichen Jahrhundert eine staatsbürgerliche Ordnung stehen, in der der Kapitalismus nun voll zur Ausbildung kommen sollte,[60] nicht zuletzt auch dadurch, daß das Kapital sich durch den Einsatz von Sklaven in Landwirtschaft und im Handwerk der Arbeit bemächtigte, woraus eine „Verschiebung in der Verteilung des Volkseinkommens zugunsten des Kapitals" resultierte.[61] Eine Konsequenz dieser Entwicklung waren die um sich greifende Erwerbsgier und das Entstehen einer in der griechischen Literatur geäußerten Gesellschaftskritik, „die an schneidender Schärfe der analogen Kritik eines Saint Simon und Fourier, eines Proudhon und Rodbertus, eines Lassalle und Marx nichts nachgibt."[62] In diesem Kontext thematisiert von Pöhlmann auch die positiven Seiten der kapitalistischen Gesellschaft in Gestalt der kulturellen Interessen, „wie denn überhaupt die kapitalistische Wirtschafts- und Gesellschaftsform als die unentbehrliche Voraussetzung der höchsten Kultur an sich stets ein Moment des Fortschritts darstellt."[63] Gerade an dieser Stelle begegnet man einer weiteren offenkundigen Grundüberzeugung Pöhlmanns: Ist die Erwerbsgier schon eine Gefahr für den Zusammenhalt der Gesellschaft, so sieht er auch in der „Entartung des Luxuslebens" eine bedeutende Schädigung der gesellschaftlichen Verhältnisse, die er an der Erscheinung der späten griechischen Kunst festmacht; wiederum parallelisiert er die hellenischen Entwicklungen mit denen der Neuzeit in Gestalt der Gründerzeit.[64] Damit geht die Ausgestaltung der kapitalistischen Gesellschaft bei von Pöhlmann Hand in Hand mit der „Zerstörung der sittlichen Grundlagen des sozialen Lebens".[65] Hinzu kam für ihn ein Widerspruch der wirtschaftlichen Entwicklung, will sagen einer sich immer

56 Pöhlmann 1925 I, 157.
57 S.a. e.g. Pöhlmann 1925 I, 246 und 299.
58 Pöhlmann 1925 I, 153.
59 Pöhlmann 1925 I, 160.
60 Pöhlmann 1925 I, 169–213.
61 Pöhlmann 1925 I, 175.
62 Pöhlmann 1925 I, 193.
63 Pöhlmann 1925 I, 195.
64 Pöhlmann 1925 I, 199.
65 Pöhlmann 1925 I, 200.

weiter ausbildenden Kluft zwischen Arm und Reich, und dem „politischen Entwicklungsprinzip der Freiheit und Gleichheit, den man als einen spezifisch modernen zu betrachten gewohnt ist",[66] der aber eben auch schon – so die implizite Schlußfolgerung – in der Antike bestand. Hernach sucht Pöhlmann nachzuweisen, daß das Bewußtsein dieses Widerspruchs und damit eben dasselbe für die soziale Frage bereits in der griechischen Antike existierte. Wenig überraschend kommt er diesbezüglich zu einem positiven Ergebnis und parallelisiert dies wiederum ohne Abstriche mit der eigenen Gegenwart:

> „Wenn man daher die soziale Frage der Gegenwart definiert als den „zum Bewußtsein gekommenen Widerspruch der volkswirtschaftlichen Entwicklung mit dem als Ideal vorschwebenden und sich im politischen Leben sich verwirklichenden Entwicklungsprinzip der Freiheit und Gleichheit", so hat man auch die soziale Frage gekennzeichnet, welche sich als das Ergebnis der inneren Entwicklung des hellenischen Volksstaates ebenso notwendig einstellen mußte wie im modernen Staat."[67]

Diese soziale Frage sei dann, wie in seiner Gegenwart, zur Klassenfrage geworden.[68] Auch habe sich aus der Einsicht, daß politische Reformen den genannten Widerspruch nicht aufzuheben vermochten, eine geistige Bewegung gebildet, die ihren Höhepunkt in der eudemischen Ethik und der Feststellung gefunden habe, daß der Mensch nicht nur ein politisches, sondern auch ein ökonomisches Wesen sei.[69] Freilich hält Pöhlmann an dieser Stelle auch die materialistische Geschichtstheorie des Marxismus für einen einseitigen Ökonomismus, obwohl er die befriedigende Verteilung der wirtschaftlichen Güter als Ziel staatlichen Handelns als ein in der Staats- und Gesellschaftstheorie der Gegenwart ebenso wie in der griechischen Antike erkanntes Anliegen hält.[70] Die soziale Frage sei dann auch zum wesentlichen Gegenstand der praktischen Politik gemacht worden,[71] woraus letztlich ein demokratischer Staatssozialismus resultierte, der in einen radikalen revolutionären Sozialismus umgeschlagen sei. Unter diesem Staatssozialismus versteht von Pöhlmann etwa Spenden und sonstige Zahlungen an das Volk – Athen liefert hier selbstverständlich das Beispiel –, wodurch der Einzelne die Sorge für seine Existenz auf den Staat habe abwälzen können.[72] Die Einsicht aber, so Pöhlmann, daß der Mensch nicht nur ein politisches Wesen, sondern auch ein wirtschaftliches – das heißt für ihn ein „wirtschaftlich bedürfendes und begehrendes" – Wesen sei, habe in der griechischen Welt zu einem Streben nach einer

66 Pöhlmann 1925 I, 227.
67 Pöhlmann 1925 I, 233–234. Das wörtliche Zitat stammt aus von Scheel 1871, 16.
68 Pöhlmann 1925 I, 234
69 Pöhlmann 1925 I, 237. Aristot. Eud. Eth. 7, 1242a: ὁ γὰρ ἄνθρωπος οὐ μονον πολιτικὸν ἀλλὰ καὶ οἰκονομικὸν ζῷον.
70 Pöhlmann 1925 I, 238.
71 Pöhlmann 1925 I, 239.
72 Pöhlmann 1925 I, 266. Übrigens verrät Pöhlmann 1925 I, 267 wie auch an anderer Stelle seines Werkes seine Kenntnis von Bernstein 1899.

ökonomischen Ergänzung des politischen Prinzips der Demokratie geführt.[73] Das aber habe zu immer größeren Ansprüchen auf der Seite der Masse geführt, die einmal an die staatlichen Zahlungen gewöhnt immer mehr verlangt hätte.[74] Freilich hätte dies sich nicht zu einer totalen Nivellierung der Eigentumsverhältnisse entwickelt, die Pöhlmann auch für schädlich hielt, denn hierdurch würde es auch keinen Unterschied mehr zwischen dem Edlen und dem Gemeinen geben. Die Kultur aber bedürfe des Edlen.[75] Hier kommt Pöhlmann zu einem Kerngedanken, den er auch auf die eigene Zeit angewandt wissen will. Diesen Grundsatz hätte nämlich auch die Demokratie in ihrer besten und ihrer edelsten Zeit – der Perikleischen nämlich – keineswegs verkannt, man habe keine Nivellierung der Gesellschaft herbeiführen wollen, sondern eine Rechtsordnung, „welche im freien Wettbewerb um die Güter des Lebens eben der vorzüglicheren Kraft die Möglichkeit zur Emporentwicklung gewähren sollte. [...] Es ist geradezu das Grundprinzip des Liberalismus der bürgerlichen Demokratie, daß die Verschiedenheit der Leistungen wesentlich bestimmend sein soll für das Maß der dem einzelnen zuzuteilenden Lebensgüter. Geistige Begabung und Energie soll durch die demokratische Freiheit erst recht in den Stand gesetzt werden, die Verteilung der Güter erfolgreich zu beeinflussen. Und die soziale und wirtschaftliche Ungleichheit, wenigstens soweit sie das Ergebnis der verschiedenen geistigen und moralischen Ausstattung des einzelnen ist, erscheint so recht eigentlich als das Komplement der bürgerlichen Freiheit."[76] Dieser in seiner Sicht ideale Zustand trage damals wie auch in seiner eigenen Zeit aber das Verhängnis in sich, daß der Liberalismus gleichzeitig im Stande war „das Massenleben und die Massenwirkungen intensiv und extensiv in einer Weise zu steigern, daß auch in dieser Grundfrage im Schoße der Demokratie selbst sehr bald ein lebhafter Widerstreit der Meinungen und Empfindungen entstand."[77] Daraus wiederum erwächst bei ihm folgende Konsequenz:

> „Das Kulturinteresse der freien Emporentwicklung wird von der Massenidee der Gleichheit und dem ochlokratischen Naturrecht, der Freiheitsgedanke der politischen Demokratie von dem radikalen Ökonomismus der sozialen Demokratie verschlungen."[78]

Aus dieser Gemengelage heraus entstanden die Wunschvorstellungen über den idealen Zustand des Staates, die Pöhlmann dann eingehender beschreibt.[79] Im Ergebnis aber sei es zu einer sozialen Revolution in der hellenischen Welt gekommen:

---

73 Pöhlmann 1925 I, 275.
74 Pöhlmann 1925 I, 278–279.
75 Pöhlmann 1925 I, 292–293.
76 Pöhlmann 1925 I, 293.
77 Pöhlmann 1925 I, 293.
78 Pöhlmann 1925 I, 297.
79 Pöhlmann 1925 I, 300–332.

> „Und nun sehe man das Griechentum dieser Zeit an! Es ist ein Volk, dem in zahllosen Revolutionen und Gegenrevolutionen der Glaube an die Wirksamkeit raschen plötzlichen Handelns, der Glaube an die Zauberkraft der Revolution in Fleisch und Blut übergegangen war. Ein Glaube, der sich bei dem heißblütigen, rasch begeisterungsfähigen Volksnaturell nicht selten in einem förmlichen Revolutionsenthusiasmus äußert."[80]

Träger bzw. Kennzeichen dieser Revolutionen ist für Pöhlmann die Etablierung der Herrschaft von Tyrannen, die sich dazu des Pöbels bedienten, der wiederum von der Gier nach den Gütern anderer Bürger getrieben wurde.[81] Hinzu tritt die von ihm so bezeichnete Revolution in Sparta, die er insbesondere an Agis festmacht, in dem er nicht nur das platonische Ideal des Fürsten sieht, sondern auch den Mann, in dem sich die Wendung vom Sozialismus der Utopien und Staatsromane zum Sozialismus der Tat vollziehe.[82] Das Ergebnis der Revolutionen ist aber laut Pöhlmann „nicht eine Erhöhung der Summe von Freiheiten in der Gesellschaft, sondern im Gegenteil eine Steigerung der Unfreiheit und Ungleichheit, der politischen und sozialökonomischen Abhängigkeit."[83] Übrigens steht Pöhlmann Versicherungen der zeitgenössischen Sozialdemokratie, sie würde sich jeder Einschränkung staatsbürgerlicher Freiheit versagen, mehr als skeptisch gegenüber:

> „Angesichts des sozialdemokratischen Koalitionszwanges und so vieler anderer Ausbrüche von Massenterrorismus bedarf es aber leider nicht einmal einer genaueren Untersuchung, um diese Ansicht, die alle Erfahrungen der Massenpsychologie gegen sich hat, als eine stark optimistische erkennen zu lassen."[84]

Darüber hinaus sei das Ergebnis Verarmung und Verderben, da die Zerrüttung und Stagnation der hellenischen Volkswirtschaft nun eben Ergebnis des sozialen Krieges gewesen sei.[85]

Im zweiten Band des Werkes werden dann verschiedene Idealstaaten bzw. Staatsutopien (Phaleas, Plato, stoische Philosophie, Theopomp, Euhemeros, Jambulos) einer breiten Würdigung zugeführt, die an dieser Stelle nicht näher zu betrachten ist.[86] Kurz werden lediglich die Stellen genannt, an denen Pöhlmann die antiken Schilderungen zu Marx bzw. zum Marxismus in Beziehung setzt. So etwa bei den Ausführungen zum besten Staat Platos, angelegentlich derer Pöhlmann bemerkt, die Verwirklichung von Freiheit und Gleichheit sei für den platonischen Staat in der Realität genauso unmöglich gewesen, wie im Zukunftsstaat des Marxismus, denn im Moment seiner Verwirklichung würden

80 Pöhlmann 1925 I, 332.
81 Pöhlmann 1925 I, 346.
82 Pöhlmann 1925 I, 372.
83 Pöhlmann 1925 I, 407.
84 Pöhlmann 1925 I, 407–408.
85 Pöhlmann 1925 I, 410–411.
86 Pöhlmann 1925 II, 3–327.

„die Kräfte wirksam werden, welche seine besten Intentionen in ihr Gegenteil verkehren würden, sein Gerechtigkeitsideal in drückend empfundene Ungerechtigkeit, sein Freiheits- und Gleichheitsprinzip in Zwang und Vergewaltigung.“[87] Die Natur des Menschen stehe nämlich einer solchen Verwirklichung entgegen.[88] So sieht er denn auch mit Kant argumentierend generell jede Staatsutopie als transzendentale Idee an, die an sich nicht zu verwirklichen ist, worauf ein harsches Statement zur Unmöglichkeit der Verwirklichung des Marxistischen Volksstaates folgt:

> „Und was soll man vollends von den groben Widersprüchen und Denkfehlern des Marxismus sagen, der es zwar als „empirisches Gesetz“ anerkennt, daß „ohne Gegensatz kein Fortschritt“ möglich ist, aber trotzdem von einer Zukunftsgesellschaft träumt, in der es keine Ungleichheit und keinen Klassengegensatz mehr geben soll! Rein chiliastische Hoffnungen auf ein goldenes Zeitalter, in dem nach der Verheißung des deutschen Propheten der Sozialdemokratie „schon binnen einer Generation“ nach dem Sieg des Proletariats mit den Klassenunterschieden auch der Unterschied zwischen Gebildeten und Ungebildeten, ja sogar der wirtschaftliche Gegensatz zwischen den einzelnen Völkern überwunden und – noch im zwanzigsten Jahrhundert – durch die soziale Demokratie der „ewige Friedenszustand“ für die Nationen der Welt begründet werden wird!“[89]

Und:

> „Daß solche grotesken Wahngebilde, die eine mehr als platonische, um nicht zu sagen kindliche Illusionsfähigkeit verraten, auch heutzutage noch möglich sind, steht in eigentümlichen Kontrast zu den Wandlungen, welche das platonische Denken selbst erfahren hat.“[90]

Auch der Sonnenstaat des Jambulos habe „längst das vorweggenommen, was der Marxismus nach zwei Jahrtausenden als Ergebnis neuester sozial-theoretischer Erkenntnis rühmt“.[91] Wenig später kommt von Pöhlmann auf diesen Gedankengang zurück: Seiner Überzeugung nach wurzelt der moderne Utopismus nicht auf der Utopia von Thomas Morus, sondern habe seine Vorgänger schon in der sozialen Dichtung der Griechen, sprich dem Sonnenstaat des Jambulos. Dies wiederum nimmt er zum Ausgangspunkt, sich ein weiteres Mal gegen die marxistische Geschichtstheorie zu wenden, die davon ausgehe, daß jeder ältere Sozialismus an der unmodernen Organisation der Arbeit – will sagen, der

87 Pöhlmann 1925 II, 150.
88 Pöhlmann 1925 II, 151.
89 Pöhlmann 1925 II, 160. Er bezieht sich an dieser Stelle auf Kautsky 1908, 507–508.
90 Pöhlmann 1925 II, 160.
91 Pöhlmann 1925 II, 315.

Fesselung des Menschen an die Arbeit im Handwerk bzw. umgekehrt dem Fehlen moderner Großproduktion und wissenschaftlicher Technik – habe stehen bleiben müssen:[92]

> „In der Tat, wenn es richtig wäre, was die hier zugrunde liegende Geschichtsansicht, die Evolutionstheorie des Marxismus, annimmt, d.h. wenn alle gesellschaftlichen Bewußtseinsformen, überhaupt das ganze Ideenleben bloß Reflexwirkung der ökonomischen Struktur der Gesellschaft wären, dann hätte sich die antike Sozialtheorie ebensowenig zum Ideal des harmonischen Arbeitswechsels erheben können wie der „Vater des modernen utopistischen Sozialismus" (sc. Thomas Morus). Indem nun aber gerade die Antike in der rücksichtslosen Verfolgung des sozialistischen Gedankens bis zur Aufstellung eben dieses Ideales fortschritt, hat sie den Beweis erbracht, daß die Schranken, in welche die mechanische Geschichtsauffassung des ökonomischen Materialismus den Menschengeist bannen will, in dieser Weise überhaupt nicht existieren."[93]

Schon aus diesen wenigen Bemerkungen wird klar, mit welch großer Ablehnung Pöhlmann den Ideen des Marxismus und des historischen Materialismus gegenüberstand, obgleich er sich die Terminologie in gewisser Weise zu eigen machte.

Dem römischen Reich widmet Pöhlmann, zumindest insofern es den Umfang seiner diesbezüglichen Erörterungen anbelangt, eine weit geringere Aufmerksamkeit als der griechischen Welt. Wiederum wendet er sich zunächst gegen die Auffassung, in der Frühzeit Roms hätte so etwas wie ein agrarischer Urkommunismus existiert.[94]

Im Anschluß daran thematisiert er die Entstehung der kapitalistischen Wirtschaftsordnung Roms.[95] Auch hier gibt er einen profunden Einblick in seine Gedankenwelt. War es in der Erörterung der hellenischen Welt die rückhaltlose Bejahung einer liberalen kapitalistischen Ordnung, in der der Wettbewerb und die Leistung über den sozio-ökonomischen Standort des Individuums entscheiden, so wird am Beispiel Roms die Rolle deutlich, die für Pöhlmann der Staat in einer solchen Ordnung zu spielen hat. Denn am Exempel des *ager publicus* thematisiert er die fatalen Folgen, die es zeitigte, wenn „das Gebiet der Gemeinwirtschaft [...] zum Tummelplatz eines zügellosen wirtschaftlichen Interessenkampfes" wurde.[96] Den totalen Rückzug des Staates aus den staatswirtschaftlichen Belangen in der römischen Welt auf dem Gebiet von Steuerhebung und öffentlichen Aufgaben sowie die Auslieferung dieser Bereiche an private Spekulanten sieht Pöhlmann als einen fatalen Sündenfall der römischen Republik an, die hierdurch mit ihren „eigensten Lebenskräften" die Geldoligarchie großgezogen habe, „die mit der Ausdehnung ihres Spekulations-

---

92 Pöhlmann 1925 II, 321–322. Hier wendet sich von Pöhlmann wiederum gegen von Kautsky 1888, 286 vertretene Ansichten.

93 Pöhlmann 1925 II, 322.

94 Pöhlmann 1925 II, 327–341.

95 Pöhlmann 1925 II, 341–348.

96 Pöhlmann 1925 II, 341.

bereichs über die ganze Mittelmeerwelt selbst zu einer Weltmacht im Weltreich geworden ist."[97] Hierdurch sei der Untergang der Republik wesentlich beschleunigt worden:

> „Durch diese völlige Verleugnung des Sozialprinzips hat sein berufenster Vertreter, der Staat, wahrhaft zerstörend auf den gesellschaftlichen Organismus eingewirkt, zumal gleichzeitig eine ganze Reihe anderer politischer und sozialökonomischer Momente (sc. Dezimierung der Bauernschaft durch die Eroberungskriege, daraus resultierender Verfall der Bauernschaft und Sklavenbeschaffung für die „Sklavenherden" der Großgrundbesitzer) diese Zersetzung beschleunigen halfen."[98]

Für Pöhlmann nahm Rom dieselbe Entwicklung hin zum Kapitalismus mit dem gleichzeitigen Aufbrechen der sozialen Frage wie die hellenische Welt, freilich sei dies im Falle Roms in einer viel größeren Dimension abgelaufen.[99]

Hernach betrachtet er die in seiner Diktion herrschenden Parteiauffassungen in der sozialen Bewegung.[100] Wie auch schon in der hellenischen Welt sieht von Pöhlmann in Luxus und Genußsucht der Oberschichten ein entscheidendes Kriterium für die Schwächung des Staates.[101] Anläßlich der Erörterung von Ciceros *de officiis*, in welcher Schrift der Arpinate ausführt, das eigentliche Proprium des Staates sei die freie und unbeeinträchtigte Bewahrung des Eigentums eines jeden Einzelnen (Cic. off. 2, 78), gibt von Pöhlmann wiederum einen dezidierten Einblick in seine Vorstellung der gesellschaftlichen Rolle des Staates:

> „Niemand wird das, was an dieser Anschauung berechtigt ist verkennen. Aber ebenso unverkennbar ist die Einseitigkeit, mit der hier immer nur von den Rechten des Eigentums und fast gar nichts von seinen sozialen Pflichten geredet wird. Daß das Privateigentum und die Vertragsfreiheit eine Tendenz zur Ausbeutung und Schädigung des wirtschaftlich Schwachen entwickeln kann, die Rechtsgleichheit und Rechtssicherheit für ihn wertlos macht, daß der große Besitz eine für den Staat und die Wohlfahrt der Gesellschaft gefährliche, ja unerträgliche Macht erlangen kann, daß also die Einschränkung des Privateigentums und die Begrenzung des Gebietes der Privatwirtschaft ebensosehr zu den Aufgaben staatlicher Wohlfahrtspolitik gehören, wie der Schutz des Eigentums, davon ist in dieser Pflichtenlehre keine Rede. Ebensowenig davon, daß neben dem Schutz des Eigentums und der wirtschaftlichen Freiheit nicht minder die Frage in Betracht kommt: wie ist Eigentum und ökonomische Selbständigkeit möglichst weiten Volkskreisen zugänglich zu machen?"[102]

97 Pöhlmann 1925 II, 342.
98 Pöhlmann 1925 II, 342–343 mit 343 Anm. 1.
99 Pöhlmann 1925 II, 343
100 Pöhlmann 1925 II, 348–389.
101 Pöhlmann 1925 II, 353.
102 Pöhlmann 1925 II, 366.

Besonders heftig wendet er sich dann gegen Ciceros Ansinnen, jede „revolutionäre Bewegung“ mit Waffengewalt niederzuschlagen:

> „Kann es eine größere Oberflächlichkeit, um nicht zu sagen einen größeren Cynismus in der Beurteilung sozialökonomischer Fragen geben? Es ist der denkbar bequemste Standpunkt, der sich gegenüber diesen Fragen einnehmen läßt, und bei dem man sich allerdings alles weitere Nachdenken ersparen kann; die vollendete Unfähigkeit, das Wesen der Armut im Zusammenhang mit dem Gesamtleben des Volkes zu erkennen und hiernach auf Mittel zur Abhilfe zu sinnen, statt einfach zu verneinen und niederzuschlagen.“[103]

Für von Pöhlmann hat sich also der Staat der sozialen Frage anzunehmen und der Armut der Bevölkerung zumindest insofern entgegenzutreten, als es zur Bewahrung der – in seinem Fall offensichtlich liberal-kapitalistisch gedachten – Gesellschaftsordnung diente.

So behandelt er denn auch analog zum ersten Teil im nächsten Kapitel das „Erwachen der Armut zum sozialen Selbstbewußtsein“.[104] Auch hier fehlen kritische Äußerungen zum „Pöbel“ nicht, der sich durch „Brot und Spiele“ zumindest zum größeren Teil habe blenden lassen, jedenfalls der „faulenzende und schmarotzende“ Teil desselben.[105] Aber in Rom habe sich auch ein proletarisches Massenbewußtsein gebildet, das dann zum Klassenkampf geführt habe.[106] Und wie schon im Falle der Hellenen sieht er diesen Kampf durch die besondere Veranlagung der Italiener noch befeuert:

> „Wenn man vom Italiener gesagt hat, daß er unter günstigen Daseinsbedingungen des südlichen Himmels und bei seiner Bedürfnislosigkeit mehr Zeit hat zu reflektieren und zu phantasieren als der Nordländer, daß bis zum Facchino das Bedürfnis eines freien Räsonnements und die Lust am öffentlichen Handeln vorhanden ist, daß er daher auch durch Mühsal und Not nicht innerlich gebrochen, sondern allenfalls nur wütender gemacht wird, so gilt dies recht eigentlich auch für den damaligen Römer, den Regierung und Aristokratie geradezu zum Müßiggang und damit zum Reflektieren und Räsonnieren erzog.“[107]

Die Folge war die immer radikalere Kritik an der bestehenden Gesellschaft, die im nächsten Schritt behandelt wird.[108] Bemerkenswerterweise sieht Pöhlmann die Berichte über „Klassenkämpfe“ in der Frühen Republik, wie sie sich bei Livius und Dionysios von Halikarnassos finden, schlicht als eine Spiegelung der Zustände im Zeitraum von den

---

103 Pöhlmann 1925 II, 368.
104 Pöhlmann 1925 II, 389–417.
105 Pöhlmann 1925 II, 409; vgl. auch 415.
106 Pöhlmann 1925 II, 413.
107 Pöhlmann 1925 II, 413–414. S.a. Pöhlmann 1925 II, 453.
108 Pöhlmann 1925 II, 417–437.

Gracchen bis Caesar in die Vorzeit,[109] als eine „von den späteren in die Pseudohistorie des Ständekampfs verwobene Kritik der Gesellschaft", die von Sozialisten wie Rodbertus mißverstanden worden sei.[110]

Diese Kritik habe wiederum zu demokratischem Sozialismus und romantischem Utopismus geführt.[111] So versteht von Pöhlmann denn auch die Enteignungen, die „siegreiche Generale zugunsten ihrer Proletarierlegionen und ihres sonstigen Anhanges verfügten, für ihre Urheber nichts anderes waren als Exekutionen an der Gegenpartei und der Kaufpreis für den Erwerb und die Sicherheit der Macht" als einen Ausdruck dafür, „daß es sich für das proletarische Klassenbewußtsein und die kommunistische Begehrlichkeit der Massen, welche Demagogen und Gewalthaber zu befriedigen hatten, ganz wesentlich eben darum handelte, daß nicht sowohl politischen Gegnern, als vielmehr den Reichen und Besitzenden das Ihrige genommen und den Armen gegeben werde, daß durch staatliche Eingriffe in die bestehende Güterverteilung, durch eine gewaltsame ökonomische Ausgleichung und Verallgemeinerung des Eigentums auch der Arme einen größeren Anteil an den Früchten erhalte, die gerade hier in unendlicher Fülle auf der Tafel des Lebens bereitstanden."[112] Die Bürgerkriege werden also von Pöhlmann auf der faktischen Ebene als eine Art von Klassenkampf interpretiert, der wiederum von den Begehrlichkeiten der Masse getragen wurde. An Caesar, „unter dessen Führung die Volkspartei endlich die Hochburg der Plutokratie überwand",[113] sei dann die Forderung herangetragen worden, die Herrschaft des Kapitals zu brechen.[114] In der Kaiserzeit seien dann romantische Sozialutopien formuliert worden, die die Gerechtigkeit zum leitenden Prinzip des Sozialstaats gemacht hätten.[115] Diese soziale Utopie sei dann zur bloßen Spielerei verkommen, weswegen sich die unteren Volksschichten einer Hoffnung auf die Verwirklichung der sozialstaatlichen Utopien in einer jenseitigen Welt zugewandt hätten, wie von Pöhlmann mit starken, misogynen Worten schildert:

> „Während in der erstickenden Atmosphäre des Absolutismus und des Plutokratismus die soziale Romantik auf den Höhen der Gesellschaft zur leeren Spielerei entartete, während in den Boudoirs vornehmer römischer Damen Platos Republik als vermeintliches Evangelium der freien Liebe dem lüsternen Sensationsbedürfnis und zur Beschönigung des Lasterlebens emanzipierter Weiber dienen mußte, hatte sich in den unteren Volksschichten des römischen Reiches längst eine Bewegung Bahn gebrochen, die von dem felsenfesten Vertrauen beherrscht war, daß es in der Tat einen Weg gebe, der die Menschen aus diesem Jammertal auf die lachenden Inseln der Seligen zurückführen könne!"[116]

109 Pöhlmann 1925 II, 418.
110 Pöhlmann 1925 II, 427.
111 Pöhlmann 1925 II, 437–463.
112 Pöhlmann 1925 II, 442–443.
113 Pöhlmann 1925 II, 452.
114 Pöhlmann 1925 II, 452–453.
115 Pöhlmann 1925 II, 456–462
116 Pöhlmann 1925 II, 463.

Das Christentum und seine sozialen Utopien stehen dann auch im Mittelpunkt des abschließenden Kapitels.[117] Diese sozialen Utopien seien dann freilich aus der Jenseitigkeit in das Diesseits überführt worden.[118] Und diese Diesseitigkeit habe sich unter dem Eindruck des zerfallenden römischen Reiches durch den Aufstand der „armen christlichen Bauern, Proletarier und Sklaven Afrikas" eine Bahn gebrochen, die nichts anderes forderten, als die Gleichheit aller Menschen.[119] Pöhlmann kommentiert dies folgendermaßen:

> „Hier tritt uns mit einem Male in dem zerfallenden Cäsarenstaat der Mustertypus einer proletarischen Revolution entgegen, das Massenmachtbewußtsein und der „dumpfe Massenschritt" der Proletarierbataillone, vor denen die bürgerliche Gesellschaft in ihren Grundfesten erzitterte."[120]

Wenig später formuliert er dann seine Überzeugung, daß „auch hier wieder, wie zu jeder anderen Zeit [...] eine Diktatur des Proletariats auf die Dauer unmöglich ist und eine wirkliche Befreiung von menschlicher Erniedrigung und menschlichem Elend niemals bringen kann. Selbst der Glaubensfanatismus christlicher Proletarier hätte die ehernen Klammern, die nun einmal die auf Ungleichheit aufgebaute Gesellschaftsordnung zusammenhalten, nicht zu zerbrechen vermocht, auch wenn der unterwühlte Bau des römischen Staates nicht unter den Fäusten der Barbaren zusammengebrochen wäre."[121] Damit ist Pöhlmanns Überzeugung in die mangelnde Fähigkeit von Kommunismus und Sozialismus, die soziale Frage selbst im Verbund mit christlichen Überzeugungen zu lösen, gänzlich zum Ausdruck gebracht. Dementsprechend pessimistisch fällt auch sein abschließendes Statement aus:

> „Der alte Irrwahn, der uns in der Geschichte des Sozialismus immer wieder von neuem begegnet, daß Glück und Leid des Menschengeschlechtes im wesentlichen bedingt ist durch die äußere Ordnung des menschlichen Lebens. Nur weil diese Ordnung so unvollkommen ist, ist Elend und Not noch nicht überwunden. „Schafft eine neue Ordnung und ihr werdet Wunder erleben", dieser Glaube ist das Erbe, daß der antike Sozialismus allem späteren hinterlassen hat. Es ist derselbe Glaube, der die chiliastischen Schwärmer des Mittelalters und später die münsterschen Wiedertäufer beherrscht hat, durch die das kommunistische Gottesreich auf Erden zu grauenvoller Wirklichkeit geworden ist. Derselbe Glaube, der noch heute in zahllosen Menschenherzen kaum weniger lebendig ist, als einst in der römischen Kaiserzeit die Hoffnung der Christen auf das „Königtum Gottes" – die größte Massenillusion der Weltgeschichte."[122]

117 Pöhlmann 1925 II, 464–508.
118 Pöhlmann 1925 II, 496–497.
119 Pöhlmann 1925 II, 505.
120 Pöhlmann 1925 II, 506
121 Pöhlmann 1925 II, 507.
122 Pöhlmann 1925 II, 508.

Wie der oben angestellte Versuch, Pöhlmanns Opus Magnum zusammenfassend in seinen Hauptlinien darzustellen und dabei seinen wortgewaltigen Verfasser selbst zu Wort kommen zu lassen, zeigt, ist von Pöhlmann ein Gelehrter gewesen, der weit über den Rand der Alten Geschichte herausgeblickt und sich eingehend nicht nur mit der in seiner eigenen Zeit auf der Agenda stehenden sozialen Frage, sondern auch mit marxistischen und sozialistischen Denkern auseinandergesetzt hat. Deren Terminologie sowie diejenige der Nationalökonomie hat er ohne geringstes Zögern auf seine, eine tiefe und eigenständige Auseinandersetzung mit der marxistischen Geschichtstheorie und ihrer Verwendung der Vergangenheit als Argument sowie als Mittel der Vorhersage der zukünftigen Entwicklungen bildende Analyse dessen angewendet, was er als die soziale Frage in der Antike betrachtete. Sein Werk bietet eine eindrucksvolle persönliche Stellungnahme zu seinen eigenen Zeitläuften, wie die immer wieder hergestellten Bezüge zur eigenen Gegenwart zeigen. Damit ist er ganz in der Linie seiner andernorts formulierten Überzeugung, daß die Antike die Lehrmeisterin für die eigene Gegenwart sei. Im Zuge seiner Darlegungen kommen auch seine eigenen politischen und gesellschaftlichen Idealvorstellungen zum Vorschein: die Ablehnung bzw. geradezu Furcht vor der Masse, die Idealität einer liberalen, kapitalistischen Gesellschaftsordnung, in der der Einzelne seine Stellung seinen Verdiensten verdankt, in der aber auch die Eliten aufgrund ihrer Erwerbsgier und ihres Strebens nach Luxus sowie ihrer mangelhaften Moral eben diese Gesellschaftsordnung gefährden oder gar aufgrund ihrer eigenen Interessen mit Hilfe der Masse umstürzen, die Rolle des Staates, der seine staatswirtschaftlichen Belange in den Händen behält und darüber hinaus eine Pflicht hat, eine gewisse ökonomische Behaglichkeit bei seinen Bürgern zu gewährleisten, um die Armen nicht zum Aufruhr zu treiben. Solche Revolutionen waren freilich seiner Überzeugung nach in keiner Weise geeignet, Not und Elend der Armen zu lindern, sondern führten in der Regel zu einem Mehr an Unfreiheit durch die Etablierung autoritärer Regime, zu denen er auch die durch christliche Sozialutopien befeuerten Umstürze wie den der Circumcellionen oder das Regiment des Jan van Leiden, des Bernd Knipperdoling und des Bernd Krechting in der lieblichen Metropole Westfalens rechnete. Seine offenkundigen antiklerikalen Überzeugungen werden auch an dieser Stelle sichtbar.[123] Eigentümlich ist auch sein Hang, Entwicklungen mit einem unterstellten Nationalcharakter von Griechen und Römern zu erklären, der nicht zuletzt auch klimatisch bedingt ist.

Sein Werk bietet damit nichts anderes als die umfangreiche, von stupender Gelehrsamkeit zeugende wissenschaftliche Untermauerung seines 1891 publizierten Artikels, in der er zum Ausgleich der widerstreitenden Interessen im ökonomischen Bereich aufrief, da ansonsten das Beispiel der Antike zeige, daß es zu einem gewaltsamen Umsturz käme, durch den die gesellschaftliche Ordnung hinweggefegt würde.[124] Diese Überzeugungen finden sich auch im restlichen Werk Pöhlmanns.[125] Aus denselben leitete er unter anderem auch die Notwendigkeit ab, daß die Geschichtswissenschaft der Wirtschafts-

123 Zu diesen vgl. Christ 1999, 143.
124 Pöhlmann 1895, 20–21.
125 Vgl. den Überblick bei Christ 1972, 213–244; Christ 1999, 129–148.

geschichte eine viel breitere Beachtung schenken müsse,[126] da der Mensch für ihn eben nicht nur ein ζῷον πολιτικόν, sondern auch ein ζῷον οἰκονομικόν war. Ohne jeden Zweifel war Pöhlmann ein Querdenker, der die Zeichen der Zeit in eigene Forschung umsetzte. Durch das Massensterben des I. Weltkrieges und die an seinem Ende stehenden Umstürze in Deutschland und Österreich-Ungarn sowie die Geburtswehen der Weimarer Republik hätte er sich gewißlich in seinen Ansichten bestätigt gesehen. Und auch sein Drängen auf eine stärkere Berücksichtigung der Wirtschafts- und Sozialgeschichte sollte letztlich auf breiterer Front und vorwiegend außerhalb Deutschlands erst in den 60er Jahren des vergangenen Jahrhunderts insbesondere in der Schule der *Annales* aufgegriffen werden, obgleich man sich bis heute in der Forschung bisweilen schwer tut, die Wirtschafts- und Sozialgeschichte in die Analyse historischer Prozesse miteinzubeziehen.[127] Freilich wirken die von ihm verwendete Terminologie wie auch seine daraus resultierende Darstellungen in größeren Teilen bis heute befremdlich. Positiv gewendet könnte man mit Christ sagen, er hat materialistische Kategorien angewandt, um die Geschichte von Gesellschaft und Politik zu erklären und angemessen zu vermitteln.[128] Dieselben und seine sehr eigene Terminologie trugen ihm Kritik und Nichtbeachtung sowohl auf Seiten der von ihm hart kritisierten und hinsichtlich ihres „Ökonomismus" sowie mechanischen Geschichtsverständnisses *avant la lettre* dekonstruierten marxistischen bzw. sozialistischen Geschichtswissenschaft als auch auf Seiten der konservativen Altertumswissenschaft ein.[129] Aber auch ein massiver Kritiker von Pöhlmanns Positionen wie Friedrich Oertel würdigte seine „Geschichte des Sozialismus und der sozialen Frage in der antiken Welt" als einen kühnen Wurf,[130] dem er auch im Jahr 1925 angesichts der damals eingetretenen Erschütterungen der sozialen Welt, die Pöhlmann vorausgeahnt hatte, eine intensive Rezeption wünschte.[131] Julius Kaerst beurteilte seine Leistungen und insbesondere seine Geschichte der sozialen Frage in dem auf ihn verfaßten Nachruf überaus positiv.[132] Und doch fanden seine Arbeiten nach seinem Tod kaum noch Beachtung, trotz der in seinem Werk gestellten elementaren Fragen nach den „Bedingungen von Demokratie, Massenpsychologie, Individualität und insbesondere geistiger Freiheit", die etwas mehr als 100 Jahre nach seinem Tod „noch immer aktuell sind". Ferner zeigte er „Gefahren auf, die uns noch immer bedrohen, und verteidigte Positionen, die es heute noch zu halten gilt."[133] So zumindest würdigte Karl Christ Robert von Pöhlmann und sein Werk. Diese Fragen sind auch in der heutigen globalisierten Welt, mit ihrem um sich greifenden Populismus, der nicht selten

126 Vgl. Christ 1972, 243–244.

127 Vgl. Schneider 2017, 265–284.

128 Vgl. Christ 1999, 148.

129 Vgl. Christ 1999, 149; Oertel 1975a, 42–43.

130 Vgl. Pöhlmann 1925 I, VIII. S.a. Oertel 1975a, 40. Freilich konstatiert am Ende auch Oertel die Existenz sozialistischer Theorien und Bewegungen als Reaktion auf einen zunehmenden Kapitalismus, unterstreicht aber die Andersartigkeit der antiken gegenüber der modernen Welt, die eine revolutionäre Vergesellschaftung unmöglich gemacht habe: vgl. ebd. 98.

131 Vgl. Pöhlmann 1925 I, X.

132 Vgl. Kaerst 1916/18, 236–237.

133 Vgl. Christ 1999, 148.

auch mit autoritärer Staatsführung in Verbindung steht, mit ihren Globalisierungsverlierern, mit Fake-News und alternativen Wahrheiten, mit ihren Informationsblasen in den sozialen Medien, mit ihren Shitstorms, die auch vor der Wissenschaft und der Universität nicht haltmachen, nicht ohne Belang. Das Werk Roberts von Pöhlmann kann zumindest dazu anregen, sich mit diesen Grundfragen auseinanderzusetzen.[134]

Literatur

Bernstein 1899 E. Bernstein, Die Voraussetzungen des Sozialismus und die Aufgaben der Sozialdemokratie, Stuttgart 1899.

Berve 1959 H. Berve, R. von Pöhlmann und W. Otto, in: Geist und Gestalt. Biographische Beiträge zur Geschichte der Bayerischen Akademie der Wissenschaften vornehmlich im zweiten Jahrhundert ihres Bestehens I. Geisteswissenschaften, München 1959, 186–190.

Bichler 1995 R. Bichler, Von der Insel der Seligen zu Platons Staat. Geschichte der antiken Utopie Teil I, Wien-Köln-Weimar 1995 (Alltag und Kultur im Altertum Bd. 3).

Bücher 1922 K. Bücher, Die Entstehung der Volkswirtschaft, in: ders. (Hrsg.), Die Entstehung der Volkswirtschaft. Vorträge und Aufsätze. Erste Sammlung, Tübingen ^{16}1922, 85–160.

Christ 1972 K. Christ, Von Gibbon zu Rostovtzeff. Leben und Werk führender Althistoriker der Neuzeit, Darmstadt 1972.

Christ 1982 K. Christ, Römische Geschichte und deutsche Geschichtswissenschaft, München 1982.

Christ 1999 K. Christ, Hellas. Griechische Geschichte und deutsche Geschichtswissenschaft, München 1999.

Eich 2006 A. Eich, Die politische Ökonomie des antiken Griechenland (6.–3. Jahrhundert v. Chr.), Köln-Weimar-Wien 2006 (Passauer Historische Forschungen Bd. 14).

Gottschalk/Broyer/Schefold 2004 M. Gottschalk, S. Broyer, B. Schefold, Einleitung, in: B. Schefold (Hrsg.), Wirtschaftssysteme im historischen Vergleich, Stuttgart 2004 (Schriften der Wissenschaftlichen Gesellschaft an der Johann Wolfgang Goethe-Universität Frankfurt a.M. , Nr. 18), 15–67.

Kaerst 1916/1918 J. Kaerst, R.v. Pöhlmann, Historische Vierteljahresschrift XVIII (1916/1918), 236–238.

Kautsky 1888 K. Kautsky, Thomas More und seine Utopie. Mit einer historischen Einleitung, Stuttgart 1888.

Kautsky 1908 K. Kautsky, Der Ursprung des Christentums. Eine historische Untersuchung, Stuttgart 1908.

Kloft 2018 H. Kloft, Sozialismus in der Antike? Nicht nur eine wissenschaftsgeschichtliche Frage, in: K. Ruffing, K. Droß-Krüpe (Hrsg.), Emas non quod opus est,

134 Vgl. Kloft 2018.

sed quod necesse est...Beiträge zur Wirtschafts-, Sozial-, und Rezeptions- und Wissenschaftsgeschichte der Antike. Festschrift für Hans-Joachim Drexhage zum 70. Geburtstag, Wiesbaden 2018 (Philippika 125), 587–598.

Krause 2002 J.-U. Krause, Robert von Pöhlmann. Professor in München 1.4.1901–27.9.1914, in: J. Seibert (Hrsg.), 100 Jahre Alte Geschichte an der Ludwig-Maximilians-Universität München, Berlin 2002, 41–45.

Kuttler 2001 W. Kuttler, s.v. Gesellschaftsformation, in: Historisch-Kritisches Wörterbuch des Marxismus Bd. 5 (2001), 585–597.

Meyer 1895 E. Meyer, Die wirtschaftliche Entwicklung des Altertums. Ein Vortrag, gehalten auf der dritten Versammlung Deutscher Historiker in Frankfurt a.M. am 20. April 1895, Jena 1895.

Oertel 1975a F. Oertel, Das Hauptproblem der „Geschichte des Sozialismus und der sozialen Frage" von R. v. Pöhlmann, in: H. Braunert (Hrsg.), Kleine Schriften zur Wirtschafts- und Sozialgeschichte des Altertums von Friedrich Oertel, Bonn 1975 (Antiquitas 1.22), 40–98.

Oertel 1975b F. Oertel, Klassenkampf, Sozialismus und organischer Staat im Alten Griechenland, in: H. Braunert (Hrsg.), Kleine Schriften zur Wirtschafts- und Sozialgeschichte des Altertums von Friedrich Oertel, Bonn 1975 (Antiquitas 1.22), 101–150.

Pöhlmann 1881 R. Pöhlmann, Die Anfänge Roms, Erlangen 1881.

Pöhlmann 1884 R. Pöhlmann, Die Überbevölkerung der antiken Großstädte im Zusammenhange mit der Gesamtentwicklung städtischer Civilisation, Leipzig 1884 (Preisschriften gekrönt und herausgegeben von der Fürstlich Jablonowski'schen Gesellschaft zu Leipzig XXIV).

Pöhlmann 1889 R. Pöhlmann, Grundriß der griechischen Geschichte, München 1889 (HdAW 3.4).

Pöhlmann 1893 R. Pöhlmann, Geschichte des antiken Kommunismus und Sozialismus. Erster Band, München 1893.

Pöhlmann 1895 R. Pöhlmann, Das klassische Altertum in seiner Bedeutung für die politische Erziehung des modernen Staatsbürgers, in: R. Pöhlmann (Hrsg.), Aus Altertum und Gegenwart. Gesammelte Abhandlungen, München 1895, 1–33 (orig. publ.: Beilage zur Allgemeinen Zeitung 1891).

Pöhlmann 1901 R. Pöhlmann, Geschichte des antiken Kommunismus und Sozialismus. Zweiter Band, München 1901.

Pöhlmann 1912 R. v. Pöhlmann, Geschichte des Sozialismus und der sozialen Frage in der antiken Welt, Band 1–2, München^{2} 1912.

Pöhlmann 1914 R. v. Pöhlmann, Griechische Geschichte und Quellenkunde, München^{5} 1914 (HdAW 3.4).

Pöhlmann 1925 R. v. Pöhlmann, Geschichte des Sozialismus und der sozialen Frage in der antiken Welt, Band 1–2, München^{3} 1925.

von Scheel 1871 H. von Scheel, Die Theorie der sozialen Frage, Jena 1871.

Schneider 1999 H. Schneider, s.v. Bücher-Meyer-Kontroverse, DNP 13 (1999), 551–556.

Schneider 2009 H. Schneider, Die Erforschung der antiken Wirtschaft vom Ende des 18. Jahrhunderts bis zum Zweiten Weltkrieg: Von A.H.L. Heeren zu M.I. Rostovtzeff, in: V. Losemann (Hrsg.), Alte Geschichte zwischen Wissenschaft und Politik. Gedenkschrift Karl Christ, Wiesbaden 2009 (Philippika 29), 337–385.

Schneider 2012 H. Schneider, s.v. Pöhlmann, Robert von, DNP Suppl. 6 (2012), 997–999.

Schneider 2016 H. Schneider, Die Bücher-Meyer Kontroverse, in: K. Ruffing, K. Droß-Krüpe (Hrsg.), Helmuth Schneider. Antike zwischen Tradition und Moderne. Gesammelte Schriften zur Wirtschafts-, Technik- und Wissenschaftsgeschichte, Wiesbaden 2016 (Philippika 95), 269–291 (orig. publ. in: W.M. Calder III / A. Demandt (Hrsg.), Eduard Meyer. Leben und Leistung eines Universalhistorikers, Leiden 1990, 417–445).

Schneider 2017 H. Schneider, Die Entstehung der römischen Militärdiktatur. Krise und Niedergang einer antiken Republik, Stuttgart² 2017.

Urban 2000 R. Urban, Alte Geschichte in Erlangen von Robert (von) Pöhlmann bis Helmut Berve, in: H. Neuhaus (Hrsg.), Geschichtswissenschaft in Erlangen, Erlangen 2000 (Erlanger Studien zur Geschichte Bd. 6), 45–70.

Wagner-Hasel 2011 B. Wagner-Hasel, Die Arbeit des Gelehrten. Der Nationalökonom Karl Bücher, Frankfurt-New York 2011.

Wolff 2001 H. Wolff, s.v. Pöhlmann, Robert von, NDB 20 (2001), 559–560.

Marx im Kalten Krieg

Friedrich Vittinghoffs Auseinandersetzung mit den „Klassikern" des Marxismus und der XI. Internationale Historikerkongress in Stockholm (1960)

Claudia Deglau

„Ich glaube jedoch, daß der Historiker viel mehr, als dies bisher geschehen ist, auch die Fragen, die der Marxismus-Leninismus an die Geschichte richtet, überprüfen und durchdenken sollte, aber ich glaube ebenso, daß die nichtmarxistische Wissenschaft der sowjetischen noch sehr viel mehr zu sagen hat."[1]

„Auch hinter vielen Beiträgen nichtmarxistischer Historiker stand, ausgesprochen oder nicht, die große Gestalt Karl Marx', mit dessen Denken sie sich auseinandersetzen mußten",[2] schrieb der marxistische Historiker Ernst Engelberg rückblickend über den XI. Internationalen Historikerkongress, der vom 21. bis zum 28. August 1960 in Stockholm stattgefunden hatte. Damit hatte er zweifellos Recht. In einem westdeutschen Bericht hieß es polemisch, Marx, Engels und Lenin hätten „den Stockholmer Kongreß beherrscht – oder wenn man will – tyrannisiert".[3] Géza Alföldy bezeichnete die Konfrontation auf dem Kongress rückblickend als „Religionskrieg".[4] Der italienische Althistoriker Arnoldo Momigliano formulierte: „We (i. e. Momigliano und M. I. Finley) were both present at the International Historical Congress in Stockholm of 1960 where the conflict erupted. We learned more about modern Europe than about ancient Greece or Rome."[5]

Auf dem Kongress befassten sich in der Sektion Alte Geschichte zwei westdeutsche Althistoriker in ihren Beiträgen mit Marx' Äußerungen zur Antike: Siegfried Lauffer in seinem „Rapport" *Die Sklaverei in der griechisch-römischen Welt*[6] und Friedrich Vitting-

1 Vittinghoff 1960a, 130.
2 Engelberg 1960.
3 Jäckel 1960, 703. Zur west- und ostdeutschen Berichterstattung vgl. Erdmann 1987, 340–342.
4 Alföldy bezieht sich hier vor allem auf die Auseinandersetzung zwischen marxistischen und „bürgerlichen" Althistorikern um die Frage, ob das griechisch-römische Altertum als eine „Sklavenhaltergesellschaft" zu bestimmen sei oder nicht; Alföldy 1988, 3 f.
5 Momigliano 1987, 5.
6 Lauffer 1960. Später als Nachdruck publiziert in: Gymnasium 68 (1961) 370–395.

hoff in seiner „Communication“ *Die Bedeutung der Sklaven für den Übergang von der Antike ins abendländische Mittelalter.*[7] Darüber hinaus hatte sich Vittinghoff bereits im Vorfeld des Kongresses mit dem Beitrag *Die Theorie des historischen Materialismus über den antiken „Sklavenhalterstaat“. Probleme der Alten Geschichte bei den „Klassikern des Marxismus“ und in der modernen sowjetischen Forschung*[8] am Sonderheft der Zeitschrift *Saeculum* beteiligt, das auf dem Kongress in Stockholm verteilt wurde.[9] Den Anfang von Vittinghoffs Auseinandersetzung mit Marx und dem Marxismus markiert bereits 1957 sein Vortrag *Der Übergang von der „Antike“ zum Mittelalter“ und die Problematik des modernen Revolutionsbegriffs,*[10] mit dem er eine vom Historischen Seminar der Universität Kiel im Wintersemester 1957/58 veranstaltete Ringvorlesung zum Thema „Begriff und Erscheinungsformen der Revolution“ einleitete. Nach Stockholm publizierte Vittinghoff noch einen weiteren Aufsatz über *Die Sklavenfrage in der Forschung der Sowjetunion*[11] (1962) in der Zeitschrift *Gymnasium.*[12]

Im Folgenden soll anhand von Vittinghoffs Schriften die Auseinandersetzung eines westdeutschen Althistorikers mit Marx und dem Marxismus analysiert werden. Dabei wird ein besonderes Augenmerk auf den XI. Internationen Historikerkongress in Stockholm gerichtet, der gleichzeitig Anfangs- und Höhepunkt der ideologisch geprägten Auseinandersetzung der west- und ostdeutschen Geschichtsauffassungen war. Handelte es sich bei der westdeutschen Auseinandersetzung mit Marx um eine zielgerichtete Attacke auf die ostdeutsche Geschichtswissenschaft oder war das Ziel eine sachliche Auseinandersetzung? Von Interesse sind auch die unterschiedlichen Wahrnehmungen von Teilnehmern und Beobachtern des Kongresses. Dafür konnten auch interne Berichte aus der DDR ausgewertet werden, die sich heute in den Beständen des Bundesarchivs in Berlin befinden.[13]

---

7 Vittinghoff 1960b. Später in erweiterter Form publiziert in: HZ 192 (1961) 265–272. – Die „Rapports“ wurden bereits vor dem Kongress publiziert und wurden in den jeweiligen Sektionen nur noch diskutiert, als „Communications“ wurden Kurzvorträge in den Sektionen bezeichnet, die vorab nur als Zusammenfassung publiziert wurden; Tompkins 2014, 438.

8 Vittinghoff 1960a.

9 Die ostdeutschen Althistoriker hatten ebenfalls den Historikerkongress publizistisch vorbereitet und ein Sonderheft der Zeitschrift für Geschichtswissenschaft erarbeitet: Rigobert Günther/Gerhard Schrot, Wirtschafts- und Sozialgeschichte des Altertums in der DDR, in: Historische Forschungen in der DDR. Analysen und Berichte. Zum XI. Internationalen Historikerkongress in Stockholm August 1960 (ZfG 8), Berlin 1960, 22–52. Zur Vorbereitung vgl. Kowalczuk 1997, 278 f.

10 Vittinghoff 1958.

11 Vittinghoff 1962.

12 Zu Vittinghoff vgl. Christ 1982, 258. u. 269 f.; Rebenich 2005, 58–61.

13 Zu den Berichten vgl. auch Kowalczuk 1997, 281.

Die Alte Geschichte im geteilten Deutschland

Im deutschen Sprachraum gab es vor der Gründung der Deutschen Demokratischen Republik nur einen marxistischen Althistoriker: Arthur Rosenberg (1889–1943). Der Kommunist und daher Außenseiter seines Faches begann seine akademische Karriere noch im Kaiserreich, der Schwerpunkt seines Wirkens lag in der Zeit der Weimarer Republik. Die Machtübernahme der Nationalsozialisten zwang ihn ins Exil.[14] Nach dem Ende des Zweiten Weltkriegs führte die politische Situation dazu, dass sich in der deutschsprachigen Althistorie zwei getrennte Entwicklungsstränge herausbildeten, die zeitweise völlig voneinander isoliert waren.[15] Eine Einheit der deutschsprachigen Geistes- und Altertumswissenschaft gab es nicht mehr, und die Althistoriker der Bundesrepublik Deutschland und der DDR gingen seit 1945 ganz unterschiedliche Wege.[16]

In der Bundesrepublik wurden nach 1945 insbesondere die Spezial- und Grundwissenschaften verstärkt gefördert.[17] Generell war in der BRD, in Österreich und in der Schweiz eine Kontinuität traditioneller und konservativer Methoden vorherrschend. In der DDR grenzte man sich bewusst von der „bürgerlichen Geschichtsschreibung" ab.[18] Die Geschichtswissenschaft identifizierte sich immer stärker mit dem Historischen Materialismus und erhob diesen zum Paradigma. Grundlage und Kriterium aller historischen Arbeit sollte der Marxismus-Leninismus sein.[19]

Prägend für die Entwicklung der marxistischen Althistorie in der DDR war der Einfluss der sowjetischen Forschung, deren zentrale Werke ins Deutsche übersetzt wurden.[20] Diese stand noch unter den Nachwirkungen des Stalinkultes, was den westdeutschen Historikern im Rahmen der ideologischen Auseinandersetzungen im Kalten Krieg eine „breite Angriffsfläche" bot, wie Willing konstatiert.[21] Das Jahr 1955 markierte auf politischer Ebene eine Zäsur. Mit dem NATO-Beitritt der BRD und der Integration der DDR in den Warschauer Pakt vertiefte sich der Graben zwischen beiden deutschen Staaten. An den ostdeutschen Universitäten kamen zu der Zeit erstmals marxistisch geschulte Kader als Assistenten und Aspiranten an die althistorischen Seminare, und es zeichnete sich ein Konflikt zwischen ihnen und den älteren, „bürgerlichen" Vertretern des Fachs um dessen Ausrichtung ab.[22] Im selben Jahr erfolgte der Beschluss des Zentralkomitees der SED *Die Verbesserung der Forschung und Lehre in der Geschichtswissenschaft*.[23] Darin wurde festgelegt: „Unsere Geschichtswissenschaft kann ihre nationale Aufgabe nur dann erfüllen,

14 Vgl. Keßler 2003 sowie den Beitrag von Mario Keßler in diesem Band.
15 Christ 1982, 261.
16 Christ 1982, 261 f. Vgl. auch Christ 1983a, 203–211.
17 Christ 1983a, 203.
18 Christ 2006, 95–97.
19 Zur Entwicklung der Alten Geschichte in der DDR vgl. grundlegend Willing 1991; vgl. auch Heydemann 1980, 200–217; Sabrow 2001; Willing 2012; Kowalczuk 2005.
20 Willing 1991, 98. Zur sowjetischen Forschung vgl. auch Heinen 2010 und Schmitt 2005.
21 Willing 2012.
22 Willing 1991, 101.
23 Willing 1991, 55 f. Vgl. auch Neuhäußer-Wespy 1996, 26–32.

wenn sie auf der Grundlage der einzig wissenschaftlichen Theorie und Methode zur Erkenntnis der gesellschaftlichen Entwicklung, des von den größten Söhnen unseres Volkes, von Marx und Engels, ausgearbeiteten historischen Materialismus steht und ihn auf die Erforschung und Darstellung aller Probleme und Vorgänge der Geschichte unseres Volkes schöpferisch anwendet."[24] Die Historiker sollten sich mit der „Rolle der Volksmassen in der geschichtlichen Entwicklung" auseinandersetzen. Für die Althistoriker bedeutete das u. a., so wurde postuliert, dass sie sich mit dem Thema „die Freiheitskämpfe der Germanen gegen die römischen Sklavenhalter" befassen sollten.[25] Die zentralen Fragen der Alten Geschichte waren laut Schuller die Rolle der Sklaverei im Allgemeinen, die Periodisierung der Weltgeschichte (sofern sie die Antike tangierte) und der Übergang von der Antike zum Mittelalter (also von der „Sklavenhaltergesellschaft" zum „Feudalismus").[26]

Im Jahr 1958 gründeten die ostdeutschen Historiker die „Deutsche Historiker-Gesellschaft" (DHG) als nationalen Verband der Historiker der DDR, da der „Verband der Historiker Deutschlands" (VHD) die Interessen der marxistischen Historiker nicht wahrnehmen konnte und wollte. Der VHD sah sich indessen als einzige legitime Vertretung der deutschen Historikerschaft.[27] Auf dem Deutschen Historikertag desselben Jahres in Trier nahmen erstmals beide Organisationen teil, und es kam zum Eklat aufgrund eines Redeverbots, mit dem einige führende marxistische Historiker vom Vorstand des VHD belegt worden waren. Die DDR-Delegation reiste daher vorzeitig ab.[28] Damit war, so Willing, „die Spaltung der Geschichtswissenschaften beider deutscher Staaten offiziell vollzogen worden"[29].

Auf dem XI. Internationalen Historikerkongress in Stockholm kam es zu erbitterten Auseinandersetzungen zwischen den Historikern der BRD und der DDR, auf die noch einzugehen ist. Von den internationalen Kollegen wurden diese als „querelles d'Allemagne" bezeichnet.[30] Von den westdeutschen Althistorikern waren neben Vittinghoff und Lauffer auch Joseph Vogt und Helmut Berve angereist. Zur ostdeutschen Delegation gehörten Johannes Irmscher (Institut für griechisch-römische Altertumskunde an der Deutschen Akademie der Wissenschaften zu Berlin), Hans-Joachim Diesner (Halle/Saale), Gerhard Schrot (Leipzig) und Rigobert Günther (Leipzig).[31]

---

24 Beschluß des ZK der SED, Die Verbesserung der Forschung und Lehre in der Geschichtswissenschaft der Deutschen Demokratischen Republik, in: ZfG 3 (1955) 507–527, hier 514.

25 Beschluß des ZK der SED, Die Verbesserung der Forschung und Lehre in der Geschichtswissenschaft der Deutschen Demokratischen Republik, in: ZfG 3 (1955) 507–527, hier 514, vgl. Neuhäußer-Wespy 1996, 29.

26 Schuller 2005, 82.

27 Cornelißen 2001, 452.

28 Willing 1991, 84; vgl. auch Sabrow 2001, 277–280. Vgl. zur Spaltung der deutschen Historikerschaft und zum Agieren Gerhard Ritters Cornelißen 2001, 450–457.

29 Willing 1991, 85.

30 Willing 1991, 12

31 Gerhard Schrot/Rigobert Günther, Einschätzung der Arbeit der DDR-Vertreter in der Sektion II (Alte Geschichte) des Stockholmer Kongresses v. 1.9.1960; Stiftung Archiv der Parteien und Massenorganisationen der DDR im Bundesarchiv, DY 30/IV 2/9.04/144, Bl. 467.

Die Althistoriker der BRD setzten sich während der Phase des Kalten Krieges auf keiner breiteren Basis mit marxistischen Positionen auseinander.[32] Eine Ausnahme bildete das Forschungsfeld der antiken Sklaverei. Der westdeutsche Althistoriker Joseph Vogt (1895–1986)[33] initiierte unter dem Vorzeichen des Ost-West-Konflikts 1950 das Mainzer Akademievorhaben *Forschungen zur antiken Sklaverei*, das von Anfang an mit den marxistischen Studien zu konkurrieren hatte.[34] Vogt habe sich „durch die marxistische Forschung zur antiken Sklaverei herausgefordert“ gefühlt und dem ideologischen Ansatz ein induktives Quellenstudium im Sinne der philologisch-historischen Methode entgegenstellen wollen. Betont wurde ausdrücklich, dass die Quellen „ohne jede Voreingenommenheit“ zu interpretieren seien.[35] Losemann hebt eine „besondere Fixierung auf Ergebnisse marxistischer Sklavereiforschung“ hervor, beispielsweise sei in einigen Arbeiten auf Spuren von Klassenbewusstsein oder -kämpfen geachtet worden.[36]

Generell gilt aber, dass die marxistischen Arbeiten von den westdeutschen Althistorikern häufig nicht differenziert bewertet wurden. Studien englischer, französischer und italienischer Marxisten seien häufig überhaupt nicht rezipiert worden, stellt Christ heraus.[37] In Europa gab es nämlich, was die Rolle des Marxismus angeht, nicht nur große Unterschiede zwischen Ost- und Westeuropa, sondern auch innerhalb von Westeuropa – abhängig vom jeweiligen intellektuellen und politischen Klima. Während es in Westdeutschland beinahe keine Marxisten unter den Historikern und Altertumswissenschaftlern gab, existierten in Frankreich und Italien starke kommunistische Parteien, denen viele Wissenschaftler und bekannte Intellektuelle angehörten.[38]

In der Ära des Kalten Krieges habe die „traditionell antimarxistische Einstellung“ der Alten Geschichte neuen Auftrieb erhalten, konstatiert Bichler.[39] Die marxistische Geschichtswissenschaft wurde aufgrund des verbreiteten Antikommunismus während des Kalten Krieges weitgehend ignoriert.[40] Ein wichtiger Grund dafür war die fehlende Offenheit der Theorie für eine mögliche Falsifikation durch die „historischen Fakten“ bzw. durch die Quellen. Insbesondere die ältere, stark dogmatische Forschung leistete dem Vorschub.[41]

In der Neueren Geschichte fand im Rahmen der Bemühungen der wenigen Sozialhistoriker, neben der Politikgeschichte auch die Sozialgeschichte zu etablieren bzw. sie in

32 Christ 1982, 263.
33 Vgl. zuletzt Losemann 2017b; zu Vogts Biographie bis 1945 vgl. Königs 1995.
34 Losemann 2017a, 976.
35 Losemann 2017a, 977.
36 Losemann 2017a, 980.
37 Christ 1983b, 243. Christ gibt in diesem Punkt Finley Recht.
38 Nippel 2016, 270. Vgl. generell zur internationalen marxistischen Geschichtswissenschaft: Iggers 1978, 157–218.
39 Bichler 1989, 77.
40 Iggers 1968, Sp. 954.
41 Hassel 1980, III. Hassel betonte 1980 ebenda, dass dieses Argument angesichts beispielsweise der neueren Forschung der DDR-Althistoriker zum Untergang Westroms nicht mehr zutreffe und ein weiteres Ignorieren der marxistischen Forschung nicht zu rechtfertigen sei.

die allgemeine Geschichte zu integrieren, durchaus auch eine Auseinandersetzung mit Marx statt. So sprach der westdeutsche Marxismus-Kenner Siegfried Landshut – der kein Marxist war – auf dem bundesdeutschen Historikertag 1951 in Marburg, auf dem auch Vittinghoff einen Vortrag gehalten hatte, in der Sektion Soziologie und Historie über *Gesellschaft und Ökonomie in der marxistischen Lehre*.[42] Dabei handelte es sich vor allem um eine Distanzierung vom Marxismus.[43]

Erst die Studentenbewegung Ende der 1960er Jahre zwang die Disziplin der Alten Geschichte in der Bundesrepublik zu einer „Überprüfung ihres Selbstverständnisses, ihrer Methoden wie ihrer Lehrinhalte und Lehrformen" und führte zumindest zeitweise u. a. auch zu einer eingehenden Auseinandersetzung mit marxistischen Positionen.[44]

Friedrich Vittinghoff und seine Auseinandersetzung mit den „Klassikern" des Marxismus

Zu den ganz wenigen westdeutschen Althistorikern, die sich außerhalb des Akademie-Projekts zur antiken Sklaverei mit Marx bzw. marxistischen Positionen auseinandersetzten, gehörte Friedrich Vittinghoff. Er wurde 1910 als Sohn des Zechensteigers Eduard Vittinghoff in Essen geboren.[45] Seine Mutter Anna Vittinghoff starb, als Friedrich Vittinghoff elf Jahre alt war.[46] Nach dem Abitur am Burggymnasium in Essen nahm er im Sommersemester 1929 sein Studium der klassischen Philologie, Geschichte und evangelischen Religionslehre in Bonn auf, außerdem studierte er in Berlin. Vittinghoff musste sich sein Studium im wörtlichen Sinne hart erarbeiten. In seinem etwa 1939 verfassten Lebenslauf betonte er:

> „Da mein Vater nicht in der Lage war, mein Studium zu finanzieren, habe ich in den Ferien der ersten fünf Semester und in den Osterferien vor Beginn des Studiums auf einer Zeche als Magazinarbeiter, Steineklopfer und Zechenarbeiter gearbeitet. Aus wirtschaftlichem Gründen und mit Rücksicht auf den späteren Lehrerberuf nahm ich in den ersten zwei Semestern eine Erzieherstelle am Paedagogium in Her-

---

42 Etzemüller 2001, 93 f. Landshut war der Entdecker und Herausgeber von Marx' Frühschriften. Er hatte Anfang der 1930er Jahre im SPD-Archiv einen Archivdeckel mit den bis dahin verschollenen „Pariser Manuskripten" gefunden; [Anon.] 1968. Vgl. auch Rainer Nicolaysen, Siegfried Landshut, Die Wiederentdeckung der Politik, Frankfurt a. M. 1997.

43 Conrad 2011, 273. Vgl. Siegfried Landshut, die soziologische Geschichtsauffassung des Marxismus (Vortrag gehalten auf dem Historikertag in Marburg, 13. bis 16. September 1951), in: GWU 3 (1952) 21–27.

44 Christ 1982, 263 f.

45 Die biographischen Daten beruhen auf Vittinghoffs Lebenslauf in seiner Kieler bzw. später Posener Personalakte; Lebenslauf Friedrich Vittinghoff (undatiert, vermutlich 1939), UA Posen 78/217 – Friedrich Vittinghoff, Bl. 3 f.

46 Sterbedatum: 31.3.1922; Fragebogen Friedrich Vittinghoff vom 22.5.1939, UA Posen 78/217 – Friedrich Vittinghoff, Bl. 6 Rs.

chen, Sieg (Zweiganstalt des Paedagogiums Godesberg), an und verwaltete im dritten und vierten Semester eine Obstkultur in Remagen. Durch diese Beschäftigung war mein Studium, dessen Abschluss durch ein Darlehen beim Studentenwerk möglich wurde, sichergestellt."[47]

Vittinghoff ist also als ein klassischer „Aufsteiger" zu charakterisieren, ähnlich wie auch Joseph Vogt. In seinem Studium widmete er sich nach eigenen Aussagen zunächst der Deutschen Geschichte und sozialen und religiösen Fragen. Der Geschichte der Antike wandte er sich erst später zu. Seine Dissertation wurde von Paul Strack angeregt. Mit der Arbeit *Der Staatsfeind in der römischen Kaiserzeit: Untersuchungen zur damnatio memoriae* wurde Vittinghoff schließlich im Wintersemester 1934/1935 von Friedrich Oertel an der Rheinischen Friedrich-Wilhelms-Universität Bonn mit *summa cum laude* promoviert. Anschließend arbeitete er am *Thesaurus lingua Latinae* in München mit und verfasste einige Artikel. Ab April 1936 wurde ihm eine ministerielle Beihilfe gewährt, und er begann an seiner Habilitationsschrift zu arbeiten.[48]

Bereits 1933 war Vittinghoff in die SA eingetreten, innerhalb derer er als „Sturmreferent für Weltanschauung und kulturelle Dienstgestaltung" tätig war. Am 1. Juli 1937 trat er in die NSDAP ein. Während der Sudetenkrise meldete sich Vittinghoff als Freiwilliger zum Militär. Er diente von Mai bis Juli 1938 sowie im September und Oktober 1938 bei der Flak in Wismar.[49] 1939 habilitierte er sich in Kiel mit der Arbeit *Aufstieg der unterworfenen Völker in Roms Bürgertum und Herrenschicht*. Die Arbeit wurde laut Vittinghoff „durch Kriegseinwirkung vernichtet"[50] und in ihrer ursprünglichen Form nie gedruckt. In seinem Gutachten über die Habilitationsschrift fasste Paul Strack Vittinghoffs Zielsetzung folgendermaßen zusammen:

> „Das eigentliche Anliegen der Arbeit ist, Zeitpunkt, Ausmaß, Wirkung, Bedeutung und Ursache des Aufstieges der unterworfenen Völker, d. h. der Völkermischung und Völkernivellierung im römischen Reich für die ersten zwei Jahrhunderte der Kaiserzeit und damit das Spannungsverhältnis von Romanitas und Universalismus, von Rom und Italien und den Völkern des Reiches zu klären."[51]

Vittinghoffs Untersuchungen dienten, so wird hervorgehoben, „einer völkischen und rassengeschichtlichen Geschichtsbetrachtung" und seien „hierin als vorbildlich zu bezeichnen".[52] Auch der Zweitgutachter Erick Burck lobte insbesondere die rassenge-

---

47 Lebenslauf Friedrich Vittinghoff (undatiert), UA POSEN 78/217 – Friedrich Vittinghoff, Bl. 3.

48 Lebenslauf Friedrich Vittinghoff (undatiert); UA POSEN 78/217 – Friedrich Vittinghoff, Bl. 4.

49 Lebenslauf Friedrich Vittinghoff (undatiert); UA POSEN 78/217 – Friedrich Vittinghoff, Bl. 4.

50 Vgl. Verzeichnis der Schriften Friedrich Vittinghoffs zusammengestellt von Gudrun Schindler-Horstkotte, in: Eck/Galsterer/Wolff 1980, IX.

51 Gutachten von Prof. Dr. Strack über die Habilitation des Dr. Vittinghoff vom 30.5.1939 (Abschrift); UA POSEN 78/217 – Friedrich Vittinghoff, Bl. 19.

52 Gutachten von Prof. Dr. Strack über die Habilitation des Dr. Vittinghoff vom 30.5.1939 (Abschrift); UA POSEN 78/217 – Friedrich Vittinghoff, Bl. 19.

schichtliche Betrachtungsweise: „Es ist für die akuten Fragen der Volkstums- und Rassenforschung auch über den Rahmen dieser Arbeit hinaus bedeutsam zu wissen, daß die tragenden Kräfte des Reichs – in weitgehendem Gegensatz zu der bisherigen Meinung – in den zwei ersten Jahrhunderten Italiker und Angehörige der artverwandten Westprovinzen gewesen sind."[53]

Im Februar 1940 heiratete Vittinghoff die Studienassessorin Gertrud Schulz[54] und wurde nur wenig später, im April 1940, zur Wehrmacht eingezogen.[55] Kurz darauf wurde er zum Dozenten ernannt und der Universität Kiel zugewiesen.[56] Am 26. Juni 1943 erfolgte die Ernennung zum außerordentlichen Professor der Universität Posen.[57] Zwischen 1943 und 1945 war er außerordentlicher Professor in Posen und in Kiel, konnte jedoch keine Lehrtätigkeit aufnehmen, da er bei der Wehrmacht war. Nach einer Zeit in sowjetischer Kriegsgefangenschaft fand er bis 1950 keine akademische Anstellung und war als „Privatgelehrter" tätig. Auf der 21. Versammlung deutscher Historiker, die 1951 in Marburg stattfand, befasste er sich in seinem Beitrag mit der *Bedeutung von Bevölkerungsgruppen bzw. einzelner gesellschaftlicher Schichten für das Staatswesen*.[58]

Nach Lehraufträgen in Marburg und Kiel wurde Vittinghoff 1955 auf den Kieler Lehrstuhl für Alte Geschichte berufen. Er wirkte außerdem in Erlangen und war schließlich 1966 bis zu seiner Emeritierung 1978 Ordinarius in Köln.[59] Seine Forschungsinteressen lagen schwerpunktmäßig im Bereich der antiken Sozialgeschichte und des römischen Städtewesens.

Vittinghoffs Auseinandersetzung mit den Marx'schen Thesen beginnt innerhalb seines Werkes im Zusammenhang mit Überlegungen zu der Epochengrenze Antike/Mittelalter. Mit seinem Vortrag *Der Übergang von der „Antike" zum Mittelalter und die Problematik des modernen Revolutionsbegriffes*[60] wurde im Wintersemester 1957/58 eine vom Historischen Seminar der Universität Kiel veranstaltete interdisziplinäre Ringvorlesung mit dem Thema „Begriff und Erscheinungsformen der Revolution" eingeleitet. Zugleich führte er mit seinem Vortrag in die allgemeine Fragestellung der Ringvorlesung ein.[61]

---

53 Gutachten über die Habilitationsschrift des Dr. Vittinghoff von Herrn Prof. Dr. Burck vom 11.6.1939, (Abschrift); UA POSEN 78/217 – Friedrich Vittinghoff, Bl. 22.

54 Anzeige über Verheiratung; UA POSEN 78/217 – Friedrich Vittinghoff, Bl. 8.

55 Friedrich Vittinghoff an den Kurator der Universität Kiel am 8.4.1940; UA POSEN 78/217 – Friedrich Vittinghoff, Bl. 27.

56 Der Reichsminister für Wissenschaft, Erziehung und Volksbildung an Friedrich Vittinghoff (Abschrift) am 30.4.1940; UA POSEN 78/217 – Friedrich Vittinghoff, Bl. 28.

57 Der Reichsminister für Wissenschaft, Erziehung und Volksbildung an Friedrich Vittinghoff (Abschrift) am 21.7.1943; UA POSEN 78/217 – Friedrich Vittinghoff, Bl. 38.

58 Etzemüller 2001, 93.

59 Biographische Angaben nach: Kieler Gelehrtenverzeichnis, s. v. Vittinghoff, Friedrich, online abrufbar unter: www.gelehrtenverzeichnis.de/person/a99bd664–33f6-fbb4–6e06–4d4c607ab5e1?lang=de.

60 Vittinghoff 1958.

61 Vittinghoff 1958.

In diesem Vortrag stellt Vittinghoff anfangs heraus, dass das „Mittelalter" „keine neue weltgeschichtliche Epoche des gesamten römisch-hellenistischen Kulturkreises, die etwa der Antike gefolgt wäre" gewesen sei, sondern nur der lateinische Westen des Imperium Romanum eine „neue Gestalt angenommen" habe.[62] Das Mittelalter sei von „jene(n) Kräfte(n) heraufgeführt worden, die die politische Ordnungsstruktur des lateinischen Westens umwandelten".[63] Er betont stark die Bedeutung der äußeren Bedrohung – insbesondere durch die Germanen – für das Ende des weströmischen Reiches: „Dieses ‚Mittelalter', eine sich in Jahrhunderten vollziehende totale Umwälzung, wurde unmittelbar durch vorwiegend germanische Verbände, also durch den Eingriff äußerer Mächte heraufgeführt."[64]

Karl Christs Diktum, die „Beschäftigung mit der Frage nach den Ursachen des Untergangs des Römischen Reiches" vermittle „einen Eindruck der Vielfalt der Aspekte und Methoden der Geschichtswissenschaft, einer Vielfalt, die dadurch entsteht, daß praktisch jede Generation von Historikern den politischen, gesellschaftlichen, religiösen und geistigen Erfahrungen ihrer Zeit immer neue Kategorien entnimmt",[65] kann jedenfalls bis heute Gültigkeit beanspruchen.[66] In besonderem Maße gilt es für die Althistorie der DDR. Den „Untergang" des römischen Reiches bezeichnete Eduard Meyer einmal als das „interessanteste und wichtigste Problem der Weltgeschichte".[67] Tatsächlich berührt es auch einen besonders neuralgischen Punkt der ostdeutschen Altertumswissenschaft. Nach dem Historischen Materialismus, der von einer Ablösung der „progressiven" Gesellschaftsformen ausgeht, vollzieht sich nämlich hier der Übergang von der „Sklavenhaltergesellschaft" zum „Feudalismus". Vittinghoff rührte mit dem Thema also an eines der wichtigsten Probleme des Marxismus-Leninismus bzw. der marxistischen Geschichtsschreibung; an die Frage, ob eine Revolution die Epoche der Antike (die „Sklavenhaltergesellschaft") „beendet" und so die „neue Epoche", das Mittelalter (den „Feudalismus"), heraufgeführt habe. Eine zusammenhängende Theorie der antiken Sklaverei haben Marx und Engels jedoch ebenso wenig entwickelt wie eine der antiken Ökonomie.[68] Bei all ihren Äußerungen zur antiken Geschichte handelt es sich immer um Bemerkungen, in denen die antiken Verhältnisse zum Vergleich angeführt werden.[69]

Die recht allgemein formulierte Schlüsselstelle zur Epochenfrage ist der erste Satz des ersten Kapitels der bekanntesten und wirkmächtigsten Schrift des Marxismus. So heißt es im *Manifest der Kommunistischen Partei* (1847/48):

62 Vittinghoff 1958, 458.

63 Vittinghoff 1958, 458.

64 Vittinghoff 1958, 460. Er übernahm damit Thesen von Franz Altheim; Demandt 1984, 485.

65 Christ 1970, 30 f.

66 Zuletzt betonte dies: Meier 2016, 25. Zu den vielfältigen Erklärungsversuchen vgl. Demandt 1984.

67 Meyer 1910, 160.

68 Zu Marx' Erklärungsansätzen vgl. Demandt 1984, 177 ff.

69 Nippel 2013, 290.

> „Die Geschichte aller bisherigen Gesellschaft ist die Geschichte von Klassenkämpfen. Freier und Sklave, Patrizier und Plebejer, Baron und Leibeigener, Zunftbürger und Gesell, kurz, Unterdrücker und Unterdrückte standen im steten Gegensatz zueinander, führten einen ununterbrochenen, bald versteckten, bald offenen Kampf, einen Kampf, der jedesmal mit einer revolutionären Umgestaltung der ganzen Gesellschaft endete oder mit dem gemeinsamen Untergang der kämpfenden Klassen.“[70]

Der Klassenkampf führte nach Marx zwangsläufig zu einer „Diktatur des Proletariats“, die Diktatur bilde „den Übergang zur Aufhebung aller Klassen und zu einer klassenlosen Gesellschaft“.[71] Aus Marx' Zitat im *Kommunistischen Manifest* lässt sich also ableiten, dass es in der Spätantike eine Revolution der Sklaven gegeben habe, die den Übergang von der Antike ins Mittelalter zur Folge hatte.

Heinen weist darauf hin, dass aber Marx und Engels die Geschichte des klassischen Altertums zu gut gekannt hätten, „um einen Klassenkampf zwischen Freien und Sklaven als Wesensmerkmal der Sklavenhalterordnung zu postulieren“.[72] Dass es nicht Marx' Auffassung gewesen sei, dass „die Sklaven den eigentlichen Klassenkampf führten“, gehe aus dem Vorwort zur zweiten Ausgabe von *Der achtzehnte Brumaire des Louis Bonaparte* (1869) hervor:

> „Schließlich hoffe ich, daß meine Schrift zur Beseitigung der jetzt namentlich in Deutschland landläufigen Schulphrase vom sogenannten *Cäsarismus* beitragen wird. Bei dieser oberflächlichen geschichtlichen Analogie vergißt man die Hauptsache, daß nämlich im Alten Rom der Klassenkampf nur innerhalb einer privilegierten Minorität spielte, zwischen den freien Reichen und den freien Armen, während die große produktive Masse der Bevölkerung, die Sklaven, das bloß passive Piedestal für jene Kämpfer bildete.“[73]

Mit der zunehmenden Dogmatisierung des Marxismus sei die Annahme eines antiken Sklavenhalterstaats von Lenin und Stalin „in unzureichender Verallgemeinerung“ auf die gesamte Antike angewandt worden, so Heinen.[74]

---

70 MEW 4, 462.

71 Marx in einem Brief an seinen Freund Joseph Weydemeier am 5. März 1852: „Was mich nun betrifft, so gebührt mir nicht das Verdienst, weder *die Existenz der Klassen* in der modernen Gesellschaft noch ihren Kampf unter sich entdeckt zu haben. Bürgerliche Geschichtsschreiber hatten längst vor mir die historische Entwicklung dieses Kampfes der Klassen, und bürgerliche Ökonomen die ökonomische Anatomie derselben dargestellt. Was ich neu tat, war 1. nachzuweisen, daß die Existenz der Klassen bloß an *bestimmte historische Entwicklungsphasen der Produktion* gebunden ist; 2. daß der Klassenkampf notwendig zur *Diktatur des Proletariat* führt; 3. daß diese Diktatur selbst nur den Übergang zur *Aufhebung aller Klassen* und zu einer *klassenlosen Gesellschaft* bildet.“ MEW 28, 507 f.

72 Heinen 1974, Sp. 191.

73 MEW 16, 359.

74 Heinen 1974, Sp. 192.

Des Weiteren sind für die Thematik Marx' Äußerungen zur „Epoche sozialer Revolution" im Vorwort zu seiner Schrift *Zur Kritik der politischen Ökonomie* (1859) relevant:

> „Die Gesamtheit dieser Produktionsverhältnisse bildet die ökonomische Struktur der Gesellschaft, die reale Basis, worauf sich ein juristischer und politischer Überbau erhebt, und welcher bestimmte gesellschaftliche Bewußtseinsformen entsprechen. Die Produktionsweise des materiellen Lebens bedingt den sozialen, politischen und geistigen Lebensprozeß überhaupt. Es ist nicht das Bewußtsein der Menschen, das ihr Sein, sondern umgekehrt ihr gesellschaftliches Sein, das ihr Bewußtsein bestimmt. Auf einer gewissen Stufe ihrer Entwicklung geraten die materiellen Produktivkräfte der Gesellschaft in Widerspruch mit den vorhandenen Produktionsverhältnissen oder, was nur ein juristischer Ausdruck dafür ist, mit den Eigentumsverhältnissen, innerhalb deren sie sich bisher bewegt hatten. Aus Entwicklungsformen der Produktivkräfte schlagen diese Verhältnisse in Fesseln derselben um. Es tritt dann eine Epoche sozialer Revolution ein. Mit der Veränderung der ökonomischen Grundlage wälzt sich der ganze ungeheure Überbau langsamer oder rascher um."[75]

Nach Marx müsste also ein revolutionärer Prozess das Ende der Antike herbeigeführt haben, der aus dem Widerspruch zwischen den materiellen Produktivkräften mit den Produktionsverhältnissen resultiere.[76]

Ausgehend von der Feststellung, dass das „Mittelalter" nicht als eine neue weltgeschichtliche Epoche des gesamten römisch-hellenistischen Kulturkreises, die auf die Antike folge, angesehen werden könne, sondern nur der lateinische Westen des Imperium Romanum „in jenem Zeitalter eine neue Gestalt gewonnen" habe, wendet sich Vittinghoff in seinem Vortrag zunächst gegen eine „ausschließlich nach Rom orientierte" Geschichtstradition, für die das Imperium mit dem Zusammenbruch der imperialen Ordnungsmacht im Westen „untergegangen" sei.[77] Das „Mittelalter", „eine sich in Jahrhunderten vollziehende totale Umwälzung", sei „unmittelbar durch vorwiegend germanische Verbände, also durch den Eingriff äußerer Mächte heraufgeführt" worden.[78] Er bedient sich dabei (ausgerechnet) des vielzitierten Diktums Mommsens über die von Caesar den Juden angeblich zugedachte „Sonderrolle": „Die Germanen vor allem waren, um einen Ausdruck Mommsens zu übertragen, das ‚Ferment der Dekomposition' der westlichen Welt."[79] Dass die Römer der „Sturmflut barbarisch junger Völker" nicht mehr standgehalten haben, führt Vittinghoff sowohl auf außen- als auch auf innenpolitische Gründe zurück.[80] Generell misst Vittinghoff den Germanen die größte Bedeutung bei:

75 MEW 13, 8 f.
76 Vgl. zu Marx' Revolutionskonzept Demandt 1984, 316 f.
77 Vittinghoff 1958, 459.
78 Vittinghoff 1958, 460.
79 Vittinghoff 1958, 460. Zum sog. „Berliner Antisemitismus-Streit" vgl. Malitz 1996.
80 Vittinghoff 1958, 460.

„Die Auflösung der römischen Ordnungsmacht im lateinischen Westen durch die Staatsgründungen der Germanen ist *die* epochale Grundvoraussetzung für das Entstehen der mittelalterlich-abendländischen Epoche.“[81] Das einzige Kriterium für die Abgrenzung von Antike und Mittelalter ist nach Vittinghoff ein politisches.[82] Die Bedeutung des Christentums schätzt er geringer ein.[83]

Das Thema der Ringvorlesung aufgreifend wirft Vittinghoff anschließend die Frage auf, „ob und wieweit der Übergang von der Antike zum Mittelalter oder einzelne Phasen oder Vorgänge dieses Geschichtsumbruchs als ‚Revolution‘ beschrieben“ werden könnten. Diese Frage hänge davon ab, wie man ‚Revolution‘ definiere:[84] „Zweifellos hat sich in der Spätantike keine Revolution im Stile der zwei klassischen der Moderne, der französisch-bürgerlichen Revolution von 1789 (und ihrer Ausläufer im 19. Jh.) oder der bolschewistisch-proletarischen von 1917, aber etwa auch nicht der englischen des 17. Jhs. ereignet, obwohl damals eine revolutionäre Situation zur Revolution hinzudrängen schien, wie es ein Betrachter der neuzeitlichen Revolutionsbewegungen auf einen flüchtigen ersten Blick hin annehmen könnte.“[85] Vittinghoff skizziert die „wirtschaftliche Verelendung, Ausbeutung, Erpressung und Entrechtung weiter gesellschaftlicher Schichten seit dem 3. Jh. und dann wieder (nach einer Zeit der Beruhigung) vom ausgehenden 4. Jh. ab“.[86] Im 4. und 5. Jahrhundert seien die Klagen immer lauter geworden: „Gegen diese Zustände, die scheinbar genügend Zündstoff zu einer revolutionären Bewegung in sich hatten, ist in der Tat zeitweise in bestimmten Gebieten und von bestimmten Bevölkerungsschichten revoltiert worden, wenn das Maß der politischen Unterdrückung, persönlicher Unfreiheit, der Korruption von Beamten und der steuerlichen Ausbeutung voll war.“[87] Zu einer Revolution im modernen Sinne sei es jedoch nicht gekommen: „Aber diese Revolte war doch kaum mehr als bloße Notwehr, ein Notschrei der gequälten Kreatur, in dem man freilich vereinzelt sozialrevolutionäre oder anarchistische Töne wahrnehmen kann, wie vor allem bei den Circumcellionenbewegung Afrikas des 4. Jhs. oder auch bei jener der Bagauden in Gallien.“[88] Es habe sich dabei aber nur um Versuche gehandelt, die jeweilige Situation zu verbessern und Missstände zu beseitigen, „aber keineswegs grundsätzlich das politische und soziale Ordnungsgefüge radikal umzugestalten.“ Eine Revolution habe es deswegen nicht gegeben, weil „der Gedanke einer Revolution als einer mit Gewalt gegen die Staatsmacht durchgesetzten politisch-sozialen Umwälzung [...] einfach jenseits der Denkmöglichkeiten der römischen Spätzeit“[89] gelegen habe. Neben dem nicht vorhandenen revolutionären Willen habe es auch an einer „revolutionären Klasse“ geman-

81 Vittinghoff 1958, 462.
82 Vittinghoff 1958, 462.
83 Vittinghoff 1958, 462 f.
84 Vittinghoff 1958, 464.
85 Vittinghoff 1958, 464.
86 Vittinghoff 1958, 464.
87 Vittinghoff 1958, 464.
88 Vittinghoff 1958, 465.
89 Vittinghoff 1958, 465.

gelt, „die Träger der Revolution hätte werden können".[90] Vittinghoff spricht von einer „Klassengesellschaft der Spätantike", die in sich so differenziert gewesen sei, dass sie „zu einheitlicher, politisch-revolutionärer Solidarität und Aktion unfähig" gewesen sei.[91] Als wesentliches Moment der Haltung, die vorgefundene Ordnung hinzunehmen, nennt er den römischen Traditionalismus und die christliche Religion.

Nach Abschluss seiner Argumentation kommt Vittinghoff dann noch auf die marxistisch-leninistische Forschung, die „ein völlig entgegengesetztes Urteil" habe, zu sprechen.[92] Nachdem er die Grundzüge des marxistisch-leninistischen Geschichtsverständnisses referiert hat, formuliert er ironisch, aber nicht zu Unrecht: „Die sogenannten Klassiker des Marxismus-Leninismus haben sich glücklicherweise nicht auf bestimmte Interpretationen über den Ort und Zeitpunkt einer solchen Revolution festgelegt. So bleibt heute für die Nachfahren ein gewisser Spielraum übrig."[93] Vittinghoff greift die marxistische Althistorie scharf an:

> „Auch wer jederzeit zugesteht, daß die Geschichtswissenschaft neue Fragestellungen und Methoden und auch wesentliche Erkenntnisse über die Kräfte des Geschichtsprozesses, freilich in einer verzerrenden Einseitigkeit, Karl Marx und dem historischen Materialismus verdankt, und wer bereit ist, die marxistische Grundauffassung von der Funktion einer Revolution als Arbeitshypothese anzunehmen, ist doch erschrocken darüber, mit welchen Vereinfachungen, welchen jederzeit widerlegbaren Vergewaltigungen von Tatsachen und mit welchen willkürlichen Textdeutungen manche marxistischen Althistoriker versucht haben, eine Revolution der Sklaven und Kolonen irgendwo und irgendwann in der Spätantike ausfindig zu machen. Der Schluß ist zwingend: Diese Revolution hat nie stattgefunden."[94]

Die „unterdrückten, ausgebeuteten und ‚fortschrittlichen' Klassen" seien daher niemals „Sieger" gewesen und auch die zweite Möglichkeit, „die das Kommunistische Manifest für das Ende eines Klassenkampfes offenläßt, der Untergang beider antagonistischer Klassen" sei ebenso wenig „Geschichte geworden".[95]

In seinem Vortrag hebt Vittinghoff den Primat der Außenpolitik in der römischen Politik seit dem 3. Jh. n. Chr. hervor und wendet sich dezidiert gegen die Auffassung, dass „der Übergang zwischen der Sklavenhaltergesellschaft der Antike und dem Feudalismus des Mittelalters nur durch eine Revolution der Sklaven (bzw. der Sklaven und der ausgebeuteten, schollengebundenen Kolonen) erfolgt" sei.[96] Er bezeichnet diese Auffassung als marxistisch-leninistisch. Präziser formuliert handelt es sich eigentlich um die dem

90 Vittinghoff 1958, 466.
91 Vittinghoff 1958, 466.
92 Vittinghoff 1958, 467.
93 Vittinghoff 1958, 468.
94 Vittinghoff 1958, 468.
95 Vittinghoff 1958, 468.
96 Vittinghoff 1958, 468.

Marxismus-Leninismus aufgezwungene stalinistische Geschichtsauffassung bzw. um die stalinistisch geprägte Tradition der marxistischen Geschichtsforschung, was Vittinghoff aber nicht weiter differenziert. Die Auseinandersetzung mit der marxistisch-leninistischen Forschung stand nicht im Zentrum seines Vortrags, erst in der zweiten Hälfte kam er auf sie zu sprechen.

Festzuhalten ist, dass Vittinghoff keineswegs negiert, dass es Unterdrückung und Ausbeutung weiter Schichten in der Spätantike gegeben hat, er sah nur generell die Möglichkeit einer Revolution nicht gegeben, weil diese dem römischen Denken ferngelegen und es darüber hinaus auch keine Gruppe als Träger einer Revolution gegeben habe. Der „Untergang" des weströmischen Reiches sei auf die Germaneneinfälle zurückzuführen, denen Westrom aufgrund seiner innen- und außenpolitischen Schwäche nicht mehr viel entgegensetzen konnte.

Vittinghoffs Beitrag zum XI. Internationalen Historikerkongress in Stockholm (1960)

Der XI. Internationale Historikerkongress von 1960 in Stockholm stand im Zeichen der politischen Krise, die 1961 im Bau der Berliner Mauer gipfelte und war daher von einer angespannten Atmosphäre geprägt.[97] Eine besondere Rolle spielten der Marxismus und die Auseinandersetzung mit ihm.

Vittinghoffs Aufsatz *Die Theorie des historischen Materialismus über den antiken „Sklavenhalterstaat". Probleme der Alten Geschichte bei den „Klassikern" des Marxismus und in der modernen sowjetischen Forschung* wurde im Vorfeld des Internationalen Historikerkongresses von 1960 in Stockholm in einer Sonderausgabe der Zeitschrift *Saeculum* publiziert, die sich insgesamt der marxistischen Geschichtsauffassung widmete.

Zu Beginn seiner Ausführungen bezeichnet Vittinghoff Marx und Engels als die „großen radikalen Weltbeweger der Moderne". In ihrem Geschichtshorizont sei die Antike „keine bloße Vorstufe der Geschichte der Gegenwart und keine Randerscheinung" gewesen. Er hält in einer Fußnote fest, dass er die beiden als Einheit sehe, „da beide ohne Unterschied in der sowjetischen Forschung als Klassiker gelten". Ferner berücksichtige er nicht die Entwicklung ihrer Vorstellungs- und Gedankenwelt. Vittinghoff umreißt zunächst Marx' und Engels' Bildung und Beschäftigung mit der Antike: „Beide Freunde, insbesondere *Marx*, haben immer wieder antike Texte studiert, exzerpiert und verglichen und eine Unmasse Sekundärliteratur durchblättert, weil sie von der überzeitlichen Gültigkeit des neuentdeckten materialistischen Geschichtsgesetzes überzeugt waren und es für notwendig hielten, gerade mit antikem Anschauungsmaterial seine Richtigkeit auch für vorkapitalistische Sozialordnungen zu verdeutlichen und zu bestätigen."[98] Er weist darauf hin, dass Marx und Engels überzeugt davon gewesen seien, „daß ihre ökonomi-

97 Vgl. ausführlich Erdmann 1987, 338 ff.
98 Vittinghoff 1960a, 89.

sche Geschichtsauffassung nicht der Geschichte aufoktroyiert (sic), sondern nur aus den Tatsachen abgelesen sei, oder wenigstens, daß sie historisch aus der bisherigen Geschichte entwickelt werden müsse, weil sonst, wie bei *Hegel*, eine ‚gezwungene und oft haarsträubende Konstruktion' entstehe".[99] Wer jedoch die Auffassungen von Marx und Engels beurteilen wolle, stehe vor der Schwierigkeit, so Vittinghoff, „daß wir nur mehr oder weniger zufällige Äußerungen haben – eine Ausnahme macht nur *Engels'* Untersuchung über den ‚Ursprung der Familie, des Privateigentums und des Staates'".[100] Vittinghoff unterstellt für seinen Aufsatz „als Arbeitshypothese die Richtigkeit der Auffassungen des historischen Materialismus".[101] Da Marx und Engels sich selbst als Wissenschaftler und ihre Erkenntnisse als wissenschaftliche verstanden hätten, müssten sich diese „naturgemäß jederzeit einem wissenschaftlichen Gericht stellen".[102] Wenn die Erkenntnisse sich als falsch erwiesen, hätten sie nur wissenschaftsgeschichtlichen Wert und es sei selbstverständlich, dass „Aussagen über den Ablauf der Geschichte und seine bestimmenden Kräfte in besonderer Weise vom Wissensstand und der Forschungssituation, aber auch vom Zeitgeist abhängig sind".[103]

Vittinghoff referiert zunächst die Grundzüge der materialistischen Geschichtsbetrachtung nach Marx und Engels, wofür er sich auf die Schriften der „Klassiker" selbst bezieht und sie ausführlich zitiert. Er geht dabei auch auf den Gesellschaftstyp der „orientalischen" bzw. „asiatischen" Gesellschaft ein und merkt kritisch an:

> „Durch die etwas grobschlächtige Charakteristik ist die geschichtslos-stagnierende, fortschrittshemmende orientalisch-asiatische Gesellschaft, die wegen des despotischen Königseigentums keine klassenlose Urgesellschaft mehr war, aber anderseits noch keine Klassengesellschaft, da ja erst Privateigentum an Produktionsmitteln und Arbeitsteilung die Klassenspaltung bewirken sollten, anders als die antike und mittelalterliche, keine epochentypische Gesellschaftsordnung und der weltgeschichtliche Prozess damit zweigeteilt. Der entscheidende ‚Fortschritt der Menschheit', das Aufsteigen ohne Ende vom Niederen zum Höheren hat sich demnach bisher ausschließlich in einem Teilraum der Menschheitsgeschichte vollzogen und führte über die Antike."[104]

Vittinghoff befasst sich dann in seinem Aufsatz zuerst mit der antiken Gesellschaft bei Marx und Engels und dem „Klassenkampf" in Griechenland und Rom, bevor er sich der „Weiterentwicklung" der Theorie durch die sowjetische Wissenschaft, der gegenwärtigen Situation der sowjetischen Forschung, der sowjetischen Auseinandersetzung mit

99 Vittinghoff 1960a, 90.
100 Vittinghoff 1960a, 90.
101 Vittinghoff 1960a, 90.
102 Vittinghoff 1960a, 90.
103 Vittinghoff 1960a, 90.
104 Vittinghoff 1960a, 90.

den Klassikern und schließlich den Diskussionen und Ergebnissen der sowjetischen Forschung zuwendet.

Für Marx und Engels selbst findet er anerkennende Worte:

> „Es ist das unbestreitbare Verdienst von *Marx* und *Engels*, das man schlechterdings nicht hoch genug bewerten kann, der (Alten) Geschichte provozierend schöpferische Anstöße gegeben, die neuen Fragen nach der materiellen Grundlage der Antike, der Gesellschaftsordnung, nach den Klassen und den auf materiellen Interessen beruhenden Klassenkämpfen u. a. gestellt und zu ihrer Lösung beigetragen zu haben. Beide haben hierdurch entscheidend zur Überwindung der idealistischen Hellenenvorstellungen des Neuhumanismus und *Hegels* verholfen und endlich stärker die staatlich-politische und insbesondere ökonomische Wirklichkeit des Griechentums und der Antike in das wissenschaftliche Gespräch gerückt und damit für den geschichtlichen Blick eine neue Dimension erobert."[105]

Indem er sich explizit auf Marx und Engels selbst bezieht, grenzt er sich indirekt auch vom Marxismus-Leninismus ab. Er bezeichnet es als „tragisches Verhängnis", dass „jene bedeutenden und fruchtbaren Grundfragen in einer wissenschaftsgeschichtlichen Situation aufgeworfen wurden, in der sie weitgehend nur vorwissenschaftlich beantwortet werden konnten".[106] Er präzisiert, es habe keine oder nicht ausreichende Vorarbeiten auf dem Gebiet der Wirtschafts- und Gesellschaftsgeschichte der Antike gegeben, außerdem seien die wichtigen Quellengattungen für diesen Bereich, die Papyri und Inschriften, noch nicht erschlossen gewesen.[107] Die historischen Zeitepochen der „Antike" seien insgesamt noch unzureichend erforscht worden und fielen daher zur „Veranschaulichung der Grundprobleme von *Marx* und *Engels*" weitgehend aus. Er betont zu Recht: „Was die beiden Klassiker „die Antike" nennen, war in Wirklichkeit nur ein Fragment der Antike, wenn es auch für die humanistisch-klassizistische Überlieferung, in der sie standen, das bedeutungsvollste gewesen ist. ‚Die Antike' wird für sie letztlich fast nur durch ein paar griechische Gemeindestaaten (Poleis), ja weitgehend durch Athen, und anderseits durch das Rom (und Italien) der Krisenzeit der ausgehenden Republik (von den Gracchen bis Cäsar) und nur am Rande, meist verschwommen, durch die römische Kaiserzeit dargestellt."[108]

Vittinghoff kommt nun zu seinem eigentlichen Anliegen. Es würde niemandem heute einfallen, so führt er aus, „mit *Marx* und *Engels* in ein fachwissenschaftliches Gericht zu gehen und, trotz allem, was sie gültig erkannt haben, ihre einzelnen Urteile über antike Verhältnisse kritisch zu überprüfen", da ihre Auffassungen sowie auch die ihnen zugrunde liegende Forschungsliteratur durch Neufunde und Grabungen veraltet seien. Vittinghoff rechtfertigt, warum er es trotzdem tut: Für die meisten „Marxisten" würden „die Aussagen der ‚Klassiker' des Marxismus gegen alle Gesetze der Wissenschaft noch

105 Vittinghoff 1960a, 92 f.
106 Vittinghoff 1960a, 93.
107 Vittinghoff 1960a, 93.
108 Vittinghoff 1960a, 93.

in unseren Tagen allzu oft und allzu lange als verbindlich gelten und, gleichwertig einer Quelle, als Belege in einer wissenschaftlichen Beweisführung verwendet".[109] Vittinghoff weist Marx und Engels ihren – aus seiner Sicht – Grundirrtum nach, dass die Sklaverei die Grundlage der antiken „Produktion" und die „herrschende Form der Arbeitsorganisation" gewesen sei. Diese „Fehlbeurteilung" werde auch dann nicht verständlich, „wenn man mit *Marx* und *Engels* ‚die Antike' im wesentlichen mit Athen und einigen Gemeindestaaten und dem späten republikanischen Rom gleichsetzt".[110] Der entscheidende Irrtum sei gewesen, dass Engels und wohl auch Marx mit „maßlos übertriebenen Sklavenmassen" gerechnet hätten. Engels sei von einer neunfach übersteigerten Quote ausgegangen. Außerdem seien Zentren „industrieller" Produktion und des Handels wie Athen u. a. keineswegs als repräsentativ für Gesamtgriechenland anzusehen:[111] „Die griechische Geschichte ist eben nicht mit der athenischen identisch."[112] Vittinghoff resümiert: „Niemand bestreitet, daß die entrechteten Sklaven für die wirtschaftliche und politische Existenz der meisten Gemeindestaaten eine Lebensnotwendigkeit bedeuteten. Aber es ist ein jederzeit widerlegbarer Grundirrtum von *Marx* und *Engels*, daß die Bürger einer Polis nur Rentner gewesen seien, daß außer der politischen Tätigkeit alle körperlichen Arbeiten als sklavisch und eines Freien unwürdig verachtet worden seien."[113]

Mit dieser Feststellung hänge „aufs engste" die auf die griechische bzw. athenische Geschichte angewandte „Krisen- und Verelendungstheorie" zusammen, deren Dekonstruktion sich Vittinghoff nun zuwendet, wobei er sich vor allem auf Engels Thesen bezieht. Dieser war der Auffassung, dass Athens „Untergang" durch das „Lumpenproletariat" bedingt gewesen sei – aufgrund der Sklaverei sei die Arbeit des freien Bürgers geächtet gewesen und es habe keinen Ausweg aus dieser Produktionsweise gegeben. Eine Lösung sei durch die „Knechtung" durch andere Gemeinwesen erfolgt. Vittinghoff verweist darauf, dass Auffassungen solcherart „Schlüsse aus einer reaktionären griechischen Staatstheorie (z. B. des *Aristoteles*)" seien und daher nicht im Einzelnen widerlegt werden müssten,[114] greift aber doch exemplarisch einige Punkte heraus. Beispielsweise führt er aus, dass Athens Verlust der vollen außenpolitischen Handlungsfreiheit gar nicht heiße, dass Athen zugrunde gegangen sei, „da die politische Abhängigkeit von Mazedonien keinen wirtschaftlich-gesellschaftlichen Strukturwandel bewirkt und mithin auch nicht die sozialökonomischen Grundgesetze aller Gesellschaften außer Kraft gesetzt hat".[115] Vittinghoff weist des Weiteren darauf hin, dass Engels' Theorie zum „Untergang" Athens der oben bereits zitierten bekannten Marx'schen Aussage im Kommunistischen Manifest, dass die Geschichte aller bisherigen Gesellschaft die Geschichte von Klassenkämpfen gewesen sei und der Kampf jedesmal mit einer Revolution ende, widerspreche.[116] Engels'

109 Vittinghoff 1960a, 93.
110 Vittinghoff 1960a, 94.
111 Vittinghoff 1960a, 94.
112 Vittinghoff 1960a, 95.
113 Vittinghoff 1960a, 95. Sperrung wie im Original.
114 Vittinghoff 1960a, 96.
115 Vittinghoff 1960a, 96.
116 Vittinghoff 1960a, 96 f.

Erklärung des „Untergangs“ Athens, Griechenlands und Roms sei ein „Eingeständnis“ von ihm, dass das von Marx früh formulierte Gesetz nicht zutreffe. In der griechischen Geschichte habe es keine Sklavenrevolten gegeben und das hätten auch Marx und Engels gewusst. „Der Grundgedanke vom permanenten Klassenkampf war als überall gültiges Geschichtsgesetz proklamiert, während dann erst *Engels*, fast 40 Jahre später, im ‚Ursprung der Familie‘ den Versuch machte, u. a. mit der nicht recht in das Entwicklungsschema passenden griechischen Geschichte fertig zu werden.“[117]

Vittinghoff untersucht außerdem kritisch, welche Theorien Marx und Engels zur Beantwortung der Frage, „wie die auf Sklaverei beruhende Sozialordnung als die angeblich erste Klassengesellschaft der Geschichte entstanden sei und wie man das Wesen der Vorklassengesellschaft bestimmen könne“, die beide leidenschaftlich bewegt habe, anführten.[118] Er wendet sich gegen Engels' Vorstellung von der „Urform menschlicher Gesellschaft“ als einer „klassenlosen Urgemeinschaft ohne Eigentum und Klassenkampf“, nicht ohne jedoch wiederholt darauf hinzuweisen, dass der Forschungsstand eine Klärung dieser Frage damals noch nicht zuließ. Auch Engels Auffassung des „urwüchsigen Gemeinwesens“ Rom als Bauernstadt weist Vittinghoff entschieden zurück und zeigt im Folgenden weitere Irrtümer und Fehldeutungen der römischen Geschichte der „Klassiker“ auf.[119] „Es ist aus diesen Gründen unmöglich, die ganze römisch bestimmte Antike als Sklavenhaltergesellschaft abzustempeln und sie so von der mittelalterlichen Formation abzusetzen; denn die entscheidende Grundproduktion beruhte nur in der spätrepublikanisch-frühkaiserzeitlichen Phase der Entwicklung weitgehend auf Sklavenarbeit. Da für Marx und Engels die sozialökonomische Struktur der Kaiserzeit so gut wie unbekannt war und sie fast nur Rom und Italien im Blick hatten, konnten sie freilich zu dieser Entwicklung kommen.“[120] Des Weiteren hebt er Marx' und Engels' unklare Vorstellungen von der römischen Sozialordnung hervor, wie sie Marx im Kommunistischen Manifest aufzählt: „Wenn im kommunistischen Manifest die Ständegliederung in Patrizier, Ritter, Plebejer und Sklaven angeführt wird, so wissen seine Verfasser offensichtlich noch nicht, daß der Patriziat nur der kleine Kreis der alten Blutsaristokratie war, der seit Cäsar durch Aufnahme neuer Mitglieder aus nichtpatrizischen Geschlechtern nur mühsam am Leben gehalten wurde, und daß der Gegenbegriff zum Patrizier nur Plebejer sein kann.“[121] Auch Marx' Vorstellung, „die Plebejer“ hätten zwischen den Freien und Sklaven gestanden und es daher „nie über ein Lumpenproletariat“ hinausgebracht, lehnt er freilich ab: „Jedes Wort der Widerlegung erübrigt sich. *Marx* verallgemeinert nur, und zudem irrig, gewisse Krisensymptome der republikanischen Zeit und hat kaum eine Vorstellung über die Beziehung von ‚Patriziern und Plebejern‘. Darum kann er auch im Kapital äußern, daß die Patrizier die Plebejer durch die Kriege ruiniert und mit enormen Wucherzinsen

117 Vittinghoff 1960a, 97.
118 Vittinghoff 1960a, 97.
119 Vittinghoff 1960a, 100 f.
120 Vittinghoff 1960a, 100.
121 Vittinghoff 1960a, 100.

zu ihren Schuldsklaven gemacht hätten."[122] Anschließend widmet sich Vittinghoff der Marx'schen Auffassung vom Klassenkampf in der Römischen Gesellschaft: „Hier hat *Karl Marx* ohne jeden Zweifel die programmatischen Feststellungen des Manifestes von 1848 stillschweigend revidiert."[123] Vittinghoff weist auf die Widersprüche innerhalb des Marx'schen Gesamtwerkes hin: „Wenig später löst sich jedoch für *Mar*x und *Engels* ‚die innere Geschichte (Roms) ... plainly auf in dem Kampf des kleinen mit dem großen Grundeigentum, natürlich spezifisch modifiziert durch Sklavereiverhältnisse.'"[124] Unter anderem führt er Marx' Vorwort zur 2. Auflage des 18. Brumaire an: „Und 1869 warnt *Marx* vor einer oberflächlichen geschichtlichen Analogie und weist auf ‚die Hauptsache' hin, daß ‚nämlich im alten Rom der Klassenkampf nur innerhalb einer privilegierten Minorität spielte, zwischen den freien Reichen und den freien Armen, während die große produktive Masse der Bevölkerung, die Sklaven, das bloß passive Piedestal für jene Kämpfe bildete'."[125] Vittinghoff hält letztlich fest: „Aber es steckt die richtige Einsicht dahinter, daß in der griechisch-römischen Antike der ‚Klassenkampf' eben nicht zwischen Sklaven und Freien, wie noch das Manifest proklamierte, geführt worden ist. Damit ist auch das Entscheidende über die einzigen großen Sklavenaufstände der Antike im 2./1. Jahrhundert v. Chr. gesagt, die demnach von Marx und Engels nicht aus klassenkämpferischen Motiven mit dem Ziel, die Sklaverei abzuschaffen, erklärt werden können oder aus den Widersprüchen zwischen Produktivkräften und Produktionsverhältnissen, sondern einfach als Aufschrei der gequälten Kreatur gegen schändliche Ausbeutungsmethoden und persönliche Entwürdigung und Mißhandlung ehemals meist freier Männer gedeutet werden müssen. Sie haben also nichts mit dem Kampf des modernen Proletariats gegen die kapitalistische Gesellschaft gemein."[126]

Es wird deutlich, dass sich Vittinghoff für diesen Aufsatz wesentlich ausführlicher mit den Aussagen von Marx selbst befasst hat, als er es für seinen Vortrag *Der Übergang von der „Antike" zum „Mittelalter" und die Problematik des modernen Revolutionsbegriffs* (1958) getan hatte, in dem er sich fast ausschließlich auf die allgemeinen Grundannahmen des Marxismus-Leninismus bezog und nicht versuchte, diesen durch Marx' eigene Widersprüche zu widerlegen. Was den „Untergang" Roms angeht, stellt Vittinghoff nunmehr fest:

> „Die Auffassung von der Klassenstruktur der römischen Antike und der Art des Klassenkampfes, in dem die ausgebeutete Klasse der Sklaven als angebliche Hauptproduzenten der Gesellschaft nur das ‚passive Piedestal' für die Kämpfe darstellten, und von der gesamten ‚plebejischen' römischen Reichsbevölkerung als einem

122 Vittinghoff 1960a, 101.
123 Vittinghoff 1960a, 101.
124 Vittinghoff 1960a, 101. Er bezieht sich auf einen Brief von Marx an Engels vom 8. März 1855; MEW 28, 438 f.
125 Vittinghoff 1960a, 101.
126 Vittinghoff 1960a, 102.

> ‚Lumpenproletariat' hat auch jene zum Teil seltsame Vorstellung vom Ausgang der Antike, die *Engels* ausführlich vertreten hat, bestimmt. Marx und Engels wußten immerhin so viel von der Spätantike, daß es in ihr überhaupt kein Sklavenproblem mehr gegeben hat und demnach auch kein Klassenkampf zwischen Sklaven und Sklavenbesitzern geführt worden sein konnte, geschweige denn, daß sich dieser Kampf zunehmend verschärft und in großen Sklavenaufständen entladen hätte, daß erst recht nicht, etwa in Analogie des Übergangs von der feudalen zur kapitalistischen Gesellschaft, irgendeine ‚Revolution der Sklaven' oder eine Kette von Revolutionen, jenen ‚Lokomotiven der Geschichte', die neue feudale Ordnung heraufgeführt hätte."[127]

Vittinghoff führt an, dass Engels daher dieselbe Untergangstheorie für Rom vertreten hatte, die er auch für den „Untergang" Athens annahm.[128] Er urteilt:

> „In Wirklichkeit hatten nur die (z. T. zeitbedingten) unzureichenden Kenntnisse der politischen, wirtschaftlichen und gesellschaftlichen Geschichte der Spätantike, die fixe Idee von der moralischen Ächtung der produktiven Arbeit als einer Sklaventätigkeit und gewisse Vorurteile über den Geschichtsprozeß *Friedrich Engels* in eine ‚Sackgasse' gebracht. Es ist freilich auch heute noch für jeden, der die Grundtheorie von *Marx* und *Engels*, die nun einmal von der modernen kapitalistischen Entwicklung abgelesen ist, schematisch anwendet, schwer, ja m. E. unmöglich, ohne Vergewaltigung der Tatsachen mit dem so ganz ‚gesetzeswidrigen' Ablauf der römischen Kaiserzeit und dem Übergang zum feudalen Gesellschaftstyp ins reine zu kommen."[129]

Die Betonung der Bedeutung der Germaneneinfälle für den „Untergang" Roms findet Vittinghoff nun auch von Marx/Engels bestätigt: „Die Erlösung haben für Engels (und Marx) die ‚Deutschen' (Germanen) bewirkt."[130] Er bezieht sich zum einen auf Äußerungen in Engels' Werk *Der Ursprung der Familie, des Privateigentums und des Staats*, das dieser 1884 nach Marx' Tod verfasste und veröffentlichte. Die Schrift basiert auf Marx' Manuskripten über das Werk *Ancient Society* des Anthropologen Lewis H. Morgan, dessen Theorien über die „Urgesellschaft" auf der Beobachtung nordamerikanischer Indianer fußten.[131] Laut Engels habe Marx häufig gesagt, er habe bei den amerikanischen Indianern „den Schlüssel zum Verständnis unserer eignen Urzeit gefunden".[132] Im Zusammenhang mit Ausführungen zur „Paarungsehe" heißt es bei Engels: „Mit den Deutschen

127 Vittinghoff 1960a, 102.
128 Vittinghoff 1960a, 103.
129 Vittinghoff 1960a, 103.
130 Vittinghoff 1960a, 103.
131 Lewis H. Morgan, Ancient Society, or: Researches in the Lines of Human Progress from Savagery, through Barbarism to Civilization, London 1877.
132 MEW 21, 71.

kam also auch in dieser Beziehung ein ganz neues Element zur Weltherrschaft: Die neue Monogamie, die sich nun auf den Trümmern der Römerwelt aus der Völkermischung entwickelte, kleidete die Männerherrschaft in mildere Formen und ließ den Frauen eine wenigstens äußerlich weit geachtetere und freiere Stellung als das klassische Altertum sie je gekannt."[133] Vittinghoff führt einige Äußerungen an, um seine eigene Auffassung über den „Untergang" des Römischen Reiches zu bestätigen.[134] So heißt es etwa bei Engels: „Alles, was die Deutschen der Römerwelt Lebenskräftiges und Lebensbringendes einpflanzten, war Barbarentum. In der Tat sind nur Barbaren fähig, eine an verendender Zivilisation laborierende Welt zu verjüngen. Und die oberste Stufe der Barbarei, zu der und in der die Deutschen sich vor der Völkerwanderung emporgearbeitet, war gerade die günstigste für diesen Prozess. Das erklärt alles."[135] Er bezieht sich auch auf Marx' und Engels' Arbeit *Die Deutsche Ideologie* (1845/46), in der von der „Zerstörung einer alten Zivilisation durch ein barbarisches Volk"[136] und vom „verfallenden römischen Reich[...] und die Eroberung durch die Barbaren"[137] die Rede ist. Er zitiert allerdings nicht folgende, ebenfalls ins Bild passende Stelle: „Es ist nichts gewöhnlicher als die Vorstellung, in der Geschichte sei es bisher nur auf das *Nehmen* angekommen. Die Barbaren nehmen das römische Reich, und mit der Tatsache dieses Nehmens erklärt man den Übergang aus der alten Welt in die Feudalität."[138]

Vittinghoff resümiert: „Der Sieg der neuen Gesellschaftsordnung der Feudalität hatte mithin für *Marx* und *Engels* keine ökonomischen Ursachen, sondern war fast ausschließlich ein Ergebnis der Außenpolitik, der Eroberung durch die Germanen, ‚für die Ackerbau mit Leibeigenen hergebrachte Produktion' gewesen sei und die ‚eine andere Produktionsform an die Stelle der Sklaverei' gesetzt hätten."[139] Vittinghoff hat also für seine bereits in seinem Vortrag von 1958 vertretene Meinung eine entsprechende Vorstellung bei Marx und Engels gefunden.

Er widmet sich im Folgenden dem sowjetischen Marxismus-Leninismus: „*Marx* und *Engels* sind jedoch zu ‚Klassikern' des Marxismus geworden. Der heutige sowjetische Marxismus-Leninismus ist ein theoretisches Lehrsystem und eine Methodologie, die auf die *Marx-Engels*-Interpretation von *Lenin* und *Stalin* zurückgehen."[140] Kritisch setzt er sich mit der sowjetischen Althistorie auseinander: Er betont, dass seit dem Tod Marx' und Engels' „die wissenschaftliche Forschung auf dem Gebiet der Antike, des Alten Orients und Fernen Ostens weitergegangen" sei, und „es sind Entdeckungen gemacht, neue Zeiträume mit Leben gefüllt und Erkenntnisse gewonnen worden, von denen die ‚Klassiker'

133 MEW 21, 71.
134 MEW 21, 150.
135 MEW 21, 151.
136 MEW 3, 23.
137 MEW 3, 24.
138 MEW 3, 65.
139 Vittinghoff 1960a, 103 f. Er zitiert aus Karl Marx' aus dem Nachlass herausgegebenen *Einleitung zur Kritik der politischen Ökonomie* (1857); MEW 13, 629 sowie aus Friedrich Engels' fragmentarischen handschriftlichen *Vorarbeiten zum „Anti-Dühring"* (1876/78); MEW 20, 586.
140 Vittinghoff 1960a, 104.

des Marxismus nichts ahnen konnten und um die sie uns beneiden würden. Diese beiden bedeutenden Männer hätten zweifellos viele ihrer Auffassungen und Vorstellungen selbst berichtigt, zumindest soweit sie ihr Anschauungs- und Beweismaterial für die Entwicklungsgesetzlichkeit aus der Geschichte geholt hatten."[141] In Bezug auf Lenin, der 13 Jahre alt war, als Marx starb, betont Vittinghoff: „Die Antike war ihm fern, die Geschichte nicht gegenwärtig. Es ist bezeichnend, daß ein sowjetischer Leitartikel die Althistoriker nicht auf *Lenin* (und *Stalin*), sondern nur auf *Marx* und *Engels* verweisen kann, um eine Vertiefung lateinischer und griechischer Sprachkenntnisse zu fordern. In der Tat gibt es wohl keine Äußerung von *Lenin* und *Stalin*, die ein selbständiges Studium antiker Texte, eine eigene Auseinandersetzung mit der Antike und insgesamt Kenntnisse verrät, die man nicht auch bei den ‚Klassikern' finden könnte und die, wie in anderen Fragen des marxistischen Geschichtsverständnisses, über *Marx* und *Engels* hinausführten und deren Ansichten weiter entwickelten."[142] Seinen Untersuchungen legt Vittinghoff die vom Institut für Geschichte an der sowjetischen Akademie der Wissenschaften herausgegebene Zeitschrift *Vestnik drenej istorii* (*VDI*) zugrunde, da diese „repräsentativ die Generallinie der sowjetischen Forschung auf dem Gebiet der Alten Geschichte" wiedergebe.[143] Ihm standen die Bände der Jahre 1946 bis 1959 in Übersetzung zur Verfügung. Er geht zunächst ironisch und zuweilen polemisch auf „all die Verleumdungen und Verunglimpfungen bürgerlicher Historiker" und die „massiven Angriffe und Diffamierungen" ein: „Aber Geschimpfe hat noch niemals ein wissenschaftliches Argument ersetzt."[144]Er erwähnt aber auch die Würdigung der sauberen philologisch-historischen, kritischen Untersuchungsmethode der „bürgerlichen" Geschichtsforschung.[145] Anschließend gibt er anhand der Zeitschrift einen Abriss der Entwicklung der sowjetischen Forschung, deren Axiome und Ergebnisse er dekonstruiert. Es geht ihm vor allem darum zu belegen, dass die sowjetische Auffassung nicht der von Marx und Engels entspricht, etwa in Bezug auf die altorientalische/asiatische Gesellschaft: „Die heutige sowjetische Auffassung über die Sozialordnung des Alten Orients und Asiens entspricht jedoch ohne Zweifel weder jener von *Karl Marx* und *Engels*, die eine eigenständige, nicht ‚sklavenhalterische' Formation erschlossen, noch jener von *Lenin* (und *Stalin*), die keinerlei Unterschiede zwischen den einzelnen Sklavenhaltergesellschaften machten."[146] Er wirft der sowjetischen Forschung indirekt vor, die Fortschritte der Forschung zu ignorieren: „In der ‚antiken Gesellschaft' liegen die Probleme zweifellos anders. Aber wer den Fortschritt unseres Wissens seit Marx und Engels nicht bewußt übersehen will, kann schlechterdings nicht mehr die Antike als Gesamtepoche einer ‚Sklavenhaltergesellschaft' nennen."[147] Die sowjetische Altertumswissenschaft habe sich durch diese „Etikettierung" in eine „Verteidigungsstellung" manövriert, so Vittinghoff. Er bezieht sich insbesondere

141 Vittinghoff 1960a, 104.
142 Vittinghoff 1960a, 105.
143 Vittinghoff 1960a, 106.
144 Vittinghoff 1960a, 107.
145 Vittinghoff 1960a, 107.
146 Vittinghoff 1960a, 119.
147 Vittinghoff 1960a, 119.

auf die Annahmen über die Sklavenzahlen und die daraus resultierende Auffassung der antiken Gesellschaft als Sklavenhaltergesellschaft.[148] Vittinghoff betont: „Fruchtbar aber bleibt trotzdem der materialistische Ansatz der Perspektive der griechischen und römischen Geschichte, die *Engels* anwandte – nennt man das alleine ‚Methodologie', so behält Engels wissenschaftsgeschichtlich seinen Rang –, wenn auch die Durchführung im einzelnen wegen seines unzureichenden Wissens und wissenschaftlichen Rüstzeugs allzu unzulänglich war und heute vielfach veraltet ist."[149]

Erneut geht Vittinghoff auch auf den Übergang Antike/Mittelalter ein: „Wenn nun insgesamt die sowjetische Wissenschaft nicht mehr das Schema einer Sklavenrevolution, die sich vom 2. Jahrhundert v. Chr. bis zum 5. Jahrhundert n. Chr. hingezogen habe, aufrechterhält, so wird doch nach wie vor der Übergang von der Antike zum Mittelalter als ‚Revolution' gedeutet."[150] Vorgegeben war dies von Stalin: „*Marx* und *Engels* waren nicht nur viel stärker als *Stalin* Historiker gewesen, wußten nicht nur mehr von spätrömischer Geschichte, sondern hatten auch weniger als *Stalin*, der so oft vereinfachende Systematiker, das Bedürfnis, der Geschichte den Gleichauf bei der Ablösung von Gesellschaftsformationen (nach dem Muster des Sprungs von der feudalistischen zur kapitalistischen) zu diktieren."[151] Als wissenschaftlich noch am wertvollsten charakterisiert Vittinghoff einen Beitrag von Elena M. Štaerman, den diese 1953 in der Zeitschrift VDI veröffentlicht hatte.[152]

Am Ende seines Aufsatzes schlägt Vittinghoff gegenüber der sowjetischen Altertumswissenschaft einen versöhnlicheren Tonfall an: „Sie hat zweifellos im letzten Jahrzehnt durch eine gründlichere Untersuchung der Quellen in manchen Fragen gelernt, einen in gewissen Grenzen vorgegebenen marxistisch-leninistischen Standort mehr mit den Quellenaussagen in Einklang zu bringen und in sehr beschränktem Umfang die Theorie notfalls nach den Fakten umzudeuten."[153] Er verweist darauf, dass sich die sowjetische Forschung beginne zu wandeln, seitdem sie sich der internationalen Forschung gegenübergestellt sehe: „Wir lassen es als nur rückwärts gewandte Propheten offen, wo der Weg enden wird."[154] Grundsätzlich habe aber die nichtmarxistische der sowjetischen Wissenschaft sehr viel mehr zu sagen, gleichwohl der Historiker „viel mehr, als dies bisher geschehen ist, auch die Fragen, die der Marxismus-Leninismus an die Geschichte richtet, überprüfen und durchdenken sollte".[155]

148 Vittinghoff 1960a, 119 f.

149 Vittinghoff 1960a, 122.

150 Vittinghoff 1960a, 124.

151 Vittinghoff 1960a, 124 f.

152 Elena M. Štaermans Arbeiten wurden später vielfach in westliche Sprachen übersetzt, Heinen urteilt: „Štaerman war aufgrund dieser Übersetzungen die international wohl bekannteste sowjetische Historikerin Roms und sicherlich eine der kompetentesten und kreativsten Vertreter(innen) einer aus dem Historischen Materialismus gespeisten Deutung der Alten Geschichte."; Heinen 2012.

153 Vittinghoff 1960a, 129.

154 Vittinghoff 1960a, 130.

155 Vittinghoff 1960a. 130.

Auf dem XI. Internationalen Historikerkongress in Stockholm im August 1960 hielt Vittinghoff einen Kurzvortrag mit dem Titel *Die Bedeutung der Sklaven für den Übergang von der Antike in das abendländische Mittelalter* in der Sektion II: Antiquité. Er bezog sich explizit auf die Auffassung der DDR-Althistoriker und stellte die Kernaussagen seines vorab publizierten Aufsatzes vor. In der Zusammenfassung seines Vortrags heißt es:

> „Die ökonomische Geschichtsauffassung des Marxismus-Leninismus, der die Wissenschaft fruchtbare neue Fragestellungen und Erkenntnisse verdankt, sieht in jener Entwicklung den Übergang von der Gesellschaftsformation der Sklavenhalter zu jener der Feudalherren und spricht in Analogie zur bürgerlichen und proletarischen Revolution, durch die die neuen kapitalistischen bzw. sozialistischen Produktionsverhältnisse geschaffen wurden, für die Spätantike von einer ‚Revolution' der Sklaven (und Kolonen)."[156]

Er betont die Problematik dieser Geschichtsauffassung und wendet sich vor allem gegen die sowjetische althistorische Forschung: „Die harte Diskussion dieses Problems in der sowjetischen althistorischen Forschung des letzten Jahrzehnts hat nun von dem Augenblick an, in dem eine ernsthafte Auseinandersetzung mit den Quellen begann, die ganzen Schwierigkeiten einer bloss schematischen Übertragung einer an modern-europäischen Erscheinungen abgelesenen Entwicklungsgesetzlichkeit aufgedeckt, wie das schon in den Ansätzen solcher Bemühungen bei Friedrich Engels deutlich wird."[157] Die sowjetische Forschung habe Übereinstimmung darüber erzielen können, dass „die spätantike Sklaverei im Absterben war und sich neue Eigentumsformen herausbildeten, dass die Sklaven keine einheitliche, keine echt revolutionäre Klasse und keine Träger einer fortschrittlichen Produktionsweise waren, aber auch darüber, dass sich ihre Rechtslage und insbesondere ihre tatsächliche Stellung im sozialökonomischen Prozess (z. B. durch das Sklavenpeculium) erheblich gebessert und die Art der Ausbeutung gemildert" habe.[158] Aus den Feststellungen der sowjetischen Forschung ergebe sich, dass „sich in der spätrömischen Zeit der angeblich ununterbrochene erbitterte Klassenkampf zwischen Sklavenhaltern und Sklaven auf keinen Fall verschärft haben kann und dass die Voraussetzungen für eine ‚Explosion' in einer Revolution schlechterdings fehlen."[159] Vittinghoff räumt ein, es habe zwar „zeitweise scharfe Klassengegensätze" in der Spätantike gegeben, wendet sich jedoch gegen die Auffassung, dass der Grundwiderspruch zwischen den Sklavenhaltern und den Sklaven bestanden habe und dass die Sklaven die „führende Kraft im Klassenkampf" gewesen seien. Aufstandsbewegungen im Reich seien teilweise wirtschaftlich-sozial bedingt gewesen und habe es gerade in den Gebieten des Imperiums gegeben, „deren Landwirtschaft niemals auf Sklavenarbeit beruhte".[160] Vittinghoff konstatiert: „Nach meinem

156 Vittinghoff 1960b, 71 f.
157 Vittinghoff 1960b, 72.
158 Vittinghoff 1960b, 72.
159 Vittinghoff 1960b, 72.
160 Vittinghoff 1960b, 72.

Urteil kann die spätantike Gesellschaft nach den im Marxismus-Leninismus gültigen Kriterien überhaupt nicht als Sklavenhaltergesellschaft bezeichnet werden."[161] Ob man „die wirtschaftlich-soziale Evolution, die die sowjetische Forschung neuerdings für das 3. bis 5. Jh. ansetzt", als „soziale Revolution" bezeichne, sei eine Frage der Terminologie. Nach Vittinghoff treffe aber kein Merkmal der Revolution auf den Übergang von der Antike zum Mittelalter zu.[162]

Seine „Communication" publizierte Vittinghoff anschließend in einer erweiterten Form in der *Historischen Zeitschrift*, wobei es sich dabei wiederum um eine Zusammenfassung (ohne Fußnoten) seines Saeculum-Aufsatzes handelt.[163] Präzise fasste er seine wesentlichen Punkte zusammen. Er würdigte wiederum eingangs die Impulse des Marxismus-Leninismus: „Der Übergang von der Antike in das abendländische Mittelalter ist für die ökonomische Geschichtsauffassung des Marxismus-Leninismus, der die Wissenschaft neue fruchtbare Fragestellungen und Erkenntnisse verdankt, ein Prozeß der Ablösung zweier Gesellschaftsformationen."[164] Er betonte, Stalin habe die sowjetische Forschung in unlösbare Schwierigkeiten gebracht: „Sie lagen darin, daß man mechanisch ein Geschichtsgesetz, das Karl Marx an der modernen europäischen Entwicklung abgelesen, aber bewußt nicht auf die Spätantike angewandt hatte, auf sie übertragen wollte."[165] Er stellt noch deutlicher hinaus, dass „die marxistisch-leninistische Ideologie" sich nicht mit den Aussagen von Marx vereinbaren ließen: „Faßt man zusammen, so trifft kein entscheidendes Merkmal, das Karl Marx für die Voraussetzungen, den Ablauf und das Resultat einer sozialen Revolution mit dem Modell der bürgerlichen und erwarteten proletarischen beschrieb, für diesen Umbruch von Antike zum Mittelalter zu."[166]

Es kam Vittinghoff also einerseits darauf an, die sowjetische Althistorie zu dekonstruieren, andererseits versuchte er zu zeigen, dass sich weder der Stalinismus noch der Marxismus-Leninismus auf den originalen Marx stützen konnten.

Nach Ausweis der Kongressakten wurde Vittinghoffs Vortrag gemeinsam mit dem des jugoslawischen Rechtshistorikers Dragomir Stojčević aus Belgrad diskutiert. Dieser hatte über das Thema *De l'esclave romain au colon* referiert.[167]

In der Diskussion stimmte Gerhard Schrot Vittinghoff zu, dass man die Zeit des 3.–5. Jh. n. Chr. nicht als „Revolution" bezeichnen könne: „Das geschichtliche Phänomen am Ende des Altertums bestehe darin, dass die beiden Grundklassen, die Sklaven und die Sklavenhalter, gemeinsam untergingen."[168] Johannes Irmscher merkte an, dass die noch junge sowjetische Althistorie in der Frage der Formen des Übergangs „von der antiken

161 Vittinghoff 1960b, 72.
162 Vittinghoff 1960b, 73.
163 Vittinghoff 1961.
164 Vittinghoff 1961, 265.
165 Vittinghoff 1961, 265.
166 Vittinghoff 1961, 266.
167 Dragomir Stojčević, De l'esclave romain au colon, in: XIe Congrès International des Sciences Historiques. Résumés des Communications, hrsg. vom Comité International des Sciences Historiques, Göteborg/ Stockholm/ Uppsala 1960, 71 f.
168 Comité 1962, 93. Die Diskussionsbeiträge der Teilnehmer wurden protokolliert.

Sklavenhalter- zur mittelalterlichen Feudalgesellschaft" keineswegs eine einheitliche Auffassung vertrete und angeregt durch die Auseinandersetzungen „zu vertiefter Quelleninterpretation und verstärkter internationaler Kooperation veranlasst" worden sei: „Solche zwischenstaatliche Zusammenarbeit über ideologische Scheidewände hinweg forderte der Redner gerade auch für die Klärung der mit der antiken Sklaverei zusammenhängenden Fragen", heißt es in dem Bericht.[169] Vittinghoff widerspricht in einer Erwiderung einer Bemerkung von V. D. Blawatsky, die vom ihm skizzierten Auffassungen seien nur von einzelnen sowjetischen Althistorikern vertreten worden und verweist auf seinen Saeculum-Aufsatz.[170] Er wendet sich auch gegen Irmschers Bemerkung, es habe kein „sowjetamtliches Bild" gegeben.[171]

Soweit überliefert, hielten die ostdeutschen Althistoriker auf dem Kongress freilich an ihren Auffassungen fest. So betonte beispielsweise Rigobert Günther in Antwort auf Siegfried Lauffers „Rapport", es habe in der Antike „tatsächlich ein ausserordentlich vielfältiger Klassenkampf" existiert: „Man kann in der griechisch-römischen Antike nicht zwischen armen Freien und Sklaven klar unterscheiden, wenn man vom ideologischen Klassenkampf gegen die herrschenden Klassen spricht."[172] Vittinghoff meldete sich zu Wort und merkte an, dass man „in den Problemen, die der Marxismus-Leninismus für die Antike aufgeworfen habe, nur weiterkomme, wenn man zunächst kläre, wer in den verschiedenen Geschichtsräumen und -epochen die Hauptproduzenten im Schlüsselproduktionszweig, der Landwirtschaft, gewesen seien." Von dieser Frage sei abhängig, so führte Vittinghoff aus, „ob die Antike überhaupt nach marxistischen Kriterien als eine Sklavenhaltergesellschaft gelten könne".[173]

Joseph Vogt verwies in seinem Diskussionsbeitrag auch auf sein Akademie-Projekt zur Erforschung der antiken Sklaverei und befürwortete eine internationale Zusammenarbeit auf dem Gebiet der Erforschung der antiken Sklaverei.[174] Diese befürwortete auch Gerhard Schrot.[175] Ebenso hielt Lauffer in seinem Schlusswort fest: „Über die von vielen Seiten gewünschte internationale organisatorische Zusammenarbeit in der Sklavenforschung soll nach entsprechenden Vorbereitungen nähere Mitteilung an die Interessierten ergehen."[176] Insgesamt scheint es in der Sektion zur Alten Geschichte zwar keine Annäherung, aber doch auf beiden Seiten die grundsätzliche Bereitschaft zur internationalen Kooperation gegeben zu haben.

169 Comité 1962, 94.
170 Vittinghoff 1960a.
171 Comité 1962, 94 f.
172 Comité 1962, 88 f.
173 Comité 1962, 91.
174 Comité 1962, 89.
175 Comité 1962, 91.
176 Comité 1962, 93.

Wirkung, Bewertung und Nachwirkung der Sektion Alte Geschichte auf dem XI. Internationalen Historikerkongress in Stockholm (1960)

Die Hitze der Auseinandersetzungen in Stockholm insgesamt lässt sich allein anhand der Tagungsberichte, die auf eine trotz aller Kontroversen durchaus sachlich geführte Diskussion schließen lassen, wohl kaum nachvollziehen. Darauf wies auch der amerikanisch-britische Althistoriker Moses I. Finley, der selbst am Kongress teilgenommen hatte, ausdrücklich hin.[177]

In den Berichten der westdeutschen Zeitungen über den Kongress war die ideologische Auseinandersetzung zwischen den deutschen Historikern das dominierende Thema. Die *Süddeutsche Zeitung* berichtete: „Der Gegensatz zwischen Ost- und Westdeutschland machte sich dauernd geltend, und zwar so sehr, daß zu Zeiten der ganze Kongreß als ein Anhängsel dieser Kollision wirkte",[178] und wünschte sich „auf beiden Seiten etwas mehr Einsicht und Mäßigung". Zwar stellte der Autor fest: „Von den zahlreichen Rednern aus dem Ostblock stachen die ostdeutschen durch eine gewisse Angriffslust hervor",[179] berichtete aber auch über „ein gewisses forsches Auftreten der Westdeutschen, das sich in knalligen Zwischenrufen ‚zur Sache'" bemerkbar gemacht, und bei den anderen Delegationen „nicht gerade Freude erregt" habe.[180] Etwas polemischer fiel – wenig überraschend – das Urteil der westdeutschen „Springer-Presse" aus. So wusste die *Welt* von „plumpen Lügen, Beschimpfungen und Verleumdungen" zu berichten, „Beleidigt und verunglimpft aber wird nur auf deutsch." Über die ostdeutschen Historiker wurde geurteilt: „Sie kompensieren den Mangel an wissenschaftlicher Resonanz mit berserkerhaften Ausfällen gegen die Historiker der Bundesrepublik. Sie versuchen, die fehlende Aufmerksamkeit mit dieser plumpen Methode zu erzwingen und gleichzeitig die Bundesrepublik zu diskreditieren."[181]

Der Kölner Ordinarius Theodor Schieder forderte in seinem Bericht über den Kongress in der *Historischen Zeitschrift*, die westdeutschen Historiker sollten sich nicht auf den Stil und das Vokabular des „Gegners" einlassen und vielmehr „um jeden Fußbreit historischer Erkenntnis [...] kämpfen" und „die Widersprüche und Unvereinbarkeiten aufdecken und aus der Überlegenheit einer Wissenschaftsgesinnung, die ihre eigenen Prämissen ständig unter kritischer Kontrolle hält, Fragen zur Sache zu stellen." Bewährt habe sich das Verfahren in Stockholm bei der Behandlung des Sklavereiproblems in der Antike.[182]

Der Kongress wurde publizistisch auch von der DDR ausführlich nachbereitet. Berichte erschienen in Presse, Funk und Fernsehen sowie in den Fachzeitschriften. Die

177 „In den gedruckten Berichten kommt die ganze Erbitterung der Auseinandersetzung, insbesondere zwischen Ost- und Westdeutschen, nicht richtig zum Ausdruck: man muß die Treffen miterlebt haben, um das zu wissen." Finley 1985, 71.

178 Hallgarten 1960.

179 Hallgarten 1960.

180 Hallgarten 1960.

181 Nellesen 1960. Zur westdeutschen Berichterstattung vgl. auch Kowalczuk 1997, 282.

182 Schieder 1961, 516 f.

offizielle Berichterstattung beruhte auf Auswertungstreffen.[183] Insgesamt wurde der Stockholmer Kongress als ein Triumph der marxistischen Geschichtswissenschaft gefeiert, die „Überlegenheit über die bürgerliche Geschichtsschreibung" sei gezeigt worden.[184] Wie nicht anders zu erwarten, unterschied sich das Echo in der ostdeutschen Presse von dem in der westdeutschen. In der Zeitung *Neues Deutschland* hieß es über die 5. Sektion, in der über die Rolle der Sozialdemokratie im Ersten Weltkrieg diskutiert wurde: „Wieder waren es die Vertreter der imperialistischen und militaristischen westdeutschen Geschichtsschreibung, so z. B. Professor Rothfels, die mit ihren aggressiven Ausfällen der Diskussion eine reaktionäre, antisowjetische Richtung zu geben versuchten."[185]

Aus Sicht der *Berliner Zeitung* hatten die ostdeutschen Historiker klar die Oberhand gewonnen: „Die Historiker aus der DDR erwiesen sich in Stockholm als würdige Vertreter des ersten Friedensstaates auf deutschem Boden. In zahlreichen, wissenschaftlich gut fundierten Diskussionsbeiträgen entlarvten sie vor den verschiedenen Gremien des Kongresses die Gefährlichkeit der imperialistischen Ideologie."[186] Das Fazit lautete überschwänglich: „Insgesamt kann unsere Teilnahme an dieser großen Begegnung der Historiker aus der ganzen Welt als ein großer Erfolg bezeichnet werden, wie er von unserer jungen sozialistischen Geschichtswissenschaft in einem kapitalistischen Lande bisher nicht erzielt worden ist."[187]

Besonders interessant sind die bisher kaum beachteten archivalisch überlieferten internen Berichte der ostdeutschen Althistoriker. In ihnen wurde die Leistung der ostdeutschen Historiker zwar grundsätzlich ebenfalls positiv bewertet. Es wurden jedoch durchaus auch ernüchterte, teils auch selbstkritische Anmerkungen gemacht, wie sie in der offiziellen Berichterstattung nicht vorkamen. Von den teilnehmenden Althistorikern fertigten Schrot und Günther sowie Irmscher Berichte für die Abteilung Wissenschaften des Zentralkomitees der SED an. In einer „Einschätzung der Arbeit der DDR-Vertreter in der Sektion II (Alte Geschichte) des Stockholmer Kongresses", verfasst von Rigobert Günther und Gerhard Schrot (beide Leipzig), wurde notiert, dass sich zu Vittinghoffs

183 In einem in den Akten des Staatssekretariats für Hoch- und Fachschulwesen überlieferten Bericht heißt es: „Ein ausführlicher, kollektiv erarbeiteter Bericht (ca. 80 Seiten) erscheint in der ‚Zeitschrift für Geschichtswissenschaft'. Weitere Berichte geben die ‚Einheit' und die ‚Beiträge zur Geschichte der deutschen Arbeiterbewegung'. Zur Auswertung in der Presse wurde festgelegt: Artikel für ‚Neues Deutschland', ‚Forum', ‚Sonntag'. Für den Rundfunk sind Kurzberichte und für das Fernsehen ein Rundgespräch vorgesehen. Zu einigen ideologischen Schwerpunktproblemen des Kongresses werden größere Beiträge in den Fachzeitschriften erscheinen." Bericht über die Teilnahme einer Delegation der Historiker der DDR am XI. Internationalen Historikerkongreß in Stockholm v. 9.9.1960; BArch, DR 3/4085. Vgl. auch Kowalczuk 1997, 281.

184 Nippel 2016, 283.

185 [Anon.] 1960.

186 Fricke 1960.

187 Fricke 1960.

Thema Johannes Irmscher, Schrot und Rigobert Günther äußerten.[188] In der Gesamteinschätzung heißt es eingangs zwar resümierend: „Das Auftreten von DDR-Althistorikern in Stockholm war ein Erfolg. Die Beiträge zeigten, daß in der DDR die Erforschung der Alten Geschichte in den letzten Jahren Fortschritte gemacht hat. Die Genossen und Parteilosen griffen die bürgerlichen Auffassungen offensiv an und führten die bürgerlichen Historiker in die Defensive. Das gelang besonders gut in den Diskussionen zum Rapport von S. Lauffer, München."[189] Über Vittinghoff heißt es jedoch dann etwas kritischer: „In der Diskussion zu Vittinghoff, Kiel, gelang es den sozialistischen Althistorikern nicht völlig, die Offensive zu ergreifen und die bürgerlichen Auffassungen Vittinghoffs zu widerlegen. Gerade hier hätten z. B. Oliva und Burian, beide Prag, sowie Prof. Trencsényi-Waldapfel und Mocsy, Budapest, Grundlegendes zur Diskussion beisteuern können."[190] Zuvor hatten Günther und Schrot „das Fehlen namhafter marxistischer Althistoriker aus Ungarn und der CSSR" beklagt, dies habe sich „ungünstig auf die Arbeit der sozialistischen Althistoriker" ausgewirkt: „Gerade in Prag und Budapest arbeiten Genossen Althistoriker an wichtigen Problemen, die auch auf dem Kongreß diskutiert wurden."[191]

Schrot und Günther berichten weiter: „Zum Auftreten der westdeutschen Althistoriker ist folgendes zu sagen: Man muß unterscheiden, zwischen dem aggressiven Adenauer-Flügel, zu dem z. B. Vittinghoff und Vogt, Tübingen, gehören, während andererseits Althistoriker Westdeutschlands an einer sachlichen Zusammenarbeit mit Althistorikern der DDR interessiert sind. Dazu gehört z. B. S. Lauffer, München. Der früher an der Seit [sic] des Faschismus aktiv tätige Althistoriker H. Berve, jetzt Erlangen, früher Leipzig, der ebenfalls in Stockholm anwesend war, spielt heute keine aktive Rolle mehr. Nach dem Tode von F. Taeger, Marburg, hat vorläufig nach unserer Meinung J. Vogt, Tübingen, die Führung in der althistorischen Geschichtsschreibung Westdeutschlands inne. Dies zeigte sich besonders auf einem internationalen Treffen, zu dem die westdeutschen Althistoriker unter der Leitung J. Vogts eingeladen hatten."[192] Lauffer wurde offenkundig als gemäßigter als Vittinghoff wahrgenommen.

Über ihre eigene Leistung berichten Schrot und Günther: „Das Auftreten der Genossen Schrot und Günther aus Leipzig zeigte, daß sie es verstanden haben, Grundfragen

188 Gerhard Schrot/Rigobert Günther, Einschätzung der Arbeit der DDR-Vertreter in der Sektion II (Alte Geschichte) des Stockholmer Kongresses v. 1.9.1960; Stiftung Archiv der Parteien und Massenorganisationen der DDR im Bundesarchiv, DY 30/IV 2/9.04/144, Bl. 468.

189 Gerhard Schrot/Rigobert Günther, Einschätzung der Arbeit der DDR-Vertreter in der Sektion II (Alte Geschichte) des Stockholmer Kongresses v. 1.9.1960; Stiftung Archiv der Parteien und Massenorganisationen der DDR im Bundesarchiv, DY 30/IV 2/9.04/144, Bl. 468.

190 Gerhard Schrot/Rigobert Günther, Einschätzung der Arbeit der DDR-Vertreter in der Sektion II (Alte Geschichte) des Stockholmer Kongresses v. 1.9.1960; Stiftung Archiv der Parteien und Massenorganisationen der DDR im Bundesarchiv, DY 30/IV 2/9.04/144, Bl. 469.

191 Gerhard Schrot/Rigobert Günther, Einschätzung der Arbeit der DDR-Vertreter in der Sektion II (Alte Geschichte) des Stockholmer Kongresses v. 1.9.1960; Stiftung Archiv der Parteien und Massenorganisationen der DDR im Bundesarchiv, DY 30/IV 2/9.04/144, Bl. 468.

192 Gerhard Schrot/Rigobert Günther, Einschätzung der Arbeit der DDR-Vertreter in der Sektion II (Alte Geschichte) des Stockholmer Kongresses v. 1.9.1960; Stiftung Archiv der Parteien und Massenorganisationen der DDR im Bundesarchiv, DY 30/IV 2/9.04/144, Bl. 469.

der Alten Geschichte historisch-materialistisch darzulegen und idealistische Auffassungen erfolgreich zu bekämpfen. Dieser Kongreß zeigte vor allem auch den Althistorikern die Bedeutung des Studiums der marxistischen Philosophie für Forschung und Lehre in der Alten Geschichte."[193] Auch den Beitrag der Parteilosen bewerten sie positiv: „Die nicht-marxistischen Althistoriker, Prof. Dr. Irmscher und Prof. Diesner, haben durch ihr Auftreten auf dem Kongreß ebenfalls dazu beigetragen, das Ansehen der althistorischen Wissenschaft in der DDR zu erhöhen. Wir bedauern, daß Genossin Dr. E. Ch. Welskopf, Berlin, an dem Kongreß nicht teilnahm."[194]

Johannes Irmscher erwähnt in seinem Bericht – wie Günther und Schrot –, dass er am Mittwoch, dem 24. August an einem „geselligen Beisammensein" teilgenommen habe, das „auf Vorschlag von Prof. Dr. Vogt (Tübingen) einen großen Teil der der Sektion Alte Geschichte zugehörigen Kongreßteilnehmer vereinte".[195] Er bezeichnet den 25. August, als Siegfried Lauffers Referat „Die Sklaverei in der griechisch-römischen Welt" auf dem Programm stand, als „den Höhepunkt in der Tätigkeit der Sektion Alte Geschichte". Lauffers Referat kommentiert er recht sachlich: „Der Rapport vereinigte eine Vielzahl von Materialien, ohne doch über das bereits Bekannte hinausführen zu können, und war dadurch gekennzeichnet, daß sein Verfasser sich jedem Versuche, zu systematisieren, enthält. So konnte dann auch die sehr lebhafte Diskussion nur dazu führen, daß in einzelnen Punkten Ergänzungen vorgebracht wurden – wobei noch sehr viel Ergänzungsmöglichkeiten offen blieben –, ohne doch das Entscheidende in allgemein überzeugender Weise voranzubringen."[196]

Über Vittinghoff schreibt Irmscher: „Von den Kommunikationen ist die von Prof. Dr. Vittinghoff hervorzuheben, welcher kritisch auf die sowjetische Diskussion über die Gründe des Übergangs von der antiken zur mittelalterlichen Gesellschaft einging; Vittinghoff war bestrebt, aus den Erfahrungen dieser Diskussion heraus, die Gültigkeit der marxistischen Kategorien überhaupt anzuzweifeln, und bemühte sich, aus den andersartigen Fragestellungen der marxistisch-leninistischen Wissenschaft den Schluß abzuleiten, daß eine Koexistenz und damit eine Zusammenarbeit auf wissenschaftlichem Gebiete unmöglich sei. In einer kurzen Diskussionsbemerkung wies ich auf die besonderen Umstände hin, unter denen sich die sowjetische Althistorie entwickelte und postulierte, aus-

193 Gerhard Schrot/Rigobert Günther, Einschätzung der Arbeit der DDR-Vertreter in der Sektion II (Alte Geschichte) des Stockholmer Kongresses v. 1.9.1960; Stiftung Archiv der Parteien und Massenorganisationen der DDR im Bundesarchiv, DY 30/IV 2/9.04/144, Bl. 469 f.

194 Gerhard Schrot/Rigobert Günther, Einschätzung der Arbeit der DDR-Vertreter in der Sektion II (Alte Geschichte) des Stockholmer Kongresses v. 1.9.1960; Stiftung Archiv der Parteien und Massenorganisationen der DDR im Bundesarchiv, DY 30/IV 2/9.04/144, Bl. 470.

195 Johannes Irmscher, Bericht über meine Reise nach Stockholm in der Zeit vom 19. bis 28. August v. 31.8.1960; Stiftung Archiv der Parteien und Massenorganisationen der DDR im Bundesarchiv, DY 30/IV 2/9.04/144, Bl. 400.

196 Johannes Irmscher, Bericht über meine Reise nach Stockholm in der Zeit vom 19. bis 28. August v. 31.8.1960; Stiftung Archiv der Parteien und Massenorganisationen der DDR im Bundesarchiv, DY 30/IV 2/9.04/144, Bl. 400 f.

gehend von den Erfahrungen des Orientalistenkongresses in Moskau, im Interesse des wissenschaftlichen Fortschritts eine Zusammenarbeit der Gelehrten über ideologische Scheidewände hinweg.“[197] Sein Resümee fällt eher negativ aus:

> „Der Kongreß hat gezeigt, daß die Form des Repräsentativkongresses mit mehr oder minder deklamatorischen Diskussionen zwar mancherlei Ansatzpunkte für Sensationen bietet, in der Sache selbst aber doch letztlich unbefriedigend bleibt. Das wurde vor allem in den methodologischen Diskussionen deutlich, wo die marxistische gegen die idealistische Konzeption stand und beide Auffassungen immer neu mit mehr oder minder gleichen Argumenten vertreten wurden. Daß ein Partner den anderen überzeugen würde, stand von vornherein nicht zu erwarten, und so tragen dann derartige Diskussionen nur zur Vertiefung der bestehenden Meinungsunterschiede bei, während man bei der Erörterung konkreter Gegebenheiten gerade von den unterschiedlichen Konzeptionen her möglicherweise eine gegenseitige Anregung und Förderung erreicht haben würde.“[198]

In dem zusammenfassenden Bericht, den die Abteilung Wissenschaft des ZK der SED für die Ideologische Kommission beim Politbüro der SED[199] anfertigte, wurde auf die Sektion Alte Geschichte inhaltlich nicht weiter eingegangen, lediglich bemerkenswert kritisch vermerkt: „Es wurde auch offensichtlich, dass wir in Fragen der Geschichte des Altertums und der allgemeinen Geschichte des Mittelalters vor einem internationalen Forum sehr wenig aussagen können.“[200]

In den Akten des Staatssekretariats für Hoch- und Fachschulwesen ist ein Protokoll eines Auswertungstreffens am 30. August 1960 überliefert. Eine allgemeine Einschätzung des Kongresses lieferte der Historiker Ernst Diehl, stellvertretender Lehrstuhlleiter am Institut für Gesellschaftswissenschaften beim ZK der SED.[201] Es fiel positiv aus: „In der ersten Zeit waren die reaktionären Kräfte von der Stärke des marxistischen Vorstoßes überrascht. Erst am Donnerstag haben sie begonnen, die Sache von ihrem Klassenstandpunkt aus in die Hand zu bekommen.“[202] Seine Beurteilung deckt sich mit der in einem

197 Johannes Irmscher, Bericht über meine Reise nach Stockholm in der Zeit vom 19. bis 28. August v. 31.8.1960; Stiftung Archiv der Parteien und Massenorganisationen der DDR im Bundesarchiv, DY 30/IV 2/9.04/144, Bl. 401.

198 Johannes Irmscher, Bericht über meine Reise nach Stockholm in der Zeit vom 19. bis 28. August v. 31.8.1960; Stiftung Archiv der Parteien und Massenorganisationen der DDR im Bundesarchiv, DY 30/IV 2/9.04/144, Bl. 402.

199 Die Ideologische Kommission war etwa 1960 gegründet worden und erhielt 1963 durch Politbürobeschluss den Auftrag, „die Grundfragen der wissenschaftlich-theoretischen und ideologischen Arbeit der Partei, einschließlich der Kulturpolitik auszuarbeiten und zu behandeln“; Neuhäußer-Wespy 1996, S. 64 f.

200 Information an die ideologische Kommission; Stiftung Archiv der Parteien und Massenorganisationen der DDR im Bundesarchiv, DY 30/IV 2/9.04/144, Bl. 4497.

201 Zu Diehl vgl. Kowalczuk 2009.

202 Protokoll der Auswertung des XI. Historikerkongresses in Stockholm v. 30.8.1960; Stiftung Archiv der Parteien und Massenorganisationen der DDR im Bundesarchiv, DY 30/IV 2/9.04/144, Bl. 393.

Bericht der Abteilung Wissenschaften an die Ideologische Kommission formulierten: „Man kann sagen, dass die Vertreter des Marxismus-Leninismus erstmalig den Kongress mit ihrer Fragestellung beherrscht haben. Es bestand der Eindruck, dass die reaktionären Regisseure des Kongresses von der Stärke des Auftretens der marxistisch-leninistischen Historiker überrascht waren.“[203]

Auch Diehls Einschätzung der Sektion Alte Geschichte fiel positiv aus, enthält aber auch Kritik: „Die Genossen Dr. Günther und Dr. Schrot haben sich gut geschlagen. Theoretisches Fundament nicht ausreichend (Sklaverei, Feudalordnung).“ Er schlussfolgerte: „Die Zahl der marxistischen Kader auf dem Gebiet der Alten Geschichte muß im Laufe des Siebenjahrplanes verstärkt werden.“[204] Sein Fazit lautete: „Der Kongreß war durch einen sehr scharfen ideologischen Klassenkampf geprägt. Das Kennzeichen dieser Auseinandersetzung war das offensive Auftreten der Vertreter des Marxismus-Leninismus. Weit über 100 Beiträge wurden von Anhängern des Marxismus-Leninismus gegeben. Auf diesem Kongreß sind die reaktionären Kräfte planmäßiger, organisierter und schärfer aufgetreten als in Rom. Die führenden reaktionären Vertreter Westdeutschlands und der USA sind besonders zu erwähnen.“[205] Der von den westdeutschen Vertretern geäußerte Wille zur Kooperation wurde von Seiten der Ostdeutschen offenbar als reine Taktik verstanden: „Ab Montag wurde die Taktik der Umarmung ausgeübt (Umarmen um zu morden). Diese Linie ist eingeschlagen worden, nachdem das Internationale Büro getagt hat. Unsere Aufnahme wurde abgelehnt.“[206] In einem zusammenfassenden Bericht, der die Ergebnisse eines Auswertungstreffens der Parteigruppe der DDR-Delegation am 3. September 1960 zusammenfasst, wurde beklagt: „Die Mehrzahl der Gegner setzte sich nicht wissenschaftlich mit den Argumenten der marxistischen Historiker auseinander, sondern polemisierte gegen einen Marxismus, wie er in den Vorstellungen der ‚Marxtöter‘ existiert.“[207]

Insgesamt ist festzuhalten, dass in den internen Berichten durchaus sachlicher berichtet und weniger stark als in der Presse eine aggressive Konfrontation betont wurde.

Wie ist nun Vittinghoffs Auftreten auf dem XI. Internationalen Historikertag in Stockholm zu bewerten? Erdmann hat 1987 herausgestellt, dass Vittinghoff in Stockholm die Methode verfolgte, von geläufigen Begriffen des Marxismus her zu argumentieren, und so die Ergebnisse der marxistischen Forschung ernst zu nehmen. Dies habe Überraschung ausgelöst.[208] Angedeutet wurde dies auch damals schon in einem Konfe-

203 Abteilung Wissenschaften, Information an die ideologische Kommission v. 28.9.1960; Stiftung Archiv der Parteien und Massenorganisationen der DDR im Bundesarchiv, DY 30/IV 2/9.04/144, Bl. 489.

204 Protokoll der Auswertung des XI. Historikerkongresses in Stockholm v. 30.8.1960; Stiftung Archiv der Parteien und Massenorganisationen der DDR im Bundesarchiv, DY 30/IV 2/9.04/144, Bl. 389.

205 Protokoll der Auswertung des XI. Historikerkongresses in Stockholm v. 30.8.1960; Stiftung Archiv der Parteien und Massenorganisationen der DDR im Bundesarchiv, DY 30/IV 2/9.04/144, Bl. 392.

206 Protokoll der Auswertung des XI. Historikerkongresses in Stockholm v. 30.8.1960; Stiftung Archiv der Parteien und Massenorganisationen der DDR im Bundesarchiv, DY 30/IV 2/9.04/144, Bl. 393.

207 Bericht über die Teilnahme einer Delegation der Historiker der DDR am XI. Internationalen Historikerkongreß in Stockholm v. 9.9.1960; BArch, DR 3/4085.

208 Erdmann 1987, 430.

renzbericht der polnischen Althistorikerin Iza Bieżuńska-Małowistein, die insbesondere Vittinghoffs Schwerpunktsetzung kritisierte. In dem Bericht heißt es, die westdeutschen Historiker hätten die Taktik verfolgt, sich vor allem der sowjetischen Historiographie zu widmen: „Unsere Gegner treten als angebliche Vertreter der ‚Reinheit' des Marxismus auf und versuchen, bewaffnet mit einzelnen Sätzen aus den Werken von Marx und Engels zu beweisen, daß die Arbeiten der gegenwärtigen marxistischen Historiker nicht marxistisch sind."[209] Bieżuńska-Małowistein räumte selbstkritisch ein, dass niemand darauf vorbereitet gewesen sei, Vittinghoff zu kontern. Ihr Bericht stellt insofern eine Ausnahme dar, wie Nippel hervorhebt.[210]

Erdmann urteilt: „Warum den Kampf mit offenem Visier scheuen, wenn er nach den Spielregeln eines fairen intellektuellen Diskurses ausgetragen wurde? Entscheidend war doch wohl, ob ein solches nicht zuletzt auch aus Impulsen der ideologischen Auseinandersetzung gespeistes Ringen um zentrale Fragen der Wissenschaft die konkrete Sachforschung förderte oder hemmte."[211] Dass die Diskussionen die Forschung tatsächlich vorangebracht habe, zeige, so Erdmann, der fünf Jahre später in Wien vorgelegte Bericht des Marxisten Ernst Engelberg.[212]

Moses I. Finley war sehr stark auf die anti-kommunistische Frontstellung der westdeutschen Althistoriker fokussiert. Er warf Vittinghoff noch 1978 vor: „Beim Kongreß von Stockholm 1960 erweckten die einhämmernde, völlig negative Darstellung des Marxismus und seine beharrliche Beschränkung auf sowjetische Arbeiten zusammengenommen den Eindruck einer bewußten politischen Absicht."[213] Damit hatte Finley sicher nicht ganz Unrecht, er lässt aber außer acht, dass sich beide Seiten wenig nahmen. Auch die DDR hatte sich bereits ab 1958 auf den Kongress vorbereitet[214] und verfolgte natürlich politische Absichten.

Finley warf Vittinghoff auch vor, er habe Publikationen übergangen, die seine Sache nicht unterstützt hätten und hätte sich auf allgemeine und programmatische Aussagen beschränkt.[215] Auf die hauptsächlichen Fragen zur antiken Sklaverei sei er gar nicht und insgesamt zu sehr auf die sowjetischen Arbeiten eingegangen, er habe sich auf dem Kongress nur mit deren „Ungereimtheiten" beschäftigt.[216] Tompkins stimmt Finley zu und ergänzt: „Lauffer and Vittinghoff overlook much interesting work done in the Eastern Bloc after 1953. Vittinghoff in particular caricatures Marx and Engels as the authors of ‚lawlike regularities', while disregarding works like the *Grundrisse* that do not fit this

209 Zitiert nach: Erdmann 1987, 430 f.
210 Nippel 2016, 283.
211 Erdmann 1987, 431.
212 Erdmann 1987, 432.
213 Finley 1985, 73. Finley hielt die Gastvorlesung „Ancient Slavery and Modern Ideology" 1978 am Collège de France.
214 Kowalczuk 1997, 278. Zur Vor- und Nachbereitung der Historikerkongresse durch die SED-Führung vgl. auch Sabrow 2001, 284–289.
215 Finley 1985, 72.
216 Finley 1985, 72.

narrow picture."[217]Auch Heinen betont, dass die sowjetische Forschung bereits seit den 1950er Jahren „durch genauere Beachtung der Fakten zu differenzierteren Überzeugungen gelangt" sei. Die Rolle der Germanen sei nun stärker unterstrichen worden.[218]

Nippel bezeichnet Vittinghoffs Beitrag, der im Vorfeld verteilt wurde, als „well-aimed provocation". Das Ziel sei es gewesen, die ostdeutschen Althistoriker in die Defensive zu drängen. Aber: „I cannot see why its circulation should have been an attack on free debate or what should have been wrong with Vittinghoff's texts."[219]

Innerhalb der marxistischen Althistorie blieb das Problem des Übergangs von der „Sklavenhaltergesellschaft" zum „Feudalismus" sehr umstritten. Es war vielleicht kein Zufall, meint Heinen, dass Ende 1960 in Moskau der Siebenjahresplan zur Erforschung der antiken Sklaverei vorgestellt worden sei: „Es war die Reaktion auf die eigenen Defizite, die von sowjetischen Historikern bereits benannt und nun so offen von westlichen Historikern auf der internationalen Bühne des Historikerkongresses angesprochen worden war."[220]

Die von Vittinghoff und Lauffer aufgeworfenen Probleme und Fragestellungen wurden auch 1962 und 1965 in der DDR von der Fachgruppe Alte Geschichte auf dem II. und III. DHG-Kongress in Stralsund und Berlin behandelt.[221] In Berlin lauteten die zentralen Themen: „Die Sklaverei als Produktionsverhältnis in den verschiedenen Epochen und Räumen der altorientalischen und antiken Welt" und „Revolution und Evolution im Übergang von der Spätantike zum Feudalismus".[222] Somit fungierte der westdeutsche „Angriff" auch als externer Impuls für die DDR-Althistorie.[223]

Der bulgarische Rechtshistoriker Mihail Andreev postulierte 1967 in der Zeitschrift *Klio*: „Es besteht kein Zweifel darüber, daß die Fragen, die mit der Klärung des Problems des Übergangs von einer gesellschaftlich-ökonomischen Formation zur anderen zusammenhängen, zu den kompliziertesten und schwierigsten Fragen der Geschichte der menschlichen Gesellschaft gehören. Und aus diesem Grunde sind sie auch die umstrittensten Fragen. Die größte Schwierigkeit besteht darin, daß das gesellschaftliche Leben unendlich kompliziert und vielgestaltig ist."[224] Insgesamt scheint gerade auch die Auseinandersetzung mit der westdeutschen Althistorie in der DDR „allmählich eine realistischere Sicht auf die Sachverhalte" bewirkt zu haben.[225]

---

217 Tompkins 2014, 442.
218 Heinen 1974, 196.
219 Nippel 2016, 282.
220 Heinen 2010, 123.
221 Willing 1991, 156.
222 Willing 1991, 135.
223 Willing 1991, 156.
224 Andreev 1967, 305.
225 Schuller 2005, 82–85, Zitat 82.

Fazit

Die Auseinandersetzung einiger weniger westdeutscher Althistoriker mit Marx' Äußerungen zur Antike und dem Marxismus konnte sich nur innerhalb des Spannungsverhältnisses zwischen der Theorie und ihren Rezipienten bewegen. Die Forschungen der sowjetischen und ostdeutschen Althistoriker stellten für die westdeutschen Althistoriker den äußeren Anlass dar, sich mit Marx' und Engels' Thesen überhaupt zu befassen.

Friedrich Vittinghoff bereitete sich sehr intensiv auf die Auseinandersetzung mit den ostdeutschen Althistorikern auf dem XI. Internationalen Historikerkongress 1960 in Stockholm vor und hatte insbesondere auch Marx' und Engels' Schriften gelesen. Er setzte sich differenziert mit den Grundfragen der marxistischen Geschichtswissenschaft auseinander, sofern sie den Bereich der Antike berührten. Dabei betonte er die Fruchtbarkeit von Marx' Gedanken, die ihn sicher auch im Rahmen seiner Forschungen zur antiken Sozialgeschichte interessierten. Einen großen Schwerpunkt legte er dann auf die Auswertung der sowjetischen Forschung, die er dekonstruieren wollte. Er wollte offenkundig aufzeigen, wie in der DDR-Geschichtswissenschaft Marx' Thesen dogmatisch überformt wurden. Seine Auseinandersetzung mit den sowjetischen Althistorikern ist von der Motivation geprägt, sich einem politisch vorgegebenen Geschichtsbild entgegenzustellen und es zu widerlegen. Sein Eifer, die sowjetischen Arbeiten zu dekonstruieren und auf dem Historikerkongress vorzuführen, ist möglicherweise auch als Reaktion auf seine Erfahrungen im nationalsozialistischen Wissenschaftsbetrieb zu deuten. Seine eigene Habilitationsschrift war konsequent dem Rassegedanken verpflichtet gewesen – ob aus innerer Überzeugung oder aus Anpassungsdruck, muss offenbleiben. Es ist in dem Zusammenhang schon bemerkenswert, mit welcher Vehemenz und Schärfe er sich als Vertreter der westdeutschen Althistoriker gegen die dogmatische marxistisch-leninistische Geschichtsforschung wandte, bedenkt man, dass er vor gar nicht langer Zeit ebenfalls einer Ideologie huldigte, indem er die „Rasse“ zum wesentlichen Moment im Geschichtsprozess erhob. Eine kritische Auseinandersetzung mit den eigenen Irrwegen gab es nicht – gerade das Thema Spätantike wäre ja durchaus geeignet gewesen, auch die „verzerrende Einseitigkeit“[226] der Rassentheorie darzulegen. Glaubwürdig wäre es gewesen, anhand der eigenen intellektuellen Biographie vor der Gefahr des Eindringens der Ideologie in die Geschichtswissenschaft zu warnen. Im Zeichen des Kalten Krieges lag den westdeutschen Teilnehmern eine Auseinandersetzung mit der eigenen Fachgeschichte im Nationalsozialismus – analog zum allgemeinen politisch-gesellschaftlichen Klima der Zeit – jedoch offenkundig noch völlig fern.

Dennoch ist zu konstatieren, dass Vittinghoff sich sachlich mit Marx und dem Marxismus auseinandersetzte – und dies auch nicht erst auf dem Historikerkongress – und sein grundsätzliches Vorgehen den ostdeutschen Vertretern eigentlich hätte entgegenkommen müssen. Da das *Saeculum*-Sonderheft vorab publiziert wurde, wussten sie, was auf sie zukam. Hätte es in der Sektion Alte Geschichte von westdeutscher Seite keine Aus-

226 Vittinghoff 1958, 468.

einandersetzung mit Marx und dem Marxismus gegeben, wäre vermutlich der Vorwurf erhoben worden, die marxistische Geschichtswissenschaft werde ignoriert. Die internen Berichte der Teilnehmer der DDR, in der in Bezug auf die Alte Geschichte teils auch selbstkritische Töne angeschlagen wurden, zeigen, dass Vittinghoff durchaus ernst genommen wurde.

Aus der Rückschau betrachtet wird deutlich, dass der XI. Internationale Historikerkongress in Stockholm gerade wegen der Konfrontation von Ost und West als externer Impulsgeber für die Althistorie der DDR stimulierend wirkte und vertiefende Forschung anregte. Auf der anderen Seite war das Aufeinandertreffen der west- und ostdeutschen Althistoriker auf dem Historikerkongress beispielsweise für das Fortbestehen des Mainzer Akademieprojekts „Forschungen zur antiken Sklaverei" sicherlich auch nicht hinderlich. Christs 1971 formulierte Prophezeiung, die allgemeine Lage des Fach Alte Geschichte dürfte sich „noch erheblich komplizieren, wenn erst einmal in der Bundesrepublik neomarxistische Arbeiten zur Alten Geschichte vorgelegt werden",[227] ist hingegen nicht mehr eingetreten.

Archivalien

- *Universitätsarchiv Posen/Archiwum Uniwersytet im. Adama Mickiewicza w Poznaniu (UA Posen)*
  78/217 – Friedrich Vittinghoff
- *Bundesarchiv Berlin*
  DR 3/4085
- *Stiftung Archiv der Parteien und Massenorganisationen der DDR im Bundesarchiv*
  DY 30/IV, 2/9.04/144

Gedruckte Quellen

Schriften von Karl Marx und Friedrich Engels

- F. Engels, Vorarbeiten zum „Anti-Dühring' (1876/78), MEW 20, Berlin 1962, 573–596.
- F. Engels, Der Ursprung der Familie, des Privateigentums und des Staats. Im Anschluß an Lewis H. Morgans Forschungen, MEW 21, Berlin 1962, 25–173.
- K. Marx, Einleitung [zur Kritik der politischen Ökonomie], MEW 13, Berlin 1961, 613–642.
- K. Marx, Vorwort [zur Zweiten Ausgabe (1869) „Der achtzehnte Brumaire des Louis Bonaparte], MEW 16, Berlin 1962, 358–360.
- K. Marx/F. Engels, Briefwechsel, MEW 28, Berlin 1963.
- K. Marx/F. Engels, Manifest der Kommunistischen Partei, MEW 4, Berlin 1977, 459–493.

227 Christ 1983a, 211.

– K. Marx/F. Engels, Die deutsche Ideologie. Kritik der neuesten deutschen Philosophie in ihren Repräsentanten Feuerbach, B. Bauer und Stirner, und des deutschen Sozialismus in seinen verschiedenen Propheten, MEW 3, Berlin 1978, 9 ff.

Sonstige gedruckte Quellen

Andreev 1967 M. Andreev, Zur Frage des Übergangs von der Sklaverei zum Feudalismus und zur Entstehung frühester feudaler Verhältnisse, in: Klio 49 (1967) 305–312.

[Anon.] 1960 [Anon.], Vom XI. Internationalen Historikerkongreß: Fruchtbarer Meinungsstreit, in: Neues Deutschland v. 26.8.1960.

ZK der SED 1995 Beschluß des ZK der SED, Die Verbesserung der Forschung und Lehre in der Geschichtswissenschaft der Deutschen Demokratischen Republik, in: ZfG 3 (1955) 507–527.

Comité 1962 Comité international des sciences historiques (Hrsg.), XI congrès international des sciences historique (Stockholm 21–28 août 1960). Actes du congrès, Göteborg/Stockholm/Uppsala 1962.

Engelberg 1960 E. Engelberg, Im Schatten von Marx, in: Neues Deutschland v. 16.10.1960.

Fricke 1960 D. Fricke, Geschichtsphilosophie eine biblische Weisheit?, in: BZ v. 18.9.1960, 12.

Hallgarten 1960 G. W. F. Hallgarten, Historiker zwischen Ost und West. Der 11. Internationale Kongreß der Geschichtsforscher in Stockholm, Süddeutsche Zeitung v. 17./18. September 1960.

Jäckel 1960 E. Jäckel, Der XI. Internationale Historikerkongreß in Stockholm, in: GWU 11 (1960) 700–705.

Lauffer 1960 S. Lauffer, Die Sklaverei in der griechisch-römischen Welt, in: Comité International des Sciences Historiques (Hrsg.), XIe Congrès International des Sciences Historiques (Stockholm, 21–28 août 1960). Rapports. Bd. II: Antiquité, Göteborg/Stockholm/Uppsala 1960, 71–97.

Nellesen 1960 B. Nellesen, Da packten den Präsident Zorn und Erregung. Zonen-Historiker stören in Stockholm, in: Die Welt v. 26. August 1960, 3.

Schieder 1961 T. Schieder, Der XI. Internationale Historikerkongreß in Stockholm vom 21. bis 28. August 1960. Ein Nachbericht, in: HZ 193 (1961) 515–521.

Seyfarth 1967 W. Seyfarth, Der Begriff „Epoche sozialer Revolution" und die Spätantike, in: Klio 49 (1967) 271–283.

Vittinghoff 1958 F. Vittinghoff, Der Übergang von der „Antike" zum „Mittelalter und die Problematik des modernen Revolutionsbegriffes, in: GWU 9 (1958) 457–474.

Vittinghoff 1960a F. Vittinghoff, Die Theorie des historischen Materialismus über den antiken „Sklavenhalterstaat". Probleme der Alten Geschichte bei den „Klassikern" des Marxismus und in der modernen sowjetischen Forschung, in: Saeculum 11 (1960) 89–130.

Vittinghoff 1960b F. Vittinghoff, Die Bedeutung der Sklaven für den Übergang von der Antike in das abendländische Mittelalter, in: Comité International des Sciences Historiques (Hrsg.), XIe Congrès International des Sciences Historiques. Résumés des Communications, Göteborg / Stockholm / Uppsala 1960, 71–73.

Vittinghoff 1961 F. Vittinghoff, Die Bedeutung der Sklaven für den Übergang von der Antike ins abendländische Mittelalter, in: HZ 192 (1961) 265–272. Wiederabgedruckt in: P. E. Hübinger (Hrsg.), Zur Frage der Periodengrenze zwischen Altertum und Mittelalter, Darmstadt 1969 (WdF 51), 258–266.

Literatur

Alföldy 1988 G. Alföldy, Antike Sklaverei. Widersprüche, Sonderformen, Grundstrukturen, Bamberg 1988 (Thyssen-Vorträge. Auseinandersetzungen mit der Antike 7).

Amos 2003 H. Amos, Politik und Organisation der SED-Zentrale 1949–1963. Struktur und Arbeitsweise von Politbüro, Sekretariat, Zentralkomitee und ZK-Apparat, Münster / Hamburg / London 2003.

[Anon.] 1968 [Anon.], Gestorben: Siegfried Landshut, in: DER SPIEGEL v. 16.12.1968, 176.

[Anon.] o.J. Kieler Gelehrtenverzeichnis, s. v. Vittinghoff, Friedrich, online abrufbar unter: www.gelehrtenverzeichnis.de/person/a99bd664-33f6-fbb4-6e06-4d4c607ab5e1?lang=de (zuletzt am: 19.4.2020).

Berthold 1989 W. Berthold, Zur Geschichte der Geschichtswissenschaft in der DDR. Vorgeschichte, Konfrontationen und Kooperationen, in: E. Schulin (Hrsg.), Deutsche Geschichtswissenschaft nach dem Zweiten Weltkrieg (1945–1965), München 1989 (Schriften des Historischen Kollegs; Kolloquien 14), 39–51.

Bichler 1989 R. Bichler, Neuorientierung in der Alten Geschichte?, in: E. Schulin (Hrsg.), Deutsche Geschichtswissenschaft nach dem Zweiten Weltkrieg (1945–1965), München 1989 (Schriften des Historischen Kollegs; Kolloquien 14), 63–86

Christ 1970 K. Christ, Der Untergang des Römischen in antiker und moderner Sicht. Eine Einleitung, in: ders. (Hrsg.), Der Untergang des Römischen Reiches, Darmstadt 1970, 1–31.

Christ 1982 K. Christ, Römische Geschichte und deutsche Geschichtswissenschaft, München 1982.

Christ 1983a K. Christ, Zur Entwicklung der Alten Geschichte in Deutschland, in: ders., Römische Geschichte und Geschichtswissenschaft. Dritter Band: Wissenschaftsgeschichte, Darmstadt 1983, 196–212 [zuerst abgedruckt in: GWU 23 (1972) 577–593].

Christ 1983b K. Christ, Geschichte des Altertums, Wissenschaftsgeschichte und Ideologiekritik, in: ders., Römische Geschichte und Wissenschaftsgeschichte. Dritter Band: Wissenschaftsgeschichte, Darmstadt 1983, 228–243.

Christ 1991 K. Christ, Geschichtswissenschaft und Wissenschaftsgeschichte, in: ders., Geschichte und Existenz, Berlin 1991 (Kleine kulturwissenschaftliche Reihe 34), 25–34.

Conrad 2011 S. Conrad, Auf der Suche nach der verlorenen Nation. Geschichtsschreibung in Westdeutschland und Japan, 1945–1960, Göttingen 2011 (Kritische Studien zur Geschichtswissenschaft 134).

Cornelißen 2001 C. Cornelißen, Gerhard Ritter. Geschichtswissenschaft und Politik im 20. Jahrhundert (Schriften des Bundesarchivs 58), Düsseldorf 2001.

Demandt 1984 A. Demandt, Der Fall Roms. Die Auflösung des römischen Reiches im Urteil der Nachwelt, München 1984.

Eck/Galsterer/Wolff 1980 W. Eck / H. Galsterer / H.Wolff (Hrsg.), Studien zur Antiken Sozialgeschichte. Festschrift Friedrich Vittinghoff, Köln / Wien 1980.

Erdmann 1987 K. D. Erdmann, Die Ökumene der Historiker. Geschichte der Internationalen Historikerkongresse und des comité international des sciences historiques (Abhandlungen der Akademie der Wissenschaften zu Göttingen, Philologisch-Historische Klasse F. 3 158), Göttingen 1987.

Etzemüller 2001 Th. Etzemüller, Sozialgeschichte als politische Geschichte. Werner Conze und die Neuorientierung der westdeutschen Geschichtswissenschaft nach 1945 (Ordnungssysteme. Studien zur Ideengeschichte der Neuzeit 9), München 2001.

Finley 1959 M. I. Finley, Was Greek Civilisation Based on Slave Labour?, Historia 8 (1959) 145–164.

Finley 1985 M. I. Finley, Antike Sklaverei und moderne Ideologie, in: ders., Die Sklaverei in der Antike. Geschichte und Probleme. Aus dem Englischen von Ch. Schwingenstein, A. Wittenburg u. K. Brodersen, Frankfurt 1985, 11–78.

Hassel 1980 P. Hassel, Der Untergang Westroms aus der Sicht neuerer marxistischer Forschungen im deutschen Sprachraum. Phil. Diss. Univ. Marburg, Marburg 1980.

Heinen 1974 H. Heinen, Sklaverei, in: C. D. Kernig (Hrsg.), Marxismus im Systemvergleich. Geschichte 4: Periodisierung bis Sozial- und Wirtschaftsgeschichte (Sonderausgabe der Enzyklopädie „Sowjetsystem und Demokratische Gesellschaft), Frankfurt / New York 1974 Sp. 189–200.

Heinen 2010 H. Heinen, Aufstieg und Niedergang der sowjetischen Sklavereiforschung: Eine Studie zur Verbindung von Politik und Wissenschaft, in: ders. (Hrsg.), Antike Sklaverei: Rückblick und Ausblick. Neue Beiträge zur Forschungsgeschichte und zur Erschließung der archäologischen Zeugnisse (FAS 38), Stuttgart 2010, 95–138.

Heinen 2012 H. Heinen, s. v. Štaerman, Elena M., in: HAS CD-ROM-Lieferung I–IV, Stuttgart 2012.

Herrmann-Otto 2005 E. Herrmann-Otto, Joseph Vogt und die antike Sklavenhaltergesellschaft, in: I. Stark (Hrsg.), Elisabeth Charlotte Welskopf und die Alte Geschichte in der DDR. Beiträge der Konferenz vom 21. bis 23. November in Halle/Saale, Stuttgart 2005, 152–156.

Heydemann 1980 G. Heydemann, Geschichtswissenschaft im geteilten Deutschland. Entwicklungsgeschichte, Organisationsstruktur, Funktionen, Theorie- und Methodenprobleme in der Bundesrepublik Deutschland und in der DDR (Erlanger historische Studien 6), Frankfurt a.M. / Bern / Cirencenster (U.K.) 1980.

Iggers 1968 G. Iggers, Geschichtswissenschaft, in: C. D. Kernig (Hrsg.), Sowjetsystem und Demokratische Gesellschaft. Eine vergleichende Enzyklopädie. Bd. II: Diplomatie bis Identität, Freiburg / Basel / Wien 1968, Sp. 914–959.

Iggers 1978 Georg G. Iggers, Neue Geschichtswissenschaft. Vom Historismus zur Historischen Sozialwissenschaft. Ein internationaler Vergleich, München 1978.

Keßler 2003 M. Keßler, Arthur Rosenberg. Ein Historiker im Zeitalter der Katastrophen (1889–1943) (Zeithistorische Studien 24), Köln 2003.

Königs 1995 D. Königs, Joseph Vogt. Ein Althistoriker in der Weimarer Republik und im Dritten Reich (Basler Beiträge zur Geschichtswissenschaft 169), Basel 1995.

Kowalczuk 1997 I.-S. Kowalczuk, Legitimation eines neuen Staates. Parteiarbeiter an der historischen Front. Geschichtswissenschaft in der SBZ/DDR 1945–1961, Berlin 1997.

Kowalczuk 2005 I.-S. Kowalczuk, Geschichte als Legitimationsinstanz. Marxistisch-leninistische Geschichtswissenschaft in der DDR, in: I. Stark (Hrsg.), Elisabeth Charlotte Welskopf und die Alte Geschichte in der DDR. Beiträge der Konferenz vom 21. bis 23. November 2002 in Halle/Saale, Stuttgart 2005, 12–41.

Kowalczuk2009 I.-S.Kowalczuk,s.v.Diehl,Ernst,in:WerwarwerinderDDR?,onlineabrufbar unter: www.bundesstiftung-aufarbeitung.de/wer-war-wer-in-der-ddr-%2363;-1424.html?ID=571 (zuletzt am: 19.4.2020).

Losemann 2017a V. Losemann, s.v. Forschungen zur antiken Sklaverei, in: HAS 1 (2017) Sp. 976–1023.

Losemann 2017b V. Losemann, Vogt, Joseph, in: HAS 3 82017) Sp. 3222–3232.

Malitz 1996 J. Malitz, Mommsen, Caesar und die Juden, in: Geschichte – Tradition – Reflexion. Festschrift für Martin Hengel zum 70. Geburtstag. Bd. II: Griechische und Römische Religion, Tübingen 1996, 371–387.

Meier 2016 M. Meier, Der Völkerwanderung ins Auge blicken: Individuelle Handlungsspielräume im 5. Jahrhundert n. Chr. (Karl-Christ-Preis für Alte Geschichte 2), Heidelberg 2016.

Meyer 1910 E. Meyer, Die wirtschaftliche Entwicklung des Altertums, in: Kleine Schriften I, Halle 1910.

Momigliano 1987 A. Momigliano, Moses Finley on Slavery: A Personal Note, in: M. I. Finley (Hrsg.), Classical Slavery, London / Portland, OR 1987 (ND 1999), 1–8.

Neuhäußer-Wespy 1996 U. Neuhäußer-Wespy, Die SED und die Historie. Die Etablierung der marxistisch-leninistischen Geschichtswissenschaft der DDR in den fünfziger und sechziger Jahren, Bonn 1996.

Nippel 2013 W. Nippel, Klio dichtet nicht. Studien zur Wissenschaftsgeschichte der Althistorie (Campus Historische Studien 69), Frankfurt a.M. 2013.

Nippel 2016 Finley's Impact on the Continent, in: D. Jew / R. Osborne / M. Scott (Hrsg.), M. I. Finley. An Ancient Historian and his Impact, Cambridge 2016, 270–287.

Rebenich 2005 St. Rebenich, Nationalsozialismus und Alte Geschichte. Kontinuität und Diskontinuität in Forschung und Lehre, in: I. Stark (Hrsg.), Elisabeth Charlotte Welskopf und die Alte Geschichte in der DDR. Beiträge der Konferenz vom 21. bis 23. November 2002 in Halle/Saale, Stuttgart 2005, 42–64.

Sabrow 2001 M. Sabrow, Das Diktat des Konsenses. Geschichtswissenschaft in der DDR 1949–1969 (Ordnungssysteme. Studien zur Ideengeschichte der Neuzeit 8), München 2001.

Schieder 1972 Th. Schieder, Revolution (Erste Abteilung: Die Theorie der Revolution), in: C. D. Kernig (Hrsg.), Sowjetsystem und Demokratische Gesellschaft. Eine vergleichende Enzyklopädie. Bd. V: Personenkult bis Sozialpsychologie, Freiburg / Basel / Wien 1972, 692–721.

Schmitt 2005 T. Schmitt, Alte Geschichte in der Sowjetunion. Sondierungen in fremder Erde, in: I. Stark (Hrsg.), Elisabeth Charlotte Welskopf und die Alte Geschichte in der DDR. Beiträge der Konferenz vom 21. bis 23. November 2002 in Halle/Saale, Stuttgart 2005, 65–77.

Schuller 2005 W. Schuller, Inhalte althistorischer Forschung in der DDR, in: I. Stark (Hrsg.), Elisabeth Charlotte Welskopf und die Alte Geschichte in der DDR. Beiträge der Konferenz vom 21. bis 23. November 2002 in Halle/Saale, Stuttgart 2005, 78–89.

Tompkins 2014 D. P. Tompkins, What happened in Stockholm? Moses Finley, the Mainz Akademie, and East Bloc Historians, in: Hyperboreus 20 (2014) 436–452.

Willing 1991 M. Willing, Althistorische Forschung in der DDR. Eine wissenschaftsgeschichtliche Studie zur Entwicklung der Disziplin Alte Geschichte vom Ende des Zweiten Weltkriegs bis zur Gegenwart (1945–1989) (Historische Forschungen 45), Berlin 1991.

Willing 2012 M. Willing, s. v. DDR, in: HAS CD-ROM-Lieferung I–IV, Stuttgart 2012.

IV.
Rezeptionsgeschichtliche Zugriffe

Das Spartacus-Bild in der marxistisch-leninistischen Geschichtsschreibung der DDR

Eugen Sonnenberg

Karl Marx und sein Einfluss auf die Spartacus-Rezeption

Fragt man nach dem Einfluss von Karl Marx auf die Erforschung der Antike, dann stößt man unweigerlich auch auf den Namen Spartacus und den Krieg der Sklaven gegen Rom. In nahezu allen Publikationen zu diesem Thema sowohl marxistischer wie auch ‚bürgerlicher' Historiker taucht ein Verweis auf Karl Marx und in der Regel auch auf sein berühmtes Urteil über den antiken Sklavenführer, das er in einem Brief an Friedrich Engels formulierte, auf:

> „Spartacus erscheint als der famoseste Kerl, den die ganze antike Geschichte aufzuweisen hat. Großer General (kein Garibaldi), nobler Charakter, real representative des antiken Proletariats."[1]

Es scheint auf der einen Seite also, als könnte man die Geschichte des Sklavenkrieges unter Spartacus nicht ohne Karl Marx schreiben. Gleichzeitig gilt es aber auf der anderen Seite zu bedenken, dass uns über dieses Urteil hinaus kein differenziertes Spartacus-Bild von Karl Marx vorliegt, das er auf der Grundlage einer eingehenden Quellenuntersuchung entworfen hätte. Wenn es etwa um die Rekonstruktion des Kriegsverlaufs, Fragen nach den beteiligten Akteuren und ihren Motiven, nach den Umständen und Bedingungen der Flucht, nach den Gründen für die Ausweitung des Aufstandes, nach den Folgen des Krieges und dergleichen geht, dann scheint Karl Marx in all diesen Punkten kein Ansprechpartner sein zu können, da er auf diese konkreten historischen Fragen keine Antworten gibt.

Vor diesem Hintergrund stellt sich nun zunächst die Frage, welcher Art der Einfluss von Karl Marx auf die spätere Spartacus-Forschung grundsätzlich gewesen sein kann. Bei näherer Betrachtung der Verweise auf Karl Marx in der Spartacus-Forschung kann man ganz grob drei Möglichkeiten der Bezugnahme ausmachen: Zunächst sind diejenigen Historiker zu nennen, die mit dem Verweis auf Karl Marx und sein Spartacus-Urteil auf die

---

1 MEGA, Abt. 3, Bd. 11, 380 = MEW 30, 160.

außerordentliche Rezeptions- und Wirkungsgeschichte hinweisen wollen.[2] Karl Marx ist nämlich nicht nur der Ausgangspunkt für eine intensive Auseinandersetzung sowohl mit Spartacus wie auch mit der antiken Sklaverei insgesamt innerhalb der historischen Forschung.[3] Vielmehr reicht sein Einfluss weit darüber hinaus, indem er durch die Bemerkung, Spartacus sei ein wirklicher Vertreter des antiken Proletariats gewesen, die Grundlage für die spätere ideologische Vereinnahmung des antiken Sklavenführers als politisches Symbol geschaffen hat. Zu nennen sind hier u.a. Rosa Luxemburg und Karl Liebknecht, die ihre Antikriegsaufrufe während des Ersten Weltkrieges mit dem Namen ‚Spartakus' signierten und deren Organisation später den Namen ‚Spartakus-Bund' trug. Auch die ‚Spartakiaden' als sowjetisches Pendant zu den Olympischen Spielen gehören ebenso in diesen Zusammenhang wie der 1971 gegründete ‚Marxistische Studentenbund Spartakus'. Und selbst auf die westliche Populärkultur wirkte Karl Marx mit seinem Urteil ein. So basiert etwa die berühmteste Spartacus-Verfilmung, eine Hollywood-Produktion aus dem Jahr 1960 unter der Regie von Stanley Kubrick und mit Kirk Douglas in der Rolle des Spartacus, auf der Literaturvorlage des amerikanischen Kommunisten Howard Fast, der in seinem 1951 erschienenen Roman marxistische Spartacus-Vorstellungen verarbeitet hat.

Als zweite Gruppe sind Historiker zu nennen, die sich auf den theoretischen Grundlagen des historischen Materialismus mit dem Krieg der Sklaven gegen Rom beschäftigten. Ausgehend von den theoretischen Grundbegriffen des Marxismus ‚Klassenkampf', ‚Gesellschaftsformation', ‚Klasse', ‚Revolution' u.a. und unter dem Einfluss ihrer jeweiligen (wissenschafts-)politischen und gesellschaftlichen Lage stehend, bemühten sie sich um den Entwurf von Spartacus-Bildern, die im Einklang mit Marxens Urteil stehen sollten.[4] Bei dieser Gruppe kann man also einen doppelten Einfluss konstatieren, und zwar erstens einen indirekten und durch das Geschichtsbild des historischen Materialismus vermittelten. Wenn man nämlich einerseits mit dem historischen Materialismus mit Ausnahme der klassenlosen Urgesellschaft und des Kommunismus den gesamten übrigen Geschichtsverlauf als durch Klassenkämpfe bestimmt betrachtet, dann muss man Sklavenaufständen, Sklavenunruhen und Sklavenkriegen eine größere Bedeutung beimessen, insofern sie als Ausdruck des Klassenkampfes gewertet wurden und Klassenkämpfe im historischen Materialismus als zentrale Triebfeder der historischen Entwicklung galten. Zum zweiten: Dass gerade der Spartacus-Aufstand in der marxistisch-leninistischen Geschichtsschreibung nicht nur ein beliebiges Beispiel für den antiken Klassenkampf darstellt, sondern als Paradebeispiel schlechthin dient, hängt unzweifelhaft auch mit dem oben zitierten Urteil von Karl Marx zusammen.[5]

---

2 Vgl. u.a. Brodersen 2010, 6–8 und 85–90; Trow 2015, 1–23; Urbainczyk 2004, 12–18 und 94–96; Teyssier 2012, 10–12; Strauss 2009, 3–5.

3 Vgl. Bellen 1989, 198.

4 Zu nennen sind hier u.a. Mischulin 1952, Günther 1979 und Jähne 1986. Zur Spartacus-Forschung in der Sowjetunion vgl. v.a. Rubinsohn 1983.

5 Vgl. zum Klassenbegriff auch den Aufsatz von Armin Eich in diesem Band; ferner auch allgemein Eich 2017.

Und schließlich sind als dritte Gruppe ‚bürgerliche' Historiker zu erwähnen, die – explizit oder unausgesprochen – in Reaktion auf die Entwürfe ihrer marxistisch-leninistischen Kollegen Gegenentwürfe vorlegten und dabei zwangsläufig Marx und sein Urteil berücksichtigen mussten.[6]

Wie sich der oben beschriebene doppelte Einfluss auf die konkrete Gestaltung von Spartacus-Bildern auswirken kann, soll im Folgenden am Beispiel der Spartacus-Monographien von Rigobert Günther, eines einflussreichen Altertumswissenschaftlers der DDR, dessen Spartacus-Deutung von westlichen Historikern als ‚orthodox marxistisch-leninistisch' charakterisiert worden ist, und des Berliner Althistorikers Armin Jähne, dessen Spartacus-Buch ganz ähnlich wie dasjenige Günthers angelegt war,[7] beleuchtet werden.[8] Es geht hierbei um den Versuch aufzuzeigen, welche Verbindungen sich zwischen ihren Darstellungsperspektiven, ihrem Quellenumgang und den darauf basierenden Rekonstruktionen des Sklavenkrieges sowie der Einordnung des Spartacus-Krieges in einen größeren historischen Rahmen auf der einen Seite und auf der anderen Seite den Urteilen der Klassiker des Marxismus-Leninismus und der marxistisch-leninistischen Vorstellung von Geschichte herstellen lassen. Anders formuliert: Wie bestimmen Günther und Jähne die historische Bedeutung und Rolle des Spartacus und des von ihm angeführten Sklavenkrieges und in welcher Weise versuchen sie dabei, sowohl den Urteilen der Klassiker des Marxismus-Leninismus wie auch dem Geschichtsbild des historischen Materialismus zu entsprechen?

Zur Perspektive von Günther und Jähne: Parteilichkeit und Objektivität

Zu den wesentlichen Kennzeichen des Umgangs von Günther und Jähne mit Spartacus und dem Krieg der Sklaven gegen Rom gehört ihre spezifische Perspektive. Dass es sich dabei um eine marxistisch-leninistische Sichtweise handelt, ist zwar vorauszusetzen, doch ist zunächst zu fragen, woran sie in ihrer Darstellung festzumachen ist bzw. worin sie sich überhaupt äußert. Zu nennen ist hier erstens die Anlehnung Günthers und Jähnes an die Spartacus-Urteile von Marx, Engels und Lenin sowie deren Bewertungen der antiken Skla-

6 Guarino 1980, der sich mit seiner Monographie ‚Spartacus. Analyse eines Mythos' von marxistischen Spartacus-Bildern distanziert, ist das wohl prägnanteste Beispiel; vgl. außerdem Vogt 1957.

7 Vgl. Willing 2012a.

8 So bemerkt Willing 2012b: „Eine streng marxistisch-leninistische Interpretation der antiken Sklaverei brachte auch Günthers populärwissenschaftliche Monografie ‚Der Aufstand des Spartacus' zum Ausdruck, die große Verbreitung fand." Eine insgesamt orthodoxe historisch-materialistische Sichtweise auf die Antike wird Günther auch von Christ 2006 attestiert: „Aus dem Rückblick auf Günthers Lebenswerk ergibt sich, dass sich dieser in einer wahren Flut von meist kleineren Publikationen leidenschaftlich als stets beflissener Vertreter eines orthodoxen Historischen Materialismus betätigte." (124) Und in seinem Beitrag „Zur Entwicklung der Alten Geschichte in der DDR" bemerkt er: „Das weit verbreitete, auch in der Bundesrepublik verlegte Taschenbuch von Rigobert Günther ‚Der Aufstand des Spartacus' ist eine zwar sehr anschauliche, in der Beurteilung jedoch völlig orthodox marxistische Schilderung dieser Erhebung" (Christ 1990, 77).

verei.[9] Parallel dazu grenzen sie sich zweitens deutlich von ‚bürgerlichen' Betrachtungsweisen und Beurteilungen des Spartacus-Krieges ab. Nach Günther habe sich zwar das „antifeudale Bürgertum" ebenfalls für Spartacus begeistert, „ohne allerdings seine historische Bedeutung voll zu erfassen."[10] Dieser Aspekt wird von Jähne aufgegriffen und erweitert:

> „Die Sklavenunruhen der Antike, insbesondere die Sklavenkriege, waren den Ausbeuterklassen aller Zeiten und den in ihrem Dienste stehenden Geschichtsschreibern ideologisch immer unbequem und wurden deshalb in historischen Darstellungen gern übergangen oder nur kurz gestreift. [...] Es gibt in der heutigen bürgerlichen Geschichtsschreibung, obwohl man dort nicht umhin kann, den Spartacuskrieg als einen Höhepunkt im Kampf der Sklaven gegen ihre Herren und gegen Rom anzuerkennen, die bezeichnende Tendenz zur Unterbewertung und Herabsetzung des Klassenkampfes der Sklaven. Mit vielfältigen Methoden wird versucht, den Platz der Sklavenaufstände und damit auch des Sklavenkrieges unter Spartacus in der Geschichte Roms zu schmälern. [...] Nach wie vor ist unter den bürgerlichen Historikern zu beobachten, dass sie die Sklaven als ‚Räuber', ihre Anführer als ‚Räuberhauptmann', das Sklavenheer als ‚Räuberhaufen' verunglimpfen und durch diese Kriminalisierung das soziale Wesen der Sklavenaufstände verfälschen."[11]

Und schließlich findet ihre Perspektive darin ihren Ausdruck, welche Eigenschaften den Römern und welche Spartacus und den Sklaven zugesprochen werden. Ihre Zuschreibungen wirken dabei geradezu wie ein Gegenprogramm zu der von Jähne kritisierten Verunglimpfung und Kriminalisierung des Spartacus und seiner Anhänger durch die ‚bürgerliche' Geschichtsschreibung. So stehen auf der einen Seite die Sklaven, die „in ihrem Klassenkampf die Menschenwürde, die durch soziale Unterdrückung und Ausbeutung in den Schmutz getreten wurde"[12], verteidigten. Gerade Günther betont immer wieder, dass es sich bei den Auseinandersetzungen um einen heldenhaften Kampf der tapferen Sklaven um ihre Freiheit gehandelt habe[13] und dass dieser Kampf gerecht gewesen sei.[14] Auf der anderen Seite werden die Vertreter der herrschenden Klasse regelmäßig als grausam, brutal und übermütig beschrieben.[15]

---

9 Vgl. Günther 1979, 5–6; Jähne 1986, 10, 27, 35 u. 177–178.
10 Günther 1979, 7.
11 Jähne 1986, 172–174.
12 Günther 1979, 5.
13 Vgl. Günther 1979, 7, 22, 31, 32, 73, 80, 88, 90 u. 121. Bei Jähne taucht das Motiv des heldenhaften Kampfes dagegen nur einmal auf; vgl. Jähne 1986, 76.
14 Die Gerechtigkeit des Sklavenkampfes betont Jähne stärker als Günther; vgl. Jähne 1986, 95, 101, 170–171, 173 u. 179; Günther 1979, 6 u. 80.
15 Vgl. Günther 1979, 21, 41, 67, 70 u. 74; Jähne 1986, 75, 108 u. 141. Die Gräueltaten der Sklaven in Anni Forum, von denen Sallust berichtet (hist. III 98) und die Spartacus nicht habe verhindern können, werden von Jähne zwar erwähnt, jedoch bemüht er sich deutlich, diese Vorgänge zu entschuldigen: „Übergriffe, die sie [sc. die Sklaven] sich dabei der friedlichen Bevölkerung gegenüber zuschulden kommen ließen, mögen zwar zu bedauern sein, erklären sich aber aus der oftmals gera-

Die sich auf diese Weise äußernde Parteinahme für die Sklaven ist allerdings nicht allein das Resultat einer allgemeinen Sympathie für Spartacus und die unterlegenen Sklaven. Sie ist auch mehr als eine bloß oberflächliche Orientierung an den Urteilen der Klassiker des Marxismus-Leninismus. Vielmehr ergibt sich ihre Parteilichkeit sowie die Parteinahme marxistisch-leninistischer Historiker für die jeweils unterdrückte Klasse einer Gesellschaftsformation insgesamt aus dem Geschichtsbild des historischen Materialismus selbst und ist insofern für die Untersuchung geschichtswissenschaftlichen Arbeitens marxistisch-leninistischer Historiker von zentraler Bedeutung.[16]

Der historische Materialismus verfolgt einen universalhistorischen Ansatz und beschreibt die gesamte Menschheitsgeschichte als eine gesetz- und stufenmäßige Abfolge von ökonomischen Gesellschaftsformationen. So folgt auf die klassenlose Urgesellschaft mit der antiken Sklavenhaltergesellschaft die erste antagonistische Klassengesellschaft, dann der Feudalismus, der seinerseits vom Kapitalismus abgelöst wird. Man geht jedoch nicht nur von der Gesetzmäßigkeit des Geschichtsprozesses aus, sondern auch von seiner Zielgerichtetheit. Demnach werde sich der Geschichtsverlauf nach dem Sieg des Proletariats über die herrschende Klasse im Kapitalismus und dem Sozialismus als Zwischenschritt schließlich im Kommunismus, in dem alle Klassen und damit alle Klassengegensätze aufgehoben sind, vollenden. Die für die Entwicklung von Gesellschaftsformationen und ihre Ablösung durch die jeweils nächsthöhere entscheidenden Faktoren sind der Stand und die Entwicklung der Produktivkräfte. Erreichen diese einen bestimmten Entwicklungsstand, dann kommt es zunächst zu einem Widerspruch zwischen ihnen und den bis dahin herrschenden Produktionsverhältnissen. Wenn nun dieser Antagonismus zwischen Produktivkräften und Produktionsverhältnissen ein kritisches Maß erreicht, dann tritt nach Marx eine revolutionäre Epoche ein, an deren Ende die Ablösung der älteren Gesellschaftsformation durch eine qualitativ höhere steht. Grundlegend bestimmend für den Geschichtsverlauf ist folglich die dialektische Wechselbeziehung zwischen Produktivkräften und Produktionsverhältnissen.

> „Auf einer gewissen Stufe ihrer Entwicklung geraten die materiellen Produktivkräfte der Gesellschaft in Widerspruch mit den vorhandenen Produktionsverhältnissen oder, was nur ein juristischer Ausdruck dafür ist, mit den Eigentumsverhältnissen, innerhalb deren sie sich bisher bewegt hatten. Aus Entwicklungsformen der Produktivkräfte schlagen diese Verhältnisse in Fesseln derselben um. Es tritt dann eine Epoche sozialer Revolution ein. Mit der Veränderung der ökonomischen Grundlage wälzt sich der ganze ungeheure Überbau langsamer oder rascher um.“[17]

---

dezu unmenschlichen Behandlung der Sklaven und der Verachtung, der sie allgemein ausgesetzt waren. Sie sollten keinesfalls zum Anlass genommen werden, um die Sklaven in moralisierender Weise zu verurteilen, sie als Bande von Räubern und Gewalttätern darzustellen“ (113).

16 Vgl. Brendler 1972, 103; Heydemann 1980, 212.

17 MEGA Abt. 2, Bd. 2, 100–101 = *MEW* 13, 9.

Doch dieser Prozess ist nicht mechanisch zu verstehen. Neben die Theorie von der Dialektik zwischen Produktivkräften und Produktionsverhältnissen als Triebkraft des Geschichtsprozesses tritt die Klassenkampftheorie und stellt den Menschen als historischen Akteur in den Fokus. Auch wenn die Rollen der Menschen und ihr Wirken in der Geschichte durch ihre Position innerhalb der Gesellschaft festgelegt sind, auch wenn sie in „der gesellschaftlichen Produktion ihres Lebens [...] bestimmte, notwendige, von ihrem Willen unabhängige Verhältnisse [eingehen], Produktionsverhältnisse, die einer bestimmten Entwicklungsstufe ihrer materiellen Produktivkräfte entsprechen“[18], sind sie es doch als bewusst handelnde Wesen, durch die sich der Geschichtsprozess verwirklicht. Dem Stand und der Entwicklung der Produktivkräfte im Verhältnis zu den Produktionsverhältnissen entspricht eine bestimmte Aufteilung der Menschen in verschiedene als Klassen bezeichnete Gruppen. Der Antagonismus zwischen Produktivkräften und Produktionsverhältnissen äußert sich in der Aufsplitterung der Gesellschaft in herrschende und unterdrückte Klassen, in diejenigen, die über die Produktionsmittel verfügen, und diejenigen, die von der Verfügungsgewalt über sie ausgeschlossen sind. Mit der Verschärfung des Antagonismus zwischen Produktivkräften und Produktionsverhältnissen geht eine Intensivierung der Klassengegensätze einher, die sich im Geschichtsverlauf als Klassenkämpfe äußern.

Aus dieser Perspektive betrachtet stellt sich die Geschichte für den marxistisch-leninistischen Historiker als ein ununterbrochener Klassenkampf dar, der „notwendig aus dem Antagonismus der materiellen Existenzbedingungen und der darin wurzelnden Interessen der Klassen“[19] hervorgeht. So heißt es auch im Manifest der Kommunistischen Partei:

> „Die Geschichte aller bisherigen Gesellschaft ist die Geschichte von Klassenkämpfen. Freier und Sklave, Patrizier und Plebejer, Baron und Leibeigener, Zunftbürger und Gesell, kurz, Unterdrücker und Unterdrückte standen in stetem Gegensatz zueinander, führten einen ununterbrochenen, bald versteckten, bald offenen Kampf, einen Kampf, der jedesmal [sic] mit einer revolutionären Umgestaltung der ganzen Gesellschaft endete oder mit dem gemeinsamen Untergang der kämpfenden Klassen.“[20]

In unserem Zusammenhang ist nun von zentraler Bedeutung, dass vor dem Hintergrund der Annahme der Zielgerichtetheit der historischen Entwicklung den Klassen bestimmte historische Rollen zugesprochen werden. Während die herrschenden Klassen an ihrer Macht und damit an den bestehenden Produktionsverhältnissen festhalten wollen, streben die jeweils unterdrückten Klassen nach einer Neugestaltung der ökonomischen Verhältnisse und gelten daher im Verständnis des historischen Materialismus als revolutionär, fortschrittlich und progressiv. Folglich sind es gerade die unterdrückten Klassen, die sich gewissermaßen im Einklang mit dem gesetzmäßigen und teleologischen Geschichts-

18 MEGA Abt. 2, Bd. 2, 100 = MEW 13, 8.
19 Hahn 1976, 434.
20 MEGA Abt. 1, Bd. 6, 525–526 = MEW 4, 462.

prozess befinden, indem sie ihn durch ihren Kampf vorantreiben. Das bedeutet allerdings nicht, dass die unterdrückten Klassen von Anfang an, also seit der antiken Sklavenhaltergesellschaft, in der Lage gewesen wären, die klassenlose Gesellschaft als Ziel ihres Klassenkampfes zu formulieren. Gemäß der Vorstellung der Stufenfolge der Gesellschaftsformationen weisen die früheren antagonistischen Klassengesellschaften einen niedrigeren gesellschaftlichen Entwicklungsstand auf als die nachfolgenden. Da nun mit Marx davon ausgegangen wird, dass das gesellschaftliche Sein das Bewusstsein bestimmt,[21] verfügen die Klassen der früheren Gesellschaftsformationen über ein weniger ausgeprägtes Klassenbewusstsein als die späteren. Von diesem Klassenbewusstsein hängen aber die Zielsetzungen und Handlungsmöglichkeiten der Klassen ab:

> „Eine Gesellschaftsformation geht nie unter, bevor alle Produktivkräfte entwickelt sind, für die sie weit genug ist, und neue höhere Produktionsverhältnisse treten nie an die Stelle, bevor die materiellen Existenzbedingungen derselben im Schoß der alten Gesellschaft selbst ausgebrütet worden sind. Daher stellt sich die Menschheit immer nur Aufgaben, die sie lösen kann, denn genauer betrachtet wird sich stets finden, dass die Aufgabe selbst nur entspringt, wo die materiellen Bedingungen ihrer Lösung schon vorhanden oder wenigstens im Prozess ihres Werdens begriffen sind.“[22]

Erst in der letzten antagonistischen Gesellschaftsformation, d.h. im Kapitalismus, in der der Antagonismus zwischen Produktivkräften und Produktionsverhältnissen in höchstem Maße ausgeprägt ist, wird ein Entwicklungsstand der Gesellschaft erreicht, in dem die Voraussetzungen für die Entwicklung eines umfassenden Klassenbewusstseins des Proletariats gegeben sind. Nun erst ist es auf der Grundlage der marxistisch-leninistischen Weltanschauung als höchstem Ausdruck des proletarischen Klassenbewusstseins möglich, nicht mehr nur enge Klassenziele zu verfolgen, sondern das Ziel einer klassenlosen Gesellschaft wissenschaftlich begründet zu formulieren. Hierbei kommt der Arbeiterklasse die historische Mission zu, den Geschichtsprozess zu vollenden.

Akzeptiert man diese hier nur kurz skizzierte Geschichtsvorstellung des historischen Materialismus, dann folgt für den marxistisch-leninistischen Historiker daraus das Gebot der Übernahme der ‚Perspektive der Unterdrückten‘.[23] Der DDR-Historiker Gerhard Brendler definiert Parteilichkeit wie folgt:

21 Vgl. MEGA Abt. 2, Bd. 2, 100–101 = MEW 13, 8–9.

22 MEGA Abt. 2, Bd. 2, 101 = MEW 13, 9.

23 Goertz 1995, 133, bringt diesen Gedanken auf den Punkt, wenn er schreibt: „Was heißt im marxistischen Sinn ‚objektiv‘ und ‚parteilich‘? Ganz einfach gesagt: Die Geschichte objektiv darzustellen heißt, sie aus der Kenntnis ihres Entwicklungsgesetzes heraus darzustellen; und ‚parteilich‘ heißt, den Standort, von dem aus man zurückblickt, in der Bewegung einzunehmen, die zu einer klassenlosen Gesellschaft führen wird.“

> „Der Marxismus-Leninismus versteht unter Parteilichkeit ein klassenbezogenes Verhalten, das alle gesellschaftlich relevanten Bereiche des Denkens, Handelns und Fühlens in Ökonomie, Politik und Kultur erfasst und sich auf die Wissenschaft erstreckt. In den Wissenschaften erfüllt die Parteilichkeit neben ihrer allgemeinen politischen auch eine methodologische Funktion [...]. Parteilichkeit ist, kurz gesagt, konzentrierter Ausdruck des Klassenbewusstseins. Als solche ist sie eine Eigenschaft des subjektiven Faktors in der Geschichte, eine subjektive, jedoch keine subjektivistische Kategorie."[24]

Wie aus dieser Definition hervorgeht, soll es sich bei der marxistisch-leninistischen Parteilichkeit um eine subjektive, jedoch keine subjektivistische Kategorie handeln. Der Ausgangspunkt hierbei ist die Feststellung, dass historiographisches Arbeiten nie voraussetzungslos ist. Alle Aussagen von Historikern werden aufgrund ihrer Standortgebundenheit aus bestimmten Perspektiven getroffen und sind parteilich. Eine neutrale und in einem unbedingten Sinne objektive Darstellung der Geschichte kann es somit nicht geben.[25] Die Lösung des historischen Materialismus für das Problem des Verhältnisses von Parteilichkeit und Objektivität, für Subjektivität und Wissenschaftlichkeit sieht in Brendlers Worten folgendermaßen aus:

> „Für unser Thema ist in diesem Zusammenhang von entscheidender Bedeutung, dass sich diese Entwicklung [gemeint ist der Geschichtsprozess, wie er oben beschrieben wurde] als *materieller* Prozess vollzieht, der gegenüber den ihn begleitenden Bewusstseinsprozessen primär ist. Dieser allgemeine Grundsatz eines jeglichen Materialismus konkretisiert sich in Anwendung auf die Geschichte dahin, dass das gesellschaftliche Sein das gesellschaftliche Bewusstsein bestimmt. Die Frage ist nun die, ob es im gesellschaftlichen Sein etwas gibt, das den subjektiven Wertungen als subjektunabhängiger, materieller Bezugspunkt für Wertungen bzw. Einschätzungen dienen könnte. Im Gegensatz zu den verschiedenen Spielarten des subjektiven und objektiven Idealismus ist der historische Materialismus dazu in der Lage, einen Bezugs- bzw. Orientierungspunkt für Wertungen anzugeben, der außerhalb der Subjektivität liegt und der nicht nur eine ‚intelligible' Existenz im Bewusstsein führt. Dieser Bezugspunkt oder dieses Bezugssystem ist die objektive Bewegungsrichtung der Geschichte, der Fortschritt in seiner jeweiligen historischen Konkretheit. Das bedeutet nicht, dass die Parteilichkeit damit aufhört, eine subjektive Kategorie zu sein. Es bedeutet aber – und das halten wir für entscheidend wichtig –, dass die subjektiv-parteiliche Haltung, der Klassenstandpunkt damit ein wissenschaftliches Fundament, eine Verankerung in den materiellen, objektiv-realen Prozessen der Gesellschaft erfährt, die vom Marxismus-Leninismus erforscht und aufgedeckt werden."[26]

24 Brendler 1972, 277–278.
25 Vgl. Heydemann 1980, 202.
26 Brendler 1972, 279–280; Hervorh. im Original.

Hinzu kommt die Vorstellung der Einheit von Theorie und Praxis, wie Brendlers Definition außerdem zu entnehmen ist. Der historische Materialismus beschreibt und erklärt nicht nur die Vergangenheit, sondern formuliert auch den noch nicht erreichten Zielpunkt der Geschichte. Daher bedeutet die Übernahme dieses Standpunktes für den marxistisch-leninistischen Historiker zugleich die Verpflichtung zur aktiven Beteiligung am Kampf der Arbeiterklasse für eine klassenlose Gesellschaft. Der vom Historiker zu leistende Beitrag besteht dabei im Wesentlichen darin, durch die Darstellung von aus Sicht des Marxismus-Leninismus gesellschaftlich relevanten Themen und durch den Entwurf von entsprechenden Geschichtsbildern „das gesellschaftliche Verhalten des Adressaten zu beeinflussen, sein Bewusstsein über die Vermittlung eines bestimmten Wissens zu bilden"[27].

Genau in diesem Sinne findet die Auseinandersetzung Günthers und Jähnes mit Spartacus und dem Sklavenkrieg statt. Man ergreift Partei für die fortschrittliche Klasse der Antike, die Sklaven, und wendet sich gleichzeitig gegen die reaktionäre Klasse der Sklavenbesitzer. Mit der Annahme der Kontinuität des Klassenkampfes wird der Spartacus-Aufstand eingeordnet in den gesetzmäßigen und dem Ziel einer klassenlosen Gesellschaft zustrebenden Geschichtsverlauf. Seine historische Bedeutung soll darin bestehen, eine wichtige Etappe innerhalb des gesamten Geschichtsverlaufs zu sein.[28] Mit der Vermittlung ebendieses Bildes soll das Bewusstsein der Arbeiterklasse über die Gesetzmäßigkeit und Zielgerichtetheit der Geschichte geprägt werden. Vor allem Günther scheint dieser Forderung nachkommen zu wollen, wendet er sich doch mit seinem populärwissenschaftlichen Werk in erster Linie an die breite Öffentlichkeit.[29] Dazu passend beschließt er sein Spartacus-Werk mit den folgenden Worten:

> „Spartacus gab mit dem von ihm geleiteten großen Aufstand ein Zeichen, das bis in eine weite geschichtliche Ferne wirkte. Es wurde in unserem Jahrhundert von den besten und kühnsten Kämpfern für die Sache des Volkes, für den Aufbau einer klassenlosen Gesellschaft aufgenommen und an uns Heutige weitergegeben. So wirkt das Vermächtnis des Spartacus bis in die sozialistische Gegenwart unserer Tage."[30]

Spartacus und seine Rolle beim Sklavenaufstand in den Darstellungen Günthers und Jähnes

Die oben skizzierte Perspektive marxistisch-leninistischer Historiker bestimmt also wesentlich ihre Darstellungsweise, und zwar nicht nur hinsichtlich der Einordnung historischer Begebenheiten in größere Kontexte, das heißt als Deutung innerhalb des einheitli-

27 Brendler 1972, 290.
28 Vgl. Jähne 1986, 11–12.
29 Zu Rigobert Günther als Vermittler des marxistischen Geschichtsbildes vgl. Meißner 2005, 105.
30 Günther 1979, 123.

chen, gesetzmäßigen und zielgerichteten Geschichtsverlaufs in seiner Ganzheit. Sie lässt sich auch schon beim direkten Umgang mit den Quellen und den Versuchen, aus ihren Aussagen etwa die Ereignisabfolge, kausale Zusammenhänge oder Charakterisierungen von Personen usw. abzuleiten, nachverfolgen, wie im Folgenden anhand der von Günther und Jähne durchgeführten Rekonstruktion des Spartacus-Aufstandes und ihrer Bestimmung der Rolle des Spartacus im Sklavenkrieg aufgezeigt werden soll.

Es überrascht nicht, dass beide ein wohlwollendes Spartacus-Bild entwerfen. Nicht nur Marx würdigte Spartacus, auch in den antiken Quellen finden sich zahlreiche Zuschreibungen positiver Eigenschaften.[31] Herausragende taktische, strategische und organisatorische Fähigkeiten werden ihm daher von Günther und Jähne ebenso bescheinigt wie ein guter Charakter und eine hervorragende Führung seiner Anhänger. Darüber hinaus ist bei Günther zu beobachten, dass er Nachrichten der antiken Überlieferung, die grundsätzlich geeignet wären, Spartacus in ein schlechtes Licht zu rücken, entweder überhaupt nicht in seine Darstellung aufnimmt oder sie so umformuliert, dass nur den mit den antiken Quellen gut vertrauten Lesern klar wird, was er eigentlich meint. Bei Appian heißt es z.B.: „Er kreuzigte auch im Raum zwischen den Linien einen römischen Gefangenen und wollte so seinen eigenen Leuten vor Augen führen, wie es ihnen im Falle einer Niederlage ergehen werde."[32] Das Detail der Kreuzigung eines römischen Gefangenen lässt Günther unerwähnt und schreibt stattdessen lediglich: „Er machte den Seinigen ihre Lage klar und hielt ihnen vor Augen, was sie erwartete, wenn sie unterliegen würden."[33] Ebenfalls bei Appian findet sich die Nachricht, dass Spartacus nach der Totenfeier für Krixos gegen Rom vorgerückt sei, nachdem er „sämtliche Gefangenen niedergemacht und die Zugtiere geschlachtet"[34] habe. Der Mord an den Gefangenen taucht in Günthers Darstellung allerdings auch nicht auf. Florus schließlich stellt nicht den Wunsch der Sklaven nach Freiheit in den Mittelpunkt, sondern erklärt, es sei ihnen vor allem um Rache gegangen.[35] Zudem betont er, dass Spartacus nach seinen Siegen übermütig geworden sei und einen Angriff auf Rom geplant habe,[36] Einschätzungen, die sich in dieser Form bei Günther nicht finden.

Für Günther ist das positive Bild von Spartacus als Feldherr der Ausgangspunkt für die Bestimmung seiner im Vergleich zu den anderen Sklavenführern übergeordneten Rolle im Sklavenkrieg. Gerade mit diesen Fähigkeiten habe er nämlich in der Weise Einfluss auf den Kriegsverlauf genommen, dass er über mehrere Jahre hinweg die römischen Armeen in zahlreichen kleinen und großen Schlachten besiegen konnte, was ihn eben deutlich von den anderen Sklavenführern Krixos, Castus und Gannicus abhebt, die jeweils bereits kurze Zeit nach ihren Trennungen vom Hauptheer von den Römern vernichtend geschlagen wurden. Es sind aber nicht nur die militärischen Erfolge, die Spartacus gegenüber den anderen Anführern auszeichnen. Wichtiger ist in diesem Zusammenhang, dass es

31 Vgl. App. civ. I, 116–120; Plut. Crass. 8–11.
32 App. civ. I, 119; Übers. n. O. Veh.
33 Günther 1979, 26.
34 App. civ. I, 117.
35 Flor. III 20, 3.
36 Flor. III 20, 11.

aus Günthers Sicht Spartacus ist, der die Lage in Italien angemessen beurteilt, seine Erfolgsaussichten realistisch einschätzt und im Gegensatz zu den anderen Sklavenführern daraus die einzig richtigen Schlüsse zieht. Er erklärt, dass es schon sehr früh im Verlauf des Krieges Spartacus' Absicht gewesen sei, die Freiheit durch die Flucht aus Italien zu erlangen. An diesem richtigen Ziel habe er bis zum Ende, d.h. bis zu dem Zeitpunkt, als sich eine Entscheidungsschlacht gegen Crassus nicht mehr habe vermeiden lassen, festgehalten. Während der gesamten Kriegsdauer steht Spartacus bei Günther permanent vor der Herausforderung, sein Heer zusammenzuhalten. Es finden sich wiederholt Unterführer, so zunächst Krixos, später dann Castus und Gannicus, die seine Ziele grundsätzlich nicht teilen und für die Abtrennung ganzer Heeresabteilungen und ihren späteren Untergang verantwortlich sind.[37]

Jähne stimmt mit Günther darin überein, dass es das Hauptanliegen des Spartacus gewesen sei, die Sklaven möglichst schnell und unbeschadet aus dem Machtbereich Roms herauszuführen. Und ähnlich wie bei Günther geht auch bei Jähne dieser Entscheidung die richtige Einschätzung der Machtverhältnisse in Italien voraus, mit dem wesentlichen Unterschied allerdings, dass nicht nur Spartacus die Lage richtig beurteilt, sondern es sich um das Ergebnis einer kollektiven Überlegung und Entscheidung gehandelt habe.[38] Dadurch wird aber die herausragende Rolle des Spartacus, wie sie ihm Günther zuschreibt, geleugnet. Jähnes Gedanke der Eintracht zwischen den Sklavenführern kommt nicht nur in diesem Punkt zur Geltung, sondern bestimmt ganz wesentlich auch die restliche Darstellung des Kriegsverlaufs. Statt von Meinungsverschiedenheiten zwischen den Sklavenführern in Bezug auf die grundlegenden Ziele auszugehen, entwirft er ein alternatives Erklärungsmodell für die immer wieder auftretenden Aufspaltungen des Sklavenheeres, in dessen Mittelpunkt einerseits seine ‚Demokratie-These' und andererseits taktische Aspekte stehen.

Im Gegensatz zu den Verhältnissen bei den Sizilischen Sklavenkriegen, bei denen sich jeweils eine Person an die Spitze stellte, seien die drei von den Sklaven gewählten Anführer beim Spartacus-Aufstand – nach Jähne – mehr oder weniger gleichberechtigt gewesen. Die Dreiteilung des Sklavenheeres (Spartacus, Oinomaos und Krixos) resultiere dabei weniger aus einer Rivalität zwischen den drei Anführern, sondern lasse sich vielmehr auf ein ursprüngliches Demokratieverständnis der am Aufstand beteiligten Sklaven zurückführen,[39] womit Jähne auf die historisch-materialistische Vorstellung einer klassenlosen Urgesellschaft, der die am Spartacus-Krieg beteiligten Sklaven seiner Ansicht nach entstammten, verweist. Gerade diese demokratischen Verhältnisse, die Jähne als eine natürliche Reaktion der Sklaven auf die Unterdrückung und als die einzige Möglichkeit wertet, die neue Freiheit überhaupt behaupten zu können, hätten – verstärkt durch die gerechte Aufteilung der Beute – dazu beigetragen, dass sich so viele Sklaven dem Aufstand angeschlossen hätten.[40] Auf dieser These aufbauend behauptet Jähne weiter, dass alle Sklaven inklusive der Sklavenführer stets dasselbe Ziel, nämlich die Flucht aus Ita-

37 Vgl. Günther 1979, 15–16 u. 26–28.
38 Vgl. Jähne 1986, 158.
39 Vgl. Jähne 1986, 98.
40 Vgl. Jähne 1986, 101.

lien, verfolgt hätten. Die in den Quellen erwähnten Aufteilungen des Sklavenheeres in mehrere Abteilungen wertet er als taktische Manöver und führt sie auf „pragmatisch-zweckdienliche“[41] Gründe zurück mit dem Ziel der Vergrößerung des Aktionsradius, der Ausweitung des Krieges zwecks Mobilisierung einer größeren Zahl von Sklaven, der leichteren Versorgung mit Nahrungsmitteln und u. U. einem höheren Marschtempo.[42]

Wie lässt sich nun dieser Unterschied in den Bestimmungen der Rolle des Spartacus erklären und worauf lassen sich die beiden unterschiedlichen Bilder zurückführen? Bei Günther finden sich keine Begründung dafür oder zumindest kein eindeutiger Hinweis darauf, warum er Spartacus über die anderen Sklaven und Sklavenführer stellt, sodass wir hier auf Mutmaßungen angewiesen sind. So ist es zum einen durchaus möglich, dass er (zumindest in diesem Punkt) lediglich den Aussagen der Quellen, namentlich Plutarch, der ein ganz ähnliches Bild vermittelt, folgt. Nicht auszuschließen ist aber auch, dass er im Sinne seiner Bemerkung im Vorwort, nach der die Urteile der Klassiker seine Orientierungspunkte gewesen seien,[43] glaubte, damit im Einklang mit dem Urteil von Marx zu stehen, der ja nicht etwa den tapferen Kampf der am Spartacus-Krieg beteiligten Sklaven um ihre Freiheit im Allgemeinen würdigt, sondern in Spartacus die überragende Person der gesamten Antike und wirklichen Vertreter des antiken Proletariats erblickt. So gesehen könnte man Spartacus auch in Marxens Sinne eine Sonderstellung im Sklavenkrieg zusprechen, wie es auch Günther tut.

Im Vergleich dazu ist Jähnes Bild leichter zu erklären, da sich seine Interpretation problemlos mit den Vorstellungen des historischen Materialismus über die Rolle historischer Persönlichkeiten im Geschichtsprozess in Verbindung bringen lässt. Demnach ist zum einen die „Rolle historischer Persönlichkeiten [...] durch das Wirken der Volksmassen [in unserem Fall der Sklaven] und die Gesamtheit der objektiven gesellschaftlichen Verhältnisse bedingt, unter denen die Persönlichkeiten auftreten.“[44] Ihre Rolle wird zudem geprägt „durch den Charakter der von ihnen repräsentierten Klassenkräfte“[45], woraus mit Jähne geschlossen werden kann, dass es unwahrscheinlich ist, dass Spartacus als Vertreter der Klasse der Sklaven prinzipiell andere Ziele ins Auge fasste als die übrigen Sklaven und Sklavenführer. Sowohl Jähnes Ansicht, dass die Formulierung des Ziels und die Entscheidungen zu den wiederholten Aufteilungen des Heeres kollektiv und einvernehmlich innerhalb der Führungsgruppe um Spartacus getroffen worden seien, wie auch die Behauptung eines unter den Sklaven herrschenden demokratischen Prinzips finden ihre Begründung im historischen Materialismus:

> „Lenin betrachtete die leitenden Personen der proletarischen Bewegung nicht wie die bürgerlichen Ideologen die ‚welthistorischen Individuen‘ als Genien, die die Massen als subalternen Rohstoff ihrer eigenständigen Aktionen benutzen, son-

41 Jähne 1986, 98.
42 Vgl. Jähne 1986, 161 u. 163.
43 Vgl. Günther 1979, 5–6.
44 Hahn 1976, 618.
45 Hahn 1976, 619.

> dern als notwendige Organe der Bewegung der Klasse, von dieser hervorgebracht und ihrem Zweck dienend. Die Rolle der Führer schließt die Aktivität der Massen nicht nur nicht aus, sondern hat sie zur Voraussetzung. Die aktivste und breiteste Teilnahme der Massen an der proletarischen Bewegung erleidet keinen Abbruch, sondern, im Gegenteil, gewinnt dadurch, dass eine relativ kleine Gruppe bewährter Führer die ganze Bewegung entsprechend dem Prinzip des demokratischen Zentralismus leitet."[46]

Zudem will Jähne damit den Eindruck vermeiden, als hätte Spartacus allein die Entwicklung des Sklavenkrieges maßgeblich beeinflussen können. Unabhängig davon, dass die Niederlage der Sklaven aus Jähnes Sicht ohnehin vorherbestimmt war, ist darüber hinaus die Einflussmöglichkeit einzelner Personen im historischen Materialismus sehr begrenzt. In Abgrenzung zum ‚bürgerlichen Heroenkult' seien nämlich die eigentlichen Triebkräfte des Geschichtsprozesses die Massen.[47]

Hinsichtlich der Frage nach den Zielen der Aufständischen sind sich Günther und Jähne darin einig, dass es kein soziales Programm oder die Absicht einer grundlegenden und revolutionären gesellschaftlichen Veränderung gegeben habe. So heißt es bei Günther:

> „Das Ziel des Spartacusaufstandes war nicht die Bildung einer neuen Gesellschaftsordnung, keine Umwälzung der bestehenden gesellschaftlichen Verhältnisse, keine Revolution. Im Gegensatz zu den Zielen der früheren Aufstände wollte Spartacus keinen Sklavenstaat errichten, in dem die bestehenden gesellschaftlichen Verhältnisse nur umgestülpt waren, d. h., dass aus Sklavenbesitzern Sklaven und aus Sklaven neue Sklavenbesitzer würden. So weit [sic] wir es einschätzen können, hatte er auch nicht die allgemeine Aufhebung der Sklaverei beabsichtigt."[48]

Und Jähne betont, dass es nicht darum gegangen sei, die „antiken Produktionsverhältnisse zu überwinden oder ein fest umrissenes, allgemeines revolutionäres Programm ihres Kampfes zu entwickeln."[49] Gemessen daran, dass sich in den Quellen keine Hinweise auf derartige Zielsetzungen der Sklaven finden, überrascht die Einschätzung von Günther und Jähne nicht. Was allerdings verwundert und nicht allein mit den Quellenaussagen erklärt werden kann, sind die Deutlichkeit und der Nachdruck, mit denen das Fehlen eines solchen Programms betont wird. Ein Hinweis darauf, warum man glaubt, diesen Aspekt hervorheben zu müssen, findet sich bei Jähne, wenn er erklärt:

46 Hahn 1976, 621. Lenin bezieht sich an dieser Stelle zwar vornehmlich auf die moderne Arbeiterklasse, doch man kann davon ausgehen, dass diese Bemerkung auch auf die Sklaven der Antike übertragbar ist bzw. von Jähne übertragen wird.

47 Vgl. Hahn 1976, 611–612.

48 Günther 1979, 38.

49 Jähne 1986, 157.

„Zweifellos hatten sich den aufständischen Sklaven auch Freie angeschlossen, doch ihre Zahl wird klein geblieben und ihre Rolle im Heer, ihr Einfluss auf die gesamte Sklavenbewegung unbedeutend gewesen sein. Es gab keine massenhafte Beteiligung notleidender oder landarmer freier Bauern am Sklavenkrieg, kein Bündnis der Sklaven mit der freien Bauernschaft des römischen Italien, wie in der marxistischen Geschichtsschreibung der 30er und 40er Jahre manchmal behauptet wurde. In den Quellen finden sich keinerlei Belege für eine solche Annahme, die von einer modernisierenden Beurteilung der antik-römischen Verhältnisse und des Sklavenkrieges unter Spartacus ausgeht. Merkmale und Probleme des proletarischen Klassenkampfes und der Bündnispolitik der Arbeiterklasse im 20. Jahrhundert wurden ungerechtfertigt auf römische Verhältnisse übertragen. Diese unhistorische Betrachtungsweise führte dazu, dass man in den Sklaven eine Art Klassenhegemon sah, der die italische Bauernschaft an sich zog und mit ihr gemeinsam versuchte, die bestehende Gesellschaftsordnung revolutionär zu verändern."[50]

In diesem Passus geht es Jähne eigentlich um die Frage der Zusammensetzung des Sklavenheeres und die Beteiligung von Freien am Aufstand. Man dürfe die Formen des modernen Klassenkampfes, seine Merkmale und Probleme, aber eben auch seine Ziele nicht auf die antiken Verhältnisse übertragen. Vor diesem Hintergrund scheint es beiden Autoren vor allem darum zu gehen, Fehlinterpretationen marxistischer Historiker, die aus der Nichtbeachtung der jeweiligen Eigenheiten der Klassenkämpfe unterschiedlicher Epochen hervorgehen können, vorzubeugen. Doch wie lässt sich aus historisch-materialistischer Sicht begründen, dass es kein soziales oder revolutionäres Programm, keine Absicht der grundlegenden Umgestaltung der Gesellschaft gab?

Der im Zusammenhang mit der Formulierung von Zielen stehende Schlüsselbegriff ist der des Klassenbewusstseins. Jähne geht von der Kontinuität des Klassenkampfes aus, der von Gesellschaftsformation zu Gesellschaftsformation eine immer höhere Stufe erreiche. Dabei würden sich die jeweiligen objektiven Bedingungen des Klassenkampfes und die Ziele der Klassen ändern, bis am Ende dieser Entwicklung die moderne Arbeiterklasse auf der Grundlage ihrer politischen Organisiertheit und einer wissenschaftlichen Weltanschauung als Ausdruck eines ausgeprägten Klassenbewusstseins das Ziel einer klassenlosen kommunistischen Gesellschaft formulieren und erreichen werde.[51] Unter ‚objektiven Bedingungen' versteht er dabei die Entwicklung der Produktivkräfte und Produktionsverhältnisse. Von diesen hängt das Klassenbewusstsein bzw. die Ausprägung des Klassenbewusstseins ab, welches seinerseits die Grundlage für die Formulierung von Klassenzielen bildet. Bezogen auf die Antike bedeutet das in Jähnes Worten:

„Solange der Klassenkampf in den ersten Klassengesellschaften über niedere Formen nicht hinauskam und auch einen gewissen quantitativen Rahmen nicht überstieg, traten die unterdrückten und ausgebeuteten unmittelbaren Produzenten,

50 Vgl. Jähne 1986, 121.
51 Vgl. Jähne 1986, 19.

handelnd als Masse, Gruppe oder Individuum, nur wenig in Erscheinung. Ihre Möglichkeiten, im Klassenkampf wirksam zu werden, die Formen, Richtungen und Ziele dieses Kampfes waren zum einen durch das Wesen der altorientalischen und antiken Gesellschaftsformationen vorherbestimmt, zum anderen hingen sie vom objektiv bestimmten Platz der jeweiligen sozialen Klasse oder Schicht in der gesellschaftlichen Gesamtstruktur ab."[52]

Bei Günther findet sich ebenfalls eine Passage, in der er auf das Klassenbewusstsein der Klasse der Sklaven bzw. auf die Ideologie der Sklaven eingeht.[53] Er behauptet, dass trotz der problematischen Quellenlage erkennbar sei, dass „in den letzten zwei Jahrhunderten der römischen Republik der politisch-ideologische Kampf der Sklaven und der armen Freien an Bedeutung gewann."[54] Aufgrund des allgemein niedrigen Entwicklungsstandes der Sklavenhalterordnung (damit sind die von Jähne erwähnten objektiven Bedingungen angesprochen) habe der ideologische Kampf lediglich in religiöser und moralisch-philosophischer Form, die ihren Ausdruck z.B. in sozialen Utopien, in Kulten usw. gefunden hätten, stattgefunden. Wenn die Klassenkämpfe aber an Heftigkeit zugenommen hätten, konnte aus einer sozialen Utopie – wenn auch in engem Rahmen – eine politisch bewusste Ideologie werden. „Eine Voraussetzung dieser Form des Klassenkampfes bildete ein wenn auch noch so primitives Klassenbewusstsein – ein Bewusstsein, genährt vom Wissen um die verlorengegangene Freiheit oder vom Wissen um die Unterdrückung und Ausbeutung durch Großgrundbesitzer und Wucherer."[55]

Mit diesen Deutungen folgen beide Autoren grundlegenden und bereits bei Marx selbst angelegten historisch-materialistischen Vorstellungen über den Zusammenhang zwischen dem Entwicklungsstand einer Gesellschaftsformation, dem entsprechenden Klassenbewusstsein und damit zusammenhängend den von den Klassen formulierten Zielen.

„Zweitens bestimmen die objektiven Bedingungen den Inhalt und das Maß der möglichen und notwendigen Umgestaltungen der Gesellschaft durch das Subjekt, durch die jeweiligen fortschrittlichen Klassenkräfte. ‚Eine Gesellschaftsformation geht nie unter, bevor alle Produktivkräfte entwickelt sind, für die sie weit genug ist, und neue höhere Produktionsverhältnisse treten nie an die Stelle, bevor die materiellen Existenzbedingungen derselben im Schoß der alten Gesellschaft selbst ausgebrütet worden sind. Daher stellt sich die Menschheit immer nur Aufgaben, die sie lösen kann, denn genauer betrachtet wird sich stets finden, dass die Aufgabe selbst nur entspringt, wo die materiellen Bedingungen ihrer Lösung schon vorhanden oder wenigstens im Prozess ihres Werdens begriffen sind.' Die Menschen können also nicht beliebige Veränderungen der Gesellschaft vollziehen. Dies gilt ebenso für jene Phasen der geschichtlichen Tätigkeit fortschrittlicher Klassen, in denen durch

52 Jähne 1986, 20; zum nur wenig ausgeprägten Klassenbewusstsein vgl. auch Jähne 1986, 39.
53 Vgl. Günther 1979, 61–64.
54 Günther 1979, 61.
55 Günther 1979, 61–62.

> soziale Revolutionen neue und höhere qualitative Stufen der Menschheitsentwicklung verwirklicht werden.“[56]

An anderer Stelle heißt es:

> „Die bewusste Tätigkeit der Geschichtssubjekte ist einer historischen Entwicklung unterworfen. Mit der fortschreitenden Entwicklung der Gesellschaft verwandelt sich die unbewusste geschichtsgestaltende Tätigkeit der Menschen in eine bewusste. Zunächst ist sie nur empirischer Reflex der politischen Erfordernisse und zugleich mit illusionären Inhalten behaftet, die aus dem insgesamt spontanen Charakter des ökonomischen Prozesses erwachsen. Erst die objektiven und subjektiven Voraussetzungen der proletarischen Revolution ermöglichen ein wissenschaftliches Bewusstsein und erfordern es zugleich.“[57]

Somit kann man als Ergebnis festhalten, dass es Spartacus und seinen Anhängern aufgrund eines nur in Ansätzen entwickelten Klassenbewusstseins basierend auf den objektiven Bedingungen der antiken Gesellschaftsformation überhaupt nicht möglich war, andere Ziele, die über die unmittelbare Verbesserung ihrer persönlichen Lage hinausgingen, zu formulieren.

Und schließlich sollen noch die Erklärungen von Günther und Jähne für das Scheitern des Aufstandes thematisiert werden. Auch hier sind nämlich ihre marxistisch-leninistische Perspektive und eine deutliche Abhängigkeit vom Geschichtsbild des historischen Materialismus feststellbar. Bei beiden finden sich zunächst auch Gründe für die Niederlage, die aus den Quellen entnommen bzw. aus der ereignisgeschichtlichen Entwicklung abgeleitet sind. So heißt es bei Günther:

> „Dass Spartacus’ Plan letztlich scheiterte, lag zum Teil in Gründen, die wir noch nicht kennen (etwa in der Rückkehr aus Mutina 72 v. u. Z.), zum Teil an der Undiszipliniertheit seiner Unterführer, vor allem aber an dem sich allmählich für das Sklavenheer immer ungünstiger zuspitzenden militärischen Kräfteverhältnis.“[58]

In der Tat änderte sich das militärische Kräfteverhältnis im Laufe der Zeit zum Nachteil der Sklaven. Die anfänglichen Versuche der Römer, mit kleineren Einheiten der Lage Herr zu werden, scheiterten, sodass man schließlich konsularische Heere gegen die Sklaven entsandte. Als auch diese erfolglos blieben, erhielt dann Crassus den Befehl, mit acht Legionen gegen die Sklaven vorzugehen.[59] Gleichzeitig hatte Spartacus, wie oben bereits beschrieben, mehrfach den Verlust ganzer Heeresabteilungen zu verkraften, die auf, wie

56 Hahn 1976, 270.
57 Hahn 1976, 277; vgl. dazu außerdem Heydemann 1980, 204.
58 Günther 1979, 38.
59 Vgl. App. civ. I, 118.

Günther es hier nennt, „Undiszipliniertheiten seiner Unterführer“[60] zurückzuführen waren. Da Jähne die Dissense bezüglich der Ziele leugnet, kommen diese für ihn auch nicht als Ursachen des Scheiterns in Betracht. So bleibt für ihn nur das Argument des sich verändernden Kräfteverhältnisses. Der Wendepunkt war für Jähne die Niederlage der Heeresabteilung unter Castus und Gannicus:

> „Die Schlacht gegen die gallo-germanische Gruppierung unter Castus und Gannicus war zweifellos der Wendepunkt des gesamten Sklavenkrieges. Das Heer des Spartacus hatte Verluste erlitten, von denen es sich nicht mehr erholen konnte. Damit veränderte sich das militärische Kräfteverhältnis deutlich zugunsten der Römer, die den Sklaven nun auch quantitativ überlegen waren. Hinzu kam der moralische Auftrieb, der zu neuen Kampfleistungen anspornte. Die entscheidend geschwächten Aufständischen mussten die strategische Initiative endgültig an den Gegner abtreten und wurden zum Rückzug in die petelinischen Berge im Ostteil Bruttiums gezwungen.“[61]

Die hier vorgebrachten Gründe sind aber sowohl für Günther wie auch für Jähne eigentlich zweitrangig. Die Diskussion um die Ursachen für die Niederlage der Sklaven und die Frage, in welchem Maß Spartacus Einfluss auf den Verlauf des Krieges nehmen konnte, wird nämlich spätestens dann bedeutungslos, wenn Günther erklärt, dass die

> „... Ursachen für die Unterdrückung dieser Volks- und Massenbewegung [...] letztlich in den noch nicht voll ausgereiften sozialen Verhältnissen der römischen Sklavereigesellschaft [liegen]. Dieser Ursache können alle einzelnen Erscheinungen, die zum Untergang der einzelnen Bewegungen führten, untergeordnet werden.“[62]

Damit meint Günther, dass die Klasse der Sklaven derart differenziert war, dass es keine geschlossene ‚Sklavenfront‘ gab. Viele Sklaven, vor allem die in den Städten lebenden Sklaven, hätten sich dafür entschieden, auf ihre Freilassung zu warten, statt zu kämpfen. Überhaupt sei es für Sklaven aufgrund der räumlichen Trennung, dem Verbot, sich vom Gut zu entfernen, usw. schwierig gewesen, sich zu koordinieren. Schließlich habe es am Ende der römischen Republik keine „natürlichen Verbündeten“ für die Unfreien gegeben, was sich erst im 2. Jh. n. Chr. geändert habe, als die freien Kleinproduzenten in eine ähnliche soziale Lage gerieten wie die Sklaven.[63] Jähne folgt dieser Einschätzung und erklärt:

> „Ebenso gesetzmäßig wie der Sklavenkrieg selbst war seine Niederlage. Noch war die Zeit nicht reif für die Ablösung der antiken Produktionsweise, und der Klasse der Sklaven fehlten historisch alle Voraussetzungen, um der Träger neuer, pro-

60 Günther 1979, 38.
61 Jähne 1986, 149.
62 Günther 1979, 122.
63 Vgl. Günther 1979, 38–39.

> gressiver Produktionsverhältnisse zu werden. Die Sklaven um Spartacus mussten also, trotz ihrer unerhörten Anstrengungen und Opfer, trotz der vielen Erfolge über ihre Gegner, trotz des gewaltigen Anschwellens ihrer Bewegung, zum Schluss unterliegen.“[64]

Günthers und Jähnes Abhängigkeit vom marxistisch-leninistischen Geschichtsbild, wie sie in diesen Einschätzungen klar zum Ausdruck kommt, lässt sich besonders deutlich an ihren Diskussionen des ‚Falles von Mutina‘ nachverfolgen. Geht man davon aus, wie es auch Günther und Jähne mit Nachdruck tun, dass Spartacus’ Plan darin bestand, Italien zu verlassen, dann stellt seine Umkehr nach dem Sieg über den Prokonsul C. Cassius Longinus bei Mutina in Norditalien eine entscheidende Phase des Krieges, zugleich aber auch ein erhebliches Forschungsproblem dar. Eigentlich hätten Spartacus und die Sklaven nach diesem Sieg Italien nämlich ohne Probleme über die Alpen verlassen und die Flucht realisieren können, da ihnen keine weiteren römischen Truppen den Weg versperrten. Stattdessen drehten sie um und zogen wieder in den Süden. Aus den Quellen lässt sich erschließen, dass Spartacus von seinen Anhängern zur Umkehr gezwungen wurde.[65] Statt nun aber Plutarch und Sallust darin zu folgen, wird von Günther und Jähne nach der Präsentation der in der Forschung vorgebrachten Erklärungsansätze ausweichend konstatiert, dass die Frage nach den Gründen der Umkehr letztlich nicht zu beantworten sei.[66] Wie kommt es nun dazu, dass sich beide in dieser Frage in auffallender Weise nicht festlegen bzw. den Quellen nicht folgen wollen? M. E. unterlassen sie es deswegen, weil die Übernahme der Begründung der antiken Autoren zu Widersprüchen in ihrer eigenen historisch-materialistischen Argumentation führen würde. Wenn man nämlich Gründe angibt, die die beteiligten Akteure zu verantworten haben und die gleichzeitig nicht abgeleitet sind aus der Annahme der Gesetzmäßigkeit des Geschichtsverlaufs oder die sich nicht begründet mit der Vorstellung des Reifegrades sozialer Verhältnisse der römischen Sklavereigesellschaft usw. in Verbindung bringen lassen, dann wäre dies eben mit der Ansicht des gesetzmäßigen Geschichtsprozesses, d. h. mit der Vorstellung, dass die Niederlage der Sklaven unausweichlich gewesen sei, nur schwer zu vereinen gewesen.

Der Spartacus-Krieg im Kontext des antiken Klassenkampfes

Auf einer zweiten Ebene wird der Spartacus-Aufstand von Günther und Jähne im Kontext des antiken Klassenkampfes betrachtet. Beide stehen vor dem Problem, die aus dem Geschichtsbild des historischen Materialismus folgende Annahme der großen Bedeutung von Sklavenaufständen historisch aufzuzeigen. Vor allem Jähne bemerkt kritisch,

64 Jähne 1986, 164.
65 Vgl. Sall. hist. III 96 und 98; Plut. Crass. 9, 7–8; dazu auch Meister 1986, 649–650.
66 Vgl. Günther 1979, 17–19; Jähne 1986, 131–135.

dass es in der ‚bürgerlichen' Geschichtsschreibung die Tendenz zur Unterbewertung und Marginalisierung des Spartacus-Aufstandes gebe.[67]

> „Die Sklavenaufstände werden, wie der ungarische Altertumswissenschaftler E. Maróti feststellt, ‚immer mehr außerhalb der geschichtlichen Zusammenhänge, quasi als historische Kuriositäten behandelt.' In eben diesem negativen Sinne äußert sich der BRD-Historiker A. Heuss, für den der Spartacuskrieg ‚nur eine Erscheinung am Rande des großen Geschehens', ‚nur ein Epiphänomen des römischen Imperialismus und keineswegs eine notwendige Äußerung der antiken Sklaverei überhaupt' darstellt. Sklavenunruhen sind ‚Ausbrüche der gequälten Natur, die jeder klassenmäßigen Zielbestimmung entbehren'. Sie dürfen als historischer Fakt wohl ein gewisses Interesse beanspruchen, sind sozial aber nicht genauer zu determinieren und für den Verlauf der Geschichte im Grunde genommen unwichtig'."[68]

Wenn nun aber die von marxistisch-leninistischen Historikern geforderte Aufwertung des Spartacus-Aufstandes nicht bloße Behauptung bleiben soll, muss er mit der historischen Entwicklung verknüpft und der Sklavenaufstand in einer solchen Weise in einen größeren historischen Rahmen eingeordnet werden, dass sich daraus seine Bedeutung ergibt.

Der Ausgangspunkt hierbei ist für beide Autoren die historisch-materialistische Grundannahme des antiken Klassenkampfes zwischen Sklaven und Sklavenhaltern. Aufstände werden als Äußerungen dieses Kampfes verstanden und sind schon deswegen keine isolierten Ereignisse. Bei der Einordnung des Spartacus-Krieges in den Klassenkampf der Sklaven setzen beide allerdings unterschiedliche Akzente. Günther stellt die offene Form des Klassenkampfes in den Fokus und führt eine ganze Reihe von großen und kleinen Sklavenverschwörungen, Erhebungen, Aufständen usw. an und stellt v.a. die beiden Sizilischen Sklavenkriege sowie den Aristonikos-Aufstand[69] ausführlich dar, womit er den Eindruck der Kontinuität des Klassenkampfes der Sklaven erweckt. Da er gleichzeitig andere außen- wie innenpolitische Konflikte wenn überhaupt, dann nur am Rande erwähnt,[70] entsteht zusätzlich das Bild, als sei die historische Entwicklung Roms seit der Etablierung der Sklaverei als vorherrschende Produktionsweise bis zum Untergang der römischen Republik vorwiegend durch offene Auseinandersetzungen zwischen Sklaven und Sklavenhaltern geprägt gewesen und hätte ihren Gipfelpunkt im Spartacus-Krieg als einer „der mächtigsten Rebellionen der Weltgeschichte"[71] erreicht.

Auch Jähne bemüht sich, und zwar noch stärker als Günther, um den Nachweis der Einheit, der Kontinuität und der hohen Intensität des Klassenkampfes der Sklaven.[72] Zu-

67 Vgl. Jähne 1986, 164.

68 Jähne 1986, 173–174.

69 Zum Aristonikos-Aufstand, der nicht als Sklavenrevolte anzusprechen ist, vgl. Daubner 2006, 187 ff.

70 Ausgenommen die Gracchenbewegung und die Bewegung des Saturninus und Glaucia. Diese behandelt er deswegen ausführlich, weil er in ihnen einen Ausdruck sozialer Kämpfe sieht.

71 Günther 1979, 5.

72 Vgl. Jähne 1986, 11.

sätzlich zur Darstellung aller möglichen auch noch so kleinen Sklavenerhebungen, Verschwörungen, bis hin zu den ausführlicher vorgestellten großen Sklavenkriegen,[73] behandelt er nämlich eingehend auch die niederen und versteckten Formen des Widerstandes der Sklaven. Dieser umfasste nach Jähne als Reaktion auf „Ausbeutung und Unterdrückung, [...] Willkür, Erniedrigung und physischen, mitunter sehr brutalen Leistungszwang",[74] eine ganze Palette an möglichen Formen, beginnend bei niedriger Leistungsbereitschaft und mangelnder Arbeitsleistung über Sabotage durch die Zerstörung von Arbeitsgeräten, Brandstiftung, Diebstahl, Selbstmord, Flucht, mitunter auch persönliche Rache am Sklavenhalter durch Mord, Denunziation und Verrat bis hin zu Verschwörungen, die sich im Falle ihres Gelingens zu Aufständen oder gar Sklavenkriegen ausweiten konnten.[75] Was das Verhältnis zwischen niederen und höheren Formen des Klassenkampfes angeht, betont Jähne, dass in Revolten und Aufständen, die in Sklavenkriegen gipfeln konnten, zwar der „soziale und politisch-rechtliche Antagonismus zwischen Sklaven und Sklavenhaltern, Unfreien und Freien am klarsten und offensten zum Ausdruck"[76] käme, hinsichtlich der Geschichtswirksamkeit allerdings die niederen Formen des Kampfes nicht weniger bedeutend gewesen seien:

> „Der im ökonomischen Bereich ablaufende Klassenkampf in seinen niederen, indirekten Formen, der dort geübte passive Widerstand der Sklaven und die daraufhin notwendig gewordenen Maßnahmen der Sklavenhalter trugen in dialektischer Wechselwirkung zur Durchsetzung des gesellschaftlichen Fortschritts, zur Entwicklung und, nachdem ihr beschränkter Rahmen weitere positive Möglichkeiten ausschloss, zum Niedergang der Sklavereigesellschaft bei. Der passive Widerstand der Sklaven gegen Unterdrückung und Ausbeutung, gegen ein außerökonomisches Knechtschaftsverhältnis vollzog sich im Stillen und weniger schmerzhaft, war aber auf Grund seiner anhaltenden Dauer von weit größerer gesellschaftlicher Wirkung und Tragweite als manche Formen der offenen Klassenauseinandersetzung."[77]

Nun, da der Klassenkampf zwischen Sklaven und Herren aufgezeigt worden ist und seine Einheit, Kontinuität und Intensität nachgewiesen scheinen, gilt es für beide darzulegen, dass nicht nur die Aufstände und Sklavenkriege, sondern der Klassenkampf insgesamt keine Randerscheinung in der römischen Geschichte war. Andernfalls blieben nämlich die ‚bürgerlichen' Argumente und Wertungen bis zu einem gewissen Grad gültig. Es geht also darum aufzuzeigen, welche historische Rolle und Bedeutung dem Klassenkampf der Sklaven als den Geschichtsverlauf gestaltende oder prägende Kraft im Verhältnis zu anderen sozialen Bewegungen insgesamt zukommt.

73 Vgl. Jähne 1986, 61–90.
74 Jähne 1986, 47.
75 Vgl. Jähne 1986, 60.
76 Jähne 1986, 60.
77 Jähne 1986, 54.

In Bezug auf die Frage nach dem Verhältnis zwischen dem Klassenkampf der Sklaven und anderen sozialen Konflikten nimmt Günther die Position ein, dass es sich bei dem Antagonismus zwischen Sklavenhaltern und Sklaven um einen Grundwiderspruch innerhalb der römischen Gesellschaft gehandelt habe, der allen anderen sozialen Widersprüchen[78] übergeordnet gewesen sei:

> „Der Grundwiderspruch der auf Sklaverei beruhenden Gesellschaftsordnung war der Widerspruch zwischen der Produktion der Sklaven einerseits und der Aneignung ihres Arbeitsertrages sowie der Produzenten selbst durch außerökonomischen, physischen Zwang der Sklavenbesitzer andererseits. Doch war er nicht der einzige soziale Widerspruch jener Epoche. Dem Grundwiderspruch untergeordnet waren Widersprüche zwischen dem kleinen und großen Grundeigentum, zwischen kleinem Pachtbesitz und großem Grundeigentum, zwischen kleinem und großem Eigentum an städtischen Werkstätten. In Anfängen begann auch schon die Ausbeutung durch Lohnarbeit, wenn Sklavenbesitzer auf dem Grundbesitz, in den Werkstätten, im Bauwesen und im Handel neben Sklaven zusätzlich freie Arbeitskräfte im Tagelohn ausbeuteten.“[79]

Zur Entstehung des Grundwiderspruchs haben nach Günther mehrere Faktoren beigetragen. Von grundlegender Bedeutung sei zunächst gewesen, dass die Sklaverei auf Kosten des freien Kleinbauerntums zur Grundlage der Produktion und damit die vorherrschende Produktionsweise geworden sei. Dies sei vor allem durch die Erlangung der Vorherrschaft im gesamten Mittelmeerraum ermöglicht worden. Die außenpolitischen Erfolge Roms im 2. Jh. v. Chr. hätten nicht nur einen enormen finanziellen Gewinn für die römische Senatsaristokratie und die Ritterschaft durch Plünderungen, Kriegsbeute, Steuern usw. bedeutet, sondern auch durch die massenhafte Versklavung von Kriegsgefangenen ein riesiges Reservoir an Arbeitskräften geschaffen. Damit seien die Voraussetzungen für die weitere Ausbreitung des Großgrundbesitzes geschaffen worden. Mit ihren finanziellen Mitteln hätten die Mitglieder der Senatsaristokratie ihren Landbesitz vergrößert und diesen von Sklaven bearbeiten lassen. Die Leidtragenden dieser Entwicklung seien neben den Sklavenmassen die römischen Bauern gewesen, deren wirtschaftliche Existenz ohnehin vor allem durch den Kriegsdienst permanent gefährdet gewesen sei und die der politischen und wirtschaftlichen Übermacht der Großgrundbesitzer nichts hätten entgegensetzen können. Entsprechend teilt Günther die römische Gesellschaft zum einen in die zwei Hauptklassen der Sklavenhalter und der Sklaven ein. Die Sklavenhalterklasse wird

78 Dem Widerspruch zwischen großem und kleinem Grundeigentum widmet Günther besondere Aufmerksamkeit (93–120), da dieser in Form der Gracchenbewegung und der Bewegung des Saturninus und Glaucia „den Grundwiderspruch zwischen Sklaven und Sklavenbesitzern zu überschatten schien“ (Günther 1979, 92); vgl. dazu die Ausführungen weiter unten.

79 Günther 1979, 91. Ferner zählt er die Konflikte mit den römischen Bundesgenossen, die Ausbeutung der Provinzbevölkerung durch römische Statthalter bis hin zu außenpolitischen Auseinandersetzungen zu den sozialen Konflikten; vgl. Günther 1979, 91–92.

unterteilt in die Senatsaristokratie, die die politische Macht besitzt, und in die Ritter, die von der politischen Führung ausgeschlossen sind und insofern eine eigene Schicht bilden. Die ebenfalls uneinheitliche Klasse der Sklaven unterteilt Günther in Haus- bzw. Stadtsklaven und in die im weiteren Sinne in der Landwirtschaft arbeitenden Sklaven.[80] Diesen beiden Hauptklassen untergeordnet bestimmt Günther freie Handwerker, Kleinhändler, Freigelassene und freie Bauern als die heterogene Klasse der freien Kleinproduzenten.[81]

Die Etablierung der Sklaverei als vorherrschende Produktionsweise und die Entstehung des Antagonismus zwischen Sklaven und Sklavenbesitzern beschreibt Jähne ganz genauso wie Günther.[82] Allerdings hat er Schwierigkeiten mit der Vorstellung, es habe sich hierbei um einen allen anderen sozialen Antagonismen übergeordneten Grundwiderspruch gehandelt. Stattdessen betont er unter Rückgriff auf Äußerungen von Karl Marx den Widerspruch zwischen kleinem und großem Grundeigentum:[83]

> „Die ‚Geheimgeschichte' der römischen Republik, um Worte von K. Marx aus dem ‚Kapital' zu gebrauchen, bildet die Geschichte des Grundeigentums. Früher schon, in einem Brief an F. Engels, hatte K. Marx in klarer Erkenntnis dieses Zusammenhanges geschrieben, dass die innere Geschichte des republikanischen Roms sich klar auflöst ‚in den Kampf des kleinen mit dem großen Grundeigentum, natürlich spezifisch modifiziert durch Sklavereiverhältnisse'."[84]

Und im Vorwort zur zweiten Auflage des ‚18. Brumaire' bemerkt Marx in ähnlicher Weise:

> „Schließlich hoffe ich, dass meine Schrift zur Beseitigung der jetzt namentlich in Deutschland landläufigen Schulphrase vom sogenannten *Cäsarismus* beitragen wird. Bei dieser oberflächlichen geschichtlichen Analogie vergisst man die Hauptsache, dass nämlich im alten Rom der Klassenkampf nur innerhalb einer privilegierten Minorität spielte, zwischen den freien Reichen und den freien Armen, während die große produktive Masse der Bevölkerung, die Sklaven, das bloße Piedestal für jene Kämpfer bildete."[85]

Bezogen auf das oben formulierte Vorhaben, die geschichtliche Relevanz des Klassenkampfes der Sklaven im Verhältnis zu anderen sozialen Konflikten zu belegen, ergibt

80 Vgl. Günther 1979, 58–59.

81 Zur Klassifizierung gesellschaftlicher Gruppen im historischen Materialismus vgl. Redlow u.a. 1972, 344–345.

82 Vgl. Jähne 1986, 22–26.

83 Die Bedeutung des Grundeigentums, den divergierenden Unterschied zwischen großen und kleinen Landbesitzern und die daraus resultierenden sozialen Konflikte problematisierte Marx auch anhand einer Appian-Stelle (civ. I,7), die über Aufkauf von Landparzellen durch reiche Bürger informiert; vgl. MEGA Abt. 2, Bd. 6, 655, Anm. 211 = MEW 23, 754, Anm. 211.

84 Jähne 1986, 27; vgl. MEGA Abt. 2, Bd. 10, 80, Anm. 33 = MEW 23, 96, Anm. 33 u. MEGA Abt. 3, Bd. 7, 184 = MEW 28, 439.

85 MEGA Abt. 1, Bd. 21, 131 = MEW 8, 560.

sich durch die Einschätzung von Karl Marx über die zentrale Konfliktlinie in der römischen Republik für Günther und Jähne ein grundlegendes Problem. Mit Marx scheint man nämlich behaupten zu können, dass die Sklaverei als bestimmende Produktionsweise und die aus ihr resultierenden Widersprüche lediglich eine spezifische Modifikation des eigentlichen, des zentralen Konfliktes zwischen den freien Reichen und den freien Armen, zwischen dem großen und dem kleinen Grundeigentum waren. Damit wird zwar nicht der Klassenkampf der Sklaven als solcher geleugnet, doch es entsteht ein Widerspruch zur Vorstellung der geschichtsprägenden Kraft des Klassenantagonismus zwischen Sklaven und Sklavenbesitzern. Dass sich nicht nur Jähne dieser Problematik bewusst war, sondern auch Günther, obwohl er auf einen Verweis auf die entsprechenden Äußerungen von Marx in seiner Spartacus-Monographie völlig verzichtet, geht daraus hervor, dass er Marxens Einschätzungen in seinem früheren Aufsatz „Die Klasse der Sklaven und ihr Klassenkampf" aus dem Jahr 1960 diskutiert.[86] In seiner Spartacus-Monographie stellt er dagegen lediglich lapidar fest: „Besonders der Widerspruch zwischen großem und kleinem Grundeigentum spitzte sich zeitweilig derart zu, dass er den Grundwiderspruch zwischen Sklaven und Sklavenhaltern zu überschatten schien."[87] Durch diese Umformulierung versucht Günther offensichtlich, das Problem in seiner Spartacus-Monographie so weit zu entschärfen, dass er seine Annahme vom Grundwiderspruch ‚Sklaven-Sklavenhalter' behaupten kann, ohne dabei die Bedeutung anderer sozialer Konflikte vollständig zu leugnen und damit eine mit Marxens Standpunkt gänzlich unvereinbare Position einnehmen zu müssen.

Der Schlüssel für die Auflösung des Widerspruchs liegt für beide in der Unterscheidung verschiedener Ebenen oder Formen des Klassenkampfes. Demnach kann ein Klassenkampf ökonomisch, politisch oder auch ideologisch ausgetragen werden. Indem man nun Marxens Einschätzung ausschließlich auf die politische Ebene bzw. Form des Klassenkampfes bezieht, kann man sowohl an seinem Urteil festhalten als auch gleichzeitig die historische Bedeutung des Klassenkampfes der Sklaven auf anderen Ebenen behaupten. In Günthers Aufsatz aus dem Jahr 1960, in dem er noch Marxens Urteil über die zentrale Konfliktlinie zwischen kleinem und großem Grundeigentum folgt,[88] findet sich ebendieser Gedanke prägnant formuliert:

> „Aus dem Zusammenhang des Zitats[89] geht hervor, dass Marx hier von der politischen Form des Klassenkampfes spricht. Es wäre absurd, auf Grund dieses Zitats den Sklaven jeglichen Klassenkampf abzusprechen. Daran haben auch die Klassiker des Marxismus-Leninismus nicht gedacht. [...] Wir müssen aber zwischen ökonomischen, politischen und ideologischen Formen unterscheiden. Bei den Sklaven überwiegt der ökonomische Klassenkampf. [...] Demgegenüber bestand ein politischer Klassenkampf nur in Zeiten der schärfsten Ausbeutung und Unterdrückung

86 Vgl. Günther 1960, 109–110.

87 Günther 1979, 92.

88 Vgl. Günther 1960, 109.

89 Vgl. Anm. 84: MEGA Abt. 1, Bd. 21, 131 = MEW 8, 560 sowie Anm. 85: MEGA Abt. 2, Bd. 10, 80, Anm. 33 = MEW 23, 96, Anm. 33 u. MEGA Abt. 3, Bd. 7, 184 = MEW 28, 439.

> der Sklaven. [...] Ein *ideologischer* Klassenkampf der Sklaven und verarmten Freien zeichnete sich nur in spärlichen Resten ab.“[90]

Jähne füllt diese Auslegung mit Inhalt, indem er erläutert, dass die Klasse der Sklaven aufgrund ihrer völligen Rechtlosigkeit keinen Einfluss auf das politische Geschehen in der römischen Republik nehmen konnte, während die freien Reichen und freien Armen ihren Kampf „auf staatspolitischer Ebene und mit verfassungsrechtlichen Mitteln“[91] führen konnten und dadurch die historische Entwicklung maßgeblich bestimmten.[92]

Was aber bleibt dann noch von der angenommenen großen historischen Bedeutung des Klassenkampfes der Sklaven? Inwiefern kann man dann noch von ihm als dem ‚Motor‘ der geschichtlichen Entwicklung sprechen, zumal die Sklaverei noch für etliche weitere Jahrhunderte Bestand haben sollte, wie auch Günther und Jähne bemerken?[93] Und wie sind Aussagen wie die folgende von Jähne zu bewerten? „Er [sc. der Spartacus-Krieg] änderte nichts an den bestehenden gesellschaftlichen Verhältnissen im römischen Italien. Nach wie vor blühte die Sklaverei, die in Rom im 1. Jh. v. u. Z. im Zenit ihrer Entwicklung stand.“[94] Günthers und Jähnes Lösung für dieses Problem besteht in einer erneuten Bezugnahme auf Marx’ Vorwort zur „Kritik der politischen Ökonomie“, wo es unter anderem heißt:

> „Eine Gesellschaftsformation geht nie unter, bevor alle Produktivkräfte entwickelt sind, für die sie weit genug ist, und neue höhere Produktionsverhältnisse treten nie an die Stelle, bevor die materiellen Existenzbedingungen derselben im Schoß der alten Gesellschaft selbst ausgebrütet worden sind.“[95]

Unter der Formulierung ‚der Klassenkampf als Motor der geschichtlichen Entwicklung‘ müssen in der Deutung Günthers und Jähnes also nicht ausschließlich Prozesse verstanden werden, die den Wechsel von einer zur nächsten Gesellschaftsformation oder den Untergang einer Gesellschaftsformation ausmachen. Vielmehr rechnen sie auch diejenigen Entwicklungen dazu, die als Resultate des Klassenkampfes für das Reifen einer Gesellschaftsformation bestimmend sein sollen. So sei auch der Aufstand des Spartacus trotz seines Scheiterns und seiner Folgenlosigkeit für das weitere Fortbestehen der Sklaverei dennoch nicht ohne historische Wirkung geblieben.[96]

90 Günther 1960, 110; Hervorh. im Original.
91 Jähne 1986, 34.
92 Vgl. Jähne 1986, 34–38.
93 Vgl. Günther 1979, 45; Jähne 1986, 164.
94 Jähne 1986, 164.
95 MEGA Abt. 2, Bd. 2, 101 = MEW 13, 9.
96 Vgl. Günther 1979, 122–123; Jähne 1986, 11.

Schlussbemerkungen

Mit den vorangegangenen Ausführungen war im Wesentlichen die Absicht verbunden, Grundzüge und bestimmende Merkmale herauszuarbeiten, die den Umgang der beiden marxistisch-leninistischen Historiker Rigobert Günther und Armin Jähne mit Spartacus und dem Krieg der Sklaven gegen Rom kennzeichnen.

Die Entwürfe von Günther und Jähne lassen sich recht gut beschreiben, indem man in ihnen Versuche sieht, das plakative Urteil Karl Marxens über Spartacus mehr oder weniger anhand der Quellen, unbedingt aber im Einklang mit dem historisch-materialistischen Geschichtsbild inhaltlich zu füllen. Es ist also eine aus marxistisch-leninistischer Perspektive vollzogene Präzisierung der Aussage, Spartacus sei der „famoseste Kerl" der gesamten Antike und wirklicher Vertreter des antiken Proletariats gewesen. Dementsprechend wird Spartacus grundsätzlich – und werden in der Regel auch die aufständischen Sklaven – positiv dargestellt und beurteilt. Gegenteilige Aussagen der Quellen werden entweder ignoriert, verschwiegen, relativiert und zu entschuldigen oder zu entkräften versucht. Aus dieser positiven Beurteilung kann eine Sonderrolle des Spartacus abgeleitet werden, allerdings ist das nicht zwingend, wie bei Jähne zu beobachten ist. Wichtiger als die konkrete Antwort auf die Frage, ob sie ihm schließlich zugesprochen wird oder nicht, ist aber der Umstand, dass sie überhaupt gestellt wird, und die Argumente, mit denen der einen oder der anderen Antwort der Vorzug gegeben wird, weil dadurch nämlich zentrale Aspekte und Probleme der historisch-materialistischen Vorstellung von Geschichte sowie einige Grundzüge historiographischer Arbeit marxistisch-leninistischer Historiker sichtbar werden. In diesem Fall sind es die Fragen, wer eigentlich den Geschichtsprozess vorantreibt bzw. ob oder inwieweit einzelne herausragende Persönlichkeiten wie Spartacus neben den großen Massen geschichtswirksam werden können. Eine weitere Frage war in diesem Zusammenhang, wie Klassenziele zustande kommen und umgesetzt werden. Auch die von Günther und Jähne ausführlich geführte Diskussion um die Ziele des Aufstandes und die Gründe seines Scheiterns, die zum Teil auch dazu dienen, „ein eventuelles gutgläubiges revolutionäres Überschäumen [der] Leser sorgsam zu kanalisieren"[97], offenbaren letztlich nur die Abhängigkeit ihrer Spartacus-Bilder von den theoretischen Vorgaben des Marxismus-Leninismus auf Kosten einer ausgewogenen und begründeten Auswertung der Quellen.

Noch deutlicher als an der quellenbasierten Rekonstruktion des Sklavenkrieges zeigen sich die Grundsätze geschichtswissenschaftlichen Arbeitens von Günther und Jähne aber daran, wie sie Spartacus und den von ihm angeführten Sklavenkrieg in einen größeren historischen Rahmen einzuordnen versuchen. Dieser Rahmen ist das universalhistorische und teleologische Geschichtsbild des historischen Materialismus, in welchem sich der marxistisch-leninistische Historiker selbst verortet. Das bedeutet: Günther und Jähne verstehen sich nicht als neutrale Erforscher der Antike, sondern als Akteure, die durch ihre Tätigkeit eine historische Rolle im Geschichtsprozess zu einem bestimmten Zweck,

97 Schuller 1985, 296.

nämlich den Kampf für eine klassenlose Gesellschaft, einnehmen. Ihr Beitrag besteht im Entwurf und der Vermittlung des ‚richtigen' Spartacus-Bildes, um auf diese Weise das Klassenbewusstsein der Arbeiterklasse zu formen. So wird versucht, die Einheit, Kontinuität und Intensität des vorausgesetzten antiken Klassenkampfes nachzuweisen und den Spartacus-Krieg zum Höhepunkt dieses für die Weltgeschichte bedeutenden Kampfes zu erklären. Diese Vorstellung gilt es dann, mit allen Mitteln mit der historischen Wirklichkeit in Einklang zu bringen – ironischerweise auch auf die Gefahr hin, damit in Konflikt mit Ansichten der Klassiker des Marxismus-Leninismus zu geraten.

Literatur

Bellen 1989 H. Bellen, Die antike Sklaverei als moderne Herausforderung. Zur Situation der internationalen Sklavenforschung. in: Akademie der Wissenschaften und der Literatur Mainz 1949–1989. Stuttgart 1989, 195–208.

Brendler 1972 G. Brendler, Zum Prinzip der Parteilichkeit in der marxistisch-leninistischen Geschichtswissenschaft, in: ZfG 20, 3 (1972) 277–301.

Brodersen 2010 K. Brodersen, Ich bin Spartacus. Aufstand der Sklaven gegen Rom, Darmstadt 2010.

Christ 1990 K. Christ, Zur Entwicklung der Alten Geschichte in der DDR. In: A. Fischer / G. Heydemann (Hrsg.), Geschichtswissenschaft in der DDR. Bd. II: Vor- und Frühgeschichte bis Neueste Geschichte, Berlin 1990, 59–80.

Christ 2006 K. Christ, Klios Wandlungen. Die deutsche Althistorie vom Neuhumanismus bis zur Gegenwart, München 2006.

Daubner 2006 F. Daubner, Bellum Asiaticum. Der Krieg der Römer gegen Aristonikos von Pergamon und die Einrichtung der Provinz Asia, München² 2006.

Eich 2017 A. Eich, Klassen und Klassenkonflikte: zur paradoxen Wahrnehmung eines umstrittenen Phänomens, in: L. Gilhaus / J. Stracke / Chr. Weigel (Hrsg.), Gewalt und Wirtschaft in antiken Gesellschaften, Hamburg 2017, 111–139.

Goertz 1995 H.-J. Goertz, Umgang mit Geschichte. Eine Einführung in die Geschichtstheorie, Reinbek 1955.

Guarino 1980 A. Guarino, Spartakus. Analyse eines Mythos, München 1980.

Günther 1960 R. Günther, Die Klasse der Sklaven und ihr Klassenkampf. in: ZfG 8,1 (1960) 104–112.

Günther 1979 R. Günther, Der Aufstand des Spartacus. Die großen sozialen Bewegungen der Sklaven und Freien am Ende der römischen Republik, Berlin 1979 / Köln 1980.

Hahn 1976 E. Hahn (Red.), Grundlagen des historischen Materialismus. Herausgegeben vom Institut für Gesellschaftswissenschaften beim ZK der SED, Berlin 1976.

Heydemann 1980 G. Heydemann, Geschichtswissenschaft im geteilten Deutschland. Entwicklungsgeschichte, Organisationsstruktur, Funktionen, Theorie und Methodenprobleme in der Bundesrepublik Deutschland und in der DDR, Frankfurt a. M./ Bern/Cirencester 1980.

Jähne 1986 A. Jähne, Spartacus. Kampf der Sklaven, Berlin 1986.

Meißner 2005 B. Meißner, Die Alte Geschichte an der Karl-Marx-Universität Leipzig: Anmerkungen zum Geschichtsbild Rigobert Günthers, in: I. Stark (Hrsg.), Elisabeth Charlotte Welskopf und die Alte Geschichte in der DDR. Beiträge der Konferenz vom 21. bis 23. November 2002 in Halle/Saale, Stuttgart 2005, 90–107.

Meister 1986 K. Meister, Der Sklavenaufstand des Spartakus: Kritische Anmerkungen zu einer neuen Deutung, in: H. Kalcyk u.a. (Hrsg.), Studien zur Alten Geschichte. Siegfried Lauffer zum 70. Geburtstag am 4. August 1981 dargebracht von Freunden, Kollegen und Schülern. Bd. II, Rom 1986, 633–656.

Redlow u.a. 1972 G. Redlow u.a., Einführung in den dialektischen und historischen Materialismus, Frankfurt a. M.^{2} 1972.

Rubinsohn 1983 W. Z. Rubinsohn, Der Spartakus-Aufstand und die sowjetische Geschichtsschreibung, Konstanz 1983.

Schuller 1985 W. Schuller, Spartacus heute, in: Ders. (Hrsg.), Antike in der Moderne, Konstanz 1985, 289–305.

Strauss 2009 B. Strauss, Barry, The Spartacus War, London 2009.

Teyssier 2012 E. Teyssier, Spartacus. Entre le mythe et l'histoire, Paris 2012.

Trow 2015 M. J. Trow, Spartacus. The Myth and the Man. London^2 2015.

Urbainczyk 2004 T. Urbainczyk, Spartacus, London 2004.

Vogt 1957 J. Vogt, Struktur der antiken Sklavenkriege, Wiesbaden 1957.

Willing 2012a M. Willing, Art. ‚DDR', in: H. Heinen u.a. (Hrsg.), Handwörterbuch der antiken Sklaverei (HAS), Stuttgart 2012.

Willing 2012b M. Willing, Art. ‚Rigobert Günther', in: H. Heinen u.a. (Hrsg.), Handwörterbuch der antiken Sklaverei (HAS), Stuttgart 2012.

Heuristischer und Messianischer Materialismus als historische Methode(n)

Walter Benjamins eigensinnige Marx-Rezeption*

Marian Nebelin

Der Literatur- und Kulturwissenschaftler Walter Benjamin war in späteren Jahren Marxist, doch „dürfte" er, wie Hannah Arendt nach Benjamins Tod in einem einflussreichen Essay festhielt, „wohl der seltsamste Marxist gewesen sein, den diese an Seltsamkeiten nicht arme Bewegung hervorgebracht hat".[1] Diese Einschätzung von Benjamins Vertrauter aus

* Die Arbeiten am vorliegenden Aufsatz wurden Mitte 2018 abgeschlossen. Danach erschienene Literatur konnte weitgehend nicht mehr berücksichtigt werden (wobei zu beiden Autoren die Literatur ohnehin schier unüberschaubar ist).
Für Anregungen und Hinweise bin ich – wie üblich – Katarina Nebelin dankbar.
Schriften und Briefe Walter Benjamins werden wie folgt abgekürzt:
GB Band, Nr. [Briefnummer], Seite: W. Benjamin, Gesammelte Briefe, hrsg. v. Th. W. Adorno Archiv, Chr. Gödde u. H. Lonitz, 6 Bde., Frankfurt a.M. 1995–2000.
GS Band.Teilband, Seite [ggf. Fragment]: W. Benjamin, Gesammelte Schriften, hrsg. v. R. Tiedemann u. Hermann Schweppenhäuser unt. Mitw. v. Th. W. Adorno u. G. Scholem, 7 Bde. in 14 Tbde., Frankfurt a.M. 1972–1989.
WuN Band.Teilband, Seite: W. Benjamin, Werke und Nachlaß. Kritische Gesamtausgabe, hrsg. i. A. d. Hamburger Stiftung zur Förderung von Wissenschaft und Kultur v. Chr. Gödde u. H. Lonitz in Zus.-arb. mit d. Walter Benjamin Archiv, Frankfurt a.M. 2008 ff.
Wo Benjamin Marx exzerpierte oder zitierte, wird auf seine Varianten zurückgegriffen, weil einerseits Benjamin häufig opake, heute nicht mehr gebräuchliche oder sogar überholte Ausgaben verwendete. Andererseits steht aufgrund der temporal nur einseitig gegebenen Möglichkeit der Rezeption Benjamins Marx-Deutung im Vordergrund, so dass eine entsprechende Ausrichtung dieser Rezeptionsgeschichte – die ja grundsätzlich immer eine „mehrstellige Relation" (Riedel 1990, 15) ist – auf seine spezifische Textaneignung gerechtfertigt scheint. Sofern Marx selbst diskutiert wird, geschieht dies auf Grundlage der Werksausgabe:
MEW: Marx/Engels-Werke, hrsg. v. Institut für Marxismus-Leninismus bei ZK der SED, 39 Bde. u. 2 Erg.-bde., Berlin 1956–1968.
Wo es erforderlich ist, wird auch auf Bände der neuen, allerdings noch unvollendeten Standardausgabe zurückgegriffen:
MEGA² Abteilung.Band.Teilband: Karl Marx. Friedrich Engels. Gesamtausgabe, Berlin 1975 ff.
Wenn im vorliegenden Beitrag zumeist ausschließlich die männliche Form verwendet wird, dann ist dies eine Folge der Anlage der Semantik Benjamins; dazu vgl. unten, Anm. 234.

1 Arendt 1968/1971, 57.

der gemeinsamen Zeit im französischen Exil charakterisiert sein Verhältnis zum Marxismus gut – und verrät damit indirekt auch etwas über seine Rezeption von Karl Marx: Eine orthodoxe Lesart war von ihm nicht zu erwarten.[2] In der Tat hat Benjamin eine äußerst eigensinnige Form der Marx-Lektüre und -Rezeption gepflegt; sie war zutiefst instrumentell und diente immer dem Versuch, Marx' Werk methodologisch nutzbar zu machen. Dass dennoch (oder vielleicht: gerade deshalb) jahrzehntelang in der Benjamin-Forschung über sein Verhältnis zum Marxismus gestritten wurde, hängt mit einigen werk-, rezeptions- und wissenschaftsgeschichtlichen Aspekten zusammen, die sich in Entstehung wie Rezeption von Benjamins Werk niedergeschlagen haben (I.). In deren Konsequenz pflegte Benjamin eine ausgesprochen instrumentelle Auseinandersetzung mit Marx, die nachfolgend exemplarisch vermittels des sogenannten Konvoluts X von Benjamins unvollendet gebliebenem Passagenwerk aufgezeigt wird (II.). Anhand von Benjamins nachgelassenen sogenannten Thesen Über den Begriff der Geschichte lässt sich dann exemplarisch demonstrieren, wie Benjamin Marx kulturwissenschaftlich weiterdachte und den Historischen Materialismus als Heuristischen und Messianischen Materialismus als historische Methode(n) neu zu konzeptionieren versuchte (III.). Ein anschließendes Fazit beendet den Beitrag.

Eine besondere Schwierigkeit des Themas besteht darin, dass sowohl in Benjamins Schriften als auch in deren Rezeption Bezugnahmen auf Karl Marx, auf ‚den' Marxismus, auf ‚den' Historischen Materialismus usw. häufig miteinander identifiziert werden: Die potentiell relevanten semantischen Marker sind also vielfältig. Zu den Auffälligkeiten von Benjamins Marx-Rezeption im engeren Sinne gehört darüber hinaus, dass er Marx auf der einen Seite einer strikt intentionalen Deutung unterwarf und ihn auch vereinseitigte, fehlerhaft oder sogar bewusst ‚falsch' ausdeutete,[3] auf der anderen Seite jedoch seine eigenen Auffassungen und Theorien unter dem Einfluss von Marx' Konzepten (oder solchen, die er ihm zuschrieb) veränderte.[4] Diese wechselseitige Neukonstituierung von rezipierter Vergangenheit und rezipierender Gegenwart (und Zukunft) kann man als einen geradezu exemplarischen Vorgang rezeptionsgeschichtlicher ‚Transformation' im Sinne Hartmut Böhmes u.a. begreifen.[5]

In Benjamins Fall kommt noch ein wesentlicher werksgeschichtlicher Aspekt hinzu, vor dem jede Untersuchung seiner Texte steht: Benjamins Werk blieb im wesentli-

---

2 Vgl. Löwy 2008, 63 spricht sogar explizit davon, dass Benjamins Marx-Lektüre „hétérodoxe" sei; vgl. auch Palmier 2009, 739 f.

3 Ji-Hyun Ko 2005, 46 hat entsprechend betont, dass Benjamins Marx-Rezeption von „denkstrukturell bestimmbaren Problemaspekten" dominiert wurde.

4 In diesem Sinne erklärte Werner Kraft 1966/1973, 77: „Benjamin war noch zuletzt durch Marx bestimmt".

5 Böhme 2011. Diese Methode beruht im Übrigen auf einer Beobachtung der rezeptionsgeschichtlichen Phänomenologie, die Benjamin offenbar in ähnlicher Weise gemacht und wie folgt festgehalten hat: „Die Vor- und Nachgeschichte eines historischen Tatbestandes erscheinen kraft seiner dialektischen Darstellung an ihm selbst. [...] So polarisiert der historische Tatbestand sich nach Vor- und Nachgeschichte immer von neuem, nie auf die gleiche Weise" (GS V.1, 587; vgl. GS V.1, 588 [N 7a, 8]: „Es ist die Gegenwart, die das Geschehen in Vor- und Nachgeschichte polarisiert"); vgl. dazu Nebelin 2007, 62 f.; Friedlander 2012, 82 f.

chen Fragment.[6] Diesen Umstand teilte es mit dem von Marx und Engels,[7] jedoch lief ihre Rezeptionsgeschichte gewissermaßen gegenläufig: Während im Hinblick auf Marx und Engels die Einheit ihres Werkes häufig überbetont wurde, hob man im Fall des Benjamin'schen Werkes immer schon seinen unvollendeten und fragmentarischen Charakter hervor. Dabei wurde die fragmentarische Struktur sogar zu einem integralen Bestandteil des Benjamin'schen Werkes, seiner Entstehung und Überlieferung erklärt: Insbesondere Detlef Schöttker hat systematisch den fragmentierten Zustand und die fragmentarische Überlieferung als ein Charakteristikum des Benjamin'schen Werkes hervorgehoben und sie als ‚konstruktiven Fragmentarismus' bezeichnet.[8] Er betont, dass Benjamin seine Werke gleichsam schon als ‚Montagen', gelegentlich auch als ‚Collagen' geschaffen habe.[9] Zudem habe die „biographisch bedingte Fragmentarizität des gesamten Werkes [...] die Rezeption ebenfalls geprägt";[10] damit vollende gleichsam „die Nachwelt, was Benjamin begonnen hat".[11] Zwar mag Schöttker Benjamin gelegentlich etwas zu viel postmortale Planung zutrauen,[12] doch hat bereits Benjamins Freund Theodor W. Adorno die Auffassung vertreten, dass Benjamins Werk „in der Konzeption des Fragments als philosophischer Form" gründete.[13] Adorno nahm ebenfalls einerseits an, dass dieser fragmentarische Werkscharakter „im Gefüge" von Benjamins „Denken, in seiner tragenden Idee von je angelegt" gewesen sei, andererseits einige Eigenheiten aber auch „dem widrigen Schicksal zuzuschreiben" seien:[14] „[G]ewiß aber" sei, verkündete der Frankfurter Philosoph 1955 weiter in seiner *Einleitung* zur zweibändigen Ausgabe der ersten Sammlung von Schriften Benjamins, „daß Benjamin die geschichtlichen Katastrophen seiner Zeit die runde Einheit des Gestalteten verwehrten und seine gesamte Philosophie, nicht erst

6 Vgl. Löwy 2001, 5.

7 In diesem Sinne urteilte in diesem Jahr (2018) der Marx- und-Engels-Kenner Jürgen Herres 2018, 11: „Marx und Engels waren keineswegs Erfinder einer in sich geschlossenen Theorie. Ihr Œuvre hat vielmehr fragmentarischen Charakter. Weder als Revolutionäre noch als Analytiker des Kapitalismus haben sie ein abgeschlossenes oder ein zumindest in sich geschlossenes Werk hinterlassen"; vgl. ebd., 214 f., 255, 265, 271 und passim.

8 Vgl. Schöttker 1999, 9 u. passim. Ähnlich beziehungsweise daran anschließend auch: Küpper/Skandries 2006, 17–19.

9 Vgl. Schöttker 1999, 210–216, wo insbesondere auf Benjamins *Einbahnstraße* (GS IV.1, 83–148; WuN 8) und sein Passagenwerk Bezug genommen wird; vgl. zudem das methodologische Selbstzeugnis aus dem Umfeld des Passagenwerks in GS V.2, 1030: „Methode dieser Arbeit: literarische Montage. Ich habe nichts zu sagen. Ich werde keine geistvollen Formulierungen mir aneignen, nichts Wertvolles entwenden. Aber die Lumpen, den Abfall: die will ich nicht beschreiben, sondern vorzeigen".

10 Schöttker 1999, 12.

11 Ebd., 7.

12 So etwa in ebd., 93 f., 97, 100, 102 u. passim. Es war der spätere Benjamin, der die von Schöttker dargelegte Neigung zu einer fragmentarischen Werkkonstitution aus der Not heraus – mehr oder weniger klar konturiert – ausbildete; der jüngere Benjamin hingegen hatte noch in seiner abgelehnten Habilitationsschrift, der Schrift über den *Ursprung des deutschen Trauerspiels*, erklärt, „[d]er Begriff des philosophischen Stils [...] hat seine Postulate"; darunter falle auch „die Ausdauer der Abhandlung im Gegensatz zur Geste des Fragments" (GS I,1,112); vgl. dazu Nebelin 2007, 11 f.

13 Adorno 1955, 37.

14 Ebd., 37.

den großen Entwurf seiner späteren Jahre, auf den er alles setzte, zum Fragmentarischen verurteilten".[15] Doch um welche widrigen Umstände handelte es sich?

Zu den Merkmalen der Zeitgeschichte, die seit Hans Rothfels bis heute einschlägiger Definition von 1953 als einzige sich dynamisch verschiebende historische Epoche immer die der ‚Mitlebenden' ist,[16] gehört, wie Uwe Johnson einmal festhielt, dass in ihr Menschen „befördert oder beschädigt" werden.[17] Walter Benjamin lässt sich eher zu den Be- und Geschädigten der Zeitgeschichte rechnen.[18] Der wohlbehütet aufgewachsene, aber mit grüblerischem Charakter ausgestattete Benjamin suchte zunächst und gegen den Willen seines Vaters den Gelehrtenberuf zu ergreifen, gab dieses Ansinnen jedoch auf, als seine Habilitationsschrift abgelehnt wurde.[19] Er verlegte sich auf das publizistische Feld und baute sich damit – vor allem als Rezensent – eine bis 1932 leidlich gesicherte Existenz auf. Die sogenannte Machtergreifung der Nationalsozialisten zwang ihn schließlich dazu, Deutschland zu verlassen. Finanziert durch das nach Amerika emigrierte *Institut für Sozialforschung* um Max Horkheimer, Friedrich Pollock und Theodor W. Adorno ließ er sich in Paris nieder, wo er unter relativ ärmlichen Verhältnissen historische, philosophische, soziologische, literatur- und kulturwissenschaftliche Studien unternahm. Keiner seiner Arbeiten war vor seinem Tod größere Resonanz beschieden.[20] 1940 versuchte er schließlich, vor den deutschen Besatzern zu flüchten, wurde im spanischen Grenzort Port-Bou aufgegriffen und beging noch in der Nacht Suizid. „Eine tragische Entscheidung, denn Benjamin hatte die Situation falsch eingeschätzt. Die Gruppe, mit der er die Grenze überquert hatte, konnte am nächsten Tag unbehelligt weiterreisen".[21] Damit hätte Benjamins Geschichte enden können; dass es anders kam, hängt mit einer der ungewöhnlichsten wissenschaftlichen Rezeptionsgeschichten der modernen Geistes- und Kulturwissenschaften zusammen.

Benjamin als Marxist: Eine wissenschaftsgeschichtliche Sackgasse?

Thomas Küpper und Timo Skrandies haben vier Bereiche der Benjamin-Rezeption unterschieden, die jeweils „eine[n] *anderen* Autor Benjamin" konstituier(t)en:[22] „Die ‚Le-

15 Ebd., 33. In diese Richtung weist auch der Diskurs um die Begriffe ‚Leben', ‚Überleben' und ‚Nachleben', der sich durch Benjamins Werk zieht; vgl. dazu Weidner 2011.

16 Vgl. Rothfels 1953, 2.

17 Johnson/Willson 1982, 281

18 Der nachfolgende biographische Überblick orientiert sich an Werner 2006 und der Skizze in Nebelin 2007, 4–6 (mit weiterführender Literatur).

19 Dazu vgl. Lindner 1984; Albert 1995, 85–93; Palmier 2009, 342–348.

20 Vgl. Schöttker 1999, 20–28.

21 Kramer 2004, 152, Anm. 116.

22 Küpper/Skandries 2006, 17. Vgl. allgemein zur Rezeptionsgeschichte beispielsweise Garber 1986; Steiner 2004, 185–189; Küpper/Skrandies 2006; speziell zur Marx-Rezeption Benjamins vgl. Ko 2005, 36–46; Goller 2013; Löwy 2014; zum Diskurs um das Verhältnis von Marxismus und Messianismus bei Benjamin vgl. Palmier 2009, 1161–1201.

gendengestalt' Benjamin (Schöttker 1999, 119), die in zahlreichen Biographien entworfen wird, erstens, sodann zweitens die Umschichtungen und Ergänzungen des Textcorpus' im Zuge mehrerer editorischer Projekte zwischen 1955 und heute, drittens eine immer facettenreicher werdende Rezeptionsgeschichte, die sich von editionsphilologischen oder werkimmanenten Gegebenheiten oft unbeirrbar zeigt, schließlich viertens – quasi auf einer Metaebene – Rezeptionen und Deutungen der Rezeptionsgeschichte selbst".[23] Diese vier Bereiche der Konstruktion des Autors Benjamin spiegeln sich auch in den – mit ihnen allerdings nicht völlig deckungsgleichen – Phasen der Rezeption wider, die sich spezifischer in Hinblick auf Benjamins Marx-Rezeption als Teil eines Diskurses um seine Haltung gegenüber dem Marxismus unterscheiden lassen.

Die *erste Phase* ist dabei mehr eine der Perzeption als der Rezeption gewesen: Es geht um die lebenszeitlich gepflegte Interaktion Benjamins mit seinen Zeitgenossen, insbesondere seinen Kolleginnen und Kollegen, Freundinnen und Freunden. Diese Phase ist einerseits durch offene Interaktionen gekennzeichnet, in denen ein freier Meinungsaustausch in weitgehend symmetrischen Beziehungen stattfand. Andererseits geriet Benjamin jedoch in der Exilsphase in eine zunehmende ökonomische Abhängigkeit insbesondere des *Instituts für Sozialforschung*; die Beziehungen wurden damit, wie Schöttker zu Recht unterstrichen hat, „ungleichgewichtig".[24] Seine dortigen Partner versuchten, Einfluss auf Benjamins Meinungsbildung und seine Publikationsstrategien zu nehmen; infolge ihrer Bedeutung für Benjamins Lebensunterhalt konnten sie sein Werk in besonderem Maße und gelegentlich durchaus gegen seine Widerstände beeinflussen.[25] Sehr früh wurden dabei Benjamins Hinwendung zum Marxismus und/oder sein Verständnis dieser Denktradition hinterfragt.[26] Diese lebenszeitlichen Konfliktlinien haben sich auch auf die weitere Rezeptionsgeschichte ausgewirkt. Das gilt insbesondere deshalb, weil Benjamins Briefwechsel mit diesen Gesprächspartnern für die Rekonstruktion von Benjamins Überlegungen und Konzeptionen sowohl für die abgeschlossenen und veröffentlichten wie auch für die unveröffentlichten und unvollendeten Schriften herangezogen werden. Dabei ist freilich nicht auszuschließen, dass Benjamin – insbesondere in Konstellationen ökonomischer Abhängigkeit – in seinen Briefen strategisch argumentierte.

Benjamins Marx-Rezeption war außerdem Teil seiner Auseinandersetzung mit dem Marxismus und dem Historischen Materialismus in ihren unterschiedlichen Deutungst-

23 Küpper/Skandries 2006, 17 f.

24 Schöttker 1999, 65; zu der Beziehung zum *Institut*, insbesondere zu Gretel Adorno und Theodor W. Adorno sowie Max Horkheimer vgl. Wiggershaus 1988, 217–246; Gödde/Lonitz 2006; Palmier 2009, 532–552; Blättler/Voller 2016, 15 f.; zur finanziellen Seite vgl. Wiggershaus 1988, 217–219; Gödde/Lonitz 2006, 94 f.; Palmier 2009, 479–552.

25 Vgl. zu diesem Gesamtkomplex ebd., 54 f. u. 64–91; zu Adornos und Scholems geradezu widerstreitenden (und von Benjamin gleichermaßen abgelehnten) Versuchen, Benjamins Theologiebegriff und dessen Gebrauch zu beeinflussen vgl. Weidner 2010, 17 f.

26 Zur grundsätzlichen Kritik beispielsweise Scholems vgl. Mosès 2006, 65–68; vgl. zudem bereits die allgemeine Ablehnung der Positionierung Benjamins, die beispielhaft (und wohl auch durch persönliche Konflikte motiviert) bei Kraft 2015, 233 deutlich wird, der in einem Tagebucheintrag vom 23. April 1937 über Benjamin behauptete: „Betut sich mit Marxismus".

raditionen. Notwendigerweise prägte seine Marx-Lektüre dabei auch der unvollständige Veröffentlichungsstand des Marx'schen Werkes;[27] daneben bestimmte die verfügbare Sekundärliteratur in hohem Maße sein Marx-Bild.[28] Dass sich dabei Benjamins Auseinandersetzung mit Marx und der zugehörige Diskurs mit seinen Freunden und Bekannten im Wesentlichen in den Werken aus Benjamins Spätphase und dabei insbesondere in dem unvollendet gebliebenen sogenannten Passagenwerk niedergeschlagen haben, hängt mit Benjamins später Hinwendung zum Marxismus zusammen: Zwar verweisen auch einzelne spätere Positionierungen Benjamins zurück bis auf seine frühesten politischen Auffassungen; das gilt etwa für Elemente der Topik seiner Kritik an der Sozialdemokratie, die in spartakistischen Motiven und Traditionslinien ihren Ursprung genommen hat.[29] Relevanter waren für Benjamin jedoch persönliche Erfahrungen, die seine Hinwendung zum Kommunismus und dessen politischen Ausformungen prägten. Seine nicht unkomplizierte Beziehung zu der Kommunistin Asja Lacis (seit 1924) sowie der intellektuell anregende Kontakt mit Bertolt Brecht (seit 1929) begünstigten seine Hinwendung zum Kommunismus;[30] seine mit der Beziehung zu Lacis in Verbindung stehende unglückliche Moskau-Reise 1926/1927 (ein „Hagel von Miniaturkatastrophen") konfrontierte ihn mit der kommunistischen Realität, doch ist in seinem *Moskauer Tagebuch* ungeachtet der anmessbaren „Enttäuschung" nicht erkennbar, dass dies für ihn ernstliche politisch-konzeptuelle Konsequenzen zeitigte, weil, wie Manfred Schneider betont hat, die von Benjamin gemachte „Erfahrung nicht bis ins Innere der Stadt, der Macht und des Privatlebens vordringt".[31] Denn Benjamins Verhältnis zum Kommunismus war und blieb im Wesentlichen ein intellektuelles: War für Benjamin „der Marxismus zunächst mehr eine Frage

27 Vgl. zur Veröffentlichungslage der Marx'schen Schriften Hering 1982, 77 f.; Homann 2004. Listen der von Benjamin gelesenen Schriften Marx' (und zum Teil auch Engels') samt der Nennung der verwendeten Ausgaben finden sich bei Tiedemann 1982b, 1308 f., Nr. 578–592; die allein aus der Feder von Engels stammenden und von Benjamin gelesenen Schriften sind ebd., 1293, Nr. 282–286 erfasst.

28 Vgl. dazu Goller 2013, bes. 12; 17–20.

29 Zum Beispielfall vgl. Nebelin 2007, 104–107.

30 Vgl. Löwy 2014, 19 f.; Blättler/Voller 2016, 14 f.; zur Beziehung von Benjamin und Brecht vgl. die Dokumentation und die Analysen in Wizisla 2004 sowie Müller-Schöll 2006; zu Teilen des Ertrags dieser Beziehung für das Werk Benjamins – in dessen *Pariser Briefen* – vgl. Kambas 2006, 427–431; zu Benjamins Notizen über Gespräche mit Brecht vgl. Schneider 2006, 672–674. Zur Beziehung Benjamins mit Lacis vgl. Violan 1993/2016, bes. 277–291; Ko 2005, 36 f. und passim; Romaschka 2006, 345–347, 349 f. u, 355 f.; Palmier 2009, 337–340 und passim.

31 Vgl. Schneider 2006, 666 f., Zitate 666; vgl. zum *Moskauer Tagebuch* zudem Palmier 2009, 352–357.

der politischen Haltung“, so „nahm er zunehmend Elemente der marxistischen Theorie“ auf.[32] Insofern ist er ein geradezu klassischer Vertreter eines ‚intellektuellen Marxismus‘.[33]

Deshalb dürfte – wie auch für viele andere zeitgenössische Intellektuelle – der wesentlichere Einfluss jener der 1925 abgeschlossenen Lektüre von George Lukács’ Essaysammlung *Geschichte und Klassenbewußtsein* (1923) gewesen sein.[34] An diesem Werk Lukács’ schätzte Benjamin, wie ein kurzer Hinweis in einer 1929 veröffentlichten Sammelbesprechung mit dem Titel *Bücher, die lebendig geblieben sind* nahelegt,[35] die für seine eigene Auseinandersetzung mit marxistischen Vorstellungen wichtige Kombination von Erkenntnistheorie und Geschichtsphilosophie, denn seiner dort verkündeten, freilich recht allgemein gehaltenen Auffassung zufolge bestand die Bedeutung von *Geschichte und Klassenbewußtsein* „in der Sicherheit, mit der es in der kritischen Situation der Phi-

32 Greffrath 1981, 9. Wie Uwe Steiner 2016, 34 zu Recht betont hat, war Benjamins „politische[s] Denken“ getrieben durch „kein historisches, sondern ein philosophisches Interesse an der Politik“. Das bestimmte auch den konstruktivistischen Charakter seiner Passagenarbeiten und mag auch der Grund der relativen Praxisferne seiner politischen Überlegungen gewesen sein. Allerdings nimmt Steiner an, dass die von Benjamin „durchaus ernsthaft erwogene Frage nach einem praktischen politischen Engagement zugunsten des Kommunismus [...] für Benjamins persönliche Entwicklung wohl von erheblicher, für die theoretische jedoch von sekundärer Bedeutung“ gewesen sei (ebd., 64). Insbesondere Benjamins Spätschriften sind dann jedoch durch eine „Radikalität auf politischem Gebiet“ gekennzeichnet, die „nicht zu leugnen“ ist (Raulet 2016, 142).

33 Zu dieser Teilgruppe innerhalb der marxistischen Strömungen vgl. Lohmann 2001, Kap. 6.

34 Benjamins Wahrnehmung von Lukács *Geschichte und Klassenbewußtsein* erfolgte zunächst über eine Besprechung des Bandes durch Ernst Bloch (Bloch 1923/1924), die Benjamin in einem Brief vom 13. Juni 1924 gegenüber Scholem lobte (GB II, Nr. 413, 469). Zugleich erklärte er jedoch, dass – wenngleich dieses Buch „bei weitem das Beste“ zu sein scheine, was Lukács „seit langem gemacht hat und das Buch selbst sehr, besonders mir sehr wichtig“ sei – er es „[j]etzt natürlich nicht lesen könne“ (ebd.). Noch in einem Brief vom September 1924 bekundete er dann erneut – ebenfalls im Zusammenhang mit einer Erwähnung der besagten Besprechung Blochs (vgl. GB II, Nr. 419, 481) – sein Interesse an einer Lektüre, ließ jedoch erkennen, dass er den Band selbst immer noch nicht gelesen hatte, dies jedoch bald geschehen solle. Wie sicher er dies anstrebte, bezeugt ein Brief vom selben Tag an Gottfried Salomon-Delatour, in dem es – wahrscheinlich noch fälschlicherweise – so klingt, als stände die Lektüre unmittelbar bevor oder als wäre sie sogar schon im Gange (vgl. GB II, Nr. 420, 491). In jedem Fall scheint Benjamins sie an jenem Tag, dem 16. September 1924, fest ins Auge gefasst zu haben. In einem Schreiben vom 24. April des Folgejahres erklärte Benjamin dann sein Interesse, eine Besprechung von *Geschichte und Klassenbewußtsein* anzufertigen und betonte, „[z]ur Zeit fesselt der Lukács mich aufs höchste“ (GB III, Nr. 434, 32), so dass wohl Benjamins Lektüre des Bandes in diese Zeit zu datieren ist. Im ersten, vermutlich auf den 20. Mai 1925 zu datierenden Teil (vgl. GB III, Nr. 437, 39) eines insgesamt im Zeitraum vom 20. bis 25. Mai 1925 verfassten Briefes rechnet Benjamin dann gegenüber Scholem Lukács *Geschichte und Klassenbewußtsein* unter die „gelesenen Schriften“ (ebd., 38 f.). Vor allem inhaltlich zu Benjamins Lukács-Lektüre vgl. Löwy 1997, 155 f.; Hillach 2000, 198, 209 und passim; Ko 2005, 36 f.; Löwy 2014, 20; Blättler/Voller 2016, 15–17. Auffällig ist allerdings, daß die Bezugnahmen Benjamins auf Lukács *Geschichte und Klassenbewußtsein* oft allgemein bleiben; das deutet darauf hin, dass der reale Einfluss dieser Schrift möglicherweise relativiert werden muss. Zu Lukács’ *Geschichte und Klassenbewußtsein* vgl. exemplarisch den Abriss bei Kolakowski 1981, Bd. 3, bes. 289–324; zu seiner Marx-Rezeption vgl. Demeter 2016.

35 Die Besprechung findet sich in GS III, 169–171 = WuN 13.1, 183–185; zu den Hintergründen vgl. WuN 13.2, 191–194.

losophie die kritische Situation des Klassenkampfes und in der fälligen konkreten Revolution die absolute Voraussetzung, ja den absoluten Vollzug und das letzte Wort der theoretischen Erkenntnis erfaßt hat".[36]

Die *zweite Phase* einer Rezeptionsgeschichte, in der Benjamin und Marx konfrontiert wurden, fällt in den Abschnitt zwischen Benjamins Tod und dem Jahr 1955, als die erste Schriftensammlung veröffentlicht und mithin der Öffentlichkeit ein Autor Benjamin mit einer durch bewusste Auswahl geschaffenen Werkeinheit präsentiert wurde, die es zu dessen Lebzeiten so nie gegeben hatte. Eingangs ist diese Phase dadurch gekennzeichnet gewesen, dass Benjamin, wie sein Freund Gershom Scholem rückblickend schrieb, zunächst „Gegenstand einer esoterischen Flüsterpropaganda" wurde:[37] Er „geriet – außer für eine Handvoll Menschen, die einen unvergeßlichen Eindruck von ihm empfangen hatten – in völlige Vergessenheit"; aus Scholems Sicht gehörte deshalb Benjamins „Name zu den verschollensten in der geistigen Welt".[38] Darüber hinaus ist diese Phase vor allem durch die Bemühungen charakterisiert gewesen, Benjamins Nachlass zu versammeln und seine Schriften der Öffentlichkeit zugängig zu machen. Dass dabei insbesondere die von Gretel und Theodor W. Adorno verantwortete Erstedition von Benjamins *Schriften* aufgrund ihrer Zusammenstellung in besonderem Maße in die Kritik geriet, aber auch außerordentlichen diskursiven Einfluss gewann, versteht sich von selbst.[39]

Es war auch Adorno, der in zwei frühen Beiträgen – einer erinnernden und zugleich einführenden *Charakteristik Walter Benjamins* sowie einem knappen *Nachwort* zur Neuauflage von Benjamins *Berliner Kindheit um Neunzehnhundert* – aus dem Jahr 1950 die Wiederentdeckung Benjamins autoritativ beeinflusste.[40] So formulierte er in der *Charakteristik* die – bis heute weitgehend akzeptierte – These, Benjamins „Denken" ‚entziehe' sich „in immer erneuten Ansätzen dem klassifikatorischen";[41] zudem habe er „die Grenze zwischen dem Literaten und dem Philosophen nicht respektiert",[42] außerdem eine „mikrologische und fragmentarische Methode" gepflegt.[43] Schließlich habe Benjamins Werk sich in zwei, allerdings partiell miteinander verschmolzene Phasen entwickelt: einer „materialistische[n]" und einer „theologische[n]",[44] wobei Adorno sich im politischen

36 GS III, 171 = WuN 13.1, 185.

37 Scholem 1964, 9.

38 Ebd.

39 Zu den *Schriften* und ihrer Rezeptionsgeschichte vgl. Garber 1986, 939–952; Weissberg 2012, 18 f. und passim. Zur ersten, 1966 von Adorno und Scholem in zwei Bänden herausgegebenen Auswahlausgabe der Korrespondenz Benjamins vgl. Weissberg 2012, 53 f.

40 Vgl. Adorno 1950a; ders. 1950b; zu Adornos Bedeutung für die Rezeptionsgeschichte Benjamins vgl. etwa Garber 1986, 921–933; Schöttker 1992, 109–118 und passim; Küpper/Skrandies 2006, 22–26.

41 Adorno 1950a,14.

42 Ebd., 16.

43 Ebd., 22.

44 Ebd., 22.

Klima der beginnenden Fünfziger Jahre wohl gezwungen fühlte, nur anzudeuten, dass es sich bei dem materialistischen Zug um einen marxistischen handelte.[45]

Die Auseinandersetzung um Benjamins Marx-Rezeption entflammte dann in der *dritten* großen *Rezeptionsphase*. Diese wurde in ihrer entscheidenden Anfangsphase ebenfalls noch durch Benjamins Freunde und Bekannte bestimmt. Insbesondere in den sechziger Jahren häuften sich die Wortmeldungen von Adorno, Scholem und Arendt;[46] indirekt präsent war Bertolt Brecht.[47] Ihre divergierenden, durch ihre persönlichen Begegnungen mit Benjamin geprägten Deutungen kreisten vor allem um die Bedeutung und das Verhältnis von jüdisch-messianischen und marxistisch-materialistischen Elementen in Benjamins Denken.[48] Im Hinblick auf den Marxismus standen die Fragen nach

---

45 Vgl. ebd., 22–25. Adornos und wohl auch Horkheimers Sorgen vor einem marxistischen Missverständnis insbesondere in der Frühzeit der Bundesrepublik wird auch deutlich am Umgang mit der *Zeitschrift für Sozialforschung* (1932–1941; davon 1939 bis 1941 als *Studies in Philosophy and Social Science*): Diese wurde, wie Jürgen Habermas berichtet hat, im Keller des Frankfurter Institutsgebäude in einer Kiste eingelagert; vgl. Habermas 1980a, 415. Dazu vgl. auch Schöttker 1999, 111 f., der als weiteren Hintergrund für die Invisibilisierung der marxistischen Tradition des *Instituts für Sozialforschung* die von Horkheimer und Adorno 1947 in ihrer *Dialektik der Aufklärung* vorgenommene philosophische Neuausrichtung des *Instituts* durch einen Übergang von einem „interdisziplinären Materialismus" zu einer „negative[n] Geschichtsphilosophie" (ebd., 111) anführt.

46 Die entsprechenden Beiträge sind beziehungsweise finden sich gesammelt in: Adorno 1970; Arendt/Benjamin 2006; Scholem 1975; ders. 1992; zur Bedeutung Scholems für die Rezeptionsgeschichte Benjamins vgl. beispielsweise Garber 1986, 933–939; Weissberg 2012 passim; zu der von Arendt vgl. Garber 1986, 955–959; Schöttker/Wizisla 2006, 35–44.

47 Vgl. zu Brechts Bedeutung für Walter Benjamins Rezeption Schöttker 1992, 197–200 , 278 f. und passim; Wizisla 2004, 267–287.

48 Michael Löwy unterteilt in seinem Buch über Benjamins geschichtsphilosophische Thesen die Positionen, die im Verlauf der Rezeptionsgeschichte im Streit um das Verhältnis von Theologie oder Messianismus auf der einen und Historischem Materialismus auf der anderen Seite eingenommen worden sind, in vier große Gruppen (vgl. zum Folgenden Michael Löwy 2001, 24): (1) „L'école materialiste" (ebd.), welche mit einem Primat materialistischen Denkens im Werk Benjamins rechnete und in Bertolt Brecht ihren Hauptvertreter gefunden hat. Dies wird in dem berühmten Eintrag vom 25. Juli 1938 im ‚Arbeitsjournal' deutlich. Dort äußert sich Brecht über Benjamins Aura-Vorstellung wie folgt: „er [= Benjamin] geht von etwas aus, was er *aura* nennt, was mit dem träumen zusammenhängt (den wachträumen). er sagt: wenn man einen blick auf sich gerichtet fühlt, auch im rücken, erwidert man ihn (!). die erwartung, daß, was man anblickt, einen selber anblickt, verschafft die aura. diese soll in letzter zeit im zerfall sein, zusammen mit dem kultischen. b[enjamin] hat das bei der analyse des films entdeckt, wo die aura zerfällt durch die reproduzierbarkeit von kunstwerken. alles mystik, bei einer haltung gegen mystik. In solcher form wird die materialistische geschichtsauffassung adaptiert! Es ist ziemlich grauenhaft" (Brecht 1973, 16); (2) „[l]'école théologique" (Löwy 2001, 24), welche die Dominanz theologischen Denkens unterstellt und als deren Exponent Löwy Benjamins Vertrauter Gershom Scholem erschien; (3) „[l]'école de la contradiction" (ebd.), als deren Repräsentanten Jürgen Habermas und Rolf Tiedemann gelten können. Ausgehend von der Annahme, dass beide Elemente im Denken Benjamins präsent gewesen seien, fragen die Vertreter dieser Deutungstradition nach dem Erfolg der Benjamin'schen Kompatibilisierungsbemühungen. Sie behaupten den Misserfolg des Benjamin'schen Vermittlungsversuchs und kommen zu dem Ergebnis, dass die beiden Momente inkompatibel seien. Löwy selbst versuchte nun, eine vierte Position zu begründen, (4) deren Leitthese lautet: „Walter Benjamin est marxiste *et* théologien" (ebd.). Die Vermittlung von Theologie und His-

der Bedeutung und dem Potential von Benjamins Hinwendung sowie nach der genauen inhaltlichen Ausrichtung dieser Theoriekomponente im Vordergrund. An der letztgenannten Frage knüpften dann im weiteren Verlauf auch jüngere Interpreten wie der Benjamin-Herausgeber Rolf Tiedemann oder der wirkungsmächtige Philosoph Jürgen Habermas an.[49] Wesentlich ist, dass eine genauere Untersuchung der Marx-Rezeption im engeren Sinne für diese Zugriffe nur von nachgeordneter Bedeutung war.

Dass sich dies um die Jahrtausendwende langsam änderte,[50] verdeutlicht exemplarisch ein einflussreicher Aufsatz von T. J. Clark aus dem Jahr 2003. Im Titel seines Beitrages stellte er die provokante Frage, *Should Benjamin Have Read Marx?* – und erklärte in seiner Antwort die Potentiale der marxistischen Elemente von Benjamins Denkens für obsolet.[51] Den Eindruck, dass zu Beginn des neuen Jahrtausends eine im Zentrum um das Verhältnis von Jüdischem Messianismus und marxistischem Materialismus entwickelte Benjamin-Deutung an ihr Ende gelangt war, verdeutlicht auch die Rezeption der unvollendet gebliebenen und posthum veröffentlichten großen Benjamin-Biographie von Jean-Michel Palmier:[52] Zwar fand diese grundsätzlich in Fachwelt wie Öffentlichkeit große Anerkennung, doch schien ihre Ausrichtung auf die Erörterung des besagten Spannungsfelds 2006 bereits veraltet; insofern konnte 2010 in einer breitenwirksam platzierten Besprechung der deutschen Ausgabe Alexander Cammann nur noch festhalten, „dass dieses Buch einen Endpunkt markiert, keinen Anfang", und musste mithin eine „Tragik der Verspätung" konstatieren.[53]

Texte wie diese leiteten eine neue, bis in die Gegenwart reichende *vierte Phase* der Benjamin-Rezeption ein: Nicht mehr die Suche nach einer vereindeutigenden Interpretation des Spannungsverhältnisses oder gar die Frage nach Über- oder Unterordnung von Jüdi-

torischem Materialismus würde nunmehr als gelungen gelten; vgl. Nebelin 2007, 123–132; speziell zum Diskurs um die ‚theologische' Dimension vgl. auch Pangritz 2000, 817–821.

49 Vgl. Habermas 1972 (dazu Pfotenhauer 1975, 287, Anm. 60; Garber 1989, 961 f.; Küpper/Skrandies 2006, 28 u. 32 f.; Brumlik 2009, 123 f.); Habermas 1983, 19–26 (dazu knapp Menke 2009, 206 f.); Tiedemann 1965/2002; ders. 1983; Steiner 2016, 36 (zu den Interpretationen von Adorno und Scholem); vgl. zudem die Hinweise auf die weitere Literatur in Leslie 2008, 549–553. Zur Bedeutung der Rezeption von Max Weber und Carl Schmitt durch Benjamin in diesem Zusammenhang vgl. Steiner 2016, 42–45; Steiner sieht darin „eine zeitgenössische Folie, vor deren Hintergrund sich Benjamins Überlegungen um so deutlicher abzeichnen" (ebd., 42); vgl. dazu auch Deuber-Mankowsky 2016 passim; Raulet 2016, 152–155, die auch den Einfluss von Herrmann Cohen beleuchten.

50 Vgl. Weidner 2010, 18, der die Ursprünge dieser Entwicklung im während der 1980er Jahre eintretenden ‚Plausibilitätsverlust' der „marixistische[n] Ideologie- und Religionskritik" verortet, so dass fortan „die Alternative ‚Messianismus oder Materialismus' in den Hintergrund" getreten sei, wobei Weidner – zwar auch aus forschungsstrategischen Gründen, jedoch nicht ohne inhaltliche Berechtigung – die Auffassung vertritt, „die Rezeption wiederholte von nun an fast reflexhaft, dass man Benjamin mit dieser Unterscheidung nicht gerecht werden könne – eine Formel, die eher eine Leerstelle als einen neuen Zugang markiert".

51 Clark 2003; vgl. dazu Leslie 2008, 557 f.

52 Palmier 2006; dt.: ders. 2009.

53 Cammann 2010.

schem Messianismus und marxistischem Materialismus steht seither im Vordergrund;[54] vielmehr wird, wie bereits Cammann in seiner Besprechung andeutete, „das Flackernde und Irrlichternde" des Benjamin'schen Werkes in den Blick genommen und seine Fluidität und Widersprüchlichkeit nicht als Defizit, sondern als Stärke gedeutet, weil das Werk auf diese Weise noch erheblich mehr Interpretationsspielräume eröffnet und beständige Aktualisierungen nicht nur möglich, sondern auch erforderlich zu sein scheinen.[55] Vorbereitet wurde diese Deutung Benjamins als Kulturwissenschaftler allerdings bereits in den Neunziger Jahren des 20. Jahrhunderts, als sein Werk etwa von Jacques Derrida dekonstruiert und in der Folge in immer neuen Kontexten als Inspirationsquelle nutzbar gemacht wurde.[56] Es ist allerdings auffällig, dass diese neuen, vorrangig aus philosophischer und literaturwissenschaftlicher Perspektive entwickelten Interpretationen zugleich mit intensivierten philologischen Erschließungsarbeiten einhergehen: Im Suhrkamp Verlag erscheint seit 2008 mit Benjamins *Werke und Nachlaß* eine *Kritische Gesamtausgabe*. Im Kontext dieser vierten rezeptionsgeschichtlichen' Phase sind mittlerweile auch nüchterne Überblicke über Benjamins Marz-Rezeption aus den Federn von beispielsweise Matthias Fritsch, Peter Goller, Esther Leslie und Michael Löwy vorgelegt worden;[57] das Feuer des Deutungskampfes scheint erloschen – dadurch erst werden rezeptions*geschichtliche* Studien wie die vorliegende wahrhaftig möglich und relevant.

Benjamin liest Marx: Das Konvolut X des Passagenwerks

Der bedeutendste Teil von Benjamins Marx-Rezeption stand im Zusammenhang mit Benjamins Arbeiten am unvollendet gebliebenen sogenannten Passagenwerk.[58] Dabei

---

54 Vgl. exemplarisch jüngst Blättler/Voller 2016, 19, die in der Einleitung ihres Sammelbandes über Benjamins ‚politisches Denken' programmatisch erklären, das „Anliegen" zu vertreten, „Benjamins Werk in seinem Zusammenhang als ein politisches zu interpretieren und damit weder die ‚Spaltung' Benjamins in einen theologischen und einen marxistischen Anteil fortzuschreiben, noch die ‚Wende' von 1924 zu einem absoluten Neuanfang zu hypostasieren".

55 Cammann 2010.

56 Vgl. Derrida 1990; dazu vgl. Küpper/Skrandies 2006, 39–42. Den beständig anwachsenden kulturwissenschaftlichen Fokus auf Walter Benjamins repräsentieren exemplarisch die Arbeiten von Susan Buck-Morss 1993 oder Sigrid Weigel 1997; dies. 2008. Besonders gut sichtbar wird die Verschiebung der Deutungsschwerpunkte in den Walter Benjamin gewidmeten Ausgaben der Zeitschrift *text+kritik* 1979 beziehungsweise 2009.

57 Fritsch 2005, 11–53; Goller 2013; Leslie 2008, bes. 559–566; Löwy 2014.

58 Vgl. Löwy 2014, 22: „In his writings from the 1920s there are very few references to Marx (or Engels) himself. Benjamin doesn't seem to have a real knowledge of Marx's writings in that period, and his appropriation of historical materialism is mainly based on contemporary Marxist literature, not on the texts of the Founding Fathers. The effective study of these texts seems to take place only in the 1930s, during his years of exile in Paris (1933–40) as a refugee from Nazi Germany, in connection with his work on *The Arcades Project* (*Das Passagen-Werk*). [...] In any case, it documents Benjamin's intensive study of Marx's and Engels's writings after 1934, as well as his highly selective and idiosyncratic approach".

sollte es sich um eine „'Urgeschichte des 19. Jahrhunderts'" handeln,[59] die darauf abzielte, durch die analytische Durchdringung des Jahrhunderts, das Benjamins eigenem vorausging, einen Schlüssel zum Verständnis der Gegenwart zu gewinnen.[60] Grundlegend dafür war eine „mikrologische Methodik",[61] die es ermöglichen sollte, das Allgemeine im Besonderen, das Grundsätzliche im Einzelnen auszumachen und dabei nach dem Strukturellen im Objekt oder einer einzelnen Praktik zu suchen. Auf diese Weise wurden neben literarischen Zeugnissen Kultur- und Alltagsobjekte sowie Praktiken zu zentralen Quellen. Das avisierte Werk selbst blieb unvollendet; einzig Vorstudien, Exposés und umfangreiche, mehr oder weniger geordnete Sammlungen von Notizen und Exzerpten sind erhalten.[62] Insgesamt legt dies nahe, von einem Doppelcharakter des Passagenwerks auszugehen: Einerseits sollte es dereinst ein eigenständiges größeres Werk ergeben; andererseits diente die Materialsammlung als Grundlage für andere, kleinere Arbeiten Benjamins, deren Ergebnisse dann wiederum in die Gesamtanlage des Passagenwerks einflossen.

In jedem Fall ermöglicht die umfangreiche Materialüberlieferung – zusammen mit den im Kontext des Passagenwerks verfassten Briefen Benjamins – eine Rekonstruktion der Entstehungsgeschichte und in Grundzügen auch der wechselnden Konzeptionen des Passagenwerks:[63] Wesentlich ist dabei die Beobachtung, dass Benjamin am Passagenwerk in wenigstens (!) zwei Hauptabschnitten (Mitte 1927 bis Herbst 1929 sowie Anfang 1934 bis Frühjahr 1940) gearbeitet hat,[64] wobei den beiden Abschnitten unterschiedliche methodische Zugriffe zugrunde lagen, wenngleich sich erhebliche Kontinuitäten vor allem

---

59 GS V.2, 1034 <O°,79>; ähnlich: GB V, Nr. 964, 98: „Mir geht es, wie Sie [= Adorno; M.N.] wissen, vor allem um die ‚Urgeschichte des 19ten Jahrhunderts'". Die Moderne wird von Benjamin in einer paradoxen Formulierung entsprechend auch als das „immer [N]eue, immer [G]leiche" bestimmt (GS V.2, 675); vgl. zu Marx' und Benjamins Konzepten der Urgeschichte: Nebelin 2007, 28 f. mit Anm. 129.

60 Vgl. Benjamins Überlegungen zum Doppelcharakter des Passagenwerks: „Man kann von zwei Richtungen in dieser Arbeit sprechen: der die aus der Vergangenheit in die Gegenwart geht und die Passagen etc. als Vorläufer darstellt und der, die von der Gegenwart ins Vergangene geht, um die revolutionäre Vollendung dieser ‚Vorläufer' in der Gegenwart explodieren zu lassen und diese Richtung versteht auch die elegische, hingerissene Betrachtung des Jüngstvergangenen als dessen revolutionäre Explosion" (GS V.2, 1032 <O°, 56>).

61 Skrandies 2006, 275.

62 Grundlegend ist bis heute noch die Sammlung und Edition in GS V.1/2; hinzugezählt werden müssen zudem die Thesen Über den Begriff der Geschichte (zu den Fassungen der *Gesammelten Schriften* und von *Werke und Nachlaß* beachte die editorische Notiz in WuN 19, 215); vgl. dazu unten, III.

63 Vgl. die entsprechenden Hinweise in der *Einleitung* und *Anmerkungen des Herausgebers* in Band V der *Gesammelten Schriften* Benjamins: Tiedemann 1982b beziehungsweise ders. 1982a, 1066–1205 sowie die Aktualisierung im Skrandies 2006; zum *Baudelaire* vgl. Schmider/Werner 2006, 567–570; vgl. zum Passagenwerk und seinen Narrativen zudem beispielsweise die entsprechenden Beiträge in Wismann 1986 sowie Bolz/Witte 1984; Menninghaus 1986; Buck-Morss 1993; Brüggemann 2000 (bes. mit Blick auf das Motiv der Pariser Passagen); Wohlfahrt 2006; Palmier 2009, 753–783 u. 1219–1274.

64 Die Eingrenzung der Arbeitsphasen folgt Tiedemann 1982b, 14; GS V.1, 39; vgl. auch Benjamins eigene Phasendarstellung in GB V, Nr. 964, 97. Die moderne Benjamin-Philologie hat dieses Modell ausdifferenzieren und weitere Phasen identifizieren können, ohne dass freilich der hier relevante

in Hinblick auf das verarbeitete Material ausmachen lassen.[65] Auch wenn die zweite Bearbeitungsphase erst Anfang 1934 wirklich einsetzte und mithin eine Phase der Nichtbearbeitung zwischen den beiden Phasen liegt, erfolgte die Aufgabe des ersten und die Grundlegung der Neuausrichtung des Werkansatzes wahrscheinlich bereits „im September oder Oktober 1929 in Frankfurt und Königstein" im Zuge zweier Besprechungen mit Adorno und Horkheimer,[66] von denen Benjamin nachträglich die erste als möglicherweise „‚historisch'" und die zweite, an der neben den drei Herren auch Benjamins Freundin Asja Lacis sowie Felizitas Adorno teilgenommen hatten, als „gewiß historisch" charakterisierte.[67] Benjamin reflektierte diese Begegnungen, ihre Auswirkungen und auch ihre Vorgeschichte nämlich fast fünf Jahre später in einem ausführlichen Brief an Adorno vom 31. Mai 1935, den Benjamin in Aussicht auf und mit dem Ziel einer Einigung über die Frage einer langfristigen Finanzierung des Projekts durch das *Institut für Sozialforschung* schrieb:[68] Die damaligen „frankfurter Gespräche" hätten für ihn „das Ende dieser Epoche" der Arbeit am Passagenwerk zur Folge gehabt; „[u]m die rhapsodische Naivität war es geschehen".[69] Die nachfolgenden Jahre charakterisiert er als Zeit der Suche nach einer neuen Methode und einer neuen Form, die schließlich durch „die einschneidende Begegnung mit Brecht" zur Verfestigung der Neukonzeption geführt habe.[70]

Die Annahme, dass Benjamins Suche nach einer Klärung der Frage nach seinem Verhältnis zum Marxismus und zum Marx'schen Werk den zentralen Grund für die Preisgabe des ersten und die Entwicklung eines neuen Ansatzes gebildet haben könnte, obwohl in der besagten Hauptquelle nicht eindeutig dargelegt wird, worin die große Irritation durch die Gespräche gelegen und welche Folgerungen Benjamin daraus gezogen hat, ergibt sich aus vier Beobachtungen:

1. Ein an Scholem gerichtetes Schreiben vom 20. Januar 1930 konkretisiert die Motive Benjamins für die Neuausrichtung der Arbeit am Passagenwerk unter dem Eindruck der Gespräche mit Adorno und Horkheimer, wobei Benjamin in diesem Brief betont, dass er das Passagenwerk („mon livre ‚Pariser Passagen'") neu ausrichten wolle und dass dazu insbesondere eine Lektüre von Marx' *Kapital* erforderlich sei.[71]

---

konzeptuelle Hauptumbruch widerlegt worden wäre; vgl. dazu Schmider/Werner 2006, 567–570; Skrandies 2006, 247 f., 279 und passim; Wohlfahrt 2006, 255–261.

65 So hielt Rolf Tiedemann fest, dass im Zusammenhang der Neuausrichtung „[v]on den alten Motiven [...] keines aufgegeben" worden sei, „aber das Gebäude erhielt ein tragfähigeres Fundament" (Tiedemann 1982b, 24 f.).

66 Ebd., 24. Ko 2005, 48 spricht in diesem Zusammenhang von einer „materialistischen Umbruchsphase".

67 GB V, Nr. 964, 97; vgl. dazu etwa Ko 2005, 40 f.

68 GB V, Nr. 964, 97.

69 Ebd.

70 Ebd.

71 Der Brief findet sich in GB III, Nr. 671, Zitat 502 f.; vgl. des Weiteren ebd.: „Je me borne donc à noter que je compte poursuivre ce travail sur un autre plan que jusqu'à présent je l'avais entrepris. Tandis que jusqu'ici c'était surtout la documentation d'une, la métaphysique d'autre part, qui m'avait retenu, je vois que pour aboutir, pour donner un échafaudage ferme à tout ce travail, il ne me faudra

2. Benjamin verwies in seinem jüngeren Brief an Adorno auf die Bedeutung Brechts für sein Werk,[72] eine Bedeutung, die eben auch aus Brechts marxistischer Ausrichtung und seinem Einfluss auf die Konturierung von Benjamins Marxismus resultierte, ihre Grenzen allerdings in Brechts unmittelbarer Treue zur Kommunistischen Partei fand.[73]
3. In dem besagten Schreiben an Adorno betonte Benjamin zudem, dass er zwar erwartete, dass „von Seiten des orthodoxen Marxismus gegen die Methode der Arbeit mobil gemacht werden mag", er dennoch davon ausgehe, „in der marxistischen Diskussion mit ihr à la longue einen soliden Stand zu haben".[74] Demnach verortete Benjamin sein Werk auch methodisch im innermarxistischen Diskurs.
4. Rolf Tiedemann hat in seiner *Einleitung* zu seiner Edition des Passagenwerks zudem die Auffassung vertreten,[75] dass sich der Abbruch des ersten Entwurfs auf Benjamins Auseinandersetzung mit Marx zurückführen lasse, da in den *Ersten Notizen* nur selten Referenzen auf das *Kapital* bezeugt seien, dabei jedoch eigentümlicherweise auf die nur schwer zugängliche Originalausgabe verwiesen werde. Tiedemann verwies in diesem Zusammenhang vor allem auf das Fragment <Q°, 4> der Notizen der ersten Bearbeitungsphase.[76] Er vermutete weiter, dass die in der Tat für Benjamins Exzerpte und Notizen ungewöhnlich wirtschaftswissenschaftliche Notiz („Kapital I Originalausgabe p 40 III p 1–200 bes. 150ff Tendenzieller Fall der Profitrate und Durchschnittsprofitrate"[77]) vermutlich eher auf einen entsprechenden bibliographischen und inhaltlichen Hinweis Horkheimers zurückging, zumal dieser dazu neigte, auch bekannte Texte nach eher opaken Ausgaben zu zitieren.[78] Weil das Manuskript nach Auffassung von Tiedemann bald nach den dem Marx-Diskurs zuzuordnenden Verweisen endet, vermutete er, „dieser Abbruch [könnte; M.N.] sehr wohl im Zusammenhang mit den Schwierigkeiten gestanden haben, vor die Benjamin sich durch den Hinweis auf die Notwendigkeit der ‚Kapital'-Lektüre gestellt sah".[79]

Demnach ist es sehr wahrscheinlich, dass Benjamin seinen ersten Ansatz für die Abfassung des Passagenwerks aufgab, weil er zu der Auffassung gelangte, dass er das Werk erst nach einer intensiveren Marx-Lektüre erfolgreich vollenden könnte. Und die Wiederaufnahme der Arbeiten an dem Werk hängt dann damit zusammen, dass Benjamins eigene marxistische Positionsfindung sowie seine Marx-Lektüre weiter fortgeschritten waren als zuvor. Wichtigste Quelle hierfür ist das *Marx* betitelte Konvolut X der zweiten Arbeits-

pas moins qu'une étude aussi bien de certains aspects de Hegel que de certaines parties du ‚Kapital'" (ebd., 503).

72 GB V, Nr. 964, 97.

73 Vgl. oben, Anm. 30.

74 GB V, Nr. 964, 98.

75 Zum Folgenden siehe Tiedemann 1982b, 24, Anm. 12.

76 Ebd.

77 GS V.2, 1036 <Q°, 4>.

78 Vgl. Tiedemann 1982b, 24, Anm. 12.

79 Ebd.

phase des Passagenwerks. Diese Sammlung von Exzerpten und Notizen lässt *zum einen* relativ klar ersichtlich werden, aus welchen Quellengruppen sich Benjamins Marx-Bild speiste:

- *Quellengruppe 1*: Aus den von Benjamin im Kontext seiner Arbeiten am Passagenwerk gelesenen Schriften Marx', darunter ein Nachdruck des *achtzehnte[n] Brumaire des Louis Bonaparte* in der ergänzten Neuausgabe von Friedrich Engels, die Edition der *Frühschriften* in der Edition von S. Landshut und J. P. Mayer von 1932, den erste Band des *Kapitals* in der 10. Auflage 1922 der von Engels besorgten ersten Auflage sowie ein Nachdruck der zweiten Auflage von 1872 diese Werkes;[80]
- *Quellengruppe 2*: aus der im Konvolut exzerpierten Sekundärliteratur über Marx, zu der vor allem die Rekonstruktionen von Karl Korsch (den Benjamin über Brecht im Spätsommer 1934 in Skovsbostrand kennengelernt hatte) und Hugo Fischer (*Karl Marx und sein Verhältnis zu Staat und Wirtschaft*, Jena 1932) gehörten;[81]
- *Quellengruppe 3*: aus einigen Werken über Marx, den Marxismus und verwandte Themen, die auf Benjamins Marx-Rezeption die Effekte eines ‚Klassikers' hatten, das heißt auf ihn – wie beispielsweise Lukács' *Geschichte und Klassenbewußtsein* (1923) – einen nachhaltigen Eindruck machten und mithin wahrscheinlich auch eine dauerhaft prägende und im Kontext des Konvoluts X zumindest subkutan vorhandene Wirkung entfalteten;[82]
- *Quellengruppe 4*: aus einigen anderen Werken über Marx, den Marxismus und verwandte Themen, die er in anderen Kontexten rezipierte, denen jedoch kein Klassikerstatus zukam und die dennoch seine Marx-Rezeption in Einzelpunkten prägten: Das gilt beispielsweise für den Einfluss von Otto Rühles Marx-Biographie aus dem Jahr 1928 auf Benjamins Ausformung der Warenfetisch-These und für die Bedeutung von Gustav Mayers Biographie von Friedrich Engels (2 Bde.: 1919; 1933) auf Benjamins Bild

80 Tiedemann 1982b, 1308 f., Nr. 580, 583 u. 584 f. Benjamins Marx-Lektüre war natürlich notwendig auf die verfügbaren Werke Marx' beschränkt. Zur Editionsgeschichte von Marx' Texten vgl. Herres 2018 passim (zum *Kapital*: bes. 161, 208–216, 247–250 u. 263–266); Nippel 2018 passim. Zu Benjamins Marx-Rezeption siehe auch die Auflistung der nachgewiesenermaßen gelesenen Schriften von Marx in Tiedemann 1982a, 1308 f., Nr. 578–592 (vgl. auch ebd., 1293, Nr. 282–286 zu den Schriften von Engels); vgl. dazu zudem Löwy 2014, 22 f. Insofern ist insbesondere für den späten Benjamin die verbreitete Rede von einer „fast völligen Unkenntnis" von Marx' Werk (exemplarisch: Mičko 2010, 194) zwar nicht grundsätzlich zutreffend, jedoch als Zuspitzung nicht von der Hand zu weisen: Wo Benjamin Marx unmittelbar las, nahm er ihn häufig oberflächlich und eigentlich zumeist zutiefst intentional wahr, wobei die vorrangige Rezeption eine indirekte und über Sekundärliteratur und andere Quellengruppen (siehe oben) vermittelte war.

81 Zur von Benjamin rezipierten Sekundärliteratur und dabei insbesondere den Rekonstruktionen von Marx' Vorstellungen vgl. bes. Goller 2013, 12–20; zu Benjamin und Korsch: ebd. 12; 17 f.; vgl. auch unten, passim; zu Fischer vgl. Goller 2013, 20; Verweise auf Fischers Werk finden sich in den Schriften Benjamins in GS V.2, 803 [X 2, 3]; [X 2, 4] und 804 [X 2 a, 2].

82 Zum Einfluss von Lukács vgl. oben, Anm. 34. Zum hier zugrunde gelegten Konzept des Klassikers vgl. Koselleck 1994/2002, 98; dazu vgl. Nebelin 2009, 63.

des Mitstreiters von Marx sowie seine Rekonstruktion der Revolutionserfahrungen und -bilder der beiden Autoren;[83] sowie schließlich

– *Quellengruppe 5*: aus der Auseinandersetzung mit Freunden und dem näheren wie weiteren sozialen (wie politischen) Umfeld, in dem verschiedene Vorstellungen von Marx und vom Marxismus kursierten.

Insbesondere Texte der ersten beiden Kategorien stehen im Konvolut X nebeneinander, ohne dass die Sekundärliteratur die flankierten Texte eindeutig erläutert. Vielmehr scheinen beide Texttypen aufgrund ihres argumentativen Gehalts oder wenigstens aufgrund einzelner prägnanter Formulierungen exzerpiert worden zu sein – das gilt gerade auch für Abschriften und Notizen, die vorgängig Zusatzinformationen oder Erläuterungen zu Texten oder Begriffen von Marx betreffen,[84] im Fall von Korsch aber geradezu eine sekundäre Lektüre insbesondere des *Kapitals* nahelegen. Der unterschiedlich hohe Grad an exakter Nachweisbarkeit und Rekonstruierbarkeit der Rezeption der Zeugnisse der einzelnen Quellengattungen (beispielsweise weisen Quellen der Gruppen 1 und 2 eine hohe Nachweisbarkeit auf, solche der Gruppe 5 die niedrigste) macht es zudem methodisch erforderlich, neben die eindeutig nachweisbaren und die leicht zu plausibilisierenden Bezugnahmen auch solche eines populäreren, stark vulgarisierten Marx-Verständnisses zu stellen, um auf diese Weise Benjamins heterodoxem Marx-Bild gerecht zu werden.[85] Texte wie zugrundeliegende Quellen des Konvoluts X bezeugen demnach einmal mehr, dass es Benjamin insgesamt eher um die Erschließung bestimmter Problemzusammenhänge als um eine orthodoxe Marx-Lektüre ging.

Darüber hinaus verrät die Zusammenstellung der Textsammlung dieses Konvoluts *zum anderen* einiges über die Zielsetzung der Sammlung sowie ihren inhaltlichen Ertrag. Auffällig ist zunächst, dass sich Querverweise zu Themen finden, die auch in anderen Konvoluten verhandelt werden, wie etwa das Thema ‚Revolution' im gleichnamigen Konvolut:[86] Dahinter verbergen sich oft auch Grundbegriffe Benjamins, die zu den erforderlichen Verbindungslinien zwischen den Konvoluten gehören.[87] Gelegentlich finden sich zudem Zita-

83 Vgl. Goller 2013, 12 zu Benjamins Rühle-Rezeption und ebd., 18–20 zu der von Mayer.

84 Vgl. exemplarisch GS V.2, 821 [X 12a, 3].

85 Zur Heterodoxie von Benjamins Marx-Lektüre siehe oben, Anm. 2. Dass Benjamin in GS I.2, 699 = WuN 19, 76 gegen den der Sozialdemokratie zugeschriebenen „vulgärmarxistischen Begriff der Arbeit" wettert, erscheint angesichts von Benjamins oftmals eigenem vulgärmarxistischen Zugriff geradezu ironisch.

86 Vgl. zum Themenbereich ‚Revolution' in Konvolut X: GS V.2, 801 [X 1, 5]; V.2, 801 [X 1 a,2]; V.2, 820, [X 12, 3] und passim; eventuell: GS V.2, 819 [X 11a, 3]. Ein weiterer, allerdings weniger untersuchter Querschnittsbereich wäre der der Technik im Allgemeinen: GS V.2, 803 [X 2, 4] (über: „Zeit in der Technik"); V.2, 812 f. [X 7a, 1].

87 Vgl. zum Begriff der Revolution Tiedemann 1975, 292–294 (hier bes. zum Revolutionsbegriff in den Thesen und zur Differenz zum Revolutionsverständnis von Marx); Wizisla 2000. Steiner 2016, 65 betont den Zusammenhang von Revolution und Technik; Wizisla 2000, 688 weist darauf hin, dass Benjamin „keine genuine *Theorie* der Revolution entwickelt" hat, vielmehr ‚füge' „[s]ein Begriff, der die Integration von Nichtintegrierbarem anstrebt, [...] dem historischen Begriff der *Revolution* etwas bis dahin nicht Gedachtes hinzu: die Verknüpfung von revolutionären Inhalten mit

te, die relativ konkret auf die Oberthemen anderer Konvolute verweisen.[88] Dieses Verfahren einer themenorientierten Erschließung ist vielleicht markanter noch als im Fall von Marx bei Benjamins Umgang mit Texten Friedrich Engels' nachweisbar, den Benjamin im Kontext seiner Überlegungen zur Haussmannisierung wie zu Barrikadenkämpfen – und mithin eigentlich zu Themen von Konvolut E – als Referenzautor heranzog.[89] Im Konvolut X finden sich allerdings schließlich auch wenigstens zwei markante Fälle, in denen Benjamin über diesen Charakter der Zuarbeit hinausgriff: Eine generationenbezogene These vom Tod des Kapitalismus (1.) und Überlegungen zum ‚Fetischcharakter der Ware' (2.).

Die These vom Tod des Kapitalismus als generationeller Erfahrung:
Benjamin räsonierte in einer Notiz des Konvoluts X über „[d]ie Erfahrung unserer Generation: daß der Kapitalismus keines natürlichen Todes sterben wird."[90] Zwei – einander wahrscheinlich nicht ausschließende, sondern geradezu paradox ergänzende – Deutungen dieser äußerst losen Anknüpfungen an Marx bieten sich an: Eine katastrophengeschichtliche und eine revolutionäre. *Katastrophengeschichtlich* scheint Benjamin im Verlauf seiner Auseinandersetzung mit Marx – einmal mehr – zu der Auffassung gelangt zu sein, sich in der entscheidenden Phase eines durch katastrophische Umbrüche gekennzeichneten Geschichtsverlaufs zu befinden.[91] Der Kapitalismus schien ihm folglich in eine finale Phase eingetreten zu sein; der katastrophische Charakter des Endes des Kapitalismus klingt in der Rede vom unnatürlichen Tod an.[92] Allerdings bleibt unklar, was genau mit dieser Metapher gemeint sein könnte – und vor allem, wie ein ‚natürlicher Tod' des Kapitalismus auszusehen hätte. Anders sähe eine *revolutionäre* Lesart aus, die dann einfach betonen würde, dass der Kapitalismus, um zu enden, keinen natürlichen (das hieße: einen ‚sich

revolutionären Formen; von Rausch und Konstruktion, Revolte und Revolution; von Revolution und Messianismus; vor allem aber die Deutung der Revolution als Unterbrechung des Geschichtslaufes". Auf inhaltliche Verbindungslinien könnten auch die von Benjamin am Manuskript vorgenommenen, Gruppen bildenden Markierungen einzelner Notizen beziehungsweise Exzerpte im Rahmen einer vielleicht im Svendborger Sommer 1938 vorgenommenen ‚Übertragung' abstellen; dazu vgl. die Anmerkungen in GS V.2, 1263 f.; V.2, 1275. Zu Marx' Revolutionsverständnis vgl. Schieder 1991, 24–34; Celikates/Loick 2016; zur Differenz zwischen Benjamins und Marx' Revolutionsverständnis vgl. GS I.3, 1232 (Marx' „Lokomotive" vs. Benjamins „Handbremse") mit Löwy 2014, 30; Celikates/Loick 2016b, 255; Loick 2016, 106 f. sowie der wissenschaftsgeschichtlichen Skizze und der Diskussion bei Jähn 2016, 222–224. Generell zu den Themen von Benjamins Marx-Exzerpten vgl. die Zusammenstellung in Goller 2013, 20–23.

88 Das gilt etwa für das Exzerpt GS V.2, 804 [X 3, 1] – ein mutmaßliches Marxzitat –, das mit seinem konkreten Bezug auf ‚Eisenbahnen' und seinem impliziten Verweis auf die damit verbundenen Eisenkonstruktionen auf Themen der Konvolute U beziehungsweise F verweist.

89 Vgl. dazu mit Belegen Goller 2013, 23.

90 GS V.2, 819 [X 11a, 3].

91 Vgl. zu Benjamins Deutung der Geschichte als Katastrophe bes. GS I.2, 683; 697; vgl. dazu mit weiteren Belegen und weiterführender Literatur Nebelin 2007, 49–58, 61, 69–71, 78–83 und passim sowie die Ausführungen unten.

92 Vgl. Nguyen 2015, 343.

einfach so ereignenden'), sondern einen von Menschen herbeigeführten und mithin ,unnatürlichen' Tod erleiden werde. In dieser Deutung klänge die Revolution als konkretes menschliches Mittel nachhaltiger Umgestaltungen an. Beide Lesarten dieser Notiz, ja bereits ihre Platzierung im Konvolut X verweisen grundsätzlich darauf, dass Benjamin ein von ihm diagnostiziertes (oder erhofftes) sozio-ökonomisches Umbruchverhältnis im Kontext der Geschichtstheorie Marx' zu verorten gewillt war – gerade obwohl der konkrete Zusammenhang eher diffus blieb und wohl in nicht mehr als der geteilten Vorstellung vom Ende des Kapitalismus bestanden haben dürfte.

Zugleich überraschend konkret und eigensinnig ist in jedem Fall die Datierung des proklamierten Geschehens über die Rede von der ,Erfahrung unserer Generation'. Das Geschehen wird damit von Benjamin in Hinblick auf Verlauf und Endzeitpunkt (jedoch nicht notwendig auch in Hinblick auf den Beginn) zeitlich eingegrenzt; zugleich wird es durch einen intuitiven Evidenzverweis belegt: Dass das Ende des Kapitalismus sich innerhalb des Lebensabschnitts seiner Alterskohorte vollziehen werde, müsse jedem ersichtlich sein, weil es bereits Teil der ,Erfahrung' – das heißt: erlebt, verarbeitet, verinnerlicht – sei. Damit freilich sprengte Benjamin den herkömmlichen Begriff der Erfahrung, der gerade auf den Bereich der Vergangenheit zentriert, wenn auch nicht beschränkt ist – und erst als durch Erfahrungen gespeiste Erwartung eine Zukunftsdimension annimmt.[93] Dass von Benjamin zudem seine (!) Generation als zeitliche Referenzgröße herangezogen wurde, ist in ihrer aktualistischen Bedeutung bemerkenswert, erklärt sich aber einerseits aus dem generell auf ein Verständnis der historischen Grundlagen der Gegenwart (,Urgeschichte') abzielenden Interesse Benjamins bei der Abfassung des Passagenwerks. Andererseits nutzte Benjamin die Generation beispielsweise auch in der französischen Fassung der Thesen Über den Begriff der Geschichte als Bezugspunkt: Dort spricht er pessimistisch davon, „notre génération" sei eine „génération vaincue".[94] Diese passive Deutung des Generationenbezugs wäre allerdings eher mit einer *katastrophengeschichtlichen* Lesart des Satzes aus dem Konvolut X vereinbar, wohingegen eine *revolutionäre* Deutung an dieser Stelle die eigene Generation als die für die anstehende Veränderung verantwortliche Alterskohorte bezeichnen würde.

93 Vgl. zu diesem Verhältnis von Erfahrung und Erwartung Koselleck 1975, bes. 358 („Also auch Erfahrungen ändern sich, obwohl sie als einmal gemachte immer dieselben sind. Dies ist die temporale Struktur der Erfahrung, die ohne rückwärtsgewandte Erwartung nicht zu sammeln ist. Anders verhält es sich mit der temporalen Struktur der Erwartung, die ohne Erfahrung nicht zu haben ist. Erwartungen, die auf Erfahrung fußen, können, wenn sie eintreffen, nicht mehr überraschen. Überraschen kann nur, was nicht erwartet wurde; dann liegt eine neue Erfahrung vor. Die Durchbrechung des Erwartungshorizontes stiftet als neue Erfahrung. Der Erfahrungsgewinn übersteigt dann die durch bisherige Erfahrung vorgegebene Beschränkung möglicher Zukunft. Die zeitliche Überholung von Erwartungen ordnet also unsere beiden Dimensionen auf jeweils neue Weise neu aufeinander zu"); dazu Nebelin 2009, 67–69; zu Benjamins Erfahrungsbegriff vgl. Weber 2000.

94 GS I.3, 1264 = WuN 19, 66; vgl. auch mit weiteren Überlegungen Steiner 2016, 35.

Die These vom Fetischcharakter der Ware:
Bereits früh findet sich im Konvolut X eine Notiz, aus der hervorgeht, dass Benjamin – ausgehend von den Feuerbach-Thesen – seine Marx-Lektüre auch auf der Suche nach dem „Ursprung des falschen Bewußtseins“ betrieb,[95] das er als ein Merkmal des Kapitalismus ansah. Dies führte ihn zunächst zu einem Interesse am Thema der „Selbstentfremdung“ im Kapitalismus, die den Menschen, wie Benjamin – Marx zitierend – festhielt, als „*„entmenschtes* Wesen‘“ zurücklässt.[96] Als Reaktion auf diese Beobachtung suchte Benjamin nach einem „Ansatzpunkt zu einer Kritik der ‚Kultur‘“, die, wie er erneut unter Rückgriff auf Marx formulierte, „„die positive Aufhebung aller Entfremdung, also die Rückkehr des Menschen aus (?) Religion, Familie, Staat etc. in sein menschliches d.h. gesellschaftliches Dasein“ ermöglichen sollte.[97] Meinte er wohl ursprünglich im Anschluss an Marx, diese ‚Kritik‘ über die am Privateigentum führen zu müssen,[98] so konzentrierte er sein Interesse sehr bald auf das Konzept des ‚Fetischcharakteres der Ware‘.[99] Dessen Erörterung dienen denn auch die meisten Texte des Konvoluts X, wobei insbesondere die Deutung dieses Theorems durch Karl Korsch großes Gewicht besessen haben dürfte, weil Benjamin wahrscheinlich häufiger dessen Referate von Marx' *Kapital* als das eigentliche Buch zitiert.[100] Darüber hinaus wird auch die Konzeptualisierung des Warenfetischtheorems durch den von Benjamin eifrig rezipierten Lukács nicht ohne Einfluss geblieben sein.[101]

---

95 GS V.2, 800 f. [X 1, 4], Zitat 800.

96 GS V.2, 801 [X 1a, 1]. Zu „Marx als Entfremdungstheoretiker“ vgl. Schmidt am Busch 2016, 297–299, Zitat 297; sowie die grundlegende Rekonstruktion von István Mészáros 1973 und des Weiteren: Jaeggi 2005/2016, 29–38; Zima 2014, 35 f.; 57–60; 67–86 und passim; Henning 2015, 109–133. Vgl. zum diskursiven Kontext Zima 2014, 28–34, der auch auf die (quasi-)religiöse Gegendimension des Entfremdungsbegriffs aufmerksam macht. Demnach „kristallisiert sich der theologische Begriff der *Erlösung* als positives, euphorisches Pendant zur *Entfremdung* heraus, das vom Streben nach *Versöhnung* nicht zu trennen ist: nicht nur bei Rousseau, den Romantikern und den Junghegelianern, sondern auch bei Marx“ (ebd., 57).

97 GS V.2, 802 [X 1a, 4].

98 Vgl. ebd.; GS V.2, 805 [X 3a, 1].

99 Vgl. Tiedemann 1982b, 25. Zur Theorie des Fetischcharakters der Ware bei Benjamin grundlegend Tiedemann 1982b, 25–31; vgl. Frisby 1989, 30–33 u. 255–258; Marxhausen 1999, 349 f.; Ko 2005, 39 f.; Nguyen 2015 passim. Zu Marx' entsprechenden Überlegungen und deren Entwicklung vgl. mit Belegen und weiterführender Literatur Cohen 1978, 119–122; Siemek 1978, 154–161; Broekman 1979, 243–244; Kolakowski 1981, Bd. 1, 315 f.; Arndt 1985/2012, 165–177; Torrance 1995, 112–120; Carvel 1998, 31; Marxhausen 1999, 344–348; Jörke 2005, 31–34; Rohbeck 2006, 56 f.; Wheen 2006, 49 f.; Nguyen 2015, bes. 344–346 und passim; Heinrich 2016b, 178–180; Fetscher 2018, 92.

100 Vgl. die entsprechenden Fragmente in GS V.2, 806–823, insbesondere auch die Korsch-Exzerpte in GS V.2, 813–819. In diesem Zusammenhang wandte Benjamin sich auch – wohl erneut unter dem Einfluss von Korsch (vgl. GS V.2, 810 f. [X6, X6a], hier 811 mit Goller 2013, 17) – gegen das Arbeitsverständnis von Georg Simmel, wie dieser es in seiner *Philosophie des Geldes* entwickelt hatte (vgl. GS V.2, 810 f. [X6, X6a]; V.2, 812 [X 7, 1]; V.2, 815 f. [X 9], hier 815); vgl. dazu Miko 2010, bes. Kap. IV.

101 Zu Lukács' grundsätzlich wirkungsmächtiger Konzeptualisierung des Fetischcharakters der Ware vgl. Marxhausen 1999, 348 f. Christine Blättler und Christian Voller betonen deshalb vor allem Benjamins Entlehnung von Lukács' „Begriff der ‚Verdinglichung‘, verbunden mit dem Anspruch,

Rolf Tiedemann hat auf Grundlage der Konvolutstexte und unter Hinzuziehung der Korrespondenz Benjamins mit Scholem und Adorno zeigen können, dass die Idee des Warenfetischs zwischen 1935 und 1939 grundlegende methodische Bedeutung für Benjamins Anlage des Passagenwerks gewonnen hat:[102] Ein Brief vom Mai 1935 von Benjamin an Scholem unterstreicht, dass Benjamin 1935 erwog, den Fetischcharakter der Ware als „Entfaltung eines überkommenen Begriffs" sogar in den „Mittelpunkt" des Werks zu stellen;[103] drei Jahre später (1938) erklärte er schließlich in einem Schreiben an Horkheimer vom 3. August, dass die „grundlegenden Kategorien der ‚Passagen' [...] in der Bestimmung des Fetischcharakters der Ware übereinkommen".[104] Die methodische Intention war offensichtlich, dass „[d]ie Interpretation [...] jetzt die Gegenstände des Buches – den kulturellen Überbau des neunzehnten Jahrhunderts in Frankreich – auf den von Marx so genannten Fetischcharakter der Ware zurückführen" sollte.[105] Das lag insofern nahe, als, wie beispielsweise Johannes Rohbeck unterstrichen hat, diese Entfremdungsform Marx zufolge „die Basiskategorie der Entfremdung in der kapitalistischen Gesellschaft dar[stellt]".[106]

Für Benjamin waren dabei die Idee des ‚phantasmagorischen' Charakters sowohl der Ware als auch der Gesellschaft entscheidend; „Phantasmagorie: Trugbild, Blendwerk, ist bereits die Ware selbst, in der der Tauschwert oder die Wertform den Gebrauchswert verdeckt; Phantasmagorie ist der kapitalistische Produktionsprozeß insgesamt, der sich den Menschen, die ihn vollziehen, als Naturmacht gegenüberstellt".[107] Wie diese Erkenntnis in eine Analysemethode überführt werden sollte, lässt sich aus den Fragmenten nur erahnen; Tiedemann vermeint einen nicht der Ideologiekritik, sondern vielmehr „der Idee einer materialistischen Physiognomik" verpflichteten Zugriff ausmachen zu können, wobei Benjamin sich diese Methode „wohl als Ergänzung oder Erweiterung der marxistischen Theorie vorstellte. Physiognomik schließt vom Äußeren aufs Innere, sie entziffert das Ganze aus dem Detail, stellt im Besonderen das Allgemeine dar. Nominalistisch geht sie vom leibhaften Diesda aus, induktiv setzt sie in der Sphäre des Anschaulichen an".[108] Das wäre in vielen grundsätzlichen Punkten ein dem von Marx bevorzugten Analyse- und Argumentationsgang entgegengesetztes Konzept gewesen.

---

den Kapitalismus insgesamt über die ‚Ware als universeller Form der Gestaltung der Gesellschaft' zu entschlüsseln" (Blättler/Voller 2016, 16).

102 Vgl. Tiedemann 1982b, 25–31, bes. 25.

103 GB V, Nr. 960, 83.

104 GB VI, Nr. 1254, 149; vgl. zu diesen Briefpassagen Tiedemann 1982b, 25. Adorno wiederum hatte bereits in einem Schreiben vom Vortag auf Benjamins Überlegungen reagiert (GS V.2, 1127–1136) und vor allem sein Konzept des Fetischcharakters der Ware kritisiert (vgl. bes. GS V.2, 1128–1131; 1133).

105 Tiedemann 1982b, 25.

106 Rohbeck 2006, 56.

107 Tiedemann 1982b, 28.

108 Ebd., 29.

Marx selbst hatte den Fetischbegriff in einer dem Modell des Warenfetischs verwandten Form erstmals 1842 eingeführt;[109] konzeptuell am eindeutigsten wurde er jedoch als Warenfetisch erst in dem der zweiten Auflage des *Kapitals* (1872) eingefügten Kapitel über den *Fetischcharakter der Ware und sein Geheimnis* konturiert:[110] Ausgangspunkt der dortigen Überlegungen ist, dass die Ware gemeinhin als „ein selbstverständliches, triviales Ding" gilt, eigentlich jedoch „ein sehr vertracktes Ding" sei, „voll metaphysischer Spitzfindigkeit und theologischer Mucken".[111] Wenn ein Gegenstand zur Ware wird, wird ihm ein Wert zugeschrieben, der oberhalb seines Gebrauchswertes liegt.[112] Das hängt auch damit zusammen, dass auch im Produkt, in der (nach Auffassung von Marx ja erst im Kapitalismus aufkommenden) ‚Ware' die Geschichte ihren Niederschlag findet:[113] „Im Dasein des Produkts als Ware sind bestimmte historische Bedingungen eingehüllt".[114] Da aus Sicht von Marx die „einfache Warenform" aufgrund des durch sie ermöglichten Austauschs den „Keim der Geldform" bildet,[115] verschleiert der geldliche Warenwert Marx zufolge den gesellschaftlich fundierten Zusammenhang zwischen Arbeit und Ware, zwischen Produkt und Produzent: Was eigentlich zwischenmenschlichen Beziehungen entspringt, tritt sinnlich verobjektiviert auf – und verbirgt damit die gesellschaftlichen Beziehungen, die der Entstehung der Ware vorausgehen.[116] Verwirklicht der „Gebrauchswert der Din-

---

109 Es handelt sich um Beiträge in der *Rheinischen Zeitung für Politik, Handel und Gewerbe*: vgl. MEW 1, 42 (Artikel vom 10. Mai 1842); 1, 91 (Artikel vom 10. Juli 1842); dazu vgl. die Erläuterungen bei Marxhausen 1999, 344; zu Marx' Tätigkeit für *die Rheinische Zeitung* vgl. Sperber 2013, 90–119; Schweikard 2016, 7–9; Herres 2018, 35 f.; zum Inhalt seiner Artikel Celikates/Loick 2016a, 120–122; vgl. zu den jüngeren Artikeln zum ‚Holzdiebstahlgesetz' aus der Zeit zwischen dem 25. Oktober und dem 3. November 1942, in denen der Fetischbegriff weiter ausgeformt wird, Fetscher 2018, 24–27, der in diesem späteren Kontext allerdings irrtümlich die „erste Erwähnung eines zentralen Begriffs in der kritischen Theorie des reifen Marx" (ebd., 26) verortet – vgl. aber auch die andersartige Datierung in ebd., 92.

110 MEW 23, 85–98; dazu vgl. MEGA² II.6, 56–719.

111 MEW 23, 85; vgl. dazu auch Raulet 2016, 150: „Die Phantasmagorie der Warenwelt stellt eine Ersatzmetaphorik dar, die man [hier konkret: Benjamin; M.N.], Marx' Anregung im ersten Buch des Kapital folgend, nur entlarven kann, indem man sie in Analogie zur Religion versteht."

112 Vgl. MEW 23, 85.

113 MEW 23, 184.

114 MEW 23, 183.

115 MEW 23, 85; vgl. MEW 23, 89 f. In MEW 23, 120 beschrieb Marx die „Warenmetamorphose" als zweiseitig möglichen Vorgang: „Der Austauschprozeß der Ware vollzieht sich also in zwei entgegengesetzten und einander ergänzenden Metamorphosen – Verwandlung der Ware in Geld und ihre Rückverwandlung aus Geld in Ware."

116 Vgl. MEW 23, 86, bes.: „Woher entspringt also der rätselhafte Charakter des Arbeitsprodukts, sobald es Warenform annimmt? Offenbar aus dieser Form selbst. Die Gleichheit der menschlichen Arbeiten erhält die sachliche Form der gleichen Wertgegenständlichkeit der Arbeitsprodukte, das Maß der Verausgabung menschlicher Arbeitskraft durch ihre Zeitdauer erhält die Form der Wertgröße der Arbeitsprodukte, endlich die Verhältnisse der Produzenten, worin jene gesellschaftliche Bestimmungen ihrer Arbeit betätigt werden, erhalten die Form eines gesellschaftlichen Verhältnisses der Arbeitsprodukte. Das Geheimnisvolle der Warenform besteht also einfach darin, daß sie den Menschen die gesellschaftlichen Charaktere ihrer eigenen Arbeit als gegenständliche Charaktere der Arbeitsprodukte selbst, als gesellschaftliche Natureigenschaften dieser Dinge zurück-

ge" sich jedoch austauschsfrei, so „realisiert" sich „ihr Wert umgekehrt nur im Austausch, d.h. in einem gesellschaftlichen Prozeß".[117] Der „Fetischcharakter der Arbeit" resultiert demnach „aus dem eigentümlichen gesellschaftlichen Charakter der Arbeit, welche Waren produziert";[118] „[e]s ist aber ebendiese fertige Form – die Geldform – der Warenwelt, welche den gesellschaftlichen Charakter der Privatarbeiten und daher die gesellschaftlichen Verhältnisse der Privatarbeiter sachlich verschleiert, statt sie zu offenbaren".[119]

Der Fetischcharakter der Ware ist mithin eine Komponente von Marx' Kapitalismuskritik, die innerhalb dieses weiten Themenbereichs Marx' Vorstellungen von ‚Entfremdung' zuzuordnen ist. Die Übertragung des Fetischbegriffs als einem ursprünglich religionssoziologischen Begriff auf den Bereich der Ökonomie ermöglichte es Marx dabei, einen Verknüpfungspunkt von Ökonomie und Gesellschaft, von Materialität und Immaterialität auszuleuchten: Waren werden im Kapitalismus Eigenschaften zugeschrieben, die sie in Wirklichkeit nicht besitzen; es sind Imaginationen. Zurecht hat Thomas Marxhausen darauf hingewiesen, dass die Pointe von Marx' Konzeptualisierung des Theorems vom Fetischcharakter der Ware in der Erkenntnis besteht, dass durch das „fetischistische Denken" eine im kapitalistischen Arbeitszusammenhang fundierte „Verkehrung von Subjekt und Objekt reproduziert" werde.[120] Letztlich „immunisiert dieses Dogma die kapitalistische Herrschaftsform gegen Kritik":[121] „Explizit von Ideologen hierfür genutzt, wird der F[etischcharakter] d[er] W[are] aus einer ‚objektiven Gedankenform' (MEW 23, 90) der gesellschaftlichen Tauschbeziehungen zu einem der zentralen Elemente von Legitimationsdiskursen. Ohne an sich schon ideologisch zu sein, begünstigt der F[etischcharakter] d[er] W[are] die ideelle Reproduktion von Herrschaftsverhältnissen".[122] Marxhausen zufolge handelt es sich deshalb beim Fetischcharakter der Ware „um eine Macht, die nicht durch Aufklärung, sondern einzig durch Aufhebung ihrer Ursachen zu brechen ist".[123] Bezeichnenderweise bilden den Abschluss des Warenfetisch-Kapitels im *Kapital* dann auch Überlegungen zu einer möglichen gesellschaftlichen Alternative, einer Utopie, die Benjamin in besonderem Maße fasziniert haben dürfte: In einem „Verein freier Menschen" werde der Fetischcharakter der Ware aufgehoben sein,[124] denn „[d]ie Gestalt des gesellschaftlichen Lebensprozesses, d.h. des materiellen Produktionsprozesses, streift nur

---

spiegelt, daher auch das gesellschaftliche Verhältnis von Gegenständen. Durch dies Quidproquo werden die Arbeitsprodukte Waren, sinnlich übersinnliche oder gesellschaftliche Dinge. [...] Dagegen hat die Warenform und das Wertverhältnis der Arbeitsprodukte, worin sie sich darstellt, mit ihrer physischen Natur und den daraus entspringenden dinglichen Beziehungen absolut nichts zu schaffen. Es ist nur das bestimmte gesellschaftliche Verhältnis der Menschen selbst, welches hier für sie die phantasmagorische Form eines Verhältnisses von Dingen annimmmt."

117 MEW 23, 98.

118 MEW 23, 87.

119 MEW 23, 90.

120 Marxhausen 1999, 345.

121 Ebd., 348.

122 Ebd., 348 f.

123 Ebd., 343.

124 MEW 23, 92; vgl. auch die entsprechenden Überlegungen zu früheren „Gesellschaftsformen" in MEW 25, 839.

ihren mystischen Nebelschleier ab, sobald sie als Produkt frei vergesellschafteter Menschen unter deren bewußter planmäßiger Kontrolle steht".[125]

Während Benjamin in der Grundanlage seiner Theorie des Warenfetisch wohl vor allem Korsch folgte, stützte er sich möglicherweise vor allem in Hinblick auf das verwandte Konzept des ‚abstrakten Charakters der Arbeit' unmittelbar auf Marx – und deutete davon ausgehend seinerseits einen utopischen Gegenentwurf an: In einem ersten resümierenden Zitat seiner *Kapital*-Lektüre hielt Benjamin als Ertrag fest, Marx habe die „Vorstellung" gehabt, „die Arbeit werde freiwillig (als travail passionné) geleistet werden, wenn der Warencharakter ihrer Produktion abgeschafft wäre. Die Ursache, warum die Arbeit nicht freiwillig geleistet wird, wäre also nach Marx: ihr abstrakter Charakter".[126] Dieser abstrakte Charakter der Arbeit wirke sich bis in die zwischenmenschlichen Beziehungen aus, die infolgedessen ihrerseits abstrakt würden, konstatierte Benjamin wenig später: „Die abstrakte Natur der gesellschaftlichen Arbeit und die abstrakte Natur des Menschen, der sich als Eigentümer zu seinen Mitmenschen verhält, entsprechen einander".[127] Die Idee der travial passionné beinhaltete demzufolge eine materielle Dimension einer Alternative zum Kapitalismus – eine materielle Dimension, deren Freisetzung einen intellektuellen Deutungswandel voraussetzen musste.

Solche intensiven Auseinandersetzungen mit Texten von Marx stellen Einzelfälle in Benjamins Werk dar. Konkret basiert seine Rezeption des Marx'schen Theorems vom Fetischcharakter der Ware – wie bereits betont – im Wesentlichen auf einigen Passagen aus dem *Kapital*,[128] vor allem aber auf der Rekonstruktion von Korsch; letzteres belegt eindeutig die das Konvolut dominierende Menge an Korsch-Exzerpten zu diesem Thema, die ihrerseits auch Zitate vor allem aus der vierten Auflage des *Kapital*s (Hamburg 1890) enthalten.[129] Von Korsch scheint Benjamin die Auffassung übernommen zu haben, dass der Fetischcharakter der Ware die eigentliche Pointe von Marx' Theorie gewesen sei – und zwar besonders in Hinsicht auf die ökonomischen Grundlagen seiner Gesellschafts- und Geschichtstheorie.[130] An diese Deutung knüpfte Benjamin an, als er, wie aus der letz-

125 MEW 23, 94.

126 GS V.2, 807 [X 4, 2].

127 GS V.2, 807 [X 4, 4].

128 Besonders wichtig sind GS V.2, 806 [X 3a, 4]; V.2, 806 f. [X4, 1]; ihr Gehalt scheint von Benjamin in der auf die beiden Zitate folgenden Notiz GS V.2, 807 [X 4, 2] zusammengefasst worden zu sein. Später folgen beispielsweise noch GS V.2, 807 [X 4, 4]; V.2, 808 [X 4a, 2]; V.2, 810 [X 5a, 3] usw.

129 Korsch-Texte mit Kapital-Zitaten sind beispielsweise GS V.2, 813 [X 7a, 3]; andere Bezugnahmen auf Marx-Zitate finden sich beispielsweise in GS V.2, 813 [X 7a, 2]; V.2, 813 [X 8, 1]; V.2, 814 f. [X 8a, 2].

130 Vgl. GS V.2, 819 [X 11a, 1]. Einen nicht unerheblichen, jedoch andersartigen Einfluss übten auch Kopplungen und Rückwirkungen von Benjamins durch seine Baudelaire-Lektüre gewonnenen Annahmen zum Verhältnis von Ware und Prostitution aus, die er ebenfalls im Kontext des Passagenwerkes (insbesondere in den Konvoluten *J [Baudelaire]* und *O [Prostitution, Spiel]* sowie in der *Zentralpark*-Sammlung) entwickelte; vgl. dazu Lindner 2000, 77–79; bes. 78 f.: „Benjamins Konstruktion der Baudelaireschen Allegorie rückt das Psychologische auf die Seite der Ware. Von ihrem Begehren geht sie aus. Nicht die Menschen eignen sich die von ihnen produzierten Waren an, sondern diese auf ihrem Zirkulationsweg zum Geld den Menschen, dem sie als phantasmagorisches Gebrauchswertversprechen zu Diensten scheinen. Aufgrund dieser Verkehrung kann die

ten Notiz des Konvoluts ersichtlich ist, die Auffassung entwickelte, dass im Kapitalismus die Waren einerseits von ihren Produktionsbedingungen losgelöst wahrgenommen und andererseits einem „warenästhetischen Animismus“ unterworfen werden,[131] so dass auf diese Weise die Entstehung einer systemstabilisierend wirkenden gesellschaftlichen „Phantasmagorie“ ermöglicht wird: „Die Eigenschaft, die der Ware als ihr Fetischcharakter zukommt, haftet der warenproduzierenden Gesellschaft selber an, nicht zwar so wie sie an sich ist, wohl aber so wie sie sich stets dann vorstellt und zu verstehen glaubt, wenn sie von der Tatsache, daß sie eben Waren produziert, abstrahiert“.[132]

Zu den wesentlichen Inspirationen, die Benjamin Korschs Marxinterpretation verdankte,[133] gehört darüber hinaus die Annahme, der Fetischcharakter der Ware sei die Ursache dafür, dass Lohn und Warenwert im Kapitalismus in keinem unmittelbaren Verhältnis ständen: „Zwischen dem Wert der Arbeit durch die Ausbeutung der Arbeitskraft im kapitalistischen Betrieb gewonnenen Waren und dem für diese Arbeitskraft an ihre Verkäufer bezahlten Preise besteht nach Marx keinerlei ökonomische oder sonstige rationell bestimmbare Beziehung“, exzerpierte er Korschs Darlegungen.[134] Die in Form der Differenz zwischen realem Wert der Ware und dem gezahlten Arbeitslohn jeweils erzeugte „‚Mehrwertsrate‘ oder ‚Ausbeutungsrate‘“ sei folglich nicht zuvorderst das Ergebnis ökonomischen,[135] sondern gesellschaftlichen Geschehens, referierte Benjamin erneut Korsch und übernahm dann auch dessen Schlussfolgerung:[136] „Sie [= die Ware; M.N.] ist das Resultat eines gesellschaftlichen Klassenkampfes“.[137]

Die fundamentale Erkenntnis hinter der Theorie vom Warenfetisch dürfte für Benjamin demnach zum einen mit dem objektbezogenen Charakter des Konzepts zu tun gehabt haben, die seinem eigenen, oft auf einzelne Objekte (im konkreten Fall eben: Waren) und deren Geschichtshaltigkeit oder Besonderheit fokussiertem Denken entgegenkam, wie er es exemplarisch in seinem berühmten Aufsatz über *L'œuvre d'art à l'époque de sa reproduction mécanisée* (*Das Kunstwerk im Zeitalter seiner technischen Reproduzierbarkeit*)

Warenform im Sexualobjekt ihre fetischistische Personifikation finden. [...] Menschwerdung der Ware und heroische Humanisierung der Ware bedeuten nicht dasselbe. Verspricht die Phantasmagorie der Warenwelt universell verfügbare und jederzeit eintauschbare Trieberfüllung, so humanisiert der Allegoriker diesen dinglichen Trug auf melancholisch-destruktive Weise: als Leiche“.

131 Weber 2000, 249.

132 GS V.2, 822 f. [X 13a], Zitate 822. Tiedemann 1982b, 28 f. sieht in dieser Auffassung den signifikantesten Bruch mit den Vorstellungen von Marx, den Tiedemann als ein einfaches „Mißverständnis“ (ebd., 28; kritisch dagegen bereits Ko 2005, 39 f., Anm. 60) auffasst – obwohl dies doch gerade die eigentliche Pointe von Benjamins Adaption (die deshalb im Kern auch eine Transformation) der Konzeption vom Marx ist; vgl. zu Benjamins Begriff der ‚Phantasmagorie‘ der Ware Weber 2000, 247–249; grundsätzlich zu Benjamins Phantasmagorie-Konzept vgl. Palmier 2009, 752–759.

133 Vgl. vor allem die Korsch-Exzerpte und Notizen in GS V.2, 813–819.

134 GS V.2, 818 f. [X 11], Zitat 819 (Hervorhebung durch gesperrten Druck nicht übernommen).

135 GS V.2, 818 f. [X 11], Zitat 818.

136 GS V.2, 818 f. [X 11], Zitat 818.

137 GS V.2, 818 f. [X 11], Zitat 819.

(1936) vermittels der darin enthaltenen Aura-Hypothese artikuliert hatte.[138] Zum anderen verwies die Warenfetischtheorie auf die Benjamin faszinierenden Spannungsverhältnisse von Materialität und Idealität, von Realität und Utopie – und damit implizit auch auf die später in den Thesen Über den Begriff der Geschichte vorgenommene Diskussion des Verhältnisses der marxistischen Kategorien von ‚Basis' und ‚Überbau'. Auf diese Weise bleibt für Benjamins späteren Entwurf im Passagenwerk die Frage zentral, wie Waren „den Menschen, Passanten bzw. potentiellen Käufer phantasmagorisch bannen und welche kulturellen Auswirkungen dies hat".[139] Diese eigensinnige Auseinandersetzung mit einer Idee des älteren Marx erscheint gerade vor diesem Hintergrund als charakteristisch für Benjamins Integration marxistischen Denkens in das Passagenwerk wie auch in sein Werk insgesamt.

Benjamins Auseinandersetzung mit Marx innerhalb des nach dem Ökonomen benannten Konvoluts X des Passagenwerkes erweist sich also im Kern zugleich als oberflächlich und eigensinnig. Zwei Formen des Umgangs mit den Überlegungen von Marx pflegte Benjamin: Entweder adaptierte er sie, weil sie sich in Themenbereiche einfügten, die er anderweitig bearbeitete; oder er versuchte, sie unter dem Primat seiner Erzählung einer ‚Urgeschichte' des 19. Jahrhunderts für diese inhaltlich, methodologisch und narratologisch nutzbar zu machen. Dabei knüpfte er an Marx' Überlegungen vor allem – jedoch nicht ausschließlich – auf Grundlage sekundärer Darstellungen an; Marx selbst hat Benjamin nur wenig und wenn, dann wohl zumeist oberflächlich gelesen. Für Benjamin war Marx ein Steinbruch, aus dem er das entnahm, was ihn interessierte – und dabei scheute er nicht davor zurück, Positionen von Marx zu verdrehen oder zu verwerfen. In einem Punkt jedoch scheint er sich von Marx viel versprochen zu haben, weil eine von dessen Ideen eine Grundintuition von Benjamin zu konzeptualisieren half: Die Kategorien von ‚Basis' und ‚Überbau' konnte Benjamin kategorial für die Erschließung des ihn interessierenden Spannungsverhältnisses von Materialität und Kultur nutzbar machen. Im Passagenwerk und den Thesen Über den Begriff der Geschichte ermöglichte ihm dies zunächst die Entwicklung eines Heuristischen Materialismus. Dies wiederum führte ihn in einem weiteren Schritt zu einer geschichtlichen Kampftheorie, deren Rahmen das Konzept eines Messianischen Materialismus bildet, mit dessen Hilfe aus Marx' dichotomer Distinktion von ‚Unterdrückern' und ‚Unterdrückten' im Geschichtsprozess Benjamins ‚Sieger' und ‚Besiegte' werden sollten.

---

138 Zu diesem Zusammenhang vgl. Frisby 1989, 356. Der Kunstwerk-Aufsatz befindet sich mit allen Fassungen in WuN 16, die veröffentlichte französische Fassung findet sich in WuN 16, 164–202 sowie in GS I.2, 709–739; dazu vgl. den Kommentar von Detlev Schöttker 2007 sowie unten, Anm. 298.

139 Skrandies 2006, 279.

Heuristischer und messianischer Materialismus: Benjamins Auseinandersetzung mit Marx und dem Marxismus in den Thesen *Über den Begriff der Geschichte*

Benjamins zu Lebzeiten nicht veröffentlichte Thesen Über den Begriff der Geschichte (1940) wurden von ihm selbst als Verdichtung seiner bisherigen Überlegungen aufgefasst und als Ausblick auf seine zukünftigen Arbeiten vorgestellt.[140] Sie entstanden im Kontext des Passagenwerkes, weisen jedoch analytisch und methodisch darüber hinaus. Zudem findet sich in den Thesen Benjamins eindeutigste Verhältnisbestimmung zum Historischen Materialismus und zur Geschichtstheorie von Karl Marx – als Konzepte, die er adaptierte und transformierte.[141] Die besondere Intensität der Auseinandersetzung mit Marx hat beispielsweise Stefan Gandler dazu gebracht, davon auszugehen, in den Thesen insgesamt „einen Versuch" zu sehen, „den kritischen, nicht-mechanischen Materialismus von Marx zu radikalisieren".[142] Ein Problem jeder Interpretation der Thesen besteht allerdings bereits in der Frage, wie diese zu lesen sind: aufeinander folgend oder als Zusammenstellung, die je nach systematischer Lesart neu korreliert werden muss.[143] Dass Benjamin bis zuletzt an der genauen Konfiguration feilte und dabei insbesondere einige hinzufügte oder (kurzzeitig) entfernte, schließt die letztgenannte Lesart zumindest nicht aus.[144] Im Folgenden werden vor diesem Hintergrund (1.) Benjamins Bestimmung des Verhältnisses von Marxismus und Theologie, von Historischem Materialismus und Jüdischem Messianismus in den Thesen erörtert, (2.) die daraus abgeleitete Fassung eines Heuristischen Materialismus vorgestellt und schließlich (3.) sein Messianischer Materialismus rekonstruiert.

Marxismus und Theologie, Historischer Materialismus und Jüdischer Messianismus

In der I. und der nachfolgend (unten, Abschn. 2.) noch näher zu behandelnden III. der Thesen Über den Begriff der Geschichte nahm Benjamin eine grundsätzliche methodi-

140 Vgl. zu den Thesen beispielsweise immer noch die Beiträge in Bulthaup 1975 sowie Konersmann 1991; Löwy 2001; Gagnebin 2006; de Wilde 2009; Ette 2016, 261–268; Jähn 2016; Faber 2017; zu Benjamins changierender Darstellung der Relevanz der Thesen für sein Werk vgl. die Diskussion in WuN 19, bes. 161 f., 177–191 und passim. Zu den unterschiedlichen Fassungen der Thesen und ihrer Veröffentlichung in den *Gesammelten Schriften* und den *Werken und Nachlaß* siehe WuN 19, 215 sowie den dortigen editorischen Bericht; vgl. auch die ältere Darstellung der GS I.3, 1223–1259 samt der Sammlung der Fragmente und der Umfeldtexte.

141 Zum Folgenden vgl. Nebelin 2007, 35–71; ders. 2008.

142 Gandler 2008, 9.

143 Vgl. Gagnebin 2006, 288; Jähn 2016, 212 („[Es sind; M.N.] eben nur Thesen und keine Abhandlung, die etwa *ein* Problem entfaltet, vielmehr sind sie einer Suchbewegung ähnlich."); für das Passagenwerk vgl. die ähnliche Einschätzung von Skrandies 2006, 279.

144 Vgl. den Vergleich der Fassungen in den Varianten in WuN 19, 240 f. Angesichts der beständigen Detailanpassungen stellt sich die Frage, ob es sich dabei wirklich um einen Ausdruck von Benjamins vielleicht nur vermeintlich „fragmentarische[r] Geschichtsphilosophie" (Mensching 1978, 176) handelt.

sche Positionierung vor: Es handelt sich um sein Bekenntnis zur Methode des Historischen Materialismus und seine gleichzeitige Rede von der Notwendigkeit der ‚Theologie' für Funktion und Erfolg des Historischen Materialismus. In demselben Moment, in dem er sich zum ‚Historischen Materialismus' bekannte, schränkte Benjamin in der I. These Über den Begriff der Geschichte also diese Aussage wieder ein. Die besagte These lautet wie folgt: „Bekanntlich soll es einen Automaten gegeben haben, der so konstruiert gewesen sei, daß er jeden Zug eines Schachspielers mit einem Gegenzug erwidert habe, der ihm den Gewinn der Partie sicherte. Eine Puppe in türkischer Tracht, eine Wasserpfeife im Munde, saß vor dem Brett, das auf einem geräumigen Tisch aufruhte. Durch ein System von Spiegeln wurde die Illusion erweckt, dieser Tisch sei von allen Seiten durchsichtig. In Wahrheit saß ein buckliger Zwerg darin, der ein Meister im Schachspiel war und die Hand der Puppe an Schnüren lenkte. Zu dieser Apparatur kann man sich ein Gegenstück in der Philosophie vorstellen: Gewinnen soll die Puppe, die man ‚historischen Materialismus' nennt. Sie kann es ohne weiteres mit jedem aufnehmen, wenn sie die Theologie in ihren Dienst nimmt, die heute bekanntlich klein und häßlich ist und sich ohnehin nicht darf blicken lassen".[145]

Der von Benjamin favorisierte Historikertyp ist vor diesem Hintergrund der des ‚Historischen Materialisten'. Er behauptete, dieser könne es als Philosoph (!) „ohne weiteres mit jedem aufnehmen", sofern er im verborgenen „die Theologie in [...] Dienst nimmt".[146] Benjamin suchte die im Verlauf der Geschichte offenbargewordenen Defizite der marxistischen Theorie durch ein messianische-mythisches, ja ein subjektives Moment zu überwinden, welches er hier in einem eigensinnigen Begriffsgebrauch als ‚Theologie' bezeichnete.[147] Dabei ist zwischen Theologie und Messianismus zu unterscheiden: Während der

145 GS I.2, 693; vgl. auch GS I.3, 1247.

146 GS I.2, 693. Zur messianischen Dimension der Thesen vgl. beispielsweise Konersmann 1991, bes. 20–37; Löwy 1997, 184–188 und passim; Wizisla 2000, 684–688; Löwy 2001; Casper 2005, 106 f.; Nebelin 2007, 57–66 und passim; ders. 2009, 85; Friedlander 2012, 224–227; Nebelin 2012, 67–69; Löwy 2014, 26 f.; Jennings 2016; Tagliacozzo 2018, ch. 3 passim; grundsätzlich zur messianischen Zeit Fritsch 2005, 36–42. Zum Jüdischen Messianismus, in dem Benjamins Messianismus verortet werden muss, vgl. Voigts 1994; zum modernen säkularen Messianismus vgl. Schreiner 2003, der ebd., 34 f. auf den Gegenentwurf-Charakter von Benjamins Messianismus verweist (ebd., 34: „[e]in gegen den Faschismus und dessen inhumanen Machtgebrauch gerichtetes Messianismus-Konzept").

147 Vgl. zu den Eigenheiten des Benjamin'schen Theologiebegriffs mit weiterführender Literatur Nebelin 2007, 15–21. Andreas Pangritz betont, dass „[i]n der Diskussion um Benjamins Messianismus [...] oft [...] viel zu pauschal von *Theologie* die Rede" sei; vor allem dürfe man „das spezifisch Jüdische nicht etwa mit christlichen Theologumena [...] verwechseln" (Pangritz 2000, 807). „[I] nnerhalb der zeitgenössischen Diskussion" sei „Benjamins Theologie" zudem „‚häretisch', insofern sie sich nicht von der ‚zünftigen Theologie' abgrenzt. Sie hört deswegen aber nicht auf, Theologie zu sein" (ebd., 808). Zur Rezeptions- und Diskursgeschichte des Benjamin'schen Theologiebegriffs vgl. die knappe Skizze bei Weidner 2010, 16–19. Nils Baratella und Sven Rücker 2016, 191 sprechen – freilich unter dem Eindruck von Benjamins *Zur Kritik der Gewalt* – von „einer nihilistischen Anarcho-Theologie", während Wolfram Ette 2016, 261 in den Thesen „den Entwurf einer materialistischen Geschichts*theologie*" ausmacht. Hinter diesen semantischen Unterschieden verbergen sich unterschiedliche Fassungen des Kompromissmodells; dazu siehe oben, Anm. 48.

erstgenannte Begriff gleichsam als allgemeinerer Oberbegriff fungiert, markiert der andere ein ganz bestimmtes, zeitlich nur eingehegt verwendetes thematisches Motiv oder Denkbild. Im Unterschied zum allgemeineren ‚theologischen' Motiv ist das messianische Moment im Passagenwerk selbst, wie Michael W. Jennings Offenlegung der zeitlichen Streuung des Messias-/Messianismus-Wortfeldes im Werk gezeigt hat, vor allem im Winter 1939/1940 für Benjamin bedeutsam geworden – unter dem Eindruck der Gespräche über das Manuskript von Scholems *Major Trends in Jewish Mysticism* (1941) mit Arendt und ihrem (späteren) Mann Heinrich Blücher.[148] Ihren einzigen konkreten systematischeren Niederschlag fand die Adaption dieser Vorstellungen dann 1940 in Benjamins Thesen Über den Begriff der Geschichte,[149] wobei er in dieser Schrift „interweave[d] messianic motifs with the revolutionary historiography he had developed in convolute N of the Arcades Project (which develops its epistemology and historiography without recourse to messianism)".[150] Ihren funktionalen Stellenwert für Benjamins Argumentation hat Erdmut Wizisal zutreffend beschrieben: „Benjamins Geschichtsphilosophie erfährt im Gebrauch der Kategorien *Erlösung, Rettung, Messias* ihre charakteristische, die Gegenwart transzendierende Ausweitung".[151]

Die zugleich Theologie und Messianismus reflektierenden Thesen stehen dabei natürlich innerhalb des Benjamin'schen Werkes in einer gedanklichen Kontinuitätslinie, die ihren ersten systematischen Ausdruck im sogenannten *Theologisch-politischen Fragment*, das vermutlich zu Beginn der 1920er Jahre entstand, gefunden hat.[152] Spätestens seither dachte Benjamin Theologie und Politik verbunden,[153] wobei für ihn die Implementie-

148 Siehe Jennings 2016, 94; vgl. Steiner 2016, 51; Ette 2016, 263. Die Vorstellung komplexer Verbindungen zwischen religiösem Diskurs und außersprachlicher, vor allem politischer Wirklichkeit leitete auch Scholems Untersuchung selbst an; so erklärte er in seinem Vorwort programmatisch: „Die große Aufgabe der Wissenschaft vom Judentum in unserer Zeit besteht darin, jüdische Geschichte von einem tieferen Verständnis für die Wechselwirkung religiöser, politischer und sozialer Faktoren her neu zu schreiben. Wenn diese Aufgabe erfolgreich gelöst werden soll, ist es unerläßlich, die Funktion zu bestimmen, die die jüdische Mystik zu verschiedenen Zeiten in dieser Geschichte erfüllt hat, und ihre Ideale und ihre Haltung zu den Fragen, die sich aus der jeweiligen Situation des Judentums ergaben, ins rechte Licht zu setzen" (Scholem 1941/1957, XI).

149 So Jennings 2016, 94.

150 Ebd.

151 Wizisla 2000, 684.

152 Zum *Theologisch-politischen Fragment* in GS II.1, 203 f. vgl. den editorischen Bericht in GS II.3, 946–949 sowie (mit weiterführender Literatur) beispielsweise Hamacher 2006; Dubbels 2010; Weidner 2010, bes. 16 f. und passim; Butler 2018, bes. 276–284; Fenves 2018 (mit einem Schwerpunkt auf dem Motiv der ‚Vollendung'); speziell zur Datierungsfrage Hamacher 2006, 175; vgl. mit interessanten Überlegungen zur konzeptuellen Fernwirkung dieses kurzen Textes innerhalb von Benjamins Werk bereits Wohlfahrt 1986.

153 Zur politischen Dimension des *Theologisch-politischen Fragments* vgl. die Feststellung von Weidner 2010, 9, diese Schrift sei „nicht nur ein theoretischer Text, sondern auch ein politisches Projekt"; insofern bezeichnete es Hamacher 2006, 179 auch provokativ als „Politisch-atheologisches Fragment" (im Original vorhandene Hervorhebung durch Fettdruck wurde nicht übernommen).

rung theologischer Komponenten zumeist politischen Zwecken diente.[154] Insofern ist die Beobachtung von Jennings völlig zutreffend, dass theologische wie messianische Bezüge bei Benjamin sich vor allem eng lokalisiert finden, zumeist politische Funktionen erfüllen und sich darüber hinaus nicht eindeutig einer bestimmten Form oder Traditionslinie theologischen oder konfessionellen Denkens zuordnen lassen: „This example of the uses of messianism demonstrates two things. First that Benjamin's use of theological material is always local: it is deployed within a specific *local* context in his work, often in support of a political position under development. The result is a ‚situational' theological politics oriented to the task at hand. And second, in constructing these local constellations, Benjamin draws freely on a number of traditions: Christian and Jewish theology, but also upon secularized theological thought such as German romanticism and French utopian socialism."[155]

Dass dann konkret das Verhältnis von Marxismus und Theologie das ihn beschäftigende Spannungsfeld gewesen ist, unterstrich Benjamin in einem Schreiben vom Mai 1925 an Scholem, wobei er erklärte, „[d]ie Totalität des dunkel oder heller von mir erahnten Horizonts [...] nur in diesen beiden Erfahrungen gewinnen" zu können.[156] Aufgrund der großen Bedeutung dieser ‚theologischen' Dimension für Benjamins Weltsicht hat Löwy sogar grundsätzlich geurteilt, „Benjamins Ideen" seien „nicht ‚politisch' im üblichen Sinne des Wortes".[157] Demgegenüber betonte Stefan Gandler gerade den politischen Charakter von Benjamins Verhältnisbestimmung, da in ihr nicht die Theologie gegenüber dem Historischen Materialismus an Vorrang gewännen oder beide vermischt würden, sondern es Benjamin vielmehr „darum zu tun ist, die Theologie in den Dienst des historischen Materialismus zu stellen, damit dieser gegen jeden Herausforderer, vor allem den Nationalsozialismus und den mit ihm einhergehenden Ideologien, gewinnen kann".[158] Man wird grundsätzlich nicht fehlgehen, wenn man Benjamin in These I eine bewusst ambigue, ja polyvalente Verhältnisbestimmung unterstellt, so dass eine Deutung der Thesen weder die politische, historisch-materialistische Dimension noch die – in Benjamins weitem Verständnissinne – theologische preisgeben kann.[159]

154 Womöglich vereindeutigt Löwy 2014, 27 Benjamins Konzept ‚theologischer' Begriffe jedoch zu sehr, wenn er die Theologie im Wesentlichen auf ihren Beitrag zu Benjamins Forderung nach einer Historie der Besiegten beschränkt: „Theology, as memory of victims and as hope of redemption, is for Benjamin not an aim in itself; rather, theology is at the service of the struggle of the oppressed".

155 Jennings 2016, 94 f.

156 GB III, Nr. 437, 39. Anlassbedingt stellt Benjamin an dieser Stelle „marxistische Politik" und das „Studium des Hebräischen" einander gegenüber; beides sind jedoch Chiffren für das konkrete Verhältnis von Marxismus und Judentum, wobei Benjamin seine wesentlichen (wenn auch nicht alleinigen) Inspirationen für seine theologische Denkkomponente aus dem Judentum gewann. Zur Entwicklung von Benjamins Judentum (und dem Zusammenhang von Theologie und Judentum bei Benjamin) vgl. Mosès 2010, dazu vgl. auch Eiland 2018.

157 Löwy 1997, 151.

158 Gandler 2008, 17; anders und dicht an den möglichen Kombinationen von Theologie und Historischem Materialismus: De Wilde 2009, 179–183.

159 Vgl. Löwy 2001, 24; Mosès 2010, 150 (Es „scheint [...] durchaus verfehlt, eine der beiden Komponenten dieses Ansatzes der anderen unterordnen zu wollen").

Die besondere Schwierigkeit, zu erklären, was diese jüdisch-messianisch grundierte Rede von Theologie konkret bedeutet, hängt damit zusammen, dass Benjamins Adaption religiöser Begriffe vor allem zur Übernahme von Metaphern führte, die unaufgelöst bleiben, dabei jedoch an zentralen Stellen in Text und Werk platziert sind. Eine Zusammenschau dieser Passagen macht deutlich: Eine entscheidende methodische Eigenheit des Gelehrten Walter Benjamin bestand im Füllen der begrifflichen Lücken der Wissenschaft durch die subjektive Freiheit des Literaten im Wort. „Wo Begriffe fehlen, stellt ein Bild sich ein", hat Irving Wohlfahrt in diesem Sinne Benjamins Technik zurecht charakterisiert.[160] Der Vieldeutigkeit von Benjamins Texten brach dies Bahn: Wissenschaft, die man verstehen muss, ergänzte er um ein Element des Literarischen, das man einzig zu deuten vermag. Verstehen verliert seine Eindeutigkeit. Das gelehrte Fundament der Thesen sollte der Historische Materialismus bilden; aber das, was er allgemein als Theologie oder konkreter als das Messianische bezeichnete, vervollständigte erst dieses Denken. Auf diese Weise vermochte Benjamin, subjektive Momente der Wirklichkeit in seine Theorie zu integrieren. Dies diente ihm dazu, Lücken zu füllen, die er auf anderem Wege theoretisch nicht einholen konnte.[161] Angesichts der von Benjamin erlebten zeitgeschichtlichen Bedrohungslage nimmt es nicht wunder, dass die meisten Bezüge auf diese theologische Dimension im Kontext der futurischen Dimension seines Geschichtsdenkens auszumachen sind: Theologie sollte einen Ausweg aus den durch die Konstellationen der Gegenwart aufgeworfenen politischen Krisen weisen. Dazu entwickelte er zwei miteinander verbundene methodologische Ansätze beziehungsweise Perspektiven: einen Heuristischen und einen Messianischen Materialismus.

Heuristischer Materialismus

Nachdem das bewusst spannungsreiche und unaufgelöste Verhältnis von Marxismus und Messianismus im Werk Benjamins erörtert worden ist, das für das Verständnis seiner Geschichtsphilosophie fundamental ist, müssen Benjamins Auseinandersetzung mit und seine Adaption des Geschichtsbildes von Marx näher in den Blick genommen werden werden, um auf diese Weise nachvollziehen zu können, wie Benjamin den Historischen Materialismus als Heuristischen und als Messianischen Materialismus reformulierte.[162]

Direkte Hinweise auf Marx finden sich in den Thesen IV, XI, XII und XIV; die narrative Funktion dieser Bezugsstellen ist in diesem Zusammenhang auffällig: Marx fungiert immer als Autorität, die Benjamin als Referenzpunkt nutzte, um seine eigene Position zu

---

160 Wohlfarth 1986, 119.

161 Siehe hierzu Nebelin 2007, 13 f., 15 f. u. 20 f. Es wäre im Übrigen grundsätzlich zu prüfen, ob eine wesentliche Pointe moderner Ideengeschichte nicht gerade in der Identifizierung und Erklärung solch konzeptueller Lücken auszumachen sein könnte.

162 Der Fokus liegt hierbei auf den Marx-Referenzen in den Thesen selbst; die Umfeldtexte und Fragmente wurden aus Gründen der Anschaulichkeit und des in den Thesen zutage tretenden relativ abgeschlossenen Selektionsprozesses nicht einbezogen – sie würden jedoch den skizzierten Befund nur weiter stützen.

untermauern oder zu entwickeln. Dabei lassen sich jedoch unterschiedliche Formen der Bezugnahme auf Marx unterscheiden, in denen Marx jeweils eine etwas andere argumentationslogische Funktion zugeschrieben wird:

- *Marx als Vordenker*, der ergänzt oder korrigiert werden muss: Benjamin betont zu Beginn von These IV, dass der von ihm gesuchte Historiker an Marx' Modell des Klassenkampfes geschult sein müsse – um dann mit einem „[t]rotzdem" seine Position als Ergänzung oder gar Korrektur der Marx zugeschriebenen Auffassung zu entfalten.[163]
- *Marx als Stichwortgeber*: In These XI wird zunächst eine zeitgenössische Position entfaltet, die Benjamin kritisiert – den vermeintlichen zeitgenössischen ‚sozialdemokratischen Konformismus' –, dann folgt ein Zitat von Marx als Stichwortgeber für das von Benjamin vertretene Gegenmodell („Böses ahnend, entgegnete Marx darauf" usw.).[164]
- *Marx als Unterstützer*: Umgekehrt wie in Thesen XI – jedoch argumentationslogisch äußerst ähnlich – wird in These XII argumentiert: Benjamin präsentiert dort eine eigene Annahme („Das Subjekt historischer Erkenntnis ist die kämpfende, unterdrückte Klasse selbst"), auf die dann eine in indirekter Rede vorgetragene Bezugnahme auf eine entsprechende, Benjamins eigene Position autoritativ absichernde und inhaltlich konkretisierende Position von Marx erfolgt („Bei Marx selbst tritt sie [= Benjamins ‚kämpfende, unterdrückte Klasse'; M.N.] als die letzte geknechtet<e>, als die rächende Klasse auf, die das Werk der Befreiung im Namen von Generationen Geschlagener zu Ende führt").[165] Auffällig ist, dass in These XII – genauso wie bereits in These XI – Marx von Benjamin autoritativ gegen vermeintliche sozialdemokratische Positionen mobilisiert wird.[166]
- *Marx als Vergleichspunkt*: In These XIV wird Marx von Benjamin erneut als autoritativer Referenzpunkt herangezogen. Dabei steht jedoch ein Vergleich seiner eigenen mit Marx' Auffassungen im Vordergrund. Mittels eines Vergleichs soll ein Konzept Benjamins verständlich gemacht und autoritativ abgesichert werden.[167]

---

163 Vgl. GS I.2, 694 = WuN 19, 71.

164 GS I.2, 699 = WuN 19, 76.

165 WuN 19, 77 (dementsprechend – allerdings ohne Hinweis auf den Fehler in der Textvorlage – GS I.2, 700).

166 Vgl. GS I.2, 700 = WuN 19, 77. Diese Kritik wird auch in der nachfolgenden These XIII fortgesetzt, so dass die Thesen XI bis XIII insgesamt der Kritik an der Sozialdemokratie gewidmet sind und hierbei Marx als ein wesentlicher Kronzeuge gegen diese politische Tradition vorgestellt wird; vgl. GS I.2, 700 f. = WuN 19, 78; vgl. dazu etwa Löwy 2014, 27–29 (ebd., 27: „The radical opposition between Marx and (German) social democracy is a leitmotiv in Benjamin's ‚Theses'"). Auffällig ist allerdings, dass Benjamin den „Spartacus", d.h. den sogenannten *Spartakusbund*, dessen Ursprungsorganisation sich 1914 von der SPD abspaltete, 1917 in der USPD aufging und damit nach dem Ende des Ersten Weltkrieges zur Keimzelle der KPD wurde, aus dieser Kritik ausdrücklich ausklammert; vgl. GS I.2, 700 = WuN 19, 77; dazu vgl. Nebelin 2007, 104–107.

167 Konkret geht es um den Benjamin zufolge in der „Mode" sichtbar werdenden „Tigersprung ins Vergangene", den er mit Marx' Revolutionskonzept vergleicht: „Derselbe Sprung unter dem freien

Allgemeiner von Bedeutung als diese konkreten Bezugnahmen, die vor allem die Nutzung von *Marx als Autorität* verbindet, sind jedoch zwei aus Benjamins Sicht mit Marx verbundene inhaltlich-motivische Theorieelemente, deren Erörterung nachfolgend im Vordergrund stehen soll: die Vorstellung des Kampfes zwischen ‚Unterdrückern' und ‚Unterdrückten' sowie die Unterscheidung von ‚Basis' und ‚Überbau'. Wie waren diese Konzepte bei Marx ausgeformt und wie adaptierte sie Benjamin?

Marx wie Benjamin waren Materialisten, deren gemeinsame Basis das marxistische ‚Basis-Überbau-Theorem' bildete.[168] Denn es war, wie Hannah Arendt festgestellt hat, hauptsächlich die „von Marx nur flüchtig skizzierte Lehre vom Überbau",[169] die Benjamin am Marxismus „theoretisch [...] faszinieren mußte".[170] Ihn interessierte die im Basis-Überbau-Theorem umrissene Beziehung zwischen geistiger und materieller Welt,[171] welche Marx dort zugleich zusammen und getrennt dachte: Gemeinsam erscheinen sie bei ihm, weil Basis und Überbau eine systematische Einheit bilden; geschieden waren sie, weil das für Veränderungsprozesse größere Gewicht der Basis den Überbau peripherisierte.[172] Anders als Marx war Benjamin darum bemüht, die beiden Bereiche der Welt ins Gleichgewicht zu setzen und ihre gegenseitige Bezogenheit zu berücksichtigen. Benjamin vermeinte, für die Begründung einer solchen Position an die Warenfetischtheorie anschließen zu können. Sein erkenntnistheoretisches Telos lässt sich vor diesem Hintergrund wie folgt auf den Punkt bringen: Vermittels seiner Erforschung der materiellen Ausdrücke des Überbaus suchte Benjamin sowohl Auskunft über den Überbau als auch über die

---

Himmel der Geschichte ist der dialektische als den Marx die Revolution begriffen hat" (GS I.2, 701 = WuN 19, 79); vgl. dazu Nebelin 2007, 89 f.

168 Zur Terminologie vgl. Nebelin 2007, 42, Anm. 195; zum sogenannten Basis-Überbau-Theorem vgl. Cohen 1978, Ch. VIII; Duan 1995, ch. 3 und passim; Weber 1995; Bayertz 2016, 198; Iorio 2016, 212 f.; Fetscher 2018, 86 f.; grundsätzlich zu Marx' Konzept des Überbaus und angrenzenden Vorstellungen vgl. Torrance 1995, ch. 5.

169 Arendt 1968/1971, 57.

170 Ebd.

171 Vgl. ebd.: „Für Benjamin, der diese Lehre nur als heuristisch-methodische Anregung benutzte, blieben die historischen wie die sachlich-philosophischen Hintergründe ohne Belang. Was ihn an der Sache faszinierte, war, grob gesprochen, daß das Geistige und seine materielle Erscheinung sich miteinander verschwisterten – und zwar so innig, daß es erlaubt schien überall Entsprechungen, ‚correspondances', zu entdecken, die sich gegenseitig erhellten und illuminierten, wenn man sie nur richtig einander zu ordnete, so daß sie schließlich keines deutend-erklärenden Kommentars mehr bedurften".

172 Vgl. hierzu etwa MEW 3, 26 f. Dort heißt es u.a.: „Die Moral, Religion, Metaphysik und sonstige Ideologie und die ihnen entsprechenden Bewußtseinsformen behalten hiermit nicht länger den Schein der Selbständigkeit. Sie haben keine Geschichte, sie haben keine Entwicklung, sondern die ihre materielle Produktion und ihren materiellen Verkehr entwickelnden Menschen ändern mit dieser ihrer Wirklichkeit auch ihr Denken und die Produkte ihres Denkens. Nicht das Bewußtsein bestimmt das Leben, sondern das Leben bestimmt das Bewußtsein" (ebd.); vgl. MEW 13, 9. Wesentlich ist der von Marx hier postulierte Vorrang der Basis gegenüber dem Überbau; vgl. dazu etwa die Rekonstruktion von Cohen 1978, 233: „Bases need superstructures, and they get the superstructures they need because they need them: this is what is meant by saying that the two are *organically* connected".

Basis und – so wird man hinzufügen müssen: – in ihrer Verschränktheit gelesen, auch über die Gesellschaft zu gewinnen. Dabei lässt sich nicht leugnen, dass Benjamins Antizipationshypothese die Tendenz innewohnt, ein Primat des Überbaus nahezulegen.[173] Materielle Hinterlassenschaften des Alltags bilden hierbei in Verbindung mit Äußerungen von Zeitgenossen das Quellenfundament seiner Untersuchungen. Anders der spätere Marx: Dieser setzte ein Primat der Basis gegenüber dem Überbau voraus und vermeinte folgerichtig, Geschichte im Wesentlichen durch eine Analyse von Wirtschaftsstrukturen schreiben zu können.[174]

Denn Marx' Materialismus entsprang dem Versuch, gegenüber der idealistischen Philosophie Empirie und gegenüber dem überkommenen Materialismus, wie er nach Marx' Ansicht etwa von Ludwig Feuerbach vertreten wurde, der Praxisbezogenheit zu ihrem Recht zu verhelfen. In den von Engels aus Marx' Nachlass herausgegebenen und überarbeiteten sogenannten *Thesen über Feuerbach* suchte er, eine Rückkopplung wissenschaftlicher Analyse an die materielle und subjektive Welt zu erreichen.[175] Feuerbach habe zwar, schrieb er, in seiner Religionsphilosophie „die religiöse Welt in ihre weltliche Grundlage" aufgelöst.[176] Doch anders als Feuerbach, welcher bloß eine reibungsgeladene, aber doch beziehungsreiche Differenz zwischen Religion und gesellschaftlicher Wirklichkeit konstatiert habe, behauptete Marx zweierlei: Zum einen sei diese Differenz durch die Widersprüche innerhalb der Gesellschaft verursacht,[177] zum anderen könne dieser Widerspruch nur vermittels revolutionärer Aktivitäten überwunden werden.[178] Daran schloss Marx zentrale Behauptung an: „Alles gesellschaftliche Leben ist wesentlich *praktisch*. Alle Mysterien, welche die Theorie zum Mystizism[us] veranlassen, finden ihre rationelle Lösung in der menschlichen Praxis und in dem Begreifen dieser Praxis".[179] Ausgehend von dem solcherart proklamierten Primat der Praxis glaubte Marx, dass eine hinreichende Analyse der gesellschaftlichen

---

173 Dies zeigt sich etwa in seiner Diskussion des Interieurs und des Wohnens. Benjamin geht davon aus, dass das Interieur den Bedürfnissen des Menschen angepasst wird; die Wohnung dient ihm gleichsam als „Gehäuse" (GS V.1, 292). Dabei betont er neben einem zeittypischen Moment zusätzlich, dass in der Innenraumgestaltung „das Uralte – vielleicht Ewige – erkannt werden muß" (GS V.1, 291). Die Bezüge zum kollektiven Unbewussten, wie es in ähnlicher Weise C.G. Jung konzipiert hat, sind auch an dieser Stelle unübersehbar – auch, wenn Benjamin sich gerade aufgrund der bestehenden Ähnlichkeit sowie infolge der politischen Differenz von Jung zu unterscheiden suchte; vgl. unten, Anm. 195.

174 In dieser Form sind auch die historischen Detailanalysen gehalten, die man etwa im *Kapital* findet.

175 MEW 3, 5–7; hier vor allem 5 f.; MEGA² I.30, 792–796 (einschließlich des Verzeichnisses der Änderungen von Engels an Marx' Fassung im Notizbuch der Jahre 1844 bis 1847). Zum entstehungsgeschichtlichen und editorischen Hintergrund der *Thesen über Feuerbach* vgl. MEGA² I.30, 591 f. sowie die Verdichtung bei Nippel 2018, 25; inhaltlich zudem Vieth 2016, 51–53 und zu Marx' Auseinandersetzung mit Feuerbach, soweit sie im Kontext des Entfremdungsdiskurses zu verorten ist, vgl. Zima 2014, 30f.

176 Nach MEW 3, 6.

177 MEW 3, 6.

178 MEW 3, 6 f.

179 Das Zitat findet sich als achte These in MEW 3, 7.

Wirklichkeit sowohl ein Begreifen dieser Wirklichkeit als auch eine Erkenntnis der abgeschlossenen, gegenwärtigen und zukünftigen Veränderungsprozesse ermögliche.

Damit findet sich in den Feuerbach-Thesen der Grundstein für eine Unterscheidung gelegt, die Marx im berühmten *Vorwort* zur *Kritik der Politischen Ökonomie* näher ausgeführt hat. Dort umriss er die – in seinem Werk immer unscharf gebliebene – Relation von ‚Basis' und ‚Überbau' bekanntlich mit folgenden Worten: „In der gesellschaftlichen Produktion ihres Lebens gehen die Menschen bestimmte, notwendige, von ihrem Willen unabhängige Verhältnisse ein, Produktionsverhältnisse, die einer bestimmten Entwicklungsstufe ihrer materiellen Produktion entsprechen. Die Gesamtheit dieser Produktionsverhältnisse bildet die ökonomische Struktur der Gesellschaft, die reale Basis, worauf sich ein juristischer und politischer Überbau erhebt und welcher bestimmte gesellschaftliche Bewußtseinsformen entsprechen".[180] Die Basis, die gesellschaftliche Wirklichkeit der Feuerbach-Thesen, entspricht somit in ihrem Kern dem ökonomischen Aspekt der Gesellschaft. Ihre Beschaffenheit „bedingt den sozialen, politischen und geistigen Lebensprozeß überhaupt";[181] dieser wiederum findet im Überbau, den Marx in den ‚Thesen' am Beispiel der Religion behandelt hatte, seine Entsprechung oder, wie Benjamin glaubte, seinen „Ausdruck".[182] Historische Veränderungen waren Marx zufolge Veränderungen in der Struktur der Basis, denen die entsprechenden Veränderungen im Überbau *folgten*.[183] Die Ökonomie schuf sich die ihr entsprechende Gesellschaft. Die vom Ausmaß her größten Veränderungen waren selbstverständlich die Revolutionen, in denen sich „mit der Veränderung der ökonomischen Grundlage [...] der ganze ungeheure Überbau langsamer oder rascher um[wälzt]".[184]

Aus diesen – im Detail ausgesprochen unscharfen und uneindeutigen Überlegungen[185] – folgte aus Sicht von Marx die erkenntnistheoretische Annahme, man müsse die Beschaffenheit der ökonomischen Gesetzmäßigkeiten analysieren, um den Veränderungsgesetzen der (modernen) Geschichte auf die Spur zu kommen. In diesem Sinne nennt Marx als „Endzweck" seines Hauptwerkes *Das Kapital*, „das ökonomische Bewegungsgesetz der modernen Gesellschaft zu enthüllen".[186] Zudem spricht Marx von den „Naturgesetzen" der „Bewegung" einer Gesellschaft[187] und „mit eherner Notwendigkeit wirkenden und sich durchsetzenden Tendenzen".[188] Die Basis als Ebene des ‚eigentlichen' historischen Geschehens sollte vor diesem Hintergrund den Gegenstand der historischen

180 MEW 13, 8.
181 MEW 13, 8 f.
182 GS V.1, 495: V.1, 573 f.
183 Vgl. MEW 13, 9; vgl. oben, Anm. 172.
184 Nach MEW 13, 9.
185 Vgl. Heinrich 2016a, 86 f.; zur Pluralität der Deutungen vgl. exemplarisch Schmidt am Busch 2016, 302.
186 MEW 23, 15 f.
187 MEW 23, 15.
188 MEW 23, 12.

Analyse darstellen.[189] Der Überbau konnte demgegenüber nur eine nachgeordnete Rolle spielen.[190] Analysen in diesem Bereich gestand Marx allenfalls zu, dass sie helfen könnten, „durch die Ideen hindurch die Interessen [zu] sehen, die das Handeln leiten".[191] Dass diese letzten Interessen in der Basis fußten, verstand sich für ihn von selbst.[192]

Benjamin folgte Marx zwar grundsätzlich in seiner Differenzierung zwischen Basis und Überbau,[193] wandte sich jedoch von der orthodoxen Lesart des marxistischen Materialismus ab.[194] Für seine kulturanalytischen Zwecke ergänzte er den Historischen Materialismus Marx'scher Prägung vielmehr um eine Komponente, welche der Annahme eines kollektiven Unbewussten, wie es Carl Gustav Jung im Anschluss an und im Konflikt mit Sigmund Freud entworfen hat, ähnelt.[195] Mit ihrer Hilfe suchte Benjamin zu begründen,

---

189 Dies führt etwa im *Kapital* zu den zahlreichen langen, mit Wirtschaftsdaten gespickten Exkursen und Fallbeispielen.

190 Das ist auch der Fall, obwohl natürlich Marx das Verhältnis von Basis und Überbau keinesfalls als rein einseitiges Abhängigkeitsverhältnis konzipierte; vgl. exemplarisch den semantischen Hinweis von Fetscher 2018, 86. Zur komplexen Konstruktion des Überbaus und dem daraus resultierenden differenzierenden Verhältnis zur Basis vgl. Marco Iorios Marx-Deutung (Iorio 2003). Dass Marx zufolge bei historischen Umwälzungen immer die Basis dem Überbau vorausgehen sollte, betont Bayertz 2016, 200–202; auch dies verdeutlicht einen – wenigstens temporal indizierten – Vorrang der Basis gegenüber dem Überbau.

191 Fleischer 1978, 159.

192 Diese Rückführung des Idealen auf die Ebene des Materiellen findet sich als methodisches Moment formuliert etwa bei MEW 23, 27: „Meine dialektische Methode ist der Grundlage nach von der Hegelschen nicht nur verschieden, sondern ihr direktes Gegenteil. [...] Bei mir ist umgekehrt das Ideale nichts andres als das im Menschenkopf umgesetzte und übersetzte Materielle."

193 Beachte die sehr eng an Marx gehaltenen Ausführungen „Zur Lehre vom ideologischen Überbau" in GS V.1, 495 f. (Zitat 495), die zugleich ein Beispiel für Benjamins Marx-Rezeption im Passagenwerk jenseits von Konvolut X darstellt. Methodisch hat Benjamin die in dieser singulären Stelle formulierte enge Marx-Deutung allerdings nicht eingehalten.

194 Vgl. Lindner 1983, 82 f.

195 Vgl. die klassische Definition des ‚kollektiven Unbewussten' im Werk von Jung in Jung 1933, 13 f.; ders. 1936, 55 f. und passim. Benjamins Jung-Rezeption lässt sich etwa anhand von GS V.1, 504 belegen; vgl. GS V.1, 508; V.1, 590 usf. Zu Benjamins vereinigendem Changieren zwischen Marx, Freud und Jung siehe Garloff 2003, 262 f., 267–275, hier besonders ebd., 272 f.; zur frühen Freud-Rezeption vgl. Weigel 2016, 80–83; vgl. auch Buck-Morss 1993, die ebd., 332 betont, es habe lediglich „den Anschein, als komme Benjamins [im Kafka-Essay entwickeltes Verständnis vom; M.N.] Märchen der von Jung aufgestellten Theorie nahe, wonach es ein kollektives Unbewußtes gibt, dem angeboren archetypische Symbole innewohnen"; dem sei jedoch nicht so: „Der Unterschied liegt in Benjamins marxistischem Empfinden"; vgl. auch ebd., 336 und passim. Benjamins Rezeption von C. G. Jung war ungeachtet (oder vielleicht: gerade aufgrund) der zahlreichen konzeptuellen Gemeinsamkeiten grundsätzlich kritisch: Adorno regte Benjamin dazu an, sich kritisch mit Jung auseinanderzusetzen – gerade aufgrund einer erkennbaren Ähnlichkeit ihrer Zugriffe und Konzepte (vgl. dazu den Kommentar mit den Beleghinweisen in BG V, Nr. 929, 17 f.; Nr. 1116, 443), während Horkheimer sich davon Anfang Februar 1937 nicht begeistert zeigte (vgl. den Hinweis im Kommentar bei GB V, Nr. 1137, 495; diese Haltung behielt Horkheimer laut einem Schreiben Benjamins an Adorno vom Mai 1937 bei: GB V, Nr. 1152, 523). Noch 1936 bekannte Benjamin, nur wenig von Jung gelesen zu haben (vgl. GB V, Nr. 1116, 441) und auch Ende Februar/Anfang März des Folgejahres scheint sich dies nicht wesentlich geändert zu haben (vgl. GB V, Nr. 1128,

dass und wie sich in Kunstwerken, Literaturmonumenten, Alltagsgegenständen, kurz: materiellen Mentalitätszeugnissen, die unbewussten, aber trotzdem charakteristischen Dispositionen von Kollektiven wie Individuen niederschlagen.[196] Dabei verkehrte er das Bedingungsverhältnis von Basis und Überbau gegenüber Marx' Ansatz: „Der Witz seiner [= Benjamins; M.N.] Korrektur am marxschen Basis-Überbau-Denken liegt darin, daß die Faktizität des ökonomisch-technischen Seins nicht primär als Kausalgrund, sondern als das Ausdrucksrelat des Überbaus betrachtet wird. Sie ist Ausdrucksrelat insoweit, als die Gegebenheiten des technisch-ökonomischen Seins einen Teil des Materials stellen, den das kollektive Unbewußte – analog dem träumenden Individuum – ‚verwendet', um einen Traumgedanken zu manifestieren".[197]

Aufbauend auf dieser theoretischen Grundlage wollte Benjamin dann materielle Hinterlassenschaften als Quellen für seine mentalitäts- und literaturgeschichtlich fundierte ‚Urgeschichte' nutzen.[198] Dies macht den Kern von Benjamins *Heuristischem Materialismus* aus.[199] Konkret manifestierte sich die Methode nur exemplarisch und zwar einerseits in Benjamins Bezugnahmen auf die unterschiedlichen Wahrnehmungsweisen verschiedener städtischer Typen: Als *Sammler* suchte er materielle Erscheinungen der Geschichte zusammenzuraffen und vorzustellen – wohl wissend, dass die manisch angestrebte Vollständigkeit Illusion bleiben würde, eine Illusion, die ein ewiges Weitersuchen nach

464; Nr. 1129, 467) – und, darauf deutet ein Schreiben an Scholem hin, auch noch nicht Anfang Juli 1937 (vgl. GB V, Nr. 1163, 543 f.; vgl. auch den Kommentar-Hinweis in GB V, Nr. 1163, 546 zu Benjamins Jung-Lektüre sowie in diesem Zusammenhang GB V, Nr. 1167, 553). Allerdings erwog Benjamin bereits im Februar 1937, „daß es mein Buch sehr fördern könnte, die Funktion der psychoanalytischen Theorien zur kollektiven Psychologie in ihrer Verwendung durch den Faschismus einerseits, durch den historischen Materialismus andererseits zu konfrontieren", wobei er Jungs Theorie aufgrund ihrer Charakterisierung durch Theodor W. Adorno als „‚arische Psychologie'" wahrscheinlich der erstgenannten Linie zuordnete (GB V, Nr. 1128, 464; im Schreiben an Scholem sprach er in GB V, Nr. 1163, 544 sogar von „von langer Hand vorbereitet[en]" „Hilfsdienste[n] am Nationalsozialismus"; ähnlich die Tendenz in einem zeitnahen Schreiben an Fritz Lieb in BG V, Nr. 1166, 550; vgl. auch die einen Monat später erneuerte Auffassung gegenüber Scholem in GB V, Nr. 1171, 561, es mit „echte[m] und rechte[m] Teufelszeug" zu tun zu haben, „dem man mit weißer Magie zu Leibe zu rücken hat"). Im März 1937 wiederum konnte er Horkheimer – auch als Reaktion auf dessen reservierte Haltung – konkretere Vorstellungen zum Umgang mit Jung im Passagenwerk mitteilen (vgl. GB V, Nr. 1137, 489 f.). Die Auseinandersetzung mit Jung wäre dann in der zweiten methodischen Säule zu verorten gewesen, die Benjamin Horkheimer vorstellte: „Die eine hätte es mit der Kritik der pragmatischen Historie einerseits, der Kulturgeschichte andererseits zu tun, wie sie sich dem Materialisten darstellt; die andere mit der Bedeutung der Psychoanalyse für das Subjekt der materialistischen Geschichtsschreibung" (GB V, Nr. 1137, 490). Der methodisch etwas anders gelagerte Schwerpunkt im Schreiben an Scholem vom Juli (vgl. GB V, Nr. 1163, 544) deutet jedoch darauf hin, dass Benjamin noch lange nicht wirklich wusste, wie er die Auseinandersetzung mit Jung in sein Werk integrieren sollte; dies würde erklären, warum in den Fragmenten vor allem die Ähnlichkeiten hervorstechen, jedoch zugleich unvollendete Kritik, merkliche Differenzen und spürbare Distanz unverkennbar sind.

196 Vgl. beispielsweise GS V.1, 533 oder GS V.2, 669 f.; 678 f. usf.

197 Garloff 2003, 272.

198 Vgl. ebd., 249; 253 f.

199 Vgl. Ko 2005, 338 sowie Frisby 1989, 219–221.

sich ziehen musste.[200] Wie der Sammler mit Raffen und Arrangieren befasst ist, so ist der von Benjamin gezeichnete *Flaneur* als Nutzer der Passagen ein Beobachtender; ein Konsument memorierter Geschichte, die sich ihm in der wahrgenommenen Kulisse der Stadt darbietet.[201] Andererseits verwies Benjamin auf materielle Alltagserzeugnisse, die er auf die ihnen vorgängigen und mithin in ihnen realisierten kulturellen Dispositionen zurückführen wollte:[202] Egal ob Benjamin Mode,[203] Interieur[204] oder Architektur[205] analysierte –[206] dies alles verschaffte ihm Aufschluss über die Epoche, der sein Interesse galt, die Menschen, die in ihr lebten, und ihre Lebensweise.[207] In dieser Verschiebung der Perspektive auf neue, alltägliche Objekttypen, dem Versuch einer Rekonstruktion ihrer Wahrnehmungsgeschichte und der Analyse von Verflechtungen zwischen der kulturellen und der sozio-ökonomischen Sphäre besteht die methodologische Pointe von Benjamins Heuristischem Materialismus. Aus marxistischer Perspektive glaubte Benjamin offenbar, erkannt zu haben: Wie die Basis Einblick in den Überbau geben kann, vermag auch der Überbau Einblick in die Basis zu geben.[208]

---

200 So die in GS V.1, 271 zu findende Beschreibung des Sammlers. Zur Charakteristik des Sammlers siehe das Fragmentenkonvolut H *[Der Sammler]* in GS V.1, 269–280. Von besonderem Interesse sind vor allem GS V.1, 271 f.; V.1, 274 f.; V.1, 277; V.1, 279 f. usf.; vgl. GS V.2, 1026 f.; zum Sammler siehe Frisby 1989, 227–229; Köhn 2000.

201 So der Tenor der Fragmente Konvolut M *[Der Flaneur]* in GS V.1, 524–569. Freilich ist „die Haltung des flaneurs" für Benjamin auch „eine Abbreviatur für die politische Haltung der mittleren Klassen unter dem zweiten Kaiserreich" (GS V.1, 529). Damit beinhaltet dieser Typ eine kritische Komponente (vgl. GS V.1, 537 f.; V.1, 554; V.1, 559 f.; V.1, 567); zum Flaneur siehe auch Buck-Morss 1986, 366 f.; Frisby 1989, 229–231; Schmider/Werner 2006, 572 f.; speziell zur Flanerie in den Pariser Passagen: Palmier 2009, 1231–1238.

202 Vgl. auch Benjamins Konzept der Aura, das im Kern ja ein Konzept historischer Amalgamierung von einzelnen (Kunst-)Objekten ist; vgl. Nebelin 2007, 23–27.

203 Vgl. vor allem Konvolut B *[Mode]* in GS V.1, 110–132.

204 Vgl. vor allem Konvolut I *[Das Interieur, die Spur]* in GS V.1, 281–300; dazu vgl. Rice 2005.

205 In GS V.1, 134 nimmt Benjamin auf das Beispiel Balzacs Bezug. Dieser habe „die mythische Verfassung seiner Welt durch deren bestimmte topographische Umrisse gesichert." Dabei sei die „Topographie der Aufriß dieses, wie jedes mythischen Traditionsraums". In einem weiteren Fragment (GS V.1, 134 f.) fixierte Benjamin schließlich seine Einschätzung, dass sich in der Topographie und der Architektur einer Stadt das Leben und die Geschichte widerspiegeln. Weiterhin verglich er das „Häuserlabyrinth der Stadt" bei Nacht und Tag mit dem Bewussten beziehungsweise dem Unbewussten (GS V.1, 135); vgl. GS V.1, 511; V.1, 541; V.1, 569 sowie passim in Konvolut P *[Die Straßen von Paris]*. Beachte auch Benjamins Überlegungen zu den *Eisenkonstruktionen* in Konvolut F (GS V.1, 211–231) sowie die Fragmente zu den Traumhäusern und Museen in Konvolut L *[Traumhaus, Museum, Brunnenhalle]* (GS V.1, 511–523).

206 Zur Vergleichbarkeit und Verwobenheit dieser Gegenstandsbereiche siehe GS V.1, 507; V.1, 530; V.1, 631; V.1, 645. Frisby 1989, 224 sieht den (hier nicht vorgestellten) „Archäologen, den Sammler und den Flaneur" als Benjamins „Figuren, deren Aktivitäten für seine Methode konstitutiv sind" an; vgl. ebd., 224–231.

207 Vgl. etwa GS V.1, 281; V.1, 456.

208 Von der Überbau-Zugehörigkeit dieser Phänomene geht auch Garloff 2003, 249 aus.

Messianischer Materialismus

Benjamin folgte Marx also nur bedingt in seiner Bestimmung des Verhältnisses von Basis und Überbau.[209] Dies zeitigte Folgen für Benjamins historische Kampftheorie, die er zwar ausgehend von, jedoch letztlich in großer Differenz zu der von Marx und Engels entfaltete. Diese hatten im *Manifest der Kommunistischen Partei* ein Grundmodell der historischen Entwicklung vorgestellt: Geschichte als Klassenkampf.[210] Sie gingen davon aus, dass die Beschaffenheit des ökonomischen Lebensbereichs die Struktur der Lebensverhältnisse in ihrer Gesamtheit bestimmte.[211] Regelmäßig käme es nun dazu, führte Marx im *Vorwort* näher aus, dass „die materiellen Produktivkräfte der Gesellschaft in Widerspruch [...] mit den Eigentumsverhältnissen, innerhalb derer sie sich bisher bewegt hatten“, gerieten.[212] Es folgen Revolutionen, in denen antagonistische Kollektivsubjekte – die Klassen – die Handelnden sind.[213] Dieser Klassenantagonismus wurde von Marx verallgemeinert als der sich je zeittypisch ausformende Gegensatz von Unterdrückern und Unterdrückten.[214]

Im Zuge jeder revolutionären Umgestaltung der Gesellschaft werden dem *Vorwort* zufolge die bisherigen Klassen aufgehoben und eine neue, entlang dem Gegensatz von Unterdrückern und Unterdrückten entfaltete Klassenpaarung mit anderer Eigentumsverteilung tritt an ihre Stelle.[215] Da Marx annahm, dass Revolutionen immer auf der Spit-

209 Dass Marx trotz allem eine Abhängigkeit des Überbaus von der Basis und mithin deren Vorrang unterstellen musste, geht aus einer Passage der *Deutschen Ideologie* hervor: „Die herrschenden Gedanken sind weiter Nichts als der ideele Ausdruck der herrschenden materiellen Verhältnisse; also der Verhältnisse, die eben die eine Klasse zur herrschenden machen, also die Gedanken ihrer Herrschaft“ (MEW 3, 46).

210 MEW 4, 462: „Die Geschichte aller bisherigen Gesellschaft ist die Geschichte von Klassenkämpfen“; vgl. dazu beispielsweise Celikates/Loick 2016a, bes. 125; Iorio 2016, 213–216; Fetscher 2018, 69–75, bes. 70–73; zur gemeinsamen Abfassung und zur Publikation durch Engels und Marx vgl. Herres 2018, 90 f. Zur Komplexität des Klassenbegriffes von Marx vgl. Ellmers 2009. Löwy 2014, 23 verweist darauf, dass Benjamin das *Manifest* vermutlich nicht gelesen hatte und seine diesbezüglichen Kenntnisse sowie die Bewertung dieses Textes aus Korschs Darstellung bezog. Allerdings dürften gerade die für Benjamin relevanten Überlegungen zum Klassenkampf Teil der Topik der einschlägigen marxistischen Literatur sowie eines politisch entsprechend ausgerichteten Umfelds gewesen sein – die Rezeption dieses Textes erfolgte dann mithin indirekt über die Quellengruppen 2 bis 5. Insofern kann Löwy in ebd., 25 auch konstatieren, „Benjamin's main interests concerning Marx“ seien „*class struggle* and *revolution*“ gewesen.

211 Vgl. MEW 13, 8 f.

212 Ebd., 9.

213 MEW 4, 462 f.

214 Ebd., 462: „Freier und Sklave, Patrizier und Plebejer, Baron und Leibeigener, Zunftbürger und Gesell, kurz, Unterdrücker und Unterdrückte standen in stetem Gegensatz zueinander, führten einen ununterbrochen, bald versteckten, bald offenen Kampf, einen Kampf, der jedesmal mit einer revolutionären Umgestaltung der ganzen Gesellschaft endete oder mit dem gemeinsamen Untergang der kämpfenden Klassen“; vgl. ebd., 473. In ihrem Kern sind die von Marx skizzierten Beziehungen solche, die von ihm aufgrund ihrer Asymmetrie für ungerecht befunden worden sind. Diese historischen Konstellationen, die aus der Ungerechtigkeit hervorgingen, schienen sich ihm offenbar verallgemeinert in dem Paar von Unterdrückern und Unterdrückten zu verdichten.

215 Vgl. ebd., 462; 472 f.; vgl. MEW 13, 8 f.

ze des Gegensatzes der innergesellschaftlichen Ökonomie ausbrechen und daraufhin die Gesamtheit der Gesellschaft transformiert wird, unterteilte er die Geschichte der Gesellschaften in Epochen.[216] Die von den ‚Proletariern', den Unterdrückten der bürgerlichen Gesellschaft, gegen die ‚Bourgeoisie', die Besitzenden dieses Zeitalters, durchgeführte letzte Revolution sollte schließlich in eine klassenlose Gesellschaft, den ‚Kommunismus', einmünden, welche nach Meinung Marxens die letzte „Gesellschaftsformation" der „Vorgeschichte der menschlichen Gesellschaft" darstellte.[217]

In seiner III. These Über den Begriff der Geschichte bekannte sich der Historische Materialist Benjamin zu diesem Grundmodell von Geschichte, verknüpfte dabei jedoch die ökonomische Dimension mit der kulturellen: „Der Klassenkampf, der einem Historiker, der an Marx geschult ist, immer vor Augen steht, ist ein Kampf um die rohen und materiellen Dinge, ohne die es keine feinen und spirituellen gibt".[218] Benjamin ordnet sich damit selbst in diese für ihn explizit auf Marx zurückgehende Tradition des Historischen Materialismus ein,[219] kritisiert jedoch zugleich implizit mögliche ökonomische Verkürzungen, indem er den Wert der kulturellen Dimension betonte. Hier klingt Benjamins Auffassung an, dass Basis und Überbau nicht nur in einem Abhängigkeitsverhältnis stehen, sondern dass insbesondere dem Überbau und seinen Zeugnissen auch ein besonderer Wert an sich zukommt. Die marxistische Idee des Klassenkampfes bildete folglich die Grundlage für Benjamins Theorie von den ‚Besiegten'. Dabei modifizierte Benjamin erneut Theoreme von Marx an entscheidenden Stellen, um schließlich in einigen Punkten grundsätzlich von Marx' Konzeption abzuweichen.

Hatte Benjamin quellenanalytisch seinen Untersuchungen gleichsam einen *Heuristischen Materialismus* zugrunde gelegt,[220] so finden sich die bedeutendsten Abweichungen und Eigenheiten Benjamins an den Stellen, wo seine Geschichtstheorie zur Kampftheorie wird, um sich schließlich zu einer Theorie des Verlierertums im Rahmen einer Heilsgeschichte auszudifferenzieren. Diese Vorstellungen kann man mit dem Begriff des *Messianischen Materialismus* umschreiben. Was Benjamins *Messianischer Materialismus* ist, lässt sich am deutlichsten ebenfalls anhand der geschichtsphilosophischen Thesen unter Einbeziehung der ihrem Umfeld zuordenbaren Fragmente unter dem Gesichtspunkt der Benjamin'schen Theorie des Verlierertums und der Heilsgeschichte rekonstruieren.[221] In

---

216 Vgl. etwa ebd., 9 („In großen Umrissen können asiatische, antike, feudale und modern bürgerliche Produktionsweisen als progressive Epochen der ökonomischen Gesellschaftsformation bezeichnet werden"); siehe dazu Eifler 1977, bes. 137.

217 MEW 13, 9.

218 GS I.2, 694.

219 Wesentlichen Einfluss scheint dabei die Engels-Biographie von Gustav Mayer ausgeübt zu haben, da Peter Goller 2013, 19 darauf verweisen kann, dass Benjamin seine Fassung des Historischen Materialismus in enger Auseinandersetzung mit einem Abschnitt der Biographie über die „Geschichtsauffassung'" von Engels entwickelt hat.

220 Vgl. Nebelin 2007, 2, 45–48 u. 127 f.

221 Dazu vgl. ebd., 59–66 u. 73–114; vgl. außerdem zu Benjamins Theorie des Verlierertums Nebelin 2008 und ders. 2012, 61–69 sowie allgemein zum Verlierertum als historiographischer Theorie Graul/Nebelin 2008.

diesem Punkt zeigt sich, wie Benjamin die marxistische Theorie des Klassenkampfes sowie Marx' Verhältnisbestimmung von ‚Basis' und ‚Überbau' nutzte, um eine neue Form der heilsgeschichtlichen Kampftheorie zu entwickeln. An dieser Stelle ging er von Marx aus – und über ihn hinaus: Die marxistische Idee des Klassenkampfes bildete folglich die Grundlage für Benjamins Theorie von den ‚Besiegten'. Ausgangspunkt seiner Überlegungen war eine Idee des Glücks.

Schon in Fragmenten des älteren Passagenwerks mache Benjamin unerfülltes Glückssehnen als Hauptbefindlichkeit des Menschen aus. Doch die Vorstellung davon, was Glück sein kann, fußt in der jeweiligen Gegenwart. Glück kann sich somit nur in der Gegenwart realisieren; jede Gegenwart ist potentiell glückbietend.[222] Realisiertes Glück aber käme Benjamin zufolge der Erlösung gleich: „Es schwingt, mit anderen Worten, in der Vorstellung des Glücks unveräußerlich die der Erlösung mit".[223] Auffällig ist dabei, dass, wie Irving Wohlfarth betont hat, von Benjamin sowohl das Ziel der Geschichte wie auch das zentrale Streben der menschlichen Natur im Glück verortet werden.[224] Darüber hinaus weitete Benjamin seine Auffassung von der soteriologischen Potentialität des Glücks auch auf die Vergangenheit aus: „Mit der Vorstellung von Vergangenheit, welche die Geschichte zu ihrer Sache macht, verhält es sich ebenso. Die Vergangenheit führt einen heimlichen Index mit, durch den sie auf die Erlösung verwiesen wird".[225] Doch es ist nicht die Vergangenheit als gewissermaßen nackte Zeit, die erlöst werden soll. Es geht vielmehr um die vorangegangenen Generationen. Diese erhoffen sich – um ihrer selbst willen![226] – nach Auffassung von Benjamin ihre Erlösung durch die Nachgeborenen, denn diese sind in Benjamins Geschichtstheologie die „Träger der messianischen Gewalt".[227] Er glaubte, „es besteht eine geheime Verabredung zwischen den gewesenen Geschlechtern und unseren".[228] Und folgerte weiter: „Dann sind wir auf der Erde erwartet worden. Dann ist uns wie jedem Geschlecht, das vor uns war, eine schwache messianische Kraft mitgegeben, an welche die Vergangenheit Anspruch hat. Billig ist dieser Anspruch nicht abzufertigen".[229] Damit wird die Menschheit in jeder (neuen) Generation selbst zum Messias, eine Konzeption, in der Jürgen Habermas die Idee einer „[a]namnetischen Solidarität" verwirklicht sah.[230] Wie jedoch war die angepeilte Erlösung beschaffen und zu realisieren?

---

222 GS I.2, 693: „Glück, das Neid in uns erwecken könnte, gibt es nur in der Luft, die wir geatmet haben, mit Menschen, zu denen wir hätten reden, mit Frauen, die sich uns hätten geben können"; zum Benjamin'schen Konzept des Glücks in der ‚Ordnung des Profanen' im älteren *Theologisch-politischen Fragment* vgl. beispielsweise Steiner 2016, 50 f.

223 GS I.2, 693.

224 Wohlfarth 1986, 125: „Der messianischen Apokalypse, die dem geschichtlichen Geschehen ein glückliches Ende setzt, korrespondiert eine messianische Natur, die im endlichen Glück ihre Apotheose erfährt".

225 GS I.2, 693.

226 So Gandler 2008, 25.

227 Wizisla 2000, 685.

228 GS I.2, 694.

229 GS I.2, 694.

230 Habermas 1980b, 517; vgl. ebd., 516 f.: „An der Idee einer Gerechtigkeit, die mit dem an früheren Generationen begangenen Unrecht erkauft ist, haftet ein Makel. Der Makel kann nicht abgewa-

Darüber erteilt erneut die III. These Auskunft. Sie verallgemeinert die losen Aussagen des Passagenwerkes: „Erst der erlösten Menschheit fällt ihre Vergangenheit vollauf zu. Das will sagen: erst der erlösten Menschheit ist ihre Vergangenheit in jedem ihrer Momente zitierbar geworden".[231] Eine Welt, in der die Vergangenheit für die Geschichtskonstruktion frei verfügbar ist – das ist die erlöste Welt; es handelt sich mithin um einen „tief geschichtlich bestimmte[n] widergeschichtliche[n] Impuls der Erlösung".[232] Leider weiß Benjamins Ansicht zufolge nur eine winzige Teilmenge der Menschheit um dieses Telos der Erlösung und den messianischen Auftrag der Menschheit in deren Eigeninteresse: die Historischen Materialisten.[233] Diesem Akteur – auf den Benjamin immer im Singular und in der männlichen Form[234] verweist – obliegt damit die Befreiung des Geschichtsdenkens; ein Vorgang, den Benjamin in den Thesen zu skizzieren sucht und der wohl nirgends eine charakteristischere Darstellung erfahren hat als in seiner Rede vom ‚Angelus Novus' in These IX.[235] *Angelus Novus* ist der Name eines Bildes von Paul Klee, das sich in Benjamins Besitz befand.[236] „Ein Engel ist darauf dargestellt, der aussieht, als wäre er

---

schen, er kann allenfalls vergessen werden; aber dieses Vergessen müßte Spuren des Verdrängten hinterlassen. [...] Hier setzt Benjamins Überlegung an: Die Nachgeborenen können den in der Idee selbst enthaltenen Widerspruch nur dadurch kompensieren, daß sie den abstrakten, aber uneinlösbaren Gedanken der Universalität durch die anamnetische Kraft eines Eingedenkens ergänzen, welches über die Begriffe der Moral selbst hinausgreift. Dieses Eingedenken aktualisiert sich in der mitleidenden Solidarität mit der vergangenen Verzweiflung der Geschlagenen und Gepeinigten, die das Nichtwiedergutzumachende erlitten haben. In dieser Hinsicht ist ‚Mitleid', Mitleid mit dem Schmerz einer Verletzung der moralischen und leiblichen Integrität vergangener Generationen, in ähnlicher Weise ein Grenzbegriff der Diskursethik wie ‚Natur an sich' ein Grenzbegriff der tranzendentalpragmatischen Erkenntnistheorie".

231 GS I.2, 694.

232 Schweppenhäuser 1975, 16.

233 GS I.2, 694. Der intentionale Fokus der Geschichtsschreibung der Historischen Materialisten im Benjamin'schen Sinne liegt, wie Gérard Raulet 2004, 103 betont hat, auf dem, was „nottut, verfehlt, verpaßt, verdrängt oder unterdrückt wurde. Solcher Art ist ‚das' Kriterium, auf welches der historische Materialist sich zu berufen geneigt ist: die Vision der klassenlosen Gesellschaft als ordnender Wertmaßstab".

234 Benjamins Semantik ist zumeist männlich und heteronormativ: Für eine ausdrücklich maskulingynophil geprägte Perspektive spricht beispielsweise die Vorstellung, dass das Bild vom „Glück, das Neid in uns erwecken könnte", auch durch die „Frauen, die sich uns hätten geben können", gekennzeichnet sein soll (GS I.2, 693 = WuN 19, 69). In Hinblick auf das Thema des vorliegenden Beitrags ist bemerkenswert, dass Benjamin von seinem gesuchten Geschichtsschreiber ausschließlich in der männlichen Form spricht. Dieser spezifischen, systematisch maskulin verengten Perspektive Benjamins bei der Bezeichnung abstrakter Akteure trägt auch die Wahl der männlichen Form für den Historischen Materialisten etc. im vorliegenden Aufsatz Rechnung.

235 GS I.2, 697 f.

236 Vgl. Scholem 1972, 44–49 (zur Geschichte des Gemäldes) u. 64–68 (zur These IX); das Bild ist abgedruckt in GS VII.1, Abb. 23. Zu Scholems Ausführungen vgl. ergänzend Ebach 1986 sowie zur Vorgeschichte der Zeichnung und ihrer literarischen Verarbeitung durch Benjamin vgl. Haselberg 1975, bes. 347–356; Werckmeister 1976; Wedekind 2017; vorrangig zu Benjamins *Angelus Novus* vgl. zudem beispielsweise Kaidser 1975, 53–60 und passim; Weigel 1997, Kap. III. Durch die dargebotenen Assoziationen interessant, in der Pointe, dass Benjamins *Angelus Novus* als Ge-

im Begriff, sich von etwas zu entfernen, worauf er starrt. Seine Augen sind aufgerissen, sein Mund steht offen und seine Flügel sind ausgespannt",[237] beschrieb Benjamin das Bild und behauptete: „Der Engel der Geschichte muß so aussehen."[238] Doch dieser Engel ist ein machtloser Engel, denn Benjamin fuhr fort: „Er hat das Antlitz der Vergangenheit zugewendet. Wo eine Kette von Begebenheiten vor *uns* erscheint, da sieht *er* eine einzige Katastrophe, die unablässig Trümmer auf Trümmer häuft und sie ihm vor die Füße schleudert. Er möchte wohl verweilen, die Toten wecken und das Zerschlagene zusammenfügen. Aber ein Sturm weht vom Paradiese her, der sich in seinen Flügeln verfangen hat und so stark ist, daß der Engel sie nicht mehr schließen kann. Dieser Sturm treibt ihn unaufhaltsam in die Zukunft, der er den Rücken kehrt, während der Trümmerhaufen vor ihm zum Himmel wächst. Das, was wir den Fortschritt nennen, ist *dieser* Sturm".[239]

Benjamin kontrastiert zunächst die Sichtweise des Engels mit jener der Menschen. Während den Menschen die Geschichte als lineare Ereigniskette erscheint,[240] nimmt der Engel sie gleichzeitig wahr.[241] Ihm stellt sich die Geschichte als ungeteilte Katastrophe dar. Wo die Menschen Linearität ausmachen, sieht er lediglich Fragmente, schlimmer noch: nur „Trümmer".[242] Die Sicht des Engels ist die gleichsam objektive Sicht auf die Geschichte. Von ihr gesehen, gibt es keine Ganzheit der Geschichte. Die künstliche Einheit, die in der Geschichte dem linearen Denken der Menschen erscheint, ist eine Illusion.[243] Anstelle von Einheit und Linearität ist die Katastrophe das Kennzeichen der Geschichte. Die Geschichte ist eine große Fragmentensammlung, die zu kitten dem Engel unmöglich ist. Als der Engel einen solchen Versuch der Reparatur unternimmt, scheitert er.[244] Es ist ihm nicht möglich, „die Toten [zu] wecken und das Zerschlagene zusammen[zu]fügen",[245] denn die Geschichtstrümmer entziehen sich seinem Zugriff. „Ein Sturm [...] vom Paradiese her" reißt ihn von den Trümmern fort, bevor er sie ergreifen kann.[246] Der Engel ist dem Sturm

genentwurf zur Victoria-Statue auf der Berliner Siegessäule aufzufassen sein könnte, jedoch kaum überzeugend: González García 2011.

237 GS I.2, 697.

238 GS I.2, 697.

239 GS I.2, 697 f.

240 GS I.2, 697.

241 Vgl. GS I2, 697.

242 GS I.2, 697.

243 Stefan Gandler 2008, 11 zufolge lässt sich das Bild der linearen Zeit auf eine Beobachtung von Marx zurückführen – nämlich die Annahme, dass „die kapitalistische Ökonomie sich notwendigerweise auf den Begriff der *Zeit* als lineare und unabänderliche stützt".

244 GS I.2, 697 f. dazu vgl. Scholem 1972, 66 f., der im *Angelus Novus* der These IX das barocke Motiv der „Zerstückelung" als Teil der Deutung von Geschichte als Verfallsvorgang mit dem kabbalistischen Konzept des „Tikkun, der messianischen Widerherstellung und Ausbesserung" (ebd., 66) vereint sah – und zugleich darauf hinwies, dass der Engel scheiterte, ja scheitern musste, weil sowohl in der kabbalistischen Tradition wie auch in Benjamins letzter These der Messias statt des Engels für die Lösung zuständig ist (vgl. GS I.2, 703; so Scholem 1972, 66).

245 GS I.2, 697.

246 GS I.2, 697 f.

des Fortschritts machtlos ausgeliefert.[247] So bleibt er zu einer kontemplativen, ja leidenden Haltung verdammt, „während der Trümmerhaufen vor ihm zum Himmel wächst".[248]

An diesem Punkt tritt Benjamins fortschrittskritische Haltung zutage.[249] Der Engel kommt nicht gegen den Fortschritt an, der ihn mitreißt.[250] Das biblische Paradies bildete hierbei den Ort des Herkommens des Fortschrittsturms und – vermutlich – auch des Engels.[251] Der Sturm bläst unablässig in die Zukunft; ein Endpunkt, eine Abschwächung oder ein Punkt des Nachlassens sind nicht erkennbar. Damit deutete Benjamin den Fortschritt als Katastrophe. An anderer Stelle brachte er dies wie folgt auf den Punkt: „Der Begriff des Fortschritts ist in der Idee der Katastrophe zu fundieren".[252] Das unablässige Fortschreiten in eine immer neue, von der Vergangenheit separierte Gegenwart macht selbst dem Engel, der – im Gegensatz zu den Menschen – die Fragmentiertheit der Geschichte zusammen mit ihrem Konstruktionscharakter erkannt hat, ein Innehalten unmöglich.[253] Daraus folgt, dass der Engel die Erlösung nicht vollziehen kann. Woher also kann stattdessen das von Benjamin ersehnte Heil kommen und wie kann es beschaffen sein? Und vor allem: Wer ist der Messias?

„Benjamin hat die von der Geschichtsanschauung des Judentums kristallisierte Funktion des Messias aufgeteilt: in die des Engels, der an seiner Aufgabe scheitern muß, und die des Messias, der sie erfüllen kann", hat bereits Scholem festgestellt.[254] Das Potential des Heils liegt bei den Menschen. Die von ihnen eingenommene Perspektive kündet von einem gestalterischem Potential, das dem Engel nicht zu eigen ist. Den Menschen erscheint die Geschichte trotz ihrer realen Fragmentiertheit als Einheit. Auf den ersten Blick treffen die Menschen damit eine Falschaussage über die Beschaffenheit der Geschichte. Aber ihr hier vorliegendes, auf einen falschen Fortschrittsglauben zurückzuführendes Wahrneh-

247 GS I.2, 698.

248 GS I, 2, 698.

249 Dazu paradigmatisch: „Der Begriff des Fortschritts ist in der Idee der Katastrophe zu fundieren" (GS I.2, 683). Zu Benjamins Fortschrittsbegriff vgl. beispielsweise Löwy 1986; zum Vergleich der Fortschrittskonzepte von Benjamin und Marx vgl. Nebelin 2007, 49–57.

250 Vgl. das Kaleidoskop-Bild in GS I.2, 660.

251 Vgl. Scholem 1972, 66 f. Anders Tiedemann 1975, 259: „Es heißt aber nicht, daß der Engel selbst vom Paradies herkommt, von Gott ausgesandt ward." In dieser Feststellung ist Tiedemann sicher zuzustimmen, denn der Text trifft keine explizite andere Aussage. Allerdings liegt Scholems Deutung, das Paradies als Ausgangspunkt des Sturmes, in welchem der Engel gefangen ist, als den Ort des Herkommens dieses Engels anzusehen, durchaus nahe.

252 GS I.2, 683.

253 Siehe zur Frage des Konstruktionscharakters der Geschichte bspw. Benjamins Brief vom 9. Dezember 1938 aus Paris an Adorno. Dort reagiert Benjamin auf Kritik an seinem Baudelaire-Aufsatz mit der Feststellung: „Der Schein der geschlossnen Faktizität, der an der philologischen Untersuchung haftet und den Forscher in den Bann schlägt, schwindet in dem Grade, in dem der Gegenstand in der historischen Perspektive konstruiert wird. Die Fluchtlinien dieser Konstruktion laufen in unserer eigenen Erfahrung zusammen. Damit konstituiert sich der Gegenstand als Monade. In der Monade wird alles das lebendig, was als Textbefund in mythischer Starre lag." Zum Zeitpunkt dieses Briefes verband Benjamin „die Kritik an der Haltung des Philologen [...] mit der am Mythos" (GS I.3, 1104 = GB VI, 185 f.).

254 Scholem 1972, 67.

mungsdefizit ist zugleich auch eine Folge der von Benjamin unterstellten Konstruktion von Geschichte, die Menschen im Erinnern vornehmen. Deshalb gehört es zu den Spezifika der Benjamin'schen Anthropologie, dass Menschen Geschichte konstruieren können und müssen.[255] Dass die Konstruktion der Geschichte durch die Menschen die Lösung auf die Messiasfrage ist, wird auch dadurch gestützt, dass offenbar selbst der Engel nur das Chaos der Katastrophe als Struktur der Geschichte ausmachen kann. Da Chaos aber keine Struktur darstellt, besteht die wahrnehmbare Vergangenheit eben in den Trümmern. Diese von der Katastrophengeschichte produzierten Trümmer werden erst zur Geschichte durch eine anordnende Konstruktion. Dem Historischen Materialisten obliegt die Herstellung einer solchen Konstruktion. In einem Fragment schreibt Benjamin dementsprechend, dass „in einer materialistischen Untersuchung [...] die epische Kontinuität zu Gunsten der konstruktiven Schlüssigkeit in die Brüche gehen" wird.[256]

Was aber bedeutet es, das Kontinuum zu durchbrechen? Hierfür notwendige Voraussetzungen benennt Benjamin in der XVI. These. Dort schreibt er, der Materialist müsse die Geschichte zum Stillstand bringen. Erst in einer stillstehenden Geschichte wird das Kontinuum der Geschichte aufgesprengt. Benjamin verweist in diesem Zusammenhang „auf den Begriff einer Gegenwart, die nicht Übergang ist, sondern in der die Zeit einsteht und zum Stillstand gekommen ist".[257] Hier findet das berühmte Bild der ‚Dialektik im Stillstand' seine Anwendung:[258] Die Trümmer sind die Bilder der Geschichte, welche die historischen Gegenstände zusammen mit ihrer Vor- und Nachgeschichte bilden;[259] diese Verbindung entspricht der „wahre[n] Wirklichkeit des Vergangenen".[260] Zwischen den Trümmern als Fragmenten des Gewesenen und der Gegenwart etabliert Benjamin auf diese Weise die Vorstellung der Verschränktheit des Gewesenem mit dessen Vor- und Nachgeschichte, die aus der Perspektive des Historischen Materialisten heraus wahrnehmbar sein soll. Den Doppelcharakter historischer Zeugnisse, als Äußerung des Gewesenen und als Objekt gegenwärtiger Interpretationen, suchte Benjamin bewusst zu machen;[261] dabei handelt es sich um das „methodological heart of the *Arcades Project*", wie Max Pensky berechtigterweise urteilt.[262] Analytisch fassbar wird diese Verschränkt-

255 Die Konstruktionsfähigkeit des Menschen ist somit sowohl dessen Nachteil als auch dessen Vorteil gegenüber dem Engel. Er vermag keine Ganzheit zu denken, kann aber seine limitierte Fähigkeit zu seiner Rettung nutzen; vgl. zu Benjamins (de-)konstruktivistischer Methode und ihrer werkgeschichtlichen Entwicklung Andersson 2000.

256 GS I.3, 1252.

257 GS I.2, 702.

258 Dazu vgl. GS V.1, 577 f.; zur ‚Dialektik im Stillstand' vgl. Hillach 2000, 194–200, 220–228 und passim; Nebelin 2007, 63; Palmier 2009, 773–777, bes. 775–777.

259 Vgl. GS V.1, 576 f.; vgl. Tiedemann 1982b, bes. 34; vgl. auch GS V.1, 587 (dazu vgl. Nebelin 2007, 62 f.).

260 Vgl. Bohrer 1997, 527.

261 Vgl. Garloff 2003, 157 f.

262 Pensky 2004, 178 (Hervorhebungen durch Kursivdruck wie im Original).

heit jedoch erst in der messianischen Zeit, im Stillstand der Geschichte.[263] Erst in ihr sind Vergangenheit und Gegenwart frei verfügbar.

Der Historische Materialist, dem wie dem Engel die objektive Beschaffenheit der Geschichte als Fragmentensammlung offenbart wurde, vermag also Benjamin zufolge vermittels der Stilllegung der Geschichte diese verfügbar zu machen. Er kann aufgrund seiner konstruktiven Begabung etwas tun, woran der Engel zuvor gescheitert ist: Der Historische Materialist vermag, Geschichte zusammenzufügen. Freilich ist dies um den Preis der Inkaufnahme der Vergegenwärtigung der Geschichte erkauft; einer Gegenwärtigkeit, aus der resultiert, dass mit jedem Fortschreiten der Zeit die Geschichte erneut in Trümmer fällt und durch Innehalten neu errichtet werden muss. Zudem ist, wie Benjamin in der XVIII. These verdeutlicht, die Konstruktion der Geschichte erst in der messianischen Zeit eine umfassende; in der Gegenwart vermag ein Mensch nur Teilelemente der Geschichte zusammenzufügen: „Die Jetztzeit, die als Modell der messianischen in einer ungeheueren Abbreviatur die Geschichte der ganzen Menschheit zusammenfaßt, fällt haarscharf mit *der* Figur zusammen, die die Geschichte der Menschheit im Universum macht".[264] In diesem temporalen Moment wird eine Differenz zwischen Mensch und Engel sichtbar: Letzterer vermöchte, stände die Zeit still, die gesamte Geschichte zusammenzufügen, wohingegen den Menschen in der Gegenwart nur ein geringes messianisches Potential zukommt. Ihr Geschichtsbild bleibt unvollständig. Doch das Potential wird sichtbar, welches einer erlösten Menschheit innewohnt: Erkennend, dass die Geschichte fortläuft und fortwährend neue Geschichte entsteht, kann in der Erinnerung ein sich wandelndes Bild von Geschichte kreiert werden. Es ging Benjamin, wie Detlev Schöttker zurecht festgestellt hat, um „die Idee des historischen Erinnerns als Vergegenwärtigung der Vergangenheit zum Zwecke der Gegenwartserkenntnis".[265]

Wenn die solcherart erlöste Zeit mit der in These III beschriebenen Zeit des Glücks identisch ist, stellt sich die Frage, wie die messianische Zeit der Rettung und Erlösung aussieht.[266] Abstrakt ist ersichtlich, dass Benjamins Konzept der messianischen Zeit eine Form der Zeit ist, „von der Handlungs- und Entscheidungsdruck ausgeht", wie Klaus Schreiber festgehalten hat.[267] Konkret verortete Benjamin die messianische Zeit in seinen Überlegungen von der Geschichte als Kampf, innerhalb dessen als Ziel die Herstellung der messianischen Gemeinschaft avisiert wird. In diese Idee der Geschichte als Kampf lagerte Walter Benjamin eine Theorie über das Verlierertum ein, die sich spezifisch als Vorstellung von den Besiegten verstehen lässt. Dagegen scheint allerdings zunächst zu sprechen, dass der Begriff ‚Besiegte(r)' nicht ein einziges Mal in den deutschen Fassungen der Thesen wörtlich vorkommt. Kann man trotzdem von einer Theorie des Verlierertums

---

263 Die Einsichtnahme in den Gegenstand, in deren Rahmen die analytische Differenzierung von im Gegenstand befindlichen Anteilen der Vergangenheit und der Gegenwart erfolgt (GS V.1, 594 f.), erfordert „das Stillstehen der Gedanken" (GS V.1, 595).

264 GS I.2, 703.

265 Schöttker 2000, 279.

266 Vgl. dazu Hamacher 2005, 38, der feststellt, „[h]istorical time is founded upon political time directed toward happiness".

267 Schreiner 2003, 35.

in Form einer Vorstellung von den Besiegten sprechen? Davon zeugt – wie sich noch zeigen wird – nicht allein die inhaltliche Konzeption der Thesen, sondern auch zwei kleine Notizen aus dem Umfeld der Thesen, in denen Benjamin den Sieger- mit dem Besiegtenbegriff korreliert.[268] Neben diesen Fragmenten spricht jedoch die inhaltliche Konzeption der Benjamin'schen Kampftheorie für eine solche Besiegtentheorie, deren Eigenheiten durch einen Vergleich mit Marx' Kampftheorie, als deren Revision sie angelegt wurde, besonders deutlich werden.

Benjamin hatte – wie bereits dargestellt – Marx' Rede von der Unnatürlichkeit der ökonomischen Gegensätze und der daraus abgeleiteten Vorstellung von Geschichte als Kampf zwischen Unterdrückern und Unterdrückten aufgenommen.[269] Damit erwog er auch – ähnlich wie einst Marx in der *Deutschen Ideologie*[270] – die Idee einer positiven politischen Utopie und kritisierte die ‚herrschende Klasse' und ihr Denken. Gleichwohl modifizierte und erweiterte Benjamin Marx' Gedankengebäude an einigen Stellen. Indem er Basis und Überbau für mindestens gleichwertig erklärte, ordnet er jedem dieser Bereiche eine Kampfebene zu, mit der wiederum ein bestimmter Begriff von Geschichte korrespondiert: In der Basis vollziehen sich die Auseinandersetzungen zwischen Unterdrückern und Unterdrückten oder, mit anderen Worten, der Klassenkampf. Die Geschichte lässt sich dann als lineare Reihe von Klassenkämpfen deuten. Doch in Kämpfen gibt es Sieger und – logischerweise – Besiegte. Benjamin benannte nun als verstetigte Prozesselemente zwei Traditionen: die „Tradition der Unterdrückten"[271] und als ihren Gegenpart die Tradition der Sieger.[272] Die erstgenannte Tradition verweist auf das permanente Ringen einiger Unterdrückter um die Aufhebung ihrer Unterdrückung und die letztgenannte auf das permanente Bestreben der Sieger, die Unterdrückung kontinuierlich beizubehalten. Dabei vollzieht sich die Tat der Sieger im Überbau. Zur Sicherung ihrer Herrschaft konstruieren sie ein Bild von Geschichte, das ihnen entspricht und ihren Siegerstatus konserviert.[273]

268 GS I.3, 1237: „Der Satz ‚kein Ruhm dem Sieger, kein Mitleid dem Besiegten' ist so ergreifend, weil er eher eine Solidarität mit den toten Brüdern als eine mit den nachgeborenen zum Ausdruck bringt." GS I.3, 1245: „Die Bolschewisten in der heroischen Periode erreichten eingeständlich große Stücke mit dem Gegenteil: Kein Ruhm dem Sieger, kein Mitleid dem Besiegten."

269 MEW 23, 183.

270 Vgl. MEW 3, 46–48. Marx hatte ebd., 46 zunächst angenommen, die „Gedanken der herrschenden Klasse" seien „in jeder Epoche die herrschenden Gedanken, d. h. die Klasse, welche die herrschende *materielle* Macht der Gesellschaft ist, ist zugleich auch die herrschende *geistige* Macht". Dies sei nur dann nicht mehr der Fall, führte er ebd., 48 aus, „sobald die Herrschaft von Klassen überhaupt aufhört, die Form der gesellschaftlichen Ordnung zu sein, sobald es also nicht mehr nötig ist, ein besonderes Interesse als allgemeines oder ‚das Allgemeine' als herrschend darzustellen".

271 GS I.2, 697 = WuN 19, 74. Benjamin schreibt in GS I.3, 1236 f., ihn verwundere es nicht, dass „die Arbeiterklasse" „als die letzte geknechtete, als die rächende und befreiende Klasse auftritt" – in der „Tradition der Unterdrückten". Siehe auch GS I.3, 1246.

272 Vgl. dazu Nebelin 2007, 108–114; zuletzt ders. 2012, 61–69. Zu Siegern und Besiegten bei Benjamin vgl. auch Mensching 1975 passim sowie die aktualisierende Deutung bei Gandler 2008, 23–26 und passim.

273 Vgl. Schweppenhäuser 1975, 11–13 und passim; Nebelin 2012, 62–65.

Auf diese Weise weitete Benjamin eine Erkenntnis von Marx aus. Dieser hatte im *Kapital* festgestellt, dass die Aktionen vergangener Generationen mit den Möglichkeiten der Gegenwärtigen kausal verknüpft sind: „Neben den modernen Notständen drückt uns eine Reihe vererbter Notstände [...]. Wir leiden nicht nur von den Lebenden, sondern auch von den Toten".[274] Benjamin machte aus dem von Marx linear gedachten Bedingungsverhältnis jedoch ein Feedbacksystem: Selbstverständlich leben die Menschen der Gegenwart unter den Bedingungen, die ihre Vorfahren schufen. Zugleich aber behauptete Benjamin, die geknechteten Generationen hofften auf die Unterdrückten der Gegenwart als ihre Befreier, wohingegen die Sieger der Vergangenheit sich durch die Unterdrücker der Gegenwart gut vertreten wüssten: „Wer immer bisher den Sieg in den tausend Kämpfen, von welchen die Geschichte erfüllt ist, errungen hat, der hat seinen Anteil an d[em] Triumpf, den die heute Herrschenden über die gesamten Unterdrückten davontragen".[275] Für Benjamin waren folglich „[d]ie jeweils Herrschenden [...] die Erben aller, die je gesiegt haben".[276] Geschichte wird damit einmal mehr entlang der klassischen Scheidung in ‚Vergangenheit als das Gewesene' und ‚Geschichte als Konstruktion' aufgespalten, wobei sich die Machtkämpfe zwischen Unterdrückern und Unterdrückten in der Vergangenheit abspielen. In der konstruierten Geschichte und der Erinnerung kämpfen hingegen Sieger und Besiegte um die Deutungshoheit; ein Ringen, welches Benjamin zufolge immer zu Ungunsten der Besiegten ausgeht: „Auch die Toten werden vor dem Feind, wenn er siegt, nicht sicher sein. Und dieser Feind hat zu siegen nicht aufgehört".[277] Im beständigen Scheitern besteht also Walter Benjamin zufolge die Tradition der Besiegten.[278]

Auf diese Weise griff Benjamin Marx' Polarisierung des Geschichtsprozesses in die Auseinandersetzung zwischen Unterdrückern und Unterdrückten auf und weitete diesen Konflikt in die Nachgeschichte hinein aus: In der „Jetztzeit"[279] kämpfen Sieger und Besiegte einen fortwährenden Kampf um ihre Stellung in der Erinnerung. Folglich ist die Geschichte gespalten: in eine kontinuierliche, ununterbrochen fortlaufende Geschichte der Unterdrücker auf der einen und eine diskontinuierliche, also in sich gebrochene Geschichte der Unterdrückten auf der anderen Seite.[280] „[I]t is the history of the oppressed that flashes up within present time, disrupting its continuity and contesting its progressive claim".[281] Benjamin verband dabei die Vorstellung einer sozialen und politischen Revo-

274 MEW 23, 97.

275 GS I.3, 1248.

276 GS I.2, 696.

277 Nach GS I.2, 695.

278 Die Vorstellung einer solchen „Tradition der Besiegten" macht auch Mosès 1993, 393 in Benjamins Werk aus.

279 GS I.2, 703 = WuN 19, 81; zum Konzept der Jetztzeit vgl. etwa Kittsteiner 1975, 36. Eine zutreffende Bestimmung der Benjamin'schen Kategorie gab Ernst Bloch 1965, 82: „Jetztzeit bedeutet eine Zeit, in der Längstvergangenes plötzlich ein Jetzt wird".

280 Pethes 2008, 133 f.; vgl. Osterkamp 1978, 112; dazu vgl. bes. GS I.3, 1236: „Das Kontinuum der Geschichte ist das der Unterdrücker. Während die Vorstellung des Kontinuums alles dem Erdboden gleichmacht, ist die Vorstellung des Diskontinuums die Grundlage echter Tradition".

281 Bulter 2018, 274.

lution einerseits mit der einer Transformation des Denkens andererseits: Die Revolutionäre ‚sprengen' das Kontinuum der hergebrachten Zeit, wie nach Benjamins Auffassung der französische Revolutionskalender verdeutlicht.[282] Mögen sich individuell erfahrene Brüche in historischen Erzählungen niederschlagen; gerade *eine* Historie der Besiegten lässt sich jedoch auch aus der Kontinuitätslinie diskontinuierlicher Besiegtengeschichten nicht herstellen – zu vielseitig sind die Geschichten der Besiegten, als dass sich in ihnen die paradoxe Struktur eines diskontinuierlichen Musters in der Kontinuität ihrer Geschichte ausmachen ließe.

Im Ergebnis erweitert Benjamin damit Marx' Kampfkonstellation um eine memorialpolitische Dimension. Benjamins zweiebig dichotome Geschichtsphilosophie ist dabei insofern eine grundsätzliche Kritik der Machtverhältnisse, weil die polare Scheidung von Siegern und Besiegten kritisiert und mit dieser Kritik gleichzeitig die gesellschaftlichen und machtpolitischen Hintergründe solcher Zuschreibungen hinterfragt werden.[283] Dabei suchte Benjamin aus dem Kontinuum der aufgezwungenen Erinnerungen einen Ausweg. Hierzu konzentrierte er sich auf die Einzelheiten der im Überbau stattfindenden Umwälzungen, das heißt auf die Frage des Verhältnisses von Siegern und Besiegten, wohingegen er die Frage des Klassenkampfes auf der Basis-Ebene kaum thematisierte. Er fand den Ansatzpunkt zur Lösung des Problems schließlich vermittels „eine[r] messianische[n] Prästabilisierung" und Durchdringung seiner materialistischen Geschichtsphilosophie.[284]

Doch was kann ein materialistischer Historiker Benjamin zufolge praktisch tun? Benjamins Messianischer Materialismus ist zutiefst politisch: Demzufolge obliegt es dem Historikertypus des Historischen Materialisten, seine Kenntnisse an die revolutionäre Klasse weiterzuvermitteln.[285] Die von ihm gepflegte und vermittelte Denkweise sollte – gleichsam als ideelles Äquivalent einer politischen Revolution – das Kontinuum der Geschichte aufsprengen und Geschichte im Stillstand frei verfügbar machen. Dies richtete sich gegen drei Zeit- und Geschichtsvorstellungen (die der ‚linear fortschreitenden

282 GS I.2, 701: „Das Bewußtsein, das Kontinuum der Geschichte aufzusprengen, ist den revolutionären Klassen im Augenblick ihrer Aktion eigentümlich" (= WuN 19, 79 mit angepasster Rechtschreibung); dazu vgl. Gibbs 2005 – mit einem Schwerpunkt auf dem Bild vom Wechsel der Kalender infolge einer Revolution.

283 Im Kontext der im Anschluss an Jürgen Habermas' Differenzierung von ‚rettender' und ‚bewusstmachender Kritik' ausgebrochenen Debatte um die Form der von Benjamin geübten Kritik äußert sich Heinrich Kaulen 2000, 657 wie folgt: „Das bewahrende Element der Erinnerung, das einzelne Gegenstände aus der Vergangenheit zurückruft und das kritische Element, das mit nüchternen Argumenten die Weise in Frage stellt, in der diese Gegenstände von Geschichte sprechen und in der sie selbst historisch überliefert worden sind, stehen für ihn [= Benjamin; M.N.] nicht in Gegensatz zueinander. Vielmehr sollen Destruktion und Rettung in der gelingenden Kritik doch gerade zur Synthese gelangen"; vgl. auch die ähnliche Einschätzung in Bürger 1979, der ebd., 163, besonders die Kritik an den Machtverhältnissen betont.

284 Lindner 1979, 55.

285 Vgl. GS I.2, 700.

Zeit', die der „homogene[n] und leere[n] Zeit",[286] und die des Fortschritts),[287] wobei die konkreten Verfahren und Techniken einer diesen Modellen entgegengesetzten alternativen Geschichtsschreibung ungeklärt bleiben. In Verbindung mit der dagegen deutlich zutage tretenden programmatisch-soteriologischen Stoßrichtung,[288] Benjamins gegen den Historismus gerichteten Tendenz, „[to] denie that history is science",[289] und seinem vom Erinnern ausgehenden historiographischen Ansatz, bei dem „subjectivity is implicated in method",[290] hat dies zur Folge, dass man Benjamins historiographische Theorie aus der Perspektive der geschichtswissenschaftlichen Praxis wenigstens zum Teil einem „konzeptuellen Obskurantismus" (Egon Flaig) zuordnen muss.[291] Mithin sind in erster Linie

286 GS I.2, 702.

287 Vgl. mit weiteren Belegen Nebelin 2009, 85–87; vgl. auch Hamacher 2005, 47, der eine „philosophical critique of social conformism, the historical critique of the automatism of progress and the philosophical critique of the time continuum" in einer „critique of the structural conformity of all forms of experience" einmünden sieht; vgl. darüber hinaus zur ‚homogenen und leeren Zeit' und ihren Nietzsche'anischen Hintergründen Rohbeck 2009, 26 f.; vgl. zudem Frisby 1989, 221 f.; Löwy 2008, 64.

288 Vgl. dazu etwa Greffrath 1975, 221 („Die Rettung des Vergangenen kann sinnvoll nur als Konzept Partei ergreifender Interpretation von Geschichte verstanden werden"); zu den Konsequenzen seiner solchen Perspektive vgl. beispielsweise Osterkamp 1978, 118f und passim (bes. 118: „Benjamins Geschichtsphilosophie stützt in ihrer formulierten Hoffnung auf das Neue als Utopie sich auf den subjektiven Faktor, die Potenz, und vergißt hierüber den objektiven Faktor, die Potentialität").

289 So Vardoulakis 2005, 122.

290 Ebd., 125.

291 Flaig 2015, 362. Angesichts der in vielen Punkten kaum zu verkennenden Verbindung von Obskurantismus und Trivialität in Benjamins eher fragmentarisch überlieferter als konsequent durchgestalteter historiographischer Methodologie ergeben sich in der Tat nicht unerheblich Schwierigkeiten bei der Entwicklung einer Geschichtsschreibung im Benjamin'schen Sinne. Insofern verkennt der Vorwurf von Sebastian Jähn, „HistorikerInnen" hätten die Rezeption von Benjamins historiographischem Entwurf „größtenteils verschlafen" (Jähn 2016, 211), aus geschichtswissenschaftlicher Perspektive die Problemlage: Benjamins historiographische Praxeologie ist entweder die politische Frage nach der von Historikerinnen und Historikern einzunehmenden Perspektive oder aber eine mikrologische Technik – und gerade in Letzterem aufgrund einer fehlenden expliziten Methodologie entweder bloße ‚Materialanalyse' (hierzu: Loheit 2016, 57f.) oder aber wesentlich unpraktisch. Zu radikal und grundsätzlich ist allerdings demgegenüber die Kritik Egon Flaigs an Benjamins Geschichtsphilosophie und an Überlegungen zu ihrer Adaptierbarkeit durch die Geschichtswissenschaften (siehe neben Flaig 2015 auch ders. 2016, 274–277; 279–282; 288). Problematisch ist dabei bereits die Grundlegung von Flaigs Kritik (ähnlich aber auch: Hirvonen 2012), da er diese unter anderem vermittels einer völlig ungebrochenen Kopplung von Früh- und Spätschriften Benjamins sowie durch deren vereinseitigende und rein negative Deutung ihrer religiösen Dimension gewinnt. Dadurch kann beispielsweise Benjamins Heuristischer Materialismus kaum wahrgenommen werden. Überzogen sind schließlich die aus dieser verengten Perspektive abgeleiteten, von Flaig apodiktisch vorgetragenen Folgerungen für die Geschichtswissenschaften, wie sie besonders deutlich in Flaig 2019, 58f., zutage treten: Demnach „beabsichtigte" Benjamin, „die Historie als Wissenschaft zu zerstören, nicht sie zu bereichern"; deshalb sei es „nicht ratsam, sich von ihm Inspirationen zu holen" (ebd., 60). Natürlich sind Zweifel an einigen politischen Prämissen (dazu vgl. etwa Nebelin 2007, 98–108 und passim) wie auch an den praktischen Möglichkeiten der Adaptierbarkeit insbesondere der messianischen Dimension von Benjamins Geschichts-

die politische Parteinahme des historisch-materialistischen Historikers zugunsten der Besiegten sowie eine Verpflichtung zu einer edukativen Tätigkeit als konkrete Handlungsvorschläge anmessbar. ‚Sprengung' und ‚Stillstellung' bleiben hingegen in Hinblick auf ihre konkrete historiographische Umsetzung unbestimmt und dem Haushalt metaphorischer Bilder verhaftet. Diese Disposition hängt auch damit zusammen, dass Benjamin die historiographische Praxis weniger von der Geschichtsschreibung selbst als vielmehr von Erinnerung und „Eingedenken"[292] her betrachtete. Diesen Auffassungen von der

theorie mehr als berechtigt, doch lässt sich weder die von Flaig postulierte Vernichtungsintention Benjamins belegen, noch ist es möglich oder auch nur grundsätzlich sinnvoll, ‚Inspirationen' zu verhindern – zumal sich diese in der historiographischen Praxis zumeist auf Benjamins inhaltlich weniger problematischen Heuristischen Materialismus beziehen dürften. Vgl. zu den Möglichkeiten, vor allem aber auch zu den Schwierigkeiten einer durch Benjamin beeinflussten Historiographie Nebelin 2007, 115–122 und passim; ders. 2008, 55–60; ders. 2009, 87–91; ders. 2012, 67–69 und jüngst Lundgreen 2019, 82 f. (mit Anm. 5) sowie die aus der Benjaminlektüre abgeleiteten geschichtspolitischen Forderungen von Gagnebin 2016. Praxeologisch ausgerichtete Überlegungen zu Benjamins Konzept eines erforderlichen messianischen Moments zur Neukonstitutierung der Historiographie haben beispielsweise auch Wolfram Ette und Werner Hamacher vorgelegt: Ette 2016, 266 betont, dass die grundsätzliche thematische beziehungsweise perspektivische Besonderheit des Benjamin'schen Historischen Materialisten als Historiker darin besteht, dass er „die eine Frage [stellt; M.N.], die aus der konventionellen Geschichtsschreibung herausfällt. Das ist die Frage nach dem Glück". Hamacher 205, 40–42 zufolge läuft hingegen Benjamins Modell auf eine Form der Möglichkeitsprüfung, vielleicht sogar der kontrafaktischen Geschichtsschreibung (im Sinne von Alexander Demandt 2005) hinaus, denn „[m]essianic power is therefore nothing other than the implicit hypothesis of the missed possible that there has to be an instance to correct the miss, to do the undone, to regain the wasted and actualize the has-been-possible" (Hamacher 2005, 41). Das wäre mehr als die letztlich trivialisierende Deutung von Christine Blättler und Christian Voller, Benjamins „Figur des ‚Historikers'" ziele darauf, „einer den Subjekten unverfügbaren, objektiv über sie hinwegziehenden Weltgeschichte die Aufmerksamkeit für das je Singuläre entgegenzustellen", ohne dass sich dies in einer „dissoziierten Mikrologie" „erschöpf[e]" (Blättler/Voller 2016, 19), so dass die Herausforderung folglich darin bestehe, „das Einzelne in Bezug zum Übergreifenden zur Geltung zu bringen und zu avisieren" (ebd., 17).

292 GS V.1, 588 f. [N 8, 1], hier 589: „Das Korrektiv dieser Gedankengänge liegt in der Überlegung, daß die Geschichte nicht allein eine Wissenschaft sondern nicht minder eine Form des Eingedenkens ist. Was die Wissenschaft ‚festgestellt' hat, kann das Eingedenken modifizieren. Das Eingedenken kann das Unabgeschlossene (das Glück) zu einem Abgeschlossenen und das Abgeschlossene (Leid) zu einem Unabgeschlossenen machen. Das ist Theologie; aber im Eingedenken machen wir eine Erfahrung, die uns verbietet, die Geschichte grundsätzlich atheologisch zu begreifen, so wenig wir sie in unmittelbar theologischen Begriffen zu schreiben versuchen dürfen". Diese Passage aus einem Brief vom 16. März 1937 wurde in GS I.3, 1235 weiterentwickelt und ausgeweitet: „Im Eindenken machen wir eine Erfahrung, die es uns verbietet, die Geschichte grundsätzlich atheologisch zu begreifen, so wenig wir sie in theologischen Begriffen zu schreiben versuchen dürfen". Zum Eingedenken vgl. zum Beispiel Link-Heer 2006, 518–520; Schmider/Werner 2006, 579 f.; Wohlfarth 2006, 267 f.; Nebelin 2007, 83; 90; Friedlander 2012, 222–257; Marchesoni 2016, bes. Kap. 8 & 9. Friedlander 2012, 222 sieht im Übergang zum Konzept des Eingedenkens im Spätwerk auch eine traditionsgeschichtliche Verschiebung: Ein platonisch geprägtes Konzept der Wiedererinnerung werde ersetzt durch ein messianisches Erinnerungsmodell – gewissermaßen ein Übergang von der Anamnesis zum Messias.

historisch-historiographischen Tätigkeit liegt die Vorstellung zugrunde, dass Geschichte zuvorderst sich in der Erinnerung vollziehende Konstruktion sei,[293] wobei für Benjamins Konzeption entscheidend ist, dass diesem Gedanken auch eine messianische Implikation zu eigen ist. Diese Aspekte und Ableitungen aus Benjamins Messianischen Materialismus subjektivieren und literarisieren zugleich die Historiographie und drohen, auf diesem Wege Grundpostulate der Geschichtsschreibung als Wissenschaft zu unterminieren.

Vor diesem Hintergrund verweist Benjamins Wunsch nach Rettung durch ein neues Denken auf einen Zustand der Erlösung. Das angestrebte neue Denken sollte den Gegensatz von Siegern und Besiegten beenden. Mit der realen Vernichtung der Unterdrücker fänden, so hoffte Benjamin, die Sieger keine automatischen Unterstützer mehr in der Zukunft; sie müssten ihre Version der Geschichte fortan gleichsam zu den üblichen Konditionen auf dem Markt der Erinnerungen anbieten. Zugleich jedoch haftete ihnen nun ein pejoratives Element an, denn ihre Form des Umgangs mit Menschen (das Unterdrücken) gälte als negative Umgangsform: „Eine Zeit, die nicht mehr in der Lage ist, ihre Herrschaftspositionen auf originäre Art zu verklären, hat", mutmaßte Benjamin, „kein Verhältnis mehr zu der Verklärung, die den vergangnen Herrschaftspositionen zu gute kam."[294] Werden damit die ehemaligen Sieger zu Besiegten? Benjamin ließ dies – wie so vieles andere – offen. Er liebte es offenbar nicht, sich eine solche Zukunft allzu konkret vorzustellen.

Die *Unterdrückten* sind wie die Besiegten bei Walter Benjamin Verlierer der Geschichte. Geschichte verstand Benjamin als Machtkampf. Die Unterdrückten scheitern, sofern es ihnen nicht gelingt, ihre Unterdrücker zu überwinden. Klassenkämpferisch gesprochen gälte: Die Unterdrückten hören erst dann auf, Unterdrückte zu sein, wenn sie selber zu Unterdrückern werden. Die Rede von Unterdrückten als Verlierern wird mithin durch zweierlei Elemente bestimmt: *Erstens* müssen sie in ein polares System integriert sein, das nach Machtverhältnissen differenziert ist. In Benjamins Vorstellungswelt wird auf der Ebene der Basis um die Macht als Gut gestritten. Derjenige, der in ihrem Besitz ist, ist der Gewinner und derjenige, der ihren Besitz anstrebt, der Verlierer. Doch wie in einem Gesellschaftsspiel ist dieser Zustand nur vorläufig: Solange bis das Spiel nicht beendet ist, kann eine Gewinner- und Verliererzuschreibung nur vorläufig sein; sie er-

---

293 Vgl. GS, I.3, 1243: „Das im Jetzt seiner Erkennbarkeit aufblitzende Bild der Vergangenheit ist seiner weiteren Bestimmung nach ein Erinnerungsbild. Es ähnelt den Bildern der eignen Vergangenheit, die den Menschen im Augenblick der Gefahr antreten. Diese Bilder kommen, wie man weiß, unwillkürlich. Historie im strengen Sinn ist also ein Bild aus dem unwillkürlichen Eingedenken[,] ein Bild, das im Augenblick der Gefahr dem Subjekt der Geschichte sich plötzlich einstellt. Die Befugnis des Historikers hängt an seinem geschärften Bewußtsein für die Krise, in die das Subjekt der Geschichte jeweils getreten ist. Dieses Subjekt ist beileibe kein Transzendentalsubjekt sondern die kämpfende unterdrückte Klasse in ihrer exponiertesten Situation. Historische Erkenntnis gibt es allein für sie und für sie einzig im historischen Augenblick. Mit dieser Bestimmung bestätigt sich die Liquidierung des epischen Momentes in der Geschichtsdarstellung. Der unwillkürlichen Erinnerung bietet sich – das unterscheidet sie von der willkürlichen – nie ein Verlauf dar sondern allein ein Bild. (Daher die ‚Unordnung' als der Bildraum des unwillkürlichen Eingedenkens)"; vgl. zu Benjamins Konzept der Erinnerung Schöttker 2000.

294 GS I.3, 1234.

folgt auf Grundlage einer Potentialität. Die Unterdrückten der Geschichte entsprechen somit dem Typus eines zeitweiligen Verlierers.[295] Diejenigen, die keine Macht besitzen, sind hierbei die Verlierer gegenüber denjenigen, die Macht besitzen. Neben dieser relationalen Komponente ist *zweitens* eine Aufhebung der Verliererzuschreibung in einem Geschichtsmodell, das von Klassenkampf ausgeht, dann möglich, wenn eine Revolution eine Aufhebung oder Verkehrung von Machtverhältnissen mit sich bringt. Die Differenz zwischen Marx' und Benjamins' Modell besteht in diesem Punkt in unterschiedlichen Annahmen über die Dauer des Vorgangs und den Charakter des Umbruchs. Liegt in Marx' Unterdrückten einer jeden geschichtlichen Phase immer schon der Keim einer neuen, die alten Verhältnisse umstürzenden Ordnung begründet, unterstellt Benjamin eine Kontinuität der Herrschaft der Unterdrücker und der Sieger über alle Umbrüche hinweg – erst die messianische Transformation sollte eine fundamentale Änderung bringen.

Denn Benjamin zufolge sind die *Besiegten* der Geschichte in den Kämpfen der Basis unterlegen gewesen. Sie haben das Spiel um die Macht unabänderlich verloren. Sie können nicht mehr ungeschehen machen, dass sie die Macht nicht erringen konnten. In dieser Hinsicht sind sie absolute Verlierer.[296] Doch Benjamins messianisches Denken macht es möglich, dass ihr Kampf nicht zu Ende ist. Das Spiel geht gleichsam in die zweite Runde. Nunmehr beginnt das Ringen um den Platz in der Geschichte, in der Erinnerung. Benjamin hat an dieser Stelle seines Geschichtsdenkens eine wertende Komponente internalisiert. Er ging davon aus, dass Unterdrückung illegitim sei. Vorerst bleibt dies folgenlos, denn die Meinung der Sieger setzt sich in der offiziellen Geschichtsschreibung durch. Benjamins messianische Konzeption überwindet diese Einengung der Geschichtsdeutung. Geschichte wird flexibilisiert; Wertungen können neu gebildet werden. Doch auch hier würde eine nachträgliche Erklärung der Besiegten zu den Siegern vergangener Machtkämpfe folgenlos bleiben; niemand würde dem Glauben schenken. In dieser flexibilisierten Geschichte sollte vielmehr etwas anderes möglich werden: Die Sieger könnten in ihrer moralischen Integrität und Legitimität hinterfragt werden. Legenden könnten zerrissen werden. Auf diese Weise würde auch ein neuer Blick auf die Besiegten möglich; ihr Denken und Handeln könnte eingesehen, aus neuen Perspektiven heraus betrachtet und bewertet werden. Die Zertrümmerung der absoluten Sieger hebt auch die Stellung der Besiegten. Das absolute Verlierertum wird auf diese Weise in der messianisch befreiten Erinnerung zu einem relativen.[297]

Deutlich wird, dass Benjamins Vorstellung von den Verlierern mit einer Gegenwartsdiagnose verflochten ist. In Marx' Denken ist Geschichte im Kern Vergangenheit, eher selten greift er – etwa im *Brumaire des Louis Bonaparte* – darüber hinaus; bei Benjamin lebt das Vergangene weiter, ja es wird erst in der Gegenwart zur Geschichte. Zusammen mit seiner Vorstellung einer konstruierten Geschichte fußt auch Benjamins Idee der Besiegten in der Gegenwart – seiner Gegenwart. Es ist der Verlust des Besonderen oder der Aura, den er verspürte und für den er abstrakte Mächte, zeitgenössisch vornehmlich aber

295 Vgl. zum relativen Verlierertum Graul/Nebelin 2008, 88; Nebelin 2012, 54f.
296 Zur Figur des absoluten Verlierers vgl. Graul/Nebelin, 88 f.; Nebelin 2012, 54 f.
297 Vgl. Nebelin 2007, 110–113; ders. 2008, 53 f.

die totalitären Regime und ihre ideologischen wie politischen Voraussetzungen, verantwortlich machte. Seine gesamte Geschichtsphilosophie ist von dem Versuch getragen, dieses verlorene Besondere zu reformulieren.[298] Es sind demnach vor allem ihre Zeitkonzepte, in denen sich die geschichtsphilosophischen Modelle von Marx und Benjamin unterscheiden: Benjamins Modell zielt auf Rettung und Erlösung, die einerseits weltumstürzend aufgefasst, andererseits jedoch in melancholischer Rückerinnerung skizziert werden; Marx Konzeption hingegen ist zuvorderst auf eine Zukunft ausgerichtet, in der die Konflikte seiner Gegenwart ihre Relevanz eingebüßt haben.

Fazit

Die Marx-Rezeption von Walter Benjamin ist heterodox und eigensinnig; sie weist vulgärmarxistische Momente auf und konzentriert sich doch immer wieder auf einzelne, komplex ausgedeutete Theoreme. Dabei dürfte der Einfluss von Benjamins Umfeld und von Karl Korschs Marx-Deutung größer gewesen sein als der unmittelbare Eindruck der Schriften von Marx selbst. Insofern war die Selbstcharakterisierung Benjamins als Mar-

298 Verlust ist eine Grunderfahrung, deren Reflexion sich durch Benjamins Werk zieht. Zum Verlust als Motiv bei Benjamin vgl. Nebelin 2007, 23–34; ders. 2008, 34–36. Besonders prominent schlug sich dies in Benjamins Konzept der ‚Aura' nieder und im von ihm konstatierten Verlust von Stadtgeschichte durch die baulichen Transformationen von Paris unter dem napoleonischen Präfekten der Seine-Metropole, Baron Haussmann. Zum Aurabegriff vgl. etwa Stroessel 1985, 14 f., 23 f. und passim; Fürnkäs 2000; Nebelin 2007, 23–27. Die diesbezüglichen Überlegungen veröffentlichte Benjamin in dem Aufsatz *L'œuvre d'art à l'époque de sa reproduction mécanisée* (zum Abdruck vgl. oben, Anm. 138). Üblicherweise wird dieser Aufsatz freilich nach der ersten (GS I.2, 431–469) beziehungsweise zweiten Fassung (WuN 16, 52–95) beziehungsweise nach der zweiten und dritten (GS VII.1, 350–384.; I. 2, 471–508) beziehungsweise dritten und fünften Fassung (WuN 16, 96–163; 16, 207–255) zitiert. Der Verlust der Aura besitzt bei Benjamin allerdings durchaus auch einen emanzipatorischen Zug (vgl. GS I.2, 485–494; WuN 16, 223–234). Erst vor dem Hintergrund eines universelleren Aura-Verständnisses, wie es in GS VI, 588, anklingt, gewinnt wieder der negative Verlustcharakter die Oberhand. Zum Verlust städtischer Geschichte vgl. etwa GS I.2, 590; V.2, 1002. Der Verlust der alten ‚Traumstadt' Paris wurde Benjamin zufolge im Rahmen der ‚Haussmannisierung' durch die politischen Machthaber als Verantwortliche der Umgestaltung verursacht (GS V.1, 187). Die Transformation des Stadtbildes war Teil der Strategie zur Herrschaftssicherung: „Der wahre Zweck der Haussmannschen Arbeiten war die Sicherung der Stadt gegen den Bürgerkrieg. Er wollte die Errichtung von Barrikaden in Paris für alle Zukunft unmöglich machen. [...] Engels beschäftigt sich mit der Taktik der Barrikadenkämpfe. Haussmann will sie auf doppelte Art unterbinden. Die Breite der Straßen soll ihre Errichtung unmöglich machen und neue Straßen sollen den kürzesten Weg zwischen den Kasernen und Arbeitervierteln herstellen. Die Zeitgenossen tauften das Unternehmen ‚L'embellissement stratégique'" (GS V.1, 57; vgl. dazu die Deutung von Chambier 2005, 118 f.). Beide Konzepte verbindet die Annahme, dass die Reduktion historischer Gehalte als ein Verlust einzustufen ist. Die beiden von Benjamin identifizierten Verlusterfahrungen bilden Prädispositionen, welche die Entstehung von Benjamins melancholischer und pessimistischer Geschichtsdeutung flankierten. Raum für seine Hoffnungen schuf sich Benjamin vor diesem Hintergrund durch eine eigentümliche Verbindung der marxistischen Utopie mit messianischen Vorstellungen.

xist zunächst eher ein politisches als ein methodisches Bekenntnis. Nichtsdestotrotz setzte Benjamin sich seit Mitte der 1920er-Jahre, als er sich dem Marxismus zuwandte, intensiv mit dieser Denkströmung auseinander, konzipierte sie jedoch nicht dogmatisch, sondern rekonstruierte sie dergestalt, dass sie sich gut mit seinen literatur- und kulturwissenschaftlichen Überlegungen verbinden ließ. Schon dieser sachbezogene Fokus bedingte die teilweise erhebliche Distanz zum Ökonomen Marx,[299] ja es spricht vieles dafür, dass Benjamin – ähnlich wie beispielsweise auch sein Zeitgenosse George Lukács – zur Bearbeitung seiner Fragestellungen auf der geteilten politischen Grundlage geradezu gezwungen war, die marxistische Methodologie weiterzuentwickeln und umzuformen, um sie überhaupt nutzen zu können.

Am deutlichsten hat sich Benjamins Marx-Rezeption im Umfeld seines unvollendet gebliebenen Passagenwerks niedergeschlagen. Dabei bestätigt Benjamins Marx-Rezeption im nach Marx benannten Konvolut X den Eindruck einer vorrangig kulturwissenschaftlichen Lesart von Marx. Wo sich dabei thematische Verdichtungen unter den Fragmenten erkennen lassen, ragen vor allem zwei Themen hervor: die These vom Tod des Kapitalismus als generationeller Erfahrung und die These vom Fetischcharakter der Ware. Es ist vor allem die letztgenannte, der Benjamin früh schon eine methodisch grundlegende Bedeutung für das gesamte avisierte Passagenwerk zuschrieb. Benjamin interessierte an der Theorie vom Warenfetisch nicht nur der evidente Objektbezug, sondern vor allem das vorausgesetzte Spannungsverhältnisse von Materialität und Idealität, von Realität und Utopie. Insofern steht seine Auseinandersetzung mit dem Warenfetischtheorem wahrscheinlich exemplarisch für die Bereiche, die ihn an Marx' Werk faszinieren konnten.

Das bestätigt sich, wenn man die Thesen Über den Begriff der Geschichte und ihr Umfeld in den Blick nimmt. Benjamin entfaltete dort eine Geschichtsphilosophie, die zwei bemerkenswert eigensinnige Komponenten enthält, die allerdings miteinander verbunden bleiben und in beiden Fällen einen materialistischen Kern behalten. Beide sollten dabei im Rahmen von Benjamins geschichtstheoretischen und -methodischen Überlegungen als – freilich unauflöslich miteinander verbunden gedachte – Methoden und Perspektiven einer neuen Form der Geschichtsschreibung fungieren. Die Grundlage jeder dieser beiden Spielarten des Historischen Materialismus ist eine von Benjamin transformierte Variante eines Marx zugeschriebenen Theorems: Die eine Variante ist Benjamins *Heuristischer Materialismus*, der sich zwar in hohem Maße durch seine Auseinandersetzung mit Marx' Warenfetischtheorem beeinflusst zeigt, dessen eigentliche Grundlage jedoch eine Veränderung des traditionellen marxistischen Basis-Überbau-Theorems ist. Objekte wie Waren, aber auch Alltags- oder Kunstgegenstände können Benjamin zufolge von der kulturellen Signatur ihrer Entstehungszeit künden; als geschichtliche Objekte sichern sie Komponenten alltäglicher Vergangenheit. Sie sind – hier knüpfte Benjamin an eine fundamentale Unterscheidung von Marx an – Artefakte des Überbaus, die jedoch

299 Natürlich sind gerade Konzepte wie „[d]er Marxsche Begriff des Mehrwerts sowie die Begriffe des Warenfetischismus, der Klasse, des Klassenkampfes, der kapitalistischen Ausbeutung usw. […] keine immanent ‚ökonomischen' Kategorien" (Siemek 1978, 160); allerdings wurden sie von Marx von gleichermaßen ökonomischen wie politischen Leitfragen ausgehend entwickelt.

nicht allein von diesem kunden, sondern immer auch Zeugnisse einer Basis sind, die sie mitgestalten. Auf diese Weise bergen sie ein politisches Irritationspotential, das seinerseits auf die Basis zurückwirken kann. Das bei Marx tendenziell asymmetrische Verhältnis von Basis und Überbau wurde auf diese Weise von Benjamin ausgeglichen dargestellt, vielleicht sogar zugunsten des Überbaus verschoben.

Das marxistische Klassenkampftheorem wiederum bildete die Grundlage von Benjamins *Messianischem Materialismus*: An die Seite des auf der Ebene der Basis stattfindenden Kampfes von Unterdrückern und Unterdrückten trat die memorialpolitische Auseinandersetzung zwischen Siegern und Besiegten auf der Ebene des Überbaus. Hatten in aller gewesenen Geschichte die Sieger die Historie bestimmt, sollte sich dies in der messianischen Zeit umkehren. Benjamin nutzte dabei sein theologisches Vokabular, um einen Umbruch einzufordern, in dem katastrophische Zeitumstände zur Grundlage eines revolutionsartigen messianischen Umschlags werden und die anamnetische Verpflichtungen der lebenden Geschlechter gegenüber den Vorangegangenen eingelöst wird. Der Historische Materialist sollte als revolutionärer Historiker aufseiten der Unterdrückten und Besiegten helfen, die nur in ihrer Diskontinuität kontinuierliche Geschichte der Besiegten zu einer Geschichte zusammenzufügen. Eine konkrete methodische Anleitung hierfür blieb Benjamin jedoch schuldig; der Messias bleibt eine Chiffre, dessen Auflösung Benjamin wohl bewusst offenließ.

In all diesen Punkten wurde Benjamins Adaption marxistischen Gedankenguts ersichtlich durch eine kulturwissenschaftliche Perspektive bestimmt. Deshalb lassen sich in Walter Benjamins Passagenwerk und dessen Umfeld auch Ansätze zu einer „marxistischen Kulturtheorie“ ausmachen.[300] Dabei war es wahrscheinlich nicht allein die unterschiedliche disziplinäre Ausrichtung von Benjamin und Marx, welche die entscheidenden Unterschiede in ihren Theorien bedingte: Ein wesentlicher Quell ihrer Differenz kann vielmehr in ihren verschiedenen generationellen *Erfahrungen* von Umbrüchen und deren jeweiliger Ausdeutung für die eigene *Soteriologie* ausgemacht werden. Diese abweichenden Erfahrungen und Erwartungen bilden einen wesentlichen Grund der Unterschiede in der Struktur ihrer geschichtsphilosophischen Entwürfe: Während Marx vor allem durch die Erfahrung und Beobachtung der revolutionären Vorgänge in der Mitte des 19. Jahrhunderts – besonders in Paris, aber auch in Brüssel und Deutschland – beeinflusst wurde,[301] erlebte Benjamin vor allem die Machtübernahme im Deutschen Reich durch die Nationalsozialisten als persönliche wie kulturelle Zäsur. Marx hatte mithin Beginn, Mitte und Ende revolutionärer Vorgänge erleben können; sein Konzept der Revolution baute auf diesen gemachten Erfahrungen auf, dachte sie weiter – und blieb doch immer

300 Jähn 2016, 212, Anm. 5.

301 Vgl. Hunt 1974, Bd. 1, bes. ch. 5–7 und passim; Hunt 1984, ch. 4 f. (zur Pariser Kommune 1871 und ihren Wirkungen auf Engels und Marx) sowie passim; Sperber 2013, 126–250; Gerber 2018 (mit einem Fokus auf Marx' Pariser Aufenthalt vom Oktober 1843 bis Februar 1845, dessen Verarbeitung und seinen rezeptionsgeschichtlichen Auswirkungen); Nippel 2018, 41–60; zum Vorrang der französischen „Entwicklungen und Erfahrungen“ für Marx: Herres 2018, 164. Jüngst sprach Jan Gerber 2018, 94 sogar davon, Marx habe theoretisch eine „Universalisierung der französischen Erfahrung“ betrieben.

auf diese praktische Erfahrung zurückbezogen. Deshalb blieb seine geschichtliche Soteriologie immer eine im Kern säkulare.

Bei Benjamin stellt sich die Sache anders dar: Weil er für seine Problemstellung kein geschichtliches Modell abrufen konnte, transferierte er Elemente einer religiösen Soteriologie in sein Geschichtsbild. Diese messianische Dimension war freilich eine bewusst kontrafaktische: Sie war in einer jahrtausendealten Tradition heilsgeschichtlicher Erwartung verankert, die gerade dadurch ausgezeichnet war, dass der ersehnte Messias *noch nicht* gekommen war.[302] Die messianische Rettung bedeutete eine Transformation der Geschichte: „[D]ie Erlösung bezeichnet nicht das Ziel der Geschichte, sondern die Idee der Erlösung ist mit einer Zäsur gegenüber dem Historischen verbunden“;[303] „[h]ier ist Utopie das schlechthin andere außerhalb der Geschichte“.[304] Das bedeutete auch, dass die fehlende praktische Erfahrung mit messianischen Umbrüchen eine Form der Unbestimmtheit transportierte, die das Modell zwar für zahlreiche Anknüpfungen öffnete, es zugleich aber auch in höchstem Maße metaphorisch und mithin praktisch unkonkret hielt – wenn man davon absieht, dass Benjamin durch die Deutung seiner Gegenwart als Zeit der Katastrophe den wesentlichen Ansatzpunkt für revolutionäre Veränderungen und mithin den Anbruch der messianischen Zeit gegeben sah.[305] Dennoch gilt die Entkopplung von Erfahrung und Erwartung, erlebtem Ereignis und erhoffter Zukunft, die Carl Wiemer als allgemeines Merkmal des Messianismus festgestellt hat, für Benjamins Zugriff in besonderem Maße: „Der Eschatologe ist von keinem geschichtlichen Ereignis zu widerlegen. Er hat alle Zeit der Welt, da sein Reich nicht von dieser ist. Seine extraterrestrische Stellung wird von keiner politischen, historischen Aktualität angetastet.“[306] Benjamins Soteriologie war mithin im Kern eine extramundale: Sie zielte auf eine Transformation der Welt, ohne genau zu wissen, wo in der Welt ein Ansatzpunkt für diese Veränderungen zu suchen wäre; sie gründete im Vertrauen auf das Einbrechen eines positi-

---

302 Zur jüdischen Heilsgeschichte und der ihr zugrunde liegenden Geschichtspraxis vgl. Assmann 1992, 196–228, verdichtet in ebd., 227, wo eine solche „utopische Erinnerung, die in keinen Bezugsrahmen jeweiliger Gegenwartserfahrungen Anhalt und Stütze findet“, unter Rückgriff auf einen Definitionsvorschlag von Gerd Theißen als ‚kontrapräsentisch‘ bezeichnet wird.

303 Weigel 1997, 72.

304 Osterkamp 1978, 110; vgl. auch ebd., 111: „Utopie verhält sich konträr zur Geschichte“.

305 So Friedlander 2012, 227; zum zeitgeschichtlichem Umfeld vgl. auch Mensching 1975, 170 f.; zur Geschichte als Katastrophe vgl. mit Belegen Nebelin 2007, 54 f. sowie Jähn 2016, 216 f.; vgl. bes. die ebenso paradigmatische wie programmatische Aussage in GS I, 2, 660 („Der Geschichtsverlauf, wie er sich unter dem Begriffe der Katastrophe darstellt, kann den Denkenden eigentlich nicht mehr in Anspruch nehmen als das Kaleidoskop in der Kinderhand, dem bei jeder Drehung alles Geordnete zu neuer Ordnung zusammenstürzt. Das Bild hat sein gründliches, gutes Recht. Die Begriffe der Herrschenden sind allemal die Spiegel gewesen, dank deren das Bild einer ‚Ordnung‘ zustande kam. – Das Kaleidoskop muß zerschlagen werden“) sowie in GS I.2, 683 („Der Begriff des Fortschritts ist in der Idee der Katastrophe zu fundieren“). Doch in diesem Verständnis von Geschichte als Katastrophe hat Benjamin zugleich ein Moment der Hoffnung verborgen: Es kann eine Rettung geben. Diese „hält sich an den kleinen Sprung in der kontinuierlichen Katastrophe“ (GS I.2, 683).

306 Wiemer 1997, 126.

ven nicht-menschlichen, extramundalen Faktors in eine katastrophisch deformierte und mithin rettungsbedürftige Welt. Vielleicht wird in den unterschiedlichen Grundlagen ihres Zukunftswissens die entscheidende Differenz zwischen Marx und Benjamin deutlich: Wo Marx glaubte, um die Zukunft zu wissen, konnte Benjamin einzig hoffen.

Literatur

Adorno 1950a Th. W. Adorno, Charakteristik Walter Benjamins [1950], in: ders., Über Walter Benjamin, hrsg. v. u. mit Anm. vers. v. R. Tiedemann, Frankfurt a.M. 1970, 11–29.

Adorno 1950b Th. W. Adorno, Nachwort zur „Berliner Kindheit um Neunzehnhundert" [1950], in: ders., Über Walter Benjamin, hrsg. v. u. mit Anm. vers. v. R. Tiedemann, Frankfurt a.M. 1970, 30–33.

Adorno 1955 Th. W. Adorno, Einleitung zu Benjamins „Schriften" [1955], in: ders., Über Walter Benjamin, hrsg. v. u. mit Anm. vers. v. R. Tiedemann, Frankfurt a.M. 1970, 33–51.

Adorno 1970 Th. W. Adorno, Über Walter Benjamin, hrsg. v. u. mit Anm. vers. v. R. Tiedemann, Frankfurt a.M. 1970.

Albert 1995 K. Albert, Philosophie im Schatten von Auschwitz. Edith Stein – Theodor Lessing – Walter Benjamin – Paul Ludwig Landsberg, Dettelbach 1994.

Andersson 2000 D. T. Andersson, Dekonstruktion/Konstruktion, in: M. Opitz / E. Wizisla (Hrsg.), Benjamins Begriffe. Erster Band, Frankfurt a.M. ²2002 [2000], 147–185.

Arendt 1968/1971 H. Arendt, Walter Benjamin (Essay, 1968/71), in: D. Schöttker / E. Wizisla (Hrsg.), Arendt und Benjamin. Texte, Briefe, Dokumente, Frankfurt a.M. 2006, 45–97.

Arendt/Benjamin 2006 D. Schöttker / E. Wizisla (Hrsg.), Arendt und Benjamin. Texte, Briefe, Dokumente, Frankfurt a.M. 2006.

Arndt 1985/2012 A. Arndt, Karl Marx. Versuch über den Zusammenhang seiner Theorie, Berlin ²2012 [1985].

Assmann 1992 J. Assmann, Das kulturelle Gedächtnis. Schrift, Erinnerung und politische Identität in frühen Hochkulturen, München ⁵2005 [1992].

Baratella/Rücker 2016 N. Baratella / S. Rücker, Gewalt: essentialistisch, demokratisch, theologisch. Zu den Gewaltbegriffen von Carl Schmitt, Hannah Arendt und Walter Benjamin, in: Chr. Blättler / Chr. Voller (Hrsg.), Walter Benjamin. Politisches Denken (Staatsverständnisse 93), Baden-Baden 2016, 177–192.

Bayertz 2016 K. Bayertz, Historischer Materialismus, in: M. Quante / D. P. Schweikard (Hrsg.), Marx-Handbuch. Leben – Werk – Wirkung, Stuttgart 2016, 194–208.

Blättler/Voller 2016 Chr. Blättler / Chr. Voller, Einleitung, in: dies. (Hrsg.), Walter Benjamin. Politisches Denken (Staatsverständnisse 93), Baden-Baden 2016, 9–31.

Bloch 1923/1924 E. Bloch, Aktualität und Utopie. Zu Lukács „Geschichte und Klassenbewußtsein“ [1923/1924], in: ders., Philosophische Aufsätze zur objektiven Phantasie (Ernst Bloch Gesamtausgabe 10), Frankfurt a.M. 1977, 598–621.

Bloch 1965 E. Bloch, Ein metaphysischer Flaneur [1965], in: E. Wizisla (Hrsg.), Begegnungen mit Walter Benjamin, Leipzig 2015, 78–85.

Böhme 2011 H. Böhme, Einladung zur Transformation, in: L. Bergemann / H. Böhme u.a. (Hrsg.), Transformation. Ein Konzept zur Erforschung kulturellen Wandels, München 2011, 7–37.

Bohrer 1997 K. H. Bohrer, Der Abschied. Theorie der Trauer: Baudelaire, Goethe, Nietzsche, Benjamin, Frankfurt a.M. ²1997.

Bolz/Witte 1984 N. Bolz / B. Witte (Hrsg.), Passagen. Benjamins Urgeschichte des neunzehnten Jahrhunderts, München 1984.

Brecht 1973 B. Brecht, Arbeitsjournal. Erster Band. 1938 bis 1942, hrsg. v. W. Hecht, Frankfurt a.M. 1973.

Broekman 1979 J. M. Broekman, Fetisch und Erkenntnis, in: B. Waldenfels / J. M. Broekman / A. Păzanin (Hrsg.), Phänomenologie und Marxismus. Band 4. Erkenntnis- und Wissenschaftstheorie, Frankfurt a.M. 1979, 235–257.

Brüggemann 2000 H. Brüggemann, Passagen, in: M. Opitz / E. Wizisla (Hrsg.), Benjamins Begriffe. Zweiter Band, Frankfurt a.M. ²2002 [2002], 573–618.

Brumlik 2009 M. Brumlik, Jüdische Philosophie, in: H. Brunkhorst / R. Kreide / C. Lafont (Hrsg.), Habermas-Handbuch. Leben – Werk – Wirkung, Stuttgart 2009, 121–127.

Buck-Morss 1986 S. Buck-Morss, Le Flâneur, l’Homme-sandwich et la Prostituée: Politique de la Flânerie, in: H. Wismann (Hrsg.), Walter Benjamin et Paris. Colloque international 27–29 juin 1983, Paris 1986, 363–402.

Buck-Morss 1993 S. Buck-Morss, Dialektik des Sehens. Walter Benjamin und das Passagen-Werk, Frankfurt a.M. 1993.

Bulthaup 1975 P. Bulthaup (Hrsg.), Materialien zu Benjamins Thesen ‚Über den Begriff der Geschichte‘. Beiträge und Interpretationen, Frankfurt a.M. 1975.

Bürger 1979 P. Bürger, Benjamins ‚rettende Kritik‘. Vorüberlegungen zum Entwurf einer kritischen Hermeneutik, in: ders. (Hrsg.), Vermittlung – Rezeption – Funktion. Ästhetische Theorien und Methodologie der Literaturwissenschaft, Frankfurt a.M. 1979, 160–172, 222–225.

Butler 2018 J. Butler, One Time Traverses Another. Benjamin’s „Theological-Political Fragment“, in: C. Dickinson / St. Symons (Hrsg.), Walter Benjamin and Theology, New York 2016, 272–285.

Cammann 2010 A. Cammann, Dies sonderbare Gespinst aus Raum und Zeit [Rez. v. J.-M. Palmier, W. Benjamin. Leben und Werk, Frankfurt a.M. 2009], in: Die Zeit v. 22. April 2010, Nr. 17, 51.

Carver 1998 T. Carver, The Postmodern Marx, Manchester 1998.

Casper 2005 B. Casper, Zeit und messianische Zeit. Zu einer Grunddimension des religiösen Geschehens, in: R. Kaufmann / H. Ebelt (Hrsg.), Scientia et Religio. Religionsphilosophische Orientierungen. Festschrift für Hanna-Barbara Gerl-Falkovitz (Dresdner Hefte für Philosophie 13), Dresden 2005, 97–110.

Celikates/Loick 2016a R. Celikates / D. Loick, Politische Schriften, in: M. Quante / D. P. Schweikard (Hrsg.), Marx-Handbuch. Leben – Werk – Wirkung, Stuttgart 2016, 119–144.

Celikates/Loick 2016b R. Celikates / D. Loick, Revolution, in: M. Quante / D. P. Schweikard (Hrsg.), Marx-Handbuch. Leben – Werk – Wirkung, Stuttgart 2016, 253–265.

Chambier 2005 A. Chambier, Qu'est-ce qu'une ville? Paris 2005.

Clark 2003 T. J. Clark, Should Benjamin Have Read Marx? [2003], in: P. Osborne (Hrsg.), W. Benjamin. Critical Evaluations in Cultural Theory. Volume III. Appropriations, New York 2005, 81–95.

Demandt 2005 A. Demandt, Ungeschehene Geschichte. Ein Traktat über die Frage: Was wäre geschehen, wenn ...? Göttingen ^{4}2005 [2001].

Demeter 2016 T. Demeter, Georg Lukács und die Budapester Schule, in: M. Quante / D. P. Schweikard (Hrsg.), Marx-Handbuch. Leben – Werk – Wirkung, Stuttgart 2016, 337–342.

Derrida 1990 J. Derrida, Gesetzeskraft. Der „mythische Grund der Autorität", Frankfurt a.M. 2006 [frz. 1990/dt. 1991].

Deuber-Mankowsky 2016 A. Deuber-Mankowsky, Rythms of the Living, Conditions of Critique. On Judith Butler's Reading of Walter Benjamin's „Critique of Violence", in: C. Dickinson / St. Symons (Hrsg.), Walter Benjamin and Theology, New York 2016, 253–271.

De Wilde 2009 M. De Wilde, Benjamin's Politics of Remembrance: A Reading of „Über den Begriff der Geschichte", in: R. Goebel (Hrsg.), A Companion to the Work of Walter Benjamin, Rochester / New York 2009, 177–194.

Duan 1995 Z. Duan, Marx's Theory of the Social Formation, Brookfield 1995.

Dubbels 2010 E. Dubbels, Zur Logik der Figuren des Messianischen in Walter Benjamins „Theologisch-politischem Fragment", in: D. Weidner (Hrsg.), Profanes Leben. Walter Benjamins Dialektik der Säkularisierung, Frankfurt a.M. 2010, 39–65.

Ebach 1986 J. Ebach, Agesilaus Santander und Benedix Schönflies, in: N. W. Bolz / R. Faber (Hrsg.), Antike und Moderne. Zu Walter Benjamins ‚Passagen', Würzburg 1986, 148–153.

Eiffler 1977 R. Eiffler, Vorkapitalistische Klassengesellschaft und aufsteigende Folge von Gesellschaftsformationen im Werk von Karl Marx, in: A. Honneth / U. Jaegi (Hrsg.), Theorien des Historischen Materialismus, Frankfurt a.M. 1977, 119–144.

Eiland 2018 H. Eiland, Walter Benjamin's Jewishness, in: C. Dickinson / St. Symons (Hrsg.), Walter Benjamin and Theology, New York 2016, 113–143.

Ellmers 2009 S. Ellmers, Die formanalytische Klassentheorie von Karl Marx. Ein Beitrag zur ‚neuen Marx-Lektüre', Duisburg ^{2}2009.

Ette 2016 W. Ette, Rettende Kritik des Messianismus. Benjamins Geschichtsthesen und ihre Aufnahme bei Alexander Kluge, in: Chr. Blättler / Chr. Voller (Hrsg.), Walter Benjamin. Politisches Denken (Staatsverständnisse 93), Baden-Baden 2016, 259–276.

Faber 2017 R. Faber, Walter Benjamins geschichtsphilosophische Thesen in Geschichte und Gegenwart. Ein punktueller Kommentar, in: J. Engelmann / Th. Schröder (Hrsg.), Vom Ende der Geschichte her. Walter Benjamins geschichtsphilosophische Thesen, Mainz 2017, 155–180.

Fenves 2018 P. Fenves, Completion Instead of Revelation. Toward the „Theological-Political Fragment“, in: C. Dickinson / St. Symons (Hrsg.), Walter Benjamin and Theology, New York 2016, 56–74.

Fetscher 2018 I. Fetscher, Marx. Eine Einführung. Mit einem Anhang, Berlin 2018.

Flaig 2015 E. Flaig, Schlagende Evidenz und aufblitzendes Bild. Meditation über Benjamins Liquidierung der historischen Wissenschaft, in: H. Lethen / L. Jäger / A. Koschorke (Hrsg.), Auf die Wirklichkeit zeigen. Zum Problem der Evidenz in den Kulturwissenschaften. Ein Reader, Frankfurt a.M. 2015, 353–369.

Flaig 2016 E. Flaig, Apokalyptische Politik und gnostischer Rückzug. Zu den Auswirkungen auf die historischen Kulturwissenschaften, in: Archiv für Kulturgeschichte 98 (2016) 259–296.

Flaig 2019 E. Flaig, Zum Verlieren und Scheitern römischer Senatoren. Überlegungen an den Rändern der Kulturwissenschaft, in: H. Beck / K.-J. Hölkeskamp (Hrsg.), Verlierer und Aussteiger in der ‚Konkurrenz unter Anwesenden‘. Agonalität in der politischen Kultur des antiken Rom, Stuttgart 2019, 55–80.

Fleischer 1978 H. Fleischer, Zur Analytik des Geschichtsprozesses bei Marx, in: K.-G. Faber / Chr. Meier (Hrsg.), Historische Prozesse (Beiträge zur Historik 2), München 1978, 157–185.

Friedlander 2012 E. Friedlander, Walter Benjamin. Ein philosophisches Portrait, München 2013 [2012].

Frisby 1989 D. Frisby, Fragmente der Moderne. Georg Simmel – Friedrich Kracauer – Walter Benjamin, Rheda-Wiedenbrück 1989.

Fritsch 2005 M. Fritsch, The Promise of Memory. History and Politics in Marx, Benjamin, and Derrida, New York 2005.

Fürnkäs 2000 J. Fürnkäs, Aura, in: M. Opitz / E. Wizisla (Hrsg.), Benjamins Begriffe. Erster Band, Frankfurt a.M. ²2002 [2002], 95–146.

Gagnebin 2016 J. M. Gagnebin, Gewalt und Eingedenken. Zur Benjamin-Rezeption in Brasilien, in: Chr. Blättler / Chr. Voller (Hrsg.), Walter Benjamin. Politisches Denken (Staatsverständnisse 93), Baden-Baden 2016, 193–208.

Gandler 2008 St. Gandler, Materialismus und Messianismus. Zu Walter Benjamins Thesen Über den Begriff der Geschichte (Aisthesis Essay 29), Bielefeld 2008.

Garber 1986 K. Garber, Étapes de la réception der Benjamin, in: H. Wismann (Hrsg.), Walter Benjamin et Paris. Colloque international 27–29 juin 1983, Paris 1986, 917–984.

Garloff 2003 P. Garloff, Philologie der Geschichte. Literaturkritik und Historiographie nach Walter Benjamin (Epistemata. Würzburger wissenschaftliche Schriften. Reihe Literaturwissenschaft 452), Würzburg 2003.

Gerber 2018 J. Gerber, Karl Marx in Paris. Die Entdeckung des Kommunismus, München 2018.

Gibbs 2005 R. Gibbs, Messianic Epistemology: Thesis XV, in: A. B. Walter (Hrsg.), Benjamin and History, London / New York 2005, 197–214.

Gödde/Lonitz 2006 Chr. Gödde / H. Lonitz, Das Institut für Sozialforschung / Gretel Adorno, Adorno und Horkheimer, in: B. Lindner (Hrsg.), Benjamin-Handbuch. Leben – Werk – Wirkung, Stuttgart 2006, 92–106.

Goller 2013 P. Goller, Walter Benjamins Marx-Engels-Studium, in: Mitteilungen der Alfred Klahr Gesellschaft 20 (2013), Nr. 1, 12 & 17–24.

González García 2011 J. M. González García, Walter Benjamin: The Angel of Victory and the Angel of History, in: ders. / S. Weigel (Hrsg.), Benjamin-Studien 2, München 2011, 195–222.

Graul/Nebelin 2008 S. Graul / M. Nebelin, Umrisse einer allgemeinen Theorie des Verlierertums, in: dies. (Hrsg.), Verlierer der Geschichte. Von der Antike bis zur Moderne (Chemnitzer Beiträge zur Politik und Geschichte 4), Berlin 2008, 63–100.

Greffrath 1975 K. R. Greffrath, Der historische Materialist als dialektischer Historiker. Zum Motiv der Rettung in Walter Benjamins Thesen „Über den Begriff der Geschichte", in: P. Bulthaup (Hrsg.), Materialien zu Benjamins Thesen ‚Über den Begriff der Geschichte'. Beiträge und Interpretationen, Frankfurt a.M. 1975, 193–230.

Greffrath 1981 K. R. Greffrath, Metaphorischer Realismus. Untersuchungen zum Geschichtsbegriff Walter Benjamins, München 1981.

Habermas 1972 J. Habermas, Walter Benjamin. Bewußtmachende oder rettende Kritik (1972), in: ders., Philosophisch-politische Profile, Frankfurt a.M. [3]1998 [1981], 336–376.

Habermas 1980a J. Habermas, Die Frankfurter Schule in New York (1980), in: ders., Philosophisch-politische Profile, Frankfurt a.M. [3]1998 [1981], 411–425.

Habermas 1980b J. Habermas, Replik auf Einwände (1980), in: ders., Vorstudien und Ergänzungen zur Theorie des kommunikativen Handelns, Frankfurt a.M. 1995 [1984/[3]1984], 475–570.

Habermas 1983 J. Habermas, Der philosophische Diskurs der Moderne. Zwölf Vorlesungen, Frankfurt a.M. [9]2004 [1983].

Hamacher 2005 W. Hamacher, ‚Now': Walter Benjamin on Historical Time, in: A. Benjamin (Hrsg.), Walter Benjamin and History, London / New York 2005, 38–68 & 234–237.

Hamacher 2006 W. Hamacher, Das Theologisch-politische Fragment, in: B. Lindner (Hrsg.), Benjamin-Handbuch. Leben – Werk – Wirkung, Stuttgart 2006, 175–192.

Haselberg 1975 P. von Haselberg, Benjamins Engel, in: P. Bulthaup (Hrsg.), Materialien zu Benjamins Thesen ‚Über den Begriff der Geschichte'. Beiträge und Interpretationen, Frankfurt a.M. 1975, 337–356.

Heinrich 2016a M. Heinrich, Das Programm der Kritik der politischen Ökonomie, in: M. Quante / D. P. Schweikard (Hrsg.), Marx-Handbuch. Leben – Werk – Wirkung, Stuttgart 2016, 71–118.

Heinrich 2016b M. Heinrich, Grundbegriffe der Kritik der politischen Ökonomie, in: M. Quante / D. P. Schweikard (Hrsg.), Marx-Handbuch. Leben – Werk – Wirkung, Stuttgart 2016, 173–193.

Henning 2015 Chr. Henning, Theorien der Entfremdung zur Einführung, Hamburg 2015.

Hering 1982 Chr. Hering, Die Rekonstruktion der Revolution. Walter Benjamins messianischer Materialismus in den Thesen Über den Begriff der Geschichte (Europäische Hochschulschriften. Reihe 20. Philosophie 94), Frankfurt a.M. 1982.

Herres 2018 J. Herres, Marx und Engels. Porträt einer intellektuellen Freundschaft, Stuttgart 2018.

Hillach 2000 A. Hillach, Dialektisches Bild, in: M. Opitz / E. Wizisla (Hrsg.), Benjamins Begriffe. Erster Band, Frankfurt a.M. ²2002 [2000], 186–229.

Hirvonen 2012 A. Hirvonen, Marx and God with Anarchism: on Walter Benjamin's Concepts of History and Violence, in: Continental Philosophy Review 45 (2012) 519–543.

Homann 2004 A. Homann, Karl Marx, in: F. Volpi (Hrsg.), Großes Werklexikon der Philosophie. Band 2, Stuttgart 2004, 1003–1012.

Hunt 1974 R. N. Hunt, The Political Ideas of Marx and Engels. I. Marxism and Totalitarian Democracy, 1818–1850, Pittsburgh 1974.

Hunt 1984 R. N. Hunt, The Political Ideas of Marx and Engels. II. Classical Marxism 1850–1895, Pittsburgh 1984.

Iorio 2003 M. Iorio, Karl Marx – Geschichte, Gesellschaft, Politik. Eine Ein- und Weiterführung, Berlin 2003.

Iorio 2016 M. Iorio, Geschichtsphilosophie, in: M. Quante / D. P. Schweikard (Hrsg.), Marx-Handbuch. Leben – Werk – Wirkung, Stuttgart 2016, 208–218.

Jaeggi 2005/2016 R. Jaeggi, Entfremdung. Zur Aktualität eines sozialphilosophischen Problems. Mit einem neuen Nachwort, Frankfurt am Main ²2016 [2005].

Jähn 2016 S. Jähn, „Gewinnen soll, wenn es nach mir geht, die Türkenpuppe, die bei den Philosophen Materialismus heißt." Zum Verhältnis von Marxismus und Theologie im Spätwerk Walter Benjamins, in: Chr. Blättler / Chr. Voller (Hrsg.), Walter Benjamin. Politisches Denken (Staatsverständnisse 93), Baden-Baden 2016, 211–232.

Jennings 2016 M. W. Jennings, The Will to Apokatastasis. Media, Experience, and Eschatology in Walter Benjamin's Late Theological Politics, in: C. Dickinson / St. Symons (Hrsg.), Walter Benjamin and Theology, New York 2016, 93–109.

Jörke 2005 D. Jörke, Politische Anthropologie. Eine Einführung, Wiesbaden 2005.

Johnson/Willson 1982 „Ein verkannter Humorist". Gespräch [U. Johnson] mit A. L. Willson (Am 20. April 1982 in Sheerness-on-Sea), in: E. Fahlke (Hrsg.), „Ich überlege mir die Geschichte". Uwe Johnson im Gespräch, Frankfurt a.M. 1988, 281–299.

Jung 1933 C. G. Jung, Über die Archetypen des kollektiven Unbewussten [1933], in: ders., Die Archetypen und das kollektive Unbewusste, C.G. Jung. Gesammelte Werke. Neunter Band. Erster Halbband, Olten ⁶1986 [1976], 11–51.

Jung 1936 C. G. Jung, Der Begriff des kollektiven Unbewussten [1936], in: ders., Die Archetypen und das kollektive Unbewusste, C.G. Jung. Gesammelte Werke. Neunter Band. Erster Halbband, Olten ⁶1986 [1976], 55–66.

Kaiser 1975 G. Kaiser, Walter Benjamins „Geschichtsphilosophische Thesen", in: P. Bulthaup (Hrsg.), Materialien zu Benjamins Thesen ‚Über den Begriff der Geschichte'. Beiträge und Interpretationen, Frankfurt a.M. 1975, 43–76.
Kambas 2006 Chr. Kambas, Positionierung des Linksintellektuellen im Exil, in: B. Lindner (Hrsg.), Benjamin-Handbuch. Leben – Werk – Wirkung, Stuttgart 2006, 420–436.
Kaulen 2000 H. Kaulen, Rettung, in: M. Opitz / E. Wizisla (Hrsg.), Benjamins Begriffe. Zweiter Band, Frankfurt a.M. ²2002 [2002], 619–664.
Kittsteiner 1975 H.-D. Kittsteiner, Die „Geschichtsphilosophischen Thesen", in: P. Bulthaup (Hrsg.), Materialien zu Benjamins Thesen ‚Über den Begriff der Geschichte'. Beiträge und Interpretationen, Frankfurt a.M. 1975, 28–42.
Ko 2005 J.-H. Ko, Geschichtsbegriff und historische Forschung bei Walter Benjamin. Ein Forschungsprogramm zu Benjamins Kategorien Geschichte, Moderne und Kritik (Forschungen zum Junghegelianismus. Quellenkunde, Umkreisforschung, Theorie, Wirkungsgeschichte 12), Frankfurt a.M. 2005.
Köhn 2000 E. Köhn, Sammler, in: M. Opitz / E. Wizisla (Hrsg.), Benjamins Begriffe. Zweiter Band, Frankfurt a.M. ²2002 [2002], 695–724.
Kolakowski 1981 L. Kolakowski, Die Hauptströmungen des Marxismus. Entstehung – Entwicklung – Zerfall, 3 Bde., München / Zürich ²1981 [1976–1978].
Konersmann 1991 R. Konersmann, Erstarrte Unruhe. Walter Benjamins Begriff der Geschichte, Frankfurt a.M. 1991.
Koselleck 1994/2002 R. Koselleck, Hinweise auf die temporalen Strukturen begriffsgeschichtlichen Wandels [1994/2002], in: ders., Begriffsgeschichten. Studien zur Semantik und Pragmatik der politischen und sozialen Sprache, Frankfurt a.M. 2006, 86–98.
Koselleck 1975 R. Koselleck, ‚Erfahrungsraum' und ‚Erwartungshorizont' – zwei historische Kategorien [1975], in: ders., Vergangene Zukunft. Zur Semantik geschichtlicher Zeiten, Frankfurt a.M. ⁵2003, 349–375.
Kraft 1966/1973 W. Kraft, Er hüllte sich in das Geheimnis [1966/1973], in: E. Wizisla (Hrsg.), Begegnungen mit Walter Benjamin, Leipzig 2015, 68–77.
Kraft 2015 W. Kraft, Ein Kopf, aber illoyal, in: E. Wizisla (Hrsg.), Begegnungen mit Walter Benjamin, Leipzig 2015, 218–238.
Kramer 2004 S. Kramer, Walter Benjamin zur Einführung, Hamburg ²2004.
Küpper/Skandries 2006 Th. Küpper / T. Skandries, Rezeptionsgeschichte, in: B. Lindner (Hrsg.), Benjamin-Handbuch. Leben – Werk – Wirkung, Stuttgart 2006, 17–56.
Leslie 2008 E. Leslie, Revolutionary Potential and Walter Benjamin: A Postwar Reception History, in: J. Bidet / St. Kouvelakis (Hrsg.), Critical Companion to Contemporary Marxism, Boston / Leiden 2008, 549–566.
Lindner 1979 B. Lindner, ‚Natur-Geschichte'-Geschichtsphilosophie und Welterfahrung in Benjamins Schriften, in: H. L. Arnold (Hrsg.), Walter Benjamin, text + kritik. Zeitschrift für Literatur. 31/32, München ²1979, 41–58.

Lindner 1983 B. Lindner, Herrschaft als Trauma. Adornos Gesellschaftstheorie zwischen Marx und Benjamin, in: H. L. Arnold (Hrsg.), Theodor W. Adorno. text + kritik. Zeitschrift für Literatur. Sonderband, München ²1983, 72–91

Lindner 1984 B. Lindner, Habilitationsakte Benjamin. Über ein ‚akademisches Trauerspiel' und über ein Vorkapitel der „Frankfurter Schule" (Horkheimer, Adorno), in: LiLi 14 (1984) 147–165.

Lindner 2000 B. Lindner, Allegorie, in: M. Opitz / E. Wizisla (Hrsg.), Benjamins Begriffe. Erster Band, Frankfurt a.M. ²2002 [2000], 50–94.

Link-Heer 2006 U. Link-Heer, „Zum Bilde Proust", in: B. Lindner (Hrsg.), Benjamin-Handbuch. Leben – Werk – Wirkung, Stuttgart 2006, 507–521.

Loheit 2015 J. Loheit, Materialanalyse: Eine geschichts-materialistische Lektüre-Praxis, in: Forum Interdisziplinäre Begriffsgeschichte 5 (2016) H. 2, 54–61.

Lohmann 2001 H.-M. Lohmann, Marxismus, Frankfurt a.M. 2001.

Loick 2016 D. Loick, Herrschermacht und Herrschervermögen. Benjamins Kritik der Entscheidung, in: Chr. Blättler / Chr. Voller (Hrsg.), Walter Benjamin. Politisches Denken (Staatsverständnisse 93), Baden-Baden 2016, 97–109.

Löwy 1986 M. Löwy, Walter Benjamin critique du progrès: à la recherche de l'expérience perdue, in: H. Wismann (Hrsg.), Walter Benjamin et Paris. Colloque international 27–29 juin 1983, Paris 1986, 629–639.

Löwy 1997 M. Löwy, Erlösung und Utopie. Jüdischer Messianismus und libertäres Denken. Eine Wahlverwandtschaft, Berlin ²2002 [1997].

Löwy 2001 M. Löwy, Walter Benjamin: Avertissement d'incendie. Une lecture des thèses ‚Sur le concept d'histoire', Paris 2001.

Löwy 2008 M. Löwy, Le point de vue des vaincus dans l'historie de l'Amérique latin: réflexions méthodologiques à partir de Walter Benjamin, in: P. Simay (Hrsg.), Walter Benjamin. La tradition des vaincus (cahiers d'anthropologie sociale 4), Paris ²2013 [2008], 63–71.

Löwy 2014 M. Löwy, A Historical Materialism with Romantic Splinters: Walter Benjamin and Karl Marx, in: J. Habjan / J. Whyte (Hrsg.), (Mis)readings of Marx in Continental Philosophy, New York 2014, 19–33.

Lundgreen 2019 Chr. Lundgreen, Lucullus und die politische Kultur der römischen Republik. Konkurrenz und Distinktion zwischen Feldherren, Feinschmeckern und Fischteichbesitzern, in: H. Beck / K.-J. Hölkeskamp (Hrsg.), Verlierer und Aussteiger in der ‚Konkurrenz unter Anwesenden'. Agonalität in der politischen Kultur des antiken Rom, Stuttgart 2019, 81–126.

Marchesoni 2016 St. Marchesoni, Walter Benjamins Konzept des Eingedenkens. Über Genese und Semantik einer Denkfigur (LiteraturForschung 29), Berlin 2016.

Marxhausen 1999 Th. Marxhausen, Fetischcharakter der Ware, in: W. F. Haug (Hrsg.), Historisch-kritisches Wörterbuch des Marxismus. Band 4, Hamburg 1999, 343–354.

Menke 2009 Chr. Menke, Aporien der kulturellen Moderne, in: H. Brunkhorst / R. Kreide / C. Lafont (Hrsg.), Habermas-Handbuch. Leben – Werk – Wirkung, Stuttgart 2009, 205–214.

Menninghaus 1986 W. Menninghaus, Schwellenkunde. Walter Benjamins Passage des Mythos, Frankfurt a.M. 1986.

Mensching 1975 G. Mensching, Zeit und Fortschritt in den geschichtsphilosophischen Thesen Walter Benjamins, in: P. Bulthaup (Hrsg.), Materialien zu Benjamins Thesen ‚Über den Begriff der Geschichte'. Beiträge und Interpretationen, Frankfurt a.M. 1975, 170–192.

Mészáros 1973 I. Mészáros, Der Entfremdungsbegriff bei Marx, München 1973.

Mičko 2010 M. Mičko, Walter Benjamin und Georg Simmel (Kultur- und sozialwissenschaftliche Studien 6), Wiesbaden 2010.

Mosès 1993 St. Mosès, Eingedenken und Jetztzeit. Geschichtliches Bewußtsein im Spätwerk Walter Benjamins, in: A. Haverkamp / R. Lachmann (Hrsg.), *Memoria*. Vergessen und Erinnern (Poetik und Hermeneutik 15), München 1993, 385–405.

Mosès 2006 St. Mosès, Gershom Scholem, in: B. Lindner (Hrsg.), Benjamin-Handbuch. Leben – Werk – Wirkung, Stuttgart 2006, 59–76.

Mosès 2010 St. Mosès, Benjamins Judentum, in: D. Weidner (Hrsg.), Profanes Leben. Walter Benjamins Dialektik der Säkularisierung, Berlin 2010, 141–151.

Müller-Schöll 2006 N. Müller-Schöll, Bertolt Brecht, in: B. Lindner (Hrsg.), Benjamin-Handbuch. Leben – Werk – Wirkung, Stuttgart 2006, 77–91.

Nebelin 2007 M. Nebelin, Walter Benjamin und die Besiegten. Theologie – Verlust – Geschichte (Poetica 96), Hamburg 2007.

Nebelin 2008 M. Nebelin, Versuche, „die Geschichte gegen den Strich zu bürsten". Walter Benjamin und die Besiegten, in: S. Graul / M. Nebelin (Hrsg.), Verlierer der Geschichte. Von der Antike bis zur Moderne (Chemnitzer Beiträge zur Politik und Geschichte 4), Berlin 2008, 29–62.

Nebelin 2009 M. Nebelin, Zeit und Geschichte. Historische Zeit in geschichtswissenschaftlichen Theorien, in: A. Deußer / Marian Nebelin (Hrsg.), Was ist Zeit? Philosophische und geschichtstheoretische Aufsätze (Philosophie 74), Berlin 2009, 51–93.

Nebelin 2012 M. Nebelin, Sieger, Besiegte und Historiker, in: M. Meißner / K. Nebelin / M. Nebelin (Hrsg.), Eliten nach dem Machtverlust? Fallstudien zur Transformation von Eliten in Krisenzeiten (Impulse 3), Berlin 2012, 49–87.

Nguyen 2015 D. L. Nguyen, The Angel of History and the Commodity Fetish: Walter Benjamin and the Marxian Critique of Political Economy, in: Constellations 22 (2015) 341–353.

Nippel 2018 W. Nippel, Karl Marx, München 2018.

Osterkamp 1978 E. Osterkamp, Utopie und Prophetie. Überlegungen zu den späten Schriften Walter Benjamins, in: G. Ueding (Hrsg.), Literatur ist Utopie, Frankfurt a.M. 1978, 103–128.

Palmier 2006 J.-M. Palmier, Walter Benjamin. Le chiffonnier, l'Ange et le Petit Bossu. Esthétique et politique chez Walter Benjamin, édition établie, annotée et préfacée par florent Perrier, avant-propos de Marc Jimenez (Collection d'esthétique 68), Paris 2006.

Palmier 2009 J.-M. Palmier, Walter Benjamin. Lumpensammler, Engel und bucklicht Männlein. Ästhetik und Politik bei Walter Benjamin, hrsg. u. m. e. Vorw. vers. v. F. Perrier, Frankfurt a.M. 2009.

Pangritz 2000 A. Pangritz, Theologie, in: M. Opitz / E. Wizisla (Hrsg.), Benjamins Begriffe. Zweiter Band, Frankfurt a.M. ²2002 [2000], 774–825.

Pensky 2004 M. Pensky, Method and Time: Benjamin's Dialectical Images, in: D. S. Ferris (Hrsg.), The Cambridge Companion to Walter Benjamin, Cambridge 2004, 177–198.

Pethes 2008 N. Pethes, Kulturwissenschaftliche Gedächtnistheorien zur Einführung, Hamburg 2008.

Pfotenhauer 1975 H. Pfotenhauer, „Eine Puppe in türkischer Tracht". Zur Verbindung von historischem Materialismus und Theologie beim späten Benjamin, in: P. Bulthaup (Hrsg.), Materialien zu Benjamins Thesen ‚Über den Begriff der Geschichte'. Beiträge und Interpretationen, Frankfurt a.M. 1975, 254–291.

Raulet 2004 G. Raulet, Positive Barbarei. Kulturphilosophie und Kritik bei Walter Benjamin, Münster 2004.

Raulet 2016 G. Raulet, Theorie der Gewalt und Ausnahmezustand, in: Chr. Blättler / Chr. Voller (Hrsg.), Walter Benjamin. Politisches Denken (Staatsverständnisse 93), Baden-Baden 2016, 135–158.

Rice 2005 C. Rice, Walter Benjamin's Interior History, in: A. Benjamin (Hrsg.), Walter Benjamin and History, London / New York 2005, 171–181.

Riedel 1990 V. Riedel, Forschungen zum Nachleben der Antike als interdisziplinäre Aufgabe, in: ders., Literarische Antikerezeption. Aufsätze und Vorträge (Jenaer Studien 2), Jena 1996, 9–21.

Rohbeck 2006 J. Rohbeck, Marx, Leipzig 2006.

Rohbeck 2009 J. Rohbeck, Geschichtsphilosophie der Zukunft, in: A. Deußer / M. Nebelin (Hrsg.), Was ist Zeit? Philosophische und geschichtstheoretische Aufsätze (Philosophie 74), Berlin 2009, 19–38.

Rothfels 1953 H. Rothfels, Zeitgeschichte als Aufgabe, in: Vierteljahrshefte für Zeitgeschichte 1 (1953) 1–8.

Schieder 1991 W. Schieder, Karl Marx als Politiker, München 1991.

Schmider/Werner 2006 Chr. Schmider / M. Werner, Das Baudelaire-Buch, in: B. Lindner (Hrsg.), Benjamin-Handbuch. Leben – Werk – Wirkung, Stuttgart 2006, 567–584.

Schmidt am Busch 2016 H.-Chr. Schmidt am Busch, Grundfragen der Marx-Interpretation, in: M. Quante / D. P. Schweikard (Hrsg.), Marx-Handbuch. Leben – Werk – Wirkung, Stuttgart 2016, 295–305.

Schneider 2006 M. Schneider, Aufzeichnungen, in: B. Lindner (Hrsg.), Benjamin-Handbuch. Leben – Werk – Wirkung, Stuttgart 2006, 663–679.

Schöttker 1992 D. Schöttker, Walter Benjamin und seine Rezeption. Überlegungen zur Wirkungsgeschichte (aus Anlaß des 100. Geburtstags am 15. Juli 1992), in: Leviathan 20 (1992) 268–280.

Schöttker 1999 D. Schöttker, Konstruktiver Fragmentarismus. Form und Rezeption der Schriften Walter Benjamins, Frankfurt a.M. 1999.

Schöttker 2000 D. Schöttker, Erinnern, in: M. Opitz / E. Wizisla (Hrsg.), Benjamins Begriffe. Erster Band, Frankfurt a.M. ²2002 [2000], 260–298.

Schöttker 2007 Walter Benjamin. Das Kunstwerk im Zeitalter seiner technischen Reproduzierbarkeit und weitere Dokumente. Kommentar von D. Schöttker, Frankfurt a.M. 2007.

Schöttker/Wizisla 2006 D. Schöttker / E. Wizisla, Hannah Arendt und Walter Benjamin. Konstellationen, Debatten, Vermittlungen, in: dies. (Hrsg.), Arendt und Benjamin. Texte, Briefe, Dokumente, Frankfurt a.M. 2006, 11–44.

Scholem 1941/1957 G. Scholem, Die jüdische Mystik in ihren Hauptströmungen, Frankfurt a.M. 1980 [1941/dt. 1957].

Scholem 1964 G. Scholem, Walter Benjamin (1964), in: ders., Walter Benjamin und sein Engel. Vierzehn Aufsätze und kleine Beiträge, hrsg. v. R. Tiedemann, Frankfurt a.M. 1992, 9–34.

Scholem 1972 G. Scholem, Walter Benjamin und sein Engel [1972], in: ders., Walter Benjamin und sein Engel. Vierzehn Aufsätze und kleine Beiträge, hrsg. v. R. Tiedemann, Frankfurt a.M. 1992, 35–72.

Scholem 1975 G. Scholem, Walter Benjamin – die Geschichte einer Freundschaft, Frankfurt a.M. [4]1997 [1975].

Schweppenhäuser 1975 H. Schweppenhäuser, Praesentia praeteritorum. Zu Benjamins Geschichtsbegriff, in: P. Bulthaup (Hrsg.), Materialien zu Benjamins Thesen ‚Über den Begriff der Geschichte'. Beiträge und Interpretationen, Frankfurt a.M. 1975, 7–22.

Scholem 1992 G. Scholem, Walter Benjamin und sein Engel. Vierzehn Aufsätze und kleine Beiträge, hrsg. v. R. Tiedemann, Frankfurt a.M. 1992.

Schreiner 2003 K. Schreiner, Messianismus. Bedeutungs- und Funktionswandel eines heilsgeschichtlichen Denk- und Handlungsmusters, in: K. Hildebrand (Hrsg.), Zwischen Politik und Religion. Studien zur Entstehung, Existenz und Wirkung des Totalitarismus (Schriften des Historischen Kollegs. Kolloquien 59), München 2003, 1–44.

Schweikard 2016 D. P. Schweikard, Karl Marx – Leben, in: M. Quante / D. P. Schweikard (Hrsg.), Marx-Handbuch. Leben – Werk – Wirkung, Stuttgart 2016, 1–20.

Siemek 1987 M. J. Siemek, Die Gesellschaft als philosophisches Problem bei Marx, in: B. Waldenfels / J. M. Broekman / A. Păzanin (Hrsg.), Phänomenologie und Marxismus. Band 3. Sozialphilosophie, Frankfurt a.M. 1978, 145–169.

Skrandies 2006 T. Skrandies, Unterwegs in den Passagen-Konvoluten, in: B. Lindner (Hrsg.), Benjamin-Handbuch. Leben – Werk – Wirkung, Stuttgart 2006, 274–284.

Steiner 2004 U. Steiner, Walter Benjamin. Stuttgart 2004.

Steiner 2016 U. Steiner, Walter Benjamins ‚Wendung zum politischen Denken', in: Chr. Blättler / Chr. Voller (Hrsg.), Walter Benjamin. Politisches Denken (Staatsverständnisse 93), Baden-Baden 2016, 33–71.

Stroessel 1985 M. Stroessel, Aura. Das vergessene Menschliche. Zu Sprache und Erfahrung bei Walter Benjamin (Edition Akzente 3), München / Wien 1985.

Tagliacozzo 2018 T. Tagliacozzo, Experience and Infinite Task. Knowledge, Language and Messianism in the Philosophy of Walter Benjamin, London 2018.

***text+kritik* 1979** Walter Benjamin, text + kritik. Zeitschrift für Literatur. 31/32, hrsg. v. H. L. Arnold, München [2]1979.

***text+kritik* 2009** Walter Benjamin, text + kritik. Zeitschrift für Literatur. 31/32. Dritte Auflage: Neufassung, hrsg. v. H. L. Arnold, München 2009.
Tiedemann 1965/2003 R. Tiedemann, Mystik und Aufklärung. Studien zur Philosophie Walter Benjamins. Mit einer Vorrede von Theodor W. Adorno und sechs Corollarien, [erw. Ausg.], München ²2002 [1965].
Tiedemann 1975 R. Tiedemann, Historischer Materialismus oder politischer Messianismus? Annäherungen an die Thesen ‚Über den Begriff der Geschichte' (1975), in: ders., Mystik und Aufklärung. Studien zur Philosophie Walter Benjamins. Mit einer Vorrede von Theodor W. Adorno und sechs Corollarien, [erw. Ausg.], München ²2002 [1965], 254–298.
Tiedemann 1982a R. Tiedemann, Anmerkungen des Herausgebers, in: GS V.2, 1065–1350.
Tiedemann 1982b R. Tiedemann, Einleitung des Herausgebers, in: GS V.1, 9–41.
Tiedemann 1983 R. Tiedemann, Dialektik im Stillstand. Versuche zum Spätwerk Walter Benjamins, Frankfurt a.M. 1983.
Torrance 1995 J. Torrance, Karl Marx's Theory of Ideas, Cambridge u.a. 1995.
Vardoulakis 2005 D. Vardoulakis, The Subject of History: The Temporality of Parataxis in Benjamins's Historiography, in: A. Benjamin (Hrsg.), Walter Benjamin and History, London / New York 2005, 118–136.
Vieth 2016 A. Vieth, Philosophische Schriften, in: M. Quante / D. P. Schweikard (Hrsg.), Marx-Handbuch. Leben – Werk – Wirkung, Stuttgart 2016, 31–70.
Violan 1993/2016 M. Violan, Warum Walter Benjamins Moskau-Pläne scheiterten [1993/2016], in: Chr. Blättler / Chr. Voller (Hrsg.), Walter Benjamin. Politisches Denken (Staatsverständnisse 93), Baden-Baden 2016, 277–301.
Voigts 1994 M. Voigts, Jüdischer Messianismus und Geschichte. Ein Grundriß, Berlin 1994.
Weber 1995 Th. Weber, Basis, in: W. F. Haug (Hrsg.), Historisch-kritisches Wörterbuch des Marxismus, Band 2, Hamburg ²1999 [1995], 28–49.
Weber 2000 Th. Weber, Erfahrung, in: M. Opitz / E. Wizisla (Hrsg.), Benjamins Begriffe. Erster Band, Frankfurt a.M. ²2002 [2000], 230–259.
Wedekind 2017 G. Wedekind, Ein neuer Engel? Walter Benjamins Bilddenken und Paul Klees Philosophie der Unzulänglichkeit, in: J. Engelmann / Th. Schröder (Hrsg.), Vom Ende der Geschichte her. Walter Benjamins geschichtsphilosophische Thesen, Mainz 2017, 181–212.
Weidner 2010 D. Weidner, Einleitung: Walter Benjamin, die Religion und die Gegenwart, in: ders. (Hrsg.), Profanes Leben. Walter Benjamins Dialektik der Säkularisierung, Berlin 2010, 7–35.
Weidner 2011 D. Weidner, Fort-, Über- und Nachleben. Zu einer Denkfigur bei Benjamin, in: ders./ S. Weigel (Hrsg.), Benjamin-Studien 2, München 2011, 161–178.
Weigel 1997 S. Weigel, Entstellte Ähnlichkeit. Walter Benjamins theoretische Schreibweise, Frankfurt a.M. 1997.
Weigel 2008 S. Weigel, Walter Benjamin. Die Kreatur, das Heilige, die Bilder, Frankfurt a.M. 2008.

Weigel 2016 S. Weigel, Fidelity, Love, Eros. Benjamin's Bireferential Concept of Life as Developed in „Goethe's *Elective Affinities*", in: C. Dickinson / St. Symons (Hrsg.), Walter Benjamin and Theology, New York 2016, 75–93.

Weissberg 2012 L. Weissberg, Über Haschisch und Kabbala. Gershom Scholem, Siegfried Unseld und das Werk von Walter Benjamin (marbacher magazin 140), Marbach am Neckar 2012.

Werckmeister 1976 O. K. Werckmeister, Walter Benjamin, Paul Klee und der ‚Engel der Geschichte', in: Neue Rundschau 87 (1976) 16–40.

Werner 2006 N. Werner, Zeit und Person, in: B. Lindner (Hrsg.), Benjamin-Handbuch. Leben – Werk – Wirkung, Stuttgart 2006, 3–8.

Wheen 2006 F. Wheen, Karl Marx. Das Kapital, München 2008 [2006].

Wiemer 1997 C. Wiemer, Der Paria als Unmensch. Grabbe – Genealogie des Anti-Humanitarismus (Aisthesis Essay 8), Bielefeld 1997.

Wiggershaus 1988 R. Wiggershaus, Die Frankfurter Schule. Geschichte. Theoretische Entwicklung. Politische Bedeutung, München ^{6}2001 [1988].

Wismann 1986 H. Wismann (Hrsg.), Walter Benjamin et Paris. Colloque international 27–29 juin 1983, Paris 1986.

Wizisla 2000 E. Wizisla, Revolution, in: M. Opitz / E. Wizisla (Hrsg.), Benjamins Begriffe. Zweiter Band, Frankfurt a.M. ^{2}2002 [2002], 665–694.

Wizisla 2004 E. Wizisla, Benjamin und Brecht. Die Geschichte einer Freundschaft. Mit einer Chronik und den Gesprächsprotokollen des Zeitschriftenprojekts „Krise und Kritik", Frankfurt a.M. 2004.

Wohlfarth 1986 I. Wohlfahrt, „Immer radikal, niemals konsequent ...". Zur theologisch-politischen Standortsbestimmung Walter Benjamins, in: N. W. Bolz / R. Faber (Hrsg.), Antike und Moderne. Zu Walter Benjamins „Passagen", Würzburg 1986, 116–137.

Wohlfarth 2006 I. Wohlfahrt, Die Passagenarbeit, in: B. Lindner (Hrsg.), Benjamin-Handbuch. Leben – Werk – Wirkung, Stuttgart 2006, 251–274.

Zima 2014 P. V. Zima, Entfremdung. Pathologien der postmodernen Gesellschaft, Tübingen 2014.

„Marx ist tot“

Karl Marx und der Marxismus in Oswald Spenglers „Der Untergang des Abendlandes“

David Engels

Einleitung

Oswald Spengler und Karl Marx – selten haben zwei deutsche Geschichtsphilosophen solchermaßen antipodische Positionen bezogen, und es ist gewissermaßen eine Ironie des Schicksals, daß das Jahr 2018 nicht nur den 200. Geburtstag des letzteren feiert, sondern auch den 100. Jahrestag der Erstveröffentlichung des „Untergang des Abendlandes“ begeht. Und in der Tat: Während Karl Marx in willentlicher Umkehrung der Grundlehren seines geistigen Ziehvaters Hegel ein Weltbild vertrat, das man als materialistisch, progressistisch, teleologisch, universalistisch, optimistisch und sozialistisch bezeichnen könnte, finden wir bei Oswald Spengler nahezu in jeder Beziehung gegensätzliche Positionen vertreten, läßt sich doch sein Denken mit den Attributen vitalistisch, biologistisch, zyklisch, relativistisch, pessimistisch und elitär beschreiben.[1]

Und doch findet sich jenseits des Trennenden auch manches, ja sogar viel Verbindendes, und das nicht nur auf dem Feld des übermäßigen Konsums guter Zigarren: Beide Geschichtsphilosophen waren zutiefst deterministische Denker, beide versuchten auf ihre Weise, die Weltgeschichte in ihrer Gesamtheit konzeptionell zu durchdringen, beide zeigten ein ausgeprägtes Interesse auch an anderen Perioden als der eigenen Gegenwart, und beide bemühten sich, dem inneren Widerspruch zu entkommen, Geschichtsdeterminismus mit eigenem politischen Aktivismus zu verbinden.

Wir wollen im folgenden versuchen, die Grundlinien der Rezeption Karl Marx’ und seines Werkes durch Oswald Spengler zu skizzieren; kein leichtes Unterfangen, bedenkt man den umfangreichen Platz jener Auseinandersetzung nicht nur in Spenglers Hauptwerk, sondern auch in den von diesem abgeleiteten kleineren Untersuchungen. Im Zentrum soll daher zunächst, im Anschluß an eine kurze Einführung in Leben und Werk Oswald Spenglers, eine ausführliche Betrachtung der Stellung Karl Marx’ und seines

---

1 Zur marxistischen Sicht auf Spengler vgl. etwa repräsentativ Lukács 1954.

Denkens im „Untergang des Abendlandes" stehen, dem Hauptwerk Spenglers, dessen spätere monographische Beschäftigung mit Fragen der Frühgeschichte und der Anthropologie leider nur Fragment bleiben sollte. Auf eine ausführliche Darstellung der Rezeption Marx' in den kleineren Abhandlungen und dem Briefwechsel muß leider verzichtet werden, und das nicht nur aufgrund der offensichtlichen Tatsache, daß ein solches Unterfangen den Rahmen eines Aufsatzes bei weitem sprengen würde, sondern auch, weil jene Schriften, allen voran „Preußentum und Sozialismus", gewissermaßen einer zweiten, wenn auch sich mit der ersten überschneidenden Schaffensphase Spenglers angehören, in welcher dieser sich bemühte, zunehmend auch in tagespolitischen Fragen als „praeceptor Germaniae" wahrgenommen zu werden und somit von der eher deskriptiven Darstellungsweise des „Untergangs" auf die (mit der vorherigen freilich eng verknüpfte) prospektive Ebene politischer Handlungsanweisung überwechselte und nicht mehr nur beschrieb, was kommen würde, sondern auch, wie es am besten zu erreichen wäre.[2]

Grundlagen der Spengler'schen Geschichtsmorphologie

Die Grundlagen des Spengler'schen Geschichtsdenkens sind, obwohl der Gedanke vom „Untergang des Abendlandes" gerade heute, da die schon lange andauernde innere Krise des „Westens" nun zunehmend auch seine Stellung in der Welt affiziert, so aktuell ist wie nie, leider immer noch ungenügend bekannt, so daß eine kleine Zusammenfassung an dieser Stelle sicherlich nicht unangebracht ist, um die Rolle, welche Karl Marx in diesem Gefüge einnehmen sollte, besser zu verorten.[3]

2 Selbstverständlich bin ich auf den Einwand gefaßt, daß gerade „Preußentum und Sozialismus", 1919 veröffentlicht, nicht nur früher als der 1922 publizierte zweite Band des „Untergang des Abendlandes" erschienen ist, sondern auch als die 1923 herausgegebene, im folgenden benutzte revidierte Fassung des ersten Bandes, so daß das oben angeführte chronologische Argument auf den ersten Blick erstaunen mag. Auf diesen Einwand wäre allerdings dreierlei zu entgegnen: Erstens betraf die Revision des ersten Bandes im wesentlichen stilistische Aspekte und ließ jedenfalls die Rolle Karl Marx' wesentlich unverändert (mit Ausnahme der längeren Aufzählung von S. 190 der Urfassung, welche in der entsprechenden S. 180 der revidierten Fassung leicht gekürzt wurde). Zweitens verstand sich „Preußentum und Sozialismus" dem Selbstverständnis Spenglers zufolge von Anfang an als eine Art kreativ erweiterter „Auszug" aus dem gerade redigierten zweiten Band, um die Aussagen des ersten so rasch wie möglich in Verbindung mit den seither geschehenen Ereignissen, v.a. dem militärischen Zusammenbruch Deutschlands und der Verfestigung der Oktoberrevolution zu bringen. Und schließlich ist auch vom biographischen Verständnis her der Gedanke stark zu machen, daß „Preußentum und Sozialismus", obwohl „schon" 1919 erschienen, bereits ganz bewußt der zweiten Schaffensphase Spenglers angehört, während der zweite Band des „Untergangs", obwohl „erst" 1922 erschienen, noch ganz in der introspektiven Grundhaltung Spenglers gedacht ist. Ohnehin war die Planung des 2. Bandes schon 1919 weit gediehen, und es „gibt nicht einen einzigen wesentlichen Begriff, der im zweiten Band eine Rolle spielt, welcher nicht im ersten, besonders in der komprimierten und bedeutsamen Einleitung, schon ausgesprochen wäre"; vgl. Koktanek 1968, 255.

3 Allg. einführend zu Spengler vgl. Schröter 1949, Koktanek 1965, Koktanek 1968, Ludz 1980, Merlio 1982, Naeher 1984, Felken 1988, Fischer 1989, Demandt/Farrenkopf 1994, Swassjan 1998, Botermans 2000, Farrenkopf 2001, Conte 2004, Guerri/Ophälders 2004, Osmancevic 2007, Csejtei/

Spenglers Geschichtsdeutung beruht auf zwei Grundannahmen. Auf der einen Seite nimmt Spengler die Existenz von „Kulturen“ als größten möglichen unabhängigen Akteuren der Weltgeschichte an. Diese Kulturen – Spengler postuliert insgesamt neun: die ägyptische, die altbabylonische, die indische, die chinesische, die antike, die magische bzw. arabische, die präkolumbianische, die abendländische und schließlich die russische – koexistieren zwar in Raum und Zeit und interagieren somit zwangsweise auf verschiedenste Weise miteinander, verfügen aber über keinerlei seelische Berührungspunkte, welche es der einen ermöglichen könnte, die innere Dynamik der anderen grundsätzlich zu verändern, so daß ihre innere Entwicklung nur ihrer Eigengesetzlichkeit gehorcht. Daher ist auch keine wirkliche, kulturübergreifende Rezeption geistiger Schöpfungen möglich, sondern nur eine selektive, systematisch fehlinterpretierte Übernahme spolienartig verwendeter intellektueller Versatzstücke, so daß also selbst die äußerliche Übernahme fremder Kulturformen immer nur auf innerem Fehlverständnis beruht und ein reines Oberflächenphänomen bleiben muß:

> „In der Tat besitzt jede Kultur ihre eigne systematische Psychologie, so wie sie ihren eignen Stil von Menschenkenntnis und Lebenserfahrung besitzt. Und wie selbst jede einzelne Stufe, das Zeitalter der Scholastik, das der Sophistik, das der Aufklärung ein Zahlenbild, Denkbild und Naturbild entwirft, das nur für sie paßt, so spiegelt sich endlich jedes Jahrhundert in einem eignen Seelenbilde. Der beste Menschenkenner Westeuropas irrt sich, wenn er einen Araber oder Japaner zu verstehen sucht, und umgekehrt. Aber ebenso irrt der Gelehrte, wenn er die Grundworte der arabischen oder griechischen Systeme mit den eignen übersetzt. Nephesch ist nicht animus, und atman ist nicht Seele. Was wir unter der Bezeichnung Wille überall entdecken, fand der antike Mensch in seinem Seelenbilde nicht.“[4]

Jede dieser neun Kulturen ist nun durch eine besondere, ihr und nur ihr allein zu eigene und auch verständliche Weltanschauung geprägt, welche Spengler als „Kulturseele“ versteht und mit einem psychologischen Grundbild – man wäre versucht, hier den Begriff „Archetyp“ zu verwenden – in Verbindung bringt, dessen verschiedenartigste Verwirklichung den Verständnisschlüssel zur gesamten Entwicklung der jeweiligen Kultur liefert:

> „Ein Seelenbild ist immer nur das Bild einer ganz bestimmten Seele. Kein Beobachter wird je aus den Bedingungen seiner Zeit und seines Kreises heraustreten, und was er auch ‚erkennen‘ möge, jede dieser Erkenntnisse ist bereits ein Ausdruck seiner eignen Seele, nach Auswahl, Richtung und innerer Form.“[5]

Juhász 2009, Gangl/Merlio/Ophälders 2009, Merlio/Meyer 2014, Van der Goten 2016, De Winde et al. 2016, Demandt 2017, Engels/Otte/Thöndl 2018, Fink/Rollinger 2018.

4 Spengler 1922/1923, 387–388.

5 Spengler 1922/1923, 387.

Spenglers zweite Grundannahme, neben der Existenz von grundsätzlich voneinander geschiedenen Kulturen mit eigenen „Kulturseelen" als Hauptakteuren der Weltgeschichte, ist die Überzeugung, daß die innere Entwicklung dieser Kulturen grundsätzlich analog und parallel zueinander verläuft und in etwa den Entwicklungsstadien eines lebendigen Körpers entspricht:

> „Kulturen sind Organismen. Weltgeschichte ist ihre Gesamtbiographie. Die ungeheure Geschichte der chinesischen oder antiken Kultur ist morphologisch das genaue Seitenstück zur Kleingeschichte des einzelnen Menschen, eines Tieres, eines Baumes oder einer Blume. [...] Will man die überall wiederholte innere Form kennen lernen, so hat die vergleichende Morphologie der Pflanzen und Tiere längst die Methode dazu vorbereitet. Im Schicksal der einzelnen, aufeinander folgenden, nebeneinander aufwachsenden, sich berührenden, überschattenden, erdrückenden Kulturen erschöpft sich der Gehalt aller Menschengeschichte. Und läßt man ihre Gestalten, die bis jetzt nur allzu tief unter der Oberfläche einer trivial fortlaufenden ‚Geschichte der Menschheit' verborgen waren, im Geiste vorüberziehen, so muß es gelingen, die Urgestalt der Kultur, frei von allem Trübenden und Unbedeutenden aufzufinden, die allen einzelnen Kulturen als Formideal zugrunde liegt."[6]

Die Nutzanwendung dieser Annahme für die Entwicklung der einzelnen Kulturen sieht dann folgendermaßen aus:

> „Eine Kultur wird in dem Augenblick geboren, wo eine große Seele aus dem urseelenhaften Zustande ewig-kindlichen Menschentums erwacht, sich ablöst, eine Gestalt aus dem Gestaltlosen, ein Begrenztes und Vergängliches aus dem Grenzenlosen und Verharrenden. Sie erblüht auf dem Boden einer genau abgrenzbaren Landschaft, an die sie pflanzenhaft gebunden bleibt. Eine Kultur stirbt, wenn diese Seele die volle Summe ihrer Möglichkeiten in der Gestalt von Völkern, Sprachen, Glaubenslehren, Künsten, Staaten, Wissenschaften verwirklicht hat und damit wieder ins Urseelentum zurückkehrt. Ihr lebendiges Dasein aber, jene Folge großer Epochen, die in strengem Umriß die fortschreitende Vollendung bezeichnen, ist ein tiefinnerlicher, leidenschaftlicher Kampf um die Behauptung der Idee gegen die Mächte des Chaos nach außen, gegen das Unbewußte nach innen, in das sie sich grollend zurückgezogen haben. [...] Ist das Ziel erreicht und die Idee, die ganze Fülle innerer Möglichkeiten vollendet und nach außen hin verwirklicht, so erstarrt die Kultur plötzlich, sie stirbt ab, ihr Blut gerinnt, ihre Kräfte brechen — sie wird zur Zivilisation."[7]

Dieser Determinismus leitet Spengler allerdings nicht zum Aufruf fatalistischer Introspektion oder sogar der Desertion angesichts der eigenen, historischen Verantwortlichkeit.

6 Spengler 1922/1923, 140–141.
7 Spengler 1922/1923, 143–144.

Ganz im Gegenteil, treu seinem von Seneca übernommenen Leitsatz *fata ducunt volentem, nolentem trahunt*[8] schreibt er:

> „Für uns aber, die ein Schicksal in diese Kultur und diesen Augenblick ihres Werdens gestellt hat, in welchem das Geld seine letzten Siege feiert und sein Erbe, der Cäsarismus, leise und unaufhaltsam naht, ist damit in einem eng umschriebenen Kreise die Richtung des Wollens und Müssens gegeben, ohne das es sich nicht zu leben lohnt. Wir haben nicht die Freiheit, dies oder jenes zu erreichen, aber die, das Notwendige zu tun oder nichts. Und eine Aufgabe, welche die Notwendigkeit der Geschichte gestellt hat, wird gelöst, mit dem einzelnen oder gegen ihn.“[9]

Karl Marx in „Der Untergang des Abendlandes“

Der Marxismus als morphologisches Oberflächenphänomen

Was nun Spenglers Einschätzung von Karl Marx betrifft,[10] so ergibt sich diese schon fast zwangsläufig aus dem gerade Angesprochenen. Marx und die von ihm vertretene Form sozialistischen Denkens erscheinen nicht als einmalige, aus eigenem Recht bestehende Faktoren einer linearen Geistes- und Menschheitsgeschichte, sondern vielmehr als typische Symptome einer die Interessen der städtischen Unterklasse vertretenden Parteipolitik, die zur jeweils analogen Zeit eben auch in der chinesischen, der antiken oder der islamischen Geschichte hervorgetreten und in der Folge auch wieder verschwunden sind; ein damals keineswegs unüblicher Ansatz, denkt man an das von Spengler oft zitierte Werk des Althistorikers Robert von Pöhlmann zur Geschichte des Sozialismus in der antiken Welt:[11]

> „Die politisch-soziale Theorie ist nur eine, aber eine notwendige Unterlage der Parteipolitik. Die stolze Reihe von Rousseau bis **Marx** hat ihr Seitenstück in der antiken von den Sophisten bis zu Platon und Zenon. In China sind die Grundzüge der entsprechenden Lehren aus der konfuzianischen und taoistischen Literatur noch zu ermitteln; es genügt, den Namen des Sozialisten Moh-ti zu nennen. In der byzantinischen und arabischen Literatur der Abbassidenzeit, wo der Radikalismus stets in strenggläubiger Fassung auftritt, nehmen sie einen breiten Raum ein und wirken als treibende Kräfte in allen Krisen des 9. Jahrhunderts; in Ägypten und

8 Sen., ep. ad Luc. 107. Allg. zu Senecas Konzept des Willens vgl. Zöller 2003.

9 Spengler 1922/1923, 1194–1195.

10 Während die Literatur zu Spenglers Begriff des „preußischen Sozialismus“ recht umfassend ist (s. unten), scheint vorliegende Studie die erste zu sein, die sich explizit mit Spenglers Rezeption des Denkens Karl Marx’ auseinandersetzt.

11 von Pöhlmann 1901/1902. Zu Robert von Pöhlmann vgl. auch den Aufsatz von Kai Ruffing in diesem Band.

Indien wird ihr Vorhandensein durch den Geist der Ereignisse zur Zeit Buddhas und der Hyksos bewiesen. Einer literarischen Fassung bedürfen sie nicht; ebenso wirksam ist die mündliche Verbreitung, die Predigt und Propaganda in Sekten und Bünden, wie sie am Ausgang puritanischer Strömungen, also im Islam und im englisch-amerikanischen Christentum ganz allgemein ist."[12]

Dies bedeutet nun freilich nicht, daß die Geschichten jener spätzeitlichen Sozialbewegungen allesamt vollständig gleichläufig strukturiert wären. Ganz im Gegenteil besteht Spengler darauf, daß jede menschliche Kultur durch ein ihr eigenes „Seelenbild" geprägt ist, das selbstverständlich ebenfalls Auswirkungen auf die Formen menschlichen Miteinanders und die darauf bezügliche Theoriebildung habe. Dies betrifft nun auch den Marxismus, den Spengler, wie wir später noch sehen werden, als eine Form des „Nihilismus" bezeichnet:[13]

> „Wir haben drei Formen des Nihilismus vor uns, das Wort im Sinne Nietzsches gebraucht. Die Ideale von gestern, die seit Jahrhunderten herangewachsenen religiösen, künstlerischen, staatlichen Formen sind abgetan, nur daß selbst dieser letzte Akt der Kultur, ihre Selbstverneinung, noch einmal das Ursymbol ihres ganzen Daseins zum Ausdruck bringt. Der faustische Nihilist, Ibsen wie Nietzsche, **Marx** wie Wagner, zertrümmert die Ideale; der apollinische, Epikur wie Antisthenes und Zenon, läßt sie vor seinen Augen zerfallen; der indische zieht sich vor ihnen in sich selbst zurück."[14]

Ebenso sehr, wie die Person Marx' nur als quasi zufälliger biographischer Stichwortgeber des morphologisch zwangsläufig früher oder später auftretenden spätzeitlichen Sozialismus erscheint, kann Spengler Karl Marx auch kein eigenständiges, universalhistorisch bedeutsames Genie zubilligen (diese Rolle eines „kopernikanischen Denkers" schreibt Spengler sich letztlich nur selber zu),[15] sondern ihn lediglich als einen Ausdruck des damaligen Zeitgeistes unter vielen anderen betrachten. Marx' Denken gilt daher für Spengler, getreu seiner Überzeugung, „für andere Menschen gibt es andere Wahrheiten. Für den Denker sind sie alle gültig oder keine",[16] nicht als ein „Absolutum" innerhalb einer linearen Menschheitsgeschichte, sondern nur als ein relativer Ausdruck des europäischen Weltgefühls im 19. Jh. So wird Spengler denn auch nicht müde, Marx in die lange Reihe seiner Zeitgenossen einzuordnen und auf seine innerliche Verwandtschaft mit ihnen hin-

12 Spengler 1922/1923, 1127.

13 Zum Begriff Nihilismus s. allg. Weier 1980, Vercellone 1998, Dod 2013; zur Frage, in welchem Maße man Spengler selbst als einen „Nihilisten" bezeichnen kann, vgl. Moretti 2009.

14 Spengler 1922/1923, 456.

15 Allerdings greift hier der Vorwurf, Spenglers Selbstein- (bzw. -über-)schätzung stehe im inneren Widerspruch zum Relativismus seines Systems, wesentlich zu kurz, bemüht sich Spengler doch ehrlich, seine eigene Stellung innerhalb der (europäischen) Geschichte auch morphologisch fest zu zementieren; hierzu Engels 2018a, Engels 2015.

16 Spengler 1922/1923, 34.

zuweisen. Diese Verwandtschaft beruht Spengler zufolge auf der allgemeinen Absage an die Metaphysik und die Spekulation sowie auf der radikalen Hinwendung zu Utilitarismus, Ökonomie und Gesellschaftsfragen:

> „Die Aufmerksamkeit, welche der Stoiker dem eigenen Körper zuwendet, widmet der abendländische Denker dem Gesellschaftskörper. Es ist kein Zufall, daß aus der Schule Hegels der Sozialismus (**Marx**, Engels), der Anarchismus (Stirner) und die Problematik des sozialen Dramas (Hebbel) hervorgingen. Der Sozialismus ist die ins Ethische, und zwar ins Imperativische umgewandte Nationalökonomie. Solange es eine Metaphysik großen Stils gab, bis auf Kant, blieb die Nationalökonomie eine Wissenschaft. Sobald ‚Philosophie‘ gleichbedeutend mit praktischer Ethik wurde, trat sie an Stelle der Mathematik als Unterlage des Weltdenkens. Darin liegt die Bedeutung von Cousin, Bentham, Comte, Mill und Spencer.“[17]

Aber es ist vor allem der Begriff des „Nihilismus“ – bei Spengler selbstverständlich stark nietzscheanisch gefärbt, betrachtet er doch Nietzsche als einen seiner wichtigsten Lehrer[18] –, der als vitalistischer Verständnisschlüssel für die innere Bedeutsamkeit Marx’ und des (frühen) Marxismus stark gemacht wird. Spengler entwirft hier ein großes Tableau der systematischen Demontage der kultivierten Innerlichkeit des 18. Jh.s durch das Denken der Aufklärer ebenso wie der Naturverehrer:

> „Innerhalb des ethischen Sozialismus in dem hier festgelegten Sinne, als der Grundstimmung der in die Steinmassen der großen Städte verschlagenen faustischen Seele, ist diese Umwertung eben jetzt im Gange. Rousseau ist der Ahnherr dieses Sozialismus. Rousseau steht neben Sokrates und Buddha, den anderen ethischen Wortführern großer Zivilisationen. Seine Ablehnung aller großen Kulturformen, aller bedeutungsvollen Konventionen, seine berühmte ‚Rückkehr zur Natur‘, sein praktischer Rationalismus lassen darüber keinen Zweifel. Jeder von ihnen hat eine tausendjährige Innerlichkeit zu Grabe getragen. Sie predigen das Evangelium der Menschlichkeit, aber es ist die Menschlichkeit des intelligenten Stadtmenschen, der die späte Stadt und mit ihr die Kultur satt hat, dessen „reine“, nämlich seelenlose Vernunft nach einer Erlösung von ihr und ihrer gebietenden Form, von ihren Härten, von ihrer innerlich nicht mehr erlebten und deshalb verhaßten Symbolik sucht. Die Kultur wird dialektisch vernichtet. Lassen wir die großen Namen des 19. Jahrhunderts vorüberziehen, an die sich für uns dies mächtige Schauspiel knüpft: Schopenhauer, Hebbel, Wagner, Nietzsche, Ibsen, Strindberg, so überblicken wir das, was Nietzsche in dem fragmentarischen Vorwort zu seinem unvollendeten Hauptwerk beim Namen nannte, die Heraufkunft des Nihilismus. Sie ist keiner der großen Kulturen fremd. Sie gehört mit innerster Notwendigkeit zum Ausgang

17 Spengler 1922/1923, 471
18 Zu Spengler und Nietzsche vgl. allg. Ferrari Zumbini 1976, Dannhauser 1995, Stiegler 1999, Janensch 2006, Moretti 2009, Csejtei/Juhász 2013, Gagliardi 2015.

> dieser mächtigen Organismen. Sokrates war Nihilist; Buddha war es. Es gibt eine ägyptische, arabische, chinesische so gut wie eine westeuropäische Entseelung des Menschlichen. Es handelt sich nicht um politische und wirtschaftliche, nicht einmal um eigentlich religiöse oder künstlerische Verwandlungen. Es handelt sich überhaupt nicht um Greifbares, nicht um Tatsachen, sondern um das Wesen einer Seele, die ihre Möglichkeiten restlos verwirklicht hat. Man wende nicht die gewaltigen Leistungen gerade des Hellenismus und der westeuropäischen Modernität ein. Sklavenwirtschaft und Maschinenindustrie, ‚Fortschritt' und Ataraxia, Alexandrinismus und moderne Wissenschaft, Pergamon und Bayreuth, soziale Zustände, wie sie die Politeia des Aristoteles und das Kapital von **Marx** voraussetzen, sind lediglich Symptome im historischen Oberflächenbilde."[19]

Wahrheit des Marxismus und Wahrheit im Marxismus

Angesichts dieses Ansatzes ist es auch verständlich, daß sich die Frage nach dem „Wahrheitsgehalt" der marxistischen Wirtschaftslehre und der daraus abgeleiteten Geschichtsphilosophie gar nicht erst stellt, bzw. nur auf vitalistische Art durch Verweis nicht auf Gehalt, sondern Wirksamkeit historischer Erscheinungen beantworten läßt. So sagt Spengler zum einen:

> „Ob diese Lehren ‚wahr' oder ‚falsch' sind, ist für die Welt der politischen Geschichte – das muß immer wieder betont werden – eine Frage ohne Sinn. Die ‚Widerlegung' etwa des **Marxismus** gehört in den Bereich akademischer Erörterungen oder öffentlicher Debatten, wo jeder recht hat und die andern immer unrecht. Ob sie wirksam sind; seit wann und für wie lange der Glaube, die Wirklichkeit nach einem Gedankensystem verbessern zu können, überhaupt eine Macht ist, mit der die Politik zu rechnen hat, darauf kommt es an."[20]

---

19 Spengler 1922/1923, 449 f. Vgl. ganz ähnlich 63: „Es ist derselbe schöpferische Lebenswille, der im Tristan schopenhauerisch verneint, im Siegfried darwinistisch bejaht wurde, den Nietzsche im Zarathustra glänzend und theatralisch formulierte, der durch den Hegelianer **Marx** der Anlaß einer nationalökonomischen, durch den Malthusianer Darwin der einer zoologischen Hypothese wurde, die beide gemeinsam und unvermerkt das Weltgefühl des westeuropäischen Großstädters verwandelt haben, und der von Hebbels Judith bis zu Ibsens Epilog eine Reihe tragischer Konzeptionen von gleichem Typus hervorrief, damit aber ebenfalls den Umkreis echter philosophischer Möglichkeiten erschöpft hat." S. auch 477 f.: „Und so stammt die ‚Herrenmoral' dieses letzten Romantikers auf einem merkwürdigen, aber für den Sinn der Zeit bezeichnenden Wege aus der Quelle aller geistigen Modernität, der Atmosphäre der englischen Maschinenindustrie. Der Machiavellismus, den Nietzsche als Renaissanceerscheinung pries und dessen Verwandtschaft mit Darwins Begriff der *mimicry* man nicht übersehen sollte, war tatsächlich der im ‚Kapital' von Marx – dem andern berühmten Jünger von Malthus – behandelte, und die Vorstufe dieses seit 1867 erscheinenden Grundbuches des politischen (nicht des ethischen) Sozialismus, die Schrift ‚Zur Kritik der politischen Ökonomie', erschien gleichzeitig mit Darwins Hauptwerk. Das ist die Genealogie der Herrenmoral."

20 Spengler 1922/1923, 1128.

Zum anderen macht Spengler klar, daß er die verschiedenen Gesellschaftstheorien der frühen Zivilisationszeit keineswegs als Versuch einer umfassenden, holistischen Weltbeschreibung gelten lassen will, sondern nur als Ausdruck eines bestimmten Klasseninteresses, und daher zutiefst relativ, nicht nur in ihrer historischen Bedingtheit, sondern auch in ihrem geistigen Aufbau, und gleichzeitig doch wiederum typisch für eine Zeit, in welcher das „Große und Ganze“, die Harmonie der Stände und Ideen, verlorengegangen ist und dem Streit der Parteien und dem allmählichen inneren Zerfall zum Opfer fällt:

> „Ebenso sind alle Werttheorien, obwohl sie objektiv sein sollen, aus einem subjektiven Prinzip entwickelt, und es kann auch gar nicht anders sein. Die von **Marx** z. B. definiert ‚den‘ Wert so, wie es das Interesse des Handarbeiters fordert, so daß die Leistung des Erfinders und Organisators als wertlos erscheint. Aber es wäre verfehlt, sie als falsch zu bezeichnen. All diese Lehren sind richtig für ihre Anhänger und falsch für ihre Gegner, und ob man Anhänger oder Gegner wird, entscheiden nicht die Gründe, sondern das Leben.“[21]

Nun ist Spengler sich freilich bewußt, daß er mit Marx zumindest die tiefe Determiniertheit seines Geschichtsbilds teilt, und er sich daher zumindest ansatzweise mit der Frage nach der Rolle des freien Willens und der Geschichte als „Lehrmeisterin“[22] auseinanderzusetzen hat, um die Unterschiede beider Weltsichten zu thematisieren; eine alte Frage, welche schon bis weit in die Antike zurückgeht.[23] Er verfolgt hierbei mehrere Strategien. So beruft er sich zum einen auf den grundlegenden Unterschied individueller freier Entscheidung und der durch kollektive Kräfte beeinflußten historischen Resultate, wobei er gerade die Person Marx’ als ein Beispiel unter vielen hervorhebt:

> „Der ‚freie Wille‘ ist eine innere Gewißheit. Aber was man auch wolle oder tue — was wirklich auf alle Entschlüsse erfolgt und aus ihnen folgt, jäh, überraschend, von niemand vorauszusehen, das dient einer tieferen Notwendigkeit und fügt sich für den verstehenden Blick, wenn er über das Bild des längst Vergangenen hinschweift, einer großen Ordnung ein. Und da mag man das Unergründliche als Gnade empfinden, wenn das Schicksal eines Gewollten Erfüllung war. Was haben Innocenz III., Luther, Loyola, Kalvin, Jansen, Rousseau, **Marx** gewollt und was ist im Strom der abendländischen Geschichte daraus geworden? War das Gnade oder Verhängnis? Hier endet jede rationalistische Zergliederung beim Widersinn.“[24]

---

21 Spengler 1922/1923, 1164, Anm. 1.

22 Zur Geschichte als Lehrmeisterin (die Formulierung stammt aus Cic., De Orat. 2,36) vgl. Koselleck 1989, Teich/Müller 2005, Forchtner 2014, Dunsch 2015.

23 Zum Determinismus in der Geschichte der Geschichtsphilosophie vgl. allg. die Übersicht in Engels 2015.

24 Spengler 1922/1923, 183 f.

Gleichzeitig kritisiert er aber auch jeglichen Versuch gerade jener Individuen, aus der Geschichte lernen zu wollen und diese rationale Durchdringung scheinbarer vergangener Kausalitätsketten dazu zu nutzen, die Zukunft zu verändern (wobei die Kritik zumindest an Marx hier insoweit zu kurz greift, als der von Marx beschriebene historische Prozeß ohnehin als unumkehrbar gedacht wurde):

> „Wer die innere Form der Geschichte in irgendeiner kausalen Folge ihrer sichtbaren Einzelereignisse sucht, wird immer, wenn er aufrichtig ist, eine Komödie von burlesker Sinnlosigkeit finden [...]. Denn dieser [i.e. der pragmatische Geschichtsaspekt] hat von jeher ‚die Welt' beherrscht. Er hat den kleinen Ehrgeizigen Mut und Hoffnung gemacht, in sie einzugreifen. Rousseau und **Marx** glaubten mit dem Blick auf ihn und seine rationalistische Struktur, durch eine Theorie den ‚Lauf der Welt' ändern zu können."[25]

Ein solches mechanistisches Weltverständnis greife nun aber, Spengler zufolge, insoweit zu kurz, als es die historische Realität in ihrer Totalität nicht etwa als gültiges Vorbild der eigenen Lebensführung und Weisheitsfindung bewertet, sondern sie vielmehr auf den Rang eines bloßen Prozesses zurückstuft, dessen Wert gleichsam nur in seinem Resultat liegt; übrigens eine Kritik, die sich fast wie Rankes Abrechnung mit Hegels Geschichtsphilosophie liest.[26] Gleichzeitig findet sich dieser historische Utilitarismus auch durch einen ausgeprägten sozialen Reduktionismus geprägt, der Geschichte nur als darwinistischen Kampf empfindet und nur den Erfolg, nicht aber die innere Größe oder Vornehmheit zu würdigen weiß:

> „Aber was Goethe einmal aussprach: ‚Man suche nur nichts hinter den Phänomenen; sie selbst sind die Lehre', das war dem Jahrhundert von **Marx** und Darwin nicht mehr verständlich. Man war weit entfernt, in der Physiognomie des Vergangenen ein Schicksal abzulesen, so wenig man in der Tragödie ein reines Schicksal gestalten wollte. Der Kult des Nützlichen hat hier wie dort ein ganz andres Ziel festgelegt. Man gestaltete, um etwas zu beweisen. „Fragen" der Zeit werden ‚behandelt', soziale Probleme zweckmäßig ‚gelöst'. Die Szene ist wie das Geschichtswerk

25 Spengler 1922/1923, 188.

26 Zu Rankes Kritik an Hegel s. v.a. die berühmte Passage aus den „Vorlesungen zur Weltgeschichte" (1854): „Wollte man im Widerspruch mit der hier geäußerten Ansicht annehmen, dieser Fortschritt bestehe darin, daß in jeder Epoche das Leben der Menschheit sich höher potenziert, daß also jede Generation die vorhergehende vollkommen übertreffe, mithin die letzte die bevorzugte, die vorhergehenden aber nur die Träger der nachfolgenden wären, so würde das eine Ungerechtigkeit der Gottheit sein. Eine solche gleichsam mediatisierte Generation würde an und für sich eine Bedeutung nicht haben. Sie würde nur insofern etwas bedeuten, als sie die Stufe der nachfolgenden Generation ist und würde nicht in unmittelbarem Bezug zum Göttlichen stehen. Ich aber behaupte: jede Epoche ist unmittelbar zu Gott, und ihr Wert beruht gar nicht auf dem, was aus ihr hervorgeht, sondern in ihrer Existenz selbst, in ihrem Eigenen selbst." Allg. zu Rankes Kritik der Geschichtsphilosophie s. Beiser 2011.

ein Mittel dazu. Der Darwinismus hat, so unbewußt das geschehen sein mag, die Biologie politisch wirksam gemacht. Es ist irgendwie eine demokratische Rührigkeit in den hypothetischen Urschleim gekommen, und der Kampf der Regenwürmer um ihr Dasein erteilt den zweibeinigen Schlechtweggekommenen eine gute Lehre.“[27]

Zur Kritik des Marxismus

Neben dieser allgemeinen relativistischen Einschätzung des Marxismus, die bereits in sich eine Verurteilung seines absoluten Wahrheitsanspruchs birgt, findet sich bei Spengler aber auch eine Reihe von Anläufen zu einer eher punktuellen Kritik.

Ein erster, freilich kaum überraschender Punkt betrifft Marx' Selbstanspruch, die Entwicklung von der Sklavenhalter- über die Feudal- bis hin zur bürgerlichen Gesellschaft bilde im wesentlichen eine gesamtmenschliche Tendenz ab, welche eben nicht nur die Entwicklung der Produktionsverhältnisse der Antike und des christlichen Europas widerspiegele, sondern auch auf alle anderen menschlichen Gesellschaften zutreffe. Dies ist für Spenglers auf Parallelismus, nicht Linearität bauende Kulturmorphologie natürlich ein willkommener Einstiegspunkt zur Kritik, die nicht ohne Zufall ganz der Polemik des Historismus gegenüber Hegels Geschichtsphilosophie ähnelt, an der ja ebenfalls ein ganz unbefriedigendes Verständnis der politischen Verhältnisse der außereuropäischen Hochkulturen moniert wird.[28] So lesen wir:

> „**Marx** hat ganz recht: es [i.e. das Maschinenzeitalter] ist eine und zwar die stolzeste Schöpfung des Bürgertums, aber er, der ganz im Banne des Schemas Altertum — Mittelalter — Neuzeit denkt, hat nicht bemerkt, daß es nur das Bürgertum einer einzigen Kultur ist, von dem das Schicksal der Maschine abhängt. Solange es die Erde beherrscht, versucht jeder Nichteuropäer das Geheimnis dieser furchtbaren Waffe zu ergründen, aber innerlich lehnt er sie trotzdem ab, der Japaner und Inder wie der Russe und Araber. Es ist tief im Wesen der magischen Seele begründet, daß der Jude als Unternehmer und Ingenieur der eigentlichen Schöpfung von Maschinen aus dem Wege geht und sich auf die geschäftliche Seite ihrer Herstellung legt. Aber ebenso blickt der Russe mit Furcht und Haß auf diese Tyrannei der Räder, Drähte und Schienen, und wenn er sich heute und morgen auch der Notwendigkeit fügt, so wird er einst das alles aus seiner Erinnerung und seiner Umgebung streichen und eine ganz andere Welt um sich errichten, in der es nichts von dieser teuflischen Technik mehr gibt.“[29]

---

27 Spengler 1922/1923, 204.

28 Zur Kritik an Hegels Darstellung der außereuropäischen Hochkulturen vgl. Schulin 1958, Hulin 1979, Moura 2001.

29 Spengler 1922/1923, 1190, Anm. 1.

Hierbei ist es nicht einmal die besondere Einsicht in die spezifischen Verhältnisse der deutschen, sondern vielmehr der englischen Gesellschaft, welche, Spengler zufolge, dominanten Einfluß auf Marx' Ausarbeitung seiner wirtschaftstheoretischen Thesen habe; eine Ausnahmestellung Englands, die ganz klar mit der in „Preußentum und Sozialismus" formulierten Dichotomie englischer und deutscher Wesensart zusammenhängt:[30]

> „Was wir heute Nationalökonomie nennen, ist aufgebaut aus lauter spezifisch englischen Voraussetzungen. Die allen andern Kulturen ganz unbekannte Maschinenindustrie steht in der Mitte, als ob das selbstverständlich wäre, und beherrscht durchaus die Begriffsbildung und die Ableitung sogenannter Gesetze, ohne daß man sich dessen bewußt wird. Das Kreditgeld in der besondern Gestalt, welche sich aus dem englischen Verhältnis von Welthandel und Exportindustrie in einem bauernlosen Lande ergeben hat, dient als Unterlage von Definitionen der Worte Kapital, Wert, Preis, Vermögen, die dann ohne weiteres auf andere Kulturstufen und Lebenskreise angewandt werden. Die Insellage Englands hat in allen ökonomischen Theorien die Auffassung der Politik und ihrer Beziehung zur Wirtschaft bestimmt. Die Schöpfer dieses Wirtschaftsbildes sind David Hume und Adam Smith. Was seitdem über sie hinaus und gegen sie geschrieben worden ist, setzt immer die kritische Anlage und Methode ihrer Systeme unbewußt voraus. Das gilt von Carey und List so gut wie von Fourier und Lassalle. Und was den größten Gegner von Adam Smith, **Marx** betrifft, so macht es wenig aus, ob man, ganz in der Vorstellungswelt des englischen Kapitalismus befangen, laut gegen ihn protestiert: man erkennt ihn eben damit an und will nur durch eine andre Art von Verrechnung dessen Objekten den Vorteil der Subjekte zuwenden. Es handelt sich **von Smith bis Marx** um die bloße Selbstanalyse des wirtschaftlichen Denkens einer einzigen Kultur und zwar auf einer einzigen Stufe."[31]

In dieser Hinsicht ist interessant, daß Spengler nicht nur zum einen die „Maschinenkultur" zum Spezifikum des Abendlandes macht; zum anderen macht er nämlich auch die Überzeugung stark, daß andere menschliche Hochkulturen sich ebenfalls in ihrem Spätstadium in einer Entwicklungsphase befanden, die Marx wohl als hochkapitalistisch ansehen würde. Spengler spielt also nicht nur die Industrialisierung als gewissermaßen charakteristische Ausprägung der abendländischen Seele als eine unter vielen Erscheinungsformen der zivilisatorischen „Moderne" herunter, er bemüht sich nachzuweisen, daß auch andere Hochkulturen, wenn auch unter anderen als maschinentechnischen Vo-

30 Zu Marx' (und Engels) Rezeption des spezifisch englischen Wirtschaftsdenkens, wie sie sich ja auch explizit in Engels „Die Lage der arbeitenden Klassen in England" von 1845 verdeutlichte, vgl. Mönke 1965, Cornu 1967, Marcus 2015. Zu Marx' (und Engels) Vergleich der englischen und der deutschen Lage vgl. etwa den Brief, den Engels am 19.11.1844 an Marx richtete: (MEW 27:10, 233) „Übrigens versteht es sich, daß ich den Sack schlage und den Esel meine, nämlich die deutsche Bourgeoisie, der ich deutlich genug sage, sie sei ebenso schlimm [...], nur nicht so couragiert, so konsequent und so geschickt in der Schinderei."

31 Spengler 1922/1923, 1145 f.

raussetzungen, dieses Spätstadium durchschritten haben, wobei hier v.a. der hochtechnisierte Hellenismus hervortritt.[32] Streng genommen geht es Spengler also nicht darum, Marx zu „widerlegen“, sondern vielmehr darum, den von diesem auf die Menschheitsgeschichte bezogenen Stufengang auf die einzelnen Kulturen herunterzubrechen. Dies erinnert einmal mehr nicht ohne Grund an Spenglers Kritik an Hegel, welche letztlich insoweit irreführend ist, als Spengler in vielem der späte Erbe des deutschen Idealismus ist, die diesbezüglichen historischen Vorstellungen lediglich auf die einzelnen Kulturen zu beziehen gewillt ist.[33]

Von dieser grundlegenden Kritik einmal abgesehen, finden wir in Spenglers „Der Untergang des Abendlandes“ zunächst vor allem eine kritische Auseinandersetzung mit dem marxistischen Verständnis des Eigentums.[34] Einmal mehr geht es Spengler nicht um eine wie auch immer geartete „Widerlegung“, sondern vielmehr um eine Relativierung. So moniert er am Besitzverständnis des Marxismus, daß es eben nur die zeitgenössische Realität des Begriffs erfasse, wie sie für alle zivilisierten Spätzeiten typisch wäre, dieses Verständnis dann aber irrigerweise in die Vergangenheit projiziere und somit die gesellschaftliche Geschichte durch anachronistische Vorstellungen kontaminiere. Während der Erwerb und der Erhalt von „Besitz“ einstmals überlebensnotwendiges und oft durchaus tragisches „Erlebnis“ gewesen sei, handle es sich bei dem „Besitz“ im spätzivilisatorischen Sinne nur noch um ein jederzeit zu veräußerndes, zu vertauschendes Gut, das es zum Beispiel neuzuverteilen oder sogar „abzulehnen“ gelte:

> „Die erbittertsten Kämpfe um das Eigentum werden nicht in den Spätzeiten der großen Kulturen und zwischen Reich und Arm um bewegliches Gut geführt, sondern hier, in den Anfängen der Pflanzenwelt. Wer mitten in einem Walde fühlt, wie der schweigende Kampf um den Boden rings um ihn vor sich geht, Tag und Nacht, ohne Gnade, den erfaßt ein Grauen vor der Tiefe dieses Triebes, der mit dem Leben beinahe eins ist. Hier gibt es jahrelanges, zähes, erbittertes Ringen, aussichtslosen Widerstand des Schwachen gegen den Mächtigen, der so lange dauert, bis auch der Sieger gebrochen ist, Tragödien, wie sie sich nur im ursprünglichsten Menschentum wiederholen, wenn ein altes Bauerngeschlecht von der Scholle, aus dem Nest getrieben oder eine Familie von adligem Stamm durch das Geld in des Wortes eigentlichster Bedeutung entwurzelt wird. Die weithin sichtbaren Kämpfe in den späten Städten haben eine ganz andere Bedeutung, denn hier, im Kommu-

---

32 Zur „Modernität“ des Hellenismus s. Demandt 1996, Engels 2017c.

33 Zu Spenglers Hegel-Kritik s. Farrenkopf 1990, Engels 2009.

34 Zum Eigentumsbegriff Spenglers vgl. Spengler 1922/1923, 984, Anm. 2: „Eigentum in diesem bedeutendsten Sinne, Verwachsensein mit etwas, gibt es also weniger in bezug auf eine einzelne Person als die Geschlechterfolge, der sie angehört. Das kommt in jedem Streit innerhalb einer Bauernfamilie oder auch eines Fürstenhauses mit Gewalt zum Durchbruch; der jeweilige Herr hat den Besitz nur im Namen des Geschlechts. Daher die Ängste vor dem Tode, wenn der Erbe fehlt. Auch das Eigentum ist ein Zeitsymbol und deshalb tief mit der Ehe verwandt, die ein festes, pflanzenhaftes Verwachsensein und Sichbesitzen zweier Menschen ist, das sich zuletzt selbst in der zunehmenden Ähnlichkeit der Züge spiegelt.“

nismus jeder Art, handelt es sich nicht um das Erlebnis, sondern den Begriff des Eigentums als eines rein materiellen Mittels. Verneinung des Eigentums ist nie ein Rassetrieb – ganz im Gegenteil – , sondern der doktrinäre Protest des rein geistigen, städtischen, entwurzelten, das Pflanzenhafte verleugnenden Wachseins von Heiligen, Philosophen und Idealisten. Der mönchische Einsiedler wie der wissenschaftliche Sozialist, heiße er Moh Ti, Zenon oder **Marx**, verwerfen es aus demselben Grunde, die Menschen von Rasse verteidigen es aus demselben Gefühl. Auch hier stehen sich Tatsachen und Wahrheiten gegenüber. Eigentum ist Diebstahl; das ist in denkbar materialistischer Form der alte Gedanke: Was hülfe es dem Menschen, wenn er die ganze Welt gewönne und nähme doch Schaden an seiner Seele? Der Priester gibt mit dem Eigentum etwas Gefährliches und Fremdes, der Adel sich selbst auf."[35]

Ein weiterer, grundlegender Irrtum der Marx'schen Lehre sei ihre grundlegende Unterschätzung der elitären Natur einer jeden Gesellschaft. So habe Marx sein Verständnis der „Arbeit" wesentlich auf der körperlichen Leistung des „Arbeiters" aufgebaut und unterschätzt, daß das tatsächliche Bestehen und Überleben der westlichen Arbeits- und Besitzverhältnisse wesentlich auf Entwicklung und Ausbau der faustischen „Technik" beruhe und mit dieser stehe oder falle:

„Jeder Strom von Dasein besteht aus einer Minderheit von Führern und einer gewaltigen Mehrheit von Geführten, jede Art von Wirtschaft also aus Führerarbeit und ausführender Arbeit. Aus der **Froschperspektive von Marx** und den sozialethischen Ideologen überhaupt wird nur die letzte, kleine, massenhafte sichtbar, aber sie ist nur vermöge der ersten da, und der Geist dieser Welt von Arbeit kann nur von den höchsten Möglichkeiten aus erfaßt werden. Der Erfinder der Dampfmaschine ist maßgebend, nicht der Heizer. Auf das Denken kommt es an."[36]

Dies führt Spengler dann auch zu der Aussage, Marx habe die grundlegend schöpferische, genialische Dynamik des westlichen Wirtschaftslebens vollkommen verkannt, indem er lediglich faktische meßbare Größenordnungen als Elemente seiner wirtschaftlichen Gleichungen in Betracht ziehe und somit unwillentlich klassizistisch und somit letztlich antik gedacht habe, nicht aber expansiv und faustisch. Dies verweist auf Spenglers grundlegende Vorstellung, auch die Geschichte der Mathematik sei kulturabhängig und, von einigen alltäglichen Grundlagen abgesehen, keineswegs von linearer Progression geprägt, son-

35 Spengler 1922/1923, 984 f. S. ganz ähnlich auch ibid., 1017: „Theoretiker, die wie Rousseau und **Marx** von begrifflichen Idealen statt von den Tatsachen des Blutes ausgehen, haben diese ungeheure Macht innerhalb der geschichtlichen Welt [i.e. den Willen zur Vererbung der eigenen Stellung oder Macht] nicht bemerkt und ihre Wirkungen deshalb als verwerflich und reaktionär bezeichnet; aber sie sind da und zwar mit einer so nachdrücklichen Gewalt, daß auch die Symbolik der hohen Kulturen sie nur künstlich und vorübergehend überwinden kann, wie es der Übergang antiker Wahlämter in den Besitz einzelner Familien und der Nepotismus der Barockpäpste beweisen."

36 Spengler 1922/1923, 1178.

dern vielmehr von der Koexistenz verschiedener weltanschaulich geprägter Herangehensweisen an das Phänomen der Zahl. Während die antike, „apollinische“ Mathematik daher vor allem in körperlichen, euklidischen Begriffen denke, sei die westliche, „faustische“ Mathematik durch das Denken in Funktionen und das Operieren mit Unendlichkeit und Inkommensurabilität geprägt.[37] Dies treffe eben auch auf die Wirtschaft und ihr wahres Herz zu, das Geld, das sich aus faustischer Perspektive weder aus einer Edelmetallmasse, noch aus der Äquivalenz menschlicher Arbeitsleistungen herrechnen lasse, sondern das als Mittel zum Zweck weitgehend aus dem psychologischen Selbstvertrauen jener großen Wirtschaftsführer und Erfinder hervorgehe, auf deren Energie das Gedeihen und Vergehen des Westens beruhe:[38]

> „Aber die Wirtschaft der europäisch-amerikanischen Zivilisation ist ganz im Gegenteil auf einer Arbeit aufgebaut, die einzig durch ihren inneren Rang gekennzeichnet ist, mehr als jemals in China und Ägypten, um von der Antike zu schweigen. Wir leben nicht umsonst in einer Welt wirtschaftlicher Dynamik: die Arbeit der Einzelnen wird nicht euklidisch addiert, sondern steht in funktionaler Beziehung zueinander. Die lediglich ausführende Arbeit, von der **Marx** allein Kenntnis nimmt, ist nichts als die Funktion einer erfindenden, anordnenden, organisierenden Arbeit, die der andern erst Sinn, relativen Wert und die Möglichkeit gibt, überhaupt getan zu werden. Die ganze Weltwirtschaft seit Erfindung der Dampfmaschine ist die Schöpfung einer ganz kleinen Zahl überlegener Köpfe, ohne deren hochwertige Arbeit alles andere nicht da wäre, aber diese Leistung ist schöpferisches Denken und kein „Quantum“, und ihr Gegenwert besteht also auch nicht in einer Anzahl von Geldstücken, sondern sie ist Geld, faustisches Geld nämlich, das nicht geprägt, sondern als Wirkungszentrum gedacht wird aus seinem Leben heraus, dessen innerer Rang den Gedanken zur Bedeutung einer Tatsache erhebt. Denken in Geld erzeugt Geld: das ist das Geheimnis der Weltwirtschaft. Wenn ein Organisator großen Stils eine Million auf ein Papier schreibt, so ist sie da, denn seine Persönlichkeit als Wirtschaftszentrum bürgt für eine entsprechende Erhöhung der Wirtschaftsenergie seines Gebietes. Das und nichts anderes bedeutet für uns das Wort Kredit. Aber alle Goldstücke der Welt würden nicht ausreichen, der Tätigkeit des Handarbeiters einen Sinn und damit Geldwert zu geben, wenn mit der berühmten ‚Expropriation der Expropriateure‘ die überlegenen Fähigkeiten aus ihren Schöpfungen beseitigt und diese damit entseelt, willenlos, zu leeren Gehäusen würden. Darin ist **Marx** Klassizist wie Adam Smith und ein echtes Produkt des römischen Rechtsdenkens: er sieht nur die fertige Größe, nicht die Funktion. Er möchte die Produktionsmittel von denen trennen, deren Geist durch Erfindung von Methoden, Organisation von leistungsfähigen Betrieben, Eroberung von Ab-

37 Zu Spenglers Konzept der Mathematik vgl. neben den in Schröter 1922 gesammelten Kritiken jetzt auch Høyrup 2018.

38 Hierzu auch Farrenkopf 1992 und Otte 2018.

> satzgebieten aus einem Haufen Stahl und Mauerwerk erst eine Fabrik macht, und die ausbleiben, wenn ihre Kraft keinen Spielraum findet.“[39]

Daraus geht für Spengler dann auch hervor, daß der Marxismus in letzter Instanz als utopisches System an der simplen Tatsache scheitern wird, daß zur Führung einer jeden Gesellschaft trotzdem die besten Köpfe benötigt werden und sich somit über kurz oder lang ein Ungleichgewicht einstellen wird, welches den egalitaristischen Grundanspruch Lügen strafen wird:

> „Gesetzt den Fall, daß Arbeiter die Führung der Werke übernähmen, so würde damit nichts geändert. Entweder sie können nichts: dann geht alles zugrunde; oder sie können etwas; dann werden sie innerlich selbst Unternehmer und denken nur noch an die Behauptung ihrer Macht. Keine Theorie schafft diese Tatsache aus der Welt; so ist das Leben.“[40]

Rußland und Marx

In diesem Rahmen sei schließlich aus offensichtlichen Gründen auch auf die ganz besondere Bedeutung hingewiesen, die Spenglers Beschäftigung mit dem Marxismus in Rußland zukommt. Schon vor Ausbruch der Oktoberrevolution, welche Spengler in den letzten Korrekturfahnen für den ersten Band des „Untergangs des Abendlandes“ getroffen haben muß, hatte Spengler sich brennend für russische Literatur interessiert und wie so viele Deutsche über den Gegensatz zwischen Dostojewski und Tolstoi reflektiert.[41] Spengler war der Ansicht – sicherlich nicht zuletzt aufgrund des gewaltigen emotionalen Einflusses, den Dostojewski auf ihn ausgeübt hatte –, daß Rußland keineswegs Teil der „faustischen“ Kultur sei, sondern vielmehr eine eigenständige Kultur ausmache, welche

---

39 Spengler 1922/1923, 1177 f.

40 Spengler 1922/1923, 1178, Anm. 1; vgl. auch ganz ähnl. ibid. 1151, Anm. 2: „Die Frage des Pilatus stellt auch das Verhältnis von Wirtschaft und Wissenschaft fest. Der religiöse Mensch wird vergebens, den Katechismus in der Hand, das Treiben seiner politischen Umwelt zu bessern suchen. Sie geht ruhig ihres Weges und überläßt ihn seinen Gedanken. Der Heilige hat nur die Wahl, sich anzupassen – dann wird er Kirchenpolitiker und gewissenlos – oder sich aus der Welt zu flüchten, in die Einsiedelei, selbst ins Jenseits. Aber dasselbe wiederholt sich, nicht ohne Komik, innerhalb der städtischen Geistigkeit. Hier möchte der Philosoph, der ein ethisch-soziales System errichtet hat, das voll von abstrakter Tugend ist und allein richtig, wie sich versteht, das Wirtschaftsleben darüber aufklären, wie es sich zu verhalten und wohin es zu streben habe. Es ist immer das gleiche Schauspiel, sei das System liberal, anarchistisch oder sozialistisch und stamme es von Platon, Proudhon oder Marx. Aber auch die Wirtschaft geht unbekümmert weiter und überläßt dem Denker die Wahl, sich zurückzuziehen und seinen Jammer über diese Welt auf dem Papier auszuströmen, oder in sie als Wirtschaftspolitiker einzutreten, wo er sich entweder lächerlich macht oder alsbald seine Theorie zum Teufel schickt, um sich einen führenden Platz zu erkämpfen.“

41 Allg. zur Dostojewski-Rezeption Spenglers und seiner Zeit s. Potapova 2016.

sich allerdings gegenwärtig immer noch im Stadium der Genese befinde.[42] Hierbei komme es angesichts des überwältigenden Einflusses der alternden europäischen Zivilisation, welche sich gerade in ihrer finalen, rein expansiven und technisierten Spätphase vor der allmählichen Erstarrung befinde, zu einer gewissen Überlagerung der neuen durch die alte Kultur und somit zum Risiko einer „Pseudomorphose“. Als solche bezeichnet Spengler in Anlehnung an die Mineralogie den Prozeß, der eine junge, noch „suchende“ Kultur dazu führe, sich in den zunehmend inhaltsleeren „Hohlraum“ einer alten Zivilisation einzunisten und somit scheinbar zumindest zeitweise deren äußere Formensprache, wenn auch mit radikal neuem Inhalt, zu übernehmen, wie dies neben dem russischen Beispiel auch für die „arabische“ Kultur zutreffe, welche in ganz ähnlicher Weise lange Zeit von der späten antiken Kultur dominiert worden sei.[43] Unter diesem Gesichtspunkt spielen Marx und der Marxismus für Spengler durchaus eine Schlüsselrolle beim Verständnis des zeitgenössischen Rußlands, da sie zunächst natürlich ein Zankapfel sind für jene Russen, die sich emotional ganz von der eigenen Kultur ab- und der faustischen Kultur zugewandt haben und somit versuchen, ein westliches Gesellschaftsverständnis auf die sich aus einem gänzlich anderen Seelenbild ergebenden russischen Umstände zu projizieren. Hierbei ist in erster Linie Tolstoi gemeint, den Spengler als einen typisch verwestlichten Denker empfindet, der selbst in seiner christlichen Spätphase unfähig war, das echte, russische Christentum, wie es sich bei Dostojewski zeige, von innen heraus zu verstehen: „Das Christentum Tolstois war ein Mißverständnis. Er sprach von Christus und meinte **Marx**. Dem Christentum Dostojewskis gehört das nächste Jahrtausend.“[44] Tolstoi steht hierbei übrigens durchaus nicht allein da; auch die Bolschewisten werden als eine Bewegung wahrgenommen, welche nicht das echte, christliche Russentum repräsentieren, sondern westliche intellektuelle und soziale Befindlichkeiten auf russischem Boden austragen und somit die Pseudomorphose unwissentlich nur vertiefen:

> „Tolstoi ist durchaus ein großer Verstand, ‚aufgeklärt‘ und ‚sozial gesinnt‘. Alles was er um sich sieht, nimmt die späte, großstädtische und westliche Form eines Problems an. Dostojewski weiß gar nicht, was Probleme sind. Jener ist ein Ereignis innerhalb der europäischen Zivilisation. Er steht in der Mitte zwischen Peter dem Großen und dem Bolschewismus. Die russische Erde haben sie alle nicht zu Gesicht bekommen. Was sie bekämpfen, wird durch die Form, in der sie es tun, doch wieder anerkannt. Das ist nicht Apokalyptik, sondern geistige Opposition. Sein Haß gegen den Besitz ist nationalökonomischer, sein Haß gegen die Gesellschaft sozialethischer Natur; sein Haß gegen den Staat ist eine politische Theorie. Daher seine gewaltige Wirkung auf den Westen. Er gehört irgendwie zu **Marx**, Ibsen und Zola.

42 Zur Spenglers Rußland-Bild s. Demandt 1988 und Kraus 1998.

43 Zu Spenglers „arabischen“ (oder „magischen“) Kultur s. Becker 1923, Demandt 1980, Abbès 2014, Engels 2017c.

44 Spengler 1922/1923, 794

Seine Werke sind nicht Evangelien, sondern späte, geistige Literatur. Dostojewski gehört zu niemand, wenn nicht zu den Aposteln des Urchristentums."[45]

Freilich entgeht Spengler nicht, daß die Oktoberrevolution bei ihrer Zerschlagung westlicher Produktionsverhältnisse trotz ihres zumindest damals inhärenten Hangs zu Modernismus und Futurismus durchaus auch propagandistisch Rückgriffe auf anti-westliche Ressentiments mobilisierte, wo sich dies in anti-kapitalistische Affekte umdeuten ließ. Dies führt ihn dann im 1922 geschriebenen zweiten Band des „Untergangs" zu der Ansicht, daß der Bolschewismus, der gerade soeben den innerrussischen Bürgerkrieg überwunden hatte, zum einen letztlich eine Chance für das Russentum sein könnte, sich von der Pseudomorphose zu befreien, zum anderen, daß der Bolschewismus selber nicht von langer Dauer sein könne und früher oder später die „wahre" russische Seele wieder hervorbrechen würde:

„Der **Marxismus** unter Russen beruht auf einem inbrünstigen Mißverständnis. Man hat das höhere Wirtschaftsleben des Petrinismus ertragen, aber weder geschaffen noch anerkannt. Der Russe bekämpft das Kapital nicht, sondern er begreift es nicht. Wer Dostojewski zu lesen versteht, wird hier eine junge Menschheit ahnen, für die es noch gar kein Geld gibt, nur Güter in bezug auf ein Leben, dessen Gewicht nicht auf der Wirtschaftsseite liegt. Die ‚Angst vor dem Mehrwert', die vor dem Kriege manchen bis zum Selbstmord getrieben hat, ist eine unverstandene literarische Verkleidung der Tatsache, daß der Gelderwerb durch Geld für das stadtlose Güterdenken ein Frevel ist, aus der werdenden russischen Religion heraus gedacht eine Sünde. So wie heute die Städte des Zarentums verfallen und der Mensch in ihnen wieder wie im Dorfe lebt, unter der Kruste des städtisch denkenden, rasch hinschwindenden Bolschewismus, so hat er sich von der westlichen Wirtschaft befreit."[46]

Das Ende des Marxismus

Wie ist es nun aber, Spengler zufolge, um die Zukunft der marxistischen Lehren im Westen bestellt? Zum einen ist natürlich unweigerlich, daß auch der Marxismus in absehbarer Zeit seine Rolle als öffentlich allseits diskutierte und politisch lebendig wirksame Doktrin wieder verlieren und sich zu den anderen Versatzstücken vergangenen Denkens gesellen wird, von wo aus er dann höchstens noch hervorgeholt werden könnte, um entweder von Historikern analysiert, von Politikern manipuliert oder, eines Tages, von den Denkern fremder Kulturen (fehl)adaptiert zu werden. Der Grund für dieses Verschwinden liegt dabei nicht etwa in der „Fehlerhaftigkeit" der marxistischen Lehre – wir sahen ja bereits, daß Spengler für das Studium der Geschichte Begriffe wie „wahr" und „falsch"

45 Spengler 1922/1923, 792 f.
46 Spengler 1922/1923, 1181, Anm. 4.

nur bedingt gelten lassen will –, sondern schlichtweg im natürlichen Erschlaffen der menschlichen Aufmerksamkeitsspanne. Und so heißt es dann prägnant und im Hinblick auf den tatsächlich zunehmend eintretenden Mangel an Interesse für marxistische Theoriebildung seit dem frühen 21. Jh.s erschreckend hellsichtig:

> „Indessen, diese abstrakten Ideale besitzen eine Macht, die sich kaum über zwei Jahrhunderte – die der Parteipolitik – erstreckt. Sie werden zuletzt nicht etwa widerlegt, sondern langweilig. Rousseau ist es längst und **Marx** wird es in kurzem sein. Man gibt endlich nicht diese oder jene Theorie auf, sondern den Glauben an Theorien überhaupt und damit den schwärmerischen Optimismus des 18. Jahrhunderts, unzulängliche Tatsachen durch Anwendung von Begriffen verbessern zu können.“[47]

Zusammen mit dem Marxismus wird aber, Spengler zufolge, nicht nur eine Theorie unter vielen verschwinden, sondern vielmehr das Zeitalter intellektueller Gesellschaftstheorien selbst seinem Ende entgegengehen, welches im Marxismus seinen größten und letzten Ausdruck gefunden habe:

> „Niemand sollte sich darüber täuschen, daß das Zeitalter der Theorie auch für uns zu Ende geht. Die großen Systeme des Liberalismus und Sozialismus sind sämtlich zwischen 1760 und 1850 entstanden. Das von **Marx** ist heute schon fast ein Jahrhundert alt und ist das letzte geblieben. Innerlich bedeutet es mit seiner materialistischen Geschichtsauffassung die äußerste Konsequenz des Rationalismus und demnach einen Abschluß. Aber wie der Glaube an Rousseaus Menschenrechte etwa mit 1848, so hat der Glaube an ihn mit dem Weltkrieg seine Kraft verloren. Wer die Hingabe bis zum Tode, die Rousseaus Gedanken in der französischen Revolution gefunden haben, mit der Haltung der Sozialisten von 1918 vergleicht, die eine Überzeugung, welche sie nicht mehr besaßen, vor ihrer Anhängerschaft und in ihr aufrecht erhalten mußten, nicht um der Idee, sondern um der Macht willen, die davon abhängig war, der sieht auch den ferneren Weg vorgezeichnet, auf dem endlich jedes Programm fallen wird, weil es dem Kampf um die Gewalt nur noch im Wege steht.“[48]

Das Ende intellektuell fundierter Ideologien bedeutet dabei allerdings keineswegs den Beginn eines wie auch immer gearteten Stillstands der Geschichte des Westens. Vielmehr bewirkt der Wegfall dieser Form nur, daß die darunterliegenden Kräfte, instinktiv und erdverwandt, zunehmend stärker hervortreten werden und der Kampf um die Macht nunmehr auch im öffentlichen Diskurs zunehmend um seiner selbst willen ausgetragen werden wird, wobei der Verweis auf Klassen-, Religions- oder Rasseninteressen als belie-

47 Spengler 1922/1923, 1128 f.
48 Spengler 1922/1923, 1129 f.

bige Versatzstücke dienen.[49] Der Marxismus ist an dieser Radikalisierung des Diskurses insoweit nicht unschuldig, als er zum einen durch seine systematische Destabilisierung des bisherigen, eher patrimonialen Kapitalismus eben jene soziale Schieflage hervorbringt, die er selbst geißelt:

> „Die große Bewegung, welche sich der Schlagworte von **Marx** bedient, hat das Unternehmertum nicht von den Arbeitern, sondern beide von der Börse abhängig gemacht."[50]

Zum anderen bewirkt die immer extremere Ausprägung seiner politischen Forderungen die unausweichliche Verrohung der allgemeinen Debatte und fördert den zunehmenden Kampf um der bloßen Macht willen:

> „Ob diese zynischen und hoffnungslosen Versuche von Landfremden herrühren wie den Hyksos oder Türken oder von Sklaven wie denen des Spartakus und Ali, ob man die Aufteilung des Besitzes fordert wie in Syrakus oder ein Buch vor sich her trägt wie das von **Marx** — das alles ist Oberfläche. Es ist ganz gleichgültig, welche Schlagworte in den Wind schallen, während die Türen und Schädel eingeschlagen werden. Vernichtung ist der wahre und einzige Trieb und Cäsarismus das einzige Ergebnis. Die Weltstadt, der landverzehrende Dämon, hat ihre entwurzelten und zukunftslosen Menschen in Bewegung gesetzt; sie sterben, indem sie vernichten."[51]

Als Cäsarismus[52] bezeichnet Spengler einen Zwischenzustand, in dem das politische Leben einer erkaltenden Zivilisation sich zunehmend, aber noch nicht vollständig aller ideologischen Selbstbegrenzungen entledigt, um allein den Kampf um die totale Macht in das Zentrum zu stellen, der nach dem Wegfall der Parteien zunächst noch mit Geld, dann schließlich mit nackter Gewalt geführt wird und, Ironie der Geschichte, letztlich zur Rückkehr atavistischer Frühzustände inmitten einer hochentwickelten, sterbenden Zivilisation führt:

> „Durch das Geld vernichtet die Demokratie sich selbst, nachdem das Geld den Geist vernichtet hat. Aber eben weil alle Träume verflogen sind, daß die Wirklichkeit sich jemals durch die Gedanken irgend eines Zenon oder **Marx** verbessern ließe, und man gelernt hat, daß im Reiche der Wirklichkeit ein Machtwille nur durch einen andern gestürzt werden kann — das ist die große Erfahrung im Zeitalter der kämpfenden Staaten — , erwacht endlich eine tiefe Sehnsucht nach allem, was noch von alten, edlen Traditionen lebt. Man ist der Geldwirtschaft müde bis zum Ekel. Man hofft auf eine Erlösung irgendwoher, auf einen echten Ton von Ehre

---

49 Allg. hierzu Engels 2018.

50 Spengler 1922/1923, 1062, Anm. 2.

51 Spengler 1922/1923, 1096, Anm. 1.

52 Allg. zum Cäsarismus-Begriff Heuß 1980.

und Ritterlichkeit, von innerem Adel, von Entsagung und Pflicht. Und nun bricht die Zeit an, wo in der Tiefe die formvollen Mächte des Blutes wieder erwachen, die durch den Rationalismus der großen Städte verdrängt worden sind. Alles was sich an dynastischer Tradition, an altem Adel für die Zukunft aufgespart hat, an vornehmer, über das Geld erhabener Sitte, alles was in sich stark genug ist, um nach dem Worte Friedrichs des Großen Diener des Staats zu sein in harter, entsagungsvoller, sorgender Arbeit, gerade im Besitz einer schrankenlosen Gewalt, alles was sich dem Kapitalismus gegenüber als Sozialismus bezeichnet hatte, alles das wird plötzlich zum Sammelpunkt ungeheurer Lebenskräfte. Der Cäsarismus wächst auf dem Boden der Demokratie, aber seine Wurzeln reichen tief in die Untergründe des Blutes und der Tradition hinab.“[53]

Ausblick: Sozialismus ohne Marxismus?

Die Rezeption Marx' und des Marxismus im „Untergang des Abendlandes“ ist also überaus vielschichtig und ist wohl mit sehr wenigen Ausnahmen größtenteils auf Lektüreerlebnisse und Denkgestalten zurückzuführen, welche in die Zeit zwischen dem Beginn der Niederschrift 1911 und der Vollendung des Manuskripts 1917 zu datieren sind und somit weder von der Niederlage Deutschlands, noch von der tatsächlichen Machtübernahme einer marxistischen Partei innerhalb (oder außerhalb) des Westens, noch von der Aussicht auf einen eigenen, bestimmenden Einfluß innerhalb der deutschen Publizistik beeinflußt waren. In systematischer Weise bemüht Spengler sich, die Grundpostulate seines Denkens konsequent auf eine umfassende Neubewertung des Marxismus anzuwenden. Marx erscheint somit zum einen als nicht viel mehr denn ein typischer Vertreter einer gesellschaftskritischen Philosophie, wie sie für das Spätstadium einer jeden menschlichen Hochkultur typisch ist. Trotzdem hat sich Spengler zum anderen bemüht, auch von innen heraus die Probleme der marxistischen Theorie, wie sie sich aus seiner Perspektive offenbarten, zu skizzieren. Ein erster Ansatz war hier die offensichtliche Erkenntnis, daß Marx (wie Hegel) der inneren Entwicklung der außereuropäischen Gesellschaften eine viel zu geringe Aufmerksamkeit widmete und somit die zyklische innere Entwicklung einer einzigen, nämlich der abendländischen Gesellschaft, teleologisch-linear auf die Weltgeschichte projizierte. Ein weiterer Einwand bestand in Marx' Unterschätzung der Bedeutung von Fortschritt, Kreativität und genialischer ideeller Wertschöpfung, welche im Rahmen seines mechanistisch-utilitaristischen Arbeits- und Wert-Begriffs keine genügende Rolle fand. Hieraus folgt die notwendige Konsequenz, daß Spengler zufolge den Marx'schen Theorien, ganz abgesehen von ihrem Wahrheitsgehalt, nur ein geringer Erfolg beschieden sein wird, liege es doch nicht nur in der Natur der Sache, daß auch Parteien und Ideologien bloße vorübergehende Moden, „Oberflächenphänomene“, sind,

53 Spengler 1922/1923, 1143.

sondern auch, daß der politische Disput gegen Ende einer jeden Zivilisation zunehmend verflacht und sich auf einen reinen darwinistischen Machtkampf reduziert, in dem Ideologien und Weltanschauungen zunehmend beliebig eingesetzte Formeln seien; eine Entwicklung, welche auch durch den Erfolg des Marxismus im zeitgenössischen Rußland nicht widerlegt werde, da es sich hier in vielfacher Hinsicht um ein grundlegendes kulturelles Mißverständnis handle, auf das bald die „Richtigstellung" der Emanzipation der russischen von der abendländischen Kultur folgen werde.

Wie eingangs ausgeführt, würde es zu weit gehen, nach der selbstauferlegten Begrenzung auf den „Untergang des Abendlandes" nun auch die späteren, eher politischen Schriften durcharbeiten zu wollen, welche von einer zwar nicht radikal unterschiedlichen Geisteshaltung künden, aber doch auf wesentlich anderen biographischen wie politischen Ausgangsvoraussetzungen beruhen.[54] Trotzdem seien der Vollständigkeit halber, und um einen kleinen Blick auf Spenglers gewissermaßen retrospektiven Umgang mit seiner eigenen Grundlehre zu gestatten, zumindest einige zentrale Positionen grob skizziert. Hierbei ist zunächst die zunehmende Dissoziierung von „Marxismus" und „Sozialismus" bedeutsam sowie die zunehmende semantische Annäherung des letzteren an den Begriff des „Preußentums". Diese kündigte sich bereits im ersten Band des „Untergangs" an, als Spengler schrieb:

> „Und deshalb ist der Sozialismus – nicht der theoretische von **Marx**, sondern der praktische, von Friedrich Wilhelm I. begründete des Preußentums, der jenem vorausging und ihn wieder überwinden wird – mit seiner tiefen Verwandtschaft zum Ägyptertum das Gegenstück zum wirtschaftlichen Stoizismus der Antike, ägyptisch in seiner umfassenden Sorge für dauerhafte wirtschaftliche Zusammenhänge, in seiner Erziehung des einzelnen zur Pflicht für das Ganze und in der Heiligung des Fleißes, durch den die Zeit und Zukunft bejaht werden."[55]

Und so vertritt Spengler denn in „Preußentum und Sozialismus"[56] neben vielen, bereits im „Untergang" ausgeführten Positionen[57] die Ansicht, daß Marx gewissermaßen „nur

54 Allg. hierzu Vollnhals 2005, Kittsteiner 2005.

55 Spengler 1922/1923, 180. S. fast wortgleich Spengler 1919, 42: „Friedrich Wilhelm I. und nicht Marx ist in diesem Sinne der erste bewußte Sozialist gewesen. Von ihm geht als von einer vorbildlichen Persönlichkeit diese Weltbewegung aus. Kant hat sie mit seinem kategorischen Imperativ in eine Formel gebracht."

56 Allg. zu „Preußentum und Sozialismus" vgl. Lübbe 1994 und Lewis 2017.

57 Zu Marx' Verhältnis zu Hegel vgl. Spengler 1919, 79; zur Marx-Rezeption im zeitgenössischen Russentum PuS, 95. In dieser Hinsicht ist auch auf den (in der Forschung leider nur selten erwähnten, separat edierten) Briefwechsel Oswald Spenglers mit Wolfgang E. Groeger hinzuweisen, der nicht nur Fragen russischen Geisteslebens tangiert, sondern auch die Entstehung eines als Interview abgefaßten Vorworts Spenglers zur deutschen Übersetzung von Maurice Williams „The Social Interpretation of History" (New York 1921). Das Buch, dessen Lektüre etwa Sim Yat-Sen dazu bewegte, sich vom Kommunismus abzuwenden, bestand im wesentlichen in einer philosophischen Kritik des Marxismus und vertrat Positionen, die stark an Spenglers „preußischen Sozialismus" erinnern. Und so schrieb Spengler im Dezember 1923 (Spengler 1987, 53). „Im Grunde ist der **Marxismus** bereits

der Stiefvater des Sozialismus gewesen sei,[58] die tatsächliche Besonderheit des preußischen Staates nicht verstanden habe,[59] und es die wichtigste Aufgabe des gegenwärtigen deutschen Sozialismus sei, sich „von Marx zu befreien“ und zu seinem preußischen Erbe zu bekennen:

> „Und damit ist die Aufgabe gestellt: es gilt, den deutschen Sozialismus von **Marx** zu befreien. Den deutschen, denn es gibt keinen andern. Auch das gehört zu den Einsichten, die nicht länger verborgen bleiben. Wir Deutsche sind Sozialisten, auch wenn niemals davon geredet worden wäre. Die andern können es gar nicht sein. [...]Altpreußischer Geist und sozialistische Gesinnung, die sich heute mit dem Hasse von Brüdern hassen, sind ein und dasselbe. Das lehrt nicht die Literatur, sondern die unerbittliche Wirklichkeit der Geschichte, in der das Blut, die durch nie ausgesprochne Ideen gezüchtete Rasse, der zur einheitlichen Haltung von Leib und Seele gewordene Gedanke über bloße Ideale, über Sätze und Schlüsse hinwegeschreitet.“[60]

Diese Abgrenzung zwischen Sozialismus (preußischer Prägung) und Marxismus erklärt sich durch die schon im „Untergang“ angeklungene Zuschreibung des Marxismus zur englischen Seinssphäre, welche Spengler in „Preußentum und Sozialismus“ breit ausmalt. Tatsächlich setzt Spengler mit dem preußischen „Ordensgeist“, beamtisch und sozialistisch angelegt, und dem englischen „Wikingergeist“, abenteuerlich und individualistisch veranlagt, zwei grundsätzliche Seinsweisen einander entgegen, welche Marx' Sozialphilosophie nicht als universale Gesetzmäßigkeit, sondern als unorganisches Konglomerat verschiedenster Prinzipien erscheinen lassen:

---

tot. Sieht man von Rußland ab, wo er die Verkleidung für primitive und religiöse Lebensideale ist, die dem Westeuropäer und Amerikaner fremd sind und von denen die Träger des Bolschewismus selbst kaum etwas ahnen, so ist er in anderen Ländern längst ersetzt durch eine unverhüllte Lohnbewegung und außerdem durch das Streben der Führer nach politischer Macht.“

58 Spengler 1919, 3: „Man verwechselt Augenblicke mit Epochen, das nächste Jahr mit dem nächsten Jahrhundert, Einfälle mit Ideen, Bücher mit Menschen. Diese Marxisten sind nur im Verneinen stark, im Positiven sind sie hilflos. Sie verraten endlich, daß ihr Meister nur ein Kritiker, kein Schöpfer war. Für eine Welt von Lesern hat er Begriffe hinterlassen. Sein von Literatur gesättigtes, durch Literatur gebildetes und zusammengehaltenes Proletariat war nur so lange Wirklichkeit, als es die Wirklichkeit des Tages ablehnte, nicht darstellte. Heute ahnt man es – **Marx** war nur der Stiefvater des Sozialismus.“

59 Spengler 1919, 74: „Hätte **Marx** den Sinn der preußischen Arbeit verstanden, der Tätigkeit um ihrer selbst willen, als Dienst im Namen der Gesamtheit, für „alle“ und nicht für sich, als Pflicht, die adelt ohne Rücksicht auf die Art der Arbeit, so wäre sein Manifest vermutlich nie geschrieben worden.“

60 Spengler 1919, 4; vgl. fast wortgenau identisch den Brief, den Spengler am 26.3.1919 an Hans Klöres sandte (Spengler 1963, 126): „Den Sozialismus von **Marx** befreien – denn er ist älter und tiefer als dieser – ihn von den Pöbelinstinkten, von der bloßen Negation und Kritik des historisch Gewordenen, vom Dilettantismus dieser Tage seinem vorbestimmten – ‚preußischen‘ – Ziel entgegenzuführen: dafür sind die besten Köpfe heute reif.“

„Hier setzt nun **Marx** ein. Er hat durch eine glänzende Konstruktion versucht, die Tatsache zum Rang einer Idee zu erheben. Über den mächtigen Gegensatz von Wikingertum und Ordensgeist spannt er eine dünne, aber festgefügte Theorie und schafft damit ein volkstümliches Bild der Geschichte, das in der Tat die Anschauungen der Gegenwart in weitgehendem Maße beherrscht. Er stammte aus der preußischen Atmosphäre und siedelte sich in der englischen an, der Seele beider Völker aber ist er gleichmäßig fremd geblieben. Als Mensch des naturwissenschaftlichen 19. Jahrhunderts war er ein guter Materialist und ein schlechter Psychologe. Und so hat er schließlich nicht die großen Realitäten mit dem Gehalt einer Idee erfüllt, sondern die Ideen zu Begriffen, zu Interessen herabgedrückt. Statt des englischen Blutes, das er nicht in sich fühlte, erblickte er nur englische Dinge und Begriffe, und von Hegel, der ein gutes Stück preußischen Staatsdenkens repräsentierte, war ihm nur die Methode zugänglich gewesen. Und so übertrug er durch eine wahrhaft groteske Kombination den Instinktgegensatz der beiden germanischen Rassen auf den materiellen Gegensatz zweier Schichten. Er schrieb dem „Proletariat", dem vierten Stande, den preußischen Gedanken des Sozialismus und der „Bourgeoisie", dem dritten Stande, den englischen des Kapitalismus zu. Aus diesem System erst ergab sich die feste Bedeutung der vier Begriffe, wie sie heute jedermann geläufig ist."[61]

Hieraus folgt dann die einzig logische Konsequenz, daß Arbeiterbewegung wie Konservative sich in Zukunft um den Begriff des „preußischen" Sozialismus scharen müssen, um Deutschland angesichts der politischen Übermächtigkeit des Britischen Empires weiterhin eine Zukunft zu sichern und, vielleicht, eines Tages den Durchbruch zur spätzeitlichen Vereinigung des europäischen Kontinents in Analogie zum römischen Reich aufzubauen, dessen stoische Grundhaltung, wie wir sahen, dem von Spengler vertretenen Sozialismus-Begriff überaus nahe steht:

61 Spengler 1919, 69. Hierzu kommt dann Spengler zufolge auch noch der Einfluß des alttestamentlichen Arbeitsbegriffs; vgl. ibid. 74: „Aber hier unterstützte ihn [i.e. **Marx**] sein jüdischer Instinkt, den er selbst in seiner Schrift über die Judenfrage gekennzeichnet hat. Der Fluch der körperlichen Arbeit am Anfang der Genesis, das Verbot, den Sonntag durch Arbeit zu schänden, das machte ihm das alttestamentliche Pathos des englischen Empfindens zugänglich. Und deshalb sein Haß gegen die, welche nicht zu arbeiten brauchen. Der Sozialismus Fichtes würde sie als Faulenzer verachten, als Überflüssige, Pflichtvergessene, Schmarotzer des Lebens, der Instinkt von Marx aber beneidet sie. Sie haben es zu gut und deshalb soll man sich gegen sie auflehnen. Er hat dem Proletariat die Mißachtung der Arbeit eingeimpft. Seine fanatischsten Jünger wollen die Vernichtung der ganzen Kultur, um die Menge der unentbehrlichen Arbeit möglichst herabzusetzen. Luther hatte die schlichteste Werktätigkeit als gottgefällig gerühmt, Goethe die „Forderung des Tages"; vor den Augen von **Marx** aber schwebt das Ideal des proletarischen Phäaken, der alles mühelos besitzt – das ist der Endsinn jener Expropriation der Glückseligen. Und er hat Recht dem englischen Instinkt gegenüber. Was der Engländer Glück nennt, der geschäftliche Erfolg, der körperliche Arbeit erspart, der den Menschen damit zum Gentleman macht, sollte allen – Engländern zukommen. Für uns ist das gemein, der Geschmack von Mob und Snob."

„Die Arbeiterschaft muß sich von den Illusionen des Marxismus befreien. **Marx** ist tot. Der Sozialismus als Daseinsform steht an seinem Anfang, der Sozialismus als Sonderbewegung des deutschen Proletariats aber ist zu Ende. Es gibt für den Arbeiter nur den preußischen Sozialismus oder nichts. Die Konservativen müssen sich von der Selbstsucht befreien, um deren willen schon der Große Kurfürst dem Hauptmann v. Kalckstein den Kopf vor die Füße legte. Demokratie, mag man sie schätzen wie man will, ist die Form dieses Jahrhunderts, die sich durchsetzen wird. Es gibt für den Staat nur Demokratisierung oder nichts. Es gibt für die Konservativen nur bewußten Sozialismus oder Vernichtung.“[62]

Die Frage, ob diese Entwicklung allerdings nun „von oben“ oder vielmehr „von unten“ verlaufen wird, steht für Spengler zwar noch offen, doch ist dies letztlich belanglos:

„Den preußischen Beamtentypus, den ersten der Welt, haben die Hohenzollern gezüchtet. Er bürgt für die Möglichkeit einer Sozialisierung durch seine ererbten sozialistischen Fähigkeiten. Er ist seit 200 Jahren als Methode das, was der Sozialismus als Aufgabe ist. In diesen Typus muß der Arbeiter hineinwachsen, wenn er aufhört **Marxist** zu sein, und dadurch beginnt Sozialist zu werden. Der ‚Zukunftsstaat‘ ist ein Beamtenstaat. Das gehört zu den unausweichlichen Endzuständen, die aus den Voraussetzungen unsrer in ihrer Richtung festgelegten Zivilisation folgen. Auch der Milliardärsozialismus würde ein Volk unvermerkt in ein Heer von Privatbeamten verwandeln. Die großen Trusts sind heute schon Privatstaaten, welche ein Protektorat über den offiziellen Staat ausüben. Preußischer Sozialismus bedeutet aber die Einordnung dieser Wirtschaftsstaaten der einzelnen Berufszweige in den Gesamtstaat. Die Streitfrage zwischen Konservativen und Proletariern ist im Grunde gar nicht die Notwendigkeit dieses autoritativ-sozialistischen Systems, dem man nur durch die Annahme des amerikanischen entgehen könnte (der Wunsch des deutschen Liberalismus), sondern die Frage des Oberbefehls. Es gibt heute scheinbar die Möglichkeiten eines Sozialismus von oben und von unten, beide in diktatorischer Form. In Wirklichkeit würden beide allmählich in dieselbe Endform auslaufen.“[63]

Angesichts der Gewalt der von Spengler heraufbeschworenen Bilder und Visionen sei es erlaubt, ausblickend einige Überlegungen zur Aktualität seiner Analyse der Marx'schen Lehren zu formulieren, endet doch die Relevanz von Oswald Spengler als Geschichtsdenker weder mit seinem Tod 1936, noch mit dem (von ihm selbst auf das Jahr genau vorhergesagten) Fall des Dritten Reiches 1945,[64] sondern dauert bis heute an.[65] Wie von Spengler

62 Spengler 1919, 98.
63 Spengler 1919, 90.
64 Frank 1955, 247.
65 Allg. zur Rezeption Spenglers vgl. Frigg 1968, Beßlich 2002, Thöndl 2010, Engels 2012, Gasimov/Lemke Duque 2013, Engels 2014, Keppeler 2014, De Winde et al. 2016, Engels 2019a.

prognostiziert, ist das 20. Jh. tatsächlich zum großen Teil vom Konflikt der beiden von ihm skizzierten Weltanschauungen dominiert worden, der „kapitalistischen" Ideologie angelsächsischer Prägung auf der einen Seite, wie sie v.a. von den Vereinigten Staaten und den westeuropäischen Nationen übernommen wurden, und der Idee „nationaler", weitgehend beamtisch strukturierter Sozialismen auf der anderen Seite, wobei sich die Wirtschaftsordnungen jener totalitären Staaten tatsächlich oft nur in bezug auf ihren Aufbau „von unten" (kommunistisch) oder „von oben" (faschistisch) her unterschieden.

Daß dieser Kampf bislang vom angelsächsischen, kapitalistischen und nicht vom „preußischen", sozialistischen Prinzip entschieden worden ist, würde Spengler selbst kaum erstaunen, der in der Machtergreifung des Nationalsozialismus und der hierauf folgenden Diskreditierung des preußischen Prinzips durch eine verbrecherische Clique eine Katastrophe erblickt hatte und als einer der ersten 1933 in den „Jahren der Entscheidung" hellsichtig auf die hierauf folgenden Gefahren aufmerksam gemacht hatte,[66] bevor er, der Erfinder des „preußischen Sozialismus", zur Persona non grata des „nationalen Sozialismus" wurde.[67]

Interessant in Hinsicht auf Spenglers fortdauernde Aktualität ist dabei auch seine im Hinblick auf den zeitlichen Hintergrund erstaunliche Voraussicht der Zukunft des Marxismus als lebensfähiger politischer Weltanschauung: Das nahezu vollständige Verschwinden des Marxismus aus der politischen Parteienlandschaft der Jetztzeit, von einigen Lippenbekenntnissen abgesehen, scheint ebenso seherisch wie die Tatsache, daß gerade die lange marxistisch dominierten außereuropäischen Staaten unter dieser Oberfläche längst zu weltanschaulichen Modellen (zurück)gefunden haben, wie sie bis ins 19. Jh. typisch waren, sei es der neue Zarismus in Rußland mitsamt seiner „eurasischen" Doktrin, sei es der chinesische „Marxismus", der nichts anderes scheint als eine notdürftig verschleierte Rückkehr zu den beamtischen Traditionen der Qing-Kaiserzeit.

Derweil scheint das „angelsächsische" Staats- und Wirtschaftsmodell im Westen seinen Zenit allmählich überschritten zu haben, beobachtet man die Zeichen der Zeit. Die Auflösung von Grenzen, Staatlichkeit und Handelsbarrieren, laut Spengler alle eine direkte Konsequenz der englischen Insellage, ist weltweit weitgehend fortgeschritten; der Abbau des Beamtenprinzips und verstaatlichter Dienstleistungen zugunsten des liberalen „Wettbewerbs" und der freien Entfaltung der Marktkräfte ist abgemachte Sache; die von Spengler vorhergesehene Ablösung des patrimonialen Kapitalismus durch die Regulation (bzw. Spekulation) der Börsen ist zum allgemeingültigen Prinzip der modernen Wirtschaft geworden; „Expertenmeinungen" gelten oft mehr als demokratische Mehrheiten; der „Milliardärssozialismus" der „global Players" wie etwa Google oder Facebook hat jetzt schon an Macht diejenige vieler kleinerer und mittlerer Staaten übertroffen und schafft eine eigene Hierarchie und quasi-Staatlichkeit; die meisten bedeutenden Politiker pflegen vor oder nach der Staatslaufbahn beste Beziehungen zu ausgewählten Großbanken; ganze Staaten, denkt man an Griechenland, befinden sich in der Hand verschiedenster Finanzinstitutionen und setzen deren Empfehlungen in nationale Gesetze um, um den Staatsbankrott zu vermeiden; und man könnte noch viele Beispiele mehr anführen.

66 Zu Spenglers Verhältnis zum Nationalsozialismus s. Fauconnet 1946, Koktanek 1966, Henkel 2007.
67 Zur Spengler-Rezeption im Nationalsozialismus s. beispielsweise Zweininger 1933, Gründel 1934.

Gleichzeitig droht – von Jahr zu Jahr mehr – die Krise durch Überhitzung des Systems, und der von Spengler vorhergesagte, lange totgeglaubte Cäsarismus läßt erneut und verstärkt grüßen:[68] Ein populistischer Millionär sitzt im Weißen Haus und verteidigt die Interessen der Arbeiterklasse; die „illiberale Demokratie“ und der „dritte Weg“ sind wieder in aller Mund; Ideologie und Weltanschauung haben längst vor Charisma und Alternativlosigkeit abgedankt; jeder bezichtigt seinen Gegner so lange des Faschismus, bis der letztere tatsächlich wieder politisch hoffähig wird; altehrwürdige Volksparteien zerfallen zugunsten von politischen Formierungen, die wenig mehr sind als der Resonanzboden einer einzigen, von verschiedenen Druckgruppen finanziell unterstützten Persönlichkeit; der Ruf nach dem starken Mann, lange Jahrzehnte verpönt, erschallt wieder verstärkt – nicht nur an den Grenzen, sondern sogar im Herzen Europas. Sollte Spengler tatsächlich mit seinen Vorhersagen recht behalten? Adornos eindringlicher Formulierung, „der vergessene Spengler rächt sich, indem er droht, recht zu behalten. [...] Spengler hat kaum einen Gegner gefunden, der sich ihm gewachsen gezeigt hätte: das Vergessen wirkt als Ausflucht“,[69] scheint jedenfalls auch heute noch durchaus aktuell zu sein.

Literatur

Abbès 2014 M. Abbès, Spengler et la pensée arabo-musulmane, in: Merlio/Meyer 2014, 257–273.

Adorno 1955 Th. W. Adorno, „Spengler nach dem Untergang“ (1950) in: ders., Prismen, Berlin / Frankfurt 1955, 51–81.

Becker 1923 C. H. Becker, Spenglers magische Kultur, in: ZDMG 77 (1923) 225–271.

Beiser 2011 F. C. Beiser, Hegel and Ranke: A Re-examination, in: St. Houlgate / M. Baur (Hrsg.), A Companion to Hegel, Malden 2011, 332–350.

Beßlich 2002 B. Beßlich, Faszination des Verfalls. Thomas Mann und Oswald Spengler, Berlin 2002.

Boterman 2000 Fr. Boterman, Oswald Spengler und sein „Untergang des Abendlandes“, Köln 2000.

Conte 2004 D. Conte, Oswald Spengler – Eine Einführung, Leipzig 2004.

Cornu 1967 A. Cornu, Die Herausbildung des historischen Materialismus in Marx’ Thesen über Feuerbach, Engels’ Die Lage der arbeitenden Klasse in England und in Die deutsche Ideologie von Marx und Engels, Berlin 1967.

Csejtei/Juhász 2009 D. Csejtei / A. Juhász, Oswald Spengler élete és filozófiája, Máriabesnyő 2009.

Csejtei/Juhász 2013 D. Csejtei / A. Juhász, Friedrich Nietzsches und Oswald Spenglers Gedanken über das Ende der Geschichte, in: Caminos filosóficos-Philosophische Wege, 2013, 193–206.

68 Allg. zu diesen Überlegungen auch Engels 2013b, Engels 2016a, Engels 2016b, Engels 2017a und Engels 2017b.

69 Adorno 1955.

Dannhauser 1995 W. J. Dannhauser, Nietzsche and Spengler on Progress and Decline, in: A. M. Melzer (ed.), History and the Idea of Progress. Symposium on Science, Reason, and Modern Democracy, Ithaca / London 1995, 117–133.

De Winde/Fabré/Maes/Philipsen 2016 A. De Winde / S. Fabré / S. Maes / B. Philipsen (Hrsg.), Tektonik der Systeme. Neulektüren von Oswald Spengler, Heidelberg 2016.

Demandt/Farrenkopf 1994 A. Demandt / J. Farrenkopf (Hrsg.), Der Fall Spengler. Eine kritische Bilanz, Köln 1994.

Demandt 1980 A. Demandt, Spengler und die Spätantike, in: Ludz 1980, 25–49.

Demandt 1988 A. Demandt, Spengler und Groeger. Die Zukunft des Russentums, in: Germano-Slavica 6.2 (1988) 111–112.

Demandt 1996 A. Demandt, Hellenismus – die moderne Zeit des Altertums?, in: B. Funcke (Hrsg.), Hellenismus, Tübingen 1996, 17–27.

Demandt 2017 A. Demandt, Untergänge des Abendlandes. Studien zu Oswald Spengler, Köln / Weimar / Wien 2017.

Dod 2013 E. Dod, Der unheimlichste Gast. Die Philosophie des Nihilismus, Marburg 2013.

Dunsch 2015 B. Dunsch, Historia magistra vitae? Zu einer Debatte zwischen Nepos und Cicero, in: B. Dunsch / F. M. Prokoph (Hrsg.), Geschichte und Gegenwart. Beiträge zu Cornelius Nepos aus Fachwissenschaft, Fachdidaktik und Unterrichtspraxis, Wiesbaden 2015, 33–83.

Engels 2009 D. Engels, Ducunt fata volentem, nolentem trahunt. Spengler, Hegel und das Problem der Willensfreiheit im Geschichtsdeterminismus, in: Saeculum 59 (2009) 269–298.

Engels 2012 D. Engels, „Spengler emerges biggest and best of all". Die Rezeption Oswald Spenglers bei Henry Miller, in: Sprachkunst 43 (2012) 113–130.

Engels 2013a D. Engels, André Fauconnet und Oswald Spengler, in: Gasimov/Lemke Duque 2013, 105–156.

Engels 2013b D. Engels, Le Déclin. La crise de l'Union européenne et la chute de la république romaine – analogies historiques, Paris 2013.

Engels 2014 D. Engels, „This is an extraordinary thing you've perhaps heard of." Die Rezeption Oswald Spenglers bei Francis Scott Fitzgerald, in: Merlio/Meyer 2014, 217–242.

Engels 2015 D. Engels (Hrsg.), Von Platon bis Fukuyama. Biologistische und zyklische Konzepte in der Geschichtsphilosophie der Antike und des Abendlandes, Bruxelles 2015.

Engels 2016a D. Engels, Ceci n'est pas une crise, mais pourrait bien être le début de la fin, in: J.-P. Labille (ed.), Brexit! Le „non" britannique décrypté, Paris 2016, 57–67.

Engels 2016b D. Engels, Populistes et populares – ou: Trump n'est que le début, in : La lettre des Académies 39 (2016) 5–6.

Engels 2017a D. Engels, Europa in nicht allzu ferner Zeit. Eine Dystopie, in: R. Grätz (Hrsg.), Kann Kultur Europa retten?, Berlin 2017 (Bundeszentrale für politische Bildung), 29–40.

Engels 2017b D. Engels, The European Union and the Decline of the West, or: Determinism or Determination?, in: Erträge 5 (2017) 93–124.

Engels 2017c D. Engels, Is there a „Persian“ Culture? Critical Reflections on the place of Ancient Iran in Oswald Spengler's Philosophy of History, in: M. J. Versluys / R. Strootman (eds.), Persianism in Antiquity, Stuttgart 2017, 21–44.

Engels 2017d D. Engels, The Man Who Would Be King. 19th Century Colonialism and the Construction of the Hellenistic Empires, in: D. Engels (ed.), Benefactors, Kings, Rulers. Studies on the Seleucid Empire between East and West, Leuven 2017, 485–515.

Engels 2018a D. Engels, Kulturmorphologie und Willensfreiheit: Überlegungen zu einer neuen komparatistischen Geschichtsphilosophie, in: Engels/Ott /Thöndl 2018, 79–102.

Engels 2018b D. Engels, Spengler im 21. Jahrhundert. Überlegungen und Perspektiven zu einer Überarbeit der Spengler'schen Kulturmorphologie, in: Fink/Rollinger 2018, 451–486.

Engels 2018c D. Engels, The Revolution of 1917 from the Perspective of the Morphology of History, in: A. Máthé (ed.), 1917–2017. Memory and Legacy. Perception of Communism in Europe, Budapest, 2018, 27–44.

Engels 2019a D. Engels, „I was persistently reminded of such hybrid things as the ungainly Palmyrene sculptures fashioned in the Roman style“. Lovecraft, Oswald Spengler und die Berge des Wahnsinns, in: M. Kleu (Hg.), Antikenrezeption in der Science-Fiction-Literatur, Essen 2019, 34–81.

Engels 2019b D. Engels, Déterminisme et morphologie culturelle. Quelques observations méthodologiques autour du „Déclin de l'Occident“ d'Oswald Spengler, in: L. Carré / Q. Landenne (eds.), La philosophie allemande de l'histoire, Paris 2019,145–171.

Engels/Otte/Thöndl 2018 D. Engels / M. Otte / M. Thöndl (Hrsg.), Der lange Schatten Oswald Spenglers. 100 Jahre Untergang des Abendlandes, Waltrop 2018.

Farrenkopf 1990 J. Farrenkopf, Hegel, Spengler, and the Enigma of World History: Progress or Decline?, in: Clio 19.4 (1990) 331–334.

Farrenkopf 1992 J. Farrenkopf, Weber, Spengler, and the Origins, Spirit, and Development of Capitalism, in: Comparative Civilizations Review 27 (1992) 1–30.

Farrenkopf 2001 J. Farrenkopf, Prophet of Decline: Spengler on World History and Politics, Baton Rouge 2001.

Fauconnet 1925 A. Fauconnet, Oswald Spengler, le prophète du déclin de l'occident, Paris 1925.

Fauconnet 1946 A. Fauconnet, Spengler a-t-il été national-socialiste ?, in: Mélanges littéraires de l'Université de Poitiers 1946, 69–79.

Felken 1988 D. Felken, Oswald Spengler. Konservativer Denker zwischen Kaiserreich und Diktatur, München 1988.

Ferrari Zumbini 1976 M. Ferrari Zumbini, Über Spengler und Nietzsche, in: Nietzsche-Studien 5 (1976) 194–254.

Fink/Rollinger 2018 S. Fink / R. Rollinger (Hrsg.), Oswald Spenglers Kulturmorphologie – eine multiperspektivische Annäherung, Berlin 2018.

Fischer 1989 K. P. Fischer, History and Prophecy. Oswald Spengler and the Decline of the West, New York et al. 1989.

Forchtner 2014 B. Forchtner, Historia magistra vitae: The topos of history as a teacher in public struggles over self- and other-representation, in: C. Hart / P. Cap (Hrsg.), Contemporary Critical Discourse Studies, London 2014, 19–44.

Frank 1955 H. Frank, Im Angesicht des Galgens, Neuhaus 1955.

Frigg 1968 H. L. Frigg, The Impact of a Pessimist. The Reception of Oswald Spengler in America 1919–1939, Nashville 1968.

Gagliardi 2015 F. Gagliardi, Il tramonto di Faust. Spengler tra Goethe e Nietzsche, Passignano sul Trasimeno 2015.

Gangl/Merlio/Ophälders 2009 M. Gangl / G. Merlio / M. Ophälders (Hrsg.), Spengler – Ein Denker der Zeitenwende, Frankfurt a.M. 2009.

Gasimov/Lemke Duque 2013 Z. Gasimov / C. A. Lemke Duque (Hrsg.), Oswald Spengler als europäisches Phänomen, Göttingen 2013.

Gründel 1934 G. Gründel, Jahre der Überwindung. Umfassende Abrechnung mit dem „Untergangs"-Magier, Breslau. Ms. 1934.

Guerri/Ophälders 2004 M. Guerri / M. Ophälders (Hrsg.), Oswald Spengler. Tramonto e metamorfosi dell'Occidente, Milano 2004.

Henkel 2007 M. Henkel, Oswald Spengler, der Nationalsozialismus und die Nachkriegszeit (1918–1970), in: HMRG 20 (2007) 174–192.

Henkel 2012 M. Henkel, Nationalkonservative Politik und mediale Repräsentation: Oswald Spenglers politische Philosophie und Programmatik im Netzwerk der Oligarchen, Baden-Baden 2012.

Heuß 1980 A. Heuß, Der Caesarismus und sein antikes Urbild, in: H. Boockmann (Hrsg.), Geschichte und Gegenwart. Festschrift für Karl Dietrich Erdmann, Neumünster 1980, 13–40.

Høyrup 2018 J. Høyrup, Spengler and Mathematics in a Mesopotamian Mirror, in: Fink/Rollinger 2018, 205–222.

Hulin 1979 M. Hulin, Hegel et l'Orient, Paris 1979.

Janensch 2006 U. Janensch, Goethe und Nietzsche bei Spengler. Eine Untersuchung der strukturellen und konzeptionellen Grundlagen des Spenglerschen Systems, Berlin 2006.

Kaiserreiner 1994 I. Kaiserreiner, Kunst und Weltgefühl. Die bildende Kunst in der Sicht Oswald Spenglers. Darstellung und Kritik, Frankfurt a.M. et al. 1994.

Keppeler 2014 L. Keppeler, Oswald Spengler und die Jurisprudenz, Tübingen 2014.

Kittseiner 2005 H. D. Kittsteiner, Oswald Spengler zwischen „Untergang des Abendlandes" und „Preußischem Sozialismus", in: W. Hardtwig / E. Schütz (Hrsg.), Geschichten für Leser. Populäre Geschichtsschreibung in Deutschland im 20. Jahrhundert, Stuttgart 2005, 309–330.

Koktanek 1965 A. M. Koktanek (Hrsg.), Spengler Studien. Festgabe für M. Schröter zum 85. Geburtstag, München 1965.

Koktanek 1966 A. M. Koktanek, Spenglers Verhältnis zum Nationalsozialismus in geschichtlicher Entwicklung, in: Zeitschrift für Politik n.f. 13 (1966) 33–55.

Koktanek 1968 A. M. Koktanek, Oswald Spengler in seiner Zeit, München 1968.

Koselleck 1989 R. Koselleck, Historia Magistra Vitae. Über die Auflösung des Topos im Horizont neuzeitlich bewegter Geschichte, in: ders., Vergangene Zukunft. Zur Semantik geschichtlicher Zeiten, Frankfurt a.M. 1989, 38–66.

Kraus 1998 H.-Chr. Kraus, „Untergang des Abendlandes“. Rußland im Geschichtsdenken Oswald Spenglers, in: G. Koenen / L. Kopelew (Hrsg.), Deutschland und die Russische Revolution 1917–1924, München 1998, 277–312.

Lewis 2017 B. Lewis, Spengler's Prussian Socialism, in: European Review 2017, 1–15.

Lübbe 1994 H. Lübbe, Oswald Spenglers „Preußentum und Sozialismus“ und Ernst Jüngers „Arbeiter“, in: Demandt/Farrenkopf 1994, 129–152.

Ludz 1980 P. Chr. Ludz (Hrsg.), Spengler heute. Sechs Essays mit einem Vorwort von Hermann Lübbe, München 1980.

Lukács 1954 G. Lukács, Die Zerstörung der Vernunft, Berlin 1954.

Marcus 2015 St. Marcus, Engels, Manchester, and the Working Class, Piscataway, NJ 2015.

Merlio/Meyer 2014 G. Merlio / D. Meyer (Hrsg.), Spengler ohne Ende, Frankfurt a.M. 2014.

Merlio 1982 G. Merlio, Oswald Spengler. Témoin de son temps, Stuttgart 1982.

Mönke 1965 W. Mönke, Das literarische Echo in Deutschland auf Friedrich Engels' Werk Die Lage der arbeitenden Klasse in England, Berlin 1965.

Moretti 2009 G. Moretti, Spengler – ein „klassischer“ Nihilist? Zur Unversöhnbarkeit von Goethe und Nietzsche, in: Gangl/Merlio/Ophälders 2009, 179–192.

Moura 2001 J.-M. Moura, L'(extrême-)orient selon G. W. F. Hegel philosophie de l'histoire et imaginaire exotique, in: Revue de littérature comparée 1 (2001) 31–42.

Naehler 1984 J. Naeher, Oswald Spengler. In Selbstzeugnissen und Bilddokumenten, Reinbek bei Hamburg 1984.

Osmancevic 2007 S. Osmancevic, Oswald Spengler und das Ende der Geschichte, Wien 2007.

Otte 2018 M. Otte, Oswald Spengler und der moderne Finanzkapitalismus, in: Engels/Otte/Thöndl 2018, 25–48.

Potapova 2016 G. Potapova, Spengler und die Dostojewski-Übersetzerin Less Kaerrick. Zu den Quellen des Russlandbildes in „Der Untergang des Abendlandes“, in: De Winde/Fabré/ Maes/Philipsen 2016, 117–127.

Schröter 1922 M. Schröter, Der Streit um Spengler. Kritik seiner Kritiker, München 1922.

Schröter 1949 M. Schröter, Metaphysik des Untergangs. Eine kulturkritische Studie über Oswald Spengler, München 1949.

Schulin 1958 E. Schulin, Die weltgeschichtliche Erfassung des Orients bei Hegel und Ranke, Göttingen 1958.

Spengler 1919 O. Spengler, Preußentum und Sozialismus, München 1919.

Spengler 1922/23 O. Spengler, Der Untergang des Abendlandes: Umrisse einer Morphologie der Weltgeschichte, Bd. 1, Wien 1918 (rev. München 1923), Bd. 2, München 1922.

Spengler 1933 O. Spengler, Jahre der Entscheidung, München 1933.
Spengler 1963 O. Spengler, Briefe, 1913–1936, hrsg. v. A. M. Koktanek und M. Schröter, München 1963.
Stiegler 1999 B. Stiegler, Oswald Spenglers „Untergang des Abendlandes" zwischen Goethe und Nietzsche, in: ders., Vom „Untergang des Abendlandes" zum Aufstieg des „Dritten Reiches". Vier Vorträge zur Geschichte des Nationalsozialismus, Weimar 1999, 7–28.
Swassjan 1998 K. Swassjan, Der Untergang eines Abendländers. Oswald Spengler und sein Requiem auf Europa, Berlin 1998.
Teich/Müller 2005 M. Teich / A. Müller (Hrsg.), Historia Magistra Vitae?, Innsbruck 2005.
Thörnld 2010 M. Thöndl, Oswald Spengler in Italien. Kulturexport politischer Ideen der „Konservativen Revolution", Leipzig 2010.
Van der Goten 2016 A. Van der Goten, Im gespaltenen Zauberland. Oswald Spengler und die Aneignung des Fremden, Heidelberg 2016.
Vercellone 1998 F. Vercellone, Einführung in den Nihilismus, München 1998.
Vollnhals 2005 Cl. Vollnhals, Praeceptor Germaniae. Spenglers politische Publizistik, in: W. Schmitz / Cl. Vollnhals (Hrsg.), Völkische Bewegung – Konservative Revolution – Nationalsozialismus. Aspekte einer politischen Kultur, Dresden 2005, 117–137.
von Pöhlmann 1901/1902 R. von Pöhlmann, Geschichte der sozialen Frage und des Sozialismus in der antiken Welt (2 Bände), München (Bd. 1: zuerst 1893, dann rev. 1912; Bd. 2: 1901).
Weier 1980 W. Weier, Nihilismus, Paderborn 1980.
Zöller 2003 R. Zöller, Die Vorstellung vom Willen in der Morallehre Senecas, Leipzig 2003.
Zweiniger 1933 A. Zweiniger, Spengler im Dritten Reich. Eine Antwort auf Oswald Spenglers „Jahre Der Entscheidung", Oldenburg 1933.

A Chinese Way of Perception?

Marx, Marxism, and their Influence on the Study of Western Classics in China*

Sven Günther & Xiaojing Shi

Any study of the influence of Karl Marx, his ideas, and Marxism(s) as a socio-political ideology on the research of Western Classics in China has to deal with the development of the field as a whole. For the study of Classics, and Western ancient civilizations more generally, is a relatively new topic in China. Even though one can trace back interest in Classics at the emperor's court and beyond to the Franciscan Giovanni di Montecorvino's (1247–1328) quite successful missionary activities at Khanbaliq, the capital of the Yuan dynasty (modern: Beijing), around 1300, and the Jesuits with and after Matteo Ricci (1552–1610), the interest in the West was rather limited.[1] First, the crisis of the Qing Dynasty in the course of the 19th century and the search for orientation, mainly in the apparently more successful and developed West, brought forward the reception of, and the discourse about, Western ideas, and among them, to some extent, Classics.[2]

The perception of Western Classics from c. 1900 on mostly followed the way of other Western "achievements". Some intellectuals acknowledged particularly the Greek way of rational thinking and the political, democratic development, seeing it as a potential model for a step of China out of the crisis; others, for instance contributors in the journal Xueheng ("Critical Review"), published in Nanjing between 1922–1933, wanted to fuse the best parts of Chinese and Western (classical) tradition; while others heavily refuted the influx of Western ideas. Furthermore, these political discourses had a counterpart in a cultural approach of some Chinese scholars who had studied abroad and promoted Wes-

* We like to thank Dr. Hendrikus van Wijlick and Dr. Zhang Xingang, both Peking University, for their helpful remarks on the article.

1 On Giovanni di Montecorvino, see shortly Brashear 1998, 81. More in the article of Mutschler 2018, see note 4. Recently, Chinese scholars researched the openness towards the West, though limited, during the Ming Dynasty. Cf. Zhao Yifeng 2014, 19–35.

2 As an early, still Christian missionary-influenced example one might count the *Lexicon magnum Latino-Sinicum* by Joachim Alfonso Gonçalves (Macao 1841).

tern, especially Greek, literature when they came back to China and took over positions in Chinese universities.[3]

Within these frames of "political-patriotic" and "cultural-humanist" interest in Western Classics in the first quarter of the 20th century, as Fritz-Heiner Mutschler has called it,[4] the ideas of liberalism, humanism, and democracy as well as culture and philosophy were discussed through the lens of Classics. However, the influence of Marx on the view of Western antiquity at this early stage is difficult to estimate. Certainly, on the one hand Chinese scholars paid attention to Marx but mainly to the revolution-theory, particularly in the shape of Marxism-Leninism in the aftermath of the October Revolution in Russia in 1917.[5] So, the historical perspectives of Marx, e.g. the historical materialism or his view on slavery were not in the focus yet.[6] On the other hand, Western Classics was still not a research subject in the modern sense. First of all, Classical literature was not analyzed with philological or historical methods but translated into Chinese, often not from the original Greek or Latin but from existing translations, mainly in English.[7] Therewith, not only a basis for a broader discussion was prepared but also, and mostly, an appropriation of that classical heritage into Chinese was intended.

So, as early as 1929, the *Ars amatoria* of Ovid was translated into Chinese by Dai Wangshu (1905–1950), a famous poet and translator into Modern Chinese. This work was also one of the earliest Chinese translations of an ancient Roman poem. Ovid's other love poems, such as *Amores*, *Heroides* and *Remedia amoris*, also received translations but not from the Latin original.[8] A talented poet and translator called Zhu Xiang (1904–1933) had studied Western literature and languages including Ancient Greek in the United States, and once translated Virgil's *Eclogues* II into Chinese. And Qian Zhongshu (1910–1998), a

3 Cf. e.g. Ma Xiangbo (1840–1939), Zhou Zuoren (1885–1967), Zhu Guangqian (1897–1986), Dai Wangshu (1905–1950). On the Xueheng journal, see now Liu Jinyu 2018a.

4 Cf. his key note-speech given at the conference: "Globalizing Ovid: An International Conference in Commemoration of the Bimillennium of Ovid's Death, Shanghai Normal University, May 31-June 2, 2017, which he kindly gave to us before the (Chinese) publication. He has also prepared an overview of Classics in Chinese Universities, cf. Mutschler 2018.

5 Marxist ideas spread to China with the Russian October Revolution in 1917, however first influenced research on historical theory, such as Li Shouchang (Li Dazhao, 1889–1927) who wrote his *Main Theory of History* reflecting his view of Marxism that Chinese history should be written with the guidance of Marxism. He also published a paper "My View of Marxism" ("Wode Makesi Zhuyi Guan") in the journal *New Youth* vol. 6 in 1919 (Li Dazhao 1919a/b). It was the first time that a Chinese scholar elaborated a materialistic historical view. Cf. Qu Lindong 2006, 5–17.

6 On the complex way of and towards Chinese Marxism, see e.g. Chan 2003; Dirlik 2005.

7 So, over the years many Chinese translations have appeared of ancient authors whose works have been published with English translation in the Loeb Classical Library. The Commercial Press of Beijing, for example, publishes translated masterpieces of the world, among them classical texts; later, scholars have started to translate directly from Latin or Greek into Chinese (see below); nowadays the *Rizhi Classical Library* at People's Press of Shanghai, named after the pen name of Lin Zhichun, the founder of the Institute for the History of Ancient Civilizations (IHAC), Northeast Normal University, Changchun, publishes Greek and Latin texts whereby the original text faces the Chinese translation. Also the translations within the Ovid-project will be all from the original Latin.

8 Cf. Liu Jinyu et al. 2016, 27–28.

famous modern Chinese writer, was the only Chinese scholar who quoted Western authors including Virgil extensively from the original languages in his works.[9] He noticed that many ancient Greek writers mentioned China, such as Strabo and Pausanias. And he quoted poems by Virgil, Horace, and Ovid, where China was mentioned.[10] However, these written fragments were not published during his lifetime. It was only later arranged and published by his wife Yang Jiang (1911–2016), who is also a famous writer and translator. Additionally, for instance, the famous translator Luo Niansheng (1904–1990), who had been the first Chinese international student in the US, translated Euripides from Ancient Greek in 1930s.[11] However, as Liu Jinyu has recently pointed out, the research of the Western Classical world by Chinese scholars was rather selective. Much attention has been paid to Plato, Aristotle, and other renowned philosophers but many other important writers and their works, such as Sallust, Livy and Tacitus have been disregarded.[12] And many of the discussions about classical authors derived from the interest in the Renaissance period or, even more indirectly, through the influence of the works of Thomas Hobbes, John Locke and others as well as the French Revolution on Chinese scholars with a more political background.

Besides translations, Chinese scholars also wrote about political or philosophical theory of ancient Greece and Rome. Liang Qichao (1873–1929) published on various aspects of ancient Greek civilization. He wrote *A Short History of Athens*, *Short Notes on Sparta*, *On Scholarship in Ancient Greece*, etc. These articles are collected in his *Collection of Yinbing Room*.[13] Hu Shi (1891–1962) discussed the gap between Chinese and Greek culture in his *Zhengli Guo Gu* (*Reexamining and Reorganizing the Nation's Tradition*).[14] Moreover, some Chinese scholars conducted research on humanism in this period. They compared the differences between Chinese and Western humanism, and showed their knowledge of theories of western civilization.[15]

Classics between Marx, Marxism and the Soviet-Union: The Early Phase of the People's Republic of China (1949–1980)

In this period, research on Classics had its limitations. Due to the new political system, no research papers or books could be published without connection with Marx or Marxism. However, the historical theory of Marx provided a chance to Chinese scholars to conduct deeper research.

9 Cf. Liu Jinyu 2015, 98. See also now Liu Jinyu 2018b.
10 Qian Zhongshu 2003, 1–16.
11 Cf. Liu Li 2014, 56–57.
12 Cf. Liu Jinyu/Shi Jin 2016, 226.
13 Liang Qichao 1939/1989.
14 Cf. Zhou Yiqun 2017, 109–111.
15 Such as Chen Duxiu (1879–1942) thought the basic difference between western and eastern people is that western people stressed individualism in ancient times, while eastern people put more emphasis on clan and family. Cf. Chen Duxiu 1916/1984, 98.

After the building of People's Republic of China in 1949, the Chinese Academy of Science (later: Chinese Academy of Social Science) developed into a center for the academic grounding of the new socialist government. Thus, Marxist or Leninist-Stalinist influence in history and classical research appeared now frequently.

This became apparent in the organ *Historical Research*, the most authoritative academic journal, published from 1954 onwards. During 1954 to 1979, most of the articles published in this journal dealt with Chinese history, particularly focused on the division of Chinese history into periods, the Chinese feudalistic land ownership, the conflicts between peasants and landowners of the feudal society, the sprout of Chinese capitalism, and the formation of the ethnic group of Han. All these five topics are called the *Five Golden Flowers*[16] of Chinese historical research.

Western historical research was scarce, mainly about concepts like "Ancient Kingship", "Forms of Serfdom", or attempts of periodization and development like "From City-state to Empire", and reflected the Marxist view, e.g. regarding the relationship between the different classes, the historical stages of class conflicts, the economic determinants of social hierarchies, the power and force of common people etc.[17] According to the China National Knowledge Infrastructure (CNKI), only two papers about world history appeared in 1954, one about the October Revolution in Russia, and the other a short note about a meeting of the World History Department of Renmin University in Beijing. Similarly, during 1954 to 1977, there were nearly 1,500 papers published in *Historical Research*, but most of them focused on Chinese history. Only from 1960 on, with volume 3, the journal began to publish a special section called *News of Foreign History*, dealing with the history outside China. At the end of 1962, *Historical Research* was divided into two sections: Chinese History and Foreign History. However, most of the papers published in the section of Foreign History were about revolution, modern civil war and the history of Socialist countries.[18] Additionally, many translations from the Soviet Union were used; those academic books were mainly based on Marxism, such as *The History of Rome*.[19]

During this period, Chinese scholars made some translation work and research of Classics, such as Luo Niansheng who taught Foreign Literature at Peking University, Lin Zhichun at Jilin Normal University (nowadays: Northeast Normal University, Changchun), both beginning to build the subject of Ancient (Western) History in China (see below). However, according to special political environment and restrictions of resources

16 This term appeared first in Jian Bozan 1957. Cf. Zhang Yue 2016, 91–93.

17 The Chinese translation (1956–1958) of the *Complete Works of Marx and Engels* was translated from the Russian version with reference to the German version, see: The Central Committee of the Communist Party of China, Marx, Engels, Lenin, Stalin's compilation Bureau, Marne Room 1993. The present authors have prepared an article on the Latin high school exam of Marx, with Chinese translation and commentary from the original Latin text.

18 All these materials come from the database of China National Knowledge Infrastructure (CNKI): http://navi.cnki.net/knavi/JournalDetail?pcode=CJFD&pykm=LSYJ#yearcontainerH (18.4.2020).

19 Wang Yizhu 1957. The work, originally written by S. I. Kovalev, included Stalin's idea of Historical Materialism and stressed the contribution of common people to historical developments.

during this period, research was very scanty. Valuable research output did not appear until the 1980s.

Nevertheless, some important figures stand out and are worth mentioning. Yang Xianyi (1915–2009) made great contributions with his translations in the 1950s and 1960s. He had learnt ancient Greek and Roman literature at the University of Oxford. So, he translated *The Eclogues* of Virgil and the *Mostellaria* of Titus Maccius Plautus from Latin into Chinese. Furthermore, he translated Homer's *Odyssey* and *The Birds* and *Peace* by Aristophanes from ancient Greek into Chinese.[20] But most of Yang Xianyi's translations have only been published after 1979, the end of the Cultural Revolution and of the restrictions as well as hardships that had fallen on many Chinese scholars and intellectuals; except for his *The Eclogues*, which appeared in 1957 by People's Literature Press. However, in these translations, no reception of Marx can be detected.

Gu Zhun (1915–1974) was a famous thinker, economist, and historian. He conducted substantial research on the history of Ancient Greece based on the theory of Marxism. His posthumous work, called *The System of Greek Polis* was published in 1982. In fact, *The System of Greek Polis* derives from his study notes. It was a part of Gu Zhun's broader plan of World History research. Written during the Cultural Revolution (1966–1976), the manuscript was kept by his brother Chen Minzhi after Gu Zhun's death in 1974, and published later with the help of Renmin University.[21] Despite its title and Marxist conception – a fact contested among the different Marxist factions of his time –, he mentions Marx only three times: first when he talks about *The French Civil War*, in which Marx advocated direct democracy.[22] Secondly while mentioning the Chinese national theory of Marxism, where Gu Zhun states that an analysis of Napoleon's despotism in France can benefit from a comparison with the tyranny of early Greece. For him, in times without tyranny or the rule of *aisymnetes* like Solon, a *polis* was in the hands of one class that had permanent conflict with other classes; the law of *polis* expressed, thus, for him the will of the actual dominant class.[23] Thirdly, he mentions Marx when he speaks of the theater in Athens and the general permission of watching theater plays. Here he stresses the influence of Greek theater on Marx who had quoted the *Prometheus* written by Aeschylus in his doctoral thesis "Difference of Natural Philosophy between Demokritos and Epicuros".[24]

During this period, research of ancient world history was gradually built up at different universities. Zhou Gucheng (1898–1996) researched world history from a construction-perspective as early as the 1940s. He published *A General History of the World* in 1949, which was the first academic work from China that challenged the Europe-centric view.[25] In 1962, Zhou Yiliang (1913–2001) and Wu Yujin (1913–1993) edited *A General History of the World*, the first general historical research after the establishment of the People's

20 Wang Chen 2009, 28.
21 Cf. "Publication Note" in Gu Zhun 1982.
22 Gu Zhun 1982, 16.
23 Gu Zhun 1982, 141–142.
24 Gu Zhun 1982, 170.
25 Wu Yujin/Qi Shirong 1994, 8.

Republic of China. It was grounded on Marxist historical methodology and connected it with the different times and areas.[26]

In 1952, Lei Haizong (1902–1962) moved to Nankai University as a professor at the Institute of History and chairman of the World History Department. He taught ancient world history and developed teaching materials that were printed and approved by the Ministry of Education of China as teaching materials for the national level and reference works. It was decided that it could be published by the Higher Education Press, but was cancelled shortly afterwards because Lei Haizong was classified as a Rightist Element.[27] Recently, his teaching material has been collated again and published in 2012 by the People Press of Tianjin. Lei Haizong studied and turned to Marxism after 1949, and he used Historical Materialism to expound ancient world history in this teaching material, e.g. the historical stages of class struggles, the productive and historical force of common people etc.; importantly, he did not totally accept the view of historical textbooks of the Soviet Union. He divided the development of peoples' society according to the mode of production, in accordance with Historical Materialism. However, while writing about different areas, he took the connections among the different areas as well as the influence of culture(s) on political developments into consideration, and developed a more diverse picture, not only based on politico-economic factors.[28] His contributions laid the foundation for future teaching and research of ancient world history.

Lin Zhichun (pen name: Ri Zhi, 1910–2007) contributed substantially to the research of Classics and ancient civilizations. From 1955 to 1957, he built up the Seminar of Ancient World History at Jilin Normal University, nowadays Northeast Normal University, Changchun. Scholars of the nearby Soviet Union cooperated with Lin Zhichun to train a lot of young researcher of Ancient World History, who became the basis of Classics research in China. Lin Zhichun advised students to focus on both, the study of Marxism and reading of original materials. And he translated *The Previous Forms of Capitalist Production* of Marx, which was published in 1957.[29] Professor Lin also conducted some research connecting Marxism and original materials. For instance, he published *"Gilgamesh and Agga" with a Research of Military Democracy* in 1961. In this paper, he discussed the difference between Marx / Friedrich Engels and Lewis H. Morgan in respect of the theory of military democracy. Additionally, he used the theory of Marxism to analyze the

26 Wu Yujin/Qi Shirong 1994, 9.

27 In 1957, chairman Mao Zedong made an important speech during the propaganda work conference. The deputy head of the Central Education and Culture Group, Kang Sheng communicated the spirit of the meeting in Tianjin and organized a discussion about this speech. During this discussion, Lei Haizong made the statement that social science is developing every day. So, for him, it was necessary to introduce new approaches and methods in historical research instead of being limited in finding materials and proving that Marx's theory is applicable to Chinese ancient history. This speech was discussed and reported many times, also accompanied by a complicated political struggle. At the beginning of September in 1957, Lei Haizong was classified as a Rightist Element and was heavily criticized. Cf. Feng Chengbai 2003, 11–15.

28 Cf. Lei Haizong 2012, 4–5.

29 Cf. Wang Dunshu 2000, 121–126.

origin of so-called military democracy in Sumer.[30] During the Cultural Revolution, Professor Lin continued his research and teaching activities privately. He completed the book called *A Concise History of Ancient World*, and applied Marxism to his studies by putting forward his theory "From City-state to Empire" to explain the development of the ancient world.[31] This theory made the assumption that city-states were common in the ancient world, not only in the Western part but also in the Near and Far East, and that this earliest form of state was a necessary step in the formation processes leading to empires.

Framing Classics, and Marx? Institutionalization, Scientification and New Ways of Marx and Marxism in Classics

After Deng Xiaoping's new policy starting in the 1980s, Chinese research on ancient Western civilizations also turned into a new period. In 1979, the Chinese Association of Research Ancient World History was built in Changchun due to the initiative of Professor Lin Zhichun. With the advice of Professor Lin Zhichun, Professor Zhou Gucheng and Professor Wu Yujin, the *Institute for the History of Ancient Civilizations* (IHAC) was founded in Northeast Normal University in 1984. As a specialty, IHAC recruited from its beginning 3–4 foreign specialists every year to teach Assyriology, Classics, Egyptology and Hittitology, both the ancient languages and history.[32] Shortly afterwards, the *Journal of Ancient Civilizations* (JAC) was established in 1986 by IHAC, which is still the only journal on researching ancient world history published in China. At the beginning it was an annual circulation of two hundred copies with contributors and readers from all over the world. In 2007, JAC started a Chinese version, too. Recently, the English version of JAC has changed into a semi-annual, double blind peer-reviewed journal.[33] Because IHAC and JAC aimed at an international audience, Marxist theory and Marx were not in the foreground.

Other universities also built and developed Classical Studies. Peking University set up a Western Classical Center in 2011. Renmin University established a Center of Classical Civilization Research in 2014, and published an international Chinese journal called *The Chinese Journal of Classical Studies*, which does not seem to have been continued. Chongqing University and Southwest University also set up classical research centers in recent years, as well as Nankai University for Hellenic Studies in 2017.[34] In 2015, Liu Jinyu formed a research team that successfully applied to one Chinese National Social Science

30 Ri Zhi 1961, 97–108.

31 Zhang Nan 2012, 151.

32 For a history of the early years, see Brashear 1990; 1998 (with further literature). A list of the foreign experts, who have taught at IHAC, can be found here: https://de.wikipedia.org/wiki/Institute_for_the_History_of_Ancient_Civilizations (18.4.2020). An update of recent developments is in preparation by one of the present authors (Günther 2019).

33 For the history of JAC, cf. Wang Dunshu 2000, 123–124; Brashear 1998, 85. A contents list can be found here: https://www.hsozkult.de/journals/id/zeitschriften-684 (18.4.2020).

34 Zhang Tao 2016, 3.

Foundation major project, the "Full translation of the ancient Roman poet Ovid," receiving support and cooperation from most of the famous scholars of Classics in China.[35]

Furthermore, Chinese academic institutions organize increasingly more International Conferences for Ancient World History, such as the "World Ancient History International Symposium" at Nankai University in 2012 or the "International Symposium on 'Byzantine Gold Coins in the World of Late Antiquity'" at IHAC in Northeast Normal University in 2017.[36] Notably, in 2015, Shandong University held the 22nd International Congress of Historical Science, which was undertaken in Asia for the first time. These exchanges and cooperation have substantially improved Chinese Classical research, and have broadened the research perspective, away from Marx and particularly an exclusive Marxist reading and interpretation of ancient history.

An important part of the recent development of Chinese research of Classics is the publishing of new textbooks for university teaching within the ongoing rebuilding of the Chinese historical research system. Herein, Marxism is also mentioned and receives some attention in research, but is by far not the only approach.

In the 1990s, Wu Yujin and Qi Shirong (1926–2015) edited a set of textbooks of world history in six volumes, published by the Higher Education Press. In its preface, they stress the development and influence of Marxist historical methodology in China, but the greatest contribution of these textbooks is to use a view on the whole world ("global history") instead of opposing Chinese history and the ones of other countries.[37] This set of textbooks has now much influence in China and is used in many universities for teaching undergraduates.

In 2016, another textbook of ancient world history has been published by the Higher Education Press. Professor Zhu Huan (1926-) from Northeast Normal University, Changchun is the head of editors. The authors all come from famous university of China and play important roles in the Chinese research of ancient civilizations. This textbook is one of "Marxist theoretical research and construction of main teaching materials", organized by Ministry of Education of China. In its introduction, Professor Zhu uses Marxist historical methodology to introduce the object of world history and a development law of world history. Therefore, he frequently quotes the view of Marx and Engels. And he stresses that the Dialectical Historical Materialism is an important way to learn world history.[38] However, in the other chapters of this textbook, the authors do not mention Marx or Engels directly. In contrast, they refer to the ideas of many western scholars that have not been mentioned before in Chinese textbooks. This shows that Marx and Marxism in Chinese research of Classics and ancient civilizations is nowadays more inclusive, and that the influence of Marxist historical methodology is often only indirect.

---

35 Cf. https://www.researchgate.net/project/Translating-the-Complete-Collection-of-Ovids-Poetry-into-Chinese-with-commentaries-guluomashirenaoweidequanjiyizhu (27.4.2020).

36 Cf. Günther 2017.

37 Cf. Wu Yujin/Qi Shirong 1994, 1.

38 Cf. Zhu Huan et al. 2016, 9.

To conclude, Marx and Marxism were embraced in different ways and to different degrees in Chinese research of Classics and ancient Western civilizations. Three ways in which Marxism was incorporated, stand out: (a) A rather insignificant and flimsy mentioning of Marx or Marxist theory, but no profound incorporation; (b) research of topics which were and are particularly of interest to Marxists, i.e. socio-economic structures, crises and revolutions; however, this does not necessarily pertain to research of Western Classics; (c) the interpretation of historical developments and periods, in particular long-term developments as expressions of class struggle.

As China as a whole is now in a phase of change and restructuring, there are many ways and attempts to deal with the own and foreign cultural heritage. Like for Marx and Marxism, there is a constant discourse of how the Chinese way towards Classics and its integration into own, familiar concepts might look like.[39] The Chinese way of perception of Classics and Marx had not and will not have only one path.

Bibliography

Brashear 1990 W. Brashear, Classics in China, in: The Classical Journal 86/1 (1990) 73–78.

Brashear 1998 W. Brashear, China Update 1997, in: The Classical Journal 94/1 (1997) 81–85.

Chan 2003 A. Chan, Chinese Marxism, London 2003.

Chen Duxiu 1916/1984 Chen Duxiu, Differences between the Fundamental Thoughts of the East and the West (Dongxi Minzu Genben Sixiang zhi Chayi / 东西民族根本思想之差异), in: Selection of Chen Duxiu's articles, Beijing 1916/1984, 98–99.

Dirlik 2005 A. Dirlik, Marxism in the Chinese Revolution, Lanham et al. 2005.

Feng Chengbai 2003 Feng Chengbai, The Hard Time of Mr. Lei Haizong in 1957 (Shixue Dashi Lei Haizong Xiansheng 1957nian Mengnan Shimo / 史学大师雷海宗先生1957年蒙难始末), in: History Teaching 2 (2003) 11–15.

Gu Zhun 1982 Gu Zhun, The System of Greek Polis, Beijing 1982 (Xila Chengbang Zhidu 希腊城邦制度).

Günther 2017 S. Günther, Byzantine Gold Coins in the World of Late Antiquity. Internationales Symposium in Changchun vom 23. bis zum 25. Juni 2017, in: Numismatisches Nachrichtenblatt 66/6 (2017) 237–238.

Günther 2018 S. Günther, In die Falle getappt!? Die „Tacitus-Falle“ als Diskursphänomen in der Volksrepublik China, in: Gymnasium 125 (2018) 57–62.

Günther 2019 S. Günther, Classics in China: An Update, in: AWE 18 (2019), 225–230.

39 The interesting phenomenon of the reception and adaption of Western classical ideas, motifs or concept has, for instance, not been fully treated yet. On the Chinese thinking about "Thucydides' Trap" and the original Chinese concept of "Tacitus' Trap", see Günther 2018.

Jian Bozan 1957 Jian Bozan, Rightist's Anti-Socialism in Historical Research (Youpai Zai Lishixue Fangmiande Fanshehuizhuyi Huodong / 右派在历史学方面的反社会主义活动), in: People's Daily 10.4.1957, 7.

Lei Haizong 2012 Lei Haizong, Lecture Notes on Ancient History of the World (Shijie Shanggushi Jiangyi / 世界上古史讲义), Preface Written by Wang Dunshu, Tianjin 2012.

Li Dazhao 1919a Li Dazhao, My View of Marxism (Wode Marx Zhuyi Guan / 我的马克思主义观), in: New Youth 6/5 (1919) 521–537.

Li Dazhao 1919b Li Dazhao, My View of Marxism (Wode Marx Zhuyi Guan / 我的马克思主义观), in: New Youth 6/6 (1919) 612–624.

Liang Qichao 1939/1989 Liang Qichao, Collection of Yinbing Room (Yingbingshi Heji / 饮冰室合集), Beijing 1939/1989.

Liu Jinyu 2015 Liu Jinyu, Virgil in China in the Twentieth Century, in: Sino-American Journal of Comparative Literature 1 (2015) 67–105.

Liu Jinyu/Shi Jin 2016 Liu Jinyu / Shi Jin, Virgil in the West and China: A Case-study (Virgil zai Xifang he Zhongguo: Yige Jieshoushi de Anli / 维吉尔在西方和中国：一个接受史的案例), in: Chen Heng / Hong Qingming (eds.), World History Review 2 (Shijie Lishi Pinglun 02 世界历史评论 02), Shanghai 2016, 225–264.

Liu Jinyu et al. 2016 Liu Jinyu et al., The Annotation History and Academic History of Ovid in the West and China (Ovid zai Xifang he Zhongguo de Yizhushi he Xueshushi Gaishu / 奥维德在西方和中国的译注史和学术史概述), in: Chen Heng / Hong Qingming (eds.). World History Review 5 (Shijie Lishi Pinglun 05 世界历史评论05). Shanghai 2016, 26–94.

Liu Li 2014 Translation Experience and Achievement of Luo Niansheng (Yizhudengshen de Luo Niansheng Fanyi Lilian yu Chengjiu / 译著等身的罗念生翻译历练与成就), in: Lantai World 34/12 (2014) 56–57.

Liu Jinyu 2018a Liu Jinyu, Translating and Rewriting Western Classics in China (1920s-1930s): The Case of the Xueheng Journal, in: A. Renger / Xin Fan (eds.), Receptions of Greekand Roman Antiquity in East Asia. Leiden / Boston 2018, 91–111.

Liu Jinyu 2018b Liu Jinyu, Virgil in Chinese, in: S. Braund / Z. Torlone (eds.), Virgil and his Translators. Oxford 2018, 224–236.

Mutschler 2018 Fr.-H. Mutschler, Western Classics at Chinese Universities – and Beyond: Some Subjective Observations, in: A. Renger / Xin Fan (eds.), Receptions of Greek and Roman Antiquity in East Asia. Leiden / Boston 2018, 430–444

Qian Zhongshu 2003 Qian Zhongshu, China in European Literature (Ouzhou Wenxue li de Zhongguo / 欧洲文学里的中国), in: Chinese Academy 13/1 (2003) 1–16.

Qu Lindong 2006 Qu Lindong, On the Historical View of Marxism in China (Lun Zhongguo Marx Zhuyi Shixue de Shixueguan / 论中国马克思主义史学的史学观), in: Journal of Shanghai University (Social Sciences) 13/5 (2006) 5–17.

Ri Zhi 1961 Ri Zhi (= Lin Zhichun), Gilgamesh and Agga with a Research of Military Democracy (Shishi Gilgamesh he Agga yu Junshiminzhuzhi Wenti / 史诗"吉尔伽美什和阿伽"与军事民主制问题), in: Historical Research 5/10 (1961) 97–108.

The Central Committee of the Communist Party of China Marx, Engels, Lenin, Stalin's Compilation Bureau, Marne Room 1993 The Central Committee of the Communist Party of China Marx, Engels, Lenin, Stalin's Compilation Bureau, Marne Room (ed.), Complete Works of Marx and Engels: Catalog, Description, Index (Marx Engels Quanji: Mulu, Shuoming, Suoyin / 马克思恩格斯全集：目录、说明、索引), Beijing 1993.

Wang Chen 2009 Wang Chen, A Study of Yang Xianyi as a Translator (Fanyijia Yang Xianyi Yanjiu / 翻译家杨宪益研究), MA-thesis (unpublished), Shanghai 2009.

Wang Dunshu 2000 Wang Dunshu, Lin Zhichun and the Building and Development of the Chinese Subject of Ancient World History (Lin Zhichun he Zhongguo Shijie Gudaishi Xueke de Jianshe yu Fazhan / 林志纯和中国世界古代史学科的建设与发展), in: World History 2 (2000) 121–126.

Wang Yizhu 1957 Wang Yizhu. (trans.), The History of Rome (Russian Original by S. I. Kovalev), Shanghai 1957.

Wu Yujin/Qi Shirong 1994 Wu Yujin / Qi Shirong, World History, Ancient History, First Part (Shijieshi, Gudaishi Bian, Shang Juan / 世界史·古代史编·上卷), Beijing 1994.

Zhang Nan 2012 Zhang Nan, Review of 'Collected Works of Ri-Zhi', in: JAC 27 (2012) 150–156.

Zhang Tao 2016 Zhang Tao, Origin and Prospects: The Development of the Classical Studies in China (Suyuan yu Chuangxin: Luelun Zhongguo de Xifang Gudianxue Xueke Jianshe / 溯源与辟新——略论中国的西方古典学学科建设), in: JAC 10/1 (2016) 2–9.

Zhang Yue 2016 Zhang Yue, A Re-Examination of Five Golden Flowers (Wuduo Jinhua Wenti Zai Shenshi / "五朵金花"问题再审视), in: Social Science Digest 8 (2016) 91–93.

Zhao Yifeng 2014 Zhao Yifeng, On the Limited Scale of Opening Society in Ming China (Lun Mingdai Zhongguo de Youxian Kaifangxing / 论明代中国的有限开放性), in: Journal of Sichuan University 4 (2014) 19–35.

Zhou Yiqun 2017 Zhou Yiqun, Greek Antiquity, Chinese Modernity, and the Changing World Order, in: Ban Wang (ed.), Rethinking Chinese Visions of World Order, Durham / London 2017, 106–128.

Zhu Huan 2016 Zhu Huan et al. (eds.), Ancient World History (Shijie Gudaishi / 世界古代史). Beijing 2016.

Anhang

Marx und Augustus

An principatus Augusti merito inter feliciores reipublicae Romanae aetates numeretur?

Text und Übersetzung

Lisa Dünchem & Patrick Reinard

Der von Marx im Rahmen seiner Abiturprüfung angefertigte Aufsatz *An principatus Augusti merito inter feliciores reipublicae Romanae aetates numeretur?* ist in MEGA I,1, 465–469 in seiner lateinischen Fassung und in MEW 40, 595–597 in einer deutschen Übersetzung abgedruckt.[1] Marx schrieb den Aufsatz zwischen dem 10. und dem 16. August 1835 in Trier.[2] Eine ausführliche wissenschafts- und rezeptionsgeschichtliche Betrachtung dieses Aufsatzes erfolgte aus althistorischer Perspektive bisher nicht. Der Anhang soll und kann dies ebenfalls nicht leisten, sondern hat nur das Ziel, den Augustus-Aufsatz – gerade in altertumswissenschaftlichen Kreisen – durch die Wiedergabe des lateinischen Textes sowie durch eine neue deutsche Übersetzung allgemein bekannter zu machen.

Marx hat, wie er angibt, die antiken Klassiker sein Leben lang gelesen.[3] Aus dem Abitur-Aufsatz wird indirekt aber auch greifbar, welche antiken Autoren – mit einem Fokus auf der Zeit der Römischen Republik und des frühen Prinzipates – er in jungen Jahren intensiv gelesen haben könnte. Hier sind neben anderen besonders Tacitus, Sueton und Appian, ferner aber auch Sallust, Cicero und Livius anzunehmen. Auf die augusteische Zeit kommt Marx später, in einem Liebesbrief an Jenny nochmals zu sprechen: Er vergleicht seine Trennung von ihr mit der Verbannung des Ovid.[4]

Überlegungen, die in diesen frühen Aufsatz bereits ökonomische, philosophische oder gar politische Ansichten und Ideen des späteren Marx hineinlesen, sollten aus offensichtlichen Gründen unterbleiben.

1 Sehr kurze allgemeine Bemerkungen zu dem Abitur-Aufsatz: Schwinden 2018, 13.

2 MEW 40, 597; zu Marx schulischer Ausbildung in Trier sowie seinem Interesse an der Antike vgl. die weiteren Literaturhinweise in den Aufsätzen von Lena Haase und Patrick Reinard in diesem Band. Die Familie lebte damals in der Simeongasse 1070 (später Nr. 9) in unmittelbarer Nähe zur Porta Nigra (s. Abb. 3a–b).

3 Vgl. z.B. zu seiner Appian-Lektüre: Bonnel 2015 u. Cuff 1983. Neben seiner Dissertation (MEW 40, 261 ff.) und weiteren Manuskripten zur antiken Philosophie (MEW 40, 17–255; u.a. Anaxagoras, Anaximander, Clemens v. Alexandria, Antisthenes, Cicero, Plutarch, Diogenes Babylonius, Diogenes Laertius *et cetera*) können folgende Stellen in seinem Werk exemplarisch genannt werden: MEW, Ergänzungsband, 1. Teil, 8. (Aristoteles, Ovid, Tacitus); MEW 23, 93 (Epikur); MEW 23, 146 (Sophokles); MEW 23, 167 (Aristoteles); MEW 23, 386 f. (Homer, Thukydides, Xenophon, Platon, Sextus Empiricus); MEW 23, 430 (Aristoteles, Antipatros v. Sidon); MEW 23, 754 f. (Appian); für eine umfassende Auflistung antiker Personen im marxschen Werk vgl. den von L. Dünchem zusammengestellten Anhang 2 in diesem Band.

4 Hecker/Limmroth 2014, 205 ff., Nr. 114 = MEGA III,8, 30 ff.

Lateinischer Text: Die Wiedergabe des Textes folgt MEGA I,1, 465–469.

An principatus Augusti merito inter feliciores reipublicae Romanae aetates numeretur?

Quaerenti, qualis Augusti aetas fuerit, plura occurunt, ex quibus de ea judicari potest; primum comparatio cum aliis Romanae historiae aetatibus, nam, si ostenderis, aetatibus prioribus, quas felices appellant, similem fuisse Augusti aetatem, illis vero, quas aequalium et recentium judicium, versis et mutatis moribus in pejorem partem, republica in factiones divisa, in bello etiam rebus male gestis, dissimilem, de ea ex aliis conjecturam facere potes; tum quaerendum est, quae veteres de ea ipsa dixerint, quid externae gentes de imperio habuerint, an id veriti sint aut contemserint, denique vero quales artes litteraeque fuerint.

Ne vero longius sim, quam necesse, pulcherrimam aetatem ante Augustum, quam morum simplicitas, virtutis studia, magistratuum plebisque integritas felicem fecerunt, aetas, qua Italia inferior subigebatur, illamque Neronis, qua nulla miserior, cum Augusti aetate comparabo.

Nullo tempore magis a studiis optimarum artium Romani abhorruere, quam aetate ante bella punica, eruditione minime aestimata, cum in agriculturam summi illarum aetatum homines praecipue studium operamque collocarent, eloquentia supervacua, cum paucis verbis de rebus agendis dicerent neque orationis elegantiam, sed sententiarum vim peterent, historia vero eloquentiae non egente, cum res gestas tantum referret solumque in Annalium |Seitenumbruch| *confectione consisteret.*

Tota vero aetas patrum plebisque lite impleta, nam ab expulsis regibus usque ad primum bellum punicum de utriusque jure certatur et magna historiae pars leges tantum refert, quas tribuni aut consules, magna utrimque cum contentione, fecere.

Quid eo tempore laudandum sit, jam diximus.

Neronis aetatem si describere volumus, non multa verba opus sunt, nam, optimis occisis civibus, turpi regnante arbitrio, legibus violatis, urbe cremata, ducibus cum vererentur, ne res bene gestae suspicionem excitarent neque quid ad magna facta eos commoveret, pace potius quam bello gloriam quaerentibus, quis interrogabit, qualis illa aetas fuerit?

Quin Augusti aetas huic dissimilis sit, nemo dubitare potest, nam ejus imperium clementia insigne est, cum Romani, quamvis omnis libertas, omnis etiam libertatis species evanuerat, jussis principis instituta legesque mutare valentibus omnibusque honoribus, quos prius tribuni plebis, censores, consules habuerant, tum ab uno viro occupatis, tamen putarent, se regnare, imperatorem tantum aliud nomen dignitatibus, quas prius tribuni aut consules tenuissent, neque libertatem sibi dereptam viderent. Hoc vero magnum clementiae argumentum, si cives dubitare possunt, quis princeps sit, an ipsi regnent, an regnentur.

Übersetzung:

Kann man den Prinzipat des Augustus mit Recht zu den glücklichen Zeitaltern der res publica zählen?

Demjenigen, der fragt, wie das Zeitalter des Augustus gewesen ist, begegnen viele Dinge, aus denen man darüber urteilen kann. Zunächst der Vergleich mit anderen Zeitaltern der römischen Geschichte, nämlich, wenn man zeigt, dass das Zeitalter des Augustus den früheren Zeitaltern, die man glücklich nennt, ähnlich gewesen ist, aber wahrhaft denen, welche nach dem Urteil der Zeitgenossen und Neueren durch das Umkehren und den Wandel der Sitten zu einem schlechteren Teil wurden, unähnlich (gewesen ist), weil die Republik in Parteiungen geteilt wurde und weil im Krieg die Angelegenheiten schlecht geführt wurden, dann kann man aus den anderen über dieses Zeitalter eine Vermutung vornehmen. Dann ist zu fragen, was die Alten über dieses selbst sagten, was fremde Völker vom Reich hielten, ob sie es fürchteten oder verachteten, schließlich aber, wie die Künste und die Wissenschaften (beschaffen) waren.

Damit ich nicht länger schreibe, als notwendig ist, werde ich das schönste Zeitalter vor Augustus, das die Einfachheit der Sitten, die Bemühungen um die Tugend, die Uneigennützigkeit der Magistrate und des Volkes zu einem glücklichen machten, ein Zeitalter, in dem das untere Italien unterworfen wurde, und das des Nero, keines ist elendiger als dieses, mit dem Zeitalter des Augustus vergleichen.

In keiner Zeit schreckten die Römer mehr von den Bemühungen um die höchsten Künste ab als in der Zeit vor den Punischen Kriegen, als Gelehrsamkeit sehr wenig geschätzt wurde, weil die besten Menschen jener Zeitalter ihre Bemühung und Arbeit besonders in die Landwirtschaft investierten, als die Beredsamkeit überflüssig war, weil sie mit wenigen Worten über die auszuführenden Dinge sprachen und nicht nach der Feinheit der Rede, sondern nach der Kraft des Inhalts strebten, als die Geschichte für die Beredsamkeit nicht nötig war, weil sie die Taten wiedergab und allein in der Abfassung der Annalen bestand.

Das gesamte Zeitalter war erfüllt von Streit der Senatoren und des Volkes; denn von der Vertreibung der Könige bis zum Ersten Punischen Krieg wurde über das Recht der beiden gestritten und ein großer Teil der Geschichtswerke berichtet nur über Gesetze, welche die (Volks)Tribunen oder die Konsuln – auf beiden Seiten mit großem Eifer – machten.

Was man von dieser Zeit loben sollte, haben wir bereits gesagt.

Wenn wir das Zeitalter Neros beschreiben wollen, sind nicht viele Worte nötig, denn, nachdem er die besten Bürger getötet hat, mit schändlicher Willkür herrschte, die Gesetze verletzte, die Stadt abbrannte, die Feldherren / Militärführer eher Ruhm im Frieden als im Krieg suchten, weil sie fürchteten, dass gut ausgeführte Taten Verdacht erregten und nicht irgendetwas sie zu großen Taten bewegen könnte, wer wird da fragen, wie jenes Zeitalter war?

Dass das Zeitalter des Augustus diesem unähnlich ist, kann niemand bezweifeln, denn dessen Herrschaft ist gekennzeichnet durch Milde, da, obwohl jede Freiheit, auch jeder Schein der Freiheit verschwunden war, und weil sie (sc. die Römer) die Institutionen und Gesetze auf Anordnung des Prinzeps veränderten und alle Einfluss habenden Ämter, die zuvor die Volkstribunen, die Zensoren und die Konsuln innehatten, dann von einem einzigen Mann an sich gerissen wurden, aber die Römer dennoch glaubten, dass sie herrschten und dass Imperator nur ein anderer Name für die Würden sei, welche zuvor die (Volks)Tribunen oder Konsuln

Bello vero Romani nunquam feliciores, nam Parthi subjecti, Cantabri victi, Rhaeti et Vindelicii prostrati sunt: Germani vero, summi Romanis hostes, |Seitenumbruch| *quos Caesar frustra pugnasset, singulis quidem proeliis et proditione et insidiis et virtute silvisque Romanos superarunt: sed omnino et Romana civitate, quam singulis Augustus praebuit, et armis, quae duces periti gessere, et inimicitia, inter eos ipsos excitata, multorum Germaniae populorum vis frangebatur.*

Domi militiaeque igitur Augusti aetas non comparanda cum Neronis pejorumque principum tempore.

Partes litesque autem, quas aetate ante bellum punicum invenimus, tum cessarant, nam Augustum omnes partes, omnes dignitates, omnem potestatem in se collegisse videmus, neque igitur imperium a se ipso dissidere potuit, quod omni civitati summum affert periculum, auctoritate apud externos populos ea re dimminuta, et rebus publicis magis ambitionis causa quam propter civitatis salutem administratis.

Tali modo vero Augusti aetas oculos ad se rapere non debet, ne multis in rebus illa aetate inferiorem videremus, nam, moribus, libertate, virtute aut dimminutis aut plane demotis, dum avaritia, luxuria, intemperantia regnant, aetas ipsa felix nominari non potest, sed imperium Augusti, instituta legesque hominum, quos elexerat, ut rempublicam perturbatam meliorem redderent, valde effecerunt, ut perturbatio, a bellis civilibus evocata, decesserit.

Exempli causa Senatum, quem corruptissimi homines ingressi erant, a vestigiis sceleris expiare videmus Augustum, multis ab eo expulsis, |Seitenumbruch| *quorum mores ei invisi, multis introductis, qui virtute et intelligentia excelluere.*

Augusto principe semper viri, virtutis et sapientiae gloria praestantes, munere reipublicae fructi erant, nam Maecenate, Agrippa quis viros eo tempore majores nominare potest! Principis ingenium ipsum, quamvis nunquam simulationis integumentis nudatum conspicimus, ut jam diximus, potestate non abutens, invisam vim mitiore specie tegens videtur, et, si respublica, qualis ante bella punica fuerit, illi tempori aptissima erat, quod animos ad magnas res excitabat, viros hostibus terribiles reddidit, pulchram inter patres plebemque aemulationem, a qua vero non semper invidia abest, evocavit, respublica, qualem Augustus instituerat, ejus temporibus aptissima mihi quidem videtur, nam, animis effeminatis, simplicitate morum decessa, civitatis magnitudine aucta, imperator potius quam libera respublica populo libertatem afferre valet.

Jam ad id venimus, quale veterum de Augusti aetate judicium fuerit?

besaßen, und sie sahen nicht, dass ihnen die Freiheit entrissen worden war. Dies ist ein starkes Argument für die Milde, wenn die Bürger zweifeln können, wer der Prinzeps ist, ob sie selbst herrschen oder beherrscht werden.

Denn niemals waren die Römer glücklicher im Krieg, etwa als die Parther unterworfen, die Kantabrer besiegt, die Raeter und Vindelicier vernichtet wurden: sogar die Germanen, die größten Feinde der Römer, die Caesar vergeblich bekämpfte, besiegten sie in einzelnen Schlachten, durch Verrat und Hinterhalte, durch Tapferkeit und durch (ihre) Wälder: aber sowohl durch das römische Bürgerrecht, das Augustus Einzelnen gewährte, durch die Waffen, welche die erfahrenen Feldherren / Militärführer führten, und durch die Feindschaft, die unter ihnen selbst aufgekommen war, wurde die Kraft vieler Völker Germaniens gebrochen.

Das Zeitalter des Augustus ist also in Krieg und Frieden nicht zu vergleichen mit der Zeit Neros und (der Zeit) schlechterer Herrscher.

Auch die Parteiungen und Streitigkeiten aber, welche wir in der Zeit vor dem Punischen Krieg vorfanden, hörten dann auf, denn wir sehen, dass Augustus alle Parteiungen, alle Würden und alle Macht in sich zusammengefasst hat und dass deshalb das Reich nicht in sich selbst uneinig sein konnte, was dem gesamten Staat die größte Gefahr bringt, weil die Autorität dadurch bei den fremden Völkern verringert wird und die Staaten mehr aufgrund von Ruhmsucht als wegen des Wohls der Bürgerschaft gelenkt werden.

Man darf sich das Zeitalter des Augustus nicht auf solche Weise vor Augen führen, dass wir nicht sehen, dass es in vielen Dingen jenem Zeitalter unterlegen war; denn, wenn die Sitten, die Freiheit und die Tugend entweder zerschmettert oder gänzlich entfernt sind, während Habgier, Verschwendungssucht und Zügellosigkeit regierten, dann kann man das Zeitalter selbst nicht glücklich nennen, sondern die Herrschaft des Augustus, die Einrichtungen und Gesetze für die Menschen, die er hervorgebracht hat, um die in Unruhe versetzte *res publica* zu einer besseren zu machen, haben freilich bewirkt, dass die Unruhe, die von den Bürgerkriegen hervorgerufen worden ist, verschwand.

Lasst uns beispielhalber betrachten, dass Augustus den Senat, den die verdorbensten Menschen betreten haben, von den Spuren der Verbrechen bereinigte, indem viele von ihm vertrieben wurden, deren Sitten ihm verhasst waren, und indem viele (in den Senat) eingeführt wurden, die sich durch Tugend und Denkvermögen auszeichneten.

Unter dem Prinzipat des Augustus waren immer Männer für den Nutzen der *res publica* im Amt, die sich durch Ruhm der Tapferkeit und der Weisheit auszeichneten; denn wer kann bedeutendere Männer nennen als Maecenas und Agrippa! Der Verstand des Kaisers selbst, obwohl wir ihn niemals entblößt von den Hüllen der Verstellung erblicken, schien, wie bereits gesagt, die Amtsgewalt nicht zu missbrauchen und die verhasste Macht mit gnädigerem Anschein zu verbergen. Und wenn die *res publica*, so wie sie vor den Punischen Kriegen (beschaffen) war, für jene Zeit am geeignetsten war, weil sie die Gemüter zu großen Taten antrieb, weil sie den Feinden furchterregende Männer entgegen stellte, weil sie einen schönen Wettstreit zwischen den Senatoren und dem Volk hervorrief, von dem die Missgunst freilich nicht immer fern war, dann scheint mir jedenfalls die *res publica*, so wie sie Augustus errichtet hat, die geeignetste in dessen Zeiten gewesen zu sein; denn, wenn die Gemüter verweichlicht sind, die Einfachheit der Sitten gewichen ist, die Größe des Gemeinwesens gewachsen ist, dann vermag es ein Kaiser mehr als die freie *res publica*, dem Volk die Freiheit zu bringen.

Nun kommen wir dazu, wie das Urteil der Alten über das Zeitalter des Augustus gewesen ist.

Eum ipsum divinum apellant neque hominem sed deum potius putant. Quod non dici posset, Horatio tantum teste, sed strenuus historiae scriptor, Tacitus, semper de Augusto ejusque aetate maxima reverentia, summa admiratione, amore etiam loquitur.

Litterae vero artesque nullo tempore magis floruere, ea aetate plurimis scriptoribus viventibus, e quibus, fontibus quasi, omnes populi eruditionem hauriebant.

Cum respublica igitur bene instituta videatur, principe populo felicitatem ferre cupiente, summis viris vero eo auctore honores tenentibus, cum Augusti aetas optimis historiae Romanae aetatibus non inferior, malis vero dissimilis videatur, cum partes litesque cessas videas, artes litterasque vero florentes, Augusti principatus merito inter meliores aetates numerandus valdeque vir aestimandus, qui, etsi omnia ei licerent, tamen, assecutus imperium, reipublicae salutem tantum efficere studuit.

Ihn selbst nennen sie göttlich und sehen ihn nicht als einen Menschen, sondern vielmehr als einen Gott an. Dies kann nicht gesagt werden, nur mit Horaz als Zeugen, sondern (auch) der eifrige Geschichtsschreiber, Tacitus, spricht immer über Augustus und dessen Zeitalter mit größter Ehrfurcht, höchster Bewunderung, ja sogar mit Liebe.

Zu keiner Zeit blühten die Wissenschaften und die Künste wahrlich mehr, weil in diesem Zeitalter sehr viele Schriftsteller lebten, aus denen, sozusagen als Quellen, alle Völker die Bildung schöpften.

Weil daher die *res publica* gut eingerichtet erschien, der Prinzeps dem Volk das Glück bringen wollte, die höchsten Männer auf seine Veranlassung die Ehrenämter innehatten, weil das Zeitalter des Augustus nicht niedriger gestellt ist als die besten Zeitalter der römischen Geschichte, aber den schlechten (Zeitaltern) unähnlich scheint, da man sehen kann, dass die Parteiungen und Streitigkeiten verschwunden waren, dass die Künste und Wissenschaften blühten, ist (daher) der Prinzipat des Augustus verdientermaßen unter die besten Zeitalter zu zählen und der Mann hoch zu schätzen, der – auch wenn ihm alles möglich war – dennoch, nachdem er die Herrschaft erlangt hatte, nur danach strebte, das Wohl der *res publica* zu bewirken.

Literatur

Bonnell 2015 A. G. Bonnell, A 'very valuable book': Karl Marx and Appian, in: K. Welch (ed.), Appian's Roman history. Empire and Civil War, Swansea 2015, 12–22.

Cuff 1983 P. J. Cuff, Appian's Romaica: A Note, in: Athenaeum 61 (1983) 148–164.

Hecker/Limmroth 2014 R. Hecker / A. Limmroth (Hrsg.), Jenny Marx, Die Briefe, Berlin 2014.

Schwinden 2018 L. Schwinden, *opera sordida, opera honesta* – niedrige gegen ehrenvolle Arbeit. Die Arbeitswelt im antiken Rom, in Gallien und im Treverergebiet, in: Neues Trierisches Jahrbuch 58 (2018) 11–35.

Register der in den MEW-Bänden verzeichneten antiken, biblischen und mythischen Persönlichkeiten

Lisa Dünchem

Die Seitenangaben beziehen sich auf die Nachdrucke der MEW-Ausgabe des Dietz-Verlags von 1956 ff. Aufgenommen wurden Personen- und Götternamen aus der griechisch-römischen Antike, dem biblischen Kanon, dem Alten Orient und der spätantik-frühmittelalterlichen Zeit. Die Schreibweise der Namen folgt jeweils der marxschen Schreibung. Mitunter hat Marx verschiedene Namensvarianten verwendet, die in runden Klammern angegeben sind.

Aaron (AT) Bd. 2, S. 341; Bd. 13, S. 285.

Abel (AT) Bd. 14, S. 603; Bd. 23, S. 777.

Abigail (AT) Bd. 3, S. 142; Bd. 14, S. 603.

Abraham (AT) Bd. 2, S. 10, 114; Bd. 3, S. 182; Bd. 21, S. 58; Bd. 23, S. 607; Bd. 30, S. 308, 414.

Achates Bd. 18, S. 69, 353; Bd. 28, S. 435.

Achilles Bd. 4, S. 332, 333; Bd. 6, S. 300; Bd. 8, S. 127, 128; Bd. 9, S. 113; Bd. 10, S. 273; Bd. 11, S. 599; Bd. 12, S. 97, 144; Bd. 13, S. 641; Bd. 14, S. 267; Bd. 15, S. 493, 525; Bd. 18, S. 541, 550, 551; Bd. 19, S. 45; Bd. 21, S. 65, 104; Bd. 22, S. 276; Bd. 29, S. 499; Bd. 30, S. 673; Bd. 31, S. 43, 99, 364; Bd. 34, S. 367; Bd. 41, S. 508; Bd. 42, S. 45.

Adam (AT) Bd. 1, S. 17, 65, 74, 536; Bd. 2, S. 341; Bd. 3, S. 503; Bd. 20, S. 67, 143, 145; Bd. 23, S. 118, 620, 623, 741; Bd. 42, S. 20, 512; Bd. 43, S. 305.

Adeimantos Bd. 43, S. 278.

Adonis Bd. 27, S. 171, 558; Bd. 41, S. 427, 428.

Aegeus (Aigeus) Bd. 41, S. 507.

Aeolus Bd. 5, S. 436; Bd. 40, S. 217, 603.

Afrasiab Bd. 28, S. 261.

Ananias Bd. 27, S. 63.

Aeneas Bd. 5, S. 57; Bd. 16, S. 483.

Agamemnon Bd. 11, S. 391; Bd. 21, S. 65, 101, 104, 475; Bd. 22, S. 213, 214; Bd. 29, S. 499.

Agesilaos (Agesilaus) Bd. 8, S. 175; Bd. 14, S. 13; Bd. 28, S. 510.

Agis II. Bd. 8, S. 175; Bd. 28, S. 510.

Agrippa, Marcus Vipsanius Bd. 19, S. 437, 438, 439; Bd. 40, S. 597.

Ahasver(us) Bd. 15, S. 50; Bd. 20, S. 33; Bd. 41, S. 16, 17, 354, 355, 431.

Ahriman Bd. 8, S. 284; Bd. 9, S. 496, 497; Bd. 36, S. 15.

Aigisthos Bd. 22, S. 213.

Aischylos (Äschylus) Bd. 1, S. 382; Bd. 21, S. 65, 103, 475, 476; Bd. 22, S. 213, 214; Bd. 31, S. 597; Bd. 36, S. 394; Bd. 40, S. 97, 262, 263, 299, 548; Bd. 41, S. 390.

Ajax der Telamonier Bd. 4, S. 333, 334, 354, 358; Bd. 6, S. 86, 96; Bd. 14, S. 267.

Albinus Bd. 16, S. 490.

Alcibiades (Alkibiades) Bd. 5, S. 464; Bd. 6, S. 90, 95, 98.

Alexander III., der Große Bd. 1, S. 91, 569; Bd. 3, S. 337, 413; Bd. 6, S. 279, 403; Bd. 7, S. 106, 454; Bd. 8, S. 163; Bd. 14, S. 8, 15–17, 26, 69, 149, 187, 288, 289, 292, 295, 343, 344, 351, 546; Bd. 15, S. 572; Bd. 16, S. 483; Bd. 21, S. 63; Bd. 22, S. 464; Bd. 27, S. 578; Bd. 28, S. 261, 581; Bd. 29, S. 126; Bd. 31, S. 233; Bd. 40, S. 79, 266; Bd. 41, S. 140; Bd. 42, S. 115, 116.

Älian Bd. 14, S. 187.

Ammianus Marcellinus Bd. 16, S. 491; Bd. 19, S. 475; Bd. 21, S. 71, 93.
Amon (AT) Bd. 3, S. 92.
Amor Bd. 40, S. 402.
Amphitryon Bd. 7, S. 40; Bd. 30, S. 602.
Amyklas Bd. 40, S. 335.
Anacharsis Bd. 1, S. 383; Bd. 23, S. 115.
Anaitis Bd. 21, S. 55, 69.
Anakrean Bd. 21, S. 78.
Anastasios I. Dikoros Bd. 19, S. 456.
Anaxagoras aus Klazomenai Bd. 2, S. 135; Bd. 19, S. 189, 527; Bd. 20, S. 604; Bd. 22, S. 292; Bd. 40, S. 17, 49, 79, 81, 83, 151, 157, 159, 215, 298.
Anaxandridas Bd. 21, S. 66.
Anaximander aus Milet Bd. 20, S. 458; Bd. 21, S. 505; Bd. 40, S. 203.
Anaximenes aus Milet Bd. 20, S. 459, 460.
Anchises Bd. 5, S. 57.
Andromeda Bd. 4, S. 269, 270, 284.
Andronicus (Sklave) Bd. 41, S. 16.
Antäus (Antaios) Bd. 7, S. 67; Bd. 10, S. 396; Bd. 23, S. 619; Bd. 26/3, S. 525.
Antigone Bd. 3, S. 120, 121; Bd. 41, S. 37.
Antinous (Antinoos) Bd. 4, S. 395.
Antiochos IV. Epiphanes Bd. 22, S. 458.
Antoninus Pius Bd. 22, S. 456; Bd. 42, S. 725.
Antonius, Marcus Bd. 2, S. 129; Bd. 17, S. 526.
Antipatros von Thessalonike Bd. 23, S. 430.
Antisthenes aus Athen Bd. 40, S. 237, 245.
Antisthenes aus Rhodos Bd. 40, S. 272, 317.
Apelles Bd. 40, S. 103.
Aphrodite Bd. 1, S. 431; Bd. 5, S. 444; Bd. 21, S. 69.
Apollonius von Rhodas Bd. 14, S. 555.
Appian(os) von Alexandrien Bd. 21, S. 302; Bd. 23, S. 755; Bd. 30, S. 160.
Appius Claudius Caesus Bd. 5, S. 291.
Appius Claudius (Crassus) Bd. 21, S. 119.
Apollo(n) Bd. 1, S. 16, 68, 530; Bd. 4, S. 244; Bd. 19, S. 299; Bd. 22, S. 213, 214; Bd. 40, S. 81, 91, 371.
Apollodor(us) aus Athen (Grammatiker u. Historiker) Bd. 40, S. 319.
Apollodor(us) aus Athen (Philosoph) Bd. 40, S. 319.
Arcadius Bd. 42, S. 115, 116.
Archelaos aus Athen Bd. 40, S. 69.
Archestratos aus Gela Bd. 40, S. 304, 365.
Archilochus Bd. 23, S. 387; Bd. 43, S. 275.
Archimedes Bd. 5, S. 281; Bd. 11, S. 324; Bd. 20, S. 456; Bd. 22, S. 375; Bd. 23, S. 323; Bd. 25, S. 898; Bd. 29, S. 653; Bd. 40, S. 331; Bd. 41, S. 101; Bd. 42, S. 115.
Ares Bd. 20, S. 294.
Arethusa Bd. 41, S. 132.
Argonauten Bd. 14, S. 555, 556; Bd. 21, S. 133.
Argus Bd. 41, S. 507.
Ariadne Bd. 5, S. 249; Bd. 30, S. 595; Bd. 41, S. 208, 507.
Ariovist Bd. 19, S. 430, 431.
Aristarch(os) von Samos Bd. 20, S. 462.
Aristides Bd. 2, S. 128; Bd. 21, S. 113.
Aristippos aus Kyrene Bd. 40, S. 17, 245, 269, 311.
Aristodemus aus Aigion Bd. 40, S. 105, 367.
Ariston Bd. 21, S. 66.
Aristophanes Bd. 21, S. 67; Bd. 36, S. 394; Bd. 41, S. 47.
Aristoteles Bd. 1, S. 91, 103, 107, 339; Bd. 3, S. 121–124, 126, 448, 500; Bd. 5, S. 251; Bd. 9, S. 180; Bd. 10, S. 494; Bd. 12, S. 243; Bd. 13, S. 15, 28, 36, 52, 96, 115, 131; Bd. 19, S. 202, 359; Bd. 20, S. 19, 83, 213, 215, 330, 458–462, 472, 478, 507, 586; Bd. 21, S. 105; Bd. 23, S. 73, 74, 96, 100, 167, 179, 346, 430; Bd. 25, S. 398, 902; Bd. 26/1, S. 259; Bd. 26/3, S. 522, 524; Bd. 29, S. 127, 336, 547; Bd. 30, S. 614, 615; Bd. 32, S. 203, 579; Bd. 39, S. 16; Bd. 40, S. 9, 31, 33, 53, 61, 65, 67, 75, 79, 81, 89, 91, 101, 129, 135, 215, 217, 225, 227, 229, 233, 243, 245, 266, 267, 270,

274, 280, 282, 283, 285–288, 290, 291, 295, 298, 299, 301, 313, 315, 321, 333, 335, 339, 341, 343, 345, 347, 351, 355, 359, 361, 365; Bd. 41, S. 434; Bd. 42, S. 70; Bd. 43, S. 16.
Aristoxenos aus Tarent Bd. 40, S. 335.
Arkesilaos aus Pitane Bd. 40, S. 145.
Arminius (Hermann) Bd. 1, S. 423; Bd. 13, S. 646, 647; Bd. 19, S. 443–448; Bd. 27, S. 41, 358; Bd. 29, S. 571; Bd. 31, S. 298.
Arrianos, Flavius Bd. 14, S. 149.
Arsenius, der heilige Bd. 8, S. 195.
Artaxerxes Bd. 21, S. 123.
Atlas Bd. 40, S. 299, 300, 361.
Äschines Bd. 11, S. 116; Bd. 30, S. 620.
Asklepios (Äskulap) Bd. 34, S. 526.
Äsop Bd. 16, S. 24.
Aspasia Bd. 41, S. 229.
Asprenas, Lucius Nonius Bd. 19, S. 443, 445.
Assurbanipal (Sardanapal) Bd. 9, S. 276; Bd. 13, S. 505.
Athenaios aus Naukratis Bd. 13, S. 57; Bd. 23, S. 115, 147; Bd. 40, S. 365.
Athene Bd. 1, S. 20, 68, 431; Bd. 22, S. 213, 214.
Attila Bd. 5, S. 368; Bd. 13, S. 453; Bd. 27, S. 148.
Augustinus von Hippo Bd. 1, S. 80, 101; Bd. 20, S. 488; Bd. 40, S. 282, 341.
Augustus, Gajus Julius Cäsar Octavianus Bd. 3, S. 44; Bd. 8, S. 515; Bd. 14, S. 23; Bd. 19, S. 299, 430, 431, 437, 439, 440, 446–448, 451, 453, 455; Bd. 21, S. 13, 118, 142; Bd. 22, S. 468; Bd. 28, S. 439; Bd. 29, S. 535; Bd. 31, S. 271; Bd. 39, S. 207; Bd. 40, S. 595–597; Bd. 42, S. 726.
Aurelianus (Lucius Domitius Aurelianus) Bd. 42, S. 726.
Baal Bd. 13, S. 169; Bd. 41, S. 174.
Bacchus (Dionysos) Bd. 8, S. 163; Bd. 14, S. 546, 561; Bd. 30, S. 595; Bd. 40, S. 95; Bd. 41, S. 210, 256.
Balaam (Bileam; AT) Bd. 3, S. 87; Bd. 22, S. 459; Bd. 25, S. 903.
Balak Bd. 22, S. 459.
Balbus (Lucius Cornelius Balbus) Bd. 40, S. 239.
Baruch Bd. 22, S. 458.
Beda Venerabilis Bd. 16, S. 490; Bd. 21, S. 130.
Beelzebub Bd. 1, S. 537.
Behemoth (AT) Bd. 1, S. 531.
Belial Bd. 1, S. 537; Bd. 41, S. 229.
Belisar Bd. 14, S. 349.
Benignus Bd. 16, S. 485.
Boëthius, Anicius Manlius Torquatos Severinus Bd. 30, S. 652.
Bonifazius (Bonifatius) Bd. 3, S. 231.
Boreaden Bd. 21, S. 133.
Brisëis Bd. 29, S. 499.
Brutus, Lucius Iunius Bd. 18, S. 302, 303; Bd. 32, S. 115, 284, 580; Bd. 33, S. 127.
Brutus, Marcus Iunius Bd. 2, S. 128, 129; Bd. 5, S. 224, 444; Bd. 8, S. 116, 451; Bd. 10, S. 44; Bd. 11, S. 10, 352; Bd. 15, S. 500, 527; Bd. 18, S. 530; Bd. 27, S. 184, 242, 339; Bd. 41, S. 229, 361; Bd. 42, S. 395.
Buddha Bd. 10, S. 116; Bd. 30, S. 164, 166, 604.
Bulis Bd. 1, S. 77.
Busiris Bd. 23, S. 388, 389; Bd. 41, S. 260.
Cabala (Indische Myth.) Bd. 31, S. 507.
Cacus Bd. 23, S. 619; Bd. 26/3, S. 524, 525.
Cairnech Bd. 16, S. 485.
Caligula, Gajus Cäsar Bd. 8, S. 133; Bd. 11, S. 91; Bd. 21, S. 13; Bd. 22, S. 468.
Cäsar (Gaius Iulius Caesar) Bd. 1, S. 28, 569; Bd. 2, S. 128, 129; Bd. 3, S. 430; Bd. 4, S. 389; Bd. 6, S. 279; Bd. 7, S. 74; Bd. 8, S. 116, 271, 292, 515, 560; Bd. 10, S. 154, 350; Bd. 12, S. 91, 228; Bd. 13, S. 171; Bd. 14, S. 21–23, 69, 149, 265, 290, 292, 348, 495; Bd. 16, S. 498; Bd. 19, S. 299, 318, 319, 387, 402, 425, 429–435, 437, 446, 447, 452, 460, 467–469; Bd. 21, S. 34, 46, 91, 128, 131, 135–137, 139, 141, 480; Bd. 22, S. 218, 469; Bd. 26/1, S. 259; Bd. 27, S. 187; Bd. 29, S. 126, 251; Bd. 30, S. 160, 321; Bd. 31, S. 145; Bd. 32, S. 52, 711; Bd. 35, S. 116,

117; Bd. 39, S. 207; Bd. 40, S. 596; Bd. 41, S. 390; Bd. 42, S. 115, 116.
Cassiodorus, Flavius Magnus Aurelius Bd. 36, S. 324.
Cassius, Gajus Longinus Bd. 2, S. 129.
Catilina, Lucius Sergius Bd. 2, S. 128, 129; Bd. 5, S. 224; Bd. 8, S. 389, 457; Bd. 14, S. 418, 428, 537; Bd. 29, S. 7; Bd. 31, S. 145; Bd. 32, S. 592.
Cato, Marcus Porcius (der Ältere) Bd. 4, S. 226; Bd. 5, S. 236; Bd. 6, S. 155; Bd. 7, S. 40; Bd. 11, S. 635; Bd. 13, S. 106; Bd. 14, S. 600; Bd. 15, S. 508; Bd. 25, S. 344, 398, 795; Bd. 26/3, S. 517; Bd. 27, S. 325; Bd. 38, S. 552; Bd. 41, S. 229; Bd. 42, S. 395; Bd. 43, S. 213.
Cato, Marcus Porcius (der Jüngere) Bd. 2, S. 129; Bd. 3, S. 496; Bd. 5, S. 236; Bd. 15, S. 507; Bd. 33, S. 102.
Catullus, Gaius Valerius Bd. 28, S. 367.
Cerberus Bd. 10, S. 95; Bd. 11, S. 511; Bd. 40, S. 115, 119, 197, 307.
Cercyon (Kerkyon) Bd. 41, S. 507.
Cerdik Bd. 1, S. 536.
Ceres Bd. 15, S. 43.
Chabrias Bd. 14, S. 13.
Charinos Bd. 40, S. 187.
Chilperich I. Bd. 19, S. 478.
Chlodwig I. Bd. 19, S. 508.
Christophorus Bd. 1, S. 138.
Chrysippos aus Soloi Bd. 40, S. 199, 237, 304, 365.
Clio (Klio) Bd. 1, S. 431.
Cicero (Marcus Tullius Cicero) Bd. 1, S. 91; Bd. 8, S. 325; Bd. 12, S. 97; Bd. 14, S. 418, 419, 428, 430, 431; Bd. 15, S. 44; Bd. 18, S. 502; Bd. 20, S. 458, 459; Bd. 23, S. 430; Bd. 27, S. 217, 218; Bd. 29, S. 7, 549; Bd. 40, S. 165, 237, 243, 249, 261, 269, 270, 272, 273, 275, 278–283, 292, 311, 315, 317, 319, 321, 323, 337, 339, 341, 353; Bd. 41, S. 152, 259; Bd. 42, S. 390.
Cimbaoth Bd. 16, S. 483.
Cincinnatus, Lucius Quinctius Bd. 5, S. 224, 225; Bd. 10, S. 385; Bd. 14, S. 612; Bd. 18, S. 503; Bd. 23, S. 199.
Circe Bd. 5, S. 246; Bd. 8, S. 195; Bd. 30, S. 594.
Civilis, Julius Claudius Bd. 21, S. 134.
Claudianus Bd. 16, S. 490.
Claudier (Geschlecht) Bd. 21, S.118.
Claudius, Tiberius Claudius Drusus Nero Germanicus Bd. 8, S. 515; Bd. 19, S. 448; Bd. 21, S. 13; Bd. 22, S. 457, 468; Bd. 40, S. 197.
Clemens Alexandrinus, Titus Flavius Bd. 3, S. 125; Bd. 40, S. 203, 205, 207, 269, 311, 319, 341.
Clodius (Marcus Marcellus Clodius) Bd. 42, S. 697.
Clodius Pulcher, Publius Bd. 2, S. 128.
Codrus (Kodros) Bd. 2, S. 129.
Cölestius (Cälestius) Bd. 16, S. 490.
Columba Bd. 16, S. 492.
Commodian(us) Bd. 22, S. 457.
Corc Bd. 16, S. 485.
Cormac Ulfadha Bd. 16, S. 490.
Cotta (Gaius Aurelius Cotta) Bd. 40, S. 241, 243, 269.
Crassus, Marcus Licinius Bd. 19, S. 430, 434; Bd. 30, S. 160.
Crispinus Bd. 3, S. 156, 206; Bd. 20, S. 433; Bd. 27, S. 184; Bd. 32, S. 268; Bd. 33, S. 135.
Cupido Bd. 23, S. 645.
Curtius (Marcus Curtius) Bd. 11, S. 10.
Cyrus (Kyros II.) Bd. 7, S. 352; Bd. 43, S. 275, 276.
Dädalus Bd. 23, S. 430, 431.
Daire Bd. 16, S. 485.
Danaiden Bd. 11, S. 635; Bd. 40, S. 117, 307.
Daniel (AT) Bd. 7, S. 352; Bd. 18, S. 448; Bd. 21, S. 12; Bd. 22, S. 457, 458, 465, 467.
Damokles Bd. 1, S. 583; Bd. 8, S. 154; Bd. 13, S. 173; Bd. 41, S. 116.
Danaos Bd. 41, S. 507.
Darius I. Hsytapes Bd. 14, S. 7, 149, 315.
David (AT) Bd. 1, S. 432; Bd.4, S. 334; Bd. 7, S. 44.

David (König v. Israel) Bd. 8, S. 147; Bd. 40, S. 610.
Demeter Bd. 40, S. 143.
Demetrios aus Magnesia Bd. 40, S. 272, 317.
Demodokos Bd. 21, S. 104.
Demokrit (Demokritos) von Abdera Bd. 2, S. 133, 135; Bd. 3, S. 124; Bd. 19, S. 527; Bd. 22, S. 292; Bd. 29, S. 549; Bd. 40, S. 17, 65, 67, 125, 127, 167, 201, 203, 207, 231, 233, 243, 245, 249, 251, 257, 264, 266–278, 282, 284–291, 293–298, 302, 305, 311, 313, 315, 317, 321, 323, 325, 331, 333, 335, 337, 343, 345, 347, 355, 374.
Demosthenes Bd. 2, S. 128; Bd. 6, S. 301; Bd. 7, S. 75; Bd. 8, S. 280; Bd. 9, S. 20; Bd. 11, S. 116; Bd. 14, S. 429; Bd. 19, S. 372; Bd. 21, S. 98; Bd. 36, S. 218.
Deukalion Bd. 40, S. 215.
Diana Bd. 40, S. 564; Bd. 41, S. 107.
Diespiter Bd. 20, S. 294.
Dido Bd. 5, S. 57.
Dikäarchos Bd. 21, S. 99.
Diodor(us) Siculus Bd. 16, S. 488; Bd. 21, S. 133, 141; Bd. 23, S. 157, 250, 360, 389, 535, 536; Bd. 30, S. 228, 330; Bd. 43, S. 244, 279.
Diogenes Babylonius aus Seleuka Bd. 40, S. 237.
Diogenes von Sinope Bd. 1, S. 36; Bd. 14, S. 405; Bd. 21, S. 528; Bd. 41, S. 334, 434.
Diogenes Laertius Bd. 3, S. 122–124; Bd. 20, S. 331, 459–461; Bd. 40, S. 17, 31, 33, 47, 59, 67, 201, 207, 270, 272, 274, 285, 288, 290, 291, 311, 315, 317, 319, 321, 323, 325, 331, 333, 335, 339, 341, 343, 345, 347, 349, 351, 353, 355, 357, 359, 361, 363, 365.
Diokletian (Diocletianus), Gajus Aurelius Valerius Bd. 7, S. 524; Bd. 22, S. 526.
Dio(n), Cassius (Cassius Dio) Bd. 19, S. 430, 439–442, 444, 446, 464.
Dionysius Areopagita Bd. 16, S. 492.
Dionysos I. der Ältere Bd. 14, S. 265; Bd. 15, S. 44.
Dionysios der Große Bd. 40, S. 275, 288.
Dionysios von Halikarnassos Bd. 21, S. 201.
Dioskuren Bd. 31, S. 290.
Domitian(us), Titus Flavius Bd. 19, S. 449.
Domitius, Lucius Ahenobarbus Bd. 19, S. 430, 440, 441.
Drako(n) Bd. 5, S. 59.
Drusus, Nero Claudius Bd. 19, S. 437–440, 448.
Dschagannat (Juggernaut) Bd. 9, S. 313.
Dubthach Bd. 16, S. 485.
Duilius, Marcus Bd. 26/3, S. 526, 527; Bd. 42, S. 726.
Egeria Bd. 14, S. 545, 553; Bd. 21, S. 506; Bd. 30, S. 595.
Eli (NT) Bd. 41, S. 404.
Elias (AT) Bd. 7, S. 352; Bd. 8, S. 237–239; Bd. 41, S. 174, 238, 313, 378.
Empedokles aus Agrigent Bd. 40, S. 69, 129, 131, 133, 157, 269, 313.
Enaks Kinder (AT) Bd. 41, S. 362.
Enceladus Bd. 4, S. 208
Epaminondas Bd. 14, S. 13, 69–71, 343, 361.
Ephialtes von Tracchis Bd. 14, S. 560.
Epicharmus Bd. 40, S. 69, 269, 313.
Epimenides Bd. 1, S. 29; Bd. 9, S. 161.
Epikur Bd. 2, S. 133; Bd. 3, S. 123–125; Bd. 5, S. 464; Bd. 19, S. 303; Bd. 20, S. 331, 461; Bd. 22, S. 337; Bd. 23, S. 93; Bd. 25, S. 342, 612; Bd. 26/1, S. 37; Bd. 29, S. 127, 547, 549, 561; Bd. 30, S. 653; Bd. 33, S. 120; Bd. 35, S. 460; Bd. 40, S. 13, 17, 19, 25, 31, 35, 37, 41, 43, 45, 47, 49, 51, 53, 55, 57, 59, 61, 63, 65, 67, 69, 71, 73, 75, 77, 91, 93, 95, 97, 99, 101, 103, 105, 107, 109, 111, 113, 115, 119, 121, 123, 125, 127, 129, 131, 133, 135, 139, 141, 143, 145, 155, 157, 159, 161, 165, 167, 171, 175, 181, 183, 185, 187, 189, 191, 193, 195, 197, 199, 201, 203, 205, 207, 215, 217, 219, 233, 235, 237, 239, 241, 243, 245, 247, 249, 251, 253, 255, 257, 261, 262, 264–286, 288–307, 309, 311, 313, 315, 317, 319, 321, 323, 325, 333, 335, 337, 339, 341, 343, 347, 349, 351, 353, 355, 357, 363, 365, 367, 374, 601; Bd. 42, S. 746.

Er (Tiu, Ziu/Zio, Eor, Tyr) Bd. 19, S. 510; Bd. 20, S. 294; Bd. 36, S. 186.
Erinnyen Bd. 22, S. 213, 214.
Eris Bd. 8, S. 176.
Ermin Bd. 19, S. 463.
Esau (NT) Bd. 42, S. 228; Bd. 43, S. 152.
Esra (Edras) Bd. 22, S. 458; Bd. 30, S. 415.
Eteokles Bd. 21, S. 103.
Euklid(es) Bd. 11, S. 430; Bd. 20, S. 172, 313; Bd. 42, S. 115.
Eumäus Bd. 21, S. 104.
Euripides Bd. 13, S. 115, 456; Bd. 21, S. 67; Bd. 40, S. 97.
Europa Bd. 37, S. 45.
Eurydikos (Eurylochos) Bd. 40, S. 319.
Eusebios Pamphilos Bd. 40, S. 274, 275, 286, 288, 317, 321, 323, 325, 343, 347, 351.
Fabier (Geschlecht) Bd. 21, S. 122.
Fabius, Quintus Maximus Verrucosus Bd. 12, S. 6.
Fama Bd. 13, S. 641; Bd. 42, S. 44.
Faun Bd. 14, S. 612.
Fergus Bd. 16, S. 485.
Flaminius, Titus Quinctius Bd. 14, S. 21.
Florus, Publius Annaeus Bd. 19, S. 438, 439.
Freyja Bd. 21, S. 44.
Fridolin Bd. 16, S. 492.
Frigg Bd. 36, S. 186.
Gajus (Jurist) Bd. 21, S. 61.
Galba, Servius Sulpicius Bd. 21, S. 13, 14; Bd. 22, S. 468; Bd. 42, S. 725.
Galen(us), Claudius Bd. 20, S. 82.
Gallus (Gall) Bd. 16, S. 492.
Ganymed(es) Bd. 21, S. 67; Bd. 41, S. 421.
Gennadius Bd. 16, S. 490.
Genucius, Lucius Bd. 26/3, S. 527; Bd. 42, S. 726.
Georg (Heiliger) Bd. 22, S. 167, 174; Bd. 23, S. 45.
Gerasimi (Gerasimo) Bd. 40, S. 16.
Gerion Bd. 23, S. 619; Bd. 26/3, S. 524, 525.
Germanicus, Julius Caesar Bd. 19, S. 434, 445, 448.
Gideon (AT) Bd. 41, S. 310.
Goliath (AT) Bd. 4, S. 334, 355.
Gorgias aus Leontinoi Bd. 40, S. 231.
Gracchus, Cornelia Bd. 31, S. 506.
Gracchus (Gajus Sempronius Gracchus) Bd. 7, S. 525; Bd. 8, S. 116; Bd. 22, S. 525; Bd. 31, S. 506.
Gracchus (Tiberius Sempronius Gracchus) Bd. 7, S. 525; Bd. 8, S. 116; Bd. 22, S. 525; Bd. 31, S. 506.
Gregorius (Gregor der Große) Bd. 19, S. 479.
Gregor von Tours Bd. 19, S. 478; Bd. 21, S. 135.
Habakuk (AT) Bd. 3, S. 338; Bd. 8, S. 116; Bd. 11, S. 346; Bd. 14, S. 600.
Hadrian(us), Publius Aelius Bd. 19, S. 449; Bd. 22, S. 456.
Hamilkar Barkas Bd. 14, S. 289, 290.
Hannibal Bd. 3, S. 147; Bd. 14, S. 17, 69, 289–291; Bd. 29, S. 308.
Hasdrubal Bd. 14, S. 291, 292.
Hekate Bd. 17, S. 357.
Hektor Bd. 4, S. 332, 333; Bd. 12, S. 98; Bd. 27, S. 332; Bd. 40, S. 103.
Hekuba (Hekabe) Bd. 8, S. 241.
Heliogabalus (Elagabalus) Bd. 13, S. 503; Bd. 14, S. 409, 546.
Henoch Bd. 21, S. 12; Bd. 22, S. 457, 465.
Hephaistos Bd. 19, S. 218; Bd. 20, S. 256; Bd. 23, S. 430, 675; Bd. 40, S. 75.
Heraklit (Herakleitos) Bd. 1, S. 31, 103; Bd. 3, S. 122; Bd. 19, S. 202; Bd. 20, S. 20, 459; Bd. 23, S. 120; Bd. 29, S. 234, 249, 270, 274–276, 330, 402–405, 446, 547, 549, 561, 583, 649; Bd. 30, S. 59, 163; Bd. 31, S. 100, 293; Bd. 40, S. 221, 243, 267.
Herennios Bd. 40, S. 223.
Herkules (Herakles) Bd. 2, S. 171, 213; Bd. 4, S. 155, 237, 240, 355, 357; Bd. 9, S. 72; Bd. 10, S. 396, 595; Bd. 12, S. 158; Bd. 14, S. 91; Bd. 23, S. 447, 619; Bd. 26/3, S. 524, 525; Bd. 27, S. 114; Bd. 40, S. 131, 266; Bd. 41, S. 331, 362, 434, 507.
Hermes Bd. 1, S. 87; Bd. 13, S. 641; Bd. 40, S. 263; Bd. 41, S. 87; Bd. 42, S. 44.

Hermippos aus Smyrna Bd. 40, S. 319.
Herodes Antipas Bd. 41, S. 232.
Herodes (der Große) Bd. 10, S. 607; Bd. 21, S. 123; Bd. 23, S. 425.
Herodot Bd. 14, S. 8, 149; Bd. 19, S. 372, 428; Bd. 21, S. 47, 67; Bd. 40, S. 31, 47, 201, 285, 290, 291, 296, 300, 361; Bd. 42, S. 112–114.
Hero(n) aus Alexandria Bd. 20, S. 392.
Hesekiel (Ezechiel; AT) Bd. 14, S. 7; Bd. 22, S. 465; Bd. 25, S. 344; Bd. 26/3, S. 517; Bd. 41, S. 283.
Hesiod Bd. 40, S. 237; Bd. 42, S. 113, 123.
Hesperiden Bd. 11, S. 331.
Heva (Eva; AT) Bd. 3, S. 94; Bd. 20, S. 143.
Hieronymus, Sophronius Eusebius Bd. 16, S. 490; Bd. 23, S. 118.
Hikias (AT) Bd. 7, S. 352.
Hiob Bd. 30, S. 144; Bd. 40, S. 646; Bd. 41, S. 330.
Hipparchos von Nizäa Bd. 20, S. 536.
Hippokrates von Kos Bd. 28, S. 264; Bd. 40, S. 97; Bd. 41, S. 434.
Homer (Homeros) Bd. 1, S. 80; Bd. 2, S. 49, 200; Bd. 4, S. 333, 334; Bd. 5, S. 57; Bd. 7, S. 154, 214; Bd. 8, S. 73, 265; Bd. 13, S. 143; Bd. 14, S. 9, 26; Bd. 16, S. 49; Bd. 21, S. 8, 65, 66, 101, 103; Bd. 23, S. 76; Bd. 27, S. 328; Bd. 29, S. 353; Bd. 40, S. 69, 105, 171, 205, 237, 269, 313, 435; Bd. 41, S. 17, 81, 261, 390, 511; Bd. 42, S. 105, 114, 123, 684; Bd. 43, S. 274.
Honorius Flavius Bd. 42, S. 115, 116.
Horaz (Quintus Horatius Flaccus) Bd. 1, S. 431; Bd. 3, S. 123; Bd. 4, S. 252; Bd. 6, S. 89; Bd. 9, S. 87; Bd. 13, S. 111; Bd. 20, S. 229; Bd. 21, S. 8, 375; Bd. 26/3, S. 17, 50; Bd. 31, S. 270; Bd. 33, S. 341, 477; Bd. 35, S. 54; Bd. 40, S. 597; Bd. 41, S. 47, 414.
Hulda (AT) Bd. 1, S. 159.
Hydarnes Bd. 1, S. 77.
Hymen(aios) Bd. 40, S. 564.
Idomeneus aus Lampsakos Bd. 40, S. 189, 191.
Inachus Bd. 41, S. 434.
Ing(o) Bd. 19, S. 463.
Iphigenie Bd. 4, S. 232; Bd. 11, S. 391; Bd. 13, S. 573; Bd. 14, S. 568.
Iphikrates Bd. 14, S. 10, 13, 342.
Irenäus Bd. 21, S. 13; Bd. 22, S. 468, 469.
Isaak (AT) Bd. 23, S. 607; Bd. 30, S. 414.
Isk Bd. 19, S. 463.
Is(s)achar Bd. 11, S. 303.
Isidorus von Sevilla Bd. 16, S. 490.
Isokrates Bd. 23, S. 388, 389.
Israel (Beiname Jakobs; AT) Bd. 4, S. 437; Bd. 8, S. 237, 238.
Ixion Bd. 40, S. 197.
Jakob (AT) Bd. 23, S. 607; Bd. 30, S. 414; Bd. 32, S. 137; Bd. 41, S. 310, 312; Bd. 42, S. 159.
Jakobus der Apostel (NT) Bd. 41, S. 216, 237, 239.
Jamblichos Bd. 20, S. 340.
Janus Bd. 1, S. 292; Bd. 14, S. 546.
Japhet Bd. 16, S. 483.
Jason Bd. 41, S. 507.
Jehova (Jahve) Bd. 1, S. 101, 374, 380; Bd. 3, S. 92; Bd. 6, S. 563; Bd. 13, S. 455; Bd. 18, S. 626; Bd. 19, S. 299; Bd. 20, S. 294; Bd. 22, S. 470; Bd. 23, S. 382; Bd. 41, S. 39, 40; Bd. 42, S. 512.
Jeremia(s) (AT) Bd. 2, S. 347; Bd. 7, S. 203, 441, 545; Bd. 8, S. 258, 304.
Jesabel (Isebel; AT) Bd. 21, S. 10; Bd. 22, S. 461.
Jesaia (Jesaja, Hesaias, Isaias) Bd. 22, S. 458, 467, 470; Bd. 25, S. 344; Bd. 26/3, S. 517; Bd. 41, S. 208, 227, 232, 236.
Jesus Christus Bd. 1, S. 83, 354, 372, 423, 469, 489, 493, 527, 545; Bd. 3, S. 138, 141, 142, 171, 365; Bd. 4, S. 209, 235, 274, 447; Bd. 19, S. 298, 300; Bd. 21, S. 11; Bd. 23, S. 274; Bd. 27, S. 226, 313, 363, 427; Bd. 37, S. 266; Bd. 40, S. 207, 219, 221, 223, 311, 382–384, 431–433, 446, 598–601, 610; Bd. 41, S. 12, 95, 107, 190, 200, 208, 210–216, 225, 227, 229, 231, 233–237, 239, 241–244, 293, 355, 363, 371, 400, 401, 404, 408, 413,

426, 428, 429, 435, 436, 478, 479, 508; Bd. 42, S. 250, 731.
Johann (St. Johann; NT) Bd. 2, S. 341.
Johannes der Apostel (Evangelist; NT) Bd. 4, S. 244; Bd. 19, S. 300, 304; Bd. 21, S. 12–14; Bd. 22, S. 457–463, 465, 470; Bd. 40, S. 598–601.
Johannes der Täufer Bd. 1, S. 438; Bd. 27, S. 363; Bd. 29, S. 568; Bd. 41, S. 238.
Jonas der Prophet (AT) Bd. 4, S. 278; Bd. 8, S. 423; Bd. 40, S. 382–384; Bd. 41, S. 308.
Jordanes (Jornandes) Bd. 19, S. 453; Bd. 36, S. 324.
Joseph (AT) Bd. 7, S. 73; Bd. 32, S. 137; Bd. 41, S. 371, 399, 400, 403, 404, 413.
Josephus Flavius Bd. 14, S. 265, 268.
Josia(s) (AT) Bd. 3, S. 92; Bd. 7, S. 352.
Josua (AT) Bd. 3, S. 169; Bd. 17, S. 333; Bd. 20, S. 199, 392; Bd. 27, S. 344; Bd. 30, S. 415; Bd. 41, S. 10, 426.
Juba I. Bd. 14, S. 97.
Judas (Judä) Bd. 41, S. 231.
Judas Ischarioth Bd. 27, S. 574; Bd. 40, S. 431, 433; Bd. 41, S. 17.
Judith (AT) Bd. 12, S. 656; Bd. 41, S. 42.
Jugurtha Bd. 14, S. 19.
Julier (Geschlecht) Bd. 21, S. 131.
Julian (Flavius Claudius Iulianus) Bd. 1, S. 92; Bd. 30, S. 626, 627.
Juno Bd. 40, S. 237.
Jupiter Bd. 1, S. 6, 87; Bd. 6, S. 94; Bd. 8, S. 241, 355; Bd. 13, S. 641; Bd. 15, S. 408, 452, 599; Bd. 20, S. 294; Bd. 22, S. 451, 471; Bd. 23, S. 385, 602; Bd. 31, S. 233, 238, 595; Bd. 37, S. 45; Bd. 40, S. 191, 237; Bd. 42, S. 44.
Justinian I. Bd. 14, S. 292; Bd. 26/3, S. 527; Bd. 42, S. 726.
Juvenalis, Decimus Junius Bd. 3, S. 156, 206; Bd. 4, S. 89; Bd. 11, S. 284; Bd. 13, S. 306; Bd. 15, S. 378, 517; Bd. 21, S. 8; Bd. 22, S. 525; Bd. 33, S. 135.
Kadmos Bd. 40, S. 507.
Kain (AT) Bd. 3, S. 87; Bd. 8, S. 507; Bd. 14, S. 603; Bd. 23, S. 777.
Kalypso Bd. 31, S. 527.
Karneades aus Kyrene Bd. 40, S. 195.
Kassandra Bd. 6, S. 263, 265; Bd. 10, S. 154; Bd. 15, S. 149, 549; Bd. 21, S. 65.
Kastor Bd. 5, S. 28; Bd. 14, S. 601, 602.
Kilian Bd. 16, S. 492.
Kleanthes aus Assos Bd. 40, S. 9.
Kleinias aus Tarent Bd. 40, S. 335.
Kleisthenes Bd. 21, S. 114; Bd. 42, S. 390.
Kleomenes III. Bd. 14, S. 12.
Kleopatra (Tochter des Boreas) Bd. 21, S. 133.
Klytaimnestra (Klytämnestra) Bd. 22, S. 213, 214.
Kolotes aus Lampsakos Bd. 40, S. 95, 125, 127, 129, 131, 133, 135, 137, 141, 143, 269, 291, 311, 313, 315, 351, 353.
Konfuzius (Confucius, K'ung-tsi) Bd. 3, S. 509; Bd. 8, S. 281.
Königin von Mittag (Königin von Saba; NT) Bd. 40, S. 382, 383.
Konstantin I. (der Große) Bd. 7, S. 527; Bd. 19, S. 298, 456; Bd. 22, S. 456, 458, 527; Bd. 37, S. 55; Bd. 39, S. 415.
Korah (AT) Bd. 3, S. 87.
Kronos Bd. 40, S. 479.
Krösus Bd. 3, S. 337; Bd. 11, S. 146; Bd. 22, S. 9.
Ktesias Bd. 14, S. 187.
Laeghaire (Loeghaire) Bd. 16, S. 485.
Laïs Bd. 40, S. 261.
Lazarus von Bethanien (NT) Bd. 4, S. 606; Bd. 19, S. 302; Bd. 30, S. 166, 386.
Laokoon Bd. 1, S. 373; Bd. 40, S. 8.
Leda Bd. 5, S. 28.
Leonidas Bd. 5, S. 464; Bd. 14, S. 560.
Leoneus aus Lampsakos Bd. 40, S. 125, 269, 311.
Lepidus Bd. 14, S. 160.
Leukipp(os) von Milet Bd. 20, S. 331, 461; Bd. 40, S. 201, 203, 231, 243, 285, 287, 291, 315, 321, 333, 335, 343, 345, 347.

Leviathan (AT) Bd. 1, S. 99; Bd. 15, S. 377; Bd. 18, S. 31.
Licinius (Gajus Licinius Stolo) Bd. 3, S. 24; Bd. 23, S. 755.
Livius, Titus Bd. 21, S. 120, 122.
Loki Bd. 21, S. 44.
Longin(us) Bd. 14, S. 477.
Longos Bd. 21, S. 78.
Lot (AT) Bd. 2, S. 9; Bd. 41, S. 70.
Lucian (Lukianos) Bd. 1, S. 86, 87, 92, 382; Bd. 3, S. 126, 171; Bd. 22, S. 451, 452; Bd. 23, S. 646.
Lucretius (Titus Lucretius Carus) Bd. 1, S. 92; Bd. 3, S. 122, 125; Bd. 4, S. 130; Bd. 8, S. 524; Bd. 23, S. 229; Bd. 40, S. 43, 45, 91, 141, 145, 155, 157, 159, 161, 171, 209, 280, 281, 283, 285, 289, 291, 294, 297, 305, 337, 339, 341, 343, 347, 349, 353, 355, 357, 365.
Lucullus, Lucius Licinius Bd. 14, S. 553; Bd. 30, S. 160.
Lukas (NT) Bd. 7, S. 352; Bd. 40, S. 383; Bd. 41, S. 225, 314, 320, 378, 400, 404, 413, 419, 425, 429.
Lykurg Bd. 2, S. 128, 129; Bd. 3, S. 509; Bd. 5, S. 428; Bd. 6, S. 361; Bd. 14, S. 12; Bd. 16, S. 346; Bd. 23, S. 447; Bd. 28, S. 143.
Lysiphanes (Nausiphanes aus Teos) Bd. 40, S. 319.
Macrinus Opellius Bd. 19, S. 457.
Maecenas Bd. 40, S. 432, 597.
Mago Bd. 14, S. 291.
Mahadö (Mahadeva) Bd. 8, S. 241.
Maja Bd. 41, S. 205.
Mammon Bd. 13, S. 203.
Manetho Bd. 30, S. 165.
Manilius Brutus Bd. 14, S. 647.
Manlius, Marcus Bd. 15, S. 541.
Mannus Bd. 19, S. 463.
Manou Bd. 42, S. 113, 116.
Marcianus Bd. 19, S. 452.
Marcus Aurelius Antonius (Marc Aurel) Bd. 19, S. 451, 454; Bd. 22, S. 456; Bd. 41, S. 229; Bd. 42, S. 725.
Maria (AT) Bd. 41, S. 234, 235, 308, 315, 371, 404, 428.
Maria (NT) Bd. 1, S. 67, 235; Bd. 36, S. 38.
Maria Magdalena Bd. 9, S. 381.
Marius, Gaius Bd. 1, S. 571; Bd. 14, S. 19, 345, 348; Bd. 19, S. 430, 447; Bd. 35, S. 116; Bd. 40, S. 325.
Markus (NT) Bd. 40, S. 383; Bd. 41, S. 314, 320, 378, 404, 419, 425, 429.
Marobod(uus) Bd. 19, S. 431, 440, 446.
Mars Bd. 10, S. 383; Bd. 13, S. 180; Bd. 20, S. 294; Bd. 40, S. 564.
Matthäus (NT) Bd. 4, S. 202; Bd. 8, S. 416; Bd. 40, S. 382; Bd. 41, S. 231, 242, 243, 245, 314, 320, 378, 400, 404, 413, 419, 425, 429.
Medea Bd. 13, S. 327.
Medusa Bd. 1, S. 513; Bd. 23, S. 15.
Mela, Pomponius Bd. 16, S. 475, 476.
Meleager Bd. 21, S. 133; Bd. 36, S. 205.
Memmius (Caius Memmius) Bd. 40, S. 349.
Memnon von Rhodos Bd. 14, S. 9.
Menelaos Bd. 7, S. 154; Bd. 41, S. 335.
Menenius Agrippa Bd. 2, S. 440; Bd. 16, S. 106; Bd. 23, S. 381; Bd. 27, S. 305; Bd. 42, S. 96.
Menenius (Titus Menenius Agrippa Lanatus) Bd. 42, S. 697.
Menoeceus Bd. 40, S. 19, 207.
Merowinger Bd. 19, S. 324, 474, 477, 481, 485, 486, 490.
Messias Bd. 1, S. 441; Bd. 11, S. 198.
Metellus, Quintus Cäcilius Numidicus Bd. 14, S. 19.
Methusalem Bd. 8, S. 511, 551.
Metrodor(us) aus Chios Bd. 40, S. 203, 293, 353.
Metrodor(us) aus Lampsakos Bd. 40, S. 75, 103, 185, 187, 189, 205, 319.
Michael (Erzengel) Bd. 22, S. 465; Bd. 36, S. 327, 331; Bd. 41, S. 99, 308, 315.
Midas Bd. 1, S. 529, 530; Bd. 42, S. 160.
Miltiades Bd. 2, S. 128; Bd. 14, S. 9.
Minerva Bd. 2, S. 440; Bd. 10, S. 8; Bd. 40, S. 237, 266.
Minos Bd. 3, S. 509; Bd. 4, S. 233.
Minotaurus Bd. 41, S. 507.

Mithridates VI. Eupator Bd. 30, S. 160.
Moelmud, Dyonwall Bd. 32, S. 507.
Mohammed (Muhammed, Mahomed) Abul Kasim ibn Abdalla Bd. 11, S. 573; Bd. 14, S. 188, 399, 611; Bd. 28, S. 247, 252, 259, 260; Bd. 35, S. 58, 141; Bd. 39, S. 493; Bd. 41, S. 218.
Moloch Bd. 7, S. 200; Bd. 13, S. 40; Bd. 11, S. 132; Bd. 13, S. 40; Bd. 16, S. 11; Bd. 23, S. 687; Bd. 25, S. 410; Bd. 40, S. 371; Bd. 41, S. 26, 291; Bd. 42, S. 129.
Moschos Bd. 21, S. 78; Bd. 22, S. 476.
Moses Bd. 1, S. 80, 377, 380; Bd. 2, S. 341; Bd. 5, S. 92; Bd. 7, S. 79, 352, 354; Bd. 8, S. 183; Bd. 13, S. 24; Bd. 14, S. 601, 603; Bd. 16, S. 483; Bd. 21, S. 11, 58, 474; Bd. 22, 212, 458, 459; Bd. 23, S. 395, 798; Bd. 26/1, S. 259; Bd. 27, S. 344; Bd. 30, S. 165, 259, 624; Bd. 40, S. 611; Bd. 41, S. 50, 63, 88, 238, 288, 291; Bd. 42, S. 388.
Mucius Scävola Bd. 14, S. 647.
Mulios Bd. 21, S. 104.
Musäus Bd. 40, S. 237.
Mylitta Bd. 21, S. 55.
Nabal (AT) Bd. 3, S. 142.
Narses Bd. 14, S. 292.
Narziß Bd. 8, S. 239.
Nearchos Bd. 21, S. 63.
Nebukadnezar Bd. 22, S. 458.
Nemesis Bd. 18, S. 543; Bd. 37, S. 276.
Neokles Bd. 40, S. 311.
Nero Bd. 16, S. 9; Bd. 17, S. 513; Bd. 19, S. 301, 302, 451, 457; Bd. 21, S. 13, 14; Bd. 22, S. 468, 469; Bd. 40, S. 595, 596; Bd. 41, S. 260; Bd. 42, S. 726.
Nerthus (Nertha) Bd. 19, S. 464, 466.
Nestor Bd. 12, S. 98; Bd. 13, S. 39; Bd. 21, S. 101.
Nikolaus Bd. 22, S. 461.
Nikolaos aus Damaskus Bd. 40, S. 17, 269, 311.
Niördkr B. 21, S. 44.
Noah (AT) Bd. 3, S. 474; Bd. 8, S. 236, 238; Bd. 10, S. 397; Bd. 16, S. 483.
Numa Pompilius Bd. 42, S. 388, 409.
Numonius Vola Bd. 19, S. 445.
Obadejah (AT) Bd. 35, S. 31.
Oceanus Bd. 30, S. 422.
Odin Bd. 16, S. 494; Bd. 36, S. 186.
Ödipus Bd. 9, S. 180; Bd. 14, S. 555; Bd. 15, S. 374; Bd. 29, S. 405; Bd. 30, S. 677; Bd. 31, S. 481.
Odoaker Bd. 21, S. 139.
Odysseus Bd. 8, S. 73, 265; Bd. 11, S. 5; Bd. 21, S. 104; Bd. 23, S. 268; Bd. 26/3, S. 522; Bd. 30, S. 594; Bd. 31, S. 527.
Orestes Bd. 22, S. 213, 214; Bd. 30, S. 387.
Origenes aus Alexandria Bd. 2, S. 189; Bd. 40, S. 223.
Ormuzd Bd. 9, S. 496; Bd. 36, S. 15.
Orosius, Paulus Bd. 19, S. 438.
Orpheus Bd. 7, S. 63; Bd. 13, S. 335; Bd. 14, S. 555; Bd. 40, S. 237.
Otho, Marcus Salvius Bd. 21, S. 14; Bd. 22, S. 468, 469.
Ovid (Publius Ovidius Naso) Bd. 7, S. 467; Bd. 19, S. 446; Bd. 26/2, S. 117; Bd. 29, S. 535; Bd. 40, S. 8.
Pallas Athene Bd. 11, S. 599; Bd. 40, S. 217, 237, 266, 609.
Pan Bd. 1, S. 87; Bd. 41, S. 68.
Pandora Bd. 8, S. 534; Bd. 10, S. 180; Bd. 12, S. 649.
Papinian(us), Ämilius Bd. 14, S. 647.
Parmenides aus Elea Bd. 40, S. 133, 135, 227, 269, 321.
Patrick (Patricius) Bd. 16, S. 485, 490, 491, 595.
Paulus der Apostel (NT) Bd.1, S. 101; Bd. 2, S. 341; Bd. 3, S. 125; Bd. 5, S. 57; Bd. 8, S. 115; Bd. 14, S. 437; Bd. 16, S. 372; Bd. 19, S. 146; Bd. 22, S. 451, 455, 461; Bd. 23, S. 645; Bd. 27, S. 368; Bd. 40, S. 207, 269, 311; Bd. 41, S. 100, 101, 135, 210, 211, 216, 225, 237–241, 244, 425, 475.
Peisistratos Bd. 21, S. 116.
Pelagius der Ketzer Bd. 16, S. 420.
Penelope Bd. 16, S. 593.
Peregrinus Bd. 22, S. 451–454.

Perikles Bd. 1, S. 77, 91; Bd. 3, S. 121; Bd. 4, S. 388; Bd. 9, S. 381; Bd. 14, S. 10, 14; Bd. 23, S. 387; Bd. 41, S. 434; Bd. 43, S. 275.
Perseus (Makedonien) Bd. 19, S. 429; Bd. 21, S. 142; Bd. 42, S. 725.
Perseus (gr. Myth.) Bd. 23, S. 15.
Persius (Aulus Persius Flaccus) Bd. 19, S. 302; Bd. 21, S. 11.
Petronius (Gaius Petronius Arbiter) Bd. 19, S. 301.
Petrus der Apostel (Peter, der heilige; St. Petrus; NT) Bd. 2, S. 341; Bd. 13, S. 455; Bd. 18, S. 374; Bd. 23, S. 118; Bd. 41, S. 216, 237–239, 241–244, 402, 497.
Phaeton Bd. 3, S. 353.
Phaidon aus Elis Bd. 40, S. 89.
Phalaris Bd. 40, S. 185.
Pharamond Bd. 14, S. 139.
Pharao Bd. 2, S. 166; Bd. 3, S. 391.
Phidias (Pheidias) Bd. 20, S. 301.
Philipp II. von Makedonien Bd. 11, S. 116; Bd. 14, S. 14–16, 298; Bd. 22, S. 464.
Philipp V. von Makedonien Bd. 14, S. 21.
Philo(n) von Alexandria (Philo Judaeus) Bd. 19, S. 298–300; Bd. 21, S. 10; Bd. 22, S. 456, 459, 464; Bd. 39, S. 414.
Philoponos, Ioannes aus Caesarea Bd. 40, S. 286, 345, 347.
Philostratos Bd. 14, S. 187; Bd. 38, S. 431.
Phineus Bd. 21, S. 133.
Pilatus, Pontius Bd. 3, S. 104, 121, 127; Bd. 11, S. 329; Bd. 12, S. 55; Bd. 23, S. 616; Bd. 25, S. 850; Bd. 26/1, S. 70; Bd. 28, S. 124.
Pindar (Pindaros) Bd. 1, S. 428; Bd. 9, S. 358; Bd. 11, S. 62, 221; Bd. 12, S. 149; Bd. 15, S. 553; Bd. 23, S. 165, 441, 682, 787; Bd. 25, S. 400; Bd. 26/3, S. 271; Bd. 34, S. 375.
Piso(n), Lucius Calpurnius Bd. 2, S. 128.
Plato(n) Bd. 1, S. 108, 262; Bd. 2, S. 190; Bd. 3, S. 126, 157; Bd. 4, S. 388; Bd. 5, S. 234, 236, 291; Bd. 7, S. 42; Bd. 8, S. 544; Bd. 13, S. 96, 178; Bd. 19, S. 372; Bd. 20, S. 205, 214; Bd. 21, S. 8; Bd. 23, S. 387, 388; Bd. 39, S. 482; Bd. 40, S. 67, 87, 89, 129, 135, 137, 139, 195, 215, 219, 223, 225, 227, 229, 243, 267, 269, 298, 335, 598; Bd. 43, S. 274–276, 278, 279, 282, 312.
Plinius (Gaius Plinius Secundus) der Ältere Bd. 13, S. 110; Bd. 16, S. 489; Bd. 19, S. 372, 435–437, 450, 462–466, 468–470; Bd. 20, S. 164, 478; Bd. 21, S. 137, 142; Bd. 25, S. 113; Bd. 42, S. 114, 697.
Plotin(os) aus Lykopolis Bd. 40, S. 229, 231.
Plutarch Bd. 3, S. 125; Bd. 19, S. 429; Bd. 20, S. 458, 459; Bd. 21, S. 66; Bd. 29, S. 549; Bd. 35, S. 69, 116; Bd. 40, S. 47, 75, 77, 93, 95, 97, 99, 101, 103, 105, 107, 109, 111, 113, 115, 117, 119, 121, 123, 125, 127, 135, 137, 139, 141, 145, 155, 245, 261, 262, 265, 269, 270, 282, 283, 285, 286, 291, 292, 306, 308, 311, 313, 315, 317, 319, 321, 325, 337, 339, 341, 343, 347, 351, 353, 367, 369.
Pluton (Plutus) Bd. 1, S. 8; Bd. 23, S. 146, 147.
Pollux (Polydeukes) Bd. 34, S. 65.
Polyainos aus Lampsakos Bd. 40, S. 187.
Polybios Bd. 14, S. 345.
Polynices (Polyneikes) Bd. 3, S. 121; Bd. 21, S. 103.
Polyphem Bd. 15, S. 43; Bd. 26/3, S. 522.
Pompejus (Gnaeus Pompeius Magnus) Bd. 1, S. 20, 31; Bd. 10, S. 350; Bd. 12, S. 91; Bd. 26/1, S. 324; Bd. 28, S. 590; Bd. 30, S. 160.
Poseidon Bd. 3, S. 105; Bd. 40, S. 143.
Posidonios aus Apameia Bd. 40, S. 17, 269, 311.
Praxiphanes Bd. 40, S. 319.
Priamos Bd. 5, S. 57; Bd. 8, S. 241; Bd. 41, S. 511.
Priap(us) Bd. 29, S. 15.
Probus, Marcus Aurelius Bd. 19, S. 460.
Prokop(ius) von Caesarea Bd. 19, S. 464; Bd. 21, S. 71.
Prokrustes Bd. 19, S. 506; Bd. 21, S. 500, 501; Bd. 25, S. 916; Bd. 36, S. 220.
Prometheus Bd. 1, S. 382; Bd. 2, S. 440; Bd. 4, S. 15, 121–124, 228, 232, 233; Bd. 13, S. 616; Bd. 14, S. 653; Bd. 19, S. 218; Bd. 20,

S. 256; Bd. 23, S. 675; Bd. 40, S. 215, 262, 263, 299, 548; Bd. 41, S. 104; Bd. 42, S. 20.
Properz (Propertius) Bd. 13, S. 16.
Protagoras aus Abdera Bd. 23, S. 263; Bd. 40, S. 231, 243.
Psammetich I. Bd. 14, S. 6.
Ptolemäer (Geschlecht) Bd. 37, S. 462.
Ptolemäus, Claudius Bd. 1, S. 71; Bd. 14, S. 95; Bd. 16, S. 489; Bd. 19, S. 450, 452, 455, 457, 461–465, 468, 469; Bd. 20, S. 313.
Ptolemäus I. Lagi/Soter Bd. 14, S. 8, 288.
Publicola (Publius Valerius Publicola) Bd. 8, S. 116.
Pylades Bd. 30, S. 387.
Pyrrho(n) aus Elis Bd. 40, S. 67, 69, 71, 75, 233, 319.
Pyrrhos (Pyrrhus) Bd. 14, S. 20; Bd. 38, S. 209; Bd. 42, S. 698.
Pythagoras Bd. 1, S. 30; Bd. 3, S. 509; Bd. 8, S. 314; Bd. 14, S. 595; Bd. 20, S. 458–460, 519, 675; Bd. 29, S. 536; Bd. 30, S. 652; Bd. 40, S. 65, 67, 69, 79, 81, 201, 280, 298, 335.
Pytheas Bd. 19, S. 429, 433.
Pythia Bd. 40, S. 79, 83, 91.
Pythokles Bd. 40, S. 51, 189, 276, 290, 300, 361.
Quintilier (Geschlecht) Bd. 21, S. 118.
Ramses II. Bd. 14, S. 5.
Remigius von Reims Bd. 19, S. 479.
Rhadamanth Bd. 7, S. 264; Bd. 21, S. 289.
Romulus Bd. 21, S. 118, 123; Bd. 42, S. 388.
Romulus Augustulus Bd. 28, S. 29.
Rossa Bd. 16, S. 485.
Sabala (indische Myth.) Bd. 23, S. 602.
Sallust, Gaius Sallustius Crispus Bd. 14, S. 19.
Salomo(n) Bd. 2, S. 341; Bd. 3, S. 338, 351; Bd. 7, S. 201; Bd. 10, S. 176; Bd. 16, S. 586; Bd. 40, S. 382, 383.
Salvianus von Marseille Bd. 21, S. 145, 148.
Samuel (AT) Bd. 8, S. 147, 560; Bd. 16, S. 360.
Sapphira Bd. 27, S. 63.
Sassaniden Bd. 28, S. 260.
Satan Bd. 41, S. 216, 228, 231, 234, 235, 242, 244, 281, 283–288, 290–292, 296, 298, 299, 307, 308, 311–314, 361.
Saturn(us) Bd. 41, S. 110.
Saturninus (Lucius Herennius Saturninus) Bd. 40, S. 125.
Saul(us) (AT) Bd. 7, S. 44.
Saul (König Israels) Bd. 4, S. 209; Bd. 8, S. 293; Bd. 30, S. 415.
Scipio, Publius Cornelius Bd. 14, S. 290.
Sebastian (Heiliger) Bd. 19, S. 479.
Segestes Bd. 19, S. 444.
Segimer(us) Bd. 19, S. 443, 444.
Seleukiden Bd. 14, S. 344.
Semiramis Bd. 22, S. 20.
Seneca, Lucius Annaeus Bd. 19, S. 298, 300–302; Bd. 21, S. 11; Bd. 22, S. 456; Bd. 26/3, S. 521; Bd. 37, S. 309; Bd. 40, S. 185, 197, 273, 276, 319, 323, 325, 341.
Sentius Saturninus Bd. 19, S. 440.
Septimius Severus (Lucius Septimius Severus) Bd. 14, S. 24; Bd. 19, S. 454, 456, 457.
Sertorius, Quintus Bd. 30, S. 160.
Servius Tullius Bd. 12, S. 620; Bd. 21, S. 125; Bd. 42, S. 115, 697.
Sesöstris (ägyptisch Senwosret) Bd. 3, S. 147.
Sextus Empiricus Bd. 23, S. 387; Bd. 40, S. 47, 67, 69, 71, 77, 103, 217, 233, 269, 271, 291, 297, 313, 319, 343, 351, 355, 357; Bd. 43, S. 275.
Sibylle Bd. 5, S. 141; Bd. 10, S. 374; Bd. 11, S. 109; Bd. 16, S. 214; Bd. 27, S. 374; Bd. 40, S. 403.
Silen Bd. 8, S. 312; Bd. 14, S. 407, 561.
Simeon Bd. 30, S. 415.
Simplicius aus Kilikien Bd. 40, S. 49, 274–276, 286, 295, 315, 323, 325, 333, 339, 343, 351, 353, 355.
Simson (Samson; AT) Bd. 2, S. 341; Bd. 7, S. 67; Bd. 11, S. 67; Bd. 29, S. 221; Bd. 41, S. 312.
Sirenen Bd. 14, S. 530.

Sisyphus Bd. 13, S. 274; Bd. 16, S. 98, 252; Bd. 23, S. 147, 445; Bd. 40, S. 197.
Sokrates Bd. 1, S. 91; Bd. 3, S. 121, 122, 130; Bd. 8, S. 271; Bd. 13, S. 459; Bd. 22, S. 452; Bd. 30, S. 626; Bd. 40, S. 67, 77, 81, 83, 85, 87, 89, 125, 133, 141, 195, 215, 219, 221, 223, 229, 267, 269, 298; Bd. 41, S. 146, 198, 330, 334.
Solinus, Cajus Iulius Bd. 16, S. 489.
Solon Bd. 1, S. 73; Bd. 6, S. 361; Bd. 11, S. 489; Bd. 16, S. 669; Bd. 20, S. 476; Bd. 21, S. 100, 109, 112, 113, 125, 171; Bd. 22, S. 430; Bd. 39, S. 150, 314.
Sophokles Bd. 3, S. 12; Bd. 9, S. 381; Bd. 23, S. 146; Bd. 29, S. 270; Bd. 35, S. 298; Bd. 41, S. 37, 432.
Sotion Bd. 40, S. 17, 269, 311.
Spartakus Bd. 3, S. 202; Bd. 19, S. 302; Bd. 30, S. 160; Bd. 31, S. 597.
Sperthias Bd. 1, S. 77.
Sphinx Bd. 1, S. 530, 531.
Stilpo(n) aus Megara Bd. 40, S. 141, 143, 185, 187, 269.
Stobaios Bd. 40, S. 189, 197, 203, 274, 276, 286, 288, 291, 292, 297, 321, 325, 333, 337, 345, 347, 351, 353, 355, 357.
Strabon (Strabo) Bd. 12, S. 90; Bd. 13, S. 132; Bd. 15, S. 111; Bd. 16, S. 488; Bd. 19, S. 433, 434, 446, 461; Bd. 37, S. 463; Bd. 42, S. 105, 112.
Sulla (Lucius Cornelius Sulla) Bd. 1, S. 571; Bd. 15, S. 12; Bd. 16, S. 326, 356; Bd. 30, S. 160; Bd. 32, S. 87; Bd. 42, S. 726.
Suetonius (Gaius Suetonius Tranquillus) Bd. 19, S. 439.
Syrinx Bd. 41, S. 390.
Tacitus (Publius Cornelius Tacitus) Bd. 1, S. 27, 423, Bd. 5, S. 352; Bd. 8, S. 291; Bd. 14, S. 513, 694; Bd. 17, S. 356; Bd. 19, S. 301, 319, 320, 387, 402, 425, 431, 434–436, 442, 447–454, 456, 457, 459, 460–468, 511; Bd. 21, S. 13, 28, 34, 71, 92, 132, 134–139, 141, 480; Bd. 22. S. 218, 457, 468, 472; Bd. 35, S. 116, 117, 125; Bd. 37, S. 451; Bd. 40, S. 8, 597; Bd. 41, S. 279.
Tantalus (Tantalos) Bd. 10, S. 601; Bd. 11, S. 162, 166; Bd. 22, S. 451.
Tarquinius Superbus Bd. 21, S. 124, 125.
Telamon Bd. 21, S. 66.
Teiresias (Tiresias) Bd. 15, S. 374; Bd. 29, S. 405.
Telemachos Bd. 21, S. 65.
Terminus Bd. 42, S. 388.
Tertullian (Quintus Septimus Florens Tertullianus) Bd. 1, S. 92; Bd. 3, S. 147.
Teukros Bd. 21, S. 66.
Thales von Milet Bd. 1, S. 94; Bd. 20, S. 364, 458, 460, 541; Bd. 40, S. 77, 221.
Themistios Bd. 14, S. 187; Bd. 40, S. 333.
Themistokles Bd. 3, S. 3, 37; Bd. 40, S. 217.
Theoderich Bd. 21, S. 123.
Thedosius II. Bd. 42, S. 115.
Theophilus (NT) Bd. 41, S. 404.
Theokrit Bd. 21, S. 78; Bd. 22, S. 476.
Thersites Bd.11, S. 5, 321, 635; Bd. 22, S. 177; Bd. 27, S. 403.
Theseus Bd. 5, S. 249; Bd. 21, S. 108; Bd. 30, S. 595; Bd. 41, S. 507.
Thestius Bd. 21, S. 133.
Thetis Bd. 8, S. 128, 129.
Thomas (NT) Bd. 8, S. 432; Bd. 15, S. 500.
Thor Bd. 23, S. 406.
Thukydides Bd. 21, S. 105; Bd. 23, S. 231, 387, 388; Bd. 26/3, S. 185, 492, 493; Bd. 30, S. 606; Bd. 41, S. 420; Bd. 43, S. 275, 280.
Thusnelda Bd. 13, S. 646.
Tiberius Bd. 11, S. 592; Bd. 19, S. 301, 439, 440, 448, 449, 457; Bd. 21, S. 12, 123; Bd. 22, S. 468.
Timaios aus Lokri Bd. 40, S. 227.
Timon von Phlius Bd. 3, S. 121, 127.
Timotheus (NT) Bd. 14, S. 13; Bd. 41, S. 244.
Trajan (Marcus Ulpius Traianus) Bd. 3, S. 413; Bd. 14, S. 24, 349; Bd. 19, S. 456; Bd. 26/3, S. 527; Bd. 42, S. 726.
Tyrtäus Bd. 10, S. 264; Bd. 13, S. 652; Bd. 33, S. 173.
Ulpian(us), Domitius Bd. 14, S. 647.
Uranos Bd. 41, S. 212.

Uria Bd. 27, S. 351.
Varro (Marcus Terentius Varro) Bd. 42, S. 725.
Varus, Publius Quinctilius Bd. 14, S. 607; Bd. 19, S. 441–445, 447, 469; Bd. 21, S. 118.
Vegetius, Flavius Renatus Bd. 14, S. 554.
Veleda Bd. 21, S. 134.
Velleius (Gaius Velleius Paterculus) Bd. 19, S. 440, 441, 443, 446, 462.
Velleius (Caius Velleius) Bd. 40, S. 237, 275.
Venus Bd. 1, S. 424, 444; Bd. 20, S. 204; Bd. 40, S. 609.
Vergil (Publius Vergilius Maro) Bd. 3, S. 408; Bd. 5, S. 57; Bd. 6, S.24, 347; Bd. 13, S. 110, 456; Bd. 34, S. 193; Bd. 35, S. 54; Bd. 40, S. 643.
Vercingetorix Bd. 19, S. 447.
Vespasian(us), Titus Flavius Sabinus Bd. 6, S. 162; Bd. 13, S. 424; Bd. 23, S. 418.
Vesta Bd. 40, S. 237.
Vincinius, Marcus Bd. 19, S. 440.
Vindex, Gaius Iulius Bd. 28, S. 576.
Viriathus Bd. 10, S. 416.
Vitellius, Aulus Bd. 22, S. 457, 468.
Vulkan Bd. 13, S. 641; Bd. 42, S. 44.
Wischnu Bd. 23, S. 624.
Wiswamitra (indische Myth.) Bd. 29, S. 18; Bd. 31, S. 503, 507.
Xenokrates aus Chalkedon Bd. 40, S. 129.
Xenophanes aus Kolophon Bd. 40, S. 233, 298, 315.
Xenophon Bd. 13, S. 112, 114, 115, 132; Bd. 14, S. 12; Bd. 20, S. 214; Bd. 23, S. 388; Bd. 42, S. 102, 115, 116; Bd. 43, S. 275, 276, 280.
Xerxes I. Bd. 14, S. 6, 9, 149.
Zarathustra (Zoroastre) Bd. 3, S. 509; Bd. 29, S. 68.
Zenon (Flavius Zeno) Bd. 3, S. 185.
Zeno(n) aus Elea Bd. 40, S. 315.
Zeno(n) aus Kition Bd. 3, S. 123; Bd. 40, S. 193, 195, 217, 237.
Zeus Bd. 1, S. 68, 98; Bd. 3, S. 92, Bd. 10, S. 8; Bd. 19, S. 302; Bd. 20, S. 294; Bd. 21, S. 104, 269; Bd. 40, S. 131, 143, 171, 217, 263, 609; Bd. 41, S. 50.
Zyklop (Cyklop) Bd. 23, S. 252, 268, 277; Bd. 26/3, S. 522.

Register

Personenregister

Adorno, Gretel 301
Adorno, Theodor W. 124, 299–301, 304–306, 308–310, 316, 331–332, 339, 393
Agis IV. 212
Aischylos 113, 403 *(s. auch antike Autoren)*
Alexander III. (der Große) 168–169
Alföldy, Geza 75–76, 225
Altheim, Franz 233
Anaxagoras 413
Anaximander 413
Andreev, Mihail 258
Antipatros von Sidon 137–138, 413 *(s. auch antike Autoren: Anth. Gr. 9,418)*
Antisthenes 372, 413
Appian 71, 80, 108–109, 278, 290, 413 *(s. auch antike Autoren)*
Arendt, Hannah 297, 305, 324, 328
Aristonikos 287
Aristophanes 83, 403
Aristoteles 37, 67, 78, 80, 107, 111–112, 123, 126, 131–134, 136–140, 143, 182, 203, 241, 374, 401, 413 *(s. auch antike Autoren)*
Athenaios 135 *(s. auch antike Autoren)*
Augustus 14, 107–108, 168, 177–178, 181, 185, 413–419
Austin, Michel 110
Backhaus, Wilhelm 80, 128
Bauer, Bruno 87, 92, 115, 261
Becker, Carl Heinrich 184
Becker-Schaum, Christoph 141
Beloch, Karl Julius 135, 145, 162
Below, Georg von 171
Bernays, Jacob 161
Berve, Helmut 228, 253
Bichler, Reinhold 119
Bieżuńska-Małowistein, Iza 257
Benjamin, Walter 13, 297–352
Bismarck, Otto von 172
Blättler, Christine 315, 346
Bloch, Ernst 303
Blücher, Heinrich 324
Boch, Eugen von 108
Boeckh, August 135
Böhm, Hartmut 298
Bradley, Keith 79–80
Brandler, Heinrich 175
Brecht, Bertolt 302, 305, 309–311
Brendler, Gerhard 275,-277
Brentano, Lujo 145–148
Burian, Jan 253
Bücher, Karl 11, 139–140, 142–143, 145, 147–148, 201
Büchsenschütz, Albert B. 140, 146–147
Caesar 170, 171, 178, 181, 217, 235, 240, 242, 416, 417
Calder III, William M. 12
Cammann, Alexander 306–307
Canfora, Luciano 145, 163, 166, 171–173
Carsten, Francis L. 171
Cassius Longinus, Caius 286
Castus 278–279, 285
Catilina 178, 181
Cato 178
Cellarius, Christoph 41
Chesneaux, Jean 101
Chiang, Kai-Chek 97
Christ, Karl 107, 128, 140, 165, 181, 204, 207, 220, 229, 233, 260

Ciccotti, Ettore 146, 148
Cicero 111, 115, 215–216, 413 *(s. auch antike Autoren)*
Clark, T.J. 306
Clemens von Alexandrien 111, 413
Cluß, Adolf 95
Coblenz, Peter Joseph 25
Columella 78–80 *(s. auch antike Autoren)*
Comte, Auguste 41, 373
Conti, Leonardo 184
Conti, Silvio 184
Crassus 279, 284
Curtius, Ernst 107
Dahlmann, Friedrich Christoph 203
Darwin, Charles 374, 376
de Saint-Simon, Henri 22
de Ste. Croix, Geoffrey 79, 82
Deißler, Johannes 136
Delbrück, Hans 7, 161, 171
Demetrios von Phaleron 135
Demokrit 9, 111, 115–116, 149, 403
Demosthenes 147
di Montecorvino, Giovanni 399
Diehl, Ernst 255–256
Diesner, Hans-Joachim 228–254
Diodor 36, 68, 123 *(s. auch antike Autoren)*
Diogenes Babylonius 413
Diogenes Laertius 111, 413
Dionysios von Halikarnassos 122, 138, 216 *(s. auch antike Autoren)*
Dirninger, Christian 133
Dostojewski, Fjodor M. 382–384
Douglas, Kirk 270
Droysen, Johann Gustav 168–169, 172
Duxiu, Chen 401
Dühring, Eugen 91
Eckert, Georg 188–189
Eich, Armin 110, 127, 134–135
Engelberg, Ernst 225, 257
Engels, Friedrich 3 (Vorwort), 9, 12, 18–19, 23, 33, 54–55, 60, 63, 69–71, 74–75, 78–80, 88–95, 97–98, 113, 117–120, 125, 128, 135–136, 147, 164, 182, 187, 205, 225, 228, 233–234, 238–248, 257, 259, 269, 271, 290, 299, 302, 307, 311, 313, 329, 334–335, 338–339, 349, 351, 373, 378, 402, 404, 406
Ephialtes 167, 173, 180
Epicharmus 111
Epikur 9, 49, 111–118, 120, 129–130, 149, 372, 403, 413 *(s. auch antike Autoren)*
Erkes, Eduard 102
Euhemeros 212
Euripides 401
Gans, Eduard 115
Geiger, Wilhelm Arnold 19
Gladstone, William 147
Godelier, Maurice 101
Gucheng, Zhou 403, 405
Feuerbach, Ludwig 115, 117, 315, 329–330 *(s. auch Einzelwerktitel)*
Finley, Moses I. 11, 55, 75–76, 127–128, 136, 142, 146, 225, 229, 251, 257
Fischer, Hugo 311
Fischer, Ruth 175, 185
Flaig, Egon 345–346
Foufas, Nikos 110
Fourier, Charles 124, 209, 378
Francotte, Henri 148
Freeman, Edward A. 146
Friedrich der Große 114
Friedrich Wilhelm I. 388
Friedrich Wilhelm III. 22
Friedrich Wilhelm IV. 109
Fritsch, Matthias 307
Gannicus 278–279, 285
Glaucia 287, 289
Goethe 113, 376, 390
Goldmann, Nahum 183–184
Goller, Peter 307
Gonçalves, Joachim Alfonso 399
Gracchus, Gaius 178, 217, 240, 287, 289
Gracchus, Tiberius 178, 217, 240, 287, 289
Gramsci, Antonio 82
Guangqian, Zhu 400
Guizot, François 90
Gurland, Arkadij 188

Günther, Rigobert 102, 228, 250, 252–254, 256, 271–272, 277–281, 283–287, 289–293
Habermas, Jürgen 305–306, 336, 344
Haizong, Lei 404
Haldon, John 55
Hannibal 168
Hasebroek, Johannes 11, 55, 142–145, 148, 181–182
Hassel, Peter 229
Hebbel, Friedrich 373–374
Heeren, Arnold H. L. 126, 140–142, 148
Hedin, Sven 169
Hegel, Georg Wilhelm Friedrich 54, 111–112, 115, 121, 164, 239–240, 310, 367, 373, 376-377, 379, 387–388, 390
Heichelheim, Fritz 120, 182
Heinen, Heinz 119, 234, 247, 258
Heinzen, Karl 25
Herodot 147
Herrmann-Otto, Elisabeth 77
Herres, Jürgen 20, 24
Hesiod 50, 143, 207, 209
Heuss, Alfred 287
Heym, Stefan 188
Hindenburg, Paul von 169, 170, 173, 174, 186, 191
Hirschfeld, Otto 161, 163
Hobbes, Thomas 401
Homer 50, 111, 124, 138, 143, 403, 413 *(s. auch antike Autoren)*
Horaz 177, 401, 418, 419
Horkheimer, Max 300–301, 305, 309–310, 316, 331–332
Huan, Zhu 406
Humboldt, Wilhelm von 107–108, 145
Hume, David 135, 378
Hurwitz, Samuel 190
Ibsen, Henrik 372–374, 383
Iorio, Marco 52, 331
Irmscher, Johannes 228, 249–250, 252–254
Isokrates 123
Jaeger, Werner 12
Jambulos 212–213
Jähne, Armin 271–272, 277–288, 290- 293
Jenning, Michael W. 324–325
Jesus Christus 383
Jiang, Yang 401
Jinyu, Liu 401, 405
Jung, Carl Gustav 331
Kaerst, Julius 220
Kant, Immanuel 388
Katz, Iwan 175
Kautsky, Karl 142, 147
Kersten, Kurt 164
Kimon 167
Klee, Paul 337
Kleisthenes 173, 180
Kloft, Hans 12
Knipperdoling, Bernd 219
Kolář, Pavel 173
Kondylis, Panajotis 111, 115–117
Korsch, Karl 311–312, 315, 319–320, 334, 349
Kovaleskij, Maxim 75
Kovalev, Sergei I. 402
Köpper, Karl 114
Krechting, Bernd 219
Kreißig, Heinz 102, 119
Krixos 278–279
Kubrick, Stanley 270
Küpper, Thomas 300
Lacis, Asja 302, 309
Landshut, Siegfried 230, 311
Laqueur, Richard 161
Lassalle, Ferdinand 209, 378
Lauffer, Siegfried 225, 228, 250, 253, 254, 257–258
Lehning, Arthur 188
Lehrs, Karl 161
Leiden, Jan van 219
Lenin, Waldimir I. 98, 118, 172, 192, 225, 234, 245–246, 271, 280–281, 402
Leslie, Esther 307
Liebknecht, Karl 270
Livius 168, 176–177, 216, 401, 413
Locke, John 401
Lockhart, Robert H. B. 172

Loers, Vitus 22
Losemann, Volker 3 (Vorwort), 229
Löwy, Michael 305, 307, 325, 334
Lukács, George 303, 311, 315, 350
Ludendorff, Erich 168, 171, 186
Lukrez 13, 80, 111 *(s. auch antike Autoren)*
Luther, Martin 375, 390
Luxemburg, Rosa 270
Lysias 122, 138, 147 *(s. auch antike Autoren: Dion. Hal.)*
Malthus, Thomas R. 374
Markov, Walter 189
Marx, Heinrich 8–9, 18, 21, 24
Marx, Henriette 8, 18
Marx, Jenny 9, 108, 413
Marxhausen, Thomas 318
Maslow, Arkadij 175
Masur, Gerhard 183
Mayer, Gustav 311–312, 335
McKeown, Niall 80
Mehring, Franz 164–165
Meinecke, Friedrich 171
Mende, Georg 111
Meyer, Eduard 41, 73, 145–148, 161, 163–164, 167, 170–171, 182–184, 201, 204, 207, 233
Mill, John Stuart 126, 373
Minzhi, Chen 403
Mócsy, András 253
Momigliano, Arnaldo 166, 225
Mommsen, Theodor 12, 34, 54, 107, 161, 163–164, 170–171, 177, 205–206, 235
Morgan, Lewis H. 92, 244, 260, 404
Morus, Thomas 213–214
Mutschler, Fritz-Heiner 400
Müller, Karl Otfried 142
Münzer, Friedrich 161
Napoleon Bonaparte 19, 21, 403
Napoleon III. 10, 71, 120
Nero 414–417
Nettlau, Max 90
Neurath, Otto 139
Newski, Alexander 192
Nicolai, Walter 167
Niebuhr, Barthold G. 70–71
Nietzsche, Friedrich 372–374
Nippel, Wilfried 113, 136, 147, 257–258
Norden, Eduard 161
Oertel, Friedrich 181–182, 199, 220, 231
Oinomaos 279
Oliva, Pavel 253
Ovid 107–108, 400–401, 406, 413
Pachter, Henry 189
Palmier, Jean-Michel 306
Pangritz, Andreas 323
Parain, Charles 77–79
Pausanias 401
Pečirka, Jan 74, 101
Peisistratos 146
Pensky, Max 340
Perikles 126–127, 163, 167, 173, 182
Peter der Große 192
Perthes, Friedrich 22
Phaleas 212
Platon 36, 44, 80, 112–113, 122–126, 132, 138, 143, 205, 206, 212, 217, 371, 382, 401, 413 *(s. auch antike Autoren)*
Plautus 403
Plechanov, Georgij 92
Plutarch 80, 111, 114, 147, 176, 280, 286, 413 *(s. auch antike Autoren)*
Polanyi, Karl 55, 128
Pollock, Friedrich 300
Pontius Pilatus 382
Pöhlmann, Robert von 11, 41, 73, 164, 199–221, 371
Premerstein, Anton Ritter von 172
Proudhon, Pierre-Joseph 38, 60, 209, 382
Quednow, Carl Friedrich 108–109
Quesnay, François 59
Qichao, Liang 401
Ramboux, Johann Anton 109
Ranke, Leopold von 376
Ranowitsch, Abram B. 119
Reitemeier, Johann Friedrich 135–136, 142
Riberi, Lorenzo 163–164
Riccardi, Silvia 146

Ricardo, David 39, 59, 126
Ricci, Matteo 399
Ritter, Gerhard 228
Rjazanov, David 73, 93–97, 100
Rodbertus, Johann K. 139, 143, 146, 148, 209, 217
Rohbeck, Johannes 316
Roscher, Wilhelm 200
Rose, Peter 81–82
Rosenberg, Arthur 13, 159–194, 227
Rosenberg, Georg Henry 160
Rosenberg, Hans 171
Rosenberg, Helene 160
Rosenberg, Jenny 160–161
Rousseau, Jean-Jacques 315, 371, 373, 375–376, 380, 385
Rostovtzeff, Michael I. 74, 145
Rothfels, Hans 252, 300
Rubino, Joseph 161
Rugge, Arnold 9
Sallust 272, 286, 401, 413 *(s. auch antike Autoren)*
Salomon-Delatour, Gottfried 303
Salvioli, Guiseppe 142, 148
Saturninus 287, 289
Schachenmeyer, Helmut 163–164, 189
Schäfer, Dietrich 167, 171
Schäffle, Albert 139
Schieder, Theodor 251
Schmidt, Christian Wilhelm 108
Schmidt, Ernst Günther 111
Schmidt, Manfred 77
Schmitt, Carl 306
Schmitt, Philipp 109
Schneemann, Gerhard 22, 108
Schneider, Manfred 302
Schoemann, Georg Friedrich 135
Scholem, Greshom 297, 301, 303–306, 309, 316, 324–325, 332, 337, 339
Scholem, Werner 175–176
Schopenhauer, Arthur 373
Schrot, Gerhard 226, 228, 249–250, 252–254, 256
Schulz, Gertrud 232
Scipio Africanus 178
Seneca 79, 111, 371 *(s. auch antike Autoren)*
Servius Tullius 161
Sextus Empiricus 111, 124, 138, 413
Shi, Hu 401
Shirong, Qi 406
Shouchang, Li 400
Sinowjew, Grigori J. 192
Skrandies, Timo 300
Smith, Adam 39, 41, 55, 59–60, 126, 132, 378, 381
Sokrates 124, 373–374
Solon 163, 208, 403
Sophokles 133, 138, 413 *(s. auch antike Autoren)*
Spartacus 71, 92, 100, 181, 269–294, 327
Spengler, Oswald 12, 13, 367–393
Štaerman, Elena M. 73, 247
Stalin, Josef 72–73, 75, 97, 99–100, 102, 118, 159, 192, 227, 234, 245–247, 249, 402
Stanfield, Clarkson Frederick 109
Sternberg, Peter Christoph 108
Stirner, Max 261, 373
Stojčević, Dragomir 249
Strabon 50, 401 *(s. auch antike Autoren)*
Strack, Paul 231
Struwe, Wasilij 97
Sueton 413
Tacitus 107, 168, 401, 413, 418–419
Taeger, Fritz 253
Tanner, Jakob 5 (Geleitwort)
Täubler, Eugen 161
Thalheimer, August 175
Thälmann, Ernst 185
Themistokles 173
Theognis 208
Theopomp 212
Thukydides 78, 80, 126–127, 138, 407 *(s. auch antike Autoren)*
Tiedemann, Rolf 297, 305–306, 309–310, 316, 320, 339
Tolstoi , Lew N. 382–383
Tompkins, Daniel A. 257

Townsend, Joseph 69
Tökei, Ferenc 101–102
Traube, Ludwig 161
Trencsényi-Waldapfel, Imre 253
Trotzki , Leo 97
Vernant, Jean-Pierre 101
Vidal-Naquet, Pierre 110
Vergil 400–403
Vittinghoff, Anna 230
Vittinghoff, Eduard 230
Vittinghoff, Friedrich 11, 33, 53–54, 70, 225–260
Vogt, Joseph 73, 228–229, 231, 250, 253, 254
Voller, Christian 315, 346
Wakefield, Edward Gibbon 64
Wangshu, Dai 400
Weber, Hermann 161
Weber, Max 40, 52–55, 96, 128, 139, 145, 306
Wehler, Hans-Ulrich 121, 171
Weishan, Wu 2 (Vorwort)
Welskopf, Elisabeth Charlotte 74–75, 102, 119, 254
Westphalen, Joahnn Ludwig von 18, 21–22
Weydemeyer, Joseph 60, 95, 234
Wilamowitz-Moellendorff, Ulrich von 12, 161, 166–167
Wilcken, Ulrich 183
Wilhelm I. 169
Wilhelm II. 145, 201
Williams, Maurice 388
Willing, Matthias 227–228
Wilmosky, Johann Nikolaus von 109
Winckelmann, Johann Joachim 107
Wittfogel, Karl August 96, 101–102
Wohlfarth, Irving 336
Wolff, Hartmut 199
Wood, Ellen Meiksins 82
Wöhlmann, Ella 174
Wyttenbach, Johann Hugo 21–22
Xenophon 36, 123, 125–127, 138, 143, 148, 413 *(s. auch antike Autoren)*
Xiang, Zhu 400
Xiangbo, Ma 400
Xianyi, Yang 403
Yiliang, Zhou 403
Yujin, Wu 403, 405–406
Zasulič, Vera 89
Zenon 371–372, 380, 386
Zhichun, Lin 400, 402, 404–405
Zhongshu, Qian 400
Zhun, Gu 403
Zuoren, Zhou 400

Quellenregister

MEGA- und MEW-Stellen

MEGA I/1, 357 ▷ 25
MEGA I/1, 449 ff. ▷ 132
MEGA I/1, 465–469 ▷ 413–414
MEGA I/1, 140 ▷ 108
MEGA I/1,1, 179–229 ▷ 24
MEGA I/1,1, 183 ▷ 24
MEGA I/1,1, 355–383 ▷ 25
MEGA I/1,2, 286 ▷ 24
MEGA I/1, 465 ff. ▷ 107
MEGA I/1, 465–469 ▷ 414
MEGA I/2, 171 ▷ 115
MEGA I/2, 293 ▷ 25
MEGA I/6, 525 f. ▷ 274
MEGA[2] I/12, 147–153 ▷ 94
MEGA[2] I/12, 166–173 ▷ 94
MEGA[2] I/12, 186–193 ▷ 94
MEGA[2] I/12, 248–253 ▷ 94
MEGA I/21, 131 ▷ 290–291
MEGA[2] I/25, 112–117 ▷ 89
MEGA[2] I/25, 303 ▷ 92
MEGA[2] I/27, 352 f. ▷ 91
MEGA[2] I/27, 370 f. ▷ 91

MEGA^{2} I/29, 78 ▷ 92
MEGA^{2} I/29, 90f. ▷ 92
MEGA^{2} I/29, 111f. ▷ 92
MEGA2 I/30, 591 f. ▷ 329
MEGA^{2} I/30, 792–796 ▷ 329
MEGA^{2} I/32, 256–258 ▷ 89
MEGA^{2} II/2, 99–103 ▷ 88
MEGA II/2, 100 f. ▷ 88, 273, 275
MEGA II/2, 101 ▷ 275, 292
MEGA^{2} II/2, 246–255 ▷ 90
MEGA^{2} II/2, 247 ▷ 90
MEGA^{2} II/2, 248 ▷ 91
MEGA II/6, 56–719 ▷ 317
MEGA II/6, 655, Anm. 211 ▷ 290
MEGA II/8,1, 163 ff. ▷ 134
MEGA II/8,1, 180 ▷ 134
MEGA^{2} II/10, 78 ▷ 93
MEGA II/10, 80, Anm. 33 ▷ 290–291
MEGA II/10, 367 ▷ 131
MEGA III/I, 31 ▷ 24
MEGA III/4, 33 ▷ 121
MEGA^{2} III/7, 12 ▷ 95
MEGA III/7, 184 ▷ 290–291
MEGA^{2} III/30, 768 f. ▷ 95
MEGA III/8, 30 ff. ▷ 108, 413
MEGA III/11, 380 ▷ 269
MEW 1, 42 ▷ 317
MEW 3, 5–7 ▷ 329
MEW 3, 6 ▷ 329
MEW 3, 6 f. ▷ 329
MEW 3, 7 ▷ 329
MEW 3, 7–530 ▷ 62–63
MEW 3, 9–530 ▷ 60
MEW 3, 21 ▷ 60
MEW 3, 22 ▷ 127
MEW 3, 22 f. ▷ 70
MEW 3, 23 ▷ 245
MEW 3, 24 ▷ 245
MEW 3, 26 ▷ 62, 82
MEW 3, 26 f. ▷ 328
MEW 3, 32 ▷ 63
MEW 3, 37–50 ▷ 63
MEW 3, 46 ▷ 334
MEW 3, 46–48 ▷ 342
MEW 3, 65 ▷ 245
MEW 3, 130 f. ▷ 114
MEW 4, 63–182 ▷ 61–62
MEW 4, 180 f. ▷ 61
MEW 4, 181 ▷ 62
MEW 4, 459 ff. ▷ 117
MEW 4, 462 ▷ 69, 234, 274, 334
MEW 4, 462 f. ▷ 60, 334
MEW 4, 472 f. ▷ 334
MEW 4, 473 ▷ 334
MEW 8, 111–207 ▷ 61–62
MEW 8, 139 ▷ 62
MEW 8, 198 ▷ 61
MEW 8, 560 ▷ 290–291
MEW 9, 95–102 ▷ 94
MEW 9, 127–133 ▷ 94
MEW 9, 148–156 ▷ 94
MEW 9, 220–226 ▷ 94
MEW 9, 221 ▷ 94 f.
MEW 12, 3 f. ▷ 120
MEW 13, 3–160 ▷ 59, 63
MEW 13, 7–11 ▷ 88
MEW 13, 7–160 ▷ 72
MEW 13, 8 ▷ 59, 88, 274, 330, 334
MEW 13, 8 f. ▷ 88, 235, 275, 330, 334
MEW 13, 9 ▷ 63, 72, 273, 275, 292, 328, 330, 334–335
MEW 13, 613–642 ▷ 260
MEW 13, 468–477 ▷ 90
MEW 13, 469 ▷ 90
MEW 13, 470 ▷ 91
MEW 13, 629 ▷ 245
MEW 13, 640 f. ▷ 122
MEW 16, 358–360 ▷ 70, 260
MEW 16, 359 ▷ 71, 234
MEW 18, 669–671 ▷ 89
MEW 19, 21 ▷ 126
MEW 19, 28 ▷ 126
MEW 19, 302 ▷ 92
MEW 20, 149 ▷ 91
MEW 20, 167–169 ▷ 91
MEW 20, 168 ▷ 91

MEW 20, 573–596 ▷ 260
MEW 20, 586 ▷ 245
MEW 21, 25–173 ▷ 69, 70–71, 260
MEW 21, 71 ▷ 244–245
MEW 21, 114 ▷ 71
MEW 21, 126 ▷ 92
MEW 21, 141–151 ▷ 69
MEW 21, 144 f. ▷ 92
MEW 21, 145 ▷ 70
MEW 21, 150 ▷ 245
MEW 21, 151 ▷ 245
MEW 21, 170 ▷ 92
MEW 21, 173 ▷ 121
MEW 22, 316–330 ▷ 63
MEW 23, 12 ▷ 330
MEW 23, 15 ▷ 330
MEW 23, 15 f. ▷ 330
MEW 23, 27 ▷ 331
MEW 23, 73–74 ▷ 37
MEW 23, 74 ▷ 37, 132
MEW 23, 85 ▷ 317
MEW 23, 85–98 ▷ 317
MEW 23, 86 ▷ 317
MEW 23, 87 ▷ 318
MEW 23, 89 f. ▷ 317
MEW 23, 90 ▷ 318
MEW 23, 91–92 ▷ 37
MEW 23, 92 ▷ 318
MEW 23, 93 ▷ 34, 93, 130, 413
MEW 23, 94 ▷ 130, 319
MEW 23, 96, Anm. 33 ▷ 290–291
MEW 23, 97 ▷ 343
MEW 23, 98 ▷ 318
MEW 23, 100 ▷ 134
MEW 23, 120 ▷ 317
MEW 23, 146 ▷ 413
MEW 23, 146, Anm. 92 ▷ 133
MEW 23, 149 f. ▷ 70
MEW 23, 149–150 ▷ 53
MEW 23, 167 ▷ 37, 132–133, 413
MEW 23, 167, Anm. 6 ▷ 132
MEW 23, 178–180 ▷ 37
MEW 23, 179 ▷ 37
MEW 23, 182 ▷ 34
MEW 23, 182, Anm. 33 ▷ 34, 48
MEW 23, 183 ▷ 10, 34, 120, 317, 342
MEW 23, 184 ▷ 35, 317
MEW 23, 184, Anm. 41 ▷ 35
MEW 23, 210, Anm. 17 ▷ 69
MEW 23, 250 ▷ 69
MEW 23, 354 ▷ 35
MEW 23, 356 ▷ 35
MEW 23, 360, Anm. 29 ▷ 36
MEW 23, 372 ▷ 35
MEW 23, 373 ▷ 35
MEW 23, 386 ▷ 36
MEW 23, 386 f. ▷ 36, 123–124, 413
MEW 23, 387 ▷ 36, 125
MEW 23, 387, Anm. 79 ▷ 122, 127
MEW 23, 387, Anm. 80 ▷ 36, 124
MEW 23, 388, Anm. 81 ▷ 36, 125
MEW 23, 389 ▷ 36
MEW 23, 430 ▷ 137, 413
MEW 23, 533 ▷ 36–37
MEW 23, 534 ▷ 67
MEW 23, 754 f., Anm. 211 ▷ 109, 290, 413
MEW 23, 778 ▷ 37
MEW 23, 792–802 ▷ 64
MEW 24, 474 f. ▷ 66
MEW 24, 475 ▷ 67–68
MEW 25, 43 ▷ 130
MEW 25, 329 ▷ 131
MEW 25, 342 ▷ 130
MEW 25, 344 ▷ 68
MEW 25, 397 ▷ 69
MEW 25, 608 ▷ 68
MEW 25, 612 ▷ 130
MEW 25, 794 f. ▷ 128
MEW 25, 813 ▷ 129
MEW 25, 815 ▷ 128–129
MEW 25, 839 ▷ 318
MEW 26,3, 88 ▷ 69
MEW 27,10, 233 ▷ 378
MEW 28, 438 f. ▷ 243
MEW 28, 439 ▷ 290–291
MEW 28, 507 f. ▷ 60, 234

MEW 28, 592 ▷ 95
MEW 30, 159 f. ▷ 71
MEW 30, 160 ▷ 269
MEW 33, 5 ▷ 120
MEW 33, 209 ▷ 118
MEW 34, 179 ▷ 95
MEW 35, 137 ▷ 75
MEW 37, 450 ▷ 3 (Vorwort)
MEW 40, 17–255 ▷ 413
MEW 40, 154 ▷ 13
MEW 40, 261 ff. ▷ 111, 413
MEW 40, 262 f. ▷ 114
MEW 40, 276 ▷ 118
MEW 40, 595 ff. ▷ 107
MEW 40, 595–597 ▷ 413
MEW 50, 597 ▷ 413
MEW 42, 33 ▷ 67
MEW 42, 92 ▷ 134
MEW 42, 92 f. ▷ 134
MEW 42, 144 ▷ 81
MEW 42, 377 ▷ 65–66
MEW 42, 377–380 ▷ 66
MEW 42, 383 ▷ 64–65
MEW 42, 383–421 ▷ 64
MEW 42, 386 ▷ 66
MEW 42, 387 ▷ 65
MEW 42, 392 ▷ 127
MEW 42, 397 ▷ 66
MEW 42, 399 ▷ 66
MEW 42, 401 ▷ 63
MEW 42, 402 ▷ 65
MEW 42, 403 ▷ 63
MEW 42, 409 ▷ 70
MEW 42, 488 ▷ 67
MEW 42, 491 ▷ 67
MEW 42, 508 ▷ 68
MEW 42, 660 ▷ 68
MEW 42, 734 ▷ 69
MEW Ergänzungsband, 1. Teil, 8 ▷ 107
MEW Ergänzungsband, 1. Teil, 78 ▷ 116
MEW Ergänzungsband, 1. Teil, 214 ff. ▷ 111
MEW Ergänzungsband, 1. Teil, 219 ▷ 113
MEW Ergänzungsband, 1. Teil, 220 ff. ▷ 113
MEW Ergänzungsband, 1. Teil, 263 ▷ 113
MEW Ergänzungsband, 1. Teil, 283 ff. ▷ 116
MEW Ergänzungsband, 1. Teil, 306 ff. ▷ 114
MEW Ergänzungsband, 1. Teil, 569 ▷ 112, 117

Grundrisse

Marx o.J. (= K. Marx, Grundrisse der Kritik der politischen Ökonomie, Frankfurt o. J. ND der Ausgabe Moskau 1939) *(s. auch Einzelwerktitel)*
Marx o.J. 5–6 ▷ 40
Marx o.J. 5–31 ▷ 39
Marx o.J. 7 ▷ 40
Marx o.J. 24 f. ▷ 52
Marx o.J. 25 ▷ 41–42, 55
Marx o.J. 26 ▷ 41, 48
Marx o.J. 27 ▷ 42, 54
Marx o.J. 28 ▷ 49
Marx o.J. 35–46 ▷ 49
Marx o.J. 55 ▷ 49
Marx o.J. 64 ▷ 49
Marx o.J. 66 ▷ 49
Marx o.J. 67 ▷ 49
Marx o.J. 82 ▷ 49
Marx o.J. 83 ▷ 49–50
Marx o.J. 90 ▷ 50
Marx o.J. 91–101 ▷ 50
Marx o.J. 130 ▷ 50
Marx o.J. 103 ▷ 49
Marx o.J. 107 ▷ 50
Marx o.J. 133 ▷ 50–51
Marx o.J. 134 ▷ 51–52
Marx o.J. 136 ▷ 46
Marx o.J. 141 ▷ 50
Marx o.J. 142 ▷ 50
Marx o.J. 143 ▷ 51
Marx o.J. 144 ▷ 51
Marx o.J. 162 ▷ 51
Marx o.J. 375 ▷ 42
Marx o.J. 375–376 ▷ 43
Marx o.J. 375–413 ▷ 42

Marx o.J. 376–377 ▷ 43
Marx o.J. 378 ▷ 43–44, 52
Marx o.J. 379 ▷ 43–44, 54
Marx o.J. 380 ▷ 44
Marx o.J. 381 ▷ 44
Marx o.J. 382 ▷ 44–45, 54
Marx o.J. 383 ▷ 45
Marx o.J. 386 ▷ 45–46, 52
Marx o.J. 386–387 ▷ 46
Marx o.J. 389 ▷ 46
Marx o.J. 393 ▷ 46
Marx o.J. 394 ▷ 47, 52
Marx o.J. 395 ▷ 46
Marx o.J. 398 ▷ 54
Marx o.J. 399 ▷ 46
Marx o.J. 400 ▷ 46
Marx o.J. 402 ▷ 47–48, 54
Marx o.J. 402–403 ▷ 48
Marx o.J. 403 ▷ 48
Marx o.J. 404 ▷ 48
Marx o.J. 405 ▷ 51
Marx o.J. 406 ▷ 48
Marx o.J. 412 ▷ 48
Marx o.J. 438 ▷ 51–52
Marx o.J. 517 ▷ 53
Marx o.J. 741 ▷ 47

Frühschriften

Marx 2004 / Marx, FS (= K. Marx, Die Frühschriften, 7. Aufl. Stuttgart 2004)
Marx, FS 361 (Ökonomisch-Philosophische Manuskripte) ▷ 126
Marx 2004, 558 (Das Elend der Philosophie) ▷ 38
Marx 2004, 566 (Das Elend der Philosophie) ▷ 38
Marx 2004, 594 (Manifest der Kommunistischen Partei) ▷ 38
Marx 2004, 594–630 (Manifest der Kommunistischen Partei) ▷ 34
Marx 2004, 596–601 (Manifest der Kommunistischen Partei) ▷ 34
Marx 2004, 601 (Manifest der Kommunistischen Partei) ▷ 34
Marx 2004, 607 (Manifest der Kommunistischen Partei) ▷ 34

Dissertation

Marx, Diss. = Differenz der demokritischen und epikureischen Naturphilosophie *(s. auch unter Einzelwerktitel)*
Marx, Diss. 27 ▷ 131
Marx, Diss. 27 f. ▷ 111
Marx, Diss. 28 ▷ 111
Marx, Diss. 29 ▷ 114
Marx, Diss. 30 f. ▷ 111
Marx, Diss. 36 ▷ 116
Marx, Diss. 45 ▷ 117
Marx, Diss. 60 ff. ▷ 112
Marx, Diss. 68 ▷ 114
Marx, Diss. 69 ff. ▷ 114

Einzelwerktitel

18. Brumaire des Louis Bonaparte ▷ 10, 61–62, 70, 234, 243, 260, 290, 311, 348
Adresse des Generalrats (der Internationalen Arbeiter-Assoziation) ▷ 120–121
Das Elend der Philosophie ▷ 38, 62 *(s. auch Frühschriften)*
Das Kapital ▷ 10, 19, 33–38, 48, 53, 64, 66–70, 89, 93, 109, 120, 122–125, 127–134, 137, 147, 290, 309–312, 315, 317, 319, 329–331, 343, 374 *(s. auch MEW 23–25)*
Deutsche Ideologie ▷ 9, 60, 62–63, 70, 82, 125, 245, 261, 334, 342 *(s. MEW 3)*
Die ethnologischen Exzerpthefte ▷ 92
Die Heilige Familie ▷ 9

Differenz der demokritischen und epikureischen Naturphilosophie ▷ 87, 110 *(s. auch Marx, Diss. u. MEW 40)*
Einleitung zur Kritik der politischen Ökonomie ▷ 245, 260
Grundrisse der Kritik der Politischen Ökonomie ▷ 10, 33, 39, 48, 52, 55–56, 63–70, 81, 100–102, 121, 127, 130, 257 *(s. auch Marx o.J. u. MEW 42)*
Klassenkämpfe in Frankreich 1848 bis 1850 ▷ 10
Manifest der Kommunistischen Partei ▷ 9, 18, 26, 34, 38, 52, 60, 69–70, 78, 117, 233–234, 237, 241–243, 260, 274, 334, 389 *(s. auch Frühschriften)*
Theorien über den Mehrwert ▷ 69
Thesen über Feuerbach ▷ 117, 315, 329–330
Vorbereitungshefte zur Dissertation ▷ 13
Zur Judenfrage ▷ 390
Zur Kritik der Hegelschen Rechtsphilosophie ▷ 9, 115
Zur Kritik der politischen Ökonomie ▷ 23, 39, 59, 63, 72, 88–90, 100, 118, 235, 245, 292, 330, 374 *(s. auch MEW 13)*

Archivalische Quellen

Abteilung Wissenschaften, Information an die ideologische Kommission v. 28.9.1960; Stiftung Archiv der Parteien und Massenorganisationen der DDR im Bundesarchiv, DY 30/IV 2/9.04/144, Bl. 489 ▷ 256
Amtsblatt der Königlichen Regierung zu Düsseldorf (1848), 641 ▷ 25
Anzeige über Verheiratung; UA POSEN 78/217 – Friedrich Vittinghoff, Bl. 8 ▷ 232
Archiv der Berlin-Brandenburgischen Akademie der Wissenschaften, Nachlass Eduard Meyer, Nr. 15 ▷ 170
Archiv der Berlin-Brandenburgischen Akademie der Wissenschaften, Nachlass Eduard Meyer, Nr. 1130 ▷ 170–171
Bericht über die Teilnahme einer Delegation der Historiker der DDR am XI. Internationalen Historikerkongreß in Stockholm v. 9.9.1960; BArch, DR 3/4085 ▷ 252, 256
Bericht über die Verhandlungen des Vereinigungsparteitages der USPD (Linke) und der KPD (Spartakusbund), abgehalten in Berlin vom 4. bis 7. Dezember 1920, Leipzig/Berlin 1921, 143 f. ▷ 174
Bericht über die Verhandlungen des 2. Parteitages der Kommunistischen Partei Deutschlands, 22.–26. August 1921, Berlin 1921, 346 ▷ 175
Bundesarchiv, Berlin, R/1501/112326: Reichsministerium des Innern, Akten betr.: Das Kriegspresseamt, Bl. 9 ▷ 168
Der Reichsminister für Wissenschaft, Erziehung und Volksbildung an Friedrich Vittinghoff (Abschrift) am 30.4.1940; UA POSEN 78/217 – Friedrich Vittinghoff, Bl. 28 ▷ 232
Der Reichsminister für Wissenschaft, Erziehung und Volksbildung an Friedrich Vittinghoff (Abschrift) am 21.7.1943; UA POSEN 78/217 – Friedrich Vittinghoff, Bl. 38 ▷ 232
Deutsche Kriegsnachrichten, 22. Juli 1918 ▷ 172
Deutsche Kriegsnachrichten, 9. September 1918 ▷ 172
Entscheidungen des Bundesverfassungsgerichts, Bd. 5, Tübingen 1956, Nr. 14, 85–408, 201 f. ▷ 73
Fragebogen Friedrich Vittinghoff vom 22.5.1939, UA Posen 78/217 – Friedrich Vittinghoff, Bl. 6 Rs ▷ 230
Friedrich Vittinghoff an den Kurator der Universität Kiel am 8.4.1940; UA POSEN 78/217 – Friedrich Vittinghoff, Bl. 27 ▷ 232
Geburtsregister der Stadt Trier (Nr. 231/1818) ▷ 18

Gerhard Schrot/Rigobert Günther, Einschätzung der Arbeit der DDR-Vertreter in der Sektion II (Alte Geschichte) des Stockholmer Kongresses v. 1.9.1960; Stiftung Archiv der Parteien und Massenorganisationen der DDR im Bundesarchiv, DY 30/IV 2/9.04/144, Bl. 467 ▷ 228
Gerhard Schrot/Rigobert Günther, Einschätzung der Arbeit der DDR-Vertreter in der Sektion II (Alte Geschichte) des Stockholmer Kongresses v. 1.9.1960; Stiftung Archiv der Parteien und Massenorganisationen der DDR im Bundesarchiv, DY 30/IV 2/9.04/144, Bl. 468 ▷ 253
Gerhard Schrot/Rigobert Günther, Einschätzung der Arbeit der DDR-Vertreter in der Sektion II (Alte Geschichte) des Stockholmer Kongresses v. 1.9.1960; Stiftung Archiv der Parteien und Massenorganisationen der DDR im Bundesarchiv, DY 30/IV 2/9.04/144, Bl. 469 ▷ 253
Gerhard Schrot/Rigobert Günther, Einschätzung der Arbeit der DDR-Vertreter in der Sektion II (Alte Geschichte) des Stockholmer Kongresses v. 1.9.1960; Stiftung Archiv der Parteien und Massenorganisationen der DDR im Bundesarchiv, DY 30/IV 2/9.04/144, Bl. 469 f. ▷ 254
Gerhard Schrot/Rigobert Günther, Einschätzung der Arbeit der DDR-Vertreter in der Sektion II (Alte Geschichte) des Stockholmer Kongresses v. 1.9.1960; Stiftung Archiv der Parteien und Massenorganisationen der DDR im Bundesarchiv, DY 30/IV 2/9.04/144, Bl. 470 ▷ 254
Gutachten von Prof. Dr. Strack über die Habilitation des Dr. Vittinghoff vom 30.5.1939 (Abschrift); UA POSEN 78/217 – Friedrich Vittinghoff, Bl. 19 ▷ 231
Gutachten über die Habilitationsschrift des Dr. Vittinghoff von Herrn Prof. Dr. Burck vom 11.6.1939, (Abschrift); UA POSEN 78/217 – Friedrich Vittinghoff, Bl. 22 ▷ 232
Historischen Archiv der KPD in der Stiftung Archiv der Parteien und Massenorganisationen der DDR im Bundesarchiv, Berlin (SAPMO-BArch), RY 1/I 2/3/65, Bl. 5–8 ▷ 175
Historischen Archiv der KPD in der Stiftung Archiv der Parteien und Massenorganisationen der DDR im Bundesarchiv, Berlin (SAPMO-BArch), RY 1/I 2/3/170, Bl. 181–186 ▷ 185
HUB, UA, R 208: Personalnachrichten über den Privatdozenten Dr. A. Rosenberg, Bl. 1–2 ▷ 167
HUB, UA, Phil. Fak. 1234: Habilitationen, Bl. 126R ▷ 163
HUB, UA, Phil. Fak. 1234: Habilitationen, Bl. 122–126R ▷ 166
HUB, UA, Phil. Fak, Nr. 106, Bl. 224: Schreiben der Fakultät an Arthur Rosenberg, 12. Februar 1921 ▷ 184
HUB, UA, Phil. Fak., Nr. 1440 ▷ 184
HUB, UA, Phil. Fak., Nr. 1475 ▷ 184
HUB, UA, R 208: Personalakte Arthur Rosenberg, Bl. 8 ▷ 186
HUB, UA, R 208: Personalakte Arthur Rosenberg, Bl. 15 ▷ 186
HUB, UA, R 208: Personalakte Arthur Rosenberg, Bl. 24 ▷ 186
HUB, UA, Universitäts-Rechtsrat, Nr. 2743: Bericht des Akademischen Senats, 5. Januar 1921 ▷ 184
Information an die ideologische Kommission; Stiftung Archiv der Parteien und Massenorganisationen der DDR im Bundesarchiv, DY 30/IV 2/9.04/144, Bl. 4497 ▷ 255
Internationale Pressekorrespondenz (Inprekorr), 1922, Nr. 34, 272 f. ▷ 175
Internationale Pressekorrespondenz (Inprekorr), 1922, Nr. 80, 606 ▷ 175
Internationale Pressekorrespondenz (Inprekorr), 1922, Nr. 145, 927 f. ▷ 175

Johannes Irmscher, Bericht über meine Reise nach Stockholm in der Zeit vom 19. bis 28. August v. 31.8.1960; Stiftung Archiv der Parteien und Massenorganisationen der DDR im Bundesarchiv, DY 30/IV 2/9.04/144, Bl. 400 ▷ 254

Johannes Irmscher, Bericht über meine Reise nach Stockholm in der Zeit vom 19. bis 28. August v. 31.8.1960; Stiftung Archiv der Parteien und Massenorganisationen der DDR im Bundesarchiv, DY 30/IV 2/9.04/144, Bl. 400 f. ▷ 254

Johannes Irmscher, Bericht über meine Reise nach Stockholm in der Zeit vom 19. bis 28. August v. 31.8.1960; Stiftung Archiv der Parteien und Massenorganisationen der DDR im Bundesarchiv, DY 30/IV 2/9.04/144, Bl. 401 ▷ 255

Johannes Irmscher, Bericht über meine Reise nach Stockholm in der Zeit vom 19. bis 28. August v. 31.8.1960; Stiftung Archiv der Parteien und Massenorganisationen der DDR im Bundesarchiv, DY 30/IV 2/9.04/144, Bl. 402 ▷ 255

Landeshauptarchiv (LHAKo), Best. 403, Nr. 2494, S. 10–11 ▷ 23

Landeshauptarchiv (LHAKo), Best. 403, Nr. 7152, S. 7–29 ▷ 19

Landeshauptarchiv (LHAKo), Best. 403, Nr. 17944, S. 557 (Brief des Ministers des Innern Arnim an den Oberpräsidenten der Rheinprovinz vom 16. April 1844) ▷ 18

Landeshauptarchiv (LHAKo), Best. 403, Nr. 17944, S. 584 (Signalement du Dr. Marx = Personenbeschreibung / Steckbrief des Dr. Karl Marx) ▷ 18

Lebenslauf Friedrich Vittinghoff (undatiert), UA POSEN 78/217 – Friedrich Vittinghoff, Bl. 3 ▷ 231

Lebenslauf Friedrich Vittinghoff (undatiert, vermutlich 1939), UA Posen 78/217 – Friedrich Vittinghoff, Bl. 3 f. ▷ 230

Lebenslauf Friedrich Vittinghoff (undatiert); UA POSEN 78/217 – Friedrich Vittinghoff, Bl. 4 ▷ 231

Neue Rheinische Zeitung Nr. 301 vom 19. Mai 1849, 1 Sp. 2–3 ▷ 19

Protokoll der Auswertung des XI. Historikerkongresses in Stockholm v. 30.8.1960; Stiftung Archiv der Parteien und Massenorganisationen der DDR im Bundesarchiv, DY 30/IV 2/9.04/144, Bl. 389 ▷ 256

Protokoll der Auswertung des XI. Historikerkongresses in Stockholm v. 30.8.1960; Stiftung Archiv der Parteien und Massenorganisationen der DDR im Bundesarchiv, DY 30/IV 2/9.04/144, Bl. 392 ▷ 256

Protokoll der Auswertung des XI. Historikerkongresses in Stockholm v. 30.8.1960; Stiftung Archiv der Parteien und Massenorganisationen der DDR im Bundesarchiv, DY 30/IV 2/9.04/144, Bl. 393 ▷ 255, 256

Protokoll der unter dem Vorsitze des Herrn Oberpräsidenten von Schaper am 2. und 3. September 1844 zu Trarbach zur Berathung über die Mittel zur Abhülfe des Nothstandes der Winzer versammelt gewesenen Kommission, 1844 ▷ 27

Sammlung der ständischen preußischen Gesetze und zwar: Verordnung [...]. Nebst dem Protest preuß. Landtags-Abgeordneter gegen das Patent vom 3. Februar 1847, Strasburg 1847. ▷ 22

Stadtarchiv Trier (StATr), Tb14/599a („Liste aller Armen" von 1832) ▷ 19

Stadtarchiv Trier (StATr), Tb14/604 („Liste aller Armen" von 1832) ▷ 19

Státni ústřední Archiv, Prag, MKV/R (Fond Kultusministerium), Deutsche Universität Prag, Karton ▷ 119: Personalakte Arthur Stein ▷ 173

Taschenkalender (1816), 18 ▷ 21

Taschenkalender (1818), 42 ▷ 21

Taschenkalender (1824), 67 ▷ 21

Taschenkalender (1825), 66 ▷ 21

Taschenkalender (1826), 67 ▻ 21
Taschenkalender (1827), 67 ▻ 21
Taschenkalender (1833), 54 ▻ 21
Trierische Zeitung vom 21.10.1831, 1, Sp. 2 ▻ 21
Kölnische Zeitung Nr. 23 vom 23. Januar 1834 ▻ 21, 24
Verhandlungen des Reichstags. Stenographische Berichte, Bd. 387, 3. August 1925, 3906 ▻ 185

Antike Autoren

Aischylos
Aischyl., Prom. 966–969 ▻ 113
Aischyl., Prom. 975 ▻ 113

Anthologia Graeca
Anth. Gr. 9,418 ▻ 137

Appian
App., civ. 1,1ff. ▻ 80
App., civ. 1,7 ▻ 109, 290
App., civ. 1,116–120 ▻ 278
App., civ. 1,117 ▻ 278
App., civ. 1,118 ▻ 284
App., civ. 1,119 ▻ 278

Aristoteles
Aristot., eth. Eud. 7, 1242a ▻ 210
Aristot., eth. Nic. 1133a-b ▻ 37, 132
Aristot., pol. 1253b ▻ 137
Aristot., pol. 1256b-1258b ▻ 37
Aristot., pol. 1257a ▻ 123, 131, 134
Aristot., pol. 1257b ▻ 131
Aristot., pol. 1258b ▻ 37
Aristot., pol. 1302b-1303a ▻ 80
Aristot., pol. 1310a ▻ 78

Athenaios
Athen. 272c ▻ 135

Augustinus
August., Conf. ▻ 9,8

Cicero
Cic., de orat. 2,36 ▻ 375
Cic., nat. 1,20 ▻ 116
Cic., off. 2,78 ▻ 215

Columella
Col. 1,7,5–6 ▻ 79
Col. 1,7,7 ▻ 79
Col. 1,8,2 ▻ 79
Col. 1,8,17 ▻ 79
Col. 1,8,18 ▻ 79
Col. 1,9,5 ▻ 79
Col. 11,1,13–14 ▻ 79
Col. 11,1,14–16 ▻ 79
Col. 11,1,15–17 ▻ 79
Col. 11,1,26 ▻ 79
Col. 11,1,28 ▻ 79

Diodor
Diod. 1,74,6–7 ▻ 36

Dionysios von Halikarnassos
Dion. Hal. 10,59,6 ▻ 79
Dion. Hal. / Lysias, Proöm. 34. Rede ▻ 122

Epikur
Epik., Men. 123 f. ▻ 112

Florus
Flor. 3,20,3 ▻ 278
Flor. 3,20,11 ▻ 278

Homer
Hom., Od. 14,228 ▻ 124

Lukrez
Lucr. 5,925–1348 ▻ 80

Platon
Plat., leg. 1,2,626 ▻ 80
Plat., rep. 369b-370c ▻ 36, 124

Plat., rep. 373d ▷ 44, 80

Plutarch
Plut., Agis 5 ▷ 80
Plut., Crass. 8–11 ▷ 278
Plut., Crass. 9 ▷ 286

Sallust
Sall., Hist. 3,96 ▷ 286
Sall., Hist. 3,98 ▷ 272, 286

Seneca
Sen., ben. 1,24,1 ▷ 79
Sen., epist. 4,8 ▷ 79

Sophokles
Soph., Ant. 296 ff. ▷ 133

Strabon
Strab. 11,4,4 ▷ 50

Thukydides
Thuk. 1,141 ▷ 127

Xenophon
Xen., Kyr. 8,2,5 ▷ 36, 125, 148